감정
평가사 1차

②권 경제학원론 | 회계학

한권으로 끝내기

시대에듀

이 책의 차례

PART 03
경제학원론

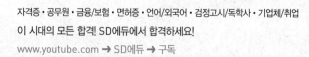

제1편

미시경제학

출제경향 & 수험대책

미시경제학에서는 수요 · 공급이론, 소비이론, 생산이론, 시장이론 및 후생경제학 등 약 50%의 문제가 미시경제학 전 분야에 걸쳐 골고루 출제되고 있다.

최근의 추세는 기본이론에서 도출되는 다양한 함수를 제시하고 계산하는 문제가 주류를 이루고 있다. 그러나 한 번씩만 풀어보면 다 해결할 수 있다. 수요함수와 공급함수, 여러 유형의 효용함수와 생산함수, 비용함수 등의 특징을 학습해두어야 한다.

최근에 가장 많이 출제되는 내용은 독점기업의 행동, 게임이론(내쉬균형과 우월전략균형), 외부효과, 소비자의 효용극대화, 기업의 이윤극대화, 콥－더글러스 함수, 독점적 경쟁, 여가－소득의 선택모형, 조세부과의 효과 등이다.

제1장 | 경제학의 기초

제1절 경제문제와 경제학, 경제활동

1. 희소성과 경제문제

(1) 희소성의 원리

인간의 무한한 욕망에 비해 욕망의 충족수단인 자원은 제한적이라는 사실을 희소성(scarcity)의 원리라고 하며, 이로 인해 경제문제가 발생한다.

(2) 경제학

경제학(Economics)은 경제문제를 해결하는데 유용한 지식과 정보를 제공하는 학문이다. 본질적으로는 희소성과 선택(choice)에 관한 학문이다.

(3) 경제문제

① 경제문제는 제한된 자원의 효율적 배분문제(즉 자원배분 문제)로 새뮤얼슨(P.A. Samuelson)은 이를 3가지로 분류한 바 있으나, 근래에는 또 하나의 문제를 추가하고 있다.

    ㉠ 무엇을 얼마나 생산할 것인가(what, how much to produce) : 생산물의 종류와 수량을 결정하는 문제, 즉 생산물의 배합문제이다. 소비자의 수요에 의해 해결된다(소비자 주권의 원리).

    ㉡ 어떻게 생산할 것인가(how to produce) : 생산방법(또는 생산기술)의 선택문제, 즉 생산요소의 결합문제이다. 생산비를 최소화하는 방법으로 해결된다.

ⓒ 누구를 위하여 생산할 것인가(for whom to produce) : 생산물의 분배, 즉 소득의 분배문제이
다. 시장경제에서는 생산요소의 기여도, 즉 한계생산에 따라 분배가 이루어진다.
ⓓ 언제 생산할 것인가(when to produce) : 생산의 시기를 선택하는 문제이다. 인류가 지닌 자원이
고갈됨에 따라 새로 제시된 경제문제이다.
② 결국 경제문제는 희소성의 원리로 인해 발생하는 선택의 문제로 이때 선택의 기준이 되는 것을 경제
원칙(경제원리)이라고 한다. 그리고 합리적 선택을 위해서는 기회비용(opportunity cost)을 고려해
야 한다.

(4) 경제원칙

① 경제원칙은 최소희생(비용)의 원칙과 최대효과(만족)의 원칙으로 구분된다. 따라서 경제원칙은 최소
의 희생(비용)으로 최대의 효과(만족)를 추구하는 행동원리로 이는 경제문제의 해결에서 가장 중요한
판단기준인 효율성을 의미한다.
② 경제원칙(economic principles) 또는 경제원리는 경제문제의 해결기준, 즉 자원배분의 기준이 된다.
③ 결국 경제문제 중 첫 번째와 두 번째 문제의 해결기준은 효율성(efficiency)이고, 세 번째의 분배문
제에는 효율성과 함께 형평성(equity)이 고려된다.

(5) 기회비용 ★28, 29회 기출★

① 합리적인 선택

합리적인 인간이라면 여러 가지 선택가능한 대안 중에서 가장 큰 만족을 주는 최선의 가능성을 선택
한다. 그러나 이 경우 다른 대안은 포기해야 하는데, 이때 포기된 것의 가치 중에서 가장 큰 것을 기
회비용(opportunity cost)이라고 한다.

② 기회비용

기회비용은 선택의 문제에서 발생하는 비용 개념으로 경제학에서의 비용(경제학적 비용)은 기회비용
의 개념이다. 즉 기업의 생산비는 생산요소의 기회비용을 의미한다. 모든 경제적 선택은 기회비용을
고려해야 합리적 선택이 된다.

2. 경제활동

(1) 뜻

재화와 서비스를 생산, 분배, 소비하는데 관련된 인간의 모든 행위를 경제활동(economic activity)이
라고 한다. 따라서 경제활동은 생산활동, 분배활동, 소비활동(또는 지출활동)으로 구분한다.

(2) 경제의 순환

가계, 기업, 정부, 외국 등 경제주체 간에 이루어지는 생산물과 생산요소, 화폐의 흐름을 경제의 순환이
라고 한다.

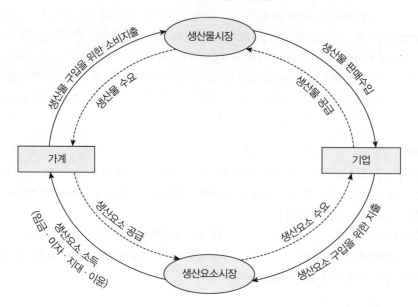

▶ 가계와 기업간 경제의 순환

(주) 점선은 실물의 흐름을, 실선은 화폐의 흐름을 표시한다.

① 가계(household)

가계는 생산물의 수요자인 동시에 생산요소의 공급자이다. 가계는 생산요소를 제공한 대가로 소득(income)을 얻는데, 이 소득을 소비하거나 저축한다. 가계의 소비는 기업의 수입(revenue)이 된다.

② 기업(firm)

기업은 생산요소의 수요자인 동시에 생산물의 공급자가 된다. 기업은 생산물을 판매하고 수입(revenue)을 얻는데, 수입의 일부는 생산요소에 대한 대가로 가계에 제공되어 가계의 소득이 되고, 나머지는 기업의 이윤이 된다.

③ 정부(government)

정부는 소비와 생산의 주체가 된다. 또한 시장의 법질서를 형성하고 유지하며, 정부지출을 통해 사회간접자본의 건설 등 공공재를 생산한다. 그리고 독과점문제, 공해문제, 불황 등 시장기구의 결함을 조정하기 위한 활동을 한다.

3. 재화의 종류

(1) 재화의 사용목적(용도)에 따른 분류

① 생산재

다른 재화의 생산을 위한 수단이 되는 재화로, 토지와 노동 등 재생산이 불가능한 생산재인 본원적 생산재, 기계와 도구 등 인위적인 생산재(즉 생산된 생산재)인 자본재로 구분한다.

② 소비재

최종적으로 소비목적에 사용되는 재화이다. 동일한 재화라도 생산과정에 투입되면 생산재이지만 최종소비에 이용되면 소비재이다.

(2) 두 재화 간의 연관관계에 따른 분류 ★27, 28회 기출★

① 대체재(substitute goods)

ㄱ 두 재화가 서로 대체관계에 있는 경우를 말한다. 대체재는 한 재화의 가격이 변화하는 방향과 대체관계에 있는 다른 재화의 수요가 변화하는 방향이 같다.

ㄴ 즉 한 재화의 가격이 상승하면 대체관계에 있는 다른 재화의 수요는 증가한다.

ㄷ 따라서 대체재는 수요의 교차탄력성이 양(+)인 재화이다. 예 커피와 홍차, 아파트와 단독주택 등

② 보완재(complementary goods)

ㄱ 두 재화가 서로 보완관계에 있는 경우를 말한다. 보완재는 한 재화의 가격과 다른 재화의 수요가 반대방향으로 변화한다.

ㄴ 즉 한 재화의 가격이 상승하면 보완관계에 있는 다른 재화의 수요는 감소한다.

ㄷ 따라서 보완재는 수요의 교차탄력성이 음(−)인 재화이다. 예 자동차와 휘발유, 카메라와 필름 등

(3) 소비자의 소득이 증가할 때 수요가 변화하는 방향에 따른 분류

① 정상재(normal goods)

소득이 증가할 때 수요가 증가하는 재화를 말한다. 따라서 정상재는 수요의 소득탄력성이 양(+)인 재화이다.

② 열등재(inferior goods)

소득이 증가할 때 수요가 감소하는 재화를 말한다. 따라서 수요의 소득탄력성이 음(−)인 재화이다. 정상재와 열등재의 분류는 상대적이라는데 주의해야 한다.

더 알아보기 기펜재(Giffen's goods) ★27, 28, 29, 32, 34회 기출★

- 가격이 하락할 때 수요량이 감소하는 재화로 수요곡선이 우상향한다. 즉 수요법칙의 예외현상에 해당하는 재화로, 이러한 현상을 기펜의 역설(Giffen's paradox)이라고 한다.
- 기펜재는 항상 열등재(절대적 열등재)이다. 그러나 열등재가 기펜재인 것은 아니다. 따라서 기펜재의 가격효과는 양(+)이다. 음(−)의 대체효과보다 양(+)의 소득효과가 더 크기 때문이다(제3장 참고).

---

(4) 사적재와 공공재

① 사적재(private goods)

배제성, 경합성 등의 특성을 지닌 보통의 재화로 시장에서 자유롭게 거래된다.

② 공공재(public goods)

ㄱ 국방, 치안, 사회간접자본 등 정부(또는 공공기관)에 의해 공급되는 재화를 말한다.

ㄴ 공공재는 소비에서의 비배제성, 소비에서의 비경합성으로 인해 무임승차 문제를 야기하고, 그로 인해 시장의 실패(market failure)를 유발한다.

1. 미시경제학과 거시경제학

(1) 미시경제학(microeconomics)

① 가계, 기업 등 개별 경제주체의 행동원리를 주로 연구하는 분야이다. 그 내용은 가계의 효용 극대화 원리(소비이론), 기업의 이윤 극대화 원리(생산이론), 시장에서의 가격결정 원리(시장이론), 생산요소의 가격결정 원리(분배이론), 자원배분의 효율성 문제 등(후생경제학 등)이다.

② 가격론(price theory)이라고도 하며 고전학파에서 신고전학파에 이르는 전통적인 경제학(즉 케인즈 이전의 경제학)의 주요 관심대상이다.

(2) 거시경제학(macroeconomics)

① 개별경제주체가 모여 형성하는 국민경제의 총체적인 운동원리를 연구하는 분야이다. 주요 연구내용은 한 국가의 국민소득의 결정원리 및 고용, 실업, 물가, 경기변동, 경제성장, 경제발전 등이다.

② 국민소득론(income theory)이라고도 하며, 케인즈(J.M. Keynes)의 일반이론(1936) 이후 보편화된 관심분야이다.

더 알아보기 구성(합성)의 오류와 절약의 역설

- 논리학의 구성의 오류(fallacy of composition, 합성의 오류)는 부분에 타당한 결론을 전체에 적용하려고 할 때 오류가 발생할 수 있다는 것이다. 따라서 개별 경제주체에 적용되는 미시경제학에서 타당한 결론이 국민경제 전체에 그대로 적용될 경우 오류를 범할 수도 있다는 것이다.
- 그러나 부분이 존재하지 않는 전체가 없는 것처럼 미시적 기초(microfoundation)를 갖지 못한 거시경제이론은 취약할 수 밖에 없다는 점도 유의하여야 한다.
- 구성의 오류의 예로는 절약의 역설(paradox of thrift, 저축의 역설)을 들 수 있다. 저축은 개인적으로는 소득이 없는 미래에 대비하기 위한 행위이므로 꼭 필요한 행위이지만, 국가적으로는 저축의 증가가 소비를 감소시켜 총수요를 감소시키므로 국민소득의 감소, 저축의 감소를 유발하므로 바람직하지 못할 수도 있다는 것이다.
- 그러나 절약의 역설은 저축이 투자로 연결되어 총수요를 증가시키고 국민소득을 증가시킨다는 점을 고려하고 있지 못하고 있다는 비판을 받는다.

---

2. 경제정책

경제이론을 현실의 경제문제에 적용하여 국민경제를 바람직한 방향으로 이끌기 위해 취하는 조치를 경제정책(economic policy)이라고 한다.

(1) 경제정책의 목표

① 단기적 목표로는 완전고용, 물가안정, 국제수지의 개선 등이 있고, 장기적 목표로는 생산의 확대(경제성장), 자원의 적정배분, 소득과 부의 분배개선, 사회적 수요(social needs)의 충족, 특정지역(산업)의 보호 육성 등이 있다. 이들 목표 중 앞의 4가지는 거시적 목표이고, 나머지는 미시적 목표이다.

② 정책목표 간의 상충(경합)문제 ★28회 기출★

ⓐ 국제수지 개선과 완전고용 간의 상충 : 국제수지 개선을 위해 긴축정책(총수요의 억제를 통한 수입 감소)을 실시하면 고용이 감소(즉 실업이 증가)하고, 경제성장은 저해된다.

ⓑ 물가안정과 완전고용 간의 상충 : 실업을 줄이려면 물가를 희생해야 하고, 물가를 안정시키면 실업이 증가한다(필립스 곡선).

(2) 경제정책의 수단

① 정책목표를 달성하기 위한 수단

ⓐ 정부지출(정부투자), 조세 등의 재정수단

ⓑ 통화량, 이자율 등의 금융수단

ⓒ 환율 등 외환수단

② 기타 정부가 직접적으로 경제의 각 부문을 통제하는 직접통제, 국민경제의 주요 변수에 대해 가이드라인을 정하면 민간부문이 이에 따라 행동하게 되는 유도적 개입, 제도의 변경 등이 있다.

3. 실증경제학과 규범경제학

(1) 실증경제학(positive economics)

경제현상을 객관적 사실(what is) 그대로 기술하고 분석하는 분야로, 경제변수 간의 인과관계(경제법칙)의 발견에 목적이 있다.

(2) 규범경제학(normative economics)

어떠한 경제현상이나 정책의 결과가 바람직한가, 그렇지 않은가 하는 가치판단의 문제를 다루는 분야이다. 이론을 정책에 반영시키는 과정에서 필요(정책의 우선순위)하므로 후생경제학과 동일시하기도 한다.

제3절   경제학의 발달

---

1. 자본주의의 성립과 고전학파 경제학

(1) 중상주의

① 중상주의(mercantilism)는 15~16세기 이후 자본주의로 이행하는 과정에서 등장한 사상이다. 국부(national wealth)의 원천은 금이나 은과 같은 귀금속에 있다고 보고 수출을 장려하여 무역에서 흑자를 유지하도록 보호무역정책을 펴야 한다는 것이 중상주의의 주요 내용이다.

② 중상주의 사상가로는 영국의 토머스 먼(T. Mun), 윌리엄 페티(W. Petty), 프랑스의 쟝 콜베르(J.B. Colbert) 등이 있다.

(2) 중농주의

① 중농주의(physiocracy)는 18세기 후반 프랑스에서 등장한 사상으로 국부의 원천을 토지라고 보고 농업을 중시하였다. 중농주의 학파는 스미스를 비롯한 고전학파에도 큰 영향을 미쳤다.

② 중농주의는 케네(F. Quesnay)가 창시하고 튀르고(A. Turgot) 등에 의해 이어졌다. 특히 케네는『경제표』(1758)에서 국민경제를 전체적인 측면에서 고찰하여 상품이 생산·유통·분배·소비되어 재생산되는 과정을 밝힘으로써 오늘날 국민소득의 순환이라는 개념의 기초를 제시하였고, 레온티에프(W. Leontief)에 의해 확립된 산업연관분석의 선구가 되었다.

(3) 고전학파

① 고전학파(classical school)는 자본주의 체제의 성립시기에 등장하여 자본주의의 이론적 기초를 제공하였다. 자유방임주의에 기초하여 국가의 경제에 대한 간섭에 반대하는 입장을 보이고, 무역에 있어서도 자유무역을 옹호하는 입장을 보였다.

② 스미스(A. Smith)는『국부론』(1776)을 통해 경제학을 하나의 독립된 사회과학으로 만들었다. 스미스의 사상은 리카도(D. Ricardo), 맬더스(T.R. Malthus), 밀(J.S. Mill)에 의해 계승되었다.

2. 신고전학파의 등장

(1) 한계효용학파

① 1860년대 이후 자본의 축적과 집중현상이 두드러지면서 자본주의가 발전하는 과정에서 경제학에서도 큰 변화가 일어났다. 즉 한계효용학파가 등장하여 고전학파 경제학을 대체하였다.

② 이 학파는 그때까지 지배적이었던 객관적 가치설을 부정하고 상품의 가치는 한계효용에 의하여 결정된다는 주관적 가치설을 주장하였다. 또한 경제분석에 한계원리를 도입하여 경제학의 발전에 큰 계기를 제공함으로써 이들의 등장을 경제학에서는 한계혁명(marginal revolution)이라고 부른다.

③ 한계혁명은 영국의 제본스(W.S. Jevons), 오스트리아의 멩거(C. Menger), 프랑스의 왈라스(L. Walras)에 의해 주도되었고 파레토(V. Pareto) 등에 의해 계승되었다.

(2) 케임브리지 학파

① 케임브리지 대학의 마셜(A. Marshall)은 고전학파의 객관적 가치설과 한계효용학파의 주관적 가치설을 종합하여 수요와 공급이론을 완성하였다.

② 마셜의 경제학은 피구(A. Pigou)에 의해 이어져, 피구는 파레토의 연구를 이어받아 후생경제학(welfare economics)을 개척하였다.

3. 세계 대공황과 케인즈의 등장

(1) 세계 대공황

1930년대 들어 자본주의 체제는 역사상 유례가 없는 대공황에 직면하게 되었다. 수요부족으로 인한 공급과잉과 이로 인한 대량실업에 직면하여 보이지 않는 손에 기초하여 균형과 완전고용을 기반으로 하는 고전학파 경제학은 설득력을 잃게 되었다. 이러한 상황을 계기로 케인즈(J.M. Keynes)가 등장하였다.

(2) 케인즈 경제학의 등장

① 케인즈는 『고용, 이자 및 화폐에 관한 일반이론』(1936)에서 고전학파의 자유주의 경제사상을 비판하고 대량실업과 경기침체 등의 문제를 해결하기 위해서는 정부가 적극적으로 민간경제에 대하여 개입을 해야 한다고 주장하였다.

② 즉 경기침체에서 벗어나기 위해서는 정부지출을 늘려 수요를 창출해야 한다고 주장하였다. 이러한 케인즈의 사상을 반영한 자본주의 시장경제를 혼합경제(mixed economy)라고 한다.

4. 경제학의 위기와 새로운 경제학의 등장

(1) 케인즈 경제학의 위기

① 제2차 세계대전 이후 자본주의 국가에서는 경기변동을 조절하기 위하여 케인즈 경제학의 정책처방에 따라 재정정책과 통화정책을 적극적으로 펴게 되었고 이로 인해 자본주의 경제는 장기적인 번영을 이어갔다.

② 그러나 1970년대 접어들어 자본주의 경제는 케인즈 경제학으로는 설명하기 어려운, 경기침체와 물가상승이 함께 진행되는 스태그플레이션(stagflation)이라는 새로운 상황에 직면하게 되었고, 이러한 상황에서 케인즈 경제학은 위기를 맞이하게 되었다.

(2) 새로운 경제학의 등장

① 케인즈 경제학이 경제학의 흐름을 주도해 나가고 있는 중에도 고전학파(또는 신고전학파)의 비전과 사상을 중시하는 통화주의(monetarism)가 등장하여 케인즈학파(Keynesian)와의 치열한 논쟁을 전개하는 과정에서 경제학은 큰 발전을 보였다.

② 그러다가 1970년대 이후에는 고전학파와 통화주의 경제학의 맥을 잇는 새고전학파(new classical school)와 공급측 경제학(SSE), 케인즈 경제학의 전통을 잇는 새케인즈학파(new Keynesian) 등이 등장하였다.

제4절 생산가능곡선

1. 생산가능곡선의 의의

(1) PPC의 뜻

생산가능곡선(production possibility curve, PPC)은 기술과 자원이 주어진 수준에서 한 경제에 주어진 자원(생산요소)을 완전히, 효율적으로 생산에 투입할 경우 생산할 수 있는 최대한 가능한 두 재화의 배합점을 연결한 곡선이다. 생산가능경계(production possibility frontier, PPF)라고도 한다.

(2) PPC의 의의

2가지 생산물(예컨대 X, Y재)만을 생산한다고 가정하면 일반적으로 PPC는 원점에 대해 오목하고 우하향하는 곡선의 형태를 보인다.

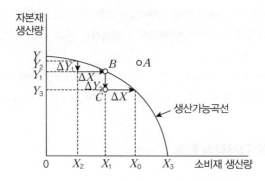

▶ 생산가능곡선

2. 생산가능곡선의 특징 ★27, 28, 29, 32회 기출★

(1) 기술적 효율성

① PPC는 한 경제에 주어진 모든 자원이 완전히(완전고용), 효율적으로 사용되었을 때 최대한 생산가능한 두 재화의 배합점이므로 기술적 효율(technical efficiency)이 있는 점이다.

② 따라서 PPC 밖의 A는 생산 불가능한 점, 즉 주어진 기술수준으로는 도달할 수 없는 점을 나타내고, PPC 상의 B는 기술적 효율이 있는 점을 나타낸다.

③ PPC 내부의 C는 비효율적인 생산이 이루어지고 있거나, 또는 생산요소가 유휴(실업)상태에 있음을 나타낸다.

(2) PPC는 우하향

① 일반적인 경우 PPC는 우하향한다. 즉 PPC의 접선의 기울기는 음(−)이다. 이는 어느 한 가지 생산물(X)의 생산을 늘리기 위해서는 다른 생산물(Y)의 생산을 줄여야 함을 의미한다.

② 이는 기회비용(opportunity cost)이 있음을 의미하고 여기서의 기회비용은 X재 1단위를 더 얻기 위해 포기해야 하는 Y재의 양, 즉 $\varDelta Y / \varDelta X$이다.

③ PPC의 접선의 기울기를 한계변환율(MRT : Marginal Rate of Transformation), 또는 한계전환율이라고 하는데 다음과 같이 정의된다.

$$MRT_{XY} = \frac{\varDelta Y}{\varDelta X} = \frac{MC_X}{MC_Y}$$

(3) 원점에 대해 오목

① 현실적으로 PPC는 원점에 대해 오목(concave to origin)한 형태이다. 이는 한계변환율(MRT)의 체증, 즉 기회비용의 증가를 의미하는데, 이를 (기회)비용체증의 법칙이라고 한다.

② 기회비용의 체증은 전통적인 생산을 지배하는 법칙인 수확체감의 법칙으로 인해 나타나는 현상이다.

(4) PPC의 이동

PPC의 우상방 이동은 실질 GDP의 증대, 즉 경제성장을 의미한다. 실질 GDP가 증대하는 것은 완전고용 상태에서 새로운 기술의 개발, 새로운 자원의 개발, 경영의 합리화 등에 기인한다.

제1장 | 확인학습문제

01 다음 중 **규범경제학**(normative economics) 범주에 포함되는 내용은?

① 통화량이 늘면 물가가 상승한다.

② 생산요소의 고용을 늘리면 한계수확이 점차 줄어든다.

③ 정부의 확대재정정책은 이자율을 상승시켜 민간투자를 감소시킨다.

④ 유치산업을 보호하기 위해서 수입관세를 인상해야 한다.

⑤ 완전경쟁기업이 독점화되면 사회적 순후생손실이 발생한다.

해설

난도 ★

④ 수입관세를 인상해야 한다는 주장은 가치판단이 포함된 것으로 규범경제학의 범주에 해당한다. 대부분의 경제이론이 가치판단을 배제하고 경제적 상황을 설명하는 반면, 규범경제학은 당위성에 기초하여 옳고 그름에 대한 가치판단을 포함하고 있다.

답 ④

02 경제학에서 말하는 '구성의 오류'의 예로서 가장 적당한 것은?

① 개별 가계의 입장에서는 저축이 미덕이나 경제 전체에 있어서는 저축이 미덕이 아닐 수도 있다.

② 우리 생활에 절대적으로 필요한 물의 가격보다 다이아몬드의 가격이 훨씬 높다.

③ 어떤 재화의 가격이 상승하니 오히려 그 재화의 수요량이 증가하였다.

④ 생산자에게 세금을 부과하였으나 실질적으로는 소비자가 그 세금의 일부를 부담하는 결과가 되었다.

⑤ 어떤 개별 경제주체의 경제행위가 본의 아니게 다른 개별 경제주체의 경제행위에 불리한 영향을 미쳤다.

해설

난도 ★

① 절약의 역설(paradox of thrift)을 설명하는 것으로 구성의 오류의 대표적인 사례이다.

② 가치의 역설(스미스의 모순)에 대한 설명이다.

③ 베블렌 효과(과시효과)에 대한 설명이다.

④ 조세의 귀착(incidence)에 대한 설명이다.

⑤ 부정적 외부효과(외부불경제, 해로운 외부효과)에 대한 설명이다.

답 ①

03 클래식 매니아인 A는 뉴욕 필하모닉 오케스트라의 연주회를 가려고 마음먹고 있다. 입장권의 가격은 25만 원인데 A는 오랫동안 기다렸던 이 연주회에 가기 위해 40만 원까지 기꺼이 지불할 의사가 있다. 그런데 친구로부터 입장권 가격이 10만 원인 BTS의 공연을 무료로 볼 수 있는 티켓을 얻었다. 이 티켓은 남에게 양도하거나 팔 수 없다. A가 BTS의 공연을 보러가기로 결정했다면 이 선택의 기회비용은?

① 10만 원

② 15만 원

③ 25만 원

④ 30만 원

⑤ 40만 원

해설

난도 ★★

A가 뉴욕 필하모닉 연주회를 간다면 A의 이득＝40만 원－25만 원＝15만 원이다. 따라서 A가 BTS의 공연을 보러가기로 결정했다면 뉴욕 필의 연주에서 얻는 이득 15만 원을 포기하는 것이다. 기회비용은 15만 원이다.

답 ②

04 재화 X와 재화 Y는 서로 수요측면의 대체재이며, 재화 Y와 재화 Z는 서로 수요측면의 보완재이다. Y재의 공급이 감소하였을 때 다음 중 옳은 것은?

① 재화 X의 가격 상승, 거래량 증가
② 재화 X의 가격 하락, 거래량 증가
③ 재화 Z의 가격 하락, 거래량 증가
④ 재화 Z의 가격 상승, 거래량 증가
⑤ 재화 Z의 가격 상승, 거래량 감소

해설
난도 ★★
Y재 가격이 상승하고 소비량이 감소함에 따라 대체재인 X재의 수요는 증가(가격 상승, 거래량 증가)하고, 보완재인 Z재의 수요는 감소(가격 하락, 거래량 감소)한다.

답 ①

05 甲과 乙만으로 구성된 A국에서 두 사람이 각각 하루 10시간 일하며, X재와 Y재만을 생산한다. 甲은 시간당 X재 2단위 또는 Y재 1단위를 생산할 수 있으며, 乙은 시간당 X재 1단위 또는 Y재 2단위를 생산할 수 있다. 다음 설명 중 옳지 않은 것은? ★27회 기출★

① A국의 X재 하루 최대 생산량은 30이다.
② A국의 Y재 하루 최대 생산량은 30이다.
③ A국의 생산가능곡선은 기울기가 −1인 직선형태를 지닌다.
④ 두 사람 모두 하루에 5시간씩 X재와 Y재를 생산하는 것은 비효율적이다.
⑤ 甲은 X재 생산에, 乙은 Y재 생산에 비교우위가 있다.

해설
난도 ★★★
③ 주어진 조건에 따라 생산가능곡선(PPF)을 그려보면 X, Y재 (20, 20)의 배합점으로부터 Y절편(0, 30)과 X절편(30, 0)이 직선으로 이어진다. 따라서 X, Y재 (20, 20)의 배합점까지 기울기는 $-\frac{10}{20} = -\frac{1}{2}$이고, X절편까지의 기울기는 $-\frac{20}{10} = -2$인 직선형태이다.

④ 두 사람 모두 하루에 5시간씩 X재와 Y재를 생산하면 (15, 15) 단위가 생산되므로 생산가능곡선 내부에 있게 되므로 비효율적이다.

답 ③

06 다음 중 생산가능곡선을 우상향으로 이동시키는 요인이 될 수 <u>없는</u> 것은?

① 생산의 효율성을 제고한다.
② 공장설비를 확충한다.
③ 생산기술을 발전시킨다.
④ 재교육을 통해 노동자의 기술을 향상시킨다.
⑤ 노동자를 확충한다.

> 해설

난도 ★

생산의 효율성이 높아지면 생산가능곡선(PPF)의 내부의 배합점에서 생산가능곡선 상의 배합점으로 이동해간다. 노동, 자본, 자원 등 새로운 자원이 주어지거나 기술발전이 이루어지면 생산가능곡선이 확장된다.

답 ①

07 X재와 Y재를 생산하는 K국가의 생산가능곡선 상에는 두 개의 재화생산 조합점(x_1, y_1)=(200, 300)과 (x_2, y_2)=(240, 290)이 있다. 다음 중 기회비용 체증의 법칙이 성립하기 위한 이 생산가능곡선 상의 재화생산 조합점 (x_3, y_3)은?(단, x_1, x_2, x_3는 각각 X재의 생산량, y_1, y_2, y_3는 각각 Y재의 생산량)

① (160, 310)
② (160, 315)
③ (280, 270)
④ (280, 280)
⑤ (280, 285)

> 해설

난도 ★★★

기회비용 체증의 법칙이 성립하면 생산가능곡선(PPF)은 원점에 대해 오목한 형태이고 PPF의 기울기($\frac{\Delta Y}{\Delta X}$)는 점점 커진다. X재가 40단위 증가할 때 Y재는 10단위 감소하였으므로 X재의 기회비용은 $\frac{1}{4}$이다. 이보다 기회비용은 큰 경우는 ③ (280, 270)이다. 이 경우 기회비용은 $\frac{20}{40}=\frac{1}{2}$이다. 나머지 사례의 경우는 모두 기회비용이 $\frac{1}{4}$보다 작다.

답 ③

08 어떤 감정평가사가 자신의 업무용 컴퓨터 작업을 위해서 시간당 1만 원을 지급하는 조건으로 사무원을 채용하였다. 이 감정평가사는 평가업무로 시간당 10만 원을 번다. 이 감정평가사는 사무원의 컴퓨터 처리 능력이 자신보다 못한 것을 발견하고 사무원을 해고한 후, 그가 하던 컴퓨터 작업을 자신이 하고 있다. 이 감정평가사의 행동을 경제학적으로 가장 옳게 해석한 것은?

① 감정평가사의 컴퓨터 작업에 대한 기회비용은 자신의 평가업무의 가치와 같다.
② 감정평가사의 컴퓨터 작업에 대한 기회비용은 사무원의 컴퓨터 작업에 대한 기회비용보다 작다.
③ 감정평가사가 사무원이 하던 컴퓨터 작업을 일과 시간 후에 하면 경제적 비용이 발생하지 않는다.
④ 감정평가사는 시간당 9만 원을 절약할 수 있다.
⑤ 감정평가사의 사무원 해고는 합리적 행동이었다.

> 해설
> 난도 ★★
> 감정평가사가 평가업무를 하는 것을 포기하고 컴퓨터 작업 등 다른 것을 하는 경우 기회비용은 (평가업무를 함으로써 벌어들이는 소득에 해당하는) 시간당 10만 원이다.
>
> 답 ①

09 저축의 역설(paradox of saving)에 관한 설명으로 옳은 것은?

① 소득이 증가하면 저축이 감소한다는 가설이다.
② 투자가 GDP와 정(+)의 상관관계를 가질 때에는 저축이 증가하면 소득이 증가한다는 가설이다.
③ 고전학파(Classical School)의 이론에서는 성립되지 않는 가설이다.
④ 저축의 증가는 투자를 증가시킴으로써 경제성장을 촉진시킨다는 가설이다.
⑤ 명목이자율의 상승이 인플레이션을 하락시킨다는 가설이다.

> 해설
> 난도 ★★
> ③ 저축의 역설은 케인즈(J.M. Keynes)의 국민소득 결정이론에 기초한 주장으로 경제 전체적으로 저축 증가 → 소비 감소 → 총수요 감소 → 국민소득 감소 → 저축 감소를 가져온다는 것으로 투자에 미치는 영향을 고려하지 않은 주장이다. 고전학파 경제학에서는 저축과 투자가 항상 일치하므로 성립될 수 없는 주장이다.
>
> 답 ③

10 甲은 영화를 관람하는데 20,000원의 가치를 느낀다. 영화관람권을 5,000원에 구입하였지만 영화관에 들어가기 전에 분실하였다. 영화관람권을 5,000원에 다시 구입하고자 한다. 이 시점에서의 매몰비용과 영화관람권 재구입에 따른 기회비용은 각각 얼마인가?(단, 분실된 영화관람권의 재발급이나 환불은 불가능하다)

	매몰비용	기회비용
①	5,000원	5,000원
②	5,000원	10,000원
③	10,000원	5,000원
④	10,000원	10,000원
⑤	20,000원	5,000원

해설

난도 ★★★

분실한 영화관람권 5,000원은 회수할 수 없으므로 매몰비용은 5,000원이다. 영화관람권을 재구입하는 경우 포기된 가치는 5,000원이므로 기회비용은 5,000원이다. 만일 영화관람권을 재구매하지 않는다면 기회비용은 20,000원이다.

답 ①

11 케인즈(J.M. Keynes)의 "절약의 역설"(paradox of thrift)에 대해서 가장 잘 설명한 것은?

① 모든 개인이 저축을 늘리는 경우, 늘어난 저축이 투자로 이어져 국민소득이 증가하고, 결국은 개인의 저축을 더 늘릴 수 있는 상황

② 모든 개인이 저축을 줄이는 경우, 늘어난 소비로 국민소득이 감소하고, 결국은 개인의 저축을 더 늘릴 수 없는 상황

③ 모든 개인이 저축을 늘리는 경우, 늘어난 저축이 소비와 국민소득의 증가를 가져오고, 결국은 개인의 저축을 더 늘릴 수 있는 상황

④ 모든 개인이 저축을 늘리는 경우, 총수요의 감소로 국민소득이 감소하고, 결국은 개인의 저축을 늘릴 수 없는 상황

⑤ 케인즈의 거시모형에서, 소비는 미덕이므로 저축할 필요가 없고, 따라서 저축은행의 설립을 불허해야 하는 상황

해설

난도 ★★

절약의 역설(paradox of thrift) 또는 저축의 역설은, 저축은 개인적으로는 소득이 없는 미래에 대비하기 위한 행위이므로 꼭 필요한 행위이지만, 국가적으로는 저축의 증가가 소비를 감소시켜 총수요를 감소시키므로 국민소득의 감소, 저축의 감소를 유발한다는 주장이다.

답 ④

제2장 │ 수요·공급 이론

제1절   수요

1. 수요의 개념과 결정요인

(1) 수요의 개념

① 수요와 수요량 : 소비자가 일정기간 동안 가격을 비롯한 여러 가지 요인에 따라 재화와 서비스를 구매하려는 욕구를 수요(demand)라 하고, 일정기간 동안 일정한 가격으로 구매하려는 재화와 서비스의 양을 수요량(quantity demanded)이라고 한다.

② 수요량의 특징

㉠ 수요량은 실제로 구매한 수량이 아니고 구매하려고 의도하는 양, 즉 사전적(ex-ante) 개념이다.

㉡ 수요량은 유량(flow), 즉 일정 기간 동안 계속되는 구매의 흐름을 의미한다.

㉢ 수요량은 일정한 가격 수준에서 구매하고자 하는 최대의 수량을 의미한다.

㉣ 수요량은 각 개인의 개별 수요량과 개별 수요량의 수평적 합계인 시장 수요량으로 구분한다.

- 유량(flow)은 일정한 기간을 기준으로 측정하는 변수를 말한다. 수요량 및 공급량, 효용함수, 생산함수, 국내총생산(GDP) 등이 유량개념이다.
- 저량(stock)은 일정한 시점을 기준으로 측정하는 변수를 말한다. 부(재산), 통화량, 통화수요(화폐수요), 실업자수 등이 저량개념이다.

(2) 수요의 결정요인(시장 수요) ★31회 기출★

① 그 재화의 시장가격(P_n) : 그 재화의 시장가격이 높으면 그 재화에 대한 수요는 적고, 그 재화의 시장 가격이 낮으면 그 재화에 대한 수요는 많다(수요법칙).

② 다른 재화의 가격($P_1 \cdots P_{n-1}$) : 대체재의 가격이 오르면 재화의 수요는 증가하고, 보완재의 가격이 오르면 재화의 수요는 감소한다.

③ 소비자의 소득수준(Y) : 정상재는 소득이 증가할 때 재화의 수요가 증가하고, 열등재는 소득이 증가할 때 재화의 수요가 감소한다.

④ 소비자의 기호, 선호의 변화(T) : 예컨대 건강에 대한 관심이 높아지면 무공해 식품에 대한 수요가 증가하고, 테니스 붐이 일면 테니스 관련 재화의 수요가 증가한다.

⑤ 인구의 크기, 인구 구성의 변화(P) : 인구가 증가하면 거의 모든 재화의 수요가 증가한다. 예를 들어 노령 인구 비율이 증가하면 의료 서비스에 대한 수요가 증가한다.

⑥ 소비자들 간의 소득 분포(A) : 소득 분포가 평등한 사회와 불평등한 사회의 수요 패턴에는 차이가 있다. 예컨대 불평등한 경우 고소득층과 저소득층이 수요하는 재화의 종류에 차이가 있다. 또한 소득분배가 개선되어 빈부의 격차가 줄어들면 사치재의 수요는 감소하고, 대중소비재의 수요는 증가한다.

⑦ 소비자의 예상(E) : 어떤 상품의 가격 상승을 예상하면 수요가 증가하고, 반면에 가격 하락을 예상하면 수요가 감소한다.

⑧ 재산(W) : 수요자의 재산(또는 부)이 증가하면 재산소득 또한 증가하므로 수요가 증가한다.

- 전통적인 경제이론에서는 소비자 주권이 강조된다. 즉 소비자의 기호가 변화하면 수요가 변화하고 그에 따라 생산이 결정(변화)된다.
- 그러나 오늘날에는 많은 경우 생산자의 광고·선전활동에 의해 소비자의 기호가 결정되어 생산자 주권이 강조된다. 이러한 현상을 갈브레이스(J.K. Galbraith)는 의존효과(dependence effect)라고 하였다.

2. 수요함수와 수요곡선

(1) 수요함수(demand function)

① 수요에 영향을 미치는 요인과 수요량 간의 관계를 수요함수로 나타낼 수 있다. 즉, 어떤 재화(n)에 대한 수요량 D_n은 $D_n = f(P_n, P_1 \cdots P_{n-1}, Y, T, P, A, E, W)$와 같은 수요함수로 표시된다.

② 여기서 D_n에 영향을 미치는 요인 중 내생변수(endogenous variable)인 P_n이 미치는 영향(수요량의 변화)과 외생변수(exogenous variable)인 다른 요인이 미치는 영향(수요의 변화)을 구분해야 한다.

③ 따라서 n재화의 수요량(D_n)과 n재화의 가격(P_n) 간의 관계를 분명히 하기 위해 P_n을 제외한 다른 요인은 일정불변(ceteris paribus, other things being equal)이라고 가정하면 수요함수는 $D_n = f(P_n)$으로 단순화된다. 즉 다른 요인들이 일정불변이라면 D_n은 P_n의 함수이다.

④ 결국 수요함수는 P_n과 D_n 간의 함수관계로, 각각의 가격수준에 대해 소비자가 일정 기간 동안 구매하려는 재화의 수량을 나타낸다.

(2) 수요곡선 ★26, 32회 기출★

① 수요함수 $D_n = f(P_n)$을 그래프에 표시하면 수요곡선(demand curve)이 도출된다. 수요곡선은 우하향(또는 좌상향)하는데 이는 가격(P)과 수요량(Q)이 역($-$)관계에 있음을 의미한다.

② 즉 가격(P)이 상승하면 수요량(Q)이 감소하고, 가격(P)이 하락하면 수요량(Q)이 증가하는 수요의 법칙(law of demand)을 나타낸다.

▶ 수요곡선

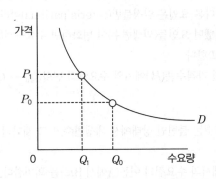

③ 가격과 수요량이 역($-$)관계인 이유(즉 수요곡선이 우하향하는 이유)는 대체효과와 소득효과로 설명이 된다.

  ㉠ 한 재화의 가격이 하락하면 다른 재화(대체재)에 비해 그 재화의 가격이 상대적으로 싸지므로 수요량이 증가한다(대체효과).

  ㉡ 한 재화의 가격이 하락하면 실질 소득의 증가 효과로 수요량이 증가한다(소득효과).

  ㉢ 이처럼 대체효과와 소득효과가 반영된 수요곡선은 보통수요곡선(또는 통상적 수요곡선, Marshall의 수요곡선)이라고 한다.

  ㉣ 반면 대체효과만을 반영하는 수요곡선을 유도할 수 있는데 이러한 수요곡선은 보상수요곡선(compensating demand curve, Hicks의 수요곡선)이라고 한다(제3장 참조).

- 가수요(speculative demand) : 가격상승이 예상되는 경우, 가격이 상승함에도 불구하고 수요량이 증가하는 현상
- 기펜(Giffen)재 : 가격이 하락함에도 불구하고 수요량이 감소하는 현상

▶ 가수요의 수요곡선

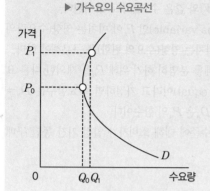

▶ 기펜재의 수요곡선

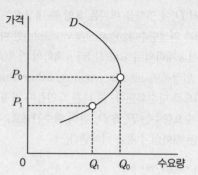

3. 수요의 변화와 수요량의 변화

(1) 수요의 변화 ★32회 기출★

① 앞의 수요함수 $D_n = f(P_n, P_1, \cdots P_{n-1}, Y, T, P, A, E, W)$에서 단순한 수요함수 $D_n = f(P_n)$을 유도하기 위해 P_n을 제외한 다른 요인은 일정불변(ceteris paribus)이라고 가정했다.

② 여기서 일정하다고 가정했던 요인들(외생변수)이 변화하면 수요곡선(수요함수) 자체가 이동하게 되는데 이를 수요의 변화라고 한다.

③ 즉 수요의 변화는 일정한 가격수준(P_0)에서의 수요량의 변화($Q_0 \rightarrow Q_1$)를 의미한다.

(2) 수요량의 변화

① 수요량의 변화는 수요함수는 불변인 상태에서 내생변수인 그 재화의 가격(P_n)의 변화에 따른 수요량의 증감을 의미한다.

② 즉 주어진 수요곡선 위에서의 수요점의 이동(A에서 B로)을 의미한다.

▶ 수요량의 변화와 수요의 변화

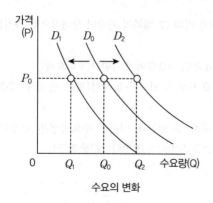

수요의 변화

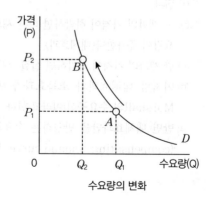

수요량의 변화

수요의 증가요인, 즉 수요곡선의 우측이동 요인은 다음과 같다.
- 소득과 부(wealth)의 증가
- 대체재 가격의 상승
- 보완재 가격의 하락
- 인구, 또는 수요자의 수 증가
- 가격상승 예상
- 소비자의 선호도 증대 등

4. 수요의 가격탄력성(elasticity)

(1) 탄력성의 뜻

① 수요의 가격탄력성(elasticity)은 물리학에서 사용되는 개념을 마셜(A. Marshall)이 경제학에 도입한 것으로, 가격의 변화에 대한 수요량의 변화 정도를 측정하는 개념이다.

② 탄력성은 독립변수가 1%p 변화할 때 종속변수는 몇 %p나 변화할 것인가를 나타내는 개념으로 모든 함수관계에서 포괄적으로 사용되는 개념이다. 즉 탄력성＝종속변수의 변화율(%)/독립변수의 변화율(%)이다.

(2) 수요의 가격탄력성 ★27, 28, 32, 33회 기출★

① 수요의 가격탄력성

㉠ 수요의 가격탄력성은 가격변화에 대한 수요량의 변화 정도, 즉 수요량 변화의 민감도를 나타낸다. 수요량이 크게(민감하게) 변화하면 탄력성은 크다고 한다.

$$e = -\frac{\text{수요량의 변화율\%}}{\text{가격의 변화율\%}} = -\frac{\frac{\Delta Q}{Q}}{\frac{\Delta P}{P}} = -\frac{\Delta Q}{\Delta P}\frac{P}{Q}$$

㉡ 이 식은 호탄력성(arc elasticity), 즉 수요곡선상의 두 점 사이의 탄력성을 나타낸다.

㉢ 그러나 호탄력성의 값은 어느 점을 기준으로 하느냐에 따라, 즉 가격이 상승하는 경우와 하락하는 경우 탄력성 값에 차이가 있고 이를 해결하기 위해 점탄력성을 이용하거나, 중간값을 이용하여 탄력성을 계산한다.

② 점탄력성(point elasticity)

$$e = -\frac{dQ}{dP}\frac{P}{Q}$$

즉 호탄력성에서 ΔP가 근사적으로 0에 접근하여(즉, 구간의 간격이 거의 0에 접근하여) 극한값을 취하면 점탄력성이 된다. 따라서 수요함수를 가격에 대해 미분한 후, $\frac{P}{Q}$를 곱하여 구한다.

③ 중간값 공식

수요함수를 모르고 가격과 수요량에 대한 데이터만 있는 경우 호탄력성을 측정할 때는 두 점의 중간값을 이용하여 구한다.

$$e = -\frac{\text{수요량의 변화율\%}}{\text{가격의 변화율\%}} = -\frac{\left(\dfrac{\varDelta Q}{\dfrac{Q_1 + Q_2}{2}}\right)}{\left(\dfrac{\varDelta P}{\dfrac{P_1 + P_2}{2}}\right)} = -\frac{\varDelta Q}{\varDelta P} \times \frac{P_1 + P_2}{Q_1 + Q_2}$$

(3) 탄력성의 크기 ★34회 기출★

① 수요의 가격탄력성(e)의 크기는 영(0)에서 무한대(∞) 사이의 값을 갖는다. 즉 수요의 가격탄력성은 크기만 고려하고 부호는 따지지 않는다.

    ㉠ $e=0$ (완전비탄력적)   수요곡선이 수직

    ㉡ $0<e<1$ (비탄력적)   가격 변화율>수요량 변화율

    ㉢ $e=1$ (단위탄력적)   가격 변화율=수요량 변화율

    ㉣ $1<e<\infty$ (탄력적)   가격 변화율<수요량 변화율

    ㉤ $e=\infty$ (완전탄력적)   수요곡선이 수평

② 수요탄력성(e)은 수요곡선의 형태에 따라 크기가 다르고, 동일한 수요곡선위에서도 측정하려는 점의 위치에 따라 크기에 차이가 있다. 또한 수요곡선이 직각쌍곡선의 형태인 경우에는 어느 점에서나 탄력성은 1이다.

▶ 수요탄력성의 크기

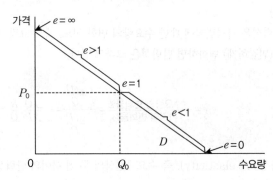

(4) 탄력성의 측정 ★27, 31회 기출★

▶ 수요탄력성의 측정

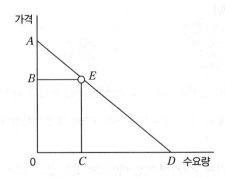

① E에서의 수요탄력성은 $e = \dfrac{ED}{AE} = \dfrac{BO}{AB} = \dfrac{CD}{OC}$이다. 수요곡선이 곡선인 경우에는 접선을 그어 접선의 탄력성을 측정한다.

② 따라서 수요곡선의 가운데 점에서는 $e=1$이고, 그 윗부분에서는 $e>1$, 아랫부분에서는 $e<1$이다.

(5) 수요의 가격탄력성의 크기를 결정하는 요인 ★30회 기출★

① 상호밀접한 대체재의 존재여부 : 대체재가 많이 존재하면 수요탄력성은 크다.

② 재화에 대한 지출액이 소비자의 소득에서 차지하는 비중 : 비중이 클수록 가격이 상승할 때 구매를 연기하므로 수요탄력성은 크다. 예 가전제품, 승용차 등

③ 재화의 성질 : 일반적으로 사치품은 탄력성이 크고, 생활 필수품은 탄력성이 작다.

④ 용도의 다양성 : 재화의 용도가 다양할수록 수요탄력성이 크다.

⑤ 기간의 차이 : 수요량은 유량(flow)이므로 단기보다 장기인 경우 수요탄력성은 크다.

(6) 탄력성과 소비자의 총지출액(기업의 총수입) ★30, 33회 기출★

① 소비자의 총지출액, 즉 기업의 총수입은 재화의 가격(P)에 판매량(Q)을 곱한 것이다($TR=PQ$). 따라서 재화의 가격(P)이 변화하면 수요량(Q)이 변화하고, 이에 따라 소비자의 총지출액이 변화하는데, 이때 변화의 방향은 수요의 가격탄력성에 의존한다.

② 가격이 하락하면 가격하락으로 인해 총지출액은 감소한다(가격변화의 효과). 그러나 수요량의 증가로 총지출액은 증가한다(수요량 변화의 효과). 따라서 총지출액의 변화방향은 두 효과의 상대적 크기에 의해 결정된다.

㉠ $e>1$ (수요량 변화율>가격변화율)이면 총지출액 증가

㉡ $e=1$ (수요량 변화율=가격변화율)이면 총지출액 불변

㉢ $e<1$ (수요량 변화율<가격변화율)이면 총지출액 감소

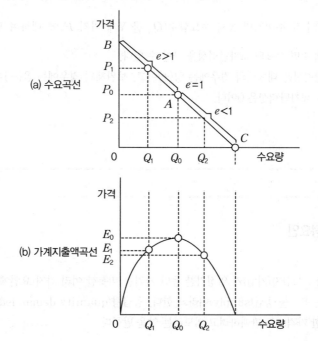

5. 수요의 소득탄력성과 교차탄력성

(1) 수요의 소득탄력성(income elasticity of demand) ★28, 31, 32, 34회 기출★

① 수요의 소득탄력성(e_Y)은 소득(Y)의 변화에 따른 수요량(Q)의 반응 정도를 표시하는 개념이다.

$$e_Y = \frac{\text{수요량의 변화율\%}}{\text{소득의 변화율\%}} = \frac{\dfrac{\Delta Q}{Q}}{\dfrac{\Delta Y}{Y}} = \frac{\Delta Q}{\Delta Y} \times \frac{Y}{Q}$$

② 수요함수가 주어지면 수요함수를 Y에 대하여 미분(편미분)한 후, $\dfrac{Y}{Q}$를 계산하여 곱해주면 수요의 소득탄력성을 구할 수 있다.

③ 정상재(normal goods)는 소득이 증가할 때 수요가 증가하므로 수요의 소득탄력성이 양(+)의 값을 갖는다. 반면 열등재는 소득이 증가할 때 수요가 감소하므로 수요의 소득탄력성이 음(−)의 값을 갖는다. 또한 정상재로서 수요의 소득탄력성이 1보다 크면 사치품, 1보다 작으면 필수품으로 볼 수 있다.

(2) 수요의 교차탄력성(cross elasticity) ★28, 31, 32, 34회 기출★

① 다른 재화의 가격이 변화할 때 어떤 재화의 수요량이 나타내는 반응의 정도를 나타내는 개념이다(대체재나 보완재의 경우). 간접탄력성이라고도 한다. X재 수요의 Y재 가격에 대한 교차탄력성은 다음과 같다.

$$e_{XY} = \frac{X\text{재 수요량의 변화율\%}}{Y\text{재 가격의 변화율\%}} = \frac{\dfrac{\Delta Q_X}{Q_X}}{\dfrac{\Delta P_Y}{P_Y}} = \frac{\Delta Q_X}{\Delta P_Y} \times \frac{P_Y}{Q_X}$$

② X재의 수요함수가 주어지면 X재 수요함수(Q_X)를 Y재 가격 P_Y에 대하여 편미분 한 후 $\dfrac{P_Y}{Q_X}$를 계산하여 곱해 주면 수요의 교차탄력성을 구할 수 있다.

③ 수요의 교차탄력성은 대체재의 경우에는 양(+)이고, 보완재의 경우에는 음(−)이다. 또한 두 재화가 독립재인 경우 교차탄력성은 0이다.

제2절 공급

1. 공급의 개념과 결정요인

(1) 공급의 개념

① 공급과 공급량 : 생산자(기업)가 일정기간 동안 가격을 비롯한 여러 가지 요인에 따라 재화와 서비스를 판매하려는 욕구를 공급(supply)이라고 한다. 공급량(quantity demanded)은 생산자가 일정기간 동안 일정한 가격으로 판매하려고 의도하는 양을 말한다.

② 공급량의 특징

  ㉠ 일정기간동안 판매하려는 양이므로 유량(flow) 개념이다.

  ㉡ 공급량은 실제 판매한 양은 아니고, 판매하려고 의도하는 양이므로 사전적(ex-ante) 개념이다.

  ㉢ 공급량은 일정한 가격수준에서 판매하려는 최대의 수량이다.

  ㉣ 개별 공급자의 개별 공급량을 수평적으로 합하면 시장 공급량이 된다.

(2) 공급의 결정요인

① 그 재화(n)의 시장가격(P_n) : 그 재화의 가격이 상승하면 그 재화의 공급량은 증가하고, 그 재화의 가격이 하락하면 그 재화의 공급량은 감소한다(공급법칙).

② 다른 재화의 가격($P_1 \cdots P_{n-1}$) : 다른 재화의 가격이 상승하면 상대적으로 가격이 상승하지 않은 n재화의 공급은 감소한다.

③ 생산요소의 가격($F_1 \cdots F_m$) : 노동, 자본 등 생산요소의 가격이 상승하면 생산비가 상승하므로 공급은 감소한다. 또한 임금이 상승하면 노동을 주로 사용하는 재화의 생산비는 상승하고, 따라서 이 재화의 공급은 감소한다.

④ 기술수준(T) : 기술진보는 생산성을 향상시키고, 생산비를 감소시켜 공급을 증가시킨다.

⑤ 기업의 목표(G) : 기업의 목표에 따라 공급의 크기가 달라진다.

⑥ 공급자의 예상(E) : 공급자가 가격 상승을 예상하면 가격이 오른 후에 공급을 하기 위해 공급을 감소시킨다. 반면 가격 하락을 예상하면 공급이 증가한다.

2. 공급함수와 공급곡선

(1) 공급함수

① 공급에 영향을 주는 요인과 공급량 간의 관계를 공급함수(supply function)로 나타낼 수 있다.

② 어떤 재화(n)에 대한 공급량 S_n은

$$S_n = f(P_n, P_1, \cdots P_{n-1}, F_1 \cdots F_m, T, G, E)$$

와 같은 공급함수로 표시할 수 있다.

③ S_n에 미치는 P_n의 영향을 분석하기 위해 P_n을 제외한 다른 요인은 일정불변(ceteris paribus)이라고 가정하면 공급함수는 $S_n = f(P_n)$으로 단순화된다. 즉 다른 요인들이 일정불변이라면 S_n은 P_n의 함수이다.

④ 결국 공급함수는 P_n과 S_n 간의 함수관계로, 각각의 가격수준에 대해 생산자가 일정 기간동안 판매하려는 재화의 수량을 표시한다.

(2) 공급곡선

① 공급함수 $S_n = f(P_n)$을 그래프에 표시하면 공급곡선이 그려진다. 공급곡선은 우상향(또는 좌하향)하는데 이는 가격과 공급량이 정(+)의 관계에 있음을 의미한다.

② 즉 가격(P)이 상승하면 공급량(Q)은 증가하고, 가격(P)이 하락하면 공급량(Q)은 감소하는 공급의 법칙을 나타낸다.

▶ 공급곡선

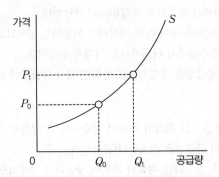

③ 공급곡선이 우상향하는 이유는 한계비용 체증의 법칙이 작용하기 때문이다. 다시 말하면 완전경쟁시
장에서는 개별기업의 한계비용곡선이 공급곡선이 된다(정확하게는 조업중단점 위, 또는 평균가변비
용곡선 위의 한계비용곡선).

3. 공급의 변화와 공급량의 변화

(1) 공급의 변화
① 앞의 공급함수에서 일정불변이라고 가정했던 요인(그 재화의 가격을 제외한 다른 요인)들, 즉 외생변
수가 변화하면 공급곡선(공급함수) 자체가 이동하는데 이를 공급의 변화라고 한다.
② 즉 공급의 변화는 일정한 가격수준(P_0)에서의 공급량의 변화($Q_0 \rightarrow Q_1$)를 의미한다.

(2) 공급량의 변화
① 공급량의 변화는 주어진 공급곡선상에서의 공급점의 이동(A에서 B로)을 의미한다.
② 내생변수인 그 재화의 가격(P_n)이 변화할 때 공급량의 변화가 나타난다.

▶ 공급의 변화   ▶ 공급량의 변화

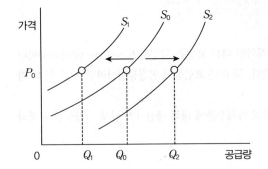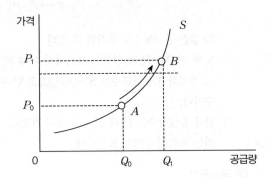

공급의 증가 요인, 즉 공급곡선의 우측이동요인은 다음과 같다.
- 생산요소 가격의 하락으로 인한 생산비의 하락
- 기술 진보
- 다른 재화의 가격 하락
- 공급자의 가격 하락 예상 등

4. 공급의 가격탄력성

(1) 뜻

공급의 가격탄력성은 가격의 변화에 대한 공급량의 변화 정도를 측정하는 개념이다. 공급곡선의 기울기와 관련이 있다.

(2) 공급의 가격탄력성 ★27, 34회 기출★

① 공급의 가격탄력성 : 호탄력성

$$e_S = \frac{\text{공급량의 변화율\%}}{\text{가격의 변화율\%}} = \frac{\dfrac{\Delta Q}{Q}}{\dfrac{\Delta P}{P}} = \frac{\Delta Q}{\Delta P} \times \frac{P}{Q}$$

이 식은 호탄력성(arc elasticity), 즉 공급곡선상의 두 점 사이의 탄력성을 나타낸다. 그러나 호탄력성의 값은 어느 점을 기준으로 하느냐에 따라, 즉 가격이 상승하는 경우와 하락하는 경우 탄력성 값에 차이가 있다. 이를 해결하기 위해 점탄력성을 이용하거나, 중간값을 이용하여 탄력성을 계산한다.

② 점탄력성(point elasticity)

$$e_S = \frac{dQ}{dP} \frac{P}{Q}$$

즉 호탄력성에서 ΔP가 근사적으로 0에 접근하여(즉, 구간의 간격이 거의 0에 접근하여) 어느 한 점에서 극한값을 취하면 점탄력성이 된다. 공급함수를 미분한 후 $\dfrac{P}{Q}$를 곱하여 구한다.

③ 중간값 공식

공급함수를 모르고 가격과 공급량에 관한 데이터가 주어지면 두 점의 중간값을 이용하여 구한다.

$$e_S = \frac{\dfrac{\Delta Q}{\left(\dfrac{Q_1+Q_2}{2}\right)}}{\dfrac{\Delta P}{\left(\dfrac{P_1+P_2}{2}\right)}} = \frac{\Delta Q}{\Delta P} \frac{P_1+P_2}{Q_1+Q_2}$$

(3) 탄력성의 크기

① 공급의 가격탄력성(e)의 크기는 영(0)에서 무한대(∞) 사이의 값을 갖는다. 즉 공급의 가격탄력성은 크기만 고려한다.

    ㉠ $e=0$　　　　(완전비탄력적)　　공급곡선이 수직

    ㉡ $0<e<1$　　　(비탄력적)　　　가격 변화율＞공급량 변화율

    ㉢ $e=1$　　　　(단위탄력적)　　가격 변화율＝공급량 변화율

    ㉣ $1<e<\infty$　　(탄력적)　　　가격 변화율＜공급량 변화율

    ㉤ $e=\infty$　　　(완전탄력적)　　공급곡선이 수평

② 공급의 가격탄력성(e)은 공급곡선의 형태에 따라 크기가 다르고, 동일한 공급곡선 위에서도 측정하려는 점의 위치에 따라 크기에 차이가 있다. 또한 공급곡선이 원점을 지나는 직선인 경우에는 어느 점에서나 탄력성은 1이다.

(4) 탄력성의 측정 ★32회 기출★

① **가격축을 자르는 경우** : 공급곡선이 가격축(세로축)을 자르는 경우에는 공급의 가격탄력성이 1보다 크다(탄력적).

▶ 공급탄력성의 측정

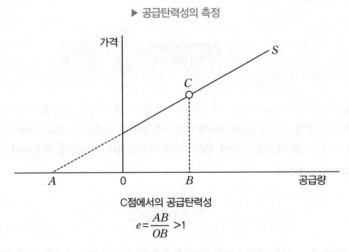

C점에서의 공급탄력성

$$e=\frac{AB}{OB}>1$$

② **수량축을 자르는 경우** : 공급곡선이 수량축(가로축)을 자르는 경우에는 공급의 가격탄력성이 1보다 작다(비탄력적).

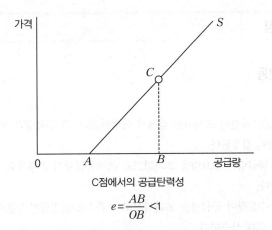

C점에서의 공급탄력성

$$e = \frac{AB}{OB} < 1$$

③ 공급곡선이 원점을 지나는 경우에는 기울기의 정도를 막론하고 공급의 가격탄력성은 항상 1이다.

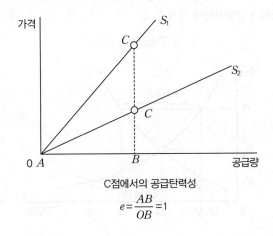

C점에서의 공급탄력성

$$e = \frac{AB}{OB} = 1$$

(5) 공급탄력성의 크기를 결정하는 요인 ★30회 기출★

① 생산량의 증가에 따른 생산비의 변화 정도
  ㉠ 생산량의 증가에 따라 생산비가 급격히 상승하면, 가격이 상승해도 생산량은 약간만 증가하므로 공급탄력성은 작다.
  ㉡ 생산량의 증가에 따라 생산비가 완만하게 상승하면, 가격이 상승할 때 생산량은 크게 증가하므로 공급탄력성은 크다.

② 기간의 차이 : 장기에는 생산설비의 확대로 공급이 크게 증가할 수 있다. 따라서 단기보다는 장기에 공급탄력성이 더 크다. 즉 단기 공급곡선보다 장기 공급곡선이 더 완만하다.

③ 유휴자원의 존재 여부 : 유휴자원이 많이 존재할수록 공급량을 쉽게 증가시킬 수 있으므로 공급탄력성은 커진다.

④ 새로운 기업의 진입의 자유 정도 : 새로운 기업의 진입이 자유로울수록 공급 탄력성은 커진다. 즉 시장이 경쟁적일수록 공급탄력성은 크다.

⑤ 재화의 성질에 따라 : 농산물이나 축산물, 건축물은 생산량 조절에 시간이 많이 걸리므로 공급탄력성은 작고, 공산품은 생산량 조절이 용이하므로 공급탄력성이 크다.

1. 균형가격의 결정과 변동

(1) 균형가격의 결정 *33회 기출*

균형은 수요곡선과 공급곡선이 교차하는 점에서 이루어진다. 즉 수요량과 공급량이 일치하는 곳에서 균형가격과 균형거래량이 결정된다.

① P_1의 가격에서는 공급량이 수요량을 초과하므로 초과공급량이 존재하고, 가격은 공급자들 간의 경쟁으로 인해 하락한다.

② P_2의 가격에서는 수요량이 공급량을 초과하므로 초과수요량(공급부족량)이 존재하고, 가격은 소비자들 간의 경쟁으로 인해 상승한다.

③ P_0의 가격에서는 수요량과 공급량이 일치한다. 따라서 초과수요량과 초과공급량이 존재하지 않고 가격은 P_0에서 고정되어 균형상태에 있게 된다.

▶ 균형가격의 결정

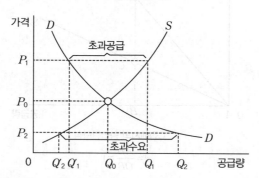

더 알아보기 | 균형(equilibrium)

물리학에서 나온 개념으로 두 개의 상반된 힘이 일치될 때 이루어지며 일단 성립되면 그로부터 이탈하려는 경향이 없는 상태를 의미한다. 즉 균형상태에서 이탈해도 다시 균형으로 복귀하려는 힘이 작용한다(균형의 안정성).

- **최고수요가격** : 골동품이나 미술품처럼 공급이 제한적인 경우에는 공급자가 받으려는 가격과는 관계없이 수요자가 내려고 하는 최고의 가격수준에서 가격이 결정된다.
- **최저수요가격** : 공급과잉인 경우, 그 상품을 전부 판매하려면 가격은 수요자가 내려고 하는 최저의 가격수준에서 결정된다.

▶ 최고수요가격과 최저수요가격

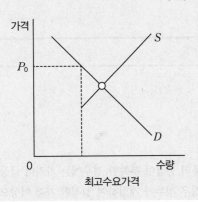 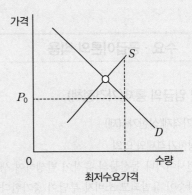

| 최고수요가격 | 최저수요가격 |

(2) 균형가격의 변동 ★29회 기출★

수요의 변화 또는 공급의 변화에 의해 수요곡선과 공급곡선이 이동하면 균형가격과 균형거래량이 변화한다.

① **수요의 증가** : 소득의 증가, 대체재 가격의 상승 등으로 인해 수요의 증가가 발생하면 수요곡선이 우측으로 이동하므로 균형가격은 상승하고, 균형거래량은 증가한다.

② **공급의 증가** : 생산요소 가격의 하락, 기술진보 등으로 인해 공급의 증가가 발생하면 공급곡선이 우측으로 이동하므로 균형가격은 하락하고, 균형거래량은 증가한다.

▶ 균형가격의 변동

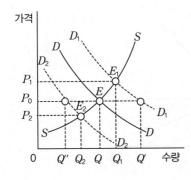 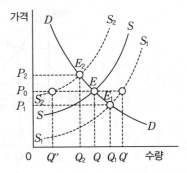

(3) 수요 공급의 식에 의한 균형가격과 균형거래량 결정 ★29회 기출★

① 수요함수와 공급함수가 주어지면 두 함수를 연립하여 풀면 균형가격과 균형거래량을 구할 수 있다.

② 예를 들어, X재의 수요함수와 공급함수가 각각 $Q_D = 200 - 2P$, $Q_S = 100 + 3P$으로 주어진 경우 균형가격과 균형거래량을 구하고, 시장균형에서 X재에 대한 수요의 가격탄력성을 구해보자.

③ 균형에서는 수요량과 공급량이 같으므로 $200-2P=100+3P$이다. $100=5P$이므로 균형가격 $P^*=$ 20. 이를 두 함수 중 어느 하나에 대입하면 균형거래량(Q^*)을 구할 수 있다. $Q^*=200-2$ (20)$=160$이다. 이를 대입하면 수요의 가격탄력성 $e_D=-\dfrac{dQ}{dP}\times\dfrac{P}{Q}=-(-2)\dfrac{20}{160}=0.25$이다.

제4절　수요·공급이론의 적용

1. 가격 및 임금의 통제(가격정책)

(1) 최고가격제(상한가격제)

　① 상한가격제의 의의

　　전시이거나 농산물의 흉작이 발생하여 생활필수품의 공급이 부족한 경우에는 가격이 급등하여 물가 상승이 유발되고 소비자 부담이 증가한다. 이런 경우 정부가 개입하여 일정한 가격 이상으로는 판매할 수 없도록 하는 최고가격제(maximum price, ceiling price)를 실시한다.

　② 상한가격제의 효과

　　㉠ 가격통제 이전의 균형가격은 P_0, 균형거래량은 Q_0이다. 그러나 이 균형가격이 너무 높으므로 P_0 보다 낮은 P_1에서 최고가격을 설정한다. 그러면 $Q_0 Q_2$만큼 수요량이 증가하고 $Q_1 Q_0$만큼 공급량이 감소하므로 $Q_1 Q_2$의 공급부족(shortage, 초과수요)이 발생한다.

　　㉡ 초과수요량이 있게 되면 가격이 상승해야 하지만 정부가 가격을 통제하므로 암시장이 형성된다. 이때 암시장 가격은 원래의 시장가격보다 높은 P_2에서 결정되므로 수요자의 부담은 더 커지고, 상품을 구입하기가 더 어려워진다.

▶ 최고가격제

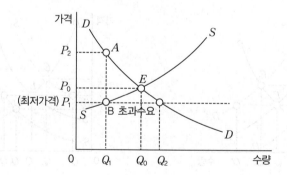

　③ 자원배분 방법

　　㉠ 이처럼 정부가 가격을 규제하면, 가격기구는 자원배분의 기능을 상실하므로 다른 배분방법이 채택되어야 한다.

　　㉡ 자원배분 방법으로는 다음과 같은 방법이 제시될 수 있다.

　　　ⓐ 선착순(first come first served) 판매

　　　ⓑ 판매자 선호(seller's preference)에 의한 배분

ⓒ 배급제 등 중앙정부의 선호에 따른 배분

ⓓ 추첨제 등 운에 의한 배분

④ 상한가격제 사례

최고가격제의 예로는 전시 가격통제, 임대료 상한제, 최고 이자율 규제 등이 있다.

(2) 최저가격제(하한가격제)

① 하한가격제의 의의

특정한 재화나 서비스를 일정한 가격수준 이하로는 판매할 수 없도록 정부가 최저가격(minimum price, floor price)을 설정하는 것으로, 생산자(특히 농민)나 노동자를 보호하기 위한 정책이다.

② 하한가격제의 효과

㉠ 가격통제가 없는 경우 균형가격은 P_0, 균형거래량은 Q_0이다. 균형가격이 생산비에도 미치지 못할 정도로 너무 낮은 경우, 정부가 개입하여 P_0보다 높은 P_m에서 최저가격을 설정한다. 그러면 공급량은 Q_0Q_2만큼 증가하고, 수요량은 Q_1Q_0만큼 감소하여 Q_1Q_2만큼의 초과공급량이 발생한다.

㉡ 초과공급량은 생산자들 간의 경쟁을 야기하여 정부의 후속대책이 없는 한 가격은 원래의 시장가격인 P_0로 다시 하락한다.

▶ 최저가격제

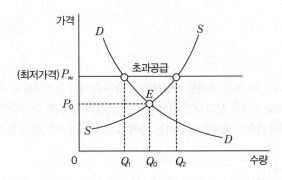

③ 하한가격제의 사례

최저가격제의 예로 과거에 시행했던 농산물 가격 지지정책, 최저임금제 등을 들 수 있다.

(3) 최저임금제

① 최저임금제의 의의

최저가격제는 노동에 대해서도 일반적으로 실시되는데 이를 최저임금제(minimum wage)라고 한다. 최저임금제는 시장임금이 최저 생계비 수준에 미치지 못하는 경우에 시장임금보다 높은 수준에서 최저임금을 설정하여 노동자의 최저생활을 보장하려는데 목적이 있다.

② 최저임금제의 효과 ★29회 기출★

㉠ 자유로운 노동시장의 균형에서 균형임금은 W_0, 균형 고용량은 L_0이다. 균형임금 W_0가 생계비에도 미치지 못하는 경우 정부가 최저임금을 W_m에서 설정하면 노동공급은 L_0L_2만큼 증가하고, 노동수요는 L_1L_0만큼 감소한다.

㉡ 이에 따라 고용량은 L_1으로 감소하고, L_1L_2의 노동에 대한 초과공급, 즉 실업이 발생한다.

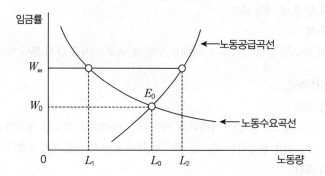

▶ 최저임금제

③ 최저임금제의 부정적 기능

    ㉠ 최저임금제는 실업을 증가시키는 결과를 가져온다. 그리고 이 경우 노동의 수요탄력성이 탄력적인 경우 실업은 더 크게 증가한다.

    ㉡ 또한 이 경우 실업자들은 W_m보다 낮은 임금을 받더라도 고용되기를 원하므로 임금덤핑 등 최저임금제의 역기능이 발생할 수 있고, 고용주의 입장에서는 W_m에서 가능한 한 유능한 노동자를 고용하므로 미숙련 노동자가 실업자가 된다.

2. 조세부담의 귀착

(1) 의의

    정부가 판매세를 부과할 때 누가 조세를 부담하느냐 하는 문제를 조세부담의 귀착(incidence)이라고 한다. 정부가 생산자에게 조세를 부과하면 생산자는 그 조세의 일부를 소비자에게 떠넘기는데 이를 전가(shift)라고 하고, 최종적으로 조세를 부담하는 측에 조세가 떠넘겨질 때 이를 귀착이라고 한다.

더 알아보기   종량세와 종가세

- 수량을 기준으로 상품 1단위 마다 일정한 액수의 조세를 부과할 때 이를 종량세(specific tax)라고 한다. 종량세가 부과되면 조세액만큼 생산자의 한계비용 곡선, 즉 공급곡선이 상방으로 이동한다.
- 반면 판매가격의 일정비율만큼 조세를 부과할 때 이를 종가세(ad valorem tax)라고 한다.

---

(2) 조세부과의 효과 ★31, 33회 기출★

    ① 판매세가 종량세로 부과되면 조세액만큼 공급곡선이 상방으로 이동하므로(즉 공급의 감소), 균형가격은 상승하고 균형거래량은 감소한다.

    ② 이때 균형가격의 상승분은 소비자가 부담하고, 나머지는 생산자가 부담한다.

(3) 조세부담의 귀착 ★28, 32, 34회 기출★

    ① 정부가 공급자에게 조세를 부과(tax imposition)하면 조세의 일부는 수요자에게 떠넘겨지는데 이를 조세의 전가(shifting)라고 한다. 이 경우 최종적으로 조세를 부담하는 측에 조세가 전가되면 조세부담의 귀착(incidence)이라고 한다.

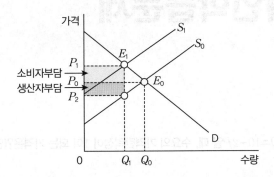

▶ 조세부담의 귀착

② 수요자와 공급자에게 조세가 어느 정도 배분되는가 하는 것은 수요의 가격탄력성과 공급의 가격탄력성의 상대적 크기에 따라 달라진다. 이 경우 탄력성이 클수록, 즉 탄력적일수록 조세를 적게 부담한다.

　㉠ 공급탄력성>수요탄력성이면 소비자 부담>생산자 부담

　㉡ 공급탄력성<수요탄력성이면 소비자 부담<생산자 부담

　㉢ 수요탄력성=0이면 전부 소비자 부담, 공급탄력성=0이면 전부 생산자 부담

　㉣ 수요탄력성이 무한대이면 전부 생산자 부담, 공급탄력성이 무한대이면 전부 수요자 부담

(4) 조세부과가 균형가격과 균형거래량에 미치는 영향

① 조세가 부과되면 공급곡선을 상방으로 이동시키므로 균형가격은 상승하고 균형거래량은 감소한다. 이 경우 가격상승폭과 거래량 감소폭의 상대적인 크기는 수요와 공급의 가격탄력성에 따라 달라진다.

② 농산물처럼 수요탄력성과 공급탄력성이 모두 비탄력적인 경우에는 가격 상승폭이 더 크다. 고급 승용차처럼 수요탄력성과 공급탄력성이 모두 탄력적인 경우에는 거래량 감소폭이 더 크다.

③ 또한 조세가 부과되면 균형거래량은 감소하므로 자중손실(deadweight loss)이 발생하여 자원의 비효율적 배분을 초래한다. 이 경우 수요나 공급의 탄력성이 탄력적이면 자중손실이 크게 발생하고, 비탄력적이면 자중손실이 적게 발생한다.

제2장 | 확인학습문제

01 X재의 수요곡선이 $Q=10-2P$일 때, 수요의 가격탄력성이 1이 되는 가격은?(단, Q는 수요량, P는 가격)

★31회 기출★

① 1
② 1.5
③ 2
④ 2.5
⑤ 5

> **해설**
> 난도 ★★
> 수요곡선에서 수요의 가격탄력성이 1이 되는 곳은 수요곡선의 가운데 점이다. 주어진 수요함수에서 역수요함수를 구하면 $P=5-\frac{1}{2}Q$이다. 가격축 절편의 $\frac{1}{2}$ 지점이므로 가격 2.5에서 수요의 가격탄력성은 1이 된다.

답 ④

02 X재에 대한 시장수요함수, 시장공급함수가 각각 $Q_D=-4P+1,600$, $Q_S=8P-800$일 때, 균형가격(P^*)과 균형거래량(Q^*)은?(단, Q_D는 수요량, Q_S는 공급량, P는 가격이다)

★29회 기출★

① $P^*=190$, $Q^*=840$
② $P^*=195$, $Q^*=820$
③ $P^*=200$, $Q^*=800$
④ $P^*=205$, $Q^*=780$
⑤ $P^*=210$, $Q^*=760$

> **해설**
> 난도 ★★
> 균형에서는 수요량 Q_D=공급량 Q_S이므로 $-4P+1,600=8P-800$이다. $12P=2,400$이므로 $P^*=200$이다. 이를 수요함수나 공급함수에 대입하면 $Q^*=800$이다.

답 ③

03 수요와 공급의 가격탄력성에 관한 설명으로 옳은 것을 모두 고른 것은?

ㄱ. 대체재를 쉽게 찾을 수 있을수록 수요의 가격탄력성은 작아진다.

ㄴ. 동일한 수요곡선 상에서 가격이 높을수록 수요의 가격탄력성은 항상 커진다.

ㄷ. 상품의 저장에 드는 비용이 클수록 공급의 가격탄력성은 작아진다.

ㄹ. 공급곡선이 원점을 지나고 우상향하는 직선형태일 경우, 공급의 가격탄력성은 항상 1이다.

① ㄱ, ㄴ   ② ㄱ, ㄷ

③ ㄴ, ㄷ   ④ ㄴ, ㄹ

⑤ ㄷ, ㄹ

해설

난도 ★

ㄱ. 대체재를 쉽게 찾을 수 있으면 가격이 상승하는 경우 수요량이 크게 감소하므로 수요의 가격탄력성은 커진다.

ㄴ. 수요곡선이 우하향하면 동일한 수요곡선 상에서 가격이 높을수록 수요의 가격탄력성은 항상 커진다. 그러나 수요곡선이 수직이라면 가격과 관계없이 수요의 가격탄력성은 항상 0이 되고, 수요곡선이 직각쌍곡선 형태라면 가격과 관계없이 수요의 가격탄력성은 항상 1이 된다.

답 ⑤

04 맥주시장의 수요함수가 $Q_D = 100 - 4P - P_C + 0.2I$일 때, 옳은 것을 모두 고른 것은?(단, Q_D는 맥주 수요량, P는 맥주 가격, P_C는 치킨 가격, I는 소득)

ㄱ. 맥주는 열등재이다.

ㄴ. 맥주는 치킨의 보완재이다.

ㄷ. 치킨 가격이 인상되면 맥주 수요는 감소한다.

① ㄱ   ② ㄷ

③ ㄱ, ㄴ   ④ ㄴ, ㄷ

⑤ ㄱ, ㄴ, ㄷ

해설

난도 ★★

수요함수를 편미분하여 수요의 소득탄력성을 구하면(I 앞의 계수만 확인하면 된다) 양(+)의 값을 가지므로 맥주는 정상재이다. 수요의 교차탄력성은 음(−)이므로 두 재화는 보완재이다(P_C 앞의 계수만 확인하면 된다). 치킨과 맥주는 보완재이므로 치킨 가격이 인상되면 맥주 수요는 감소한다.

답 ④

05 밑줄 친 변화에 따라 2018년 Y재 시장에서 예상되는 현상으로 옳지 <u>않은</u> 것은?(단, 수요곡선은 우하향, 공급곡선은 우상향하며, 다른 조건은 일정하다) ★29회 기출★

> • 2017년 Y재 시장의 균형가격은 70만 원이며, 균형거래량은 500만이다.
> • 2018년에 Y재 생산에 필요한 부품가격이 상승하였다.

① 공급곡선은 왼쪽으로 이동한다.　　② 균형가격은 낮아진다.
③ 균형거래량은 줄어든다.　　④ 소비자 잉여는 감소한다.
⑤ 사회적 후생은 감소한다.

[해설]
난도 ★
Y재 생산에 필요한 부품 가격, 즉 생산요소 가격이 상승하면 Y재 공급의 감소로 공급곡선이 왼쪽으로 이동한다. 그 결과 균형가격은 상승하고, 균형거래량은 감소한다. 가격이 상승하므로 소비자 잉여는 감소하고, 거래량이 감소하므로 사회적 후생이 감소하여 자중손실(deadweight loss)이 발생한다.

답 ②

06 주유소에서 휘발유를 구입하는 모든 소비자들은 항상 "5만 원어치 넣어주세요"라고 하는 반면, 경유를 구입하는 모든 소비자들은 항상 "40리터 넣어주세요"라고 한다. 현재의 균형상태에서 휘발유의 공급은 감소하고, 경유의 공급이 증가한다면, 휘발유 시장과 경유 시장에 나타나는 균형가격의 변화는?(단, 휘발유 시장과 경유 시장은 완전경쟁시장이며, 각 시장의 공급곡선은 우상향하고, 다른 조건은 일정하다) ★29회 기출★

① 휘발유 시장 : 상승, 경유 시장 : 상승
② 휘발유 시장 : 상승, 경유 시장 : 하락
③ 휘발유 시장 : 하락, 경유 시장 : 불변
④ 휘발유 시장 : 하락, 경유 시장 : 하락
⑤ 휘발유 시장 : 불변, 경유 시장 : 불변

[해설]
난도 ★★
휘발유 시장의 수요자들은 일정 금액의 휘발유를 구입하므로 수요곡선은 우하향하는 직각쌍곡선 형태이다. 휘발유의 공급이 감소하면 휘발유 가격은 상승한다.
경유 시장의 수요자들은 가격과 관계없이 일정한 양을 구입하므로 수요곡선은 수직선의 형태가 되고, 공급이 증가하면 경유의 가격은 하락한다.

답 ②

07 사과수요의 가격탄력성은 1.4, 사과수요의 감귤 가격에 대한 교차탄력성은 0.9, 사과수요의 배 가격에 대한 교차탄력성은 −1.5, 사과수요의 소득탄력성은 1.2이다. 다음 설명 중 옳은 것을 모두 고른 것은?(단, 수요의 가격탄력성은 절댓값으로 표시한다)　★28회 기출★

> ㄱ. 사과는 정상재이다.
>
> ㄴ. 사과는 배와 대체재이다.
>
> ㄷ. 사과는 감귤과 보완재이다.
>
> ㄹ. 다른 조건이 불변일 때 사과 가격이 상승하면 사과 판매자의 총수입은 감소한다.

① ㄱ, ㄴ
② ㄱ, ㄷ
③ ㄱ, ㄹ
④ ㄴ, ㄹ
⑤ ㄷ, ㄹ

해설

난도 ★★

ㄱ. 사과수요의 소득탄력성이 양(+)의 값을 가지면 사과는 정상재이다.

ㄹ. 사과수요의 가격탄력성이 1.4이므로 사과가격이 상승하면 수요량은 더 크게 감소하므로 사과 판매자의 총수입은 감소한다.

ㄴ. 사과수요의 배 가격에 대한 교차탄력성이 음(−)의 값을 가지면 두 재화는 보완재이다. 사과수요의 소득탄력성이 양(+)이고 1보다 크면 정상재이고 사치재의 성격이 있다.

ㄷ. 사과수요의 감귤 가격에 대한 교차탄력성이 양(+)의 값을 가지면 두 재화는 대체재이다.

답 ③

---

08 X재에 부과되던 물품세가 단위당 t에서 $2t$로 증가하였다. X재에 대한 수요곡선은 우하향하는 직선이며, 공급곡선은 수평일 때 설명으로 옳은 것은?　★28회 기출★

① 조세수입이 2배 증가한다.

② 조세수입이 2배보다 더 증가한다.

③ 자중손실(deadweight loss)의 크기가 2배 증가한다.

④ 자중손실의 크기가 2배보다 더 증가한다.

⑤ 새로운 균형에서 수요의 가격탄력성은 작아진다.

해설

난도 ★★

물품세가 되면 세액만큼 공급곡선은 상방으로 평행이동한다. 그래프를 그려 확인하는 것이 가장 쉬운 방법이다.

①, ② 물품세가 단위당 t에서 $2t$로 증가하면 거래량이 감소하므로 조세수입은 2배보다 적게 증가한다.

③ 자중손실(deadweight loss)의 크기가 4배 증가한다.

⑤ 새로운 균형은 수요곡선상에서 볼 때 이전보다 위에서 이루어지므로 수요의 가격탄력성은 커진다.

답 ④

09 X재 시장의 수요곡선은 $Q_D=500-4P$이고, 공급곡선은 $Q_S=-100+2P$이다. 시장 균형에서 정부가 P =80의 가격 상한을 설정할 때, (ㄱ) <u>소비자 잉여의 변화</u>와 (ㄴ) <u>생산자 잉여의 변화</u>는?(단, Q_D는 수요량, Q_S는 공급량, P는 가격)

① ㄱ : 증가, ㄴ : 증가   ② ㄱ : 증가, ㄴ : 감소

③ ㄱ : 불변, ㄴ : 불변   ④ ㄱ : 감소, ㄴ : 증가

⑤ ㄱ : 감소, ㄴ : 감소

> **해설**
> 난도 ★
>
> 가격상한제는 시장의 균형가격보다 낮은 수준에서 가격의 상한을 정부가 통제하는 것이다. 시장가격보다 가격이 낮아지므로 소비자 잉여는 증가하고 생산자 잉여는 감소한다.
>
> 답 ②

10 甲기업의 공급함수는 $Q=100+2P$이다. $P>0$일 때 甲의 공급에 대한 가격탄력성 e는?(단, P는 가격, Q는 수량이다)

① $e=0$ ② $0<e<1$

③ $e=1$ ④ $1<e<2$

⑤ $e=2$

> **해설**
> 난도 ★★
>
> 공급함수를 P를 중심으로 정리하면 $P=-50+\dfrac{1}{2}Q$이다. 이 공급곡선은 가로축(수량축)을 통과하는 우상향하는 직선이다. 따라서 공급의 가격탄력성(e)은 $0<e<1$ 이다. 공급곡선이 원점을 통과하는 직선이라면 기울기와 관계없이 $e=1$이고, 세로축(가격축)을 통과하는 경우에는 $e>1$이다.
>
> 답 ②

44 제1편 | 미시경제학

11 수요의 법칙과 공급의 법칙이 성립하는 선풍기 시장에서 선풍기 균형가격의 상승을 유발하는 요인이 아닌 것은?(단, 선풍기는 열등재이다)

① 대체재인 에어컨 생산기술의 발전으로 좀 더 저렴한 비용으로 에어컨을 생산할 수 있게 되었다.
② 대체재인 에어컨 가격이 상승했다.
③ 여름 날씨가 무척 더워진다는 예보가 있다.
④ 선풍기 물품세가 인상되었다.
⑤ 최근 불황으로 인해 소득이 하락하였다.

해설
난도 ★
선풍기에 대한 수요의 증가나 공급의 감소가 있는 경우 균형가격은 상승한다. 에어컨 생산기술이 발전하여 에어컨 생산비용이 하락하여 에어컨 가격이 하락하면 에어컨의 수요가 증가하므로 선풍기에 대한 수요는 감소하고 선풍기의 가격은 하락한다.

 ①

12 단위당 동일한 종량세율로 생산자 또는 소비자에게 부과하는 조세에 관한 설명으로 옳지 않은 것은?

① 생산자에게 부과할 때와 소비자에게 부과할 때의 경제적 순손실(deadweight loss)은 같다.
② 조세부담의 귀착(tax incidence)은 조세당국과 생산자 및 소비자 간의 협상능력에 의존한다.
③ 수요의 가격탄력성이 클수록 생산자의 조세부담이 커진다.
④ 수요의 가격탄력성이 공급의 가격탄력성보다 클수록 생산자의 조세부담분이 커진다.
⑤ 수요의 가격탄력성이 0인 재화에 조세를 부과해도 사회후생은 감소하지 않는다.

해설
난도 ★★
② 조세부담의 귀착(tax incidence)은 생산자의 공급의 가격탄력성과 수요자의 수요의 가격탄력성에 의존한다. 가격탄력성이 클수록 조세부담을 회피하여 조세를 적게 부담한다. 가격탄력성 ∞이면 부담은 0이고, 가격탄력성이 0이면 전부 부담한다.
① 종량세를 생산자에게 부과하건 소비자에게 부과하건 경제적 순손실은 동일하다.
⑤ 수요의 가격탄력성이 0인, 즉 수요곡선이 수직선 형태인 재화에 조세를 부과하면 거래량은 변화하지 않으므로 사회후생은 변화가 없다.

답 ②

13 베이글과 크림치즈는 서로 보완재이고, 베이글과 베이컨은 서로 대체재이다. 베이글의 원료인 밀가루 가격의 급등에 따라 베이글의 생산비용이 상승하였을 때 각 시장의 변화로 옳지 <u>않은</u> 것은?(단, 베이글, 크림치즈, 베이컨 모두 수요와 공급의 법칙을 따르며 다른 조건은 일정하다)

★27회 기출★

① 베이글의 가격은 상승한다.

② 크림치즈의 거래량은 감소한다.

③ 크림치즈 시장의 생산자 잉여는 감소한다.

④ 베이컨의 판매수입은 증가한다.

⑤ 베이컨 시장의 총잉여는 변함이 없다.

해설

난도 ★

⑤ 베이글의 생산비용이 상승하면 베이글의 공급이 감소하여 베이글의 공급곡선이 왼쪽으로 이동한다. 이로 인해 베이글의 가격이 상승하고 거래량은 감소한다. 반면 대체재인 베이컨의 수요는 증가하여 균형가격이 상승하고, 균형거래량은 증가한다. 따라서 베이컨 시장의 총잉여도 변화한다. 변화의 정도는 베이컨의 수요곡선과 공급곡선의 기울기에 따라 다르게 나타난다.

답 ⑤

14 X재만 판매하는 A기업이 가격을 20% 인상하였더니 매출액이 10% 감소하였다. 다음 설명 중 옳은 것은?

① 판매량이 10% 감소하였다.

② 판매량이 50% 감소하였다.

③ 수요의 가격탄력성은 0.1이다.

④ 수요의 가격탄력성은 0.5이다.

⑤ 수요의 가격탄력성은 1보다 크다.

해설

난도 ★★

매출액은 총수입 $TR = PQ$이다. 가격을 인상했는데 매출액이 감소한다면 가격 인상보다 수요량(= 판매량)이 더 크게 감소하였기 때문이다. 따라서 이런 경우 수요의 가격탄력성은 탄력적이다(1보다 크다).

답 ⑤

15 다음과 같이 시장수요곡선(D)과 시장공급곡선(S)이 주어졌을 때 정부가 생산자에게 세금을 부과하여 공급곡선이 S에서 S'로 이동하였다. 다음 중 옳은 것은?(단, 시장수요곡선은 완전탄력적이며 시장공급곡선은 우상향한다)

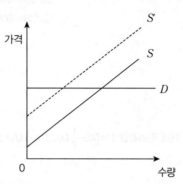

① 모든 세금은 소비자가 부담한다.
② 균형거래량은 변화가 없다.
③ 생산자 잉여는 감소한다.
④ 소비자 잉여는 증가한다.
⑤ 정부의 조세수입은 발생하지 않는다.

해설

난도 ★★

③, ④ 생산자 잉여는 감소하지만, 수요곡선이 수평이므로 소비자 잉여는 0이고 변화가 없다.

① 수요탄력성이 ∞이므로 수요자는 세금부담을 완전히 회피하고 따라서 전부 생산자(공급자)가 부담한다.

② 조세가 부과되면 균형거래량은 감소한다. 또 이로 인해 자중손실(deadweight loss)이 발생한다.

⑤ 조세를 부과해도 거래량이 0이 되는 것은 아니므로 정부의 조세수입은 발생한다.

답 ③

16 X재의 수요함수와 공급함수가 각각 $Q_D = 100 - 2P$, $Q_S = -80 + 4P$이다. 시장균형에서 소비자 잉여(CS)와 생산자 잉여(PS)는?(단, Q_D는 수요량, Q_S는 공급량, P는 가격이다)

① CS=200, PS=400
② CS=400, PS=200
③ CS=600, PS=200
④ CS=600, PS=300
⑤ CS=800, PS=400

해설
난도 ★★★

수요함수와 공급함수를 P에 대해 정리하면 $P = 50 - \frac{1}{2}Q_D$, $P = \frac{1}{4}Q_S + 20$이다. 두 함수를 연립하여 풀면 $Q = 40$, $P = 30$이다.

소비자 잉여는 수요함수의 절편이 50이고 가격 30, 거래량 40이므로 $CS = (50 - 30) \times 40 \times \frac{1}{2} = 400$이다. 생산자 잉여는 공급함수의 절편이 20이므로 $PS = (30 - 20) \times 40 \times \frac{1}{2} = 200$이다.

답 ②

---

17 다음 공급곡선들의 각 점에서 측정한 가격탄력성 크기를 옳게 비교한 것은?

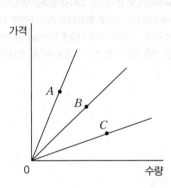

① A>B>C
② C>B>A
③ A>B=C
④ C=B>A
⑤ A=B=C

해설
난도 ★

공급곡선이 원점을 지나는 직선인 경우(곡선이면 공급곡선의 접선이)에는 공급곡선의 기울어진 정도와 관계 없이 공급의 가격탄력성은 항상 1이다.

답 ⑤

18

✔확인
Check!
○
△
×

X재의 시장수요함수와 시장공급함수가 각각 $Q_D = 3,600 - 2P$, $Q_S = 300$이다. 정부가 X재 한 단위당 100원의 세금을 소비자에게 부과할 때 자중손실(deadweight loss)은?(단, Q_D는 수요량, Q_S는 공급량, P는 가격이다) ★27회 기출★

① 0원   ② 10,000원

③ 20,000원   ④ 30,000원

⑤ 40,000원

해설
난도 ★★

공급함수가 $Q_S = 300$이라는 것은 공급곡선이 거래량 300에서 수직이라는 것을 의미한다. 조세가 부과되면 조세액만큼 공급곡선이 상방으로 이동하는데, 공급곡선이 수직인 경우에는 공급곡선이 불변이고 따라서 균형거래량이 변화하지 않으므로 자중손실(deadweight loss)은 발생하지 않는다. 즉 자중손실은 0원이다.

답 ①

19

✔확인
Check!
○
△
×

X재의 시장수요곡선과 시장공급곡선이 각각 $Q_D = 100 - 2P$, $Q_S = 20$이다. 정부가 X재 한 단위당 10의 세금을 공급자에게 부과한 이후 X재의 시장가격은?(단, Q_D는 수요량, Q_S는 공급량, P는 가격이다) ★34회 기출★

① 10   ② 20

③ 30   ④ 40

⑤ 50

해설
난도 ★★

$Q_S = 20$에서 공급곡선이 완전비탄력적이므로, 세금을 부과하더라도 공급곡선은 바뀌지 않는다.
따라서 $Q_D = 100 - 2P$와 $Q_S = 20$을 연립하면, $P^* = 40$, $Q^* = 20$이고, 이 경우 조세의 전부를 생산자가 부담하게 된다.

답 ④

20

✔확인
Check!
○
△
×

소비자 甲은 담배 가격의 변화에 관계없이 담배 구매에 일정한 금액을 지출한다. 甲의 담배에 대한 수요의 가격탄력성 e는?(단, 담배에 대한 수요의 법칙이 성립하고, 수요의 가격탄력성 e는 절댓값으로 표시한다) ★27회 기출★

① $e = 0$ ② $0 < e < 1$

③ $e = 1$ ④ $1 < e < \infty$

⑤ $e = \infty$

해설

담배가격(P)의 변화에 관계없이 담배구매금액(PQ)이 일정하다면 수요곡선은 직각쌍곡선(rectangula hyperbola)이라는 것을 의미한다. 수요곡선이 직각쌍곡선인 경우 수요곡선상의 어떤 점에서 수요의 가격탄력성을 측정해도 항상 1이 된다.

답 ③

21

X재 시장에 소비자는 甲과 乙만이 존재하고, X재에 대한 甲과 乙의 개별 수요함수가 각각 $Q_D=10-2P$, $Q_D=15-3P$이다. X재의 가격이 2.5일 때, 시장수요의 가격탄력성은?(단, Q_D는 수요량, P는 가격이고, 수요의 가격탄력성은 절댓값으로 표시한다)
★27회 기출★

① 0.5 ② 0.75
③ 1 ④ 1.25
⑤ 1.5

해설

난도 ★★★

두 사람의 수요함수를 수평으로 합계하면(절편과 기울기를 각각 더하여) $Q=25-5P$이다. 가격(P)이 2.5이면 수요량(Q)은 12.5이다. 수요의 가격탄력성 $e_D=-\dfrac{dQ}{dP}\times\dfrac{P}{Q}=-(-5)\times\dfrac{2.5}{12.5}=1$이 된다.

답 ③

22

주유소에서 매주 휘발유를 甲은 10리터 넣고, 乙은 10,000원 만큼 넣는다. 다음 설명 중 옳은 것을 모두 고른 것은?

ㄱ. 甲의 휘발유 수요는 가격에 대하여 비탄력적이다.
ㄴ. 乙의 경우 휘발유 가격이 10% 오르면 주유량을 5% 줄인다.
ㄷ. 휘발유 가격이 리터당 1,000원일 때 세금을 부과하면 甲의 조세부담이 乙보다 크다.

① ㄱ ② ㄷ
③ ㄱ, ㄴ ④ ㄱ, ㄷ
⑤ ㄴ, ㄷ

해설

난도 ★★

ㄱ. 甲은 가격에 관계없이 수요량이 일정하므로 수요의 가격탄력성은 0, 즉 완전비탄력적이다.

ㄷ. 조세부담은 수요탄력성이 비탄력적일수록 커진다. 따라서 수요의 가격탄력성이 0인 甲의 조세부담이 乙보다 크다.

ㄴ. 乙은 지출액($P_X x = 10,000$)이 일정하므로 수요곡선은 직각쌍곡선이고 수요의 가격탄력성은 1이다. 따라서 가격이 10% 오르면 주유량은 10% 줄인다.

답 ④

---

23 아래의 변화들 중에 국산 영화에 대한 수요곡선을 이동시킨다고 볼 수 <u>없는</u> 것은?

① 국산 영화에 대한 사람들의 기호 변화

② 영화를 즐기는 계층의 꾸준한 증가

③ 전반적인 소득 증대

④ 국산 영화가격(관람가격)의 하락

⑤ 여가의 증가

해설

난도 ★

수요함수에서 그 재화의 가격은 내생변수이다. 내생변수가 변하면 수요곡선 상에서의 수요점의 이동이 이루어진다. 반면 그 재화의 가격을 제외한 외생변수가 변하면 수요곡선 자체가 이동한다.

답 ④

---

24 이상기후현상으로 인해 오징어 어획량이 감소하고, 오징어를 사용한 음식이 건강에 좋다는 인식이 확산되었다. 이 현상이 오징어 거래량과 오징어 가격에 미치는 영향은?

① 오징어 거래량이 증가하지만 오징어 가격의 변화는 불확정적이다.

② 오징어 거래량의 변화는 불확정적이지만 오징어 가격은 상승한다.

③ 오징어 거래량이 증가하고 오징어 가격은 상승한다.

④ 오징어 거래량이 감소하고 오징어 가격은 상승한다.

⑤ 오징어 거래량이 증가하고 오징어 가격은 하락한다.

해설

난도 ★

오징어 어획량이 감소하면 공급곡선은 왼쪽으로 이동한다. 반면에 오징어에 대한 긍정적 인식은 수요곡선을 오른쪽으로 이동시킨다. 그 결과 가격은 분명히 상승하지만 거래량의 변화는 확실하게 알 수 없다. 거래량의 변화는 공급의 감소와 수요의 증가 크기에 따라 다르게 나타난다.

답 ②

25 정부의 가격통제에 관한 설명으로 옳지 <u>않은</u> 것은?

① 최고가격제를 실시할 경우 암시장이 발생할 수 있고 암시장에서의 거래가격이 최고가격제 실시 전의 시장거래가격보다 더 높아질 수 있다.

② 자원배분의 왜곡을 초래한다.

③ 최고가격제를 실시하면 시장거래가격이 낮아지고 공급되는 제품의 질이 저하될 수 있다.

④ 최고가격제는 저소득층에게 공평한 기회를 제공하며 사회적 후생을 증대시킨다.

⑤ 실효성 있는 최저임금제는 비자발적 실업을 발생시킨다.

해설
난도 ★★

최고가격제를 실시하면 가격이 낮아져서 저소득층의 가격부담을 덜어줄 수는 있지만 거래량이 감소하므로 사회적으로는 사회 후생의 손실(deadweight loss)이 발생한다.

답 ④

26 다음 설명 중 옳지 <u>않은</u> 것은?

① 수요곡선이 공급곡선보다 더 탄력적인 경우에 세금이 부과되면 소비자가 생산자보다 세금을 적게 부담하게 된다.

② 수요곡선과 공급곡선의 탄력성이 낮을수록 세금 부과 시 사회적 후생손실(deadweight loss)의 발생이 작아진다.

③ 이론적으로는 세율이 너무 높아지면 오히려 정부의 세수입이 줄어들 수 있다.

④ 석유에 대해 세금을 새로 부과하는 경우 단기보다 장기에 사회적 후생손실(deadweight loss)이 더 크다.

⑤ 최저임금제의 효과는 노동의 수요곡선보다는 노동의 공급곡선의 탄력성의 크기에 달려있다.

해설
난도 ★★

최저임금제의 효과는 노동의 수요곡선의 탄력성의 크기에 달려있다. 즉 (최저임금제를 실시하여) 임금이 오를 때 노동수요가 탄력적이면 노동수요량이 크게 감소하여 노동소득이 감소하므로 최저임금제가 비효과적이다.

답 ⑤

27 어떤 재화에 대한 시장수요곡선은 우하향하고, 시장공급곡선은 우상향한다. 정부는 이 재화에 단위당 t원의 세금을 부과하려 한다. 옳은 것은?

① t원의 세금을 공급자에게 부과하면 소비자에게 부과하는 경우보다 정부의 조세 수입은 더 증가한다.

② 수요가 탄력적이고 공급이 비탄력적인 경우에, 소비자가 부담하는 세금은 생산자가 부담하는 세금보다 적다.

③ t원의 세금을 생산자에게 부과하면 소비자가 지불하는 가격은 세금 부과 전보다 낮고, 생산자가 실질적으로 받게 되는 가격은 세금 부과 전보다 높다.

④ t원의 세금을 소비자에게 부과하면 소비자가 지불하는 가격과 생산자가 실질적으로 받게 되는 가격은 세금 부과 전보다 더 높다.

⑤ 세금의 부과로 소비자 잉여는 감소하는 반면에 생산자 잉여는 증가한다.

해설
난도 ★★
단위당 t원의 세금은 종량세를 뜻한다. 종량세가 부과될 때 조세부담은 수요와 공급의 가격탄력성에 반비례한다. 즉 수요가 탄력적이면 수요자의 부담이 작고, 공급이 비탄력적이면 공급자의 부담이 크다. 탄력성이 크면 민감하게 반응하므로 조세부담이 작아지고, 탄력성이 작으면 조세를 많이 부담한다.

답 ②

28 시립동물원은 적자폭이 커지자 수입증대를 위해서 입장료를 10% 할인하였다. 반면에 지하철공사는 늘어나는 적자폭을 줄이기 위하여 지하철 요금을 10% 인상하였다. 이 두 기관이 서로 반대방향의 요금전략으로 적자폭 축소라는 동일한 목표를 달성할 수 있으려면 각 수요가 어떤 경우여야 되겠는가?

① 시립동물원과 지하철 모두 가격탄력적

② 시립동물원은 가격탄력적, 지하철은 가격비탄력적

③ 시립동물원은 가격비탄력적, 지하철은 가격탄력적

④ 시립동물원과 지하철 모두 가격비탄력적

⑤ 적자폭 축소와 가격탄력성과는 무관

해설
난도 ★
시립동물원이 가격을 낮춰서 수입을 증대시키는 것은 수요가 가격탄력적이기 때문이고, 지하철공사가 가격을 올려서 수입을 증대시키는 것은 수요가 가격비탄력적이기 때문이다.

답 ②

29 다음은 수요의 탄력성에 대한 설명이다. 이 중 옳은 것은?

① 수요의 가격탄력성이 무한대일 때(즉 가격에 대하여 완전탄력적인 수요) 수요곡선의 모양은 수직이 된다.
② 수요의 가격탄력성이 1보다 클 때, 가격상승은 총수입의 상승을 가져오게 된다.
③ 수요의 가격탄력성이 단위탄력적일 때, 가격의 변화는 총수입의 변화를 유도하지 못한다.
④ 정상재의 경우 수요의 소득탄력성은 일반적으로 부(−)의 값을 가지게 된다.
⑤ 두 재화의 교차탄력성(한 재화의 가격변화에 따른 다른 재화의 수요량의 변화가 정(+)의 값을 가질 때, 두 재화는 서로 보완재이다.

> **해설**
>
> 난도 ★★
>
> 수요가 단위탄력적(수요의 가격탄력성이 1)이면 상품의 가격이 어떻게 변하든 상관없이 소비자의 지출액은 항상 일정하다. 다시 말하면 공급자의 총수입은 불변한다.
> ① 수요의 가격탄력성이 무한대일 때 수요곡선은 수평이다.
> ② 수요의 가격탄력성이 1보다 클 때, 가격이 오르면 수요량이 탄력적으로 감소하므로 총수입은 감소한다.
> ④ 정상재의 경우 수요의 소득탄력성은 일반적으로 양(+)의 값을 가지게 된다.
> ⑤ 두 재화의 교차탄력성이 정(+)의 값을 가질 때, 두 재화는 서로 대체재이다.

目 ③

---

30 수요 및 공급의 탄력성에 관한 설명으로 옳은 것은?

★34회 기출★

① 수요의 교차탄력성이 양(+)이면 두 재화는 보완관계이다.
② 수요의 소득탄력성이 0보다 큰 상품은 사치재이다.
③ 수요곡선이 수평이면 수요곡선의 모든 점에서 가격탄력성은 0이다.
④ 공급곡선의 가격축 절편이 양(+)의 값을 갖는 경우에는 공급의 가격탄력성이 언제나 1보다 작다.
⑤ 원점에서 출발하는 우상향 직선의 공급의 가격탄력성은 언제나 1의 값을 갖는다.

> **해설**
>
> 난도 ★
>
> ① 수요의 교차탄력성이 양(+)이면 두 재화는 대체관계이다.
> ② 수요의 소득탄력성이 0보다 큰 상품은 정상재이다. 사치재는 수요의 소득탄력성이 1보다 커야 한다.
> ③ 수요곡선이 수평이면 수요곡선의 모든 점에서 가격탄력성은 무한대이다. 수요곡선이 수직선일 때, 수요곡선의 모든 점에서 가격탄력성은 0이다.
> ④ 공급곡선의 가격축 절편이 양(+)의 값을 갖는 경우에는 공급의 가격탄력성이 언제나 1보다 크다.

目 ⑤

제3장 | 소비자선택이론

출제포인트
- 소비자의 효용극대화 조건
- 콥−더글러스 효용함수
- 기대효용이론
- 완전보완재와 완전대체재의 최적소비
- 무차별곡선의 특징
- 보상변화와 동등변화
- 현시선호의 강공리와 약공리
- 효용함수의 유형별 특징
- 예산선의 기울기와 특징

제1절 한계효용이론(기수적 효용이론)

1. 소비자선택의 의의와 접근방법

(1) 소비자선택이론의 의의

① 소비자선택이론은 소비자의 합리적인 소비, 즉 일정한 예산제약 하에서 효용의 극대화를 추구하는 소비자의 선택 원리를 연구한다.

② 따라서 수요곡선이 우하향하는 원리를 설명하는 이론인데 여기에는 전통적인 3가지 접근방법과 불확실성 하에서의 소비자선택이론이 있다.

(2) 소비자선택의 전통적인 접근방법 ★34회 기출★

① 한계효용이론

㉠ 1870년대 한계효용학파에 의해 '한계'(marginal)개념이 도입되고 이 개념을 이용하여 소비자의 효용극대화를 위한 행동원리를 설명하는 이론이다. 효용의 절대적인 크기인 기수적 효용의 가측성(measurability)을 전제로 한다.

㉡ 제번스(S. Jevons), 멩거(K. Menger), 왈라스(L. Walras), 마셜(A. Marshall) 등에 의해 전개되었다.

② 무차별곡선이론

　㉠ 한계효용학파의 효용 가측성 전제에 대한 비판에서 출발하여, 이러한 전제가 없이도 선호의 순서(즉 서수적 효용)만 알면 소비자행동의 설명이 가능하다는 인식에서 출발하였다.

　㉡ 예산선과 무차별곡선을 이용하여 소비자의 효용이 극대화되는 소비자 균형점을 도출한다.

　㉢ 파레토(V. Pareto), 힉스(J.R. Hicks), 알렌과 슬루츠키(R.G.D. Allen & E. Slutsky)에 의해 이론화되었다.

③ 현시선호이론(revealed preference theory)

　시장에서의 소비지출 행동에 소비자의 선호가 현시(revealed)된다는 전제하에 소비자의 행동을 설명하는 이론이다. 새뮤얼슨(P.A. Samuelson), 하우태커(H.S. Houthakker)에 의해 이론화되었다.

2. 총효용과 한계효용

(1) 총효용

① 소비자가 일정기간 동안 일정량의 재화 소비로부터 얻는 주관적, 심리적인 만족을 효용(utility)이라고 한다. 이는 효용의 절대적인 크기를 의미하는 기수적(cardinal) 효용으로, 측정이 가능하다고 전제한다.

② 소비자가 일정기간동안 일정량의 재화를 소비했을 때 얻을 수 있는 주관적인 효용의 총량을 총효용(total utility)이라고 한다. 총효용은 한계효용의 합계와 같다.

(2) 한계효용 ★27, 29회 기출★

1단위의 재화를 추가로 소비할 때 추가적인 소비에 의한 총효용의 증가분을 한계효용(marginal utility)이라고 한다.

$$MU = \frac{\Delta TU}{\Delta Q} = \frac{dU}{dQ}$$

즉 한계효용은 총효용 곡선의 접선의 기울기로, 총효용 함수의 미분값이다.

(3) 한계효용 체감의 법칙

① 재화의 소비량이 증가하면 총효용은 증가하지만 총효용의 증가분, 즉 한계효용은 체감한다. 그리고 총효용이 극대일 때 한계효용은 영(0)이고, 총효용이 감소하면 한계효용은 음(−)이 되는데 이를 한계효용 체감의 법칙이라고 한다.

② 욕망포화의 법칙, 고센(H. Gossen)의 제1법칙이라고도 한다.

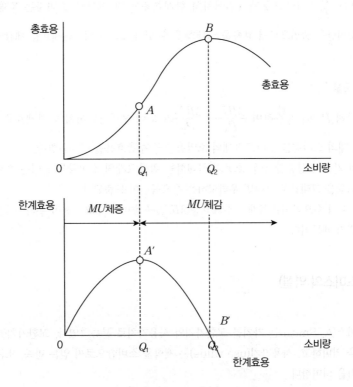

▶ 총효용과 한계효용

더 알아보기 총(total) 개념과 한계(marginal) 개념 간의 관계 ★28회 기출★

총 개념이 증가하면 한계 개념은 양(+)이고, 총 개념이 극대이면 한계 개념은 영(0)이다. 총 개념이 감소하면 한계 개념은 음(−)이 된다. 이는 개념상의 관계로 그 역(reverse)도 성립된다.

3. 효용극대화와 그 조건

(1) 한계효용 균등의 법칙 ★27회 기출★

① 소비자가 일정한 소득으로 X, Y 두 재화를 구입하여 소비할 때 효용을 극대화하려면 각 재화의 화폐 1단위당 한계효용이 같아지도록 각 재화의 구입량을 결정한다. 즉

$$\frac{MU_X}{P_X} = \frac{MU_Y}{P_Y}$$

이 되도록 두 재화의 구입량을 결정하면 일정한 소득(지출액)으로 총효용을 극대화함으로써 합리적 소비가 이루어진다.

② 이를 한계효용 균등의 법칙, 또는 극대만족의 법칙, 고센(H. Gossen)의 제2법칙이라고 한다.

(2) 소비자 행동의 조정

만일 $\dfrac{MU_X}{P_X} > \dfrac{MU_Y}{P_Y}$이라면 X재 1원어치의 한계효용이 더 크므로 소비자는 X재의 소비량을 늘리고 Y재의 소비량을 줄임으로써 효용을 극대화할 수 있다. 그 이유는 한계효용 체감의 법칙이 작용하기 때문이다.

(3) 수요곡선의 도출 ★32회 기출★

① X재의 가격(P_X)이 상승하면 $\dfrac{MU_X}{P_X} < \dfrac{MU_Y}{P_Y}$가 되어 Y재 1원어치의 한계효용이 더 커지므로 소비자는 Y재의 소비량을 늘리고 X재의 소비량을 줄여 총효용을 극대화한다.

② 즉 X재의 가격이 상승한 경우 효용의 극대화를 위해 X재의 소비량을 줄이는 수요법칙이 도출된다. 이 수요법칙을 그래프로 그리면 우하향하는 수요곡선이 도출된다.

③ 따라서 X재의 수요곡선은 X재의 한계효용(MU_X)곡선이고, 수요곡선이 우하향하는 이유는 한계효용 체감의 법칙 때문이다.

4. 가치의 역설(스미스의 역설)

(1) 가치의 역설

① 애덤 스미스(A. Smith)는 가치를 교환가치와 사용가치로 분류하였다. 교환가치(exchange value)는 가격을 의미하고, 사용가치(use value)는 재화를 소비함으로써 얻는 만족, 또는 재화를 이용하여 얻는 수익을 의미한다.

② 스미스는 물은 사용가치는 큰 반면 교환가치는 작고, 다이아몬드는 사용가치는 작은 반면 교환가치는 크다고 보았는데, 이처럼 사용가치와 교환가치가 일치하지 않는 것을 가치의 역설(paradox of value)이라고 한다.

(2) 한계효용학파의 해명 ★32회 기출★

① 가치의 역설이 발생하는 것은 스미스가 사용가치를 총효용으로 보았기 때문이다. 그러나 한계효용학파는 재화의 가격을 결정하는 것은 한계효용이라고 보고 이 문제를 설명한다.

② 즉 물은 존재량이 많으므로 한계효용이 작고 따라서 가격이 낮으며 다이아몬드는 존재량이 적으므로 한계효용이 크고 따라서 가격이 높다는 것이다.

▶ 가치의 역설

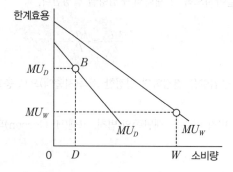

5. 소비자 잉여(consumer's surplus)

(1) 소비자 잉여의 뜻 ★27, 28, 30, 33, 34회 기출★

① 소비자 잉여(consumer's surplus)란 소비자가 높은 가격을 지불하고라도 얻고 싶은 재화를 그보다 낮은 가격으로 구매한 경우 얻는 순이득을 의미한다. 즉 재화를 구입하기 위해 기꺼이 지불하고자 했던 금액(지불용의 금액)과 실제 지불한 금액의 차이를 말한다.

② 그림에서 수요곡선과 공급곡선이 교차하는 점에서 가격은 P_0, 거래량은 Q_0이다. 이 경우 수요곡선 아래 부분의 면적이 소비자가 얻는 총효용(즉 한계효용의 합계)이다. 그러나 소비자는 OP_0EQ_0만큼만 대가를 치르므로 수요곡선과 가격수준 사이의 면적은 대가를 치르지 않고 얻는 이득이다. 이 부분이 소비자 잉여이다.

▶ 소비자 잉여와 생산자 잉여

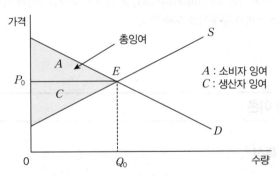

총잉여 = $A + C$
= 소비자 잉여 + 생산자 잉여
= (소비자가 평가하는 가치 − 소비자가 실제 지불한 액수) +
(생산자가 실제 받은 액수 − 생산자의 생산비)
= 소비자가 평가하는 가치 − 생산자의 생산비

(2) 소비자 잉여의 크기

① 소비자 잉여의 크기는 수요의 가격탄력성의 크기에 따라 달라진다. 즉 수요의 가격탄력성이 크고, 따라서 수요곡선이 완만할수록 소비자 잉여는 작아진다.

② 그리고 수요의 가격탄력성이 완전탄력적이면 소비자 잉여는 영(0)이 되고 수요의 가격탄력성이 완전 비탄력적이면 소비자 잉여는 무한대가 된다.

(3) 생산자 잉여(producer's surplus) ★34회 기출★

① 생산자가 어떤 상품을 판매하여 얻는 실제의 수입이 생산자가 그 상품을 판매하여 얻으려는 수입을 초과하는 부분을 생산자 잉여라고 한다.

② 〈그림〉에서 가격수준과 공급곡선 사이의 면적이 생산자 잉여이다. 생산자 잉여도 공급의 가격탄력성이 클수록 작아진다.

(4) 총잉여

소비자 잉여와 생산자 잉여를 합하여 총잉여(total surplus) 또는 사회후생(social welfare)이라고 한다. 시장의 균형상태에서는 총잉여가 극대가 되고, 이 경우 자원의 효율적 배분이 이루어진다.

6. 한계효용이론의 평가

(1) 비현실적인 가정

한계효용이론은 비현실적인 가정인 효용의 가측성, 즉 주관적인 만족의 크기를 구체적으로 측정할 수 있다는 가정에 기초하고 있다.

(2) 새로운 이론의 등장

① 따라서 이에 대한 비판으로 기수적 효용개념 대신, 재화들 간에 효용의 순서를 나타내는 서수적 효용 (ordinal utility) 개념에 기초한 무차별곡선 이론이 등장하였다.

② 무차별곡선 이론은 한계효용 이론의 기수적 효용의 가측성 가정을 배격하고, 기수적 효용 대신 재화 묶음(commodity bundle)들 간의 효용의 서열관계를 나타내는 서수적 효용 개념에 기초하고 있다.

③ 즉 서수적 효용의 비교 가능성(comparability)을 전제로 무차별곡선과 예산선을 이용하여 소비자의 효용이 극대화되는 소비자 균형점을 도출한다.

제2절 무차별곡선 이론

1. 무차별곡선의 개념과 특성

(1) 무차별곡선의 뜻

① 소비자에게 동일한 만족을 주는 두 재화(X재, Y재)의 수량적 배합점을 연결한 선을 무차별곡선 (indifference curve)이라고 한다.

② 즉 하나의 무차별곡선 위에서는 어느 점에서의 재화의 배합이라도 소비자의 만족은 동일하다(A, B, C의 배합).

▶ 무차별곡선

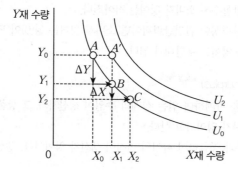

(2) 무차별곡선의 성질

① 원점에서 멀어질수록 더 높은 만족수준

㉠ 이 공간에는 무수히 많은 무차별곡선이 존재하는데 이를 무차별 지도(indifference map)라고 한 다. 무차별 지도상에서 각각의 무차별곡선은 서로 다른 만족수준을 나타낸다.

ⓛ 이 경우 원점에서 멀어질수록 더 높은 수준의 만족을 표시하는데 이는 다다익선(more is better), 즉 소비량이 많으면 많을수록 만족이 크다는 것을 의미한다.

② 무차별곡선은 우하향

    ㉠ 이는 X, Y 두 재화는 대체가 가능하다는 것을 의미한다. 즉 동일한 만족수준을 유지하면서 어느 한 재화(X재)의 소비를 증가시키려면 반드시 다른 재화(Y재)의 소비를 감소시켜야 함을 의미한다. 다시 말하면 Y재를 X재로 대체해도 만족수준은 동일하다는 것이다.

    ⓛ 이때 소비자가 동일한 만족을 유지하면서 X재 한 단위(ΔX)를 더 소비하기 위해 포기해야 하는 Y재의 단위 수(ΔY)를 한계대체율이라고 한다. 한계대체율은 MRS_{XY}로 표기하는데 $MRS_{XY} = \dfrac{MU_X}{MU_Y}$이고 무차별곡선의 기울기를 나타낸다. 한계대체율은 소비자의 두 재화에 대한 주관적인 교환비율을 나타낸다.

③ 무차별곡선은 원점에 대해 볼록

    ㉠ 무차별곡선은 일반적으로 원점에 대해 볼록(convex to origin)한 형태를 취하는데 이는 X, Y 두 재화는 대체는 가능하지만 완전대체는 아니라는 것을 의미한다. 즉 한계대체율이 체감한다는 것을 의미한다.

    ⓛ 한계대체율이 체감한다는 것은 X재의 소비가 증가함에 따라 X재에 대한 소비자의 주관적 평가가 점점 낮아진다는 것을 의미한다. 또한 소비자는 극단적인 상품묶음보다 다양한 상품묶음을 선호한다는 것을 의미한다.

    ⓒ 만일 두 재화가 완전대체라면 무차별곡선은 우하향하는 직선 형태이다.

④ 무차별곡선은 서로 교차할 수 없음

    무차별곡선이 서로 교차한다면 이행성(transitivity)의 공리가 성립될 수 없으므로, 무차별곡선은 교차할 수 없다.

(3) 무차별곡선의 형태와 효용함수 ★27, 29, 31, 32, 33, 34회 기출★

① 두 재화가 완전대체가 아닌 경우

    ㉠ 콥−더글러스 효용함수 $U = X^a Y^b$(일반형), 또는 $U = \sqrt{XY} = X^{1/2} Y^{1/2}$(기본형)이다. 원점에 대해 볼록하고 원점에서 직선을 그리면 여러 무차별곡선과 만나는 점들의 기울기는 동일하다.

    ⓛ 한계대체율은 $MRS_{XY} = \dfrac{MU_X}{MU_Y} = \dfrac{aY}{bX}$이다. 원점에 대해 볼록하기 때문에 X재의 소비량을 증가시키면 한계대체율은 체감한다.

    ⓒ 수요함수를 도출하면 일반형은 $x = \dfrac{a}{a+b} \dfrac{M}{P_X}$, $y = \dfrac{b}{a+b} \dfrac{M}{P_Y}$이다. 기본형인 경우 수요함수는 $x = \dfrac{M}{2P_X}$, $y = \dfrac{M}{2P_Y}$이다.

② 두 재화가 완전대체관계인 경우

    ㉠ 예컨대 밥 1공기와 빵 1개가 소비자에게 주는 만족이 동일하다면 두 재화가 완전대체관계에 있다고 할 수 있다.

    ⓛ 이 경우 효용함수는 선형(linear) 효용함수 $U = aX + bY$로 표시되고 무차별곡선은 우하향하는 직선의 형태가 되며 한계대체율은 $MRS_{XY} = \dfrac{a}{b}$로 일정하다.

ⓒ 소비자는 코너해(corner solution)에서 두 재화 중 어느 한 재화만 소비하게 된다.

③ 두 재화가 완전보완관계인 경우

　　㉠ 예컨대 오른쪽 신발과 왼쪽 신발의 경우처럼 두 재화가 완전보완관계에 있는 경우에는 두 재화 중에서 양이 적은 것에 의해 효용이 결정된다.

　　㉡ 이 경우에 효용함수는 레온티에프 효용함수 $U=\min(x, y)$로 표시되는데 무차별곡선은 L자형이 되고 한계대체율은 0이거나 무한대(∞)가 된다(또는 미분이 불가능하므로 정의되지 않는다). 또한 레온티에프 효용함수에서 수요의 소득탄력성은 1이다.

　　㉢ 만일 효용함수가 $U=\min\left(\dfrac{X}{a}, \dfrac{Y}{b}\right)$이라면 원점에서 꼭짓점을 통과하는 선은 $Y=\dfrac{b}{a}X$가 되어 최적 소비비율은 $\dfrac{b}{a}$로 일정하다.

▶ 두 상품이 완전대체관계와 완전보완관계인 경우의 무차별곡선

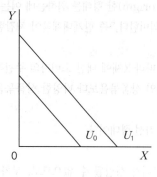

(a) 두 재화의 완전대체

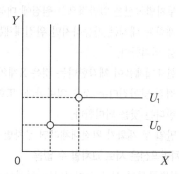

(b) 두 재화의 완전보완

④ 두 재화 중 한 재화가 비재화인 경우

　　한약(어린이에게는 고통을 줌)과 사탕을 함께 소비하는 경우처럼 두 재화 중 한 재화가 비재화(bads)인 경우 무차별곡선은 우상향한다.

2. 예산선의 의의와 특성

(1) 예산선의 뜻 ★28회 기출★

① 예산선(budget line)은 소비행위에 있어서의 제약조건을 표시한다. 즉 예산선은 소비자의 소득제약(예산제약)을 나타내는 선으로, 가격선(price line) 또는 기회비용선이라고도 한다.

② 소비자의 소득을 M, X재의 가격을 P_X, Y재의 가격을 P_Y라고 하고, 소득을 전부 X재와 Y재 구입에 지출한다고 가정하면 예산선은

$$M=P_X X+P_Y Y$$

$$Y=\frac{M}{P_Y}-\frac{P_X}{P_Y}X$$

이 된다. $P_X X$는 X재에 대한 지출액, $P_Y Y$는 Y재에 대한 지출액이다.

③ 이 식을 그래프에 표시하면 예산선은 우하향하는 직선이 된다.

▶ 가격선

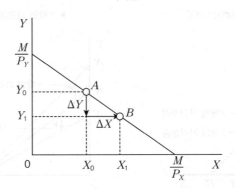

④ 따라서 예산선은 주어진 가격 하에서 일정한 소득으로 구입할 수 있는 두 재화의 배합점들로 이루어진 직선이다.

⑤ 여기서 예산선을 포함한 예산선 내부의 배합점들은 주어진 소득으로 구입이 가능한 배합점들이고, 반면 예산선 외부의 배합점들은 주어진 소득으로는 구입이 불가능한 배합점들이다.

⑥ 예산선의 기울기 $-\frac{P_X}{P_Y}$는 두 재화의 상대가격일 뿐만 아니라 Y재로 표시한 X재의 기회비용을 의미한다. 주어진 소득으로 X재를 더 구입하기 위해서는 일정량의 Y재를 포기해야 하기 때문이다.

(2) 예산선의 이동

예산선은 소비자의 소득 M, X재의 가격 P_X, Y재의 가격 P_Y가 변화하면 이동한다.

① 소득의 증가

두 재화의 가격은 변화가 없으므로 예산선의 기울기는 불변이다. 반면 소득이 증가하면 구입할 수 있는 두 재화의 양은 증가하므로 예산선은 오른쪽으로 평행하게 이동한다.

② 두 재화의 가격이 비례적으로 상승

㉠ 두 재화의 가격이 같은 비율로 상승하면 예산선의 기울기는 불변이고, 구입 가능한 두 재화의 양이 모두 감소하므로 소득의 감소효과가 있다. 따라서 예산선은 왼쪽으로 평행하게 이동한다.

㉡ 만일 소득의 증가율과 두 재화의 가격 상승률이 동일하다면 예산선은 불변이다.

▶ 가격선의 이동 – 소득이 변화하는 경우

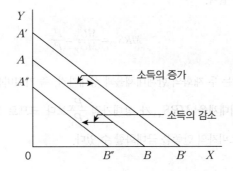

③ 두 재화의 상대가격 변화

두 재화의 상대가격이 변화하면 예산선의 기울기가 변화한다.

▶ X재의 가격이 하락하는 경우

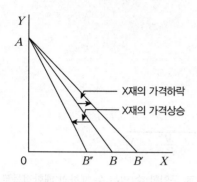

▶ Y재의 가격이 하락하는 경우

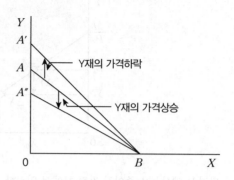

3. 소비자 균형점 : 합리적 소비

(1) 소비자 균형점의 의의와 조건 ★27, 28, 29, 30, 31, 33, 34회 기출★

① 소비자의 균형은 예산선과 무차별곡선이 접하는 점 E에서 성립, 즉 E점은 주어진 소득과 재화가격의 제약 하에서 소비자에게 극대만족을 주는 X재와 Y재의 배합점이다.

▶ 소비자 균형점

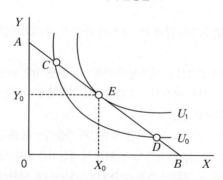

② 소비자 균형점 E는 무차별곡선과 예산선이 접하는 점으로 양자의 기울기가 같다. 따라서 소비자 균형점의 조건은 다음과 같다.

$$MRS_{XY} = \frac{MU_X}{MU_Y} = \frac{P_X}{P_Y}$$

즉 소비자 균형점에서는 두 재화의 한계대체율과 상대가격, 즉 기회비용이 같다.

③ C점의 경우에는 한계대체율 MRS_{XY}가 상대가격 $\frac{P_X}{P_Y}$보다 크므로 X재의 소비량을 늘리고, Y재의 소비량을 줄여야 소비자의 만족을 극대화할 수 있다.

한계효용이론에서의 효용극대화 조건과 무차별곡선이론에서의 소비자 균형의 조건은 본질적으로 동일하다. 즉 한계효용

이론에서의 효용극대화 조건 $\dfrac{MU_X}{P_X} = \dfrac{MU_Y}{P_Y}$를 변형시키면 $\dfrac{MU_X}{MU_Y} = \dfrac{P_X}{P_Y}$가 되는데 여기서 $\dfrac{MU_X}{MU_Y} = MRS_{XY}$이므로

무차별곡선 이론의 소비자 균형의 조건과 일치한다.

(2) 한계효용 균등의 법칙이 성립하지 않는 경우의 해

① 두 재화가 완전대체재인 경우

효용함수가 $U = aX + bY$라면 한계대체율은 $MRS_{XY} = \dfrac{a}{b}$로 일정하다. 이런 경우 $\dfrac{a}{b} > \dfrac{P_X}{P_Y}$이면

주어진 소득으로 X재만 구입하고, $\dfrac{a}{b} < \dfrac{P_X}{P_Y}$이면 Y재만 구입한다.

② 두 재화가 완전보완재인 경우

효용함수가 $U = \min\left(\dfrac{X}{a}, \dfrac{Y}{b}\right)$라면 소비자선택은 항상 $Y = \dfrac{b}{a}X$선 위에서 이루어진다.

(3) 소득효과와 소득소비곡선

① 소득효과

　㉠ 소득의 변화 → 예산선의 평행이동 → 균형점의 이동 → X, Y 두 재화의 소비량이 변화하는데 이
　　를 소득효과(income effect)라고 한다. 즉 소득효과는 소득의 변화에 따른 각 상품의 소비량 변
　　화를 의미한다.

　㉡ 〈그림〉에서 소득이 증가하면 예산선이 우측으로 평행이동함에 따라, 균형점은 E_0, E_1으로 이동하
　　고, 이에 따라 X재의 구입량이 X_0에서 X_1으로 증가하는 효과가 소득효과이다.

▶ 소득효과와 소득소비곡선

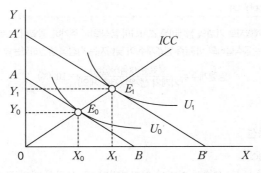

② 소득소비곡선(ICC) ★27회 기출★

　㉠ 소득의 변화에 따라 이동하는 소비자 균형점을 연결한 선을 소득소비곡선(income consumption
　　curve : *ICC*)이라고 한다. 소득소비곡선은 반드시 원점을 지나는데, 3가지 형태가 나타날 수 있다.

　㉡ *ICC*가 우상향하는 형태를 취하면 소득의 증가에 따라 두 재화의 소비량이 모두 증가한다는 것을
　　의미하므로 X, Y 두 재화 모두 정상재인 경우이다.

ⓒ *ICC*가 X축을 향해 구부러지면 소득의 증가에 따라 Y재의 소비량이 감소하는 것이므로 X재는 정상재, Y재는 열등재인 경우이다. *ICC*가 Y축을 향해 구부러지면 Y재는 정상재, X재는 열등재인 경우이다.

▶ 소득소비곡선의 형태

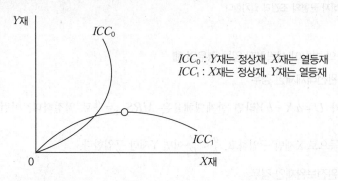

③ 엥겔곡선(Engel's curve)

    ㉠ 소비자의 소득증가에 따른 소비자 균형점의 이동, 즉 소득소비곡선(*ICC*)을 소득(*M*)과 재화 소비량(X재)의 배합점으로 표시한 곡선을 엥겔곡선이라고 한다. 재화(X재)의 종류에 따라 엥겔곡선의 형태는 달라진다.

    ㉡ X재가 생활필수품인 경우 소득증가에 따라 생활필수품의 구입량은 증가한다. 그러나 소득 증가분에서 차지하는 비중은 점차 감소한다. 즉 수요의 소득탄력성〈1이다.

    ㉢ X재가 사치품인 경우 소득증가에 따라 사치품의 구입량은 증가한다. 그러나 소득 증가분에서 차지하는 비중은 점차 증가한다. 즉 수요의 소득탄력성〉1이다.

    ㉣ X재가 열등재인 경우 열등재는 소득의 증가에 따라 구입량이 감소하는 재화이다. 따라서 엥겔곡선은 음(−)의 기울기를 갖고 수요의 소득탄력성〈0이 된다.

더 알아보기   엥겔의 법칙(Engel's Law)

엥겔(C.L.E. Engel)은 독일의 통계학자로 가계의 생계비를 조사하여 음식물비, 주거비, 광열비, 피복비 등으로 구분하고, 소득이 증가함에 따라 생계비에서 차지하는 음식물비의 비중(즉 엥겔계수)이 낮아지는 현상을 발견하였는데 이를 엥겔의 법칙이라고 한다.

$$엥겔계수 = \frac{식료품비(음식물비)}{가계의\ 생계비(저축\ 제외)} \times 100(\%)$$

(4) 가격효과와 가격소비곡선

① 가격효과(price effect)

    ㉠ 소비자의 기호와 소득, Y재의 가격이 일정불변일 때, X재의 가격(P_X)이 변화하면 소비자 균형점이 이동하고, 그에 따라 X재의 구입량이 변화하는데 이를 가격효과(price effect)라고 한다.

    ㉡ 〈그림〉에서 X재의 가격이 P_0에서 P_1으로 하락하면 AB에서 AB'으로 예산선이 이동하고, 소비자 균형점은 E_0에서 E_1으로 이동한다. 이 때 X재의 구입량은 X_0에서 X_1으로 증가하는데 이를 가격효과라고 한다.

ⓒ 반면 Y재의 구입량이 변화하는 현상은 교차효과(cross effect)라고 한다. 교차효과는 두 재화가 대체재인지 보완재인지에 따라 다르게 나타난다. 〈그림〉에서처럼 Y재 구입량이 감소하면 X, Y 두 재화는 대체재이다.

▶ 가격효과와 가격소비곡선

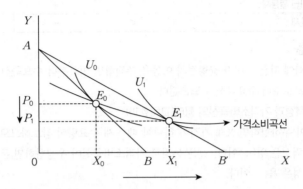

② 가격소비곡선(PCC)

다른 조건이 일정불변일 때 어느 한 상품의 가격변화에 따른 소비자 균형점의 이동을 연결한 선을 가격소비곡선(price consumption curve : PCC)이라고 한다. 즉 위 〈그림〉에서 소비자 균형점 E_0, E_1을 연결한 선이 가격소비곡선이다.

③ 소득효과와 대체효과 ★27, 31, 33회 기출★

가격효과는 이론상 소득효과와 대체효과로 구분된다. 즉 X재 가격(P_X)의 하락에 따른 X재 구입량의 증가에는 2가지 요인이 작용한다.

ⓐ 하나는 X재의 가격 하락 → 소비자의 실질소득 증가 → X재 구입량 증가효과로 이를 소득효과 (income effect)라고 한다.

ⓑ 다른 하나는 X재의 가격 하락 → 상대가격의 변화 → X재 구입량의 증가, 즉 상대적으로 가격이 비싸진 Y재를 상대적으로 가격이 싼 X재로 대체하는 효과로 이를 대체효과(substitution effect)라고 한다.

ⓒ 따라서 가격효과＝소득효과＋대체효과이다.

④ 소득효과와 대체효과의 크기(부호) ★32, 34회 기출★

여기서 부호가 음(−)이라는 것은 가격과 수요량이 반대방향으로 움직인다는 것을 의미하고, 양(＋)은 가격과 수요량이 같은 방향으로 움직인다는 것을 의미한다.

ⓐ 대체효과는 항상 음(−)이다. 즉 어떤 상품의 가격이 하락할 때 상대적으로 가격이 싸진 그 상품에 대한 수요량은 언제나 증가하고, 어떤 상품의 가격이 상승할 때 상대적으로 가격이 비싸진 그 상품에 대한 수요량은 언제나 감소한다.

ⓑ 소득효과는 정상재와 열등재에 따라 차이가 있다. 정상재인 경우 가격 상승 → 소득 감소 → 수요량 감소, 따라서 가격과 수요량의 변화방향이 다르므로 소득효과는 음(−)이다. 열등재인 경우 가격 상승 → 소득 감소 → 수요량 증가, 따라서 가격과 수요량의 변화방향이 같으므로 소득효과는 양(＋)이다.

ⓒ 이를 요약하면 다음과 같다. 여기서 양(+)은 가격과 구입량이 같은 방향으로 변화하는 것을 의미하고, 음(−)은 반대방향으로 변화하는 것을 의미한다.

	대체효과	+	소득효과	=	가격효과
정상재	−		−		−
기펜재가 아닌 열등재	−	>	+		−
기펜재	−	<	+		+

⑤ 수요곡선의 도출

X재의 가격변화에 따른 소비자 균형점의 이동을 추적하면 이로부터 수요곡선이 도출된다. 즉 가격소비곡선(PCC)으로부터 수요곡선이 도출된다.

⑥ 수요의 교차탄력성과 가격소비곡선의 형태(교차효과)

가격소비곡선이 우하향하면 X재 가격이 하락할 때 Y재 수요량이 감소하므로 두 재화는 대체재이고 수요의 교차탄력성은 양(+)이다. 같은 논리로 가격소비곡선이 우상향하면 두 재화는 보완재이고 수요의 교차탄력성은 음(−)이다.

(5) 보상수요곡선 ★27, 30, 33회 기출★

① 보상수요곡선의 의미

ⓐ 위에서 본 수요곡선은 소득효과와 대체효과를 모두 고려한 것으로 보통수요곡선(ordinary demand curve) 또는 통상적 수요곡선이라고 한다. 마셜(A. Marshall)에 의해 체계화되어 마셜의 수요곡선이라고도 한다.

ⓑ 보통수요곡선은 주어진 제약하에서 효용을 극대화하는 효용극대화의 수요함수이다.

ⓒ 이에 대해 보상수요곡선(compensation demand curve)은 가격효과에서 소득효과를 제외한 순수한 상대가격 변화의 효과만을 나타낸 수요곡선이다.

ⓓ 보상수요곡선은 일정한 효용을 달성하기 위한 지출극소화에서 도출되므로 지출극소화의 수요함수이고, 보상수요곡선 상의 모든 점에서는 소비자의 효용이 동일하다.

ⓔ 보상수요곡선은 힉스(J.R. Hicks)에 의해 주장되어 힉스의 수요곡선이라고 한다. 그러나 현실적으로는 관찰될 수 없는 가상의 수요곡선이다.

② 보상의 종류

ⓐ 힉스(Hicks)의 보상은 효용보상으로 가격변화 이전과 동일한 효용을 유지시켜주는 보상이다.

ⓑ 슬러츠키(Slutsky) 보상은 구매력보상으로 가격변화 이전과 동일한 소비점을 유지시켜주는 보상이다.

③ 보상수요곡선의 특징

ⓐ 보상수요곡선은 대체효과만을 고려하여 도출된 수요곡선이므로 소득효과가 0이라면 보통수요곡선과 일치한다.

ⓑ 콥−더글러스(Cobb−Douglas) 효용함수의 무차별곡선이 원점에 대해 볼록하고 우하향하는 일반적인 형태라면 보상수요곡선은 항상 우하향하므로 기펜재(Giffen's goods)의 보상수요곡선도 우하향한다.

ⓒ 그러나 레온티에프(Leontief) 효용함수의 무차별곡선(완전보완관계)처럼 L자형인 경우에는 대체효과가 0이므로 보상수요곡선은 수직선 형태가 된다.

② 보상수요곡선 상의 모든 점은 소비자의 효용이 동일하므로 보상수요곡선 아랫부분의 면적은 소비자가 동일한 효용을 유지하기 위해 지급할 용의가 있는 최대의 금액을 의미한다. 그러므로 소비자잉여는 보상수요곡선을 이용해야 정확한 측정이 가능하다.

제3절 **현시선호이론(theory of revealed preference)**

---

1. 현시선호의 의의

(1) 의의

① 한계효용 이론과 무차별곡선 이론의 비현실적인 가정에 대한 비판으로 새뮤얼슨(P.A. Samuelson)과 하우태커(H.S. Houthakker)에 의해 전개된 이론으로 시장에서의 수요지출행동에 소비자의 선호가 현시된다는(revealed) 이론이다.

② 상대가격 $\left(\dfrac{P_X}{P_Y}\right)$과 소득($M$)이 주어져 있을 때 최적화를 위한 소비자의 합리적 선택이 이루어진다면(가정) 소비자의 지출행동에 선호최적화 행동이 반드시 드러난다는 이론이다.

(2) 소비자의 선택

① 따라서 소비자의 선호는 시장에서 주어지는 가격(P)과 수요량(Q)에 관한 자료를 관찰하면 확인할 수 있다.

② 주어진 P_A의 가격체계에서 A의 소비점이 소비자에 의해 실제로 선택되었다면, A는 예산선 상의 어떤 점(내부의 점을 포함하여)보다도 선호되는 점이라는 것이 현시된 것이다.

③ 따라서 그림(a)에서 삼각형 부분(A를 제외한 예산선 상의 점을 포함한)은 A보다 덜 선호되고, A를 기준으로 1상한은 A보다는 더 선호되지만 주어진 소득으로는 구입 불가능하다.

▶ 현시선호의 체계

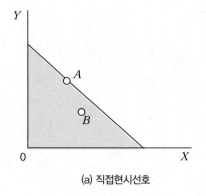

(a) 직접현시선호

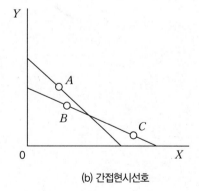

(b) 간접현시선호

2. 기본 가정 *★33회 기출★*

(1) 현시선호의 약공리(weak axiom) *★30, 31회 기출★*

소비자의 무모순적 행동의 가정, 즉 소비행위의 일관성에 대한 가정으로, A, B를 두 상품조합이라고 할 때, A가 B보다 선호됨이 현시되었으면 (어떠한 상황에서도) B는 A보다 선호되는 것으로 현시될 수 없다는 가정을 현시선호의 약공리라고 한다. 이 가정(약공리)은 소비자의 시장행동을 관찰함으로써 검증할 수 있다.

(2) 현시선호의 강공리(strong axiom)

소비자가 A>B이고, B>C이면 C는 결코 A보다 선호될 수 없다는, 즉 A를 C보다 선호해야 한다는 가정이다.

더 알아보기 | 소비자 간의 상호영향이 주는 효과 *★28, 32, 34회 기출★*

① 의의

라이벤스타인(H. Leibenstein)은 수요를 전통적인 소비자이론에서 다루는 수요인 기능적 수요와 전통적인 소비자 선택원리를 벗어나는 비기능적 수요(nonfunctional demand)로 구분하였다. 여기서 비기능적 수요에는 편승효과, 백로효과, 과시효과 등이 있다.

② 편승효과(bandwagon effect)

많은 소비자들이 소비하는 재화를 보고 질이 좋은 재화일 것이라고 생각하고 따라서 구입하는 현상으로, 동행효과 또는 악대차 효과라고도 한다. 편승수요곡선은 정상적인 수요곡선보다 완만한 형태를 보인다.

③ 백로효과(snob effect)

다른 사람과 다르다는 점을 과시하기 위해 다른 사람이 많이 구입하는 재화를 구입하지 않는(구입량을 줄이는) 현상을 말한다. 역행효과 또는 속물효과라고도 한다. 백로수요곡선은 정상적인 수요곡선보다 가파르다.

④ 과시효과(Veblen effect)

자신을 과시하기 위해 사치품의 가격이 높을수록 구입량을 늘리는 현상으로 미국의 제도학파 경제학자인 베블렌(T. Veblen)의 『유한계급론』(The Leisure Class)에서 연유하여 베블렌 효과라고도 한다.

제3장 | 확인학습문제

01 소비자 甲이 두 재화 X, Y를 소비하고 효용함수는 $U(x, y) = xy$이다. X, Y의 가격이 각각 5원, 10원이다. 소비자 甲의 소득이 1,000원일 때, 효용극대화 소비량은?(단, x는 X의 소비량, y는 Y의 소비량이다)

★29회 기출★

① $x=90, y=55$

② $x=100, y=50$

③ $x=110, y=45$

④ $x=120, y=40$

⑤ $x=130, y=35$

해설

난도 ★★★

콥-더글라스 효용함수 $U=Ax^\alpha y^\beta$에서 $A=\alpha=\beta=1$인 경우, 무차별곡선이 원점에 대해 강볼록한 경우의 효용함수이다. 효용함수가 $U(x, y)=xy$이면 X재의 수요함수는 $x=\dfrac{M}{2P_X}$, Y재의 수요함수는 $y=\dfrac{M}{2P_Y}$이다. 주어진 데이터를 대입하면 ② $x=100, y=50$이다.

답 ②

02 소비자 甲이 두 재화 X, Y를 소비하고 효용함수는 $U(x, y) = \min\{x+2y, 2x+y\}$이다. 소비점 (3, 3)을 지나는 무차별곡선의 형태는?(단, x는 X의 소비량, y는 Y의 소비량이다)

★29회 기출★

①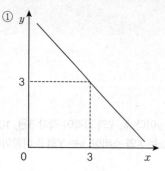

②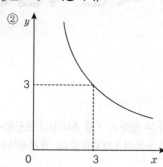

③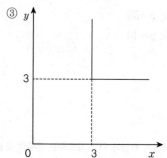

④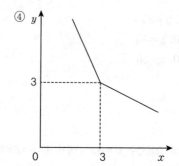

⑤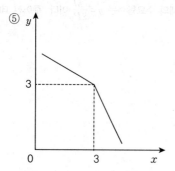

해설

난도 ★★

주어진 효용함수는 레온티에프(Leontief) 효용함수이므로 꼭짓점에서 꺾이는 형태이다. 꼭짓점을 찾기 위해 $x+2y = 2x+y$에서 $x=y$이므로, 무차별곡선의 꼭짓점은 45°선상에 위치한다.

$x+2y>2x+y$, $y>x$이면 $U=2x+y$이다. 이를 y에 대해 정리하면 $y=-2x+U$이므로 $y>x$인 꼭짓점 위 영역에서는 무차별곡선의 기울기가 −2인 우하향의 직선이다.

한편 $x+2y<2x+y$, $y<x$이면 $U=x+2y$이다. 이를 y에 대해 정리하면 $y=-\frac{1}{2}x+\frac{1}{2}U$이므로 꼭짓점 아래 영역에서는 무차별곡선의 기울기가 $-\frac{1}{2}$인 우하향의 직선이다. 따라서 무차별곡선은 ④의 형태가 된다.

답 ④

03   ( )에 들어갈 내용으로 옳은 것은?

★29회 기출★

위험자산에 대한 투자자의 무차별곡선을 그리고자 한다. 위험자산의 수익률 평균은 수직축, 수익률 표준편차는 수평축에 나타낼 때, 투자자의 무차별곡선 형태는 위험 기피적인 경우 (ㄱ)하고, 위험 애호적인 경우 (ㄴ)하며, 위험 중립적인 경우에는 (ㄷ)이다.

① ㄱ : 우상향, ㄴ : 우상향, ㄷ : 수평
② ㄱ : 우상향, ㄴ : 우하향, ㄷ : 수평
③ ㄱ : 우상향, ㄴ : 우하향, ㄷ : 수직
④ ㄱ : 우하향, ㄴ : 우상향, ㄷ : 수평
⑤ ㄱ : 우하향, ㄴ : 우상향, ㄷ : 수직

해설

난도 ★★

ㄱ. 위험 기피적인 투자자(risk averter)에게 위험(수익률 표준편차)은 비재화(bads)이다. 두 재화 중 한 재화가 비재화이면 무차별곡선은 우상향한다.

ㄴ. 위험 애호적인 투자자(risk lover)에게 위험은 효용을 주는 재화(goods)이다. 두 재화 모두 효용을 주면 무차별곡선은 우하향한다.

ㄷ. 위험 중립적인 투자자(risk neutral)에게 위험은 중립재이다. 이 경우 수평축에 표시한 위험이 높건 낮건 효용에 영향을 주지 못하므로 무차별곡선은 수평이다.

답 ②

04   주어진 소득으로 X재, Y재 두 재화만을 소비하는 甲의 효용함수가 $U = x^{1/3} y^{2/3}$일 때, 설명으로 옳지 않은 것은?(단, x는 X재 소비량, y는 Y재 소비량이며, 소득과 두 재화의 가격은 0보다 크다)

★28회 기출★

① X재는 정상재이다.

② Y재는 정상재이다.

③ 甲의 무차별곡선은 원점에 대해 볼록하다.

④ 두 재화의 가격비율에 따라 어느 한 재화만 소비하는 결정이 甲에게 최적이다.

⑤ 두 재화의 가격이 동일하다면 Y재를 X재보다 많이 소비하는 것이 항상 甲에게 최적이다.

해설

난도 ★★★

주어진 효용함수는 콥-더글러스 효용함수이므로 무차별곡선은 원점에 대해 강볼록한 형태이다. 이 경우 소비자선택점은 내부해(interior solution)로 나타나므로 어느 한 재화만 소비하는 경우는 있을 수 없다. 그리고 함수에서 유추해 보면 두 재화의 가격이 동일한 경우 Y재를 X재의 2배만큼 구입하게 된다.

$U = x^{1/3} y^{2/3}$일 때 한계대체율 $MRS_{XY} = \dfrac{y}{2x}$이다. X재의 소비량은 $x = \dfrac{1}{3} \dfrac{M}{P_X}$이고, Y재의 소비량은 $y = \dfrac{2}{3} \dfrac{M}{P_Y}$이다.

CD효용함수 $U = X^\alpha Y^\beta$에서 한계대체율 $MRS_{XY} = \dfrac{\alpha}{\beta} \dfrac{Y}{X}$이다. X재의 소비량은 $x = \dfrac{\alpha}{\alpha+\beta} \dfrac{M}{P_X}$, Y재의 소비량은 $y = \dfrac{\beta}{\alpha+\beta} \dfrac{M}{P_Y}$이다.

답 ④

05 소비자 이론에 관한 설명으로 옳은 것은?(단, 소비자는 X재와 Y재만 소비한다)

① 소비자의 효용함수가 $U=2XY$일 때, 한계대체율은 체감한다.
② 소비자의 효용함수가 $U=\sqrt{XY}$일 때, X재의 한계효용은 체증한다.
③ 소비자의 효용함수가 $U=\min(X, Y)$일 때, 수요의 교차탄력성은 0이다.
④ 소비자의 효용함수가 $U=\min(X, Y)$일 때, 소득소비곡선의 기울기는 음(-)이다.
⑤ 소비자의 효용함수가 $U=X+Y$일 때, X재의 가격이 Y재의 가격보다 크더라도 X재와 Y재를 동일비율로 소비한다.

해설

난도 ★★★

① 소비자의 효용함수가 $U=2XY$이면 콥-더글러스 효용함수이고 무차별곡선은 원점에 대해 강볼록하므로 한계대체율은 체감한다. $MRS_{XY}=\dfrac{MU_X}{MU_Y}=\dfrac{2Y}{2X}$이므로 X재의 소비량을 증가시키면 한계대체율은 체감한다.

② 소비자의 효용함수가 $U=\sqrt{XY}$, 즉 $U=X^{1/2}Y^{1/2}$이면 콥-더글러스 효용함수이다. X재의 한계효용은 $MU_X=\dfrac{dU}{dX}=\dfrac{1}{2}X^{-1/2}Y^{1/2}=\dfrac{1}{2}\sqrt{\dfrac{Y}{X}}$이다. X재의 소비량을 증가시키면 X재의 한계효용은 체감한다.

③ 소비자의 효용함수가 $U=\min(X, Y)$, 즉 레온티에프 효용함수인 경우 두 재화는 완전보완관계이므로, 수요의 교차탄력성은 음(-)이다.

④ 소비자의 효용함수가 $U=\min(X, Y)$이면 소비자는 두 재화를 1:1로 소비하므로 무차별곡선은 L자 형태이고, 소득소비곡선은 원점을 통과하는 45도의 직선이다. 따라서 기울기는 1이다.

⑤ 소비자의 효용함수가 $U=X+Y$이면 두 재화는 완전대체관계에 있다. 무차별곡선은 기울기가 -1인 우하향의 직선이다. 완전대체관계이므로 X재의 가격이 Y재의 가격보다 크면 소비자는 Y재만 구입할 것이다.

답 ①

---

06 소득이 600인 소비자 甲은 X재와 Y재만을 소비하며 효용함수는 $U=x+y$이다. $P_X=20$, $P_Y=15$이던 두 재화의 가격이 $P_X=20$, $P_Y=25$로 변할 때 최적 소비에 관한 설명으로 옳은 것은?(단, x는 X재 소비량, y는 Y재 소비량이다)

① X재 소비를 30단위 증가시킨다.　　　　② X재 소비를 40단위 증가시킨다.
③ Y재 소비를 30단위 증가시킨다.　　　　④ Y재 소비를 40단위 증가시킨다.
⑤ Y재 소비를 30단위 감소시킨다.

해설

난도 ★★★

효용함수 $U=x+y$는 $y=-x+U$이므로 기울기의 절댓값이 1인 우하향의 직선이다. 최초 예산선의 기울기는 $\dfrac{P_X}{P_Y}$ $=\dfrac{20}{15}=\dfrac{4}{3}$이므로 예산선보다 무차별곡선이 더 완만하여 코너해에서 Y재만 $\dfrac{600}{15}=40$단위를 구입하고 X재의 구입량은 0이다.

이제 Y재 가격이 변화하여 예산선의 기울기가 $\dfrac{P_X}{P_Y}=\dfrac{20}{25}=\dfrac{4}{5}$로 변하면 예산선의 기울기가 완만하게 되고 새로운 코너해에서 X재만 $\dfrac{600}{20}=30$단위 구입하여 효용을 극대화한다.

답 ①

---

07 두 재화 X, Y를 소비하는 갑의 효용함수가 $U=XY^2$이고, X재의 가격은 1, Y재의 가격은 2, 소득은 90이다. 효용함수와 소득이 각각 $U=\sqrt{XY}$, 100으로 변경되었을 경우, 갑의 효용이 극대화되는 X재와 Y재의 구매량의 변화로 옳은 것은? ★34회 기출★

① X재 10 증가, Y재 5 감소
② X재 10 증가, Y재 5 증가
③ X재 20 증가, Y재 5 감소
④ X재 20 증가, Y재 10 감소
⑤ X재 20 증가, Y재 10 증가

해설

난도 ★★

콥-더글러스 효용함수 $U=X^\alpha Y^\beta$(일반형)에서 효용이 극대화되는 소비자균형점은(M은 소득이라 가정) $X^*=\dfrac{\alpha}{\alpha+\beta}\dfrac{M}{P_X}$, $Y^*=\dfrac{\beta}{\alpha+\beta}\dfrac{M}{P_Y}$이므로 첫번째 효용함수와 소득에서의 소비자 균형점은 $X^*=\dfrac{1}{3}\times\dfrac{90}{1}=30$, $Y^*=\dfrac{2}{3}\times\dfrac{90}{2}=30$이다.

그리고 두번째 효용함수와 소득에서의 소비자 균형점은 $X^*=\dfrac{1}{2}\times\dfrac{100}{1}=50$, $Y^*=\dfrac{1}{2}\times\dfrac{100}{2}=25$이다.

따라서 효용을 극대화시키는 구매량으로 X재는 20 증가하며 Y재는 5 감소하게 된다.

답 ③

08 소비자 甲의 효용함수가 $U=\min\{X+2Y,\ 2X+Y\}$이다. 甲의 소득은 150, X재의 가격은 30, Y재의 가격은 10일 때, 효용을 극대화하는 甲의 Y재 소비량은?(단, 甲은 X재와 Y재만 소비한다) ★30회 기출★

☑확인
Check!
○
△
×

① 0 ② 2.5
③ 5 ④ 7.5
⑤ 15

해설

난도 ★★★

효용함수 $U=\min\{X+2Y,\ 2X+Y\}$는 레온티에프 효용함수로 무차별곡선이 꺾인 형태이다. 꺾이는 점의 위치는 $X+2Y=2X+Y$에서 $X=Y$이므로 원점을 통과하는 45°선상이다.

$X+2Y<2X+Y$, 즉 $X>Y$이면 효용함수는 $U=X+2Y$이다. 이를 Y에 대해 정리하면 $Y=-\dfrac{1}{2}X+\dfrac{1}{2}U$이고, 이는 기울기가 $-\dfrac{1}{2}$인 우하향의 직선이다.

한편 $X+2Y>2X+Y$, 즉 $X<Y$이면 효용함수는 $U=2X+Y$이다. 이를 Y에 대해 정리하면 $Y=-2X+U$이고, 이는 기울기가 -2인 우하향의 직선이다.

이를 통해 무차별곡선의 왼쪽 부분은 기울기 2, 오른쪽은 기울기 $\dfrac{1}{2}$인 우하향의 직선임을 알 수 있다. 예산선의 기울기 $\dfrac{P_X}{P_Y}=3$이므로 무차별곡선의 기울기보다 가파른 형태이다. 이는 Y축에서 코너해(corner solution)가 성립하고, 소비자 甲은 Y재만 소비한다는 것을 의미한다. Y재 소비량은 소득/Y재 가격=150/10=15단위이다.

冒 ⑤

09 보상수요(compensated demand)에 관한 설명으로 옳지 않은 것은?

① 가격변화에서 대체효과만 고려한 수요개념이다.

② 기펜재의 보상수요곡선은 우하향하지 않는다.

③ 소비자 잉여를 측정하는 데 적절한 수요개념이다.

④ 수직선형태 보상수요곡선의 대체효과는 항상 0이다.

⑤ 소득효과가 0이면 통상적 수요(ordinary demand)와 일치한다.

해설

난도 ★★

② 콥-더글러스(Cobb-Douglas) 효용함수의 무차별곡선이 원점에 대해 볼록하고 우하향하는 일반적인 형태라면 보상수요 곡선은 항상 우하향하므로 기펜재(Giffen's goods)의 보상수요곡선도 우하향한다.

①, ⑤ 보상수요곡선(compensated demand curve)은 대체효과만을 고려하여 도출된 수요곡선이다. 따라서 소득효과가 0이 라면 통상적 수요곡선(ordinary demand curve)과 일치한다.

③ 통상의 수요곡선이 효용극대화의 수요함수라면 보상수요곡선은 일정한 효용을 얻기 위한 지출극소화의 수요함수이다. 따 라서 보상수요곡선 상의 모든 점은 소비자의 효용이 동일하므로 보상수요곡선 아랫부분의 면적은 소비자가 동일한 효용을 유지하기 위해 지급할 용의가 있는 최대의 금액을 의미한다. 그러므로 소비자 잉여는 보상수요곡선을 이용해야 정확한 측 정이 가능하다.

④ 레온티에프(Leontief) 효용함수의 무차별곡선(완전보완관계)처럼 L자형인 경우에는 대체효과가 0이므로 보상수요곡선은 수 직선 형태가 된다.

답 ②

10 정상재 A, B의 가격이 각각 2% 상승할 때 A재의 소비지출액은 변화가 없었지만, B재의 소비지출액은 1% 감소하였다. 이 때 두 재화에 대한 수요의 가격탄력성 ε_A, ε_B에 대한 설명으로 옳은 것은?(단, ε_A, ε_B는 절댓값으로 표시한다)

① $\varepsilon_A > 1$, $\varepsilon_B > 1$

② $\varepsilon_A = 1$, $\varepsilon_B > 1$

③ $\varepsilon_A = 0$, $\varepsilon_B < 1$

④ $\varepsilon_A = 1$, $\varepsilon_B < 1$

⑤ $\varepsilon_A < 1$, $\varepsilon_B < 1$

해설

난도 ★★

소비지출액=PQ이다. A재의 P가 2% 상승했는데 소비지출액 변화가 없다는 것은 Q가 같은 비율로 감소한 것이므로 $\varepsilon_A = 1$이 다. B재의 경우 소비지출액은 1% 감소했다는 것은 P가 2% 상승한 경우 Q는 3% 감소했다는 것을 의미하므로 $\varepsilon_B > 1$이 된다.

답 ②

11 현재 소비자 甲은 주어진 소득 3,000원을 모두 사용하여 가격이 60원인 X재 20단위와 가격이 100원인 Y재 18단위를 소비하려고 한다. 이때 X재와 Y재의 한계효용이 각각 20으로 동일하다면 효용극대화를 위한 甲의 선택으로 옳은 것은?(단, 소비자 甲의 X재와 Y재에 대한 무차별곡선은 우하향하고 원점에 대하여 볼록하다) ★27회 기출★

① 현재 계획하고 있는 소비조합을 선택한다.

② X재 18단위와 Y재 18단위를 소비한다.

③ X재 20단위와 Y재 20단위를 소비한다.

④ X재의 소비량은 감소시키고 Y재의 소비량은 증가시켜야 한다.

⑤ X재의 소비량은 증가시키고 Y재의 소비량은 감소시켜야 한다.

해설

난도 ★★

$\frac{MU_X}{P_X} = \frac{MU_Y}{P_Y}$에서 두 재화의 소비량을 결정할 때 효용극대화가 이루어진다. 현재 $\frac{MU_X}{P_X} = \frac{20}{60} > \frac{MU_Y}{P_Y} = \frac{20}{100}$이다. 효용극대화를 위해서는 X재의 소비량은 증가시키고, Y재의 소비량을 감소시켜야 한다.

또는 $(MRS_{XY} = \frac{MU_X}{MU_Y} = 1) > (\frac{P_X}{P_Y} = \frac{60}{100} = 0.6)$이므로 효용극대화를 위해서는 X재의 소비량은 증가시키고, Y재의 소비량을 감소시켜야 한다.

답 ⑤

12 甲의 효용함수는 $U = (x, y) = xy$이고, X재와 Y재의 가격이 각각 2,000원과 8,000원이며, 소득은 100,000원이다. 예산제약 하에서 甲의 효용이 극대화되는 소비점에서 한계대체율($MRS_{XY} = -\Delta Y / \Delta X$)은?(단, 甲은 X재와 Y재만 소비하고, x는 X재의 소비량, y는 Y재의 소비량이다) ★27회 기출★

① 0.25

② 0.5

③ 0.75

④ 2.0

⑤ 2.5

해설

난도 ★★

콥-더글러스 효용함수는 원점에 대해 볼록한 무차별곡선의 형태이다. 효용극대화가 이루어지는 소비자균형점은 무차별곡선과 예산선이 접하는 점이다. 따라서 무차별곡선의 기울기 MRS_{XY}와 예산선의 기울기가 일치한다. $MRS_{XY} = \frac{MU_X}{MU_Y} = \frac{P_X}{P_Y}$이다. 문제에서 $\frac{P_X}{P_Y} = \frac{2,000원}{8,000원} = 0.25$이므로 한계대체율도 0.25이다.

답 ①

13 甲은 X재와 Y재 두 재화를 1:1 비율로 묶어서 소비한다. X재의 가격과 수요량을 각각 P_X와 Q_X라 한다. 소득이 1,000이고 Y재의 가격이 10일 때 甲의 X재 수요함수로 옳은 것은?(단, 소비자는 효용을 극대화하고 소득을 X재와 Y재 소비에 모두 지출한다)

★27회 기출★

① $Q_X=1,000/(10+P_X)$ ② $Q_X=990-P_X$

③ $Q_X=500-P_X$ ④ $Q_X=1,000-P_X$

⑤ $Q_X=500/P_X$

해설

난도 ★★

두 재화를 1:1 비율로 묶어서 소비하면 두 재화는 완전보완재이고 효용함수는 $U=\min(Q_X,\ Q_Y)$이다. 무차별곡선은 L자형이다. 예산선은 $P_XQ_X+10Q_Y=1,000$이고 $Q_X=Q_Y$이므로 $(P_X+10)Q_X=1,000$에서 $Q_X=1,000/(10+P_X)$이다.

답 ①

---

14 X재와 Y재 소비에 대한 乙의 효용함수는 $U=12x+10y$이고, 소득은 1,500이다. X재의 가격이 15일 때 乙은 효용극대화를 위해 X재만 소비한다. 만약 乙이 Y재를 공동구매하는 클럽에 가입하면 Y재를 단위당 10에 구매할 수 있다. 乙이 클럽에 가입하기 위해 지불할 용의가 있는 최대금액은?(단, x는 X재 소비량, y는 Y재 소비량이다)

★28회 기출★

① 120   ② 200

③ 300   ④ 400

⑤ 600

해설

난도 ★★★

선형 효용함수인 경우 무차별곡선은 우하향의 직선이므로 코너해(corner solution)를 얻게 된다. 소득은 1,500이고 X재의 가격이 15일 때 효용극대화를 위해 X재만 소비한다면 X재 소비량은 $\frac{1,500}{15}=100$단위이다. 그리고 X재만 소비할 때의 효용은 $U=12\times100=1,200$이다.

이제 Y재를 10에 구매할 수 있으면 $\frac{P_X}{P_Y}=\frac{15}{10}>MRS_{XY}=\frac{12}{10}$이므로 X재의 소비량을 줄이고 Y재의 소비량을 늘려야 한다. 이 경우에는 코너해이므로 Y재만 구입하여야 한다. Y재 소비량은 $\frac{1,500}{10}=150$단위이고, 효용은 $U=10\times150=1,500$이다. 클럽에 가입하기 위해 지불할 용의가 있는 최대금액은 효용의 증가분이다. $1,500-1,200=300$이다.

답 ③

15 甲의 효용함수는 $U=\sqrt{LF}$이며 하루 24시간을 여가(L)와 노동($24-L$)에 배분한다. 甲은 노동을 통해서만 소득을 얻으며, 소득은 모두 식품(F)을 구매하는 데 사용한다. 시간당 임금은 10,000원, 식품의 가격은 2,500원이다. 甲이 예산제약 하에서 효용을 극대화할 때, 여가시간과 구매하는 식품의 양은?

★29회 기출★

① $L=8$, $F=64$ ② $L=10$, $F=56$

③ $L=12$, $F=48$ ④ $L=14$, $F=40$

⑤ $L=16$, $F=32$

해설

난도 ★★★

예산제약 하에서 효용을 극대화하려면 예산선과 무차별곡선이 접하는 점에서 선택을 해야 하고, 이때 무차별곡선의 기울기(한계대체율 MRS_{LF})와 예산선의 기울기가 같아진다. 효용함수가 $U=\sqrt{LF}$이므로 한계대체율 $MRS_{LF}=\dfrac{MU_L}{MU_F}$ $=\dfrac{F}{L}$이다. 소비자는 노동을 통해 얻은 소득을 모두 식품(F)을 구매하는 데 사용하므로 예산제약은 $2,500F=$ $10,000(24-L)$이고, 따라서 $F=4(24-L)$이고 예산선의 기울기는 4가 된다. $\dfrac{F}{L}=4$와 $F=4(24-L)$를 풀면 $4L=$ $4(24-L)$에서 $L=12$, $F=48$이 계산된다.

답 ③

16 甲의 효용함수는 $U(x, y)=xy$이고, X재와 Y재의 가격이 각각 1과 2이며 甲의 소득은 100이다. 예산제약 하에서 甲의 효용을 극대화시키는 X재와 Y재의 소비량은?(단, 甲은 X재와 Y재만 소비하고 x는 X재의 소비량, y는 Y재의 소비량이다)

★27회 기출★

① $x=20$, $y=40$ ② $x=30$, $y=35$

③ $x=40$, $y=30$ ④ $x=50$, $y=25$

⑤ $x=60$, $y=20$

해설

난도 ★★★

예산제약식 $M=P_X x+P_Y y$에, $P_X=1$, $P_Y=2$를 대입하면 $x+2y=100$이다. 한계효용균등의 법칙에 의해 효용극대화 조건 $\dfrac{MU_X}{P_X}=\dfrac{MU_Y}{P_Y}$이고, $MU_X=y$, $MU_Y=x$와 가격을 대입하면 $\dfrac{y}{1}=\dfrac{x}{2}$이다. 여기서 $2y=x$와 예산제약식 $x+2y$ $=100$를 연립하여 계산하면 $x=50$, $y=25$이다.

답 ④

17 소비자이론에 관한 설명으로 옳은 것을 모두 고른 것은?

★34회 기출★

ㄱ. 무차별곡선은 효용을 구체적인 수치로 표현할 수 있다는 가정 하에 같은 만족을 주는 점들을 연결한 것이다.
ㄴ. 상품의 특성에 따라 무차별곡선은 우상향 할 수도 있다.
ㄷ. 열등재이면서 대체효과보다 소득효과의 절대적 크기가 매우 클 경우 그 재화는 기펜재(Giffen goods)이다.
ㄹ. 유행효과(bandwagon effect)가 존재하면 독자적으로 결정한 개별수요의 수평적 합은 시장수요이다.

① ㄱ, ㄴ
② ㄱ, ㄷ
③ ㄱ, ㄹ
④ ㄴ, ㄷ
⑤ ㄴ, ㄹ

해설

난도 ★

ㄱ. 효용의 절대적인 크기인 기수적 효용의 가측성을 전제로 하는 개념은 무차별곡선이론이 아니라 한계효용이론이다. 무차별 곡선이론은 효용을 구체적인 수치로 표현할 수 있다는 전제를 배격하고 선호의 순서(즉 서수적 효용)만 알면 소비자행동의 설명이 가능하다는 인식에서 출발한다.

ㄴ. 두 재화 중 한 재화가 비재화(bads, 소비를 할수록 효용이 감소하는 재화)인 경우 무차별곡선은 우상향한다.

ㄷ. 기펜재는 가격이 하락할 때 수요량이 감소하는 재화로서, 수요곡선이 우상향한다. 기펜재는 소득이 증가할 때 수요가 감소 하는 열등재이며 대체효과는 음(−)의 부호를 가지지만 소득효과가 양(+)의 부호를 가지며 그 효과가 더 크기 때문에 전체 적으로 가격효과가 양(+)을 가지게 된다(가격변화방향과 구입량변화 방향이 동일하면 +, 가격변화방향과 구입량변화 방향 이 반대인 경우 −로 할 경우).

ㄹ. 유행효과는 많은 소비자들이 소비하는 재화를 보고 질이 좋은 재화일 것이라고 생각하고 따라서 구입하는 현상으로, 동행 효과 또는 악대차효과라고도 한다. 유행효과가 있을 경우 수요곡선은 정상적인 수요곡선보다 더 완만한 형태를 보인다.

답 ④

18 기펜재(Giffen goods)의 수요에 관한 설명으로 옳은 것을 모두 고른 것은?

★27회 기출★

ㄱ. 가격이 하락할 때 수요량은 증가한다.
ㄴ. 보상수요곡선은 우하향한다.
ㄷ. 수요의 소득탄력성은 0보다 작다.

① ㄱ
② ㄴ
③ ㄱ, ㄷ
④ ㄴ, ㄷ
⑤ ㄱ, ㄴ, ㄷ

난도 ★★

ㄴ. 기펜재의 경우에도 대체효과에 의해 상대적으로 가격이 하락한 재화의 수요량은 증가하므로 보상수요곡선은 우하향한다. 보상수요곡선은 대체효과만 고려한다.

ㄷ. 기펜재는 절대적 열등재이므로 수요의 소득탄력성은 0보다 작다.

ㄱ. 기펜재(Giffen goods)는 수요법칙의 예외현상으로 가격이 하락함에도 수요량이 감소하는 재화이다.

답 ④

19 소비자 갑의 효용함수는 $U = 3X^2 + Y^2$이며 X재 가격은 6, Y재 가격은 2, 소득은 120이다. 효용을 극대화하는 갑의 최적소비조합(X, Y)은?

★33회 기출★

① (0, 60)　　　　　　　　　　　　② (6, 42)

③ (10, 30)　　　　　　　　　　　　④ (15, 15)

⑤ (20, 0)

해설
난도 ★★

효용을 극대화하기 위해서는 한계효용 균등의 법칙에 따라 최적의 소비조합을 선택해야 한다. 효용함수를 X재와 Y재에 대해 미분하여 한계효용을 구한 후 가격으로 나누어주면 각 재화 1원어치의 한계효용을 구할 수 있다. $MU_X = 6X$, $MU_Y = 2Y$이고,

$\dfrac{MU_X}{P_X} = \dfrac{6X}{6} = X$, $\dfrac{MU_Y}{P_Y} = \dfrac{2Y}{2} = Y$이다.

답 ①

20 '다이아몬드와 물의 역설'은 다음 중 어느 것과 관련이 있나?

① 사실상 소비자들은 비합리적이다.

② 가격은 총효용보다 한계효용에 더 밀접하게 관련되어 있다.

③ 물은 열등재이다.

④ 다이아몬드에 대한 수요는 매우 탄력적이다.

⑤ 한계효용체감의 법칙

해설
난도 ★

한계효용이론에 의하면 어떤 재화의 가격은 재화를 소비하여 얻는 총효용이 아니라 한계효용에 의해서 결정된다. 즉, 물보다 다이아몬드 가격이 높은 이유는 물의 한계효용보다 다이아몬드의 한계효용이 높기 때문이다.

답 ②

21 영미의 선호는 효용함수 $U=\min(X, Y)$로 표현된다. X재의 가격이 하락할 때, 효용을 극대화하는 영미의 소비변화에 대한 설명 중 옳은 것은?

① X재의 소비를 증가시킬 것이다. 이때 대체효과만 존재한다.

② X재의 소비를 증가시킬 것이다. 이때 소득효과만 존대한다.

③ X재의 소비를 증가시킬 것이다. 이때 대체효과와 소득효과는 같은 방향으로 작용한다.

④ X재의 소비를 증가시킬 것이다. 이때 대체효과와 소득효과는 반대 방향으로 작용한다.

⑤ X재의 소비를 변화시키지 않을 것이다. 이때 대체효과와 소득효과는 완전히 상쇄된다.

> 해설

난도 ★★

주어진 효용함수에 의하면 X재와 Y재는 완전보완재이므로 가격비율이 바뀌더라도 대체효과가 발생하지 않는다. 따라서 X재의 가격이 하락하면 X재에 대한 가격효과가 발생하여 X재 소비가 증가하는데 이때 가격효과는 오로지 소득효과로만 구성된다.

답 ②

22 소비자 선호체계와 소비자 선택에 관한 설명으로 옳지 않은 것은?

① 효용함수가 $U=X+Y$이고, X재의 가격이 Y재의 가격보다 높을 때 X재만을 소비한다.

② 효용함수가 $U=\min\{X, Y\}$이라면 항상 동일한 양의 X재와 Y재를 소비한다.

③ 한계대체율은 무차별곡선 기울기의 절댓값을 나타낸다.

④ 두 무차별곡선이 교차할 수 없다는 성질은 선호체계의 이행성으로부터 도출된다.

⑤ 효용함수가 $U=(X+Y)^2$이면, 무차별곡선은 직선이다.

> 해설

난도 ★★

① 효용함수가 $U=X+Y$이면 선형효용함수로 무차별곡선은 우하향의 직선이다. 이 경우 코너해(corner solution)가 성립되어 두 재화 중 어느 한 재화만을 소비한다. X재의 가격이 Y재의 가격보다 높다면 Y재만을 소비한다.

답 ①

23 X재의 가격이 150원이고, Y재의 가격이 100원이다. 소비자 甲의 Y재에 대한 한계효용이 300이고 효용이 극대화된 상태라면, 甲의 X재에 대한 한계효용은?(단, X>0, Y>0이다)

① 150

② 200

③ 300

④ 450

⑤ 550

해설

난도 ★★

효용극대화는 무차별곡선과 예산선이 접하는 점에서 이루어진다. 따라서 무차별곡선의 기울기와 예산선의 기울기가 같

아야 한다. $MRS_{XY} = \dfrac{MU_X}{MU_Y} = \dfrac{P_X}{P_Y}$가 성립해야 한다. $\dfrac{P_X}{P_Y} = \dfrac{150}{100} = 1.5$이므로 $\dfrac{MU_X}{300} = 1.5$이다. 따라서 $MU_X = 450$이다.

답 ④

24 효용극대화를 추구하는 소비자 甲의 효용함수는 $U(x,\ y) = \min(x,\ y)$이다. 甲의 수요에 관한 설명으로 옳은 것은?(단, 甲은 X재와 Y재만 소비하고, x는 X재 소비량, y는 Y재 소비량을 나타낸다)

① 수요의 가격탄력성이 0이다.

② 수요의 가격탄력성이 1이다.

③ 수요의 교차탄력성이 0이다.

④ 수요의 교차탄력성이 -1이다.

⑤ 수요의 소득탄력성이 1이다.

해설

난도 ★★

레온티에프 효용함수 $U(x,\ y) = \min(x,\ y)$는 X재와 Y재화 중 적은 것에 의해 효용이 결정된다는 것으로 두 재화는 완전보완

관계에 있고 무차별곡선은 L자형이다. 레온티에프 효용함수에서 수요의 소득탄력성은 1이다.

답 ⑤

25 동전을 던져 앞면이 나오면 9,000원을 따고 뒷면이 나오면 10,000원을 잃는 도박이 있다. 甲은 위험기피자, 乙은 위험애호자, 丙은 위험중립자인 경우 다음 설명으로 옳은 것은?

① 甲의 도박에의 참여 여부는 위험기피도에 따라 결정될 것이다.

② 도박에 참여하는 대가로 500원을 준다 해도, 甲은 도박에 참여하지 않을 것이다.

③ 丙은 이 도박에 반드시 참여할 것이다.

④ 乙은 이 도박에 반드시 참여할 것이다.

⑤ 앞면이 나올 때 따는 금액을 1,000원 올려 10,000원으로 하고, 뒷면이 나올 때 잃는 금액을 1,000원 내려 9,000원으로 하면 甲, 乙, 丙 모두 이 도박에 반드시 참여할 것이다.

해설
난도 ★★★

② 앞면이 나오면 9,000원을 따고 뒷면이 나오면 10,000원을 잃는 도박이므로 이 도박의 기대소득은 −500원이다. 따라서 도박에 참여하는 대가로 500원을 주는 도박은 공정한 도박이다. 위험기피자는 공정한 도박에 참여하지 않는다.

① 甲은 위험기피자이므로 공정한 도박과 불리한 도박에는 참여하지 않고, 유리한 도박에는 참여할 수도 있다.

③ 丙은 위험중립자이므로 기대소득이 −500원인 불리한 도박에는 참여하지 않는다.

④ 乙은 위험애호자이므로 불리한 도박에 참여할 수도 있고, 참여하지 않을 수도 있다.

⑤ 이 경우 기대소득은 $E(X) = \dfrac{10,000 + (-9,000)}{2} = 500$원으로 유리한 도박이다. 유리한 도박에는 위험애호자와 위험중립자는 반드시 참여한다. 그러나 위험기피자는 유리한 도박에 참여할 수도 있고, 참여하지 않을 수도 있다.

답 ②

---

26 X재와 Y재만을 소비하는 甲의 효용함수는 $U = -\sqrt{X} + Y$이며, 예산제약식은 $3X + 2Y = 10$이다. 효용을 극대화하는 甲의 Y재에 대한 수요량은?(단, U는 효용, X≥0, Y≥0)

① 0

② 2/3

③ 1.5

④ 5

⑤ 10

해설
난도 ★★

$U = -\sqrt{X} + Y$에서 X재의 소비량이 증가하면 효용이 감소하므로 X재는 비재화(bads)이다. X재가 비재화인 경우 무차별곡선은 원점에 대해 오목하며 우상향하는 형태이다. X재가 비재화이므로 X재의 소비량이 0일 때 효용극대화가 이루어진다. 예산제약식에 $X = 0$을 대입하면 $Y = 5$가 된다.

답 ④

27 어떤 소비자는 부드럽고 원점에 대해 볼록한 무차별곡선을 가진다. 이 소비자는 100만 원을 X재와 Y재의 소비에 사용한다. X재 가격이 5만 원, Y재 가격이 10만 원일 때, 이 소비자가 선택한 조합은 X재 12단위와 Y재 4단위이다. Y재 가격이 5만 원으로 하락하였을 때, 이 소비자가 선택한 조합은 X재 14단위와 Y재 6단위이다. 이로부터 유추할 수 있는 내용이 <u>아닌</u> 것은?(단, 개별수요곡선은 직선이라고 가정한다)

① Y재에 대한 개별수요곡선을 도출할 수 있다.

② Y재로 표시한 X재의 한계대체율(MRS_{XY})은 증가한다.

③ 예산집합은 확대된다.

④ 대체효과는 음수이다.

⑤ X재는 열등재이다.

해설
난도 ★★
상품가격이 하락하면 소득의 실질가치는 증가한다. 이 경우 소비량이 증가하는 상품은 정상재, 감소하는 상품은 열등재이다. Y재 가격이 하락하는 경우 Y재에 대해서는 대체효과와 소득효과가 발생하는 반면, X재에 대해서는 소득효과만 발생한다. Y재의 가격이 하락하면 실질소득이 증가하고 그 결과 X재 소비량이 증가하였다면 X재는 정상재에 속한다.

답 ⑤

28 소비자 甲은 청바지를 구입하려는 계획을 세웠다. 그런데 청바지 가격이 하락하여, 이 소비자는 구매량을 변경하기로 하였다. 다음 설명 중 옳지 <u>않은</u> 것은?

① 청바지가 정상재이면, 대체효과와 소득효과에 의해 청바지를 더 산다.

② 청바지가 열등재이면, 대체효과의 절댓값이 소득효과의 절댓값보다 작아야 청바지를 덜 산다.

③ 청바지가 열등재이면, 대체효과의 절댓값이 소득효과의 절댓값보다 커야 청바지를 더 산다.

④ 청바지가 정상재이면, 대체효과와 소득효과에 의해 청바지를 덜 산다.

⑤ 청바지가 기펜재(Giffen's goods)이면, 대체효과의 절댓값이 소득효과의 절댓값보다 작아서 청바지를 덜 산다.

해설
난도 ★
청바지가 정상재이고 가격이 내리면 대체효과와 소득효과에 의해서 청바지 소비량이 증가한다.

답 ④

29 甲은 열등재인 X재와 정상재인 Y재만을 소비한다. 소득과 Y재의 가격이 일정할 때, X재의 가격이 하락하자 X재의 소비량이 감소하였다. 이 경우 옳은 설명을 모두 고른 것은?

> ㄱ. X재는 기펜재이다.
> ㄴ. 가격소비곡선은 우상향한다.
> ㄷ. X재에 대한 대체효과의 절댓값이 소득효과의 절댓값보다 작다.
> ㄹ. X재에 대한 대체효과와 소득효과는 같은 방향이다.

① ㄱ, ㄴ   ② ㄱ, ㄷ
③ ㄴ, ㄹ   ④ ㄱ, ㄴ, ㄷ
⑤ ㄴ, ㄷ, ㄹ

해설
난도 ★
ㄱ. 소득과 Y재의 가격이 일정할 때, X재의 가격이 하락하자 X재의 소비량이 감소하였다는 것은 수요곡선이 우상향한다는 것으로 X재는 기펜재이다.
ㄴ. 가격소비곡선(PCC)의 우하향 및 우상향 여부는 X재와 Y재의 관계에 따라 달라지므로 알 수 없다.
ㄷ. ㄹ. 가격과 수요량 변화의 방향을 기준으로 부호(+, −)를 표시하면 기펜재는 음(−)의 대체효과<양(+)의 소득효과이므로 가격효과는 양(+)이다.

답 ②

30 현시선호의 약공리를 바르게 설명한 것은?

① A를 선택할 때 B가 선택 가능하였다면 B를 선택할 때에는 A가 선택불가능하여야 한다.
② A를 선택할 때 B가 선택 가능하였다면 B를 선택할 때에는 A가 선택 가능하여야 한다.
③ A, B, C가 선택 가능할 때 A를 선택하였다면 A, B만이 선택 가능할 때에도 A를 선택하여야 한다.
④ A를 선택할 때 B가 선택 가능하였고 B를 선택할 때 C가 선택 가능하였다면 A를 선택할 때 C도 선택 가능하여야 한다.
⑤ A를 선택할 때 B가 선택 가능하였고 B를 선택할 때 C가 선택 가능하였다면 C를 선택할 때 A는 선택 불가능하여야 한다.

해설
난도 ★★
소비자가 동일한 예산집합에 속한 A, B, C 중에서 A를 선택하고 약공리가 성립하면 A와 B 또는 A와 C 중에서는 반드시 A를 선택한다.

답 ③

31 X재 가격이 하락할 때 아래의 설명 중 옳은 것을 모두 고른 것은?(단, X재와 Y재만 존재하며 주어진 소득을 두 재화에 모두 소비한다)

ㄱ. X재가 정상재인 경우 보상수요곡선은 보통수요곡선보다 더 가파르게 우하향하는 기울기를 가진다.
ㄴ. X재가 열등재인 경우 보상수요곡선은 우상향한다.
ㄷ. X재가 기펜재인 경우 보통수요곡선은 우상향하고 보상수요곡선은 우하향한다

① ㄱ
② ㄴ
③ ㄱ, ㄷ
④ ㄴ, ㄷ
⑤ ㄱ, ㄴ, ㄷ

해설

난도 ★★

콥-더글러스(Cobb-Douglas) 효용함수의 무차별곡선이 원점에 대해 볼록하고 우하향하는 일반적인 형태라면 보상수요곡선은 항상 우하향하므로 열등재와 기펜재(Giffen's goods)의 보상수요곡선도 우하향한다.

보상수요곡선(compensation demand curve)은 가격효과에서 소득효과를 제외한 순수한 상대가격 변화의 효과만을 나타낸 수요곡선이다. 보상수요곡선은 대체효과만을 고려하여 도출된 수요곡선이므로 소득효과가 0이라면 보통수요곡선과 일치한다.

답 ③

제4장 | 생산과 생산함수, 생산비

출제포인트
- 생산함수의 여러 가지 유형별 의미와 특징
- 여러 비용(AC, MC, AVC, AFC) 간의 관계
- 기회비용과 매몰비용
- 규모에 대한 수익과 규모의 경제
- 완전보완요소와 완전대체요소인 경우 최적생산
- 생산의 비용극소화

제1절 생산과 생산함수

1. 생산의 의의

(1) 생산의 뜻

넓은 의미로 생산은 인간의 효용을 증가시키는 모든 행위를 말한다. 따라서 재화를 만들어내는 활동(좁은 의미의 생산)은 물론 재화를 운반, 저장하는 활동인 서비스도 생산에 포함된다.

(2) 생산의 주체

생산의 주체는 기업(firm)으로, 기업은 가계가 제공한 생산요소를 결합하여 생산물(재화, 서비스)를 생산한다. 기업은 어떤 한 가지 제품, 또는 상호 밀접하게 연관되어 있는 제품을 생산하는 기업의 집합인 산업(industry)과는 구별된다.

(3) 생산의 동기

전통적으로 자본주의 경제체제에서 생산의 동기와 목표는 이윤의 극대화에 있다고 가정한다. 그러나 오늘날에는 기업의 생산활동의 목표로 총수입(판매액)의 극대화, 기업 성장의 극대화, 기업의 사회적 책임 등이 강조되기도 한다.

2. 생산함수와 생산방법

(1) 생산함수의 뜻

① 생산함수(production function)는 일정 기간에 투입하는 생산요소의 수량과 그 결합으로부터 얻을 수 있는 최대 산출량 간의 일정한 기술적 관계를 나타낸다.

② 따라서 생산함수는 유량(flow) 개념이고, 주어진 생산요소를 가장 효율적인 기술을 이용하여 투입할 경우 생산할 수 있는 최대의 산출량, 또는 주어진 생산량을 생산할 수 있는 최소의 요소투입량을 의미한다.

(2) 일반적인 형태의 생산함수

① L의 노동량과 K의 자본량을 투입하여 Q의 생산량을 생산한다면 생산함수는

$$Q=f(L, K)$$

로 표시되는데, 노동량(L)과 자본량(K)이 증가하면 산출량(Q)은 증가한다.

② 생산함수의 이용

㉠ 이 생산함수를 이용하여 자본은 고정되어 있고, 노동만이 가변적인 단기 생산함수를 이용하여 수확체감의 법칙과 생산의 3단계를 설명할 수 있다.

㉡ 노동과 자본 모두 가변적인 장기 생산함수를 이용하여 규모에 대한 수익, 기술적 효율과 경제적 효율, 등량곡선과 등비용선을 이용한 생산자 균형점을 설명할 수 있다.

제2절 특수한 생산함수 ★27, 28, 29, 30, 31회 기출★

1. 규모에 대한 수익

(1) 규모에 대한 수익의 뜻

규모에 대한 수익(returns to scale)는 장기에 생산요소가 같은 비율로 증가했을 때 생산량이 어떻게 변화하는가를 보여주는 개념이다.

(2) 규모에 대한 수익의 유형 ★27, 29회 기출★

① 예컨대 생산요소(노동과 자본)가 모두 2배 증가한 경우 생산량도 2배 증가하면 규모에 대한 수익불변 (CRS)이라고 하고, 이 경우 장기 평균비용은 불변이다.

② 생산량이 2배 초과하여 증가하면 규모에 대한 수익증가(IRS)라고 하고, 이 경우 장기평균비용은 체감한다. 규모의 경제(economies to scale)라고도 한다.

③ 생산량이 2배 미만으로 증가하면 규모에 대한 수익감소(DRS)라고 하고, 이 경우 장기평균비용은 체증한다. 규모의 불경제(diseconomies to scale)라고도 한다.

① 규모의 경제가 발생하는 이유
    ㉠ 생산규모의 확대에 따라 분업과 전문화의 이익
    ㉡ 생산의 물리적 법칙 작용
    ㉢ 경영의 효율성
    ㉣ 금전상의 이득이 작용
② 생산규모가 아주 커지면 ㉠, ㉡, ㉢의 요인이 반대로 나타나 ㉣의 금전상의 이득을 압도하여 규모의 불경제가 발생한다.

2. 동차 생산함수(homogeneous production function)

(1) 의미

생산함수가

$$f(tL, tK)=t^k f(L, K)$$
$$(k는\ 상수,\ t>0인\ 상수)$$

일 때 이를 k차 동차생산함수라고 한다. 예컨대 $t=1.1$이고 $k=2$라면 $t^k=1.21$이므로 따라서 노동과 자본을 모두 10%씩 증가시켰을 때 생산량은 21%가 증가했음을 의미한다.

(2) 1차 동차 생산함수

① k차 동차생산함수에서 $k=1$인 경우 이를 1차 동차생산함수라고 한다. 즉 $f(tL, tK)=tf(L, K)$이므로 1차 동차생산함수는 규모에 대한 수익이 불변인 생산함수이다.

② 따라서 k차 동차생산함수에서
    ㉠ $k=1$이면 규모에 대한 수익불변
    ㉡ $k>1$이면 규모에 대한 수익체증
    ㉢ $k<1$이면 규모에 대한 수익체감이다.

3. 생산요소의 완전보완관계, 완전대체관계 ★27, 28, 29, 31, 33회 기출★

(1) 생산요소 간의 완전보완관계

예컨대 타이피스트(L)와 타자기(K) 간의 관계처럼 생산요소 간에 완전보완관계가 있는 경우에는 생산요소의 투입비율이 고정된다. 이 경우 생산함수는

$$Q=\min(K, L)$$

로 표시한다. 즉 산출량 Q는 노동량(L)과 자본량(K) 중에서 요소의 양이 작은 것에 의해 결정된다는 뜻이다. 고정계수 생산함수라고도 하고 대표적인 예로 레온티에프(W. Leontief) 생산함수가 있다.

생산요소의 투입비율이 고정된 생산함수이다. a, b를 고정된 자본과 노동의 투입계수라고 하면 고정계수 생산함수는

$$Q = \min\left(\frac{K}{a}, \frac{L}{b}\right)$$

로 표시된다. 이것이 갖는 의미는, 산출량 Q는 노동을 L, 자본을 K만큼 고용할 때 K/a와 L/b 중에서 작은 것에 의해 결정된다는 것이다.

(2) 생산요소 간의 완전대체관계

노동과 자본 두 생산요소가 완전대체관계에 있는 경우 생산함수는

$$Q = K + L$$

로 표시된다. 예컨대 기계 1대의 생산량과 노동 10단위의 생산량이 동일하다면 이런 경우 노동과 자본은 완전대체관계가 된다.

4. 콥-더글러스(Cobb-Douglas) 생산함수 ★27, 28, 29, 30, 31회 기출★

(1) 의의

콥(Charles W. Cobb)과 더글러스(Paul H. Douglas)가 노동과 자본에 대한 대체탄력성의 정의로부터 도출해낸 장기 생산함수로 CES생산함수와 함께 규모에 대한 수익불변인 1차 동차생산함수의 대표적인 예($\alpha + \beta = 1$인 경우)가 된다.

(2) 형태

콥-더글러스 생산함수의 형태는 다음과 같다.

$$Q = AK^{\alpha}L^{\beta}$$
단, $0 \leq \alpha \leq 1$, $0 \leq \beta \leq 1$ $(\alpha + \beta = 1)$, $A > 0$인 상수

여기서 α와 β는 생산에 있어서 자본과 노동의 기여도를 의미한다. 즉 $\alpha = 0.75$, $\beta = 0.25$라면 생산물(Q) 1단위 생산에 있어서 K는 75%, L은 25%의 기여를 했음을 의미한다. 또한 이 생산함수에서
① $\alpha + \beta = 1$이면 규모에 대한 수익불변
② $\alpha + \beta > 1$이면 규모에 대한 수익체증
③ $\alpha + \beta < 1$이면 규모에 대한 수익체감
을 의미한다.

(3) 성질

① 규모에 대한 수익불변인 경우 각 생산요소의 평균 생산물(AP)과 한계 생산물(MP)은 생산요소의 결합비율(즉 K/L)에 의해 결정된다. 또한 생산요소의 결합비율(K/L)이 일정하면 AP와 MP도 일정하다.
② α는 생산의 자본 탄력성, β는 생산의 노동 탄력성을 의미한다.

③ 오일러(Euler)의 정리가 성립한다. 즉 생산물은 생산요소의 공급자에게 완전 분배된다(완전분배의 정리).

④ 한 경제의 각 생산요소가 그 생산요소의 한계생산물만큼 분배를 받는다면 α는 자본소득 분배율, β는 노동소득 분배율을 표시한다.

더 알아보기 | 생산요소의 대체탄력성 ★29회 기출★

$$\rho = \frac{\text{투입요소 비율}(K/L)\text{의 변화율}}{MRTS_{LK}(MP_L/MP_K)\text{의 변화율}}$$

$\rho = 1$일 때는 상대적으로 $MP_K > MP_L$

더 알아보기 | 오일러(Euler)의 정리

① $Q = f(L, K)$가 k차 동차함수이면 $Lf_L + Kf_K = kf(L, K)$가 성립한다. 여기서 f_L은 생산함수를 노동으로 미분한 값, 즉 노동의 한계생산이고 f_K는 자본의 한계생산이다.

② 따라서 f가 1차 동차함수이면 $Lf_L + Kf_K = f(L, K) = Q$이고, 각 생산요소의 보수가 그들의 한계생산물 f_L, f_K에 의해 결정되면 총생산량은 생산요소의 총보수와 동일하다. 여기서 Lf_L은 노동에 지급된 총보수, Kf_K는 자본에 지급된 총보수를 의미한다.

　㉠ $k < 1$ 이면 $Lf_L + Kf_K < f(L, K) = Q$, 즉 총생산량이 각 생산요소의 한계생산물에 의한 총보수보다 크다.

　㉡ $k > 1$ 이면 $Lf_L + Kf_K > f(L, K) = Q$, 즉 총생산량이 각 생산요소의 한계생산물에 의한 총보수보다 작다

제3절　단기와 장기 생산함수

1. 단기 생산함수

(1) 의의

어느 한 가지 생산요소가 고정되어 있는 경우의 생산함수를 단기 생산함수라고 한다. 즉, $Q = f(L, K)$에서 단기에 자본(K)은 고정되어 있다. 따라서 단기에 생산량(Q)의 증가를 위해서는 노동(L)의 투입량을 증가시켜야 한다.

(2) 평균생산(AP) ★27회 기출★

① 노동의 평균생산(average products : AP)은 노동 1단위당 생산량을 의미한다. 총생산을 노동의 투입량으로 나누어 계산한다. 즉

$$\text{노동의 평균생산}(AP) = \frac{\text{총생산}(TP)}{\text{노동투입량}(L)}$$

이다.

② 노동의 평균생산은 기하학적으로 각각의 노동량에 대응하는 총생산(TP)곡선상의 한 점과 원점을 연결한 선의 기울기이다.

③ 따라서 노동투입량을 증가시키면 노동의 평균생산은 증가하다가 일정 한도를 지나면 감소한다. 노동
의 평균생산은 후생(welfare)수준과 밀접한 관계가 있다.

(3) 한계생산(MP)

① 노동의 한계생산(marginal products : MP)은 노동 1단위를 추가로 투입할 때 그로 인한 총생산량
의 증가분을 말한다. 즉

$$노동의 한계생산 = \frac{총생산의 증가분(\Delta TP)}{노동투입량의 증가분(\Delta L)}$$

이다.

② 노동의 한계생산은 수학적으로 총생산 함수의 미분값이고, 따라서 총생산(TP) 곡선의 접선의 기울
기이다.

(4) 한계생산 체감의 법칙(수확체감의 법칙) ★32회 기출★

① 한 가지 생산요소(K)의 투입을 고정시키고, 다른 생산요소(L)의 투입을 증가시키면 총생산(TP)은
증가하지만 그 증가분(ΔTP), 즉 한계생산(MP)은 처음에는 증가하다가 일정 한도를 지난 후부터는
감소하는데 이러한 현상을 한계생산 체감의 법칙, 또는 수확체감의 법칙(law of diminishing
returns)이라고 한다.

② 한계생산은 자원배분의 효율성과 밀접한 관련이 있다. 또한 한계생산과 관련하여 단기에 기업의 노
동 고용량에 대한 한 가지 기준을 제시할 수 있다. 그 기준은 기업은 노동의 한계생산이 0이거나 음
(−)인 수준까지 노동을 고용하지는 않는다는 것이다. 정확한 고용량 결정은 생산물의 시장가격과 시
장임금률에 따라 달라진다.

▶ 총생산, 한계생산, 평균생산

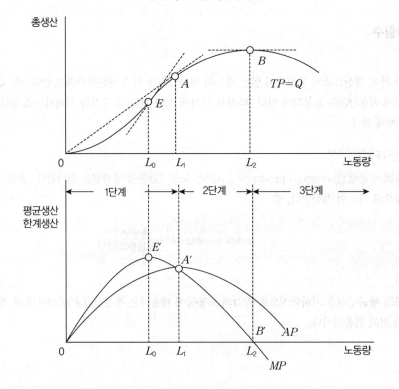

(5) 평균생산과 한계생산의 관계(평균과 한계의 관계) *[27, 28, 30 기출]*

위의 〈그림〉에서 본 노동의 평균생산 곡선과 노동의 한계생산 곡선은 다음과 같은 특징을 가지고 있다.

① 한계생산과 평균생산은 처음에는 증가하다가 극대점에 도달하고 그 이후에는 감소한다.

② 평균생산이 증가할 때 한계생산은 평균생산보다 많고, 평균생산이 최대일 때 한계생산과 평균생산은 같으며, 평균생산이 감소할 때 한계생산은 평균생산보다 적다.

③ 즉 한계생산 곡선이 증가하든지 감소하든지 관계없이 한계생산 곡선이 평균생산 곡선의 위에 있는 한 평균생산은 증가한다는 것이다.

④ 이와 같은 관계는 한계(marginal)와 평균(average)개념 간의 당연한 결과이며 경제적인 사실이라기보다는 수학적인 사실이다.

⑤ 이상의 설명을 요약하면 다음과 같다. 그리고 그 역(reverse)도 성립한다.

$$MP > AP$$이면 AP는 증가
$$MP = AP$$이면 AP는 극대
$$MP < AP$$이면 AP는 감소

2. 장기 생산함수

(1) 장기 생산함수의 의의 *[32회 기출]*

장기에는 노동은 물론 자본까지 포함하여 모든 생산요소가 가변적이고 이 경우의 생산함수를 장기 생산함수라고 한다. 장기 생산함수를 이용한 분석으로 기술적 효율과 경제적 효율이 있다.

(2) 기술적 효율과 경제적 효율

① 기술적 효율

  ㉠ 두 가지 생산요소(L, K)가 모두 가변적일 때 노동과 자본의 여러 가지 결합으로 최대의 생산량을 얻을 수 있는 생산방법을 기술적 효율(technical efficiency)이 있는 생산방법이라고 한다.

  ㉡ 이는 노동과 자본 간에 대체가 가능하다는 생산요소의 상호 대체성(substitution) 가정하에서 성립되는 개념이다.

  ㉢ 앞에서 보았던 생산가능곡선(PPC)과 뒤에서 보게 될 등량곡선 상의 모든 점은 기술적 효율이 있는 생산방법을 나타낸다.

② 경제적 효율

  기술적 효율이 있는 여러 가지 생산방법 중 생산비가 최소인 생산방법을 경제적 효율(economic efficiency)이 있는 생산방법이라고 한다. 뒤에서 보게 될 생산자 균형점은 경제적 효율이 있는 생산방법을 나타낸다.

제4절 생산자의 균형

1. 생산자 균형의 의의

(1) 생산자의 균형은 합리적 생산, 즉 생산요소의 최적결합방법을 등량곡선과 등비용선을 이용하여 설명한다.

(2) 생산요소의 최적결합은 일정한 비용으로 최대의 생산량을 얻을 수 있는 생산요소의 결합, 또는 일정한 생산량을 최소의 비용으로 얻을 수 있는 생산요소의 결합방법을 의미한다.

2. 등량곡선

(1) 등량곡선의 의미

① 동일한 양의 생산을 할 수 있는 두 생산요소(L, K)의 여러 가지 배합점을 연결한 선을 등량곡선(iso-quant curve), 또는 등생산량 곡선이라고 한다. 등량곡선은 노동과 자본이 모두 가변적인 장기 생산함수를 그래프로 표시한 것이다.

② 등량곡선 위의 모든 점은 최소의 생산요소 배합점이므로 기술적 효율(technical efficiency)이 있는 생산방법을 나타낸다. 등량곡선도 무차별곡선과 마찬가지로, 생산량의 크기에 따라 무수히 많은 등량곡선이 그려진다.

▶ 등량곡선

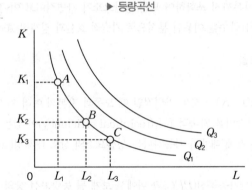

③ 〈그림〉에서 Q_1을 생산하기 위한 노동(L)과 자본(K)의 결합방법은 A, B, C 3가지가 있고, 이 3점을 연결한 선이 생산량 Q_1을 나타내는 등량곡선이다.

④ 따라서 한 등량곡선 위의 모든 점은 동일한 생산량을 표시하고, 원점에서 멀리 위치한 등량곡선일수록 더 높은 생산량을 나타낸다.

(2) 등량곡선의 특징 ★27, 28, 30, 32, 34회 기출★

① 등량곡선은 우하향

㉠ 등량곡선은 우하향한다. 이는 어느 한 생산요소의 투입을 줄이면서 동일한 양을 생산하기 위해서는 다른 생산요소의 투입을 증가시켜야 한다는 것을 의미한다. 즉 생산요소 간에 대체가 가능하다는 것을 의미한다.

ⓛ 여기서 동일한 생산량을 유지하면서 노동 1단위를 더 투입하기 위해 줄여야 하는 자본량의 비율을 한계기술적 대체율(marginal rate of technical substitution, $MRTS_{LK}$), 또는 기술적한계 대체율이라고 한다. 한계기술적 대체율은 등량곡선의 기울기를 나타낸다. 한계기술적 대체율은 다음과 같이 정의된다.

$$MRTS_{LK} = \frac{\Delta K}{\Delta L} = \frac{MP_L}{MP_K}$$

② 원점에 대해 볼록

ⓐ 등량곡선은 원점에 대해 볼록(convex to origin)하다. 이는 노동과 자본은 대체가 가능하지만 완전대체는 아니라는 것을 의미한다.

ⓑ 즉 자본을 노동으로 대체해 감에 따라 노동과 자본 간의 한계기술적 대체율($MRTS_{LK}$)이 감소한다는 것을 의미하는데 이러한 현상을 한계기술적 대체율 체감의 법칙이라고 한다.

ⓒ 이 경우 생산함수는 콥-더글러스 생산함수 $Q = AK^{\alpha}L^{\beta}$로 대체탄력성은 항상 1이다.

▶ 한계기술적 대체율 체감의 법칙

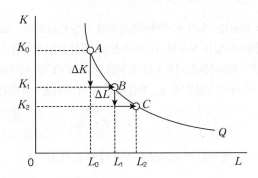

③ 서로 교차하지 않음

등량곡선 지도(iso quant map)에서 원점에서 멀리 위치한 등량곡선은 더 많은 생산량을 나타내고, 두 개 이상의 등량곡선은 서로 교차할 수 없다.

(3) 등량곡선의 형태 ★27, 28, 30, 31, 33, 34회 기출★

① 생산요소간 완전보완관계

ⓐ 레온티에프(Leontief) 생산함수 $Q = A\min[K, L]$에서 처럼 생산요소가 완전보완관계에 있는 경우에는 두 요소 중에서 양이 작은 요소에 의해 생산량이 결정된다.

ⓑ 이 경우 등량곡선은 L자형으로 표시된다. 또한 이 경우 한계기술적 대체율($MRTS_{LK}$)은 등량곡선이 수직인 부분에서는 무한대(∞)이고, 수평인 부분에서는 0이 된다. 또는 $MRTS_{LK}$은 정의되지 않는다고 한다.

ⓒ 요소 간의 대체가 불가능하므로 대체탄력성은 0이다.

② 생산요소간 완전대체관계

ⓐ 생산요소의 완전대체라는 것은 어느 한 요소 대신에 다른 요소를 사용해도 생산량에는 전혀 변화가 없는 경우를 말한다.

ⓑ 이런 경우에는 등량곡선이 우하향하는 직선의 형태로 나타난다. $Q = aK + bL$으로 등량곡선이 직선이므로 한계기술적 대체율은 일정불변인 상수(constant) 값을 갖는다.

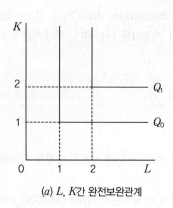

*(a) L, K*간 완전보완관계

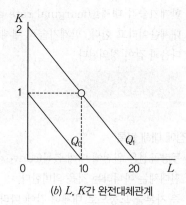

*(b) L, K*간 완전대체관계

3. 등비용선

(1) 등비용선의 의미 ★29, 27회 기출★

① 등비용선(iso−cost line)은 소비자 선택이론에서의 예산선(budget line)에 대응하는 개념으로 일정한 비용으로 구입할 수 있는 노동(L)과 자본(K)의 결합점을 연결한 선이다. 즉 한 등비용선 위의 모든 점은 생산요소의 결합비율은 다르지만 동일한 총비용(TC)을 나타낸다.

② 총비용이 TC, 노동의 가격(임금률)을 w, 자본의 가격(이자율)을 r이라고 하면 등비용선은

$$TC = rK + wL$$

로 표시된다. rK는 자본에 대한 비용, wL은 노동에 대한 비용이다.

▶ 등비용선

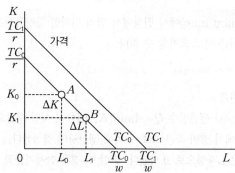

③ 등비용선의 기울기$\left(\dfrac{w}{r}\right)$는 노동 1단위와 자본 1단위의 가격비율, 즉 노동과 자본의 상대가격으로 기회비용을 나타낸다.

④ 등비용선은 무수히 많이 존재하는데 원점에서 멀어질수록 높은 비용을 나타낸다.

(2) 등비용선의 이동

노동(L)과 자본(K)의 가격비율이 변화하면 등비용선의 기울기가 변화한다.

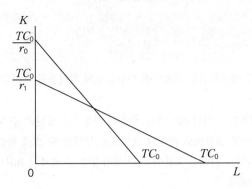

▶ 등비용선의 이동

4. 생산자 균형의 결정

(1) 생산요소의 최적결합

생산자 균형은 생산요소의 최적결합 방법을 찾아내는 것이다. 생산요소의 최적결합은 일정한 생산량을 최소의 비용으로 생산할 수 있는 생산요소의 결합방법, 또는 일정한 비용으로 최대의 생산량을 생산할 수 있는 생산요소의 결합방법을 의미하므로 생산자 균형을 찾는 것은 두 가지 방법으로 접근할 수 있다.

(2) 생산자 균형의 결정

주어진 총비용(TC_1)으로 생산량을 극대화하는 노동과 자본의 결합은 TC_1의 등비용선과 등량곡선이 접하는 E에서 결정된다.

▶ 생산자 균형점

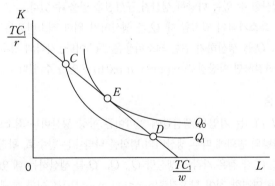

(3) 생산자 균형점의 조건 ★27, 29, 30, 33회 기출★

① 생산자 균형점에서는 등량곡선과 등비용선이 접하므로 양자의 기울기가 같고 따라서 다음의 조건이 성립한다.

$$MRTS_{LK} = \frac{MP_L}{MP_K} = \frac{w}{r}$$

이 조건은 다음과 같이 바꾸어 쓸 수도 있다.

$$\frac{MP_L}{w} = \frac{MP_K}{r}$$

이 식의 조건에 따라 생산요소를 결합하면 생산요소의 최적결합이 이루어진다는 것을 한계생산 균등의 법칙이라고 한다.

② 따라서 생산자 균형점은 주어진 생산량을 최소의 비용으로 생산할 수 있는 노동과 자본의 결합점(최소비용의 원칙), 주어진 생산비로 최대의 생산량을 생산할 수 있게 하는 노동과 자본의 결합점(최대생산의 원칙)이고 따라서 기술적 효율이 있는 생산방법 중 경제적 효율(economic efficiency)이 있는 생산방법을 나타낸다.

더 알아보기 MC, P_L, MP_L 간의 관계(단기) ★29, 31회 기출★

생산자 균형점의 조건을 이용하여 단기에 있어서의 한계비용 MC와 P_L 및 MP_L 간의 관계를 정리해 볼 수 있다. 즉 MP_L은 생산량의 증가분(ΔQ), P_L은 노동의 가격이므로 노동 1단위를 추가로 투입하는 경우 총비용의 증가분(ΔTC)이다. 한계비용은 $MC = \dfrac{\Delta TC}{\Delta Q}$이므로, 단기적으로 $MC = \dfrac{P_L}{MP_L}$의 관계가 성립한다.

---

5. 생산자 균형점의 이동

(1) 확장경로

① 노동과 자본의 가격은 변화가 없는 상태에서 다양한 생산량이 주어질 때 우리는 주어진 생산량을 최소의 비용으로 생산할 수 있는 다양한 생산자 균형점을 얻을 수 있다.

② 아래 〈그림〉에서 요소가격이 일정할 때 Q_0를 생산하기 위한 최소비용은 TC_0, Q_1을 생산하기 위한 최소비용은 TC_1, Q_2를 생산하기 위한 최소비용은 TC_2이다. 각각의 경우 생산자 균형점, 즉 최소비용점 A, B, C를 연결하면 확장경로(expansion path)를 얻을 수 있다.

(2) 장기총비용함수의 도출

① 장기총비용함수(LTC)는 기업은 생산량이 얼마이든 항상 생산비를 최소로 하는 생산방법을 택한다는 가정하에 생산량의 변화에 따른 생산비의 변화를 나타내는 함수로, 확장경로로부터 도출된다.

② 〈그림〉에서 A, B, C 각 점은 각각의 생산량 Q_0, Q_1, Q_2를 생산하는 데 있어서의 최소비용점(생산자 균형점)이고, 이를 연결한 것이 확장경로(expansion path)로 이를 통해 장기총비용곡선을 도출할 수 있다.

③ 즉 최소비용점을 공간을 바꾸어 표시한 것이 장기총비용곡선이다. 즉 장기총비용곡선(LTC)은 주어진 생산량을 생산하기 위한 최소비용점을 연결한 선이다.

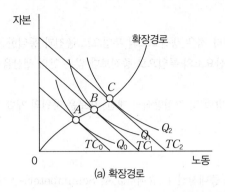

(a) 확장경로

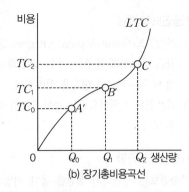

(b) 장기총비용곡선

④ 장기총비용곡선의 윗부분은 생산은 가능하지만 최소비용은 아니므로 비효율적인 영역이고, 반면 장기총비용곡선의 아랫부분은 생산이 불가능한 영역이다.

(3) 범위의 경제

① 범위의 경제의 의의

㉠ 앞에서는 기업이 한 가지 상품만을 생산한다고 가정하여 논의를 전개해왔다. 그러나 현실적으로 기업들은 두 가지 이상의 제품을 생산한다. 그 이유는 한 상품의 생산이 다른 상품의 생산에 영향을 미치기 때문이다.

㉡ 기업들이 서로 영향을 미치는 상품을 따로따로 생산하는 것보다 같이 생산할 때 비용을 절약할 수 있는 경우 범위의 경제(economies of scope)가 있다고 한다.

㉢ 예컨대 에어컨과 냉장고는 두 기업이 각자 생산하는 것보다는 한 기업이 같이 생산하는 것이 비용이 적게 든다. 즉 기업 1과 기업 2의 비용함수가 다음과 같은 경우이다.

$$C(q_1, q_2) < C(q_1, 0) + C(0, q_2)$$

㉣ 이와는 반대로 $C(q_1, q_2) > C(q_1, 0) + C(0, q_2)$인 경우에는 범위의 불경제(diseconomies of scope)가 있다고 한다.

② 범위의 경제도

㉠ 범위의 경제가 존재하는가 그렇지 않은가, 또 범위의 경제가 어느 정도 존재하는가를 파악하기 위해 다음과 같은 범위의 경제도(degree of economies of scope), S_C를 계산해 볼 수 있다.

$$S_C = \frac{C(q_1) + C(q_2) - C(q_1, q_2)}{C(q_1, q_2)}$$

㉡ 여기서 $S_C > 0$인 경우에는 범위의 경제가 존재하고, $S_C < 0$인 경우에는 범위의 불경제가 존재한다.

6. 기술진보와 생산자 균형점의 이동

(1) 기술진보의 개념

① 기술진보(technological progress)는 종전보다 적은 생산요소의 투입으로 종전과 동일한 양의 생산을 가능하게 해주는, 또는 종전과 동일한 생산요소의 투입으로 종전보다 많은 양의 생산을 가능하게 해주는 기술의 향상을 의미한다.

② 기술진보의 원인으로는 과학기술의 발달, 생산방법 및 경영방식의 개선, 새로운 자원의 개발 등을 들수 있다.

(2) 기술진보의 영향

기술진보는 생산비의 절감을 통해 기업의 이윤을 증대시킨다. 슘페터(J.A. Schumpeter)는 기술진보를 포함한 혁신(innovation)은 기업이윤의 원천일 뿐만 아니라 자본주의 경제발전의 원동력이라고 하였다.

(3) 기술진보와 생산자 균형점의 이동 ★30회 기출★

① 기술진보가 이루어지면 전과 동일한 생산량을 전보다 적은 양의 노동과 자본을 투입해서 생산할 수 있다. 기술진보가 있게 되면 등량선은 원점을 향해 이동한다.

② 중립적(neutral) 기술진보는 노동과 자본의 절약비율이 같은 경우이다.

③ 노동 절약적(labor-saving) 기술진보는 노동의 절약비율이 자본의 절약비율보다 큰 경우로, 자본 집약적(capital intensity) 기술진보라고도 한다.

④ 자본 절약적(capital-saving) 기술진보는 자본의 절약비율이 더 큰 경우로, 노동 집약적(labor intensity) 기술진보라고도 한다.

제5절　단기비용함수

---

1. 생산비, 기회비용, 매몰비용

(1) 생산비의 의의

① 기업의 생산비는 생산의 기술적 여건, 생산요소의 가격, 생산량의 크기에 의해 결정된다.

② 생산이론과 동전의 앞뒷면 관계에 있는 비용이론에서는 생산의 기술적 여건과 생산요소의 가격이 일정하고, 생산비를 최소로 하는 생산이 이루어질 때 생산량과 생산비의 관계를 분석한다. 즉 생산비는 생산량의 함수 $C=f(Q)$이다.

(2) 기회비용 ★28회 기출★

① 어떤 생산요소를 한 가지 용도에 사용할 때의 기회비용(opportunity cost)은, 그 생산요소를 다른 용도에 사용함으로써 생산할 수 있는(그러나 포기한) 재화의 가치를 말한다.

② 생산비는 경제적 비용과 회계적 비용으로 구분된다. 경제적 비용은 기회비용 개념이고, 회계적 비용은 통상의 비용 개념이다. 양자에는 차이가 존재하는데 그 이유는 귀속비용과 감가상각 때문이다.

③ 귀속비용(imputed cost) 또는 암묵적 비용(implicit cost)은 자기 소유의 생산요소(자기 자신의 노동이나 자본)와 관련하여 포기되는 수입으로 이는 실제 지불되는 비용이 아니므로 회계적 비용에는 포함되지 않고, 경제적 비용에는 포함된다. 반면 실제로 지불되는 비용을 명시적 비용(explicit cost)이라고 하는데 회계적 비용은 명시적 비용으로만 구성된다.[1]

④ 감가상각(depreciation)은 회계적 비용에는 포함되지만 경제적 비용에는 포함되지 않는다.

⑤ 요약하면 다음과 같다.

> 회계적 비용＝명시적 비용
> 경제적 비용＝명시적 비용＋암묵적 비용

⑥ 경제적 이윤과 회계적 이윤

경제적 비용과 회계적 비용의 이러한 차이 때문에 이윤 개념도 경제적 이윤(economic profit)과 회계적 이윤(accounting profit)을 구분해야 한다.

> 경제적 이윤＝총수입－명시적 비용－암묵적 비용
> 회계적 이윤＝총수입－명시적 비용

따라서 일반적인 경우 회계적 이윤이 경제적 이윤보다 크다.

(3) 매몰비용 ★28회 기출★

① 매몰비용(sunk cost)은 한번 지출되고 난 뒤에는 회수할 수 없는 비용을 말한다. 한번 비용이 매몰되면 회수할 수 없기 때문에 여러 가지 상황을 놓고 의사결정을 하는 경우 매몰비용은 고려해서는 안된다.

② 단기에 기업의 조업중단(또는 생산폐쇄) 조건은 매몰비용이 의사결정에 아무 관계가 없음을 보여주는 사례이다.

2. 단기비용함수 ★27, 28, 29, 30, 31회 기출★

(1) 기간과 기업의 의사결정 : 단기와 장기

① 앞에서 단기(short run)는 투입량을 변화시킬 수 없는 고정 생산요소(자본, 기술 등)가 존재하는 기간으로 정의하였다. 따라서 단기에 생산량의 증대를 위해서는 가변요소(노동, 원료 등)의 투입을 증대시켜야 한다.

② 따라서 단기에는 생산규모는 불변인 상태에서 기존의 생산시설을 어떻게 하면 가장 효율적으로 이용할 것인가에 대한 의사결정을 해야 한다.

③ 장기(long run)에는 생산기술을 제외한 모든 생산요소가 가변적이므로, 장기에는 주어진 기술수준에서 생산설비의 확대에 관한 의사결정을 해야 한다.

---

1) 기업의 생산비에 포함되는 이윤으로 정상이윤(normal profit)이 있다. 정상이윤은 기업으로 하여금 동일한 상품을 계속 생산하게 하는 유인으로서 충분할 정도의 이윤을 말하는데 이는 암묵적 비용이다.

(2) 단기총비용(total cost)

① 단기에는 고정생산요소가 존재하므로 생산비도 고정비용과 가변비용으로 구분한다.

② 고정비용(fixed cost, FC)은 자본, 토지 등 고정 생산요소에 의한 비용으로, 생산량의 크기에 관계없이 일정하다, 고정비용은 생산을 중단해도 일정하게 지출되는 비용이다. 예를 들면 공장건설비용, 자본에 대한 이자, 감가상각비, 임대료 등이다.

③ 가변비용(variable cost, VC)은 노동, 원료 등 가변투입요소에 의한 비용이다. 예를 들면 임금, 원료비, 전력비 등으로 가변비용은 생산량을 증가시키면 증가되는 비용이다. 가변비용은 생산을 중단하면 지출되지 않는다.

④ 단기총비용(TC)은 총고정비용(TFC)과 총가변비용(TVC)을 수직적으로 합한 것이다. 즉 $TC = TFC + TVC$이다.

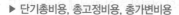

▶ 단기총비용, 총고정비용, 총가변비용

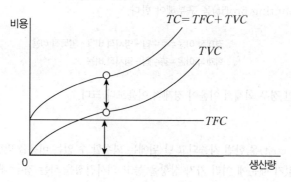

(3) 평균비용

① 평균비용(average cost, AC)은 생산물 1단위당 비용을 말한다. 따라서 총비용을 생산량으로 나누어 구한다. 즉

$$AC = \frac{TC}{Q} = \frac{TFC}{Q} + \frac{TVC}{Q} = AFC + AVC$$

이다. 즉 평균비용은 평균고정비용(average fixed cost, AFC)과 평균가변비용(average variable cost, AVC)을 수직적으로 합한 것이다.

② 평균비용

㉠ 총비용(TC)이 최소 총비용이므로 평균비용도 최소 평균비용이다.

㉡ AC와 AVC는 U자형이고, AFC는 생산량 증가에 따라 계속 감소하는 직각쌍곡선의 형태이다.

㉢ 평균비용은 일정한 생산량에 대응하는 TC곡선 상의 한 점과 원점을 연결한 선의 기울기이다.

(4) 한계비용

① 한계비용(marginal cost, MC)은 생산물 1단위를 추가로 생산할 때 그로 인해 증가되는 총비용의 증가분을 말한다. 따라서 한계비용은 총비용함수를 미분한 값, 즉 총비용함수의 접선의 기울기이다.

$$MC = \frac{\Delta TC}{\Delta Q} = \frac{dTC}{dQ}$$

② 한계비용은 총비용(TC)이 최소 총비용이므로 이로부터 도출되는 한계비용도 최소 한계비용이다.

③ 한계비용 곡선은 처음에는 감소하다가 AVC와 AC의 최저점을 아래에서 위로 자르고 증가하는데 이를 한계비용 체증의 법칙이라고 한다. 여기서 한계비용이 증가하는 이유는 수확체감의 법칙이 작용하기 때문$\left(MC = \frac{\Delta TC}{MP_L} \right)$이다.

④ 한계비용이 존재하는 것은 고정비용과는 무관하고 가변비용 때문이다. 즉 한계고정비용(MFC)=0이고, 따라서 한계비용(MC)=한계가변비용(MVC)이다.

▶ 평균비용과 한계비용

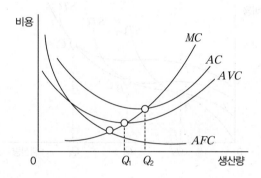

(5) 평균비용과 한계비용의 관계

① 〈그림〉에서 보는 것처럼 평균비용(또는 평균가변비용)과 한계비용은 일정한 관계를 맺고 있는데 이는 「한계」와 「평균」 개념간의 관계이므로 다른 경우(즉, 생산, 수입, 이윤 등)에도 동일하게 적용된다.

② 즉 다음의 관계가 성립한다. 그리고 역(reverse)도 성립한다.

평균비용(또는 평균가변비용) 감소 ↔ 평균비용>한계비용
평균비용(또는 평균가변비용) 일정 ↔ 평균비용=한계비용
평균비용(또는 평균가변비용) 증가 ↔ 평균비용<한계비용

제6절 장기비용함수

1. 장기비용함수의 의미 ★28, 29, 30, 31회 기출★

(1) 장기비용함수

① 장기(long run)에는 고정투입요소는 없고 가변투입요소만 존재하므로 모든 비용이 가변비용이다.

② 장기비용함수는 생산규모(또는 시설)를 임의로 변경시킬 수 있다는 전제하에 주어진 생산량을 최소의 비용으로 생산할 경우, 생산량과 생산비 간의 관계를 나타낸다.

(2) 장기총비용 곡선

앞에서 우리는 확장경로(expansion)로부터 장기총비용 곡선(LTC)을 도출한바 있다. 이 경우 장기총비용 곡선은 수많은 단기총비용(STC) 곡선의 포락선(envelop curve)이다.

▶ 장기총비용곡선

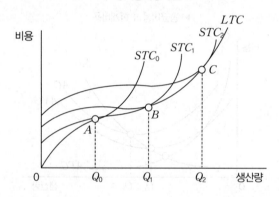

(3) 장기평균비용 곡선, 장기 한계비용 곡선

① 장기평균비용(LAC)은 단기평균비용(SAC)의 포락선이고, 장기한계비용(LMC) 곡선은 LAC의 최저점을 통과하여 증가한다.

② 주의할 것은 장기한계비용(LMC) 곡선은 단기한계비용(SMC) 곡선의 포락선이 아니라는 것이다.

▶ 장기평균비용곡선

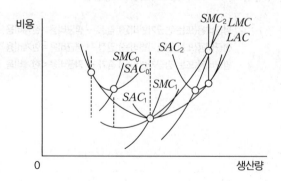

2. 장기평균비용 곡선의 형태

(1) 규모에 대한 수익 증가 ★32회 기출★

규모에 대한 수익이 증가하는 경우, 즉 규모의 경제(economies to scale)가 있는 경우에는 LAC가 감소한다.

(2) 규모에 대한 수익 감소

규모에 대한 수익이 감소하는 경우, 즉 규모의 불경제(diseconomies to scale)가 있는 경우에는 LAC가 증가한다.

(3) 규모에 대한 수익 불변

규모에 대한 수익이 불변인 경우에는 LAC는 불변이므로 LAC곡선은 수평선의 형태이다.

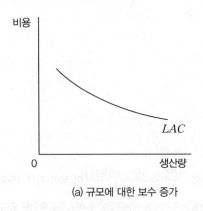

(a) 규모에 대한 보수 증가

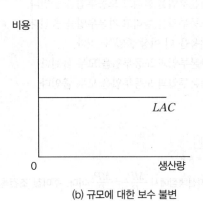

(b) 규모에 대한 보수 불변

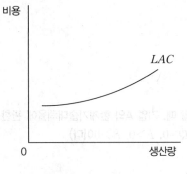

(c) 규모에 대한 보수 감소

제4장 | 확인학습문제

01

☑확인
Check!
○
△
×

현재 A기업에서 자본의 한계생산은 노동의 한계생산보다 2배 크고, 노동가격이 8, 자본가격이 4이다. 이 기업이 동일한 양의 최종생산물을 산출하면서도 비용을 줄이는 방법은?(단, A기업은 노동과 자본만을 사용하고, 한계생산은 체감한다) ★31회 기출★

① 자본투입을 늘리고 노동투입을 줄인다.
② 노동투입을 늘리고 자본투입을 줄인다.
③ 비용을 더 이상 줄일 수 없다.
④ 자본투입과 노동투입을 모두 늘린다.
⑤ 자본투입과 노동투입을 모두 줄인다.

[해설]
난도 ★★★

생산자선택점에서 $\frac{MP_L}{P_L} = \frac{MP_K}{P_K}$이다. 주어진 조건을 대입하면 $\frac{MP_L}{8} < \frac{MP_K(=2MP_L)}{4}$이 되어 자본 1원어치의 한계생산이 노동 1원어치의 한계생산보다 크다. 따라서 이를 같게 만들기 위해서는 자본투입은 늘리고 노동투입은 줄여야 한다.

🅐 ①

02

☑확인
Check!
○
△
×

기업 A의 생산함수는 $Q = L + 3K$이다. 생산량이 일정할 때, 기업 A의 한계기술대체율에 관한 설명으로 옳은 것은?(단, Q는 생산량, L은 노동량, K는 자본량, $Q>0$, $L>0$, $K>0$이다) ★30회 기출★

① 노동과 자본의 투입량과 관계없이 일정하다.
② 노동 투입량이 증가하면 한계기술대체율은 증가한다.
③ 노동 투입량이 증가하면 한계기술대체율은 감소한다.
④ 자본 투입량이 증가하면 한계기술대체율은 증가한다.
⑤ 자본 투입량이 증가하면 한계기술대체율은 감소한다.

[해설]
난도 ★

$Q = L + 3K$와 같은 선형생산함수에서 한계기술 대체율($MRTS_{LK}$)은 노동과 자본의 투입량과 관계없이 일정하다. 주

어진 생산함수에서 $MP_L=1$, $MP_K=3$이므로 $MRTS_{LK}=\dfrac{MP_L}{MP_K}=\dfrac{1}{3}$로 일정하다.

답 ①

03 기업 A의 생산함수가 $Q=\min\{L,\ 3K\}$이다. 생산요소 조합 $(L=10,\ K=5)$에서 노동과 자본의 한계생산은 각각 얼마인가?(단, Q는 생산량, L은 노동량, K는 자본량이다)

★30회 기출★

① 0, 1

② 1, 0

③ 1, 3

④ 3, 1

⑤ 10, 5

해설

난도 ★

생산함수 $Q=\min\{L,\ 3K\}$에 생산요소 조합 $(L=10,\ K=5)$을 대입하면 $Q=\min\{10,\ 15\}=10$이다. 이 경우 노동 1단위를 더 투입하면 생산량은 1단위 증가하므로 $MP_L=1$이고, 자본 1단위를 더 투입해도 생산량은 변화하지 않으므로 $MP_K=0$이다.

답 ②

04 기업의 생산기술이 진보하는 경우에 관한 설명으로 옳은 것을 모두 고른 것은?

★30회 기출★

> ㄱ. 자본절약적 기술진보가 일어나면 평균비용곡선이 하방 이동한다.
> ㄴ. 자본절약적 기술진보가 일어나면 등량곡선이 원점에서 멀어진다.
> ㄷ. 노동절약적 기술진보가 일어나면 한계비용곡선이 하방 이동한다.
> ㄹ. 중립적 기술진보가 일어나면 노동의 한계생산 대비 자본의 한계생산은 작아진다.

① ㄱ, ㄴ

② ㄱ, ㄷ

③ ㄴ, ㄷ

④ ㄴ, ㄹ

⑤ ㄷ, ㄹ

해설

난도 ★

ㄴ. 노동절약적 기술진보이건 자본절약적 기술진보이건 기술진보가 이루어지면 TC, AC, MC곡선 모두 하방 이동하고, 등량곡선은 원점에 가까워진다.

ㄹ. 중립적 기술진보가 이루어지면 노동과 자본의 한계생산은 같은 비율로 증가한다.

답 ②

05 총가변비용과 평균가변비용과의 관계를 설명한 것으로 다음 중 옳은 것은?

① 원점을 지나는 직선이 총가변비용곡선과 접하는 점의 산출량에서 평균가변비용은 극소이다.

② 원점을 지나는 직선이 총가변비용곡선과 접하는 점은 둘 이상이다.

③ 원점을 지나는 직선은 총가변비용곡선과 한 점에서만 만나고, 이 점에 대응하는 산출량에서 평균가변비용은 극소가 된다.

④ 원점을 지나는 직선은 총가변비용곡선과 두 점에서 만나는데 이 가운데 한 점은 최소평균비용과 다른 한 점은 최대평균가변비용과 일치한다.

⑤ 원점을 지나는 직선은 총가변비용곡선과 만나지도 않고 접하지도 않는다.

해설

난도 ★★

평균가변비용(AVC) 곡선은 총가변비용(TVC) 곡선상의 한 점과 원점을 연결한 선의 기울기를 추적하여 연결한 선의 기울기이다.

TVC곡선이 3차 함수 형태라면 생산량 증가에 따라 AVC는 감소하다가 원점을 지나는 직선이 총가변비용곡선과 접하는 점의 산출량에서 평균가변비용은 최소가 되고, 그 이후 AVC는 계속 증가한다. 따라서 AVC는 U자 형태가 된다.

답 ①

06 기업 A의 생산함수는 $Q = \min\{L, K\}$이다. 이에 관한 설명으로 옳은 것을 모두 고른 것은?(단, Q는 산출량, w는 노동 L의 가격, r은 자본 K의 가격이다)

★29회 기출★

> ㄱ. 생산요소 L과 K의 대체탄력성은 0이다.
> ㄴ. 생산함수는 1차 동차함수이다.
> ㄷ. 비용함수는 $C(w, r, Q) = Q^{w+r}$로 표시된다.

① ㄱ   ② ㄴ

③ ㄱ, ㄴ   ④ ㄴ, ㄷ

⑤ ㄱ, ㄴ, ㄷ

해설

난도 ★★★

레온티에프 생산함수 $Q = \min\{L, K\}$는 1차 동차 생산함수로 두 생산요소가 완전보완관계에 있어 대체가 불가능하므로 대체탄력성은 0이다. 무차별곡선은 L자 형태이고 생산자균형점에서는 $Q = K = L$이 성립한다. 따라서 비용함수는 $C = wL + rK = wQ + rQ = (w+r)Q$이다.

답 ③

07 甲기업의 단기 총비용함수가 $C=100+10Q$일 때 甲기업의 비용에 관한 설명으로 옳지 <u>않은</u> 것은?(단, Q는 양(+)의 생산량이다)

★28회 기출★

① 고정비용은 100이다.
② 모든 생산량 수준에서 한계비용은 10이다.
③ 생산량이 증가함에 따라 총비용은 증가한다.
④ 생산량이 증가함에 따라 평균비용은 감소한다.
⑤ 모든 생산량 수준에서 한계비용은 평균비용보다 크다.

> **해설**
> 난도 ★★
>
> ⑤ $MC=\dfrac{dC}{dQ}=10$이고 $AC=\dfrac{C}{Q}=\dfrac{100}{Q}+10$이므로 모든 생산량 수준에서 $MC<AC$이다.
>
> ① 단기 총비용함수 $C=100+10Q$에서 세로축 절편 100이 고정비용(FC)이다.
>
> ② 모든 생산량 수준에서 $MC=\dfrac{dC}{dQ}=10$으로 일정하다.
>
> ④ 생산량이 증가함에 따라 평균비용 $AC=\dfrac{C}{Q}=\dfrac{100}{Q}+10$은 감소한다.

답 ⑤

08 단기 비용곡선에 관한 설명으로 옳은 것을 모두 고른 것은?(단, 양(+)의 고정비용과 가변비용이 소요된다)

★30회 기출★

> ㄱ. 평균비용은 총비용곡선 위의 각 점에서의 기울기다.
> ㄴ. 한계비용곡선은 고정비용 수준에 영향을 받지 않는다.
> ㄷ. 생산량이 증가함에 따라 평균비용과 평균가변비용 곡선간의 차이는 커진다.
> ㄹ. 생산량이 증가함에 따라 평균비용이 증가할 때 평균가변비용도 증가한다.

① ㄱ, ㄴ   ② ㄱ, ㄹ
③ ㄴ, ㄷ   ④ ㄴ, ㄹ
⑤ ㄷ, ㄹ

> **해설**
> 난도 ★
>
> ㄱ. 평균비용(AC)은 총비용(TC)곡선 위의 각 점과 원점을 연결한 선의 기울기이다. 총비용곡선 위의 각 점에서의 접선의 기울기는 한계비용(MC)이다.
>
> ㄹ. 생산량이 증가함에 따라 평균비용(AC)이 증가할 때 평균가변비용(AVC)은 감소하다가 최저점을 지난 후 증가한다. AC의 최저점이 AVC의 최저점보다 오른쪽에 위치한다.

답 ④

09 제품의 가격이 10원이고, 노동 한 단위의 가격은 5원, 자본 한 단위의 가격은 15원이다. 기업 A의 노동의 한계생산이 3이고, 자본의 한계생산은 1일 때, 현재 생산수준에서 비용극소화를 위한 방법으로 옳은 것은? (단, 모든 시장은 완전경쟁시장이고, 노동과 자본의 한계생산은 체감한다)

① 노동의 투입량은 늘리고, 자본의 투입량은 줄일 것이다.

② 노동의 투입량은 줄이고, 자본의 투입량은 늘릴 것이다.

③ 노동과 자본 모두 투입량을 늘릴 것이다.

④ 노동과 자본 모두 투입량을 줄일 것이다.

⑤ 노동과 자본의 투입량을 그대로 유지할 것이다.

해설

난도 ★★

생산극대화 또는 비용극소화의 조건은 $MRTS_{LK} = \dfrac{MP_L}{MP_K} = \dfrac{w}{r}$ 이다. $\dfrac{MP_L}{MP_K} = \dfrac{3}{1} = 3$ 이고 $\dfrac{w}{r} = \dfrac{5}{15} = \dfrac{1}{3}$ 이므로 노동투입량은 늘리고($MP_L \downarrow$) 자본투입량은 줄여야($MP_K \uparrow$) 한다.

답 ①

10 노동과 자본사이의 대체탄력성(σ)의 설명 중 틀린 것은?

① $\sigma = 1$일 때 이자율이 임금에 비하여 상대적으로 올라도 국민소득 가운데서 노동자가 차지하는 몫은 일정하다.

② 생산함수가 규모에 대한 수확불변인 Cobb–Douglas 생산함수인 경우 σ는 1이다.

③ 생산요소가격 1%의 변화에 따른 요소결합비율 1%의 변화를 나타낸다.

④ Leontief 생산함수의 요소간 대체탄력성(σ)은 0이다.

⑤ $\sigma > 1$일 때 임금이 이자율에 비하여 상대적으로 오르면 국민소득 가운데서 노동자의 몫이 증가한다.

해설

난도 ★★

$\sigma < 1$일 때 임금이 이자율에 비하여 상대적으로 오르면 (노동이 자본으로 대체되는 폭이 크게 나타나므로) 국민소득 가운데서 노동자의 몫이 감소한다.

답 ⑤

11 두 생산요소 x_1, x_2로 구성된 기업 A의 생산함수가 $Q=\max\{2x_1,\ x_2\}$이다. 생산요소의 가격이 각각 w_1과 w_2일 때, 비용함수는?

★29회 기출★

① $(2w_1+w_2)Q$

② $(2w_1+w_2)/Q$

③ $(w_1+2w_2)Q$

④ $\min\left\{\dfrac{w_1}{2},\ w_2\right\}Q$

⑤ $\max\left\{\dfrac{w_1}{2},\ w_2\right\}Q$

해설

난도 ★★★

생산함수가 $Q=\max\{2x_1,\ x_2\}$이므로 생산량은 $2x_1$과 x_2 중 큰 값에 의해서 결정된다.

이 기업은 x_1의 가격이 x_2 가격의 2배 이상이면 x_2만 투입할 것이고, x_2가 n단위 투입되면 생산량은 n단위이므로 그 때의 단위당 생산비용은 w_2가 된다.

반면 x_1의 가격이 x_2 가격의 2배 미만이면 x_1만 투입할 것이고, x_1이 n단위 투입되면 생산량은 $2n$단위이므로 그 때의 단위당 생산비용은 $\dfrac{1}{2}w_1$이 된다.

이 기업은 두 가지 방법 중에서 비용이 적게 소요되는 생산방법을 선택할 것이므로 비용함수는 $\min\left\{\dfrac{w_1}{2},\ w_2\right\}Q$가 된다.

답 ④

12 甲기업의 단기 총비용함수가 $C=25+5Q$일 때, 甲기업의 단기 비용에 관한 설명으로 옳은 것은?(단, Q는 양(+)의 생산량이다)

★27회 기출★

① 모든 생산량 수준에서 평균가변비용과 한계비용은 같다.

② 모든 생산량 수준에서 평균고정비용은 일정하다.

③ 생산량이 증가함에 따라 한계비용은 증가한다.

④ 평균비용 곡선은 U자 형태이다.

⑤ 생산량이 일정 수준 이상에서 한계비용이 평균비용을 초과한다.

난도 ★★

총비용함수가 $C=25+5Q$이므로 총고정비용 $TFC=25$이고, 총가변비용 $TVC=5Q$이다.

① 한계비용은 총비용함수나 총가변비용함수의 미분값이다. 즉 $MC=\dfrac{dC}{dQ}=5$이다. 평균가변비용 $AVC=\dfrac{TVC}{Q}=$

$\dfrac{5Q}{Q}=5$이다. 따라서 모든 생산량 수준에서 평균가변비용과 한계비용은 같다.

② 평균고정비용 $AFC=\dfrac{TFC}{Q}=\dfrac{25}{Q}$이므로 생산량 Q 증가에 따라 계속 체감하는 직각쌍곡선 형태이다.

③ 생산량 수준에 관계없이 $MC=5$로 일정하다.

④ AVC는 일정하고 AFC는 계속 체감하므로 AC는 AFC보다 완만하게 계속 체감한다.

⑤ AC는 계속 체감하지만 MC보다는 항상 큰 값을 갖는다.

답 ①

13 비용에 관한 설명으로 옳은 것을 모두 고른 것은?

★28회 기출★

ㄱ. 기회비용은 어떤 선택을 함에 따라 포기해야 하는 여러 대안들 중에 가치가 가장 큰 것이다.

ㄴ. 생산이 증가할수록 기회비용이 체감하는 경우에는 두 재화의 생산가능곡선이 원점에 대해 볼록한 형태이다.

ㄷ. 모든 고정비용은 매몰비용이다.

ㄹ. 동일한 수입이 기대되는 경우, 기회비용이 가장 작은 대안을 선택하는 것이 합리적이다.

① ㄱ, ㄴ

② ㄱ, ㄹ

③ ㄴ, ㄷ

④ ㄱ, ㄴ, ㄹ

⑤ ㄴ, ㄷ, ㄹ

난도 ★

ㄷ. 고정비용은 생산량과는 관계없이 일정한 비용으로 주로 생산설비나 기계 등 자본투입으로 인해 발생하는 비용이다. 고정비용(fixed cost)은 대부분 매몰비용(sunk cost)의 성격이 있지만 그렇다고 해서 모든 고정비용이 매몰비용인 것은 아니다. 생산을 중단해도 일부 생산설비는 판매하여 비용의 일부를 회수할 수 있다. 매몰비용은 이미 지출되었으나 회수할 수 없는 비용만을 의미한다.

답 ④

14 기업 A의 총비용곡선에 관한 설명으로 옳지 <u>않은</u> 것은?(단, 생산요소는 한 종류이며, 요소가격은 변하지 않는다)

★29회 기출★

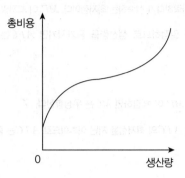

① 총평균비용곡선은 U자 모양을 가진다.
② 총평균비용이 하락할 때 한계비용이 총평균비용보다 크다.
③ 평균고정비용곡선은 직각쌍곡선의 모양을 가진다.
④ 생산량이 증가함에 따라 한계비용곡선은 평균가변비용곡선의 최저점을 아래에서 위로 통과한다.
⑤ 생산량이 증가함에 따라 총비용곡선의 기울기가 급해지는 것은 한계생산이 체감하기 때문이다.

> **해설**
> 난도 ★
> 총비용곡선이 세로축에 절편이 있고, 3차 함수 형태이므로 단기총비용곡선($SRTC$)이다. 이 경우 평균고정비용(AFC)은 우하향하는 직각쌍곡선의 형태를 보이고, AVC와 AC는 U자 형태가 된다.
> ② 생산량을 증가시키면 한계비용(MC)은 감소하다가 증가하는데 증가할 때는 AVC와 AC의 최저점을 아래에서 위로 통과하며 계속 증가한다. 따라서 총평균비용(AC)이 하락할 때 한계비용이 총평균비용보다 작다.

답 ②

---

15 고정비용이 존재하고 노동만이 가변요소인 기업의 단기비용에 관한 설명으로 옳지 <u>않은</u> 것은?

① 단기평균고정비용 곡선은 언제나 우하향한다.
② 단기총평균비용은 단기평균가변비용과 단기평균고정비용의 합이다.
③ 노동의 한계생산이 체감하면 단기한계비용 곡선은 우상향한다.
④ 노동의 한계생산이 불변이면 단기총평균비용곡선은 수평이다.
⑤ 단기한계비용이 단기총평균비용보다 큰 경우 단기총평균비용은 증가한다.

해설
난도 ★★

④ MP_L이 불변이면 MC는 하락하다가 상승하는 최저점이다. MP_L이 최저일 때 ATC와 AVC는 하락(우하향)한다.

① $AFC = \dfrac{FC}{Q}$이다. FC가 일정하므로 생산량을 증가시키면 AFC는 계속 감소한다. 직각쌍곡선 형태이므로 언제나 우하향한다.

② $ATC = AVC + AFC$이다.

③ $MC = \dfrac{W}{MP_L}$이다. 따라서 MP_L이 체감하면 MC는 우상향한다.

⑤ MC가 ATC보다 큰 것은 ATC의 최저점을 지난 이후이므로 ATC는 증가한다.

답 ④

16

기업 A의 비용함수는 $C = \sqrt{Q} + 50$이다. 이 기업이 100개를 생산할 경우, 이윤이 0이 되는 가격은?(단, C는 총비용, Q는 생산량이다)

① 1   ② 0.6

③ 0.5   ④ 0.2

⑤ 0.1

해설
난도 ★★★

경제적 이윤(초과이윤)이 0이 되는 것은 $TR = TC$, 또는 $P = AC$인 경우이다. $AC = \dfrac{C}{Q} = \dfrac{\sqrt{Q}}{Q} + \dfrac{50}{Q}$이다. 이 기업의 $Q = 100$인 경우 $AC = 0.6$이다.

답 ②

17

기업 A의 노동과 자본의 투입량과 산출량 수준을 관찰한 결과 다음과 같은 표를 얻었다. 이 표에서 발견할 수 없는 현상은?(단, 생산에 투입되는 요소는 노동과 자본뿐이다)

노동투입	자본투입	총생산
1	4	20
2	2	20
3	2	28
4	1	20
4	2	35
4	3	38
4	4	40

① 규모의 경제 　　　　　　　　　　　　　② 규모수익 불변

③ 노동의 한계생산 체감 　　　　　　　　④ 자본의 한계생산 체감

⑤ 노동에 대한 자본의 한계대체율 체감

난도 ★★

① (노동 2, 자본 2) 투입할 때 총생산은 20이고, (노동 4, 자본 4) 투입할 때 총생산은 40이다. 노동과 자본의 투입량을 모두 2배 증가시킬 때 생산량도 2배가 증가하였으므로 규모에 대한 수익불변(CRS)이다. 규모에 대한 수익 증가, 즉 규모의 경제는 발견할 수 없다.

답 ①

---

18 기업 A의 생산함수는 $Q=LK$이다. 노동과 자본의 가격이 각각 1원일 때, 다음 설명으로 옳지 <u>않은</u> 것은? (단, Q는 생산량, L은 노동, K는 자본이다)

☑확인
Check!
○
△
×

① 규모에 대한 수익이 체증한다.

② 노동의 한계생산은 체감한다.

③ 자본의 양이 단기적으로 1로 고정되어 있는 경우 100개를 생산하는데 드는 총비용은 101원이다.

④ 자본의 양이 단기적으로 1로 고정되어 있는 경우 단기총평균비용은 생산량이 늘어나면 하락한다.

⑤ 자본의 양이 단기적으로 1로 고정되어 있는 경우 한계비용은 불변이다.

난도 ★★

콥-더글러스 생산함수 $Q=AK^\alpha L^\beta$에서 $\alpha+\beta=1$이면 규모에 대한 수익 불변(CRS), $\alpha+\beta>1$이면 규모에 대한 수익 증가(IRS)이다. 또한 $\alpha<1$이면 자본에 대한 수확체감, $\beta<1$이면 노동에 대한 수확체감이 성립한다.

② $\beta=1$이므로 노동의 한계생산은 체감하지 않는다.

① $Q=LK$에서 $\alpha+\beta=2$이므로 규모에 대한 수익이 체증한다.

③ 자본의 양이 단기적으로 1로 고정되어 있는 경우 $K=1$, $w=1$, $r=1$이므로 $Q=L$, $TC=wL+rK=L+1$이다. $Q=L$이므로 $TC=Q+1$이고 $Q=100$을 대입하면 $TC=100+1=101$이다.

④ $ATC=\dfrac{TC}{Q}=\dfrac{Q+1}{Q}=1+\dfrac{1}{Q}$이므로 Q가 증가하면 ATC는 하락한다.

⑤ $MC=\dfrac{dTC}{dQ}=1$이므로 MC는 불변이다.

답 ②

19 생산함수가 $Q=5L^{0.4}K^{0.6}$일 때, 다음 설명 중 옳은 것은?(단, Q, L, K는 각각 생산량, 노동 투입량, 자본 투입량, $Q>0$, $L>0$, $K>0$)

① $L=K$일 경우 노동의 한계생산은 일정하다.
② 노동과 자본 간의 대체탄력성은 L, K값의 크기에 따라 변한다.
③ 등량곡선은 우하향하는 직선 모양을 갖는다.
④ 규모에 대한 수익이 체감한다.
⑤ 한계기술대체율은 L, K값의 크기와 관계없이 항상 일정하다.

해설
난도 ★★★

생산함수 $Q=5L^{0.4}K^{0.6}$는 1차 동차의 콥–더글러스 생산함수이다. $\alpha+\beta=1$이므로 규모에 대한 수익불변(CRS)이고, 등량곡선은 원점에 대해 볼록한 형태이므로 노동투입량을 증가시키면 $MRTS_{LK}$는 체감한다. 노동과 자본 간의 대체탄력성은 항상 1이다.

① 노동의 한계생산은 $MP_L=0.4\times5L^{-0.6}K^{0.6}=2\left(\dfrac{K}{L}\right)^{0.6}$이다. 따라서 $L=K$일 경우 $MP_L=2$로 일정하다.

답 ①

---

20 A기업의 생산함수는 $Y=L-100$이고, 노동 1단위당 임금은 1이다. 다음 설명 중 옳은 것은?(단, L은 노동, Y는 생산량, $Y>0$이다)

① 노동의 한계생산이 체감한다.
② 노동의 평균생산은 일정하다.
③ 생산량이 늘어남에 따라 평균비용은 처음에는 감소하나 생산량이 일정 수준을 넘어서면 점차 증가한다.
④ 생산량이 일정 수준을 넘어서면 한계비용이 평균비용보다 더 커진다.
⑤ 규모의 경제가 나타난다.

해설
난도 ★★

⑤ 규모의 경제는 장기평균비용이 하락하는 현상이고, 이 경우 장기평균비용은 장기한계비용보다 크다. 주어진 생산함수에서 $AP_L=\dfrac{Y}{L}=1-\dfrac{100}{L}$이므로 노동투입량이 증가하면 AP_L은 계속 증가한다. 따라서 $AC=\dfrac{w}{AP_L}$는 계속 감소하므로 규모의 경제가 존재한다.

① 생산함수 $Y=L-100$에서 한계생산 $MP_L=\dfrac{dY}{dL}=1$로 일정하다.

② 노동의 평균생산 $AP_L=\dfrac{Y}{L}=1-\dfrac{100}{L}$은 L이 증가하면 증가한다.

③ 평균비용 $AC=\dfrac{w}{AP_L}$는 계속 감소한다.

④ AC가 계속 하락하므로 $AC>MC$이다.

답 ⑤

21

☑확인
Check!
○
△
×

A기업의 총비용함수는 $TC = 50 + 10Q$이다. 이에 관한 설명으로 옳지 <u>않은</u> 것은?(단, TC는 총비용이고, Q는 생산량이다)

① 생산량이 5일 때 평균고정비용은 10이다.
② 생산량이 5일 때 평균가변비용은 10이다.
③ 생산량이 5일 때 한계비용은 10이다.
④ 생산량이 증가할수록 한계비용이 상승한다.
⑤ 생산량이 증가할수록 평균총비용이 하락한다.

> 해설
> 난도 ★★
>
> ④ 한계비용 $MC = \dfrac{dTC}{dQ} = 10$으로 생산량과 관계없이 일정하다.
>
> 총비용함수 $TC = 50 + 10Q$에서 $Q = 5$이면 평균고정비용 $AFC = \dfrac{50}{5} = 10$이다. 평균가변비용 $AVC = \dfrac{10Q}{Q} = 10$이다.
>
> 冒 ④

22

☑확인
Check!
○
△
×

기업 A의 생산함수는 $Q = \min\{L, 2K\}$이다. 노동가격은 3이고, 자본가격은 5일 때, 최소 비용으로 110을 생산하기 위한 생산요소 묶음은?(단, Q는 생산량, L은 노동, K는 자본이다) ★33회 기출★

① $L = 55$, $K = 55$
② $L = 55$, $K = 110$
③ $L = 110$, $K = 55$
④ $L = 110$, $K = 70$
⑤ $L = 110$, $K = 110$

> 해설
> 난도 ★★
>
> 레온티에프 생산함수인 경우 비용을 극소화하려면 Q = L = 2K의 조건이 충족되어야 한다. $L = 2K$이면 $K = 1/2L$이어야 하고 $110 = L = 2K$이다. 따라서 최소비용으로 110을 생산하기 위한 생산요소 묶음은 $L = 110$, $K = 55$이다.
>
> 冒 ③

23 생산함수가 $Q=2L+3K$일 때 노동과 자본 간의 대체탄력성(elasticity of substitution)은?(단, Q, L, K는 각각 생산량, 노동 투입량, 자본 투입량, $Q>0$, $L<0$, $K<0$)

① 0

② 1

③ $\dfrac{2}{3}$

④ 1.5

⑤ 무한대(∞)

해설

난도 ★★

문제에 주어진 생산함수는 선형 생산함수로 등량곡선이 우하향하는 직선이다. $MRTS_{LK}=\dfrac{2}{3}$로 일정하다. 선형생산함수의 대체탄력성은 무한대(∞)이다.

답 ⑤

24 어떤 산업에서 노동과 자본의 투입량을 2배로 늘리면 산출량은 3배로 늘어난다고 하자. 다음 중 옳은 진술은?

ㄱ 범위의 경제가 존재한다.
ㄴ 자연독점이 형성된다.
ㄷ 규모의 경제가 존재한다.
ㄹ 외부경제가 존재한다.

---

① ㄱ, ㄴ

② ㄱ, ㄷ

③ ㄴ, ㄷ

④ ㄴ, ㄹ

⑤ ㄷ, ㄹ

해설

난도 ★

노동과 자본투입량을 2배로 늘릴 때 산출량이 3배로 늘어나면 규모에 대한 수익이 증가한다고 한다. 즉 규모의 경제(economy of scale)가 발생한다. 규모의 경제가 존재하는 경우 시장이 독점시장이 될 수 있는데 이를 자연독점(natural monopoly)이라고 한다.

답 ③

25 다음 중 옳은 설명을 모두 고른 것은?

> ㉠ 장기평균비용곡선과 장기한계비용곡선은 각각 단기평균비용곡선과 단기한계비용곡선의 포락선(envelope curve)이다.
> ㉡ 규모에 대한 수익증가(increasing returns to scale)의 특성을 가지는 생산기술이 단기에는 수확체감의 현상을 보일 수 있다.
> ㉢ 한계비용이 생산량과 관계없이 일정하면 반드시 평균비용도 일정하다.

① ㉡
③ ㉠, ㉢
⑤ 옳은 설명이 없다.

② ㉡, ㉢
④ ㉠, ㉡, ㉢

해설

난도 ★★

㉠ 장기평균비용곡선은 단기평균비용곡선의 포락선이지만 장기한계비용곡선은 단기한계비용곡선의 포락선이 아니다.

㉢ 단기적으로는 한계비용이 일정하면 평균가변비용이 일정하다.

답 ①

26 어느 기업의 평균비용곡선과 한계비용곡선은 U자형이라고 한다. 옳지 않은 것은?

① 장기평균비용곡선의 최저점에서 단기평균비용, 단기한계비용, 장기한계비용이 모두 같다.
② 장기평균비용곡선의 최저점이 되는 생산량보다 많은 생산량 수준에서는 장기한계비용 곡선은 항상 단기평균비용곡선보다 높은 곳에서 단기한계비용곡선과 만난다.
③ 단기한계비용곡선은 장기한계비용곡선보다 항상 가파른 기울기를 가진다.
④ 단기한계비용곡선은 항상 단기평균비용곡선이 최저가 되는 생산량 수준에서 장기한계비용곡선과 만난다.
⑤ 단기평균비용곡선은 주어진 자본량이 최적 자본량과 일치하는 경우에만 장기평균비용곡선과 접한다.

해설

난도 ★★

단기한계비용곡선(SMC)은 단기평균비용곡선(SAC)이 (최저가 되는 생산량 수준이 아니라) 장기평균비용곡선(LAC)과 접하는 점에서 한계비용곡선(LMC)과 만난다.

답 ④

27 비용곡선에 대한 다음 설명 중 옳은 것을 모두 고르면?

> ㉠ 한계비용이 평균비용보다 작은 구간에서 생산량을 감소시키면 평균비용이 감소한다.
> ㉡ 고정비용이 없는 경우에 한계비용이 일정하면 평균비용과 한계비용은 일치한다.
> ㉢ 노동이 유일한 가변요소인 단기에서 한계비용과 노동의 한계생산은 역의 관계가 있다.
> ㉣ 고정비용이 증가하면 한계비용도 증가한다.
> ㉤ 장기평균비용곡선이 우하향하는 구간에서는 규모의 경제(economies of scale)가 존재한다.

① ㉠, ㉣
② ㉢, ㉤
③ ㉠, ㉡, ㉢
④ ㉡, ㉢, ㉤
⑤ ㉡, ㉣, ㉤

해설
난도 ★★

㉠ 한계비용이 평균비용보다 작은 구간에서 생산량을 감소시키면 평균비용이 증가한다.

㉣ 한계비용은 고정비용과는 무관하므로 고정비용이 증가하더라도 한계비용은 증가하지 않는다.

달 ④

28 모든 시장이 완전경쟁적인 甲국에서 대표적인 기업 A의 생산함수가 $Y = 4L^{0.5}K^{0.5}$이다. 단기적으로 A의 자본량은 1로 고정되어 있다. 생산물 가격이 20이고 명목임금이 4일 경우, 이윤을 극대화하는 A의 단기 생산량은?(단, Y는 생산량, L은 노동량, K는 자본량이며, 모든 생산물은 동일한 상품이다) ★30회 기출★

① 1
② 2
③ 4
④ 8
⑤ 16

해설
난도 ★★★

생산함수 $Y = 4L^{0.5}K^{0.5} = Y = 4\sqrt{LK}$이고 $K = 1$을 대입하면 $Y = 4\sqrt{L}$이 된다. 여기에서 $L = \frac{1}{16}Y^2$이다. 명목임금 w

$= 4$로 주어져 있고 자본의 이자는 주어져 있지 않으므로 단기비용함수 $C = wL + rK = \frac{1}{4}Y^2 + r$이 된다.

MC를 구하기 위해 C를 미분하면 $MC = \frac{1}{2}Y$가 된다. 이윤극대화 조건은 $P = MC$이므로 $2 = \frac{1}{2}Y$에서 $Y = 4$이다.

달 ③

29 고정비용과 가변비용이 존재할 때 생산비용에 대한 다음 설명 중 옳지 <u>않은</u> 것은?

① 평균고정비용은 생산량이 증가함에 따라 감소한다.

② 평균가변비용이 최저가 되는 생산량에서 평균가변비용은 한계비용과 일치한다.

③ 평균총비용이 감소하는 영역에서는 한계비용이 평균총비용보다 작다.

④ 한계비용이 생산량과 상관없이 일정하면 평균총비용도 마찬가지로 일정하다.

⑤ 한계비용이 증가하더라도 평균총비용은 감소할 수 있다.

해설

난도 ★

한계비용이 일정하면 (가변비용이 일정한 것을 뜻하므로) 평균가변비용곡선이 수평선이다. 그러나 평균총비용은 평균가변비용과 평균고정비용의 합이며 평균고정비용은 체감하므로 평균총비용도 체감한다.

답 ④

30 다음 중 평균비용(AC)과 한계비용(MC)에 관한 설명으로 옳지 <u>않은</u> 것은?

① 평균비용곡선이 수평이면 그 곡선자체가 한계비용곡선이 된다.

② 한계비용곡선은 평균비용곡선의 최저점을 통과한다.

③ 평균비용이 감소하면 한계비용곡선은 평균비용곡선 아래에 위치한다.

④ 총비용곡선이 수평이면 평균비용곡선과 한계비용곡선은 다같이 수평의 형태를 보이게 된다.

⑤ 평균비용곡선과 한계비용곡선은 등량곡선의 변화에 의하여 영향을 받을 수 있다.

해설

난도 ★★

총비용곡선이 수평이면 가변비용은 0이고 총비용＝총고정비용이 성립한다. 따라서 한계비용곡선은 가로축과 일치하고 평균비용곡선(평균고정비용곡선)은 우하향하는 직각쌍곡선이다.

답 ④

제5장 | 완전경쟁시장

출제포인트
- □ 완전경쟁기업의 이윤극대화 조건
- □ 이윤극대화 생산량 계산
- □ 완전경쟁시장의 장기균형
- □ 조업중단점과 손익분기점
- □ 완전경쟁시장의 조건

제1절　완전경쟁시장의 가격과 산출량

1. 완전경쟁시장의 조건

(1) 완전경쟁시장의 조건

① 공급자(기업)와 수요자가 모두 다수

공급자가 다수이면 공급자와 수요자는 모두 가격순응자(price taker)가 된다. 즉 시장전체의 수요와 공급에 의해 결정된 가격을 그대로 받아들이고, 그 가격하에서 이윤을 극대화하는 산출량만을 결정할 수 있다.

② 상품의 동질성

완전경쟁 시장은 상품의 품질, 디자인, 포장방법 등에 있어서 완전히 동질적인 상품을 공급한다. 따라서 상품 간의 완전대체가 가능하다. 또한 완전경쟁시장과 독점적 경쟁시장을 구분하는 가장 중요한 기준이다.

③ 진입과 퇴출의 완전 자유

경쟁시장에서는 초과이윤(excess profit)이 있으면 어느 기업이라도 자유롭게 진입이 가능하다.

④ 완전한 정보

완전경쟁시장은 완전한 시장정보를 전제로 성립한다.

⑤ 생산요소의 완전 이동성(mobility)

생산요소의 이동이 완전히 자유롭다는 것은 진입과 퇴출이 완전히 자유롭다는 조건과 유사하다.

(2) 완전경쟁시장의 개별기업이 직면하는 수요곡선 ^{★27회 기출★}

① 완전경쟁시장에서는 다수의 공급자가 동질적인 제품을 공급하므로 수요자, 공급자 모두 가격에는 영향을 미칠 수 없는 가격수용자(price taker)이다.

② 따라서 개별기업은 시장수요와 시장공급에 의해 결정된 가격을 그대로 수용하므로 완전경쟁 시장의 기업은 수평선 형태의 수요곡선(수요의 가격탄력성은 ∞)에 직면하게 된다. 그리고 수요곡선이 수평이면 $P=MR=AR=D$가 된다.

▶ 완전경쟁시장의 개별기업이 직면하는 수요곡선

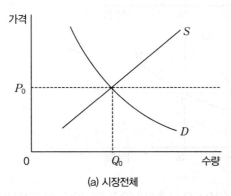
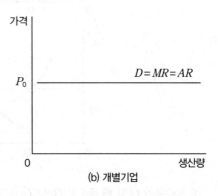

(a) 시장전체   (b) 개별기업

2. 완전경쟁 기업의 단기균형 ^{★28, 30, 33회 기출★}

(1) 이윤극대화 조건

① 완전경쟁시장의 개별기업은 주어진 가격은 수용하고 총이윤을 극대화하는 수준에서 산출량을 결정한다.

> 총이윤＝총수입(TR)－총비용(TC)
> 한계이윤＝한계수입(MR)－한계비용(MC)

② 여기서 총이윤을 극대화하려면 한계이윤을 0으로 만들면 되므로 따라서 이윤극대화 조건은 $MR=MC$이다. 이 조건은 모든 시장에 공통적으로 적용될 수 있다.

③ 단 완전경쟁의 경우에는 $P=MR$이므로 $P(=MR)=MC$에서 산출량을 결정하면 총이윤이 극대화된다.

(2) 산출량 결정(단기 균형)

① Q_0에서는 총수입(TR) 곡선과 총비용(TC) 곡선의 접선의 기울기가 같다. 즉 $MR=MC$이다. 따라서 여기에서 산출량을 결정하면 총이윤이 극대가 된다. E를 단기균형점이라고 한다.

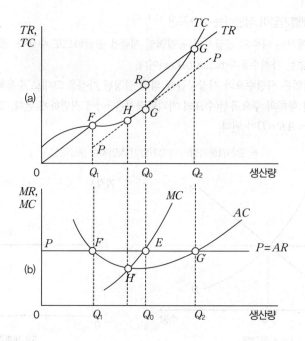

② 산출량이 Q_0일 때 총수입(OP_0EQ_0)=총비용(OP_1CQ_0)+총이윤(P_1P_0EC)이다. 이 〈그림〉에서는 평균비용보다 가격이 높으므로 초과이윤이 존재한다.

(3) 손익분기점과 조업중단점 ★28, 33회 기출★

① 한계수입(MR)과 한계비용(MC)이 일치하는 수준에서 산출량을 결정하면 초과이윤이 있을 수 있지만 평균비용(AC) 곡선의 위치에 따라 손실을 볼 수도 있다. 즉 평균비용이 가격보다 높으면 손실을 보게 된다. 그러나 손실을 보는 경우에도 이윤극대화 조건에 따라 산출량을 결정하면 손실을 극소화할 수 있다.

▶ 손익분기점과 조업중단점

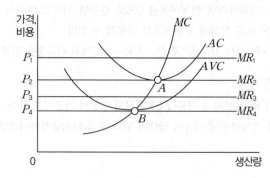

② 〈그림〉에서 가격이 P_1인 경우에는 가격이 평균비용보다 높으므로 총수입〉총비용이 되어 초과이윤이 존재한다.

③ 그러나 가격이 P_2인 경우에는 가격과 평균비용이 같으므로 총수입=총비용이 되고, 따라서 초과이윤은 0이 되고 손실 또한 발생하지 않는다. 평균비용이 최소인 A점을 손익분기점(break-even point)이라고 한다.

④ 한편 가격이 P_3인 경우에는 가격이 평균비용보다 낮으므로 총수입<총비용이 되어 손실이 발생한다. 이런 경우 기업은 생산을 계속할 것인가 여부를 결정해야 하는데 생산을 중단해도 고정비용은 지출되므로 고정비용은 고려하지 않고(매몰비용의 성격이 있음) 가변비용만을 고려하는 것이 합리적이다.

⑤ 즉 가격이 평균비용보다 낮아도 평균가변비용보다 높다면 인건비나 원료비 등은 건질 수 있으므로 생산을 계속하는 것이 유리하다.

⑥ 그러나 B점에서와 같이 가격이 평균가변비용과 같다면 더 이상 생산을 계속할 이유가 없다. 따라서 평균가변비용이 최소인 B점을 조업중단점, 또는 생산폐쇄점(shutdown point)이라고 한다.

(4) 완전경쟁 기업의 단기공급곡선

① 완전경쟁 시장의 개별기업은 $P=MC$에서 생산량(즉 공급량)을 결정하므로 한계비용 곡선이 개별기업의 공급곡선이 된다.

② 그러나 가격이 평균가변비용보다 높아야만 생산을 하므로 정확하게는 평균가변비용(AVC) 곡선 이상(또는 조업중단점 이상)의 우상향하는 한계비용(MC) 곡선이 개별기업의 공급곡선이 된다.

3. 완전경쟁 시장의 장기균형

(1) 단기에서 장기로

① 단기에 완전경쟁 기업에 초과이윤이 존재하면 장기에는 새로운 기업의 진입이 증가하고 기존의 기업은 신규투자를 통해 생산시설을 확장한다.

② 이로 인해 장기에는 시장전체의 공급이 증가하여 시장공급곡선 오른쪽으로 이동하고 가격은 하락한다.

③ 또한 새로운 기술을 적용한 생산시설이 확장됨에 따라 규모의 경제가 작용하여 단기평균비용(SAC)은 하락하고 이에 따라 장기평균비용(LAC)도 하락한다.

▶ 완전경쟁기업의 장기균형

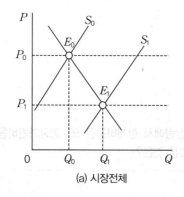
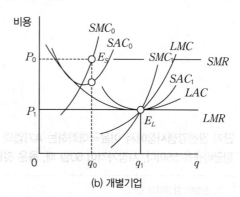

(a) 시장전체   (b) 개별기업

(2) 장기균형 ★28, 29, 34회 기출★

① 장기균형은 이윤극대화 조건인 $LMR=LMC$(또는 $P=LMC$)에서 성립한다. 즉 장기에는 LAC의 최소점에서 균형이 이루어지고 이 때 초과이윤은 0이 된다.

② 따라서 장기균형은 SAC와 LAC의 최소점에서 이루어지고, 장기균형에서는 $P=LMR=LMC=LAC=SAC=SMC$가 성립된다.

제5장 | 확인학습문제

01 완전경쟁시장에서 공급곡선은 완전 비탄력적이고 수요곡선은 우하향한다. 현재 시장균형가격이 20일 때, 정부가 판매되는 제품 1단위당 4만큼 세금을 부과할 경우 (ㄱ) 판매자가 받는 가격과 (ㄴ) 구입자가 내는 가격은? ★31회 기출★

① ㄱ : 16, ㄴ : 16　　　　　　　　② ㄱ : 16, ㄴ : 20

③ ㄱ : 18, ㄴ : 22　　　　　　　　④ ㄱ : 20, ㄴ : 20

⑤ ㄱ : 20, ㄴ : 24

> **해설**
> 난도 ★
> 공급곡선이 수직이므로 정부가 세금을 부과해도 균형가격은 불변이므로 구입자(수요자)가 내는 가격은 20이다. 공급자는 이 중 4원을 세금으로 내야 하므로 판매자(공급자)가 받는 가격은 16이다.
>
> 답 ②

02 단기 완전경쟁시장에서 이윤극대화하는 A기업의 현재 생산량에서 한계비용은 50, 평균가변비용은 45, 평균비용은 55이다. 시장가격이 50일 때, 옳은 것을 모두 고른 것은? ★31회 기출★

> ㄱ. 손실이 발생하고 있다.
> ㄴ. 조업중단(shut-down)을 해야 한다.
> ㄷ. 총수입으로 가변비용을 모두 충당하고 있다.
> ㄹ. 총수입으로 고정비용을 모두 충당하고 있다.

① ㄱ, ㄴ　　　　　　　　② ㄱ, ㄷ

③ ㄴ, ㄷ　　　　　　　　④ ㄴ, ㄹ

⑤ ㄷ, ㄹ

난도 ★★

ㄱ. $P < AC(= TR < TC)$이므로 손실이 발생하고 있다.

ㄴ, ㄷ. 손실이 발생하고 있으나 $P > AVC(= TR > TVC)$이므로 가변비용을 충당할 수 있고 따라서 생산을 계속하는 것이 유리하다.

ㄹ. 고정비용은 매몰비용의 성격이 있으므로 고려하지 않는다.

답 ②

---

03 완전경쟁시장에서 개별기업은 U자형 평균비용곡선과 평균가변비용곡선을 가진다. 시장가격이 350일 때, 생산량 50 수준에서 한계비용은 350, 평균비용은 400, 평균 가변비용은 200이다. 다음 중 옳은 것을 모두 고른 것은? ★30회 기출★

> ㄱ. 평균비용곡선이 우상향하는 구간에 생산량 50이 존재한다.
> ㄴ. 평균가변비용곡선이 우상향하는 구간에 생산량 50이 존재한다.
> ㄷ. 생산량 50에서 음(−)의 이윤을 얻고 있다.
> ㄹ. 개별기업은 단기에 조업을 중단해야 한다.

① ㄱ, ㄴ   ② ㄱ, ㄷ

③ ㄱ, ㄹ   ④ ㄴ, ㄷ

⑤ ㄴ, ㄹ

난도 ★★

완전경쟁시장의 개별기업은 $P = MC$에서 생산량을 정하면 이윤극대화가 이루어진다. $P = AC$이면 손익분기점, $P = AVC$이면 생산폐쇄점이다.

주어진 조건에서는 $AVC < P(= MC) < AC$이므로 음(−)의 이윤, 즉 손실을 보고 있지만 생산을 계속하는 것이 유리한 상황이다. 그리고 이 상황에서 AC는 우하향하지만 AVC는 우상향한다.

답 ④

04 완전경쟁시장의 시장수요함수는 $Q=1,700-10P$이고, 이윤극대화를 추구하는 개별기업의 장기평균비용 함수는 $LAC(q)=(q-20)^2+30$으로 모두 동일하다. 장기균형에서 기업의 수는?(단, Q는 시장 거래량, q 는 개별 기업의 생산량, P는 가격이다) ★29회 기출★

① 100

② 90

③ 80

④ 70

⑤ 60

해설

난도 ★★

완전경쟁시장의 장기균형은 LAC의 최저점에서 이루어지고, $P=LAC=LMC$가 성립한다. 개별기업의 장기평균비용함수가 $LAC(q)=(q-20)^2+30$이므로 $q=20$일 때 최소 LAC는 30이다. 따라서 장기균형에서 개별기업은 20단위를 생산하며, 장기 균형가격 $P=30$이다.

$P=30$을 시장수요함수에 대입하면 시장전체의 거래량 $Q=1,400$이다. 따라서 개별기업의 수는 $1,400/20=70$개다.

답 ④

---

05 완전경쟁시장의 장기균형에 관한 설명으로 옳은 것은? ★29회 기출★

① 균형가격은 개별기업의 한계수입보다 크다.

② 개별기업의 한계수입은 평균총비용보다 크다.

③ 개별기업의 한계비용은 평균총비용보다 작다.

④ 개별기업은 장기평균비용의 최저점에서 생산한다.

⑤ 개별기업은 0보다 큰 초과이윤을 얻는다.

해설

난도 ★

완전경쟁시장에서는 가격이 일정하므로 $P=MR$이며 일정하다. 장기균형은 SAC와 LAC의 최저점에서 이루어지고, $P=SMC=LMC=SAC=LAC$가 성립한다. 따라서 장기에 초과이윤(excess profit)은 존재하지 않는다.

답 ④

06 완전경쟁시장에서 개별 기업의 단기 총비용곡선이 $STC = a + \dfrac{q^2}{100}$일 때 단기 공급곡선 q_S는?(단, a는 고정자본비용, q는 수량, p는 가격이다)

★28회 기출★

① $q_S = 50p$

② $q_S = 60p$

③ $q_S = 200p$

④ $q_S = 300p$

⑤ $q_S = 400p$

해설
난도 ★★

완전경쟁시장에서 개별 기업의 단기 공급곡선은 조업중단점(생산폐쇄점) 이상의 단기 한계비용곡선이다. $STC = a + \dfrac{q^2}{100}$를 미분하면 $MC = \dfrac{1}{50}q$이다. $p = MC$에서 균형이 이루어지므로 $p = \dfrac{1}{50}q$이고 $q_S = 50p$이다.

답 ①

07 완전경쟁시장에서 이윤극대화를 추구하는 기업들의 장기비용함수는 $C = 0.5q^2 + 8$로 모두 동일하다. 시장 수요함수가 $Q_D = 1,000 - 10P$일 때, 장기균형에서 시장 참여기업의 수는?(단, C는 개별기업 총비용, q는 개별기업 생산량, Q_D는 시장 수요량, P는 가격을 나타낸다)

★28회 기출★

① 150

② 210

③ 240

④ 270

⑤ 300

해설
난도 ★★★

장기비용함수 $C = 0.5q^2 + 8$에서 장기평균비용함수 $LAC = 0.5q + \dfrac{8}{q}$이다. LAC의 최저점에서 장기균형이 성립하는데 LAC의 최저점에서는 접선의 기울기가 0이 되므로 LAC를 미분한 후 0으로 놓고 q를 구한다. $\dfrac{dLAC}{dq} = 0.5 - \dfrac{8}{q^2} = 0$이고 $q = 4$이다.

이를 LAC함수에 대입하면 $LAC = 4$이고, 이는 P와도 같다(장기균형에서는 $P = LAC = LMC$이다).

이제 $P = 4$를 시장수요함수에 대입하면 $Q_D = 1,000 - 10P = 960$이 된다. 따라서 개별기업의 수 $= \dfrac{960}{4} = 240$이다.

답 ③

08 완전경쟁시장에서 이윤을 극대화하는 개별기업의 장기비용함수가 $C=Q^3-4Q^2+8Q$이다. 완전경쟁시장의 장기균형가격(P)과 개별기업의 장기균형생산량(Q)은?(단, 모든 개별기업의 장기비용함수는 동일하다)

★27회 기출★

① $P=1$, $Q=1$ ② $P=1$, $Q=2$

③ $P=2$, $Q=4$ ④ $P=4$, $Q=2$

⑤ $P=4$, $Q=4$

해설

난도 ★★★

완전경쟁시장의 장기균형은 LAC의 최저점에서 이루어지고 $P=LAC=LMC$가 성립한다. $LAC=\dfrac{C}{Q}=Q^2-4Q$ $+8$이다. LAC의 최저점에서 접선의 기울기는 0이므로 이를 미분한 후 0으로 놓으면 $\dfrac{dLAC}{dQ}=2Q-4=0$이고 균형 생산량은 $Q=2$이다. 이를 LAC에 대입하면 최소장기평균비용은 4이고, $P=4$가 된다.

답 ④

09 완전경쟁시장에서 거래되는 X재에 대해 시장균형가격보다 낮은 수준에서 가격상한제를 실시하였다. 이로 인해 나타날 수 있는 일반적인 현상으로 옳은 것을 모두 고른 것은?(단, X재는 수요와 공급의 법칙을 따른다)

> ㄱ. X재의 품귀현상이 일어난다.
> ㄴ. X재의 공급과잉이 발생한다.
> ㄷ. X재의 암시장이 발생할 수 있다.
> ㄹ. X재의 품질이 좋아진다.

① ㄱ, ㄴ   ② ㄱ, ㄷ

③ ㄴ, ㄷ   ④ ㄴ, ㄷ, ㄹ

⑤ ㄱ, ㄴ, ㄷ, ㄹ

해설

난도 ★

가격상한제(최고가격제)는 시장균형가격이 너무 높다고 판단하는 경우 정부가 시장가격보다 낮은 수준에서 가격을 통제하는 것이다.

ㄱ. ㄴ. 가격이 낮아지므로 수요량은 증가하고 공급량은 감소하여 공급부족(초과수요), 즉 품귀현상이 나타난다.

ㄷ. 품귀현상으로 인해 암시장이 나타날 수 있다.

ㄹ. 정부가 낮은 수준에서 가격을 통제하므로 품질이 저하될 가능성이 있다.

답 ②

10 완전경쟁시장에서 시장수요함수가 $Q=1,000-P$이고 기업들의 장기평균비용은 생산량이 10일 때 100원으로 최소화된다. 이 때 장기균형에 관한 설명으로 옳지 <u>않은</u> 것은?(단, Q는 수요량, P는 가격이다)

① 개별기업의 초과이윤은 0원이다.

② 개별기업의 생산량은 10이다.

③ 균형가격은 100원이다.

④ 시장에는 100개의 기업이 존재하게 된다.

⑤ 소비자들은 가격순응자로서 효용을 극대화한다.

해설

난도 ★★

완전경쟁시장의 장기균형은 LAC의 최저점에서 이루어지고 $P=LMC=LAC$의 관계가 성립한다. 주어진 내용으로 보면 장기균형에서 $P=LMC=LAC=100$원이고, 균형생산량은 10이다.

④ 시장수요함수 $Q=1,000-P$에서 $P=100$이므로 시장의 생산량 $Q=900$이다. 개별기업의 균형생산량은 10이므로

　시장에는 $\dfrac{900}{10}=90$개의 기업이 존재하게 된다.

답 ④

---

11 완전경쟁시장에서 이윤극대화를 추구하는 개별기업의 장기 총비용함수는 $C=2q^3-12q^2+48q$로 동일하다. 이 시장에서의 장기 시장균형가격은?(단, C는 비용, q는 생산량, $q>0$)

① 3 ② 10

③ 15 ④ 30

⑤ 35

해설

난도 ★★

완전경쟁시장의 장기균형은 LAC의 최저점에서 이루어지고 $P=LMC=LAC$가 성립한다. $LAC=\dfrac{C}{q}=2q^2-12q$ $+48$이다. LAC의 최소점에서 접선의 기울기가 0이다. 따라서 $\dfrac{dLAC}{dq}=4q-12=0$에서 균형생산량은 $q=3$이다. $q=3$를 LAC함수에 대입하여 P를 구한다. $P=2\times3^2-12\times3+48=30$이다.

답 ④

12 완전경쟁시장에 참여하는 모든 기업의 비용함수가 동일하며 평균비용곡선이 U자형이다. 다음 설명 중 옳지 **않은** 것은?

① 기업은 가격수용자로서 행동한다.

② 단기에 경제적 이윤이 발생할 수 있다.

③ 기업의 진입·퇴출이 자유로운 장기에는 경제적 이윤은 0이다.

④ 장기균형에서 가격은 한계비용과 같다.

⑤ 장기균형에서 한계비용은 평균비용보다 높다.

> 해설
> 난도 ★
>
> 완전경쟁시장의 장기균형은 SAC와 LAC의 최저점에서 이루어지고 $P=SAC=LAC=SMC=LMC$의 관계가 성립한다. 장기균형에서 초과이윤은 0이 된다.

답 ⑤

13 완전경쟁시장에서 이윤극대화를 추구하는 A기업의 총비용함수는 $TC=Q^2+3Q+10$이며, 재화의 가격이 13이다. 이때 A기업의 생산자 잉여는?(단, TC는 총비용이고, Q는 생산량이다)

① 15

② 20

③ 25

④ 30

⑤ 35

> 해설
> 난도 ★★
>
> 총비용함수를 미분하면 $MC=\dfrac{dTC}{dQ}=2Q+3$이다. $P=MC$에서 생산량을 정하므로 $2Q+3=13$에서 이윤극대화
>
> 생산량은 $Q=5$이다. MC곡선의 절편이 3이므로 생산자 잉여는 $\dfrac{1}{2}\times(13-3)\times5=25$이다.

답 ③

14 완전경쟁시장의 한 기업이 단기적으로 초과이윤을 내고 있다고 하자. 이 기업의 이윤 극대화 행동으로부터 유추할 수 있는 사실로 적절한 것은?

① 이 기업은 장기적으로도 초과이윤을 낼 것이다.

② 이 기업이 산출량을 늘리면 총평균비용이 감소할 것이다.

③ 이 기업이 산출량을 늘리면 한계비용이 증가할 것이다.

④ 시장가격은 이 기업의 현재 한계비용보다 높다.

⑤ 이 기업의 현재 한계비용은 총평균비용과 같다.

해설

난도 ★

완전경쟁기업의 단기공급곡선은 평균가변비용곡선과의 교차점에서부터 우상향하는 한계비용곡선이다. 따라서 이 기업이 산출량을 늘리면 (초과이윤이 발생하는지 여부와 관계없이) 한계비용은 반드시 증가한다.

탑 ③

15 완전경쟁 하의 개별기업의 단기균형과 단기공급곡선에 대한 설명으로 틀린 것은?

① 경쟁기업의 이윤극대화 공급량은 가격과 한계생산비가 일치하는 수준에서 결정된다.

② 가격이 평균가변비용보다 낮은 경우, 경쟁기업의 공급량은 0이다.

③ 경쟁기업의 초과이윤은 0이 된다.

④ 가격이 평균가변비용 이상인 경우, 경쟁기업의 단기공급곡선은 한계비용곡선과 일치한다.

⑤ 시장공급곡선은 개별기업의 단기공급곡선의 수평합으로 주어진다.

해설

난도 ★★

완전경쟁시장의 단기균형은 $P=MC$에서 성립한다. 이때 가격은 평균비용보다 높을 수도 있고 낮을 수도 있으므로 초과이윤은 0보다 클 수도 있고 작을 수도 있다.

탑 ③

16 완전경쟁산업 내의 한 기업에 대한 설명 중 옳지 <u>않은</u> 것은?

① 한계수입은 시장가격과 같다.
② 시장가격보다 높은 가격을 책정하면 시장점유율은 0이 된다.
③ 이윤극대화 생산량에서는 시장가격과 한계비용이 같다.
④ 장기에 손실(음의 이윤)이 발생하면 퇴출한다.
⑤ 이 기업이 직면하는 수요곡선은 우하향한다.

해설
난도 ★
완전경쟁시장에서의 기업은 가격수용자이다. 따라서 어느 한 기업이 직면하는 수요곡선은 수평선이 된다.

답 ⑤

17 다음 설명 중 옳지 <u>않은</u> 것은?(P : 가격, MR : 한계수입, MC : 한계비용)

① 완전경쟁시장에서는 $P=MC$에서 시장균형이 이루어진다.
② $P>MC$의 경우에는 생산량을 줄이면 효율성이 높아진다.
③ MC를 사회적 한계비용이라고 할 때 음의 외부성이 있는 경우 생산은 $P>MC$가 되는 영역에서 이루어진다.
④ 독점의 경우에는 $P>MR=MC$가 되어서 생산량이 효율적인 생산량에 미치지 못한다.
⑤ 자연독점기업에서는 $P=MC$에서 생산이 이루어질 때 손실이 발생한다.

해설
난도 ★★
$P>MC$의 경우에 생산량을 증가시키면 총이윤이 증가한다. 따라서 생산량을 늘리면 효율성은 높아진다.

답 ②

제6장 | 독점시장

제1절 독점의 유형과 발생원인

1. 독점의 의미와 유형

(1) 독점의 뜻

독점(monopoly) 시장이란 한 개의 기업이 시장전체의 공급을 담당하는 시장형태를 말한다.

(2) 독점의 유형

① 독점에는 수요자가 한 기업인 수요독점(monopsony)도 있고, 수요자와 공급자가 모두 한 기업인 쌍방독점(bilateral monopoly)도 있다. 그러나 일반적으로 독점은 공급독점(monopoly)을 의미한다.

② 따라서 독점은 어떤 재화를 생산하는 기업이 하나인 경우, 즉 시장 전체에 대한 공급을 한 기업이 담당하는 경우를 말하므로 독점기업이 직면하는 수요곡선은 우하향하는 시장수요곡선이다. 또한 완전한 독점이 되기 위해서는 대체재도 존재하지 말아야 한다.

2. 독점의 발생원인

(1) 원료 공급을 독점하는 경우

희귀한 자원이나 요소의 독점 사용권을 가진 경우에 그러한 자원이나 요소를 사용하는 산업은 독점화될 수 있다.

(2) 규모의 경제가 있는 경우(자연적 독점) ★34회 기출★

① 생산규모가 확대됨에 따라 장기평균비용(LAC)이 하락하는 규모의 경제가 있는 경우에는 다른 기업이 쉽게 진입할 수 없어 독점이 되기 쉽다. 이 경우를 자연독점(natural monopoly)이라고 한다.

② 자연독점의 경우에는 자원배분의 효율성을 위해 공공적인 차원에서 독점을 인정하는 것이 일반적이다. 예 전력, 통신, 철도, 상하수도 등

(3) 시장규모가 협소한 경우

시장이 협소해서 한 기업이 시장의 수요를 전부 공급할 수 있는 경우에 독점이 나타나기 쉽다.

(4) 특허권, 독점권 등을 인정받는 경우

정부에 의해서 특허권이나 독점권 등을 인정받는 경우에 독점이 발생하게 되는데 이러한 경우를 법률적 독점이라고 한다.

(5) 기타

예컨대 정부가 특정기업에만 특정한 기계나 원자재의 수입권을 부여한다든가, 저리로 투자자금을 대여하도록 한다든가, 특별히 유리한 산업입지를 배당해 준다든가 함으로써 인위적으로 진입장벽(barriers to entry)을 설정해 주는 경우에 독점이 발생하기 쉽다.

제2절   독점기업의 가격과 산출량

1. 독점기업의 수요곡선과 공급곡선

(1) 독점기업의 수요곡선 ★28, 29, 30, 31회 기출★

① 독점시장은 시장 전체에 대한 공급을 한 기업이 담당하므로 따라서 독점기업이 직면하는 수요곡선은 우하향하는 시장수요곡선이다.

② 따라서 독점기업의 한계수입(MR) 곡선은 수요곡선의 아래 위치하고 독점기업의 가격은 한계수입보다 높다($P > MR$).

③ 독점기업의 경우에도 평균수입은 가격과 같으므로 평균수입(AR) 곡선은 수요곡선(D)과 일치한다. 반면 독점기업의 한계수입(MR) 곡선은 수요곡선과 가격축의 절편은 같고 기울기는 2배가 된다.

④ 독점기업의 수요곡선과 평균수입곡선, 한계수입곡선 간의 관계를 살펴보면 다음 〈그림〉과 같다.

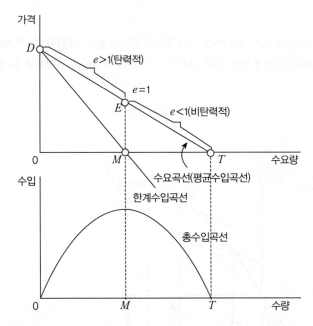

▶ 독점기업의 수요곡선과 한계수입곡선

⑤ 〈그림〉에서 DT는 수요곡선이자 평균수입곡선이고, DM은 한계수입곡선이다. 아래 그림에서는 한계수입과 총수입 간의 관계를 보여주고 있다. 즉 한계수입이 0보다 크면 총수입은 증가하고, 한계수입이 0이면 총수입은 극대, 한계수입이 0보다 작으면 총수입이 감소하는 관계를 보여주고 있다.

⑥ 이러한 사실로부터 우리는 한계수입과 평균수입, 그리고 수요 탄력성 간의 관계를 명확히 할 수 있는데 그 관계는 다음과 같다. 여기서 e는 수요의 가격탄력성을 나타낸다. 이 식을 아모로소－로빈슨(Amoroso－Robinson) 식이라고 하는데 $MR=\dfrac{dTR}{dQ}$의 정의로부터 수리적으로 증명된다.

$$MR=P\left(1-\frac{1}{e}\right)=AR\left(1-\frac{1}{e}\right)$$

⑦ 완전경쟁시장의 경우처럼 수요의 가격탄력성(e)이 무한대이면 $P=AR=MR$의 관계가 성립한다. 또한 수요의 가격탄력성이 1이면 $MR=0$이 됨을 알 수 있다. 그리고 수요탄력성이 탄력적이면($e>1$) 한계수입은 양(+)이고 수요탄력성이 비탄력적($e<1$)이면 한계수입은 음(−)이 되는 것도 확인할 수 있다.

(2) 독점기업의 공급곡선 ★28회 기출★

완전경쟁기업의 경우에는 조업 중단점 이상(즉 AVC 이상)의 한계비용곡선이 개별기업의 공급곡선이었지만 독점기업의 경우에는 가격과 공급량 간에 일정한 비례관계가 존재하지 않으므로 공급곡선은 존재하지 않는다. 즉 공급곡선은 정의되지 않는다.

2. 독점기업의 단기균형

(1) 단기균형 ★28, 33, 34회 기출★

① 시장수요곡선이 주어지면 이에 따라 독점기업은 독점이윤을 극대화하는 가격과 산출량을 결정한다. 독점기업의 이윤극대화 조건인 $MR=MC$에서 가격과 산출량을 결정하면 독점기업의 이윤이 극대화된다.

▶ 독점기업의 단기균형

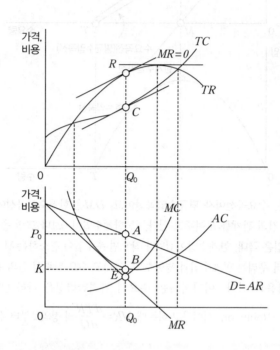

② 독점기업의 이윤극대화 조건은 완전경쟁의 경우와 동일하다. 그러나 MR곡선의 기울기가 완전경쟁과 다르다. 또한 독점기업의 경우에도 항상 초과이윤이 있는 것은 아니고 평균비용(AC) 곡선의 위치가 수요곡선보다 위에 있는 경우에는 손실을 볼 수도 있다.

③ 독점기업의 장기균형과 독점산업의 균형

독점시장의 경우에는 단기에 초과이윤을 얻고 있다고 해도 장기에 새로운 기업이 진입할 수 있는 것이 아니다. 따라서 장기균형도 단기균형과 차이가 거의 없다. 또한 독점기업은 한 기업이 시장전체를 지배하므로 독점시장의 균형(또는 독점산업의 균형)도 독점기업의 균형과 차이가 없다.

(2) 생산비가 들지 않는 경우

① 독점기업의 균형을 처음으로 분석한 꾸르노(A. Cournot)는 온천의 경우를 예로 들어 독점기업의 가격과 산출량 결정문제를 분석하였다.

② 온천의 경우 고정비용은 들지만 가변비용이 들지 않으므로 $TVC=AVC=MC=0$이고 따라서 $MR=MC=0$인 곳에서 가격과 산출량을 결정한다.

▶ 생산비가 들지 않는 경우

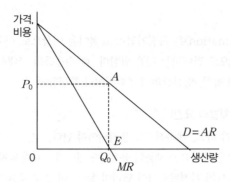

③ 〈그림〉에서 $MR=0$인 E에서 산출량 Q_0와 가격 P_0를 결정하면 총가변비용(TVC)이 0이므로 사각형의 면적인 총수입(TR)이 그대로 총이윤이 된다.

3. 독점도

(1) 독점도의 의의

① 독점도(degree of monopoly)는 독점의 강도, 즉 독점기업의 시장 지배력을 나타낸다. 완전경쟁의 경우에는 $P=MC$이었지만 독점의 경우에는 $P>MC$이므로 독점도는 가격(P)과 한계비용(MC)의 차이가 어느 정도 되는가를 나타내는 개념이다.

② 또한 완전경쟁의 경우에는 수요의 가격탄력성이 완전탄력적이었지만 독점의 경우에는 비탄력적이므로 독점도는 수요탄력성의 크기와도 관련이 있다.

③ 따라서 독점도는 독점기업이 수요곡선에 미치는 영향의 정도를 나타낸다고도 볼 수 있다.

(2) 러너의 독점도

① 러너(A.P. Lerner)는 가격과 한계비용의 차이가 클수록 시장지배력이 크다는 점에 착안하여 다음과 같이 독점도의 개념을 제시한다.

$$Dm = \frac{P-MC}{P}$$

② 러너의 독점도는 $0 \leq Dm \leq 1$이다. 완전경쟁의 경우에는 $P=MC$이므로 $Dm=0$이고 완전독점의 경우 $Dm=1$이 된다.

(3) 힉스의 독점도

힉스(J.R. Hicks)의 독점도는 러너의 독점도 식으로부터 도출된다. 힉스의 독점도는 수요탄력성의 역수$\left(\frac{1}{e_D}\right)$이다. 따라서 완전경쟁시장의 경우 수요탄력성이 무한대이므로 독점도는 0이 된다.

4. 가격차별

(1) 가격차별의 의미

가격차별(price discrimination)은 독점기업이 독점이윤 이상으로 이윤을 증대시키기 위하여 동일한 생산물을 서로 다른 가격으로 판매하는 것을 말한다. 예 수출품의 국내시장 가격과 해외시장 가격의 차별, 주야간 전화 전기요금 할인, 영화관의 조조할인이나 학생할인 등

(2) 가격차별의 조건(3급 가격차별의 요건) ★34회 기출★

① 시장의 분리가 가능해야 하고, 계속적으로 분리되어야 한다.
② 분리된 시장 간에 가격을 차별화한 상품의 유통, 즉 재판매가 허용되지 말아야 한다.
③ 분리된 두 시장에서 수요의 가격탄력성이 달라야 한다. 이 경우 수요탄력성이 작은 시장에서 더 높은 가격이 정해진다.
④ 시장 지배력이 있어야 한다. 즉 가격차별화는 독점기업, 또는 과점기업들이 카르텔을 결성하여 공동행위를 하는 경우에 가능하다.

(3) 가격차별의 유형 ★27, 29, 30, 32, 33, 34회 기출★

① 1급(first degree) 가격차별 : 완전가격차별
　㉠ 1급(또는 1차) 가격차별은 각 단위의 재화에 대하여 소비자들의 지불용의가격을 책정하는 것이므로 재화단위마다 가격은 다 다르다.
　㉡ 소비자 잉여는 존재하지 않고, 전부 독점기업의 이윤으로 귀속되므로 분배면에서 가장 불공평하다.
　㉢ 보상수요곡선과 한계수입곡선이 일치하고, $P = MC$가 성립하므로 완전경쟁시장과 같은 생산량을 생산하고 자원배분은 효율적이다.

② 2급(second degree) 가격차별
　㉠ 2급(또는 2차) 가격차별은 재화의 구입수량에 따라 다른 가격을 설정하는 것이다. 대량구입하거나 사용량이 많으면 가격을 할인해주는 것이다.
　㉡ 소비자 잉여의 일부가 독점기업으로 귀속된다.
　㉢ 가격차별이 없는 경우와 비교하면 생산량이 증가하므로 자중손실(deadweight loss)이 감소하므로 자원배분의 효율성이 개선된다.

③ 3급(third degree) 가격차별
　㉠ 3급(또는 3차) 가격차별은 전체시장을 수요의 가격탄력성이 다른 시장으로 분할하여 서로 다른 가격을 설정하는 것이다.
　㉡ 두 시장의 한계수입을 MR_1, MR_2라고 하면 이윤극대화 조건은 $MR_1 = MR_2 = MC$이다.
　㉢ $MR_1 = MR_2$에서 앞에서 본 Amoroso-Robinson 공식을 이용하면 다음의 관계가 성립한다.

$$P_1\left(1 - \frac{1}{e_1}\right) = P_2\left(1 - \frac{1}{e_2}\right)$$

② 따라서 $e_1 > e_2$이면 $P_1 < P_2$의 관계가 성립하므로 수요의 가격탄력성이 작은 시장에서 높은 가격을 설정한다.

⑩ 독점기업은 수요의 가격탄력성이 비탄력적인 수요곡선 상에서는 생산을 하지 않으므로 e_1, $e_2 > 1$이어야 한다.

제3절 독점의 경제적 효과와 독점 규제

1. 독점의 경제적 효과 ★27회 기출★

(1) 유휴시설 보유

① 완전경쟁기업의 장기균형은 SAC와 LAC의 최저점에서 이루어진다. 그러나 독점기업은 LAC의 최저점에서 생산하지 않는다.

② 즉 독점기업은 과소 규모의 시설을 과소 이용함으로써 유휴시설(즉 초과생산능력)을 보유하게 되어 자원의 비효율적 배분이 이루어진다.

(2) 자원의 비효율적 배분

완전경쟁기업은 $P=MC$에서 생산량을 결정한다. 그러나 독점기업의 경우에는 항상 $P>MC$에서 가격과 생산량을 결정하므로 자원의 비효율적 배분이 이루어진다.

(3) 경제발전에 유리

기업의 규모가 커짐으로써 규모의 경제 → LAC의 하락, R&D투자가 용이하고 따라서 독점은 경제발전에 유리하게 작용할 수도 있다.

2. 독점의 규제 ★28회 기출★

(1) 최고가격 설정

① 정부가 독점기업에 대해 가격의 상한선인 최고가격을 설정하면 독점기업은 생산량을 증가시킨다. 따라서 가격은 낮아지고 생산량은 증가함으로써 자원배분이 더 효율적이 된다.

② 소비자 잉여의 증가분이 생산자 잉여의 감소분을 초과하게 됨에 따라 사회후생은 증가한다.

(2) 조세 부과

① 총괄세

㉠ 총괄세(lump-sum tax)는 산출량에 관계없이 고정적으로 부과된다. 따라서 기업은 이를 고정비용으로 간주하므로 AC 증가, MC는 불변이다.

㉡ 이에 따라 가격과 산출량은 불변이고, 독점이윤은 감소한다. 결국 소비자 잉여는 변동이 없고 생산자 잉여만 감소하게 된다.

② 종량세

  ㉠ 종량세(specific tax)는 산출량 1단위당 일정 액수로 부과되는 조세이다. 따라서 종량세가 부과되면 AC와 MC 모두 증가한다.

  ㉡ 이에 따라 가격은 상승하고 산출량은 감소한다. 결국 조세 중 일부는 생산자가 부담하고 일부는 소비자가 부담한다. 그리고 자원배분은 더욱 더 비효율적으로 된다.

③ 종가세

  ㉠ 종가세(ad valorem tax)는 판매가격을 기준으로 부과되는 조세이다. 종가세가 부과되는 AC와 MC는 변화가 없고 수요곡선과 한계수입곡선만 왼쪽으로 이동한다.

  ㉡ 이에 따라 가격은 상승하고 산출량은 감소하여 자원배분은 더욱 더 비효율적으로 된다.

④ 이윤세

  이윤세(profit tax)는 총이윤에 대해 일정 비율로 부과된다. 따라서 이윤세가 부과되면 독점기업의 이윤만 감소하고, 가격과 산출량은 변화가 없다.

제6장 | 확인학습문제

01 독점기업 A의 한계비용은 10이고 고정비용은 없다. A기업 제품에 대한 소비자의 역수요함수는 $P = 90 - 2Q$이다. A기업은 내부적으로 아래와 같이 2차에 걸친 판매 전략을 채택하였다.

> • 1차: 모든 소비자를 대상으로 이윤을 극대화하는 가격을 설정하여 판매
> • 2차: 1차에서 제품을 구매하지 않은 소비자를 대상으로 이윤을 극대화하는 가격을 설정하여 판매

A기업이 설정한 (ㄱ) 1차 판매가격과 (ㄴ) 2차 판매가격은?(단, 소비자는 제품을 한 번만 구매하고, 소비자 간 재판매할 수 없다)

★31회 기출★

① ㄱ : 30, ㄴ : 20
② ㄱ : 40, ㄴ : 20
③ ㄱ : 40, ㄴ : 30
④ ㄱ : 50, ㄴ : 30
⑤ ㄱ : 60, ㄴ : 30

해설

난도 ★★

역수요함수가 $P = 90 - 2Q$이므로 한계수입함수는 $MR = 90 - 4Q$이다. $MR = MC$에서 생산량을 정하면 이윤이 극대화되므로 $90 - 4Q = 10$에서 $Q = 50$이다.

답 ④

02 독점시장에서 기업 A의 수요함수는 $P=500-2Q$이고, 한계비용은 생산량에 관계없이 100으로 일정하다. 기업 A는 기술진보로 인해 한계비용이 하락하여 이윤극대화 생산량이 20단위 증가하였다. 기술진보 이후에도 한계비용은 생산량에 관계없이 일정하다. 한계비용은 얼마나 하락하였는가?(단, P는 가격, Q는 생산량이다)

★30회 기출★

① 20 　　　　　　　　　　　　　　　　② 40

③ 50 　　　　　　　　　　　　　　　　④ 60

⑤ 80

해설

난도 ★★

독점기업의 수요함수가 $P=500-2Q$이면 한계수입 $MR=500-4Q$이다. 이윤극대화 조건 $MR=MC$에서 이윤극대화 생산량 $Q=100$, $P=300$이다.

기술진보 이후의 한계비용을 X라고 하면 $MR=MC$에서 $500-4Q=X$이고 생산량이 20단위 증가했으므로 $Q=120$을 대입하면 기술진보 이후의 한계비용 $X=20$이 된다. 따라서 한계비용은 80 하락하였다.

답 ⑤

03 독점기업 A가 직면한 수요함수는 $Q=-0.5P+15$, 총비용함수는 $TC=Q^2+6Q+3$이다. 이윤을 극대화할 때, 생산량과 이윤은?(단, P는 가격, Q는 생산량, TC는 총비용이다)

★29회 기출★

① 생산량=3, 이윤=45 　　　　　　　　② 생산량=3, 이윤=48

③ 생산량=4, 이윤=45 　　　　　　　　④ 생산량=4, 이윤=48

⑤ 생산량=7, 이윤=21

해설

난도 ★★

수요함수가 $Q=-0.5P+15$이므로 한계수입 $MR=30-4Q$이다. 총비용함수를 미분하면 $MC=6+2Q$이다. $MR=MC$에서 이윤극대화 생산량 $Q=4$이다. 이를 수요함수에 대입하면 $P=22$이다. 총수입 $TR=PQ=88$이다. 총비용 $TC=43$이므로 총이윤은 $88-43=45$이다.

답 ③

04 가격차별에 관한 설명으로 옳지 않은 것은?

★34회 기출★

① 극장에서의 조조할인 요금제는 가격차별의 한 예이다.

② 이부가격제(two-part pricing)는 가격차별 전략 중 하나이다.

③ 제3급 가격차별을 가능하게 하는 조건 중 하나는 전매가 불가능해야 한다는 것이다.

④ 제3급 가격차별의 경우 수요의 가격 탄력성이 상대적으로 작은 시장에서 더 낮은 가격이 설정된다.

⑤ 제1급 가격차별에서는 소비자잉여가 발생하지 않는다.

> **해설**
>
> 난도 ★
>
> ④ 제3급 가격차별의 경우, 수요의 가격탄력성이 상대적으로 작은 시장에서 더 높은 가격이 설정된다. 그리고 수요가 상대적으로 탄력적인 시장에서는 더 낮은 가격이 설정된다.
>
> ① 제3급 가격차별의 예이다.
>
> ② 이부가격제란 소비자가 재화를 구입할 권리에 대하여 1차로 가격을 부과하고(예 놀이공원 입장료), 재화 구입시에 구입량에 따라 다시 2차로 가격을 부과하는(예 놀이공원 이용료) 가격체계를 의미한다. 소비량이 증가할수록 재화 1단위당 소비자가 지불하는 가격이 낮아지므로, 시장지배력을 가진 기업에 의한 수량의존적인 제2급 가격차별이다.
>
> ③ 가격차별이 가능하려면 전매, 차익거래가 불가능하여야 한다.
>
> ⑤ 제1급 가격차별에서는 소비자잉여가 전부 독점기업의 이윤으로 귀속되므로 소비자잉여는 0이 된다.

답 ④

05 가격차별의 사례가 아닌 것은?

★29회 기출★

① 영화관 일반 요금은 1만 원, 심야 요금은 8천 원이다.

② 놀이공원 입장료는 성인 5만 원, 청소년 3만 원이다.

③ 동일한 롱패딩 가격은 겨울에 30만 원, 여름에 20만 원이다.

④ 동일한 승용차 가격은 서울에서 2,000만 원, 제주에서 1,500만 원이다.

⑤ 주간 근무자 수당은 1만 원, 야간 근무자의 수당은 1만 5천 원이다.

> **해설**
>
> 난도 ★
>
> 가격차별은 동일한 상품에 대해 가격을 달리 정하여 부과하는 것이다. 주간 근무와 야간 근무는 근무여건이 다르므로 가격차별이라고 할 수 없다.

답 ⑤

06 甲国 정부는 독점기업 A로 하여금 이윤극대화보다는 완전경쟁시장에서와 같이 사회적으로 효율적인 수준에서 생산하도록 규제하려고 한다. 사회적으로 효율적인 생산량이 달성되는 조건은?(단, 수요곡선은 우하향, 기업의 한계비용곡선은 우상향한다) ★29회 기출★

① 평균수입＝한계비용
② 평균수입＝한계수입
③ 평균수입＝평균생산
④ 한계수입＝한계비용
⑤ 한계수입＝평균생산

해설

난도 ★★

완전경쟁시장에서와 같이 사회적으로 효율적인 수준에서 생산하도록 규제하려면 $P=MC$에서 생산하도록 해야 한다. 시장형태와 관계없이 $P=AR$의 관계가 성립하므로 평균수입(AR)＝한계비용(MC)에서 생산하게 하여야 한다.

답 ①

07 독점기업의 이윤극대화에 관한 설명으로 옳지 <u>않은</u> 것은?(단, 수요곡선은 우하향하고 생산량은 양(＋)이고, 가격차별은 없다) ★28회 기출★

① 이윤극대화 가격은 한계비용보다 높다.
② 양(＋)의 경제적 이윤을 획득할 수 없는 경우도 있다.
③ 현재 생산량에서 한계수입이 한계비용보다 높은 상태라면 이윤극대화를 위하여 가격을 인상하여야 한다.
④ 이윤극대화 가격은 독점 균형거래량에서의 평균수입과 같다.
⑤ 이윤극대화는 한계비용과 한계수입이 일치하는 생산수준에서 이루어진다.

해설

난도 ★★

③ 독점기업의 이윤극대화는 $MR=MC$에서 이루어진다. 현재 생산량에서 $MR>MC$라면 이윤극대화를 위하여 생산량을 증가시켜야 한다. 독점기업이 직면하는 수요곡선은 우하향하므로 생산량을 증가시키면 가격은 인하하여야 한다.

② 독점기업이라도 $P<AC$인 경우에는 손실을 볼 수 있다.

답 ③

08 영화관 A의 티켓에 대한 수요함수가 $Q=160-2P$일 때, A의 판매수입이 극대화되는 티켓 가격은?(단, P는 가격, Q는 수량이다)

★28회 기출★

① 0

② 10

③ 20

④ 40

⑤ 80

[해설]

난도 ★★

수요함수 $Q=160-2P$은 $P=80-\frac{1}{2}Q$이다. 따라서 $MR=80-Q$이다. $MR=0$이면 판매수입 TR이 극대이므로 생산량 $Q=80$일 때 TR이 극대가 된다. $Q=80$일 때 $P=40$이다.

답 ④

09 두 공장 1, 2를 운영하고 있는 기업 A의 비용함수는 각각 $C_1(q_1)=q_1^2$, $C_2(q_2)=2q_2$이다. 총비용을 최소화하여 5단위를 생산하는 경우, 공장 1, 2에서의 생산량은?(단, q_1은 공장 1의 생산량, q_2는 공장 2의 생산량이다)

★30회 기출★

① $q_1=5$, $q_2=0$

② $q_1=4$, $q_2=1$

③ $q_1=3$, $q_2=2$

④ $q_1=2$, $q_2=3$

⑤ $q_1=1$, $q_2=4$

[해설]

난도 ★★

두 공장의 비용함수를 각 기업의 생산 q에 대해 미분하면 $MC_1=2q_1$, $MC_2=2$이다. 여러 공장에서 생산할 때 총비용을 최소화하려면 MC가 같아야 하므로 $MC_1=MC_2$에서 $2q_1=2$이므로 $q_1=1$이다. 총생산량이 5단위이고 $q_1=1$이므로 $q_2=4$이다.

답 ⑤

10 독점기업의 가격차별에 관한 설명으로 옳은 것은?

① 1급 가격차별 시 소비자 잉여는 0보다 크다.

② 1급 가격차별 시 사중손실(deadweight loss)은 0보다 크다.

③ 2급 가격차별의 대표적인 예로 영화관의 조조할인이 있다.

④ 3급 가격차별 시 한 시장에서의 한계수입은 다른 시장에서의 한계수입보다 크다.

⑤ 3급 가격차별 시 수요의 가격탄력성이 상대적으로 작은 시장에서 더 높은 가격이 설정된다.

해설

난도 ★★

①, ② 1급 가격차별은 모든 소비자가 지불용의금액만큼 가격을 지불하므로 소비자 잉여는 0이 되고, 사중손실은 발생하지 않는다.

③ 영화관의 조조할인은 시간을 기준으로 시장을 나눈 것이므로 3급 가격차별의 예가 된다.

④ 3급 가격차별 시 한 시장에서의 한계수입은 다른 시장에서의 한계수입과 같다. 3급 가격차별의 균형은 $MR_1 = MR_2 = \cdots = MR_n = MC$이다.

답 ⑤

11 다음 중 옳은 것을 모두 고른 것은?

> ㄱ. 기펜재의 경우 수요법칙이 성립하지 않는다.
> ㄴ. 초과이윤이 0이면 정상이윤도 0이라는 것을 의미한다.
> ㄷ. 완전경쟁시장에서 기업의 단기공급곡선은 한계비용곡선에서 도출된다.
> ㄹ. 독점기업의 단기공급곡선은 평균비용곡선에서 도출된다.

① ㄱ, ㄴ   ② ㄱ, ㄷ
③ ㄱ, ㄹ   ④ ㄴ, ㄷ
⑤ ㄴ, ㄹ

해설

ㄱ. 기펜재는 가격이 하락함에도 수요량이 감소하는 재화로 수요법칙의 성립하지 않는 예외적인 재화이다.

ㄷ. 완전경쟁시장에서 기업의 단기공급곡선은 조업중단점(shutdown point) 이상의 한계비용곡선이다.

ㄴ. 초과이윤이 0인 경우에도 생산을 계속하는데 그 이유는 정상이윤이 있기 때문이다. 정상이윤(normal profit)은 요소비용 중 경영에 대한 비용이므로 생산비에 이미 포함되어 있는 이윤이다. 따라서 초과이윤이 0이어도 정상이윤은 존재하고 생산을 계속하게 만든다.

ㄹ. 독점기업의 경우에는 가격과 공급량 간에 일정한 양(+)의 관계가 성립되지 않으므로 단기공급곡선은 정의되지 않는다(단기공급곡선은 없다).

답 ②

12 시장수요함수가 $Q=100-P$인 경우, 비용함수가 $C=Q^2$인 독점기업의 이윤극대화 가격은?(단, P는 가격, Q는 수량이다)

★27회 기출★

① 0

② 25

③ 50

④ 75

⑤ 100

해설

난도 ★★

독점기업의 이윤극대화 조건은 $MR=MC$이다. MR곡선은 직선인 수요곡선과 가격축의 절편은 같고 기울기는 2배이다. 수요곡선이 $P=100-Q$이므로 $MR=100-2Q$이다. MC는 총비용함수를 미분한 값으로 $MC=2Q$이다. 따라서 $100-2Q=2Q$에서 $Q=25$이다. 이를 시장수요함수에 대입하면 $P=100-25=75$이다.

답 ④

13 그림과 같이 완전경쟁시장이 독점시장으로 전환되었다. 소비자로부터 독점기업에게 이전되는 소비자잉여는?(단, MR은 한계수입, MC는 한계비용, D는 시장수요곡선으로 불변이다. 독점기업은 이윤극대화를 추구한다)

★31회 기출★

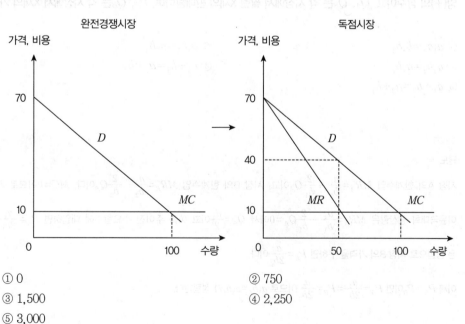

① 0

② 750

③ 1,500

④ 2,250

⑤ 3,000

해설

난도 ★★

독점시장으로 전환된 후 소비자 잉여는 가격 40과 10 사이의 사다리꼴 부분이다. 이 중 사각형 부분은 독점기업으로 이전된 부분이고, 오른쪽 삼각형은 자중손실(deadweight loss)로 사라진 부분이다. 독점기업으로 이전된 부분은 $(40-10) \times 50 = 1,500$이다.

정답 ③

14 독점기업 甲은 두 시장 A, B에서 X재를 판매하고 있다. 생산에 있어서 甲의 한계비용은 0이다. 甲이 A, B에서 직면하는 수요함수는 각각 $Q_A = a_1 - b_1 P_A$, $Q_B = a_2 - b_2 P_B$이고, 甲이 각 시장에서 이윤극대화를 한 결과 두 시장의 가격이 같아지게 되는 $(a_1,\ b_1,\ a_2,\ b_2)$의 조건으로 옳은 것은?(단, $a_1,\ b_1,\ a_2,\ b_2$는 모두 양(+)의 상수이고, Q_A, Q_B는 각 시장에서 팔린 X재의 판매량이며, P_A, Q_B는 각 시장에서 X재의 가격이다)

★27회 기출★

① $a_1 a_2 = b_1 b_2$
② $a_1 b_1 = a_2 b_2$
③ $a_1 b_2 = a_2 b_1$
④ $a_1 + b_1 = a_2 + b_2$
⑤ $a_1 + b_2 = a_2 + b_1$

해설

난도 ★★★

시장 A의 한계수입 $MR_A = \dfrac{a_1}{b_1} - \dfrac{2}{b_1} Q_A$이고, 시장 B의 한계수입 $MR_B = \dfrac{a_2}{b_2} - \dfrac{2}{b_2} Q_B$이다. $MC = 0$이므로 시장 A의 이윤극대화 생산량은 $MR_A = \dfrac{a_1}{b_1} - \dfrac{2}{b_1} Q_A = 0$에서 $Q_A = \dfrac{a_1}{2}$이고 이를 주어진 수요함수에 대입하면 $P_A = \dfrac{a_1}{2b_1}$이다. 같은 방법으로 시장 B의 가격을 구하면 $P_B = \dfrac{a_2}{2b_2}$이다.

이제 $P_A = P_B$이면 $P_A = \dfrac{a_1}{2b_1} = P_B = \dfrac{a_2}{2b_2}$이므로 $a_1 b_2 = a_2 b_1$가 성립한다.

정답 ③

15 독점기업 甲이 직면하고 있는 수요곡선은 $Q_D = 100 - 2P$이다. 甲이 가격을 30으로 책정할 때 한계수입은?
(단, Q_D는 수요량, P는 가격이다) ★27회 기출★

① -20 ② 0

③ 10   ④ 40

⑤ 1,200

해설

난도 ★★

비용함수가 주어져 있지 않으므로 Amoroso-Robinson식 $MR = P(1 - \dfrac{1}{e_D})$을 이용하여 MR을 구할 수 있다. $P = $ 30일 때 $Q_D = 40$이다. 수요의 가격탄력성 $e_D = -\dfrac{dQ_D}{dP} \times \dfrac{P}{Q_D} = -(-2)\dfrac{30}{40} = 1.5$이다. 따라서 $MR = 30(1 - \dfrac{1}{1.5}) = 10$ 이다.

답 ③

16 이윤극대화를 추구하는 독점기업과 완전경쟁기업의 차이점에 관한 설명으로 옳지 <u>않은</u> 것은? ★27회 기출★

① 독점기업의 한계수입은 가격보다 낮은 반면, 완전경쟁기업의 한계수입은 시장가격과 같다.
② 독점기업의 한계수입곡선은 우상향하는 반면, 완전경쟁기업의 한계수입곡선은 우하향한다.
③ 독점기업이 직면하는 수요곡선은 우하향하는 반면, 완전경쟁기업이 직면하는 수요곡선은 수평이다.
④ 단기균형에서 독점기업은 가격이 한계비용보다 높은 점에서 생산하는 반면, 완전경쟁기업은 시장가격과 한계비용이 같은 점에서 생산한다.
⑤ 장기균형에서 독점기업은 경제적 이윤을 얻을 수 있는 반면, 완전경쟁기업은 경제적 이윤을 얻을 수 없다.

해설

난도 ★★

② 완전경쟁시장의 개별기업은 가격수용자(price taker)이므로 개별기업이 직면하는 수요곡선은 주어진 가격(P) 수준에서 수평이고, $P = MR$이므로 한계수입곡선도 수평이다. 독점기업은 유일한 공급자이므로 우하향하는 시장수요곡선에 직면하고, 따라서 $MR = P(1 - \dfrac{1}{e_D})$이므로 한계수입곡선도 우하향한다.

답 ②

17 한계비용이 양(+)의 값을 갖는 독점기업의 단기균형에서 수요의 가격탄력성은?(단, 수요곡선은 우하향하는 직선이며 독점기업은 이윤극대화를 목표로 한다)

① 0이다.

② 0과 0.5 사이에 있다.

③ 0.5와 1 사이에 있다.

④ 1이다.

⑤ 1보다 크다.

해설

난도 ★

독점기업의 이윤극대화 조건은 $MR = MC$이다. MC가 양(+)의 값을 가지면 MR도 양(+)의 값을 가지므로 수요의 가격탄력성은 1보다 크다. $MR = 0$일 때 수요탄력성은 1이다.

답 ⑤

18 독점기업 甲의 시장수요함수는 $P = 1,200 - Q_D$이고, 총비용함수는 $C = Q^2$이다. 정부가 甲기업에게 제품한 단위당 200원의 세금을 부과할 때, 甲기업의 이윤극대화 생산량은?(단, P는 가격, Q는 생산량, Q_D는 수요량이다)

① 200

② 250

③ 300

④ 350

⑤ 400

해설

난도 ★★

독점기업의 이윤극대화 조건은 $MR = MC$이다. 여기서 MR은 수요곡선과 가격축의 절편은 같고 기울기는 2배이므로 $MR = 1,200 - 2Q_D$이다. $MC = \dfrac{dC}{dQ}$이므로 $MC = 2Q$이다. 단위당 200원의 세금이 부과되면 그만큼 비용이 증가하므로 이제 $MC = 2Q + 200$이다. MR과 MC를 연립하여 풀면 $1,200 - 2Q_D = 2Q + 200$에서 $Q = 250$이 된다.

답 ②

19 가격차별에 관한 설명으로 옳지 <u>않은</u> 것은?

① 1급 가격차별을 하면 소비자 잉여는 모두 생산자 잉여가 된다.

② 완전경쟁시장과 가격차별은 양립하지 않는다.

③ 가격차별은 경제적 순손실(deadweight loss)을 항상 증대시킨다.

④ 가격차별은 독점기업의 이윤극대화 전략 중의 하나이다.

⑤ 극장에서의 조조할인 요금제는 가격차별의 일종이다.

해설

난도 ★

③ 1급 가격차별은 모든 소비자가 지불용의금액만큼 가격을 지불하므로 소비자 잉여는 0이 되고, 경제적 순손실(deadweight loss)은 발생하지 않는다.

답 ③

---

20 시장수요가 $Q=100-P$이고 독점기업의 비용함수가 $C=20Q$인 독점시장의 균형에서 수요의 가격탄력성은?(단, Q는 수요량, P는 가격, C는 총비용이고 수요의 가격탄력성은 절댓값으로 표현한다)

① 0.0

② 0.5

③ 1.0

④ 1.5

⑤ 2.0

해설

난도 ★★

수요곡선 $Q=100-P$를 다시 정리하면 $P=100-Q$이다. 한계수입곡선은 $MR=100-2Q$이다. $MC=\dfrac{dC}{dQ}=20$이다.

이윤극대화 조건은 $MR=MC$이므로 $100-2Q=20$이고, 이윤극대화 생산량은 $Q=40$이다. 이를 수요함수에 대입하면 시장가격은 $P=60$이다.

$MR=P(1-\dfrac{1}{e_D})$이므로 $20=60(1-\dfrac{1}{e_D})$에서 $e_D=1.5$이다. 또는 $e_D=-\dfrac{\Delta Q}{\Delta P}\dfrac{P}{Q}=1\times\dfrac{60}{40}=1.5$이다. 수요곡선의 기울기가 -1이므로 $\dfrac{\Delta Q}{\Delta P}=1$이다.

답 ④

21 독점기업이 시장을 A, B로 구분하여 가격차별을 통해 이윤을 극대화하고 있다. 독점기업의 한계비용은 생산량과 관계없이 10으로 일정하고 현재 A, B 두 시장의 수요의 가격탄력성은 각각 2와 3이다. A, B 두 시장에서 독점기업이 설정하는 가격은?

① A : 30, B : 20

② A : 20, B ; 15

③ A : 15, B : 10

④ A : 20, B : 30

⑤ A : 25, B : 30

해설

난도 ★★

시장을 둘로 구분하여 서로 다른 가격을 설정하는 3급 가격차별에서 이윤극대화 조건은 $MR_A = MR_B = MC$이다. $MR = P\left(1 - \dfrac{1}{e}\right) = MC$이므로 $P = \dfrac{MC}{\left(1 - \dfrac{1}{e}\right)}$이다. 두 시장에 적용하면 $P_A = 20$, $P_B = 15$이다.

답 ②

---

22 독점시장에 관한 설명으로 옳은 것은?(단, 독점기업은 이윤을 극대화, 수요곡선은 우하향하는 직선)

① 독점기업은 시장수요곡선의 가격탄력성이 1보다 큰 구간에서 재화를 생산한다.

② 가격과 한계비용이 일치하는 점에서 균형이 발생한다.

③ 단기적으로 균형에서 가격이 평균비용보다 낮으면 이익이 발생한다.

④ 공급곡선이 존재한다.

⑤ 독점기업이 직면하는 한계수입곡선은 우상향한다.

해설

난도 ★

① 독점기업의 이윤극대화 조건은 $MR = MC$이다. MC가 0보다 커야 하므로 독점기업은 시장수요곡선의 가격탄력성이 1보다 큰 구간에서 재화를 생산한다. $MC = 0$일 때 수요의 가격탄력성은 1이고 총수입 TR은 극대이다.

② 독점기업 이윤을 극대화하는 경우 $P > MR = MC$이다.

③ 단기적으로 균형에서 $P > AC$일 때, 즉 $TR > TC$일 때 이익(초과이윤)이 발생한다.

④ 완전경쟁기업의 경우에는 조업중단점(shut down point) 이상의 MC곡선이 공급곡선이다. 그러나 독점기업은 공급곡선이 존재하지 않는다. 또는 공급곡선이 정의되지 않는다.

⑤ 독점기업이 직면하는 한계수입곡선은 우하향한다.

답 ①

23 독점시장에 관한 설명으로 옳지 <u>않은</u> 것은?

① 기업이 직면하는 수요곡선은 우하향한다.

② 기업이 직면하는 평균수입곡선은 우하향한다.

③ 기업이 직면하는 한계수입곡선은 우하향한다.

④ 기업의 균형생산량은 한계수입과 한계비용이 일치하는 점에서 결정된다.

⑤ 균형에서 수요의 가격탄력성은 1보다 작다.

해설

난도 ★

⑤ 독점기업의 균형에서 수요의 가격탄력성은 1보다 크다. 수요의 가격탄력성이 1인 곳은 수요곡선의 가운데 점으로 TR은 극대이고 $MR=0$이다. 여기에서 수요의 가격탄력성이 비탄력적인 부분으로 생산량을 증가하면 TR은 감소하고 $MR<0$이 된다.

답 ⑤

24 독점기업이 50단위의 재화를 생산하여 10,000원의 총수입을 얻고 있다. 이 기업의 한계비용곡선이 우상향하고 50단위의 재화를 생산할 때 한계비용은 200원이다. 다음 설명 중 옳은 것은?

① 생산량을 감소시킴으로써 이윤을 증가시킬 수 있다.

② 생산량을 증가시킴으로써 이윤을 증가시킬 수 있다.

③ 가격을 인하시킴으로써 이윤을 증가시킬 수 있다.

④ 이윤극대화가 달성되는 산출량을 생산하고 있다.

⑤ 이윤극대화가 달성되는 가격을 설정하고 있다.

해설

난도 ★★

50단위의 재화를 생산하여 10,000원의 총수입을 얻고 있다면 가격은 $P=\dfrac{10,000원}{50단위}=200$원이다. $P=MC=200$이 성립되는 것은 경쟁기업의 균형상태이다. 독점기업의 이윤극대화 생산량은 경쟁기업보다 적고 가격은 높다. 따라서 이 독점기업이 이윤을 극대화하기 위해서는 생산량을 줄여야 한다.

답 ①

25 시장구조에 관련된 다음 설명 중 옳은 것을 모두 고르면?

> ⊙ 완전경쟁기업의 공급곡선은 독점기업의 공급곡선보다 기울기가 완만하다.
> ⓒ 완전경쟁시장의 균형에서 시장가격은 시장에 참여하고 있는 기업의 한계비용과 같다.
> ⓒ 독점기업이 이윤을 극대화하고 있다면, 이 독점가격에서 수요는 가격비탄력적이다.
> ⓔ 독점기업이 직면하는 수요가 가격탄력적일수록 독점가격은 완전경쟁가격에 가깝다.

① ⊙, ⓒ
② ⊙, ⓔ
③ ⓒ, ⓔ
④ ⊙, ⓒ, ⓒ
⑤ ⓒ, ⓒ, ⓔ

해설
난도 ★
⊙ 독점기업은 공급곡선이 없다.
ⓒ 독점기업이 이윤을 극대화하고 있다면, 이 독점가격에서 수요는 가격탄력적이다.

답 ③

---

26 독점기업이 동일한 제품을 여러 가지 가격으로 판매하는 가격차별을 하는 경우가 있다. 이러한 현상에 대한 설명으로 가장 옳지 <u>않은</u> 것은?

① 독점기업이 기본료와 함께 사용료를 부과하는 이부가격제(two-part tariff)를 실시하면 소비자 잉여가 독점기업으로 이전되어 이윤이 증가한다.
② 모든 개별 소비자의 지불용의가격을 알고 있다면, 독점기업은 완전 가격차별을 실시하여 모든 소비자 잉여를 독점기업의 이윤으로 차지하며, 이 경우 효율적인 자원배분이 이루어진다.
③ 재판매가 불가능해야 가격차별이 성립된다.
④ 3차 가격차별은 1차 가격차별에 비해서 사중손실(자중손실, deadweight loss)이 더 크다.
⑤ A소비자 집단의 수요가 B소비자 집단의 수요보다 더 가격탄력적이라면, 독점기업은 B소비자 집단보다 A소비자 집단에 더 높은 가격을 부과한다.

해설
난도 ★★
A소비자 집단의 수요가 B소비자 집단의 수요보다 더 가격탄력적이라면, 독점기업은 B소비자 집단보다 A소비자 집단에 더 낮은 가격을 부과한다.

답 ⑤

27 다음의 독점시장에 대한 설명 중 가장 옳지 <u>않은</u> 것은?

① 장기균형에서 독점기업은 동일한 비용조건의 완전경쟁기업보다 생산량이 적다.
② 생산과정에서 규모의 경제가 존재하면 독점이 나타날 수 있다.
③ 독점시장의 수요함수가 $P=10-2Q$이고 독점기업의 한계비용이 2라고 한다면 이 기업은 이윤을 극대화하기 위해 가격을 2로 결정해야 한다.
④ 독점기업의 상품의 공급곡선은 존재하지 않는다.
⑤ 시장 간의 상품수요의 가격탄력성이 동일하면 독점기업은 가격차별을 할 수 없다.

> 해설

난도 ★★

수요함수가 $P=10-2Q$이고 독점기업의 한계비용이 2일 때 $MR=MC$가 성립하는데서 이윤극대화생산량이 결정된다. 주어진 수요함수에서 $MR=10-4Q$가 도출되므로 $10-4Q=2$에서 이윤극대화 생산량은 $Q=2$가 된다. 이를 수요함수에 대입하면 이윤극대화 가격은 $P=10-4=6$에서 결정되어야 한다.

답 ③

---

28 독점의 폐해를 시정하기 위해서 독점기업이 공급하는 재화에 대한 물품세를 부과할 경우 다음 설명 중 옳은 것은?

① 생산자 잉여는 감소하나 소비자 잉여는 변화가 없다.
② 소비자 잉여와 생산자 잉여 모두 감소하나 잉여의 감소는 조세수입과 같기에 경제적 총잉여의 변화는 없다.
③ 소비자 잉여, 생산자 잉여, 경제적 총잉여 모두 감소한다.
④ 경제적 총잉여의 감소 혹은 증가여부는 수요탄력성에 달려있다.
⑤ 경제적 총잉여의 감소 혹은 증가여부는 공급탄력성에 달려있다.

> 해설

난도 ★★

물품세는 상품의 수량에 따라 부과되므로 가변비용의 성격을 가진다. 따라서 물품세를 부과하면 한계비용곡선이 상방으로 이동하므로 이윤극대화생산량이 감소하고 가격이 오른다. 가격이 오르면 소비자 잉여가 감소한다. 판매량이 감소하고 물품세 부담이 증가하면 생산자 잉여도 감소한다. 판매량이 감소하므로 경제적 총잉여(소비자 잉여+생산자 잉여)도 감소한다.

답 ③

29 독점기업 A는 완전가격차별을 하고 있다. 이에 관한 설명으로 옳은 것을 모두 고른 것은?

> ㄱ. 총잉여(total surplus, net social benefit)는 가격차별을 하지 않을 때보다 적다.
> ㄴ. 총잉여가 A기업에게 귀속된다.
> ㄷ. 생산량은 가격차별을 하지 않을 때보다 많다.
> ㄹ. A기업의 생산량은 동일한 시장수요와 비용을 지닌 완전경쟁시장에 비해 더 적다.

① ㄱ, ㄴ   ② ㄴ, ㄷ
③ ㄷ, ㄹ   ④ ㄱ, ㄴ, ㄷ
⑤ ㄴ, ㄷ, ㄹ

해설

난도 ★★

완전가격차별은 모든 수량에 대해 소비자의 지불용의가격을 책정하는 것이므로 소비자 잉여가 독점기업으로 전부 이전되어 소비자 잉여는 0이 된다. 생산량은 완전경쟁시장의 생산량과 동일하므로 가격차별이 없을 때보다 증가한다. 사회 전체의 총잉여는 가격차별을 하지 않을 때보다 증가한다(완전경쟁의 경우와 같다).

답 ②

---

30 독점기업은 동일한 제품에 대해 가격차별화를 실시하는 경우가 많다. 이 현상에 관한 설명 중에서 올바른 것은 무엇인가?

① 한국통신에서 실시하는 심야 할인 요금제는 가격차별화제도가 아니다.
② 이동전화 요금은 일반적으로 기본료와 사용료로 구성되는데 이러한 요금제는 가격차별화 제도가 아니다.
③ 가격차별화 제도는 재판매가 가능하기 때문에 원칙적으로 성공할 수 없다.
④ 덜 가격탄력적인 시장보다 더 가격탄력적인 시장에 더 낮은 가격을 부과한다.
⑤ 독점기업에 의한 가격차별화는 일반적으로 효율성을 저하시킨다.

해설

난도 ★★

3차 가격차별의 내용은 독점기업이 수요의 가격탄력성에 반비례해서 차별가격을 정하는 것이다. 즉, 덜 가격탄력적인 시장보다 더 가격탄력적인 시장에 더 낮은 가격을 부과하는 것이 3차 가격차별이다.

답 ④

제7장 | 독점적 경쟁시장과 과점시장

출제포인트
- 독점적 경쟁시장의 단기균형과 장기균형의 특징
- 게임이론(내쉬균형과 우월전략균형)
- 과점시장의 균형가격 계산
- 과점시장의 특징
- 굴절수요곡선

제1절 독점적 경쟁시장

1. 독점적 경쟁시장의 특징

(1) 독점적 경쟁시장의 의의 ★27, 34회 기출★

① 독점적 경쟁(monopolistic competition)시장은, 다수의 공급자(완전경쟁적 요소)가 차별화된 제품(독점적 요소)을 생산하므로 기업이 가격에 영향을 미칠 수 있으나, 큰 영향을 미치지는 못하는 시장이다.

② 독점적 경쟁시장의 특징
   ㉠ 상품의 차별화가 이루어지지만 대체성은 높다.
   ㉡ 가격 경쟁과 함께 비가격 경쟁이 행해진다. 따라서 가격에는 영향을 미칠 수는 있으나(우하향하는 수요곡선에 직면), 상품의 대체성이 높으므로 수요탄력성은 아주 크다(완전경쟁과 독점의 중간).
      예 음식점, 병원, 약국, 주유소, 의상실 등 소규모의 경쟁업종 대부분

(2) 독점적 경쟁기업이 직면하는 수요곡선

① 독점적 경쟁시장에서 공급자는 어느 정도 가격에 영향을 미칠 수 있으므로 우하향하는 수요곡선에 직면한다.

② 그러나 상품의 대체성이 높으므로 수요탄력성은 아주 크다. 따라서 독점적 경쟁기업이 판매량을 증가시키기 위해서는 가격을 내려야만 한다.

2. 독점적 경쟁기업의 균형

(1) 단기균형 ★33회 기출★

① 독점적 경쟁기업도 독점기업과 마찬가지로 우하향하는 수요곡선에 직면하므로, 이윤의 극대화를 위해 $MR=MC$인 E에서 과 산출량(Q_0)을 결정하고 이것이 수요량 D와 일치하는 점에서 가격(P_0)을 결정한다.

② 독점적 경쟁기업도 직면하는 수요곡선과 평균비용 곡선의 위치에 따라 손실을 볼 수도 있으나 〈그림〉에서는 초과이윤이 존재한다.

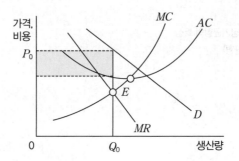

(2) 장기균형 ★ 27회 기출★

① 단기에 초과이윤이 존재하면, 장기에는 새로운 기업이 진입하여 대체성이 높은 유사상품의 공급이 증가한다. 유사상품의 공급이 증가하면 기존기업의 상품에 대한 수요가 감소하여 수요곡선은 좌측으로 이동하여 장기평균비용(LAC) 곡선에 접하고, 대체재가 많아지므로 수요탄력성은 커져 거의 무한대에 접근한다.

② 장기균형은 $LMR=LMC$인 E에서 생산량 Q_0를 결정하고, 장기평균비용(LAC)곡선과 D가 접치는 점에서 가격(P_0)이 이루어지며, 장기균형에서 초과이윤은 소멸된다.

③ 결국 독점적 경쟁시장에서는 개별기업이 직면하는 수요곡선이 우하향함에도 불구하고 초과이윤=0인 장기균형에 도달한다.

④ 완전경쟁시장과 독점적 경쟁시장에서 장기에 초과이윤이 영(0)이 되는 것은 새로운 기업의 진입이 자유로운 경쟁시장이기 때문이다.

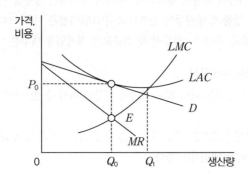

3. 독점적 경쟁의 경제적 효과

(1) 초과생산능력 존재

① 장기에 장기평균비용(LAC)의 최저점보다 높은 비용에서 생산이 이루어지므로 초과생산능력 (즉 과잉설비, excess capacity)이 존재하고, 따라서 자원의 비효율적인 배분이 이루어진다.

② 〈그림〉에서 자원의 효율적 배분이 이루어지는 최적의 생산능력은 LAC의 최저점에 대응하는 Q_1이다. 그러나 Q_0에서 생산이 이루어지므로 Q_0Q_1의 초과생산능력이 존재한다.

(2) 자원의 비효율적 배분

완전경쟁보다 적은 생산량(Q_0)을 보다 높은 가격(즉 $P > MC$의 가격)에 판매하므로 자원의 비효율적 배분이 이루어진다.

(3) 비가격경쟁

가격경쟁과 함께 비가격경쟁에 주력하므로 광고비나 판매비의 부담이 증가하고, 이는 소비자에게 전가되어 소비자의 부담이 증가한다.

제2절   과점시장

1. 과점의 발생원인

(1) 과점의 뜻

동일한, 동종의 상품을 공급하는 기업이 소수(2~4개 기업)인 시장을 과점시장(oligopoly market)이라고 한다. 특히 기업이 2인 경우를 복점(duopoly) 시장이라고 한다.

(2) 과점의 유형

① 순수과점(pure oligopoly) : 완전히 동질적인 상품을 공급하는 경우로, 동질적 과점이라고도 한다. 예 시멘트, 설탕, 밀가루 시장 등

② 제품차별과점(differentiated oligopoly) : 이질적인 상품을 공급하는 과점시장을 의미한다. 즉 상품의 차별화가 이루어지는 과점시장으로 이질적 과점 또는 차별형 과점이라고도 한다. 예 제조업의 주요 업종, 즉 가전제품, 과자, 승용차 등

(3) 과점의 발생원인

① 절대 비용, 즉 고정 비용이 높은 경우

② 위험 부담률이 높은 경우

③ 기술 수준이 아주 높은 경우

④ 특허권, 정부의 규제, 법률에 의한 경우

2. 과점시장의 특징

(1) 기업 간의 상호의존성(mutual interdependence)

① 과점시장에서는 한 기업이 가격과 산출량을 변화시키고자 할 때 경쟁기업이 어떤 행동을 보일 것인가를 미리 예상한 후 이에 따라 행동을 결정한다.

② 따라서 과점시장 전체를 설명할 수 있는 과점시장에 대한 일반적인 이론은 존재하지 않고, 경쟁기업의 예상되는 반응에 따른 다양한 이론만이 제시되고 있다.

(2) 가격 경직성

과점시장에서는 가격경쟁이 치열하므로 가격이 일단 결정되면 경직적(硬直的, rigidity)이다. 과점시장에서의 가격 경직성은 스위지(P. Sweezy)의 굴절 수요곡선 모델로 설명된다.

(3) 비가격 경쟁

과점시장의 기업들은 가격경쟁을 회피하기 위해 광고 · 선전활동, 사후(AS) 서비스 등 비가격 경쟁에 주력한다.

(4) 협조적 경향

가격경쟁으로 인한 불확실성을 회피하기 위해 기업 간에 여러 가지 유형으로 담합이 가능하다.

(5) 높은 진입장벽

소수의 기업이 담합하여 새로운 기업의 진입을 저지하므로 경우에 따라서는 독점보다 높은 진입장벽이 형성된다.

3. 과점시장의 수요곡선 : 굴절 수요곡선 ★32회 기출★

(1) 의의

과점기업이 직면하는 수요곡선으로, 스위지(P. Sweezy)의 굴절수요곡선(kinked demand curve) 모델은 과점시장의 가격결정 모델이 아니라, 과점시장의 가격경직성을 설명하는 모델이다. 따라서 최초의 가격결정은 설명해주지 못한다.

(2) 가정

이 모델은 어느 한 기업이 가격을 인하하면 경쟁기업들도 따라서 가격을 인하하지만 가격을 인상하면 경쟁기업은 시장점유율을 높이기 위해 이에 따르지 않는다는 가정하에서 성립되는 모델이다.

(3) 굴절 수요곡선

① 두 개의 수요곡선 중 D_2D_2'는 모든 과점 기업들이 동시에 동일한 방법으로 가격을 변화시키는 경우 한 기업이 직면하는 수요곡선이고, D_1D_1'은 한 기업이 가격을 변화시켜도 경쟁기업이 이에 따르지 않을 때 이 기업이 직면하는 수요곡선으로 D_2D_2'보다 탄력적이다.

② 그 이유는 한 기업이 가격을 인하하면 경쟁기업의 고객을 유인하여 수요량이 크게 증가하기 때문이다.

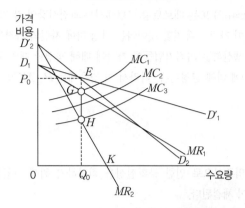

▶ 과점시장의 수요곡선

③ 이제 과점시장의 가격 P_0에서 한 기업이 가격을 인하하면 모든 기업이 가격을 인하하므로 ED_2를 따라 공급이 약간 증가한다. 따라서 가격을 인하할 때의 수요곡선은 ED_2이다.

④ 반면 가격을 인상하면 다른 기업은 이에 따르지 않으므로 ED_1을 따라 수요량은 크게 감소한다. 따라서 가격을 인상할 때의 수요곡선은 ED_1이다.

⑤ 따라서 과점시장의 수요곡선은 D_1ED_2이고 한계수입 곡선은 D_1GHK가 된다. 결국 이 기업은 한계비용이 $MC_1 \sim MC_3$ 사이에 있는 한 가격은 P_0에서 고정되고, 공급량은 Q_0에서 결정된다.

4. 과점시장 이론 : 이윤 극대화를 목표로 하는 경우

과점시장의 가격과 산출량 결정에 관한 이론은 과점시장의 상호의존성으로 인한 경쟁기업의 다양한 행동(반응)으로 일반적인 이론은 존재하지 않는다. 과점시장 이론은 이윤 극대화를 목표로 하는 경우와 이윤 극대화를 목표로 하지 않는 경우로 구분할 수 있다.

(1) 비협조적 과점 ★28회 기출★

① 비협조적 과점의 의의

ㄱ 비협조적 과점은 경쟁기업의 예상되는 반응 행동을 가정한 후, 그 가정 하에서 기업의 이윤을 극대화하는 가격과 산출량을 결정한다는 이론이다.

ㄴ 가장 초기의 모형인 쿠르노(A. Cournot)의 경쟁모형과 버트란드(J. Bertrand)의 경쟁모형, 에지워스(F.Y. Edgeworth)의 모형, 체임벌린(E.H. Chamberlin)의 모형, 그리고 가장 대표적인 모델인 스타켈버그(H. von Stackelberg)의 복점모형 등이 있다.

② 쿠르노의 복점모형 ★32, 33, 34회 기출★

ㄱ 쿠르노(A. Cournot) 경쟁모형에서는 동질적인 상품을 생산하는 각 기업은 경쟁기업의 생산량을 예상하고, 경쟁기업이 그 생산량 수준을 유지할 것이라는 가정 하에 자신의 생산량을 결정한다.

ㄴ 이 경우 과점기업의 균형은 각 기업의 생산량과 경쟁기업이 예상한 각 기업의 생산량이 같을 때 이루어진다.

ㄷ 쿠르노 경쟁모형에서의 균형생산량은 독점시장보다는 많고 완전경쟁시장보다는 작은 것이 일반적이다.

③ 버트란드 경쟁모형

㉠ 버트란드(J. Bertrand) 또는 베르트랑 모형에서는 과점시장의 각 기업은 경쟁기업의 가격을 예상하고 경쟁기업이 이 가격을 유지할 것이라는 가정 하에 자신의 가격을 결정한다.

㉡ 동질적인 상품을 생산하는 과점기업들이 가격에 대해 경쟁할 때의 균형은 과점산업 내의 가장 낮은 한계비용(MC)에 의해 결정된다. 따라서 이 경우에는 $P=MC$인 완전경쟁과 유사한 균형이 성립한다.

(2) 협조적 과점

① 협조적 과점의 의의

㉠ 과점시장의 상호의존성으로 인한 불확실성을 회피하기 위해 기업들 간에 공동행위(또는 담합, collusion) 협정이 체결된다.

㉡ 공동행위의 유형에는 카르텔(cartel)과 가격선도제(price leadership)가 대표적인데 공개적인 담합은 불법이므로 이 두 가지는 보통 암묵적(implicit)으로 이루어진다.

② 협조적 과점의 유형

㉠ 카르텔(cartel)은 참가기업들이 법률적으로는 독립성을 유지하지만 경제적으로는 독립성을 상실하는 형태이다.

㉡ 결합이윤 극대화 카르텔은 카르텔 중앙기구가 마치 독점기업처럼 행동하는 것으로 다공장 독점모델과 유사하다.

㉢ 이 경우 참여기업의 한계비용을 수평으로 합하여 산업전체의 한계비용(MC)곡선을 도출한 후, 시장수요곡선(D)으로부터 도출된 한계수입(MR)과 교차하는 $MR=MC$에서 생산량을 결정하여 결합이윤을 극대화한다. 결정된 생산량은 각 참여기업에 할당한다.

㉣ 가격선도제(price leadership)는 어느 한 기업이 가격변화를 선도하면 다른 기업은 이에 따르는 유형이다. 이 경우 가격을 선도하는 기업은 지배적인 기업, 또는 가장 효율적인 기업이다.

5. 과점시장 이론 : 기업의 목표가 이윤 극대화가 아닌 경우

(1) 진입저지 가격설정 이론(limit price theory)

새로운 기업의 진입을 저지할 수 있는 정도의 낮은 가격수준에서 가격을 결정한다는 주장으로, 베인(J.S. Bain), 실로스-라비니(P. Sylos & Labini), 모딜리아니(F. Modigliani), 바과티(J. Bhagwati), 패시지언(B. Pashigian)의 모델 등이 있다.

(2) 평균비용(AC) 가격설정 이론

① 홀과 히치(R.L. Hall & C.T. Hitch)는 미국 내 기업을 대상으로 실증분석을 행한 결과 기업은 $MR=MC$에 의해 단기이윤의 극대화를 추구하는 것이 아니라 장기 이윤의 극대화를 추구하고, 따라서 $P=AC(1+m)$에 따라 가격을 결정한다는 사실을 발견하였다(m은 이윤율).

② 즉 기업은 평균비용(AC)을 중심으로 가격을 설정한다는 주장인데 홀과 히치는 이를 비용할증 가격설정 이론(full cost pricing)이라고 불렀다.

③ 한편 이와 유사한 것으로 원가가산 가격설정 이론(mark up pricing)이 있는데 이는 원가에 일정률의 이윤마진을 가산하여 가격을 결정한다는 이론이다.

6. 게임(game) 이론

(1) 게임이론의 의의

① 게임이론(game theory)은 1944년 폰 노이만과 몰겐스테른(J. von Neuman & O. Morgenstern)에 의해 체계화되고 존 내쉬(J. Nash) 등에 의해 발전된 이론으로, 과점시장 연구에 중요한 접근 방법을 제시한다.

② 즉 둘 이상의 과점기업들이 상호의존관계 하에서 자신의 이익을 위해 서로 경쟁하는 전략적 상황을 분석하는 이론이다.

(2) 게임이론의 균형

① 게임의 균형은 모든 경기자(player)들이 현재의 결과에 만족하여 더 이상 자신의 전략을 바꿀 유인이 없는 상태를 의미한다.

② 게임이론의 균형에는 우월전략 균형, 내쉬균형, 혼합전략 내쉬균형, 최소극대화전략균형 등이 있다.

(3) 우월전략 균형 ★27, 28, 29, 30, 31, 32, 33회 기출★

① 우월전략 균형의 의의

상대방이 어떤 전략을 선택하든 항상 자신에게 최선의 전략이 존재한다면 이것이 우월전략(dominant strategy) 또는 지배전략이다. 모든 참여자가 우월전략을 가지고 있는 경우 성립하는 게임의 균형이 우월전략균형이다.

② 우월전략균형

아래 표는 우월전략 균형의 문제를 기업1과 기업2의 전략(광고 여부)으로 나타낸 보수행렬(payoff matrix)이다.

기업1		기업2	
		광고함(A)	광고안함(NA)
	광고함(A)	(20, 10)	(30, 5)
	광고안함(NA)	(12, 15)	(20, 8)

㉠ 기업1의 전략 : 기업1은 기업2가 어떤 전략을 선택하든 항상 A를 선택하는 것이 최선이다. 따라서 기업1의 경우 A가 우월전략이다.

㉡ 기업2의 전략 : 기업2의 경우에도 기업1이 어떤 전략을 선택하든 항상 A를 선택하는 것이 우월전략이다.

㉢ 우월전략균형 : 따라서 우월전략균형은 두 기업 모두 A를 선택하는 것이고, 보수는 (20, 10)이다.

(4) 내쉬균형 ★27, 28, 29, 30, 31, 34회 기출★

① 내쉬균형의 의의

㉠ 내쉬균형(Nash equilibrium)은 상대방의 전략을 주어진 것으로 보고 자신에게 최적인 전략을 선택하였을 때 도달하는 균형이다.

㉡ 우월전략균형은 내쉬균형의 일부이다. 즉 우월전략균형은 반드시 내쉬균형이 되지만, 내쉬균형은 우월전략균형이 될 수도 있고 되지 않을 수도 있다.

② 내쉬균형

		기업2	
		광고함(A)	광고안함(NA)
기업1	광고함(A)	(20, 11)	(8, 9)
	광고안함(NA)	(10, 8)	(9, 19)

　㉠ 기업2가 전략A를 선택한 것을 주어진 사실로 보는 경우 : 기업1은 A를 선택하면 이윤이 20이고,
　　 NA를 선택하면 이윤이 10이므로 전략A를 선택하는 것이 최선이다.

　㉡ 기업2가 전략NA를 선택한 것을 주어진 사실로 보는 경우 : 기업1은 전략A를 선택하면 이윤이 8
　　 이고 NA를 선택하면 이윤이 9이므로 전략 NA를 선택하는 것이 최선이다.

　㉢ 따라서 내쉬균형은 (20, 11), (9, 19)의 두 개가 존재하며 이때 우월전략균형은 존재하지 않는다.

③ 내쉬균형의 특징

　㉠ 내쉬균형은 쿠르노(Cournot)균형을 일반화시킨 개념이다.

　㉡ 일반적으로 우월전략균형은 항상 내쉬균형이지만, 내쉬균형이 반드시 우월전략균형은 아니다. 그
　　 이유는 내쉬균형은 상대방의 최적선택에 대한 자신의 최적선택이므로 모든 전략에 대해 우월한
　　 것은 아니기 때문이다.

　㉢ 내쉬균형은 하나 이상 존재할 수 있다.

　㉣ 내쉬균형은 현재의 균형상태에서 전략을 변경할 유인이 없으므로 안정적 균형이다.

7. 과점의 경제적 효과

(1) 완전담합

① 과점기업들 간에 완전담합이 이루어지는 경우에는 독점과 거의 유사하다. 즉 완전경쟁기업과 비교할
때 가격은 높고(즉 $P > MC$), 산출량은 적다. 가격은 일반적으로 독점보다는 높고 독점적 경쟁보다는
낮다.

② 즉 과점기업은 장기평균비용(LAC)의 최저점에서 생산하지 않으므로 유휴 생산시설을 보유하게 되
고 이에 따라 자원의 비효율적 배분이 이루어진다.

(2) 차별형 과점

차별형 과점의 경우에는 독점적 경쟁과 유사하다. 상품을 차별화하므로, 따라서 비가격 경쟁에 주력한다.

제7장 | 확인학습문제

01 독점적 경쟁시장의 특성에 해당하는 것을 모두 고른 것은?(단, 독점적 경쟁시장의 개별 기업은 이윤극대화를 추구한다)

★27회 기출★

☑확인
Check!
○
△
×

> ㄱ. 개별 기업은 한계수입이 한계비용보다 높은 수준에서 산출량을 결정한다.
> ㄴ. 개별 기업은 한계수입이 가격보다 낮은 수준에서 산출량을 결정한다.
> ㄷ. 개별 기업이 직면하는 수요곡선은 우하향한다.
> ㄹ. 개별 기업의 장기적 이윤은 0이다.

① ㄱ, ㄴ ② ㄱ, ㄷ
③ ㄷ, ㄹ ④ ㄱ, ㄴ, ㄹ
⑤ ㄴ, ㄷ, ㄹ

해설

난도 ★★

ㄴ. 독점적 경쟁기업의 균형에서 $P > MR = MC$가 성립한다. 독점과 마찬가지로 가격은 항상 한계수입보다 높다.

ㄷ. 독점적 경쟁기업은 가격에 영향을 미칠 수 있으므로 우하향하는 수요곡선에 직면한다.

ㄹ. 독점적 경쟁시장은 새로운 기업의 진입이 자유로우므로 단기에 초과이윤이 존재하면 장기에는 초과이윤이 0이 될 때까지 새로운 기업이 진입하므로 장기적 이윤은 0이 된다.

ㄱ. 독점적 경쟁시장의 개별 기업은 이윤극대화를 위해 한계수입 MR과 한계비용 MC가 같은 수준에서 생산량과 가격을 결정한다.

답 ⑤

02 독점적 경쟁시장의 특징으로 옳은 것은?(단, 수요곡선은 우하향)

★28회 기출★

① 공급자의 수가 소수이며, 제품의 품질이 동일한 경우이다.
② 장기균형에서 개별기업의 초과이윤은 0이다.
③ 공급자가 하나이고 수요자가 많은 경우이다.
④ 균형가격은 개별기업의 한계수입보다 낮다.
⑤ 균형가격은 한계비용과 같다.

해설
난도 ★
② 독점적 경쟁시장의 장기균형에서는 새로운 기업의 진입이 자유롭기 때문에 초과이윤이 있는 한 새로운 기업의 진입이 증가하여 개별기업의 초과이윤은 0이 된다.
①, ③ 독점적 경쟁시장은 다수의 공급자가 차별화 된(이질적인) 상품을 공급하는 시장이다.
④, ⑤ 독점적 경쟁기업은 가격에 영향을 미칠 수 있으므로 균형가격은 개별기업의 한계수입(= 한계비용)보다 높다.

답 ②

03 불완전경쟁시장에 관한 설명으로 옳지 않은 것은?(단, 개별기업의 생산량은 0보다 크다)

① 독점기업의 한계수입(MR)과 평균수입(AR)은 $MR < AR$의 관계를 갖는다.
② 독점적 경쟁기업의 장기균형에서는 평균수입과 장기평균비용이 일치한다.
③ 과점시장의 모든 기업들이 담합해 카르텔을 결성하면 실질적으로 독점체제를 구축하는 결과를 가져 온다.
④ 독점적 경쟁기업은 장기적으로 '가격=한계비용'인 생산량 수준에서 이윤을 극대화한다.
⑤ 독점기업이 가격차별을 하게 되면 가격탄력성이 높은 소비자는 가격탄력성이 낮은 소비자보다 더 낮은 가격을 지불하게 된다.

해설
난도 ★★
④ 독점적 경쟁기업의 장기균형에서는 '가격〉한계비용'인 수준에서 생산량을 결정한다. 독점적 경쟁의 장기균형에서 초과이윤은 0이고 초과생산능력을 보유하므로 자중손실(deadweight loss)이 발생하여 자원배분은 비효율적이다.

답 ④

04 **기업의 최적 산출량과 가격 결정에 관한 설명으로 적절한 것은?**

① 완전경쟁기업의 산출량 결정은 한계비용과 무관하다.
② 독점가격은 항상 한계비용과 같다.
③ 과점시장의 공급량은 독점시장일 때보다 일반적으로 더 적다.
④ 독점적 경쟁기업의 장기 산출량 수준은 완전경쟁기업과 같다.
⑤ 독점시장의 공급량은 항상 완전경쟁시장의 공급량보다 적다.

해설

난도 ★

독점기업은 시장수요를 상대로 상품을 공급하므로 (우하향하는) 시장수요곡선이 독점기업의 개별수요곡선이다. 즉, 독점기업의 개별수요곡선은 우하향하는데 이는 가격이 오를수록 공급량이 감소하는 것을 뜻한다. 완전경쟁시장에서 가격은 한계비용과 같은 반면, 독점시장에서는 가격이 한계비용보다 높게 오르며 그 결과 공급량이 감소한다.

답 ⑤

---

05 **다음 설명 중 옳은 것은?**

① 자연독점(natural monopoly)의 경우 한계수입과 한계비용이 일치하는 곳에서 생산하고 있다면 파레토 비효율성이 전혀 없다.
② 자연독점기업이 가격과 평균비용이 일치하는 곳에서 생산량을 정하도록 정부가 규제하는 경우 파레토 비효율성이 존재할 수 있다.
③ 독점적 경쟁(monopolistic competition)의 경우 각 기업이 가격과 생산량은 그 기업이 직면하고 있는 수요곡선과 그 기업의 한계비용곡선이 접하는 점에서 결정된다.
④ 독점적 경쟁시장에서 기업들은 모두 동질의 상품만을 생산한다.
⑤ 자연독점은 독점적 경쟁시장에서 정부의 규제가 과도할 때 발생한다.

해설

난도 ★★

파레토효율성(자원배분의 효율성이 충족되는 조건)이 성립하려면 가격과 한계비용이 일치해야 한다.

답 ②

06 다음 중 독점적 경쟁시장의 특성을 옳게 설명한 것은?

확인
Check!
○
△
×

① 제품공급자는 소수이나 이질적인 제품을 생산한다.
② 각 공급자는 시장지배력을 갖고 있지 않다.
③ 독점적 경쟁시장에서는 신규기업의 진입이 곤란하다.
④ 개별기업은 단기에는 초과이윤을 얻을 수 있으나 장기에는 정상이윤만 확보한다.
⑤ 완전경쟁시장의 경우보다 균형가격은 높고 산출량은 낮으며 각 기업은 최적조업점 이상에서 조업을 하고 있는 비효율이 있다.

해설
난도 ★★
독점적 경쟁시장의 단기균형에서는 초과이윤 또는 손실이 발생할 수 있으나 장기균형에서는 초과이윤이나 손실이 발생하지 않는다.
① 독점적 경쟁시장의 공급자 수는 대단히 많다.
② 독점적 경쟁시장의 공급자는 가격을 약간 상향조정할 수 있다. 그런 의미에서 약간의 시장지배력을 가진다.
③ 독점적 경쟁시장의 진입은 매우 원활하게 이루어진다.
⑤ 독점적 경쟁기업은 최적조업점보다 적은 수량을 생산하므로 비효율이 있다.

정답 ④

07 독점적 경쟁의 장기균형에 관한 설명으로 옳지 <u>않은</u> 것은?

확인
Check!
○
△
×

① 개별기업이 직면하는 수요곡선은 우하향한다.
② 광고 등에 의한 차별화전략이 지속된다.
③ 개별기업은 과잉설비를 갖게 된다.
④ 독점이윤이 존재한다.
⑤ 한계비용과 한계수입이 일치한다.

해설
난도 ★
독점적 경쟁시장의 장기균형에서는 초과이윤이나 손실이 발생하지 않는다.

정답 ④

08 과점시장(oligopoly)에 관한 설명 중 옳은 것은?

① 과점시장에는 무수히 많은 기업들이 자신의 이윤극대화를 위해 경쟁하고 있으며 이들 각각은 가격수용자이다.

② 신규기업의 진입은 진입장벽이 전혀 없기 때문에 매우 용이하다.

③ 과점시장에 속한 기업들은 동질의 상품만 생산한다.

④ 과점시장에서 기업들의 담합은 그들이 생산하는 상품들의 가격을 하락시키므로 정부는 이를 유도해야 한다.

⑤ 과점시장에서 각 기업이 책정하는 가격은 서로 다를 수 있다.

해설

난도 ★★

완전경쟁시장, 독점시장 및 독점적 경쟁시장의 가격은 각각 단기균형점, 장기균형점에서 결정되는 균일 가격인 반면, 과점시장은 단기균형이나 장기균형이 없다. 다시 말하면 과점시장에서는 균일가격이 결정되지 않고, 각 기업이 책정하는 가격이 서로 다를 수 있다.

답 ⑤

09 굴절수요곡선 모델이 시사하는 과점의 가장 핵심적인 특징은?

① 과점기업의 생산량과 제품가격이 매우 자주 변한다.

② 과점기업의 생산량과 제품가격이 매우 안정적이다.

③ 과점기업은 가격인상은 원하지만 가격인하는 원하지 않는다.

④ 과점기업은 가격을 인상하거나 인하하고 싶어 한다.

⑤ 과점기업의 비용이 변화하면 가격과 생산량을 변화시킨다.

해설

난도 ★★

굴절수요곡선의 핵심은 과점시장 가격이 굴절점에서 경직적이라는 것이다.

답 ②

10

다음의 게임이론과 관련된 내용 중 <u>틀린</u> 것은?

① 우월전략을 찾을 수 없는 경우에도 내쉬균형전략은 찾을 수 있다.

② 내쉬균형전략이란 상대방의 전략이 주어져 있을 때 자신의 입장에서 최적인 전략을 뜻한다.

③ 완전균형이란 내쉬조건을 충족시키는 전략의 짝을 뜻한다.

④ 우월전략이란 상대방이 어떤 전략을 선택하느냐에 관계없이 자신에게 언제나 더 유리한 결과를 가져다주는 전략이다.

⑤ 내쉬조건은 상대방이 현재의 전략을 그대로 유지한다고 할 때, 자신만 일방적으로 전략을 바꿈으로써 이득을 볼 수 없다는 조건이다.

해설
난도 ★★

완전균형이란 (순차게임에서) 내쉬균형뿐 아니라 신뢰성조건(credibility condition)까지 충족시키는 경우를 말한다.

 답 ③

11

(   )에 들어갈 내용으로 옳은 것은?

과점시장에서 보수를 극대화하는 두 기업 A와 B가 각각 전략 1과 전략 2를 통해 아래 표와 같은 보수(payoff)를 얻을 수 있다.

		기업 B	
		전략 1	전략 2
기업 A	전략 1	(22, 10)	(33, 8)
	전략 2	(32, 14)	(30, 12)

※ ( ) 안의 앞의 숫자는 기업 A의 보수, 뒤의 숫자는 기업 B의 보수이다.

• 기업 A와 기업 B가 동시에 전략을 선택할 때, 균형에서 기업 A의 보수는 (ㄱ)이다.
• 기업 A가 먼저 전략을 선택하고 신뢰할 수 있는 방법으로 확약할 때, 균형에서 기업 B의 보수는 (ㄴ)이다.

① ㄱ : 22, ㄴ : 8
② ㄱ : 30, ㄴ : 8
③ ㄱ : 32, ㄴ : 10
④ ㄱ : 32, ㄴ : 14
⑤ ㄱ : 33, ㄴ : 12

난도 ★★

기업 A와 기업 B가 동시에 전략을 선택하는 일회성 게임에서 우월전략(dominant strategy)은 (32, 14)이다. 균형에서 기업 A의 보수는 32이다. 우월전략은 상대방의 전략에 관계없이 자신에게 유리한 결과를 가져오는 전략이다.

기업 A가 먼저 전략을 선택하고 신뢰할 수 있는 방법으로 확약하는 경우 A의 우월전략은 (32, 14)이다. 균형에서 기업 B의 보수는 14이다.

目 ④

12 다음 표는 이동통신시장을 양분하고 있는 甲과 乙의 전략(저가요금제와 고가요금제)에 따른 보수행렬이다. 甲과 乙이 전략을 동시에 선택하는 일회성 게임에 관한 설명으로 옳지 않은 것은?(단, 괄호 속의 왼쪽은 甲의 보수, 오른쪽은 乙의 보수를 나타낸다)

구분		乙	
		저가요금제	고가요금제
甲	저가요금제	(500, 500)	(900, 400)
	고가요금제	(300, 800)	(700, 600)

① 甲은 乙의 전략과 무관하게 저가요금제를 선택하는 것이 합리적이다.

② 甲이 고가요금제를 선택할 것으로 乙이 예상하는 경우 乙은 고가요금제를 선택하는 것이 합리적이다.

③ 甲과 乙의 합리적 선택에 따른 결과는 파레토 효율적이지 않다.

④ 내쉬균형(Nash equilibrium)이 한 개 존재한다.

⑤ 乙에게는 우월전략이 존재한다.

난도 ★★

①, ②, ⑤ 甲과 乙 모두 상대방의 전략에 관계없이 저가요금제를 선택할 경우의 보수가 더 크다. 따라서 두 기업의 우월전략은 모두 저가요금제이다. 따라서 (500, 500)이 우월전략균형이 된다.

③ 우월전략균형은 (500, 500)이지만 각 기업이 모두 고가요금제를 선택하면 (700, 600)의 보수를 얻을 수 있다. 따라서 甲과 乙의 합리적 선택에 따른 결과는 파레토 효율적이지 않다.

④ 우월전략균형은 내쉬균형(Nash equilibrium)에 포함되므로 이 게임에는 내쉬균형이 한 개 존재한다.

目 ②

13 다음은 A국과 B국의 교역관계에 대한 수익행렬(payoff matrix)이다. 이에 관한 설명으로 옳은 것은?(단, 보수쌍에서 왼쪽은 A국의 보수이고, 오른쪽은 B국의 보수이다)

★27회 기출★

구분		B국	
		저관세	고관세
A국	저관세	(250, 250)	(300, 100)
	고관세	(100, 300)	(200, 200)

① 내쉬균형은 2개이다.
② 내쉬균형에 해당하는 보수쌍은 (200, 200)이다.
③ 우월전략균형에 해당하는 보수쌍은 (100, 300)이다.
④ A국의 우월전략은 고관세이다.
⑤ B국의 우월전략은 저관세이다.

해설

난도 ★★

내쉬전략은 상대방의 전략이 주어졌다는 가정 하에 자신의 최적전략을 선택하는 것이다.

두 나라 모두 상대국의 전략에 관계없이 저관세를 선택할 때 보수가 더 크기 때문에 두 나라의 우월전략은 모두 저관세이다.

따라서 (저관세, 저관세)이다.

답 ⑤

---

14 복점(duopoly)시장에서 기업 A와 B는 각각 1, 2, 3의 생산량 결정 전략을 갖고 있다. 성과보수행렬(payoff matrix)이 다음과 같을 때 내쉬균형은?(단, 게임은 일회성이며, 보수행렬 내 괄호 안 왼쪽은 A, 오른쪽은 B의 보수이다)

★28회 기출★

구분		B		
		전략 1	전략 2	전략 3
A	전략 1	(7, 7)	(5, 8)	(4, 9)
	전략 2	(8, 5)	(6, 6)	(3, 4)
	전략 3	(9, 4)	(4, 3)	(0, 0)

① (7, 7), (6, 6), (0, 0)   ② (7, 7), (5, 8), (9, 4)
③ (8, 5), (6, 6), (3, 4)   ④ (9, 4), (5, 8), (0, 0)
⑤ (9, 4), (6, 6), (4, 9)

난도 ★★★

내쉬전략은 게임 상대방의 전략이 주어졌다는 가정 하에 자신의 최적전략을 선택하는 것이다.

기업 B가 전략 1을 선택하면 기업 A는 전략 3을 선택하고, 기업 B가 전략 2를 선택하면 기업 A도 전략 2를 선택하며, 기업 B가 전략 3을 선택하면 기업 A는 전략 1을 선택한다.

또한 기업 A가 전략 1을 선택하면 기업 B는 전략 3을 선택하고, 기업 A가 전략 2를 선택하면 기업 B도 전략 2를 선택하며, 기업 A가 전략 3을 선택하면 기업 B는 전략 1을 선택한다.

따라서 이 게임에는 (전략 1, 전략 3), (전략 2, 전략 2), (전략 3, 전략 1) 등 3개의 내쉬균형이 존재한다.

답 ⑤

15 복점(duopoly)시장에서 기업 A와 B는 각각 1, 2의 전략을 갖고 있다. 성과보수 행렬(payoff matrix)이 다음과 같을 때, 내쉬균형의 보수쌍은?(단, 보수 행렬 내 괄호 안 왼쪽은 A, 오른쪽은 B의 보수이다)

★29회 기출★

✓확인
Check!
| ○ |
| △ |
| × |

구분		기업 B	
		전략 1	전략 2
기업 A	전략 1	(15, 7)	(8, 6)
	전략 2	(3, 11)	(10, 7)

① (15, 7)
② (8, 6)
③ (10, 7)
④ (3, 11)과 (8, 6)
⑤ (15, 7)과 (10, 7)

난도 ★★

기업 B가 전략 1을 선택하면 기업 A는 전략 1을 선택할 때의 보수가 더 크고, 기업 B가 전략 2를 선택하면 기업 A는 전략 2를 선택할 때의 보수가 더 크다. 따라서 기업 A에게는 우월전략이 존재하지 않는다.

기업 의 B의 경우 기업 A의 전략에 관계없이 항상 전략 1을 선택할 때의 보수가 더 크기 때문에 전략 1이 기업 B의 우월전략이다.

기업 B는 우월전략인 전략 1을 선택할 것이고, 기업 B가 전략 1을 선택하면 기업 A도 전략 1을 선택할 것이므로 (전략 1, 전략 1), 즉 (15, 7)이 이 게임의 내쉬균형이다.

답 ①

16 투자자 甲은 100으로 기업 A, B의 주식에만 (기업 A에 x, 기업 B에 $100-x$) 투자한다. 표는 기업 A의 신약 임상실험 성공여부에 따른 기업 A, B의 주식투자 수익률이다. 임상실험의 결과와 관계없이 동일한 수익을 얻을 수 있도록 하는 x는? ★29회 기출★

주식투자 수익률 \ 기업 A의 임상실험 성공 여부	성공	실패
기업 A	30%	0%
기업 B	−10%	10%

① 20
② 25
③ 30
④ 40
⑤ 50

해설
난도 ★★

기업 A에 x, 기업 B에 $100-x$를 투자할 때 신약 임상실험 성공여부에 따른 기대수익은 다음과 같다.

- 성공할 때 기대수익 : $0.3 \times x + \{-0.1 \times (100-x)\} = 0.4x - 10$
- 실패할 때 기대수익 : $0 \times x + \{0.1 \times (100-x)\} = -0.1x + 10$

임상실험의 결과와 관계없이 동일한 수익을 얻을 수 있도록 하면 $0.4x - 10 = -0.1x + 10$이고 $x = 40$이다.

답 ④

17 꾸르노(Cournot) 복점모형에서 시장수요곡선이 $Q = 60 - \frac{1}{2}P$이고 두 기업 A, B의 비용함수가 각각 $C_A = 40Q_A + 10$, $C_B = 20Q_B + 50$일 때, 꾸르노 균형에서 총생산량(Q^*)과 가격(P^*)은?(단, Q는 총생산량, P는 가격, Q_A는 기업 A의 생산량, Q_B는 기업 B의 생산량이다) ★33회 기출★

① $Q^* : 10$, $P^* : 100$
② $Q^* : 20$, $P^* : 80$
③ $Q^* : 30$, $P^* : 60$
④ $Q^* : 40$, $P^* : 40$
⑤ $Q^* : 50$, $P^* : 20$

해설
난도 ★★★

1. A기업의 $TR_A = P \cdot Q_A = [120 - 2(Q_A + Q_B)]Q_A = 120Q_A - 2Q_A^2 - 2Q_AQ_B$이다. B기업의 $TR_B = P \cdot Q_B = [120 - 2(Q_A + Q_B)]Q_B = 120Q_B - 2Q_B^2 - 2Q_AQ_B$이다.

2. A기업의 $MR_A = \frac{dTR_A}{dQ_A} = 120 - 4Q_A - 2Q_B$이고, $MC_A = 40$이다. $MR_A = MC_A$이므로 A의 반응곡선은 $Q_A = \frac{80 - 2Q_B}{4}$이다. 같은 방법으로 B의 반응곡선을 구하면 $Q_B = \frac{100 - 2Q_A}{4}$이다. A의 반응곡선과 B의 반응곡선을 연립하여 풀면 $Q_A = 20$, $Q_B = 10$이다. 시장 총생산량 $Q^* = Q_A + Q_B = 20 + 10 = 30$이다.

3. $Q^* = 30$을 시장수요곡선에 대입하여 풀면 꾸르노 균형가격 $P^* = 60$이다.

답 ③

제8장 │ 소득분배

제1절 인적 소득분배

1. 소득분배와 인적 소득분배

분배(distribution)는 인적(계층별) 소득분배와 기능적 소득분배로 구분한다. 인적 소득분배는 소득계층간 소득분배의 불평등 문제를 말하고, 기능적 소득분배는 생산요소에 대한 소득분배를 말한다.

2. 인적 소득분배의 측정수단 ★27, 34회 기출★

(1) 로렌츠 곡선

① 로렌츠(Lorentz) 곡선은 소득인구의 누적비율과 소득의 누적점유율 간의 대응관계를 표시한 곡선이다.

▶ 로렌츠 곡선

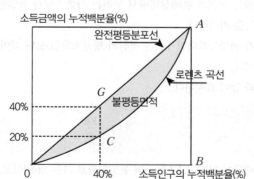

② 로렌츠 곡선이 대각선에 가까이 접근할수록 소득분배는 공평한 것으로 평가한다. 로렌츠 곡선은 소득분배의 국가별, 연도별, 직업별로 단순한 비교가 가능하지만 정확한 비교가 어렵고, 또한 로렌츠 곡선이 교차하는 경우에는 비교가 어렵다는 문제점이 있다.

(2) 지니 계수(Gini coefficient)

① 지니(Gini) 계수(또는 지니 집중계수)는 로렌츠 곡선의 단점을 보완하기 위해 등장한 것으로, 로렌츠 곡선에서 소득 분배의 불평등 면적의 크기를 측정한 것이다. 즉

$$\text{지니 계수} = \frac{\text{불평등 면적}}{\text{삼각형 } OAB}$$

이다. 지니 계수의 크기는 $0 \le G \le 1$ 이다. 지니계수가 0에 가까울수록 소득분배는 공평한 것으로 평가한다.

② 지니 계수를 통해 소득분배의 직업별, 국가별 비교 및 한 국가에서의 연도별 정확한 비교가 가능하다. 그러나 지니 계수는 전 계층의 분배를 하나의 숫자로 나타내므로 특정 소득계층의 소득분배 상태를 나타내지는 못하는 문제점이 있다.

③ 일반적으로 지니 계수가 0.50 이상이면 고불균등 분배, 0.40 이하이면 저불균등 분배라고 한다.

(3) 파레토(Pareto) 계수

파레토(V. Pareto) 계수는 가구수를 N, 소득금액을 X라고 할 때 $logN = logA - \alpha logX$에서 기울기 α를 가지고 소득분배의 불평등도를 측정하는 것이다. 여기서 α를 파레토 계수라고 하고, α가 작을수록 소득분배가 평등하다.

(4) 지브라(Gibrat) 계수

소득분포를 평균소득을 중심으로 하는 정규분포로 나타낼 때 분포의 분산(variance)을 지브라(Gibrat) 계수라고 한다. 지브라 계수가 작을수록 소득분배가 평등하다.

(5) 앳킨슨 지수(Atkinson index)

① 앳킨슨(Atkinson)은 기존의 불평등도 지수에 대한 대안으로써 균등분배대등소득(equally distributed equivalent level of income, YE)의 개념을 제시한다.

② 이는 불평등이 존재하는 현실의 분배상태에서 누리는 사회후생과 동일한 후생을 가져다주는 균등분배 상태하의 평균소득을 의미한다.

③ 따라서 현재의 분배가 불평등하다면 YE는 현실의 평균소득(μ)보다 작아지고, 불평등이 커질수록 그 격차는 커진다는 것이다.

④ 앳킨슨 지수는 다음과 같이 표시된다.

$$A = 1 - \frac{YE}{\mu}$$

소득이 균등하게 분배되어 있다면 YE는 μ와 동일하므로 A는 영(0)이고, 반면 극단적인 불평등 상태에 있다면 A는 1이 된다.

(6) 10분위 분배율(deciles distribution ratio : D)

① 단순성 때문에 흔히 사용하는 것으로 십분위 분배율은

$$D = \frac{\text{하위 소득계층 40\%의 소득점유율}}{\text{상위 소득계층 20\%의 소득점유율}}$$

으로 계산된다. 십분위 분배율이 클수록 소득분배는 평등하다. 십분위 분배율은 0과 2 사이의 값으로 0.45 이상이면 고균등 분배, 0.35 이하이면 불균등 분배라고 한다.

② 십분위 분배율은 소득분배 정책의 주대상이 되는 하위 소득계층 40%의 소득분배 상태를 직접 나타낼 수 있고, 또 이를 상위 소득계층과 비교할 수 있다는 장점이 있다.

제2절 기능적 소득분배

1. 신고전학파의 한계생산력설의 의의

(1) 신고전학파의 분배이론

① 신고전학파는 분배이론을 가격이론의 일부로 간주하였다. 즉 생산요소의 소득은 고용량과 그 가격에 의하여 결정되므로, 분배이론은 결국 생산요소에 대한 가격이론이 된다.

② 따라서 신고전학파의 분배이론은 효율성(efficiency)만을 강조하여 공평성(equity)에 대한 고려는 소홀히 한다는 비판을 받는다.

(2) 신고전학파의 한계생산력설

① 신고전학파는 한계생산력의 원리에 따라 소득분배를 설명한다. 즉 생산에 참여하는 각 생산요소는 생산에서의 기여도, 즉 한계생산에 따라 분배를 받는다는 주장이다.

② 즉 요소소득＝요소의 한계생산(MP)×요소 공급량이 된다는 것이다.

2. 생산요소에 대한 수요 : 가변요소가 하나인 경우

(1) 생산요소에 대한 수요

생산요소에 대한 수요는 생산물에 대한 수요에 따라 결정된다. 그러므로 생산요소에 대한 수요를 유발수요(또는 파생적 수요, derived demand)라고 한다. 또한 생산요소는 다른 생산요소와 결합되어 생산물을 생산하므로 결합수요(combined demand)라고도 한다.

(2) 한계수입 생산물(marginal revenue products : MRP)

한계수입 생산물은 생산요소 1단위를 추가로 고용할 때, 이 추가로 고용된 생산요소가 생산하는 생산물을 판매할 경우 기업이 얻는 추가수입을 의미한다. 즉

$$MRP = MP \times MR$$

이 된다. 재화시장이 완전 경쟁적이면 $MR = P$이므로

$$MRP = MP \times P$$

가 된다.

더 알아보기 재화시장이 완전 경쟁적인 경우

재화시장이 완전 경쟁적인 경우 한계수입생산(MRP)을 한계생산물 가치(value of marginal product : VMP)라고도 부른다.
- 경쟁시장 : $MR = P$ 이므로 $MRP = VMP$
- 독점시장 : $MR < P$ 이므로 $MRP < VMP$

---

(3) 한계요소비용(marginal factor cost : MFC)

생산요소 1 단위를 추가로 고용할 때 추가되는 비용, 즉 총비용의 증가분을 한계요소비용이라고 한다. 여기서 W는 생산요소의 가격을 의미한다.

$$MFC = MP \times MC = W$$

(4) 생산요소 고용에서의 이윤극대화 조건 ★33회 기출★

① 기업은 이윤 극대화를 위해 생산요소를 1단위 더 고용할 때 이로 인한 한계수입(한계수입 생산물)과 한계비용(한계 요소비용)이 같아지는 수준까지 생산요소를 고용한다. 즉

$$MRP = MFC \text{ 또는 } P \cdot MP = W(요소가격)$$

에서 생산요소의 고용량을 결정함으로써 이윤의 극대화를 추구한다. 그리고 $MRP > MFC$인 경우에는 생산요소의 고용량을 증가시켜야 이윤이 증가하고 $MRP < MFC$인 경우에는 기존의 고용량을 감소시켜야 이윤이 증가한다.
② 생산요소의 가격(W)이 하락하면 $P \cdot MP > W$가 된다. 여기서 MP는 수확체감의 법칙의 지배를 받으므로 이 경우 생산요소의 고용을 증가시키면 MP가 체감하고 $P \cdot MP = W$가 된다.
③ 따라서 생산요소에 대한 개별기업의 수요는 MRP이고, 생산요소에 대한 수요곡선은 우하향하는 MRP곡선(MP가 체감하므로)이 된다. 이 곡선은 MP가 증가하거나, 재화가격이 상승하면 우측으로 이동한다.

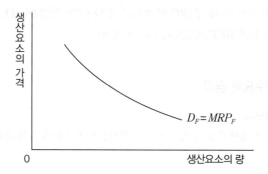

▶ 생산요소에 대한 수요곡선 – 가변요소가 하나인 경우

생산요소 고용에서의 이윤극대화 조건 $P \cdot MP = W$에서 양변을 MP로 나누면 $P = W/MP(=MC)$가 된다. 따라서 MP가 체감하면 MC는 체증한다(한계비용 체증의 법칙). 결국 생산물 시장에서의 이윤극대화 조건 $P(=MR) = MC$와 생산요소 시장에서의 이윤극대화 조건은 동일한 원리이다.

3. 생산요소에 대한 수요 : 가변요소가 둘인 경우

(1) 가변요소가 둘인 경우 이윤극대화 조건

① 가변요소가 둘 이상인 경우에는 어느 한 요소의 투입량이 변화하면 다른 요소의 한계생산(MP)을 변화시켜 다른 요소의 MRP곡선 자체가 이동한다. 노동(L)과 자본(K) 두 가지 가변요소가 있는 경우 기업은 이윤 극대화를 위하여

$$MRP_L = MFC_L, \ MRP_K = MFC_K$$

의 조건이 동시에 충족되는 수준에서 두 생산요소의 고용량을 결정한다.

② 즉 노동시장과 자본시장이 모두 경쟁적인 경우 $MFC_L = P_L$(노동의 가격), $MFC_K = P_K$(자본의 가격)이므로, 기업은 $MRP_L = P_L$, $MRP_K = P_K$의 조건이 동시에 충족되는 수준으로 노동과 자본을 고용하여 이윤을 극대화한다.

▶ 두 개의 생산요소(자본과 노동)가 가변적인 경우의 노동에 대한 수요곡선

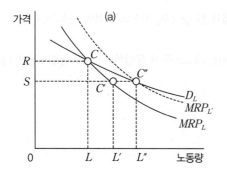
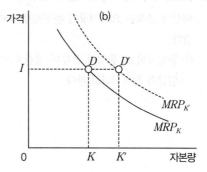

(2) 가변요소가 둘인 경우의 노동수요곡선

그림에서 노동에 대한 수요곡선은 MRP_L이 아니라, C와 C''을 연결하는 D_L곡선이고, 이는 가변요소가 하나인 경우의 수요곡선인 MRP_L곡선보다 더 탄력적이다.

4. 생산요소에 대한 시장수요와 공급

(1) 생산요소에 대한 시장수요

시장전체의 생산요소에 대한 수요는 개별 기업의 생산요소에 대한 수요를 수평적으로 합한 것이다.

(2) 생산요소에 대한 공급

각각의 가격에서 생산요소의 공급자가 공급하려는 생산요소의 양은 요소가격에 의해 결정된다. 즉 생산요소의 공급은 요소가격에 비례한다. 따라서 우상향하는 생산요소의 공급곡선이 도출된다.

5. 생산요소의 가격결정

(1) 생산요소의 가격결정

생산요소의 수요와 공급이 일치하는 E에서 균형가격 W_0, 균형고용량 Q_0가 결정된다. 만일 생산요소의 가격이 W_1이라면 Q_1Q_2의 공급부족이 발생하고, 따라서 생산요소 수요자 간의 경쟁이 유발되어 생산요소의 가격은 상승한다.

▶ 생산요소 가격의 결정

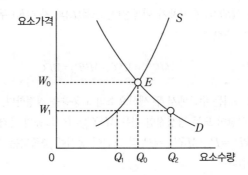

(2) 신고전학파의 한계생산력설의 의의

이상의 분석은 요소시장이 완전경쟁일 때를 전제로 한 것으로, 이상의 분석이 함축하는 의미는 다음과 같다.

① 동질적이고, 동일한 종류의 생산요소에 대해서는 요소소득이 동일하다. 이를 동일노동에 대한 동일임금의 원칙이라고 한다.

② 시장에서 결정된 생산요소의 가격은 그 요소의 한계수입생산(MRP)과 일치한다. 그리고 완전경쟁적 요소시장의 경우에는 생산요소의 가격이 한계생산가치(VMP)와 일치한다. 따라서 장기적으로 완전 경쟁시장에서 각 생산요소는 그 요소의 한계생산가치만큼 분배를 받는데 이처럼 소득분배가 한계생 산가치와 일치하는 요소가격에 의해 결정된다는 주장을 소득분배의 한계생산력설이라고 한다.

③ 요소소득은 그 생산요소의 기여도(즉 한계생산)에 따라 결정되므로 생산물은 각 생산요소에 완전히 분배된다(완전분배의 정리). 따라서 소득분배는 공정하다.

제8장 │ 확인학습문제

01

A국, B국, C국의 소득분위별 소득점유비중이 다음과 같다. 소득분배에 관한 설명으로 옳은 것은?(단, 1분위는 최하위 20%, 5분위는 최상위 20%의 가구를 의미한다)

(단위: %)

구분	A국	B국	C국
1분위	0	20	6
2분위	0	20	10
3분위	0	20	16
4분위	0	20	20
5분위	100	20	48

① A국은 B국보다 소득분배가 상대적으로 평등하다.
② B국은 C국보다 소득분배가 상대적으로 불평등하다.
③ C국의 십분위분배율은 1/8이다.
④ A국의 지니계수는 0이다.
⑤ B국의 지니계수는 A국의 지니계수보다 작다.

해설

난도 ★★

⑤ 지니계수의 크기는 B국<C국<A국의 순이다.

A국은 최상위 20%가 소득의 전부를 차지하고 있고(완전불평등), B국은 완전균등분포이고 C국은 중간이다.

③ 십분위 분배율 $= \dfrac{\text{하위 40\% 소득계층의 소득}}{\text{상위 20\% 소득계층의 소득}}$ 이므로 C국의 십분위분배율은 $\dfrac{10+6}{48} = \dfrac{1}{3}$ 이다.

④ 지니계수는 0(완전평등)과 1(완전불평등) 사이의 값을 갖는데 A국의 지니계수는 거의 1에 가깝다.

답 ⑤

02 소득분배가 완전히 균등한 경우를 모두 고른 것은?

> ㄱ. 로렌츠 곡선이 대각선이다.
> ㄴ. 지니 계수가 0이다.
> ㄷ. 십분위분배율이 2이다.

① ㄱ
② ㄴ
③ ㄱ, ㄷ
④ ㄴ, ㄷ
⑤ ㄱ, ㄴ, ㄷ

해설

난도 ★

ㄱ. 로렌츠 곡선이 45도의 대각선에 접근할수록 불평등 면적이 작아지므로 소득분배는 평등하다. 로렌츠 곡선이 대각선이면 완전 균등분배이다.

ㄴ. 지니 계수는 로렌츠 곡선에서 불평등 면적의 크기를 나타낸 것으로 0과 1 사이의 값을 갖는다. 지니 계수가 0이면 완전 균 등한 분포이다.

ㄷ. 십분위분배율은 소득인구의 하위 40% 점유율을 상위 20%의 점유율로 나눈 값이다. 십분위분배율은 0과 2 사이의 값을 갖 고 값이 2이면 완전균등분배이다.

정답 ⑤

03 소득분배의 불평등도를 분석하는 방법에 대한 설명 중 가장 옳지 <u>않은</u> 것은?

① 로렌츠 곡선은 저소득자로부터 고소득자들의 누적가계들이 전체 소득의 몇 %를 차지하는가를 나타 내는 곡선이다.

② 로렌츠 곡선이 대각선에 가까울수록 평등한 소득분배에 접근하게 된다.

③ 지니 계수는 대각선과 로렌츠곡선 사이의 면적을 대각선 아래 삼각형의 면적으로 나눈 비율이다.

④ 로렌츠 곡선은 서수적 평가방법이고 지니계수는 기수적 평가방법이다.

⑤ 로렌츠 곡선은 서로 교차하지 않는다.

해설

난도 ★★

로렌츠 곡선은 서로 교차할 수 있는데 이런 경우 소득분배의 불평등을 정확히 파악하기 어렵다. 이런 문제를 해결하기 위해 지 니 계수가 등장하였다.

정답 ⑤

04 다음 소득분배에 관한 설명 중 가장 적절치 <u>않은</u> 것은?

① 소득분배가 공평할수록 로렌츠 곡선(Lorenz curve)은 대각선에 가까워진다.

② 쿠츠네츠(S. Kutznets)의 U자 가설은 경제발전단계와 소득분배의 균등도의 관계를 설명하고 있다.

③ 지니(Gini)계수가 높을수록 소득분배는 공평하다는 것을 나타낸다.

④ 10분위분배율은 최하위 40% 소득계층의 소득점유율을 최상위 20% 소득계층의 소득점유율로 나눈 비율이다.

⑤ 10분위분배율은 이론적으로 0과 2 사이의 값을 가진다.

해설

난도 ★★

지니 계수가 0이면 완전균등분배, 지니 계수가 1이면 완전불균등분배를 나타낸다. 따라서 지니 계수가 높을수록 소득분배는 불균등함을 나타낸다.

답 ③

---

05 생산요소시장과 생산물시장이 모두 완전경쟁적이다. 이에 관한 설명으로 옳지 <u>않은</u> 것은?

① 완전경쟁기업의 이윤극대화를 위한 조건은 '생산요소의 한계생산물가치＝한계요소비용'이다.

② 완전경쟁기업의 이윤극대화를 위한 조건은 '생산요소의 한계수입생산물＝생산요소의 가격'이다.

③ 생산물시장이 완전경쟁적일 경우가 독점적일 경우보다 기업의 생산요소 수요가 더 작다.

④ 생산요소의 한계생산곡선이 우측으로 이동하면 완전경쟁기업의 생산요소 수요가 증가된다.

⑤ 생산물에 대한 수요의 감소는 완전경쟁 기업의 생산요소 수요를 감소시킨다.

해설

난도 ★★

③ 생산물시장이 독점이면 생산요소시장에서는 수요독점자이고 $MRP = MFC$에서 고용량을 결정한다. 반면 생산요소시장이 완전경쟁이면 MRP곡선과 시장의 생산요소공급곡선이 교차하는 점에서 고용량을 결정한다. 따라서 완전경쟁적일 경우의 생산요소 수요가 더 많다.

답 ③

제9장 | 임금, 이자, 지대

출제포인트

□ 노동공급에서 여가-소득의 선택 모형
□ 노동에 대한 수요와 공급
□ 이전수입과 경제지대 개념 및 계산
□ 실질임금 계산

제1절 노동과 임금

1. 임금(wage)

(1) 임금과 임금률

노동서비스에 대한 수익을 임금(wage)이라고 하고, 한 단위의 노동서비스에 대한 수익을 임금률(wage rate)이라고 한다.

(2) 명목임금(화폐임금)과 실질임금

화폐액으로 표시된 임금을 명목임금(또는 화폐임금)이라고 하고, 실질임금은 명목임금의 구매력, 즉 일정한 액수의 명목임금으로 구입할 수 있는 상품의 양을 말한다.

$$실질임금 = \frac{명목임금}{물가지수}$$

2. 임금학설

(1) 고전학파의 생존비설(subsistence theory)

① 스미스(A. Smith), 리카도(D. Ricardo) 등 고전학파는 임금은 노동자와 그 가족의 생계비와 일치한다는 생존임금설을 주장하였다.

② 리카도는 임금을 자연임금과 시장임금으로 구분하였다. 자연임금(Wn)은 생계유지에 필요한 임금으로 생계비가 상승하면 자연임금은 상승한다. 시장임금(Wm)은 시장에서 수요 공급의 원리에 의해 결정된다. 여기서

> $Wm > Wn \rightarrow$ 인구 증가 $\rightarrow$ 노동공급 증가 $\rightarrow Wm$ 하락
> $Wm < Wn \rightarrow$ 인구 감소 $\rightarrow$ 노동공급 감소 $\rightarrow Wm$ 상승

③ 따라서 노동의 가격인 시장임금(Wm)은 생존비인 자연임금(Wn)과 필연적으로 일치하려는 경향이 있고, 따라서 임금은 생존에 필요한 수준에서 결정된다. 그러나 이 주장은 임금의 변동과 임금격차를 설명하지 못하는 한계가 있다.

(2) 밀의 임금기금설

① 밀(J.S. Mill)은 일정기간동안 한 사회의 임금기금, 즉 임금으로 지불될 총액은 사전적으로 일정한데 이에 따라 노동에 대한 수요가 결정되고, 한편 일정기간동안 한 사회의 노동자수도 일정한데 이에 따라 노동공급이 결정된다고 보았다.

② 따라서

$$임금 = \frac{사전적으로 \ 정해진 \ 임금기금}{일정한 \ 노동자 \ 수}$$

이 된다고 보았다. 그러나 이 주장은 생산과정에서 노동과 기계의 대체를 무시하고 있기 때문에 비현실적인 것으로 평가된다.

(3) 클라크의 한계생산력설

클라크(J.B. Clark)는 임금은 노동의 한계생산력(MP_L)에 의해 결정된다고 주장한다. 즉 기업은 이윤극대화를 위해 $P \cdot MP_L = W$(임금)에서 노동수요를 결정하므로 임금은 노동의 한계생산력에 의해 결정된다는 것이다. 그러나 이 주장은 노동의 공급측면을 고려하지 않고 있다는 점에서 한계가 있다.

(4) 신고전학파의 임금이론

신고전학파는 노동의 가격이 임금이므로, 임금은 노동에 대한 수요와 노동공급에 의해 결정된다고 주장하였다.

3. 신고전학파의 임금결정이론

(1) 신고전학파 이론의 의의

노동에 대한 수요(L_D)와 공급(L_S)이 일치하는 데서 실질임금$\left(\dfrac{W}{P}\right)$이 결정되고 그 높이는 MP_L과 일치한다는 이론이다.

$$MRP = P \cdot MP_L = W \ 또는 \ MP_L = \frac{W}{P}$$

(2) 노동에 대한 수요

① 노동에 대한 수요(즉 기업의 고용)가 증가하면 생산량은 증가한다. 그러나 한계생산 체감의 법칙으로 노동에 대한 수요가 증가하는 데는 한계가 있다.

② 따라서 기업은 이윤극대화를 위해 $MP_L = W/P$ 또는 $MRP = W$인 곳에서 노동에 대한 수요를 결정한다. 그리고 이 경우

㉠ $MP_L > \dfrac{W}{P}(MRP > W)$ → 노동수요 증가

㉡ $MP_L < \dfrac{W}{P}(MRP < W)$ → 노동수요 감소

이므로 노동수요곡선(MP_L곡선)은 우하향한다.

(3) 노동에 대한 공급

① 노동의 공급은 두 측면이 있다. 즉 노동공급이 증가하면 정신적·육체적 고통, 즉 노동의 한계비효용(MDU_L)은 증가한다.

② 그러나 임금을 수취하므로 재화 소비가 증가하여 효용도 증가한다. 따라서 노동공급은 노동에 따른 노동의 한계비효용(MDU_L)과 실질임금에 의해 결정된다.

③ 즉

㉠ 노동의 한계비효용 > 실질임금 → 노동공급 감소
㉡ 노동의 한계비효용 < 실질임금 → 노동공급 증가
따라서 노동공급곡선(MDU_L곡선)은 우상향한다.

(4) 개인의 노동공급곡선(후방굴절형) ★30회 기출★

① 임금상승의 효과에는 두 가지가 있다. 즉 임금상승의 대체효과는 임금이 상승하면 여가의 기회비용이 증가하므로 여가 대신 노동공급을 증가시킨다.

② 한편 임금상승의 소득효과는 임금상승으로 전보다 적은 노동을 공급해도 전과 동일한 소득을 얻는 효과로 노동공급을 감소시킨다.

③ 임금상승에 따른 노동공급의 변화는 대체효과와 소득효과의 상대적 크기에 의해 결정되는데

㉠ 임금율이 낮을 때 : 대체효과 > 소득효과 → 노동공급 증가
㉡ 임금율이 높을 때 : 대체효과 < 소득효과 → 노동공급 감소

④ 따라서 개인의 노동공급곡선은 후방굴절하는 형태가 된다. 그러나 사회 전체로는 우상향하는 형태가 된다.

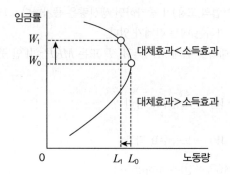

▶ 후방굴절 노동공급곡선

(5) 균형임금의 결정 ★33회 기출★

노동에 대한 수요와 노동공급이 일치하는 데서 균형임금이 결정된다.

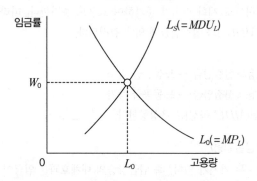

▶ 균형임금의 결정

즉 노동수요곡선과 노동공급곡선이 교차하는 균형점에서 균형임금과 균형고용량(L_0)이 결정되고, L_0에서는 노동의 한계생산(MP_L)과 노동의 한계비효용(MDU_L), 그리고 실질임금이 일치한다.

4. 임금격차와 그 원인

(1) 균등화 격차

임금을 적게 받더라도 임금 이외의 비금전적 이유로 노동을 공급하는 경우에 발생하는 임금격차를 균등화 격차라고 한다.

(2) 개인능력의 차이

(3) 노동의 이동성의 제한

(4) 차별대우

(5) 사회적 제도적 요인

(6) 이중구조적 임금체계

제2절 자본과 이자

1. 자본

(1) 자본의 뜻

자본(capital)은 인간에 의해 만들어진 자원(man-made resources)으로 화폐, 유가증권 등의 화폐자본(money capital)과, 기계, 공장 등의 실물자본(real capital)으로 구분한다. 그러나 국민경제의 입장에서 자본은 실물자본만을 의미한다.

(2) 자본의 유형

자본은 또한 인간이 지닌 기술이나 지식 등 인적자본(human capital)과 기계, 도구, 생산설비 등 물적자본(physical capital)으로 구분되는데, 이 둘은 생산에 직접 사용되는 반면, 사회간접자본(SOC : social overhead capital)은 간접적으로 생산활동을 지원한다.

2. 이자와 이자율

(1) 이자와 이자율

이자(interest)는 자본의 사용에 지불되는 자본서비스의 보수를 말하고, 이자율(interest rate)은 한 단위의 자본서비스에 대한 수익을 의미한다.

(2) 이자율의 특성

① 가격은 일반적으로 현재의 재화와 현재의 재화와의 교환비율이다. 그러나 이자율은 미래의 재화소비와 현재의 재화소비를 교환하는 비율이다.

② 이자율은 양(+)의 값을 갖는데 이는 같은 재화라도 미래의 재화소비는 현재의 재화소비보다 그 가치가 작다는 것을 의미한다.

(3) 현재가치(PV)와 이자율

미래에 얻을 것으로 기대하는 투자의 순수익의 흐름을 시장이자율로 할인하여 현재가치를 환산한다. 즉 이자율이 r이고 매년 X만큼의 투자수익을 얻을 수 있다면 투자수익의 현재가치(PV)는

$$PV = \frac{X}{r}$$

이 된다.

3. 이자율 결정이론

(1) 고전학파의 실물적 이자론

① 왈라스(L. Walras)와 마셜(A. Marshall)에 의해 체계화된 것으로 이자율은 이자율의 증가함수인 저축(S)과 이자율의 감소함수인 투자(I)가 일치하는 곳에서 결정된다는 것이다.

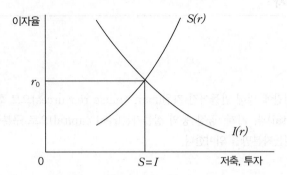

▶ 고전학파의 실물적 이자율

② 실물변수인 저축과 투자에 의해서 이자율이 결정되기 때문에 고전학파의 경제학 체계에서는 실물부문과 화폐부문을 연결시켜주는 매개변수가 존재하지 않는다.

③ 따라서 고전학파 경제학 체계에서는 실물부문과 화폐부문은 완전히 분리되어 서로 영향을 미치지 못하는데 이를 고전학파의 이분성(classical dichotomy)이라고 한다.

(2) 케인즈의 화폐적 이자론 : 유동성 선호설

① 케인즈(J.M. Keynes)는 화폐에 대한 수요(또는 유동성 선호)와 화폐공급(통화량)이 일치하는 곳에서 이자율이 결정된다고 하였다.

② 화폐공급, 즉 통화량은 통화정책당국의 정책적 판단에 의해 결정되는 정책변수, 즉 외생변수이므로 이자율과는 관계없이 그 크기가 결정된다. 따라서 화폐공급곡선은 수직선의 형태이다.

$$M^s = M_0$$

③ 케인즈는 화폐에 대한 수요, 즉 유동성 선호가 3가지 동기에 의해 결정된다고 보았다. 이 중 거래적 동기와 예비적 동기에 의한 화폐수요는 소득의 증가함수이고, 투자적 동기에 의한 화폐수요는 이자율의 감소함수라고 보았다. 따라서 화폐수요는 이자율과 역(逆)관계에 있으므로 우하향하는 형태가 된다.

$$M^d = L(Y, r)$$

④ 화폐시장의 균형은 화폐수요곡선과 화폐공급곡선이 교차하는 점에서 성립한다. 그리고 이 점에서 균형이자율이 결정된다.

▶ 케인즈의 화폐적 이자율

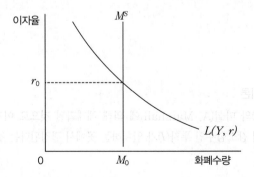

(3) 대부자금설(loanable fund theory)

① 올린(B.G. Ohlin)과 로버트슨(Robertson)이 케인즈의 유동성 선호설을 비판하는 과정에서 등장한 이론이다. 고전학파의 실물적 이자론에 케인즈의 유동성 선호설을 흡수하여 실물적 이자론과 화폐적 이자론을 통합했다는 평가를 받는다.

② 이자율은 대부자금의 수요와 공급에 의해 결정된다. 즉 이자율은 대부자금의 가격이라는 주장이다.

제3절   지대(rent)

1. 지대와 지대이론

(1) 지대

고전적 의미에서 지대(rent)는 토지서비스에 대한 수익을 의미한다. 그러나 오늘날에는 지대를 토지에 대한 대가만이 아니라 토지처럼 공급이 제한적인 생산요소에 대한 대가로 파악한다.

(2) 지대이론

지대이론은 전통적으로 토지에 대한 수익을 결정하는 요인을 설명하고 있으나 오늘날에는 토지는 물론 자연자원 등 공급이 고정된 생산요소에 귀속되는 소득이론을 의미한다.

2. 지대의 결정이론

(1) 리카도의 차액지대설

① 19C 초 영국의 지대논쟁이 리카도(D. Ricardo)의 차액지대설의 배경이 되었다. 즉 당시 영국과 프랑스와의 나폴레옹 전쟁으로 영국의 곡물가격과 지대가 급등하였는데 그 원인을 놓고 지대논쟁이 벌어졌고 이 과정에서 리카도의 차액지대설이 등장한 것이다.

② 리카도는 토지의 비옥도의 차이로 생산성의 차이가 발생하는 데 이 생산성의 차이가 차액지대(differential rent)의 발생 원인이라는 것이다. 즉 어떤 토지의 지대＝그 토지의 생산성－한계지의 생산성이다.

③ 리카도는 인구 증가 → 곡물 수요 증가 → 곡물가격 상승 → 토지에 대한 수요 증가 → 경작지의 확대(즉 열등지가 새로이 한계지화) → 차액지대 상승이라고 주장한다.

④ 한계지(marginal land)는 경작되고 있는 토지 중에서 생산성이 가장 낮은 토지로 모든 토지의 지대를 측정하는 기준이 되는 토지이다. 한계지의 생산비는 곡물가격과 일치하고 따라서 한계지의 지대는 영(0)이 된다.

⑤ 차액지대설의 요지

㉠ 지대가 곡물가격을 결정하는 것이 아니고, 곡물가격이 지대를 결정한다.

㉡ 지대가 발생하는 것은 토지의 공급이 제한적이기 때문이다.

㉢ 어떤 토지의 지대는 그 토지의 생산성과 한계지의 생산성의 차이이다.

(2) 마르크스의 절대지대설

① 마르크스(K. Marx)는 지대는 토지의 생산성과는 무관하게 지주에 의해 강제적으로 요구되는 것이라고 주장한다. 즉 토지를 소유한다는 사실로부터 지대가 발생하는데 이를 절대지대라고 한다.

② 따라서 지주가 지대를 올리면 이로 인해 곡물가격이 상승한다고 하여 리카도의 주장과는 상반되는 주장을 하고 있다.

3. 전용수입과 렌트 ★26, 30, 34회 기출★

(1) 전용수입(transfer earnings)

① 어떤 생산요소가 다른 용도로 전용되지 않도록 하기 위해 현재의 용도에서 지불되어야 하는 최소한의 보수를 전용수입이라고 한다. 즉 전용수입은 생산요소를 생산과정에 이용하기 위해 지급해야 하는 최소한의 대가를 의미한다.

② 토지의 경우 전용수입은 토지소유자에게 지급되는데 이는 토지소유자와 생산자간의 계약에 의해 결정되므로 계약지대라고도 한다.

(2) 경제지대(economic rent)[2]

① 경제지대(또는 렌트)는 생산요소의 실제 수입에서 전용수입을 공제한 부분으로, 전용수입을 초과하여 생산요소에 지급되는 보수를 의미한다.

▶ 전용수입과 경제지대

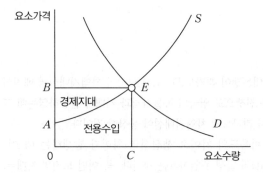

② 〈그림〉에서 최소한 $OAEC$를 지급하면 이 생산요소는 다른 용도에 이용되지 않는다. 즉 이 생산요소의 공급자가 얻기를 원하는 최소한의 대가는 공급곡선 아래 부분의 면적이다. 따라서 $OAEC$는 전용수입이 되고, 전용수입을 초과하는 ABE는 경제지대가 된다.

(3) 전용수입과 경제지대의 크기

① 결국 생산요소에 대한 대가에는 전용수입과 경제지대 두 가지가 포함되어 있다. 이 경우 전용수입과 경제지대의 상대적 크기는 생산요소의 공급탄력성에 의존한다.

---

2) 경제지대의 예로는 유명 연예인이나 운동선수가 받는 높은 보수 등을 들 수 있다. 이들이 높은 보수를 받는 것은 공급이 제한적인데 반하여 수요가 많기 때문이다. 근래에 와서 이러한 경제지대의 개념은 시장에서 발생하는 모든 종류의 프리미엄(premium)을 설명하는 데에도 적용된다. 즉 전망이 좋고 입지가 뛰어난 아파트의 높은 프리미엄은 제한된 공급 때문에 경제지대가 크게 발생한 것으로 볼 수 있다.

② 경제지대

    ㉠ 생산요소의 공급탄력성이 클수록 경제지대는 작고 전용수입은 크다.

    ㉡ 생산요소의 공급탄력성이 작을수록 경제지대는 크고 전용수입은 작다.

    ㉢ 생산요소의 공급탄력성이 무한대이면 전부 전용수입이다.

    ㉣ 생산요소의 공급탄력성이 영(0)이면 전부 경제지대이다.

(4) 준지대

① 준지대는 마셜(A. Marshall)이 제시한 개념으로 단기적인 초과이윤을 의미한다. 즉 단기에 자본설비에 대한 수요가 증가해도 공급은 증가할 수 없기 때문에 자본설비의 가격, 즉 임대료가 상승하여 초과이윤이 발생하는데 이 초과이윤을 준지대(quasi-rent)라고 한다.

② 그러나 장기에는 자본설비의 공급이 증가하므로 임대료가 다시 하락하여 준지대는 소멸된다. 준지대는 가격여하를 막론하고 공급량이 단기적으로 변화하지 않지만, 장기적으로는 변화할 수 있는 생산요소 모두에 적용되는 개념이다.

▶ 준지대

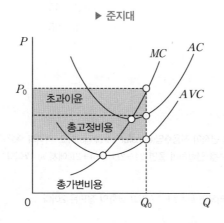

제9장 │ 확인학습문제

01

노동의 시장수요함수와 시장공급함수가 다음과 같을 때 균형에서 경제적 지대(economic rent)와 전용수입(transfer earnings)은?(단, L은 노동량, w는 임금이다)

★28회 기출★

> (시장수요함수) $L_D = 24 - 2w$
> (시장공급함수) $L_S = -4 + 2w$

① 0, 70 ② 25, 45

③ 35, 35 ④ 45, 25

⑤ 70, 0

해설

난도 ★★

균형에서 수요곡선 아랫부분의 면적이 전용수입(transfer earnings)이고, 가격과 수요곡선 사이의 면적이 경제지대(economic rent)이다. 수요함수와 공급함수를 연립하여 풀면 $24 - 2w = -4 + 2w$에서 $w = 7$이다. 이를 수요함수나 공급함수에 대입하면 $L = 10$이다.

공급함수를 w를 중심으로 정리하면 $w = 2 + \dfrac{1}{2}L$이고 w축의 절편은 2이다.

생산요소 공급자의 총수입은 $7 \times 10 = 70$이다. 이 중 경제지대 $(7-2) \times 10 \times \dfrac{1}{2} = 25$이고, 나머지 45가 전용수입이다.

답 ②

02 두 생산요소 노동(L)과 자본(K)을 투입하는 생산함수 $Q=2L^2+2K^2$에서 규모 수익 특성과 노동의 한계생산으로 각각 옳은 것은? ★29회 기출★

① 규모 수익 체증, $4L$ ② 규모 수익 체증, $4K$

③ 규모 수익 체감, $4L$ ④ 규모 수익 체감, $4K$

⑤ 규모 수익 불변, $4L$

해설

난도 ★★

생산함수에서 노동(L)과 자본(K)의 투입 모두 t배 증가시키면 $2(tL)^2+2(tK)^2=t^2(2L^2+2K^2)=t^2Q$가 되므로 2차 동차함수이고, 생산량은 t^2배 증가하므로 규모에 대한 수익은 체증한다. 노동의 한계생산은 생산함수를 L에 대해 미분한 것이므로 MP_L $=4L$이다.

답 ①

03 노동시장이 수요독점일 때 이에 관한 설명으로 옳은 것을 모두 고른 것은?(단, 생산물 시장은 완전경쟁시장이며, 노동수요곡선은 우하향, 노동공급곡선은 우상향한다) ★33회 기출★

ㄱ. 노동의 한계생산가치(value of marginal product of labor)곡선이 노동수요곡선이다.
ㄴ. 한계요소비용(marginal factor cost)곡선은 노동공급곡선의 아래쪽에 위치한다.
ㄷ. 균형 고용량은 노동의 한계생산가치곡선과 한계요소비용곡선이 만나는 점에서 결정된다.
ㄹ. 노동시장이 완전경쟁인 경우보다 균형 임금률이 낮고 균형 고용량이 많다.

① ㄱ, ㄴ ② ㄱ, ㄷ

③ ㄱ, ㄹ ④ ㄴ, ㄷ

⑤ ㄷ, ㄹ

해설

난도 ★★

ㄱ, ㄷ. 노동시장이 수요독점일 때 한계수입생산(MRP_L)곡선 또는 VMP_L곡선이 노동수요곡선이 되고, $VMP_L=MFC$에서 균형고용량이 결정된다. 균형임금은 균형고용량 수준에서 노동공급곡선에 의해 결정된다.
ㄴ. 한계요소비용(MFC)곡선은 노동공급곡선의 위쪽에 위치한다.
ㄹ. 노동시장이 완전경쟁인 경우보다 균형 임금률이 높고 균형 고용량이 적다.

답 ②

04 생산요소시장에 관한 설명으로 옳은 것을 모두 고른 것은?

> ㄱ. 수요독점의 노동시장에서 수요독점자가 지불하는 임금률은 노동의 한계수입생산보다 낮다.
> ㄴ. 노동시장의 수요독점은 생산요소의 고용량과 가격을 완전경쟁시장에 비해 모두 더 낮은 수준으로 하락시킨다.
> ㄷ. 생산요소의 공급곡선이 수직선일 경우 경제적 지대(economic rent)는 발생하지 않는다.
> ㄹ. 전용수입(transfer earnings)은 고용된 노동을 현재 수준으로 유지하기 위해 생산요소의 공급자가 받아야 하겠다는 최
>   소한의 금액이다.

① ㄷ, ㄹ
② ㄱ, ㄴ, ㄷ
③ ㄱ, ㄴ, ㄹ
④ ㄴ, ㄷ, ㄹ
⑤ ㄱ, ㄴ, ㄷ, ㄹ

[해설]
난도 ★★

ㄱ. ㄴ. 수요독점의 노동시장에서 고용량과 임금은 완전경쟁시장보다 더 낮은 수준에서 결정된다. 그리고 수요독점상태에서의
   임금은 노동의 한계수입생산보다 낮다.
ㄷ. 요소공급곡선이 수직선으로써 요소공급이 완전비탄력적이면 요소소득 전부가 경제적지대가 된다.

답 ③

---

05 실질이자율이 가장 높은 것은?

① 명목이자율＝1%, 물가상승률＝1%
② 명목이자율＝1%, 물가상승률＝－10%
③ 명목이자율＝5%, 물가상승률＝1%
④ 명목이자율＝10%, 물가상승률＝1%
⑤ 명목이자율＝10%, 물가상승률＝10%

[해설]
난도 ★

실질이자율＝명목이자율－물가상승률이다.
② 명목이자율 1%, 물가상승률 －10%일 때 실질이자율이 11%로 가장 높다.

답 ②

06 밑줄 친 변화에 따라 각국의 노동시장에서 예상되는 현상으로 옳은 것은?(단, 노동수요곡선은 우하향, 노동공급곡선은 우상향하고, 다른 조건은 일정하다) ★29회 기출★

☑확인
Check!
○
△
×

- 甲국에서는 (A) 인구 감소로 노동시장에 참여하고자 하는 사람들이 감소하였다.
- 乙국의 정부는 (B) 규제가 없는 노동시장에 균형임금보다 높은 수준에서 최저임금제를 도입하려고 한다.

① (A) : 노동수요 감소, (B) : 초과수요 발생
② (A) : 노동수요 증가, (B) : 초과공급 발생
③ (A) : 노동공급 감소, (B) : 초과수요 발생
④ (A) : 노동공급 증가, (B) : 초과공급 발생
⑤ (A) : 노동공급 감소, (B) : 초과공급 발생

해설
난도 ★★
(A) 인구 감소로 노동시장에 참여하고자 하는 사람들이 감소하면 노동공급이 감소한다. (B) 노동시장에 균형임금보다 높은 수준에서 최저임금제를 도입하면 노동수요량은 감소하고, 노동공급량이 증가하므로 노동시장에 초과공급, 즉 실업이 발생한다.

답 ⑤

07 임금의 보상격차(compensating differential)에 관한 설명으로 옳지 않은 것은? ★30회 기출★

☑확인
Check!
○
△
×

① 근무조건이 좋지 않은 곳으로 전출되면 임금이 상승한다.
② 성별 임금격차도 일종의 보상격차이다.
③ 비금전적 측면에서 매력적인 일자리는 임금이 상대적으로 낮다.
④ 물가가 높은 곳에서 근무하면 임금이 상승한다.
⑤ 더 높은 비용이 소요되는 훈련을 요구하는 직종의 임금이 상대적으로 높다.

해설
난도 ★★
- 임금의 보상격차(compensating wage differentials)는 노동자들의 직업선택 및 전직이 자유로운 사회에서는 각 직업의 좋은 점과 나쁜 점을 모두 고려한 순이익이 한 사회의 여러 가지 대체적인 직업 사이에서 균등하게 되도록 임금이 조정된다는 것이다.
- 균등화 격차(equalizing wage differentials)라고 하는데 스미스(A. Smith)는 보상적 임금격차를 가져오는 직업의 성격으로 다음을 지적하였다.
  - 고용의 안정성 여부
  - 작업의 쾌적성 여부
  - 교육 및 훈련비용
  - 책임의 정도
  - 성공 또는 실패의 가능성
② 성별 임금격차는 동일한 조건하에서 동일한 일을 함에도 불구하고 단지 성별의 차이로 인해 임금을 차별하는 현상으로 보상격차는 아니다.

답 ②

08 A대학교 근처에는 편의점이 하나밖에 없으며, 편의점 사장에게 아르바이트 학생의 한계생산가치는 $VMP_L=60-3L$이다. 아르바이트 학생의 노동공급이 $L=w-40$이라고 하면, 균형고용량과 균형임금은 각각 얼마인가?(단, L은 노동량, w는 임금이다)   ★30회 기출★

① 2, 42

② 4, 44

③ 4, 48

④ 6, 42

⑤ 6, 46

해설

난도 ★★

편의점이 하나 밖에 없으므로 노동시장은 수요독점(monopsony)이다. 수요독점기업이 직면하는 노동공급곡선이 $L=w-40$, 즉 $w=40+L$이므로 총요소비용 $wL=TFC_L=40L+L^2$이다. 이를 L에 대해 미분하면 한계요소비용 $MFC_L=40+2L$이다. 시장의 균형은 $VMP_L=MFC_L$에서 이루어지므로 $60-3L=40+2L$에서 $L=4$이다. 수요독점시장의 임금은 노동공급곡선상에서 결정되므로 $w=40+L$에 대입하면 $w=44$이다.

目 ②

---

09 하루 24시간을 노동을 하는 시간과 여가를 즐기는 시간으로 양분할 때, 후방굴절형 노동공급곡선이 발생하는 이유는?   ★30회 기출★

① 임금이 인상될 경우 여가의 가격이 노동의 가격보다 커지기 때문이다.

② 임금이 인상될 경우 노동 한 시간 공급으로 할 수 있는 것이 많아지기 때문이다.

③ 여가가 정상재이고, 소득효과가 대체효과보다 크기 때문이다.

④ 여가가 정상재이고, 소득효과가 대체효과와 같기 때문이다.

⑤ 노동이 열등재이고, 소득효과가 대체효과와 같기 때문이다.

해설

난도 ★★

③ 개인의 노동공급곡선이 후방굴절형으로 나타나는 이유는, 임금수준이 높은 경우에는 임금이 올라도 노동보다 여가(leisure)를 더 선호하기 때문에 노동공급량을 줄이기 때문이다. 즉, 임금상승의 소득효과가 대체효과보다 크기 때문에 나타나는 현상이다.

임금상승의 대체효과는 임금이 상승하면 여가의 기회비용(임금)이 커지기 때문에 여가를 줄이고 노동공급량을 증가시키는 효과이다. 임금상승의 소득효과는 임금이 상승하면 전보다 적은 노동을 공급해도 전과 동일한 소득을 얻게 되므로 노동공급량을 감소시키는 효과이다.

目 ③

10 소득-여가 결정모형에서 효용극대화를 추구하는 甲의 노동공급에 관한 설명으로 옳은 것은?(단, 소득과 여가는 모두 정상재이며, 소득효과 및 대체효과의 크기 비교는 절댓값을 기준으로 한다)

① 시간당 임금이 상승할 경우, 대체효과는 노동공급 감소요인이다.
② 시간당 임금이 상승할 경우, 소득효과는 노동공급 증가요인이다.
③ 시간당 임금이 하락할 경우, 소득효과와 대체효과가 동일하다면 노동공급은 감소한다.
④ 시간당 임금이 하락할 경우, 소득효과가 대체효과보다 크다면 노동공급은 증가한다.
⑤ 시간당 임금의 상승과 하락에 무관하게 소득과 여가가 결정된다.

해설
난도 ★★

④ 시간당 임금이 하락할 경우, 소득효과가 대체효과보다 크다면 노동공급량은 증가한다. 이 경우 노동공급곡선 아랫 부분에서 우하향하는 역S자형 노동공급곡선이 나타난다.
① 시간당 임금이 상승할 경우 여가의 기회비용이 상승하므로 여가 대신 노동공급량을 증가시킨다. 임금상승의 대체효과는 노동공급량 증가요인이다.
② 시간당 임금이 상승하면 전보다 일을 적게 해도 전과 동일한 소득을 얻으므로 노동공급량을 감소시킨다. 임금상승의 소득효과는 노동공급량 감소요인이다.
③ 시간당 임금이 하락할 경우 소득효과와 대체효과가 동일하다면 노동공급량은 변화가 없다.
⑤ 시간당 임금의 상승과 하락 정도에 따라 소득과 여가가 결정된다.

답 ④

11 물류회사 甲은 지역 내에서 근로자에 대한 수요독점자이다. 다음과 같은 식이 주어졌을 때 이윤극대화를 추구하는 甲이 책정하는 임금은?(단, 노동공급은 완전경쟁적이며, w는 임금, L은 노동량이다)

| A지역의 노동공급곡선 : $w=800+10L$ |
| 노동의 한계수입생산 : $MRP_L=2,000-10L$ |

① 800
② 1,000
③ 1,200
④ 1,400
⑤ 1,600

해설
난도 ★★★

수요독점기업은 이윤극대화를 위해 $MRP_L=MFC$에서 고용량을 결정하고, 임금은 노동공급곡선 상에서 결정한다. 한계요소비용 MFC를 구하기 위해 먼저 총요소비용을 구한다. $TFC=wL=(800+10L)L=800L+10L^2$이다. 이제 $MFC=\dfrac{dTFC}{dL}=800+20L$이다. MRP_L과 연립하여 풀면 이윤극대화 고용량 $L=40$이다. 이를 노동공급곡선에 대입하면 $w=1,200$이다.

답 ③

12 기업 A의 생산함수는 $Q=\sqrt{L}$이며, 생산물의 가격은 5, 임금률은 0.5이다. 이윤을 극대화하는 노동투입량 (L^*) 과 산출량(Q^*)은?(단, Q는 산출량, L은 노동투입량이며, 생산물시장과 노동시장은 완전경쟁시장이다) ★33회 기출★

① $L^*=10,\ Q^*=\sqrt{10}$
② $L^*=15,\ Q^*=\sqrt{15}$
③ $L^*=20,\ Q^*=2\sqrt{5}$
④ $L^*=25,\ Q^*=5$
⑤ $L^*=30,\ Q^*=\sqrt{30}$

해설
난도 ★★

이윤을 극대화하는 노동투입량은 노동의 한계생산가치와 임금률이 일치하는 수준에서 결정된다. 즉 $VMP_L=P\cdot MP_L=W$에서 노동투입량을 결정해야 한다.

기업 A의 생산함수가 $Q=\sqrt{L}=L^{\frac{1}{2}}$이면 $MP_L=\dfrac{1}{2\sqrt{L}}$이다.

따라서 $5\left(\dfrac{1}{2\sqrt{L}}\right)=0.5$에서 이윤극대화 노동투입량$(L^*)=25$, 산출량$(Q^*)=5$이다.

답 ④

13 다음 ( )안의 용어가 순서대로 올바른 것은?

> 후방굴절하는 노동공급곡선은 여가–소득 선택모형에서 임금율의 변화에 따라 도출되는 (ㄱ)소비곡선에서 유도되고, 소득효과와 대체효과를 비교할 경우 노동공급곡선의 우하향하는 구간에서는 (ㄴ)효과가 더 크다.

① ㄱ : 임금, ㄴ : 대체
② ㄱ : 가격, ㄴ : 소득
③ ㄱ : 가격, ㄴ : 대체
④ ㄱ : 소득, ㄴ : 소득
⑤ ㄱ : 소득, ㄴ : 대체

해설
난도 ★

후방굴절하는 노동공급곡선은 여가–소득 선택모형에서 임금율의 변화에 따라 도출되는 가격소비곡선에서 유도된다. 임금상승의 대체효과>소득효과인 경우 노동공급량은 증가하므로 노동공급곡선은 우상향하고, 임금상승의 대체효과<소득효과인 경우 노동공급량은 감소하므로 노동공급곡선은 우하향하여 후방굴절하는 노동공급곡선이 유도된다.

답 ②

14 수요독점 노동시장에 관한 설명으로 옳지 <u>않은</u> 것은?(단, 노동공급곡선은 우상향, 노동의 한계수입생산 (marginal revenue product)곡선은 우하향, 이윤을 극대화하는 수요독점기업은 상품시장에서도 독점기 업임)

① 이 노동시장의 균형고용량은 완전경쟁 노동시장의 균형고용량보다 적다.

② 이 노동시장의 균형임금과 완전경쟁 노동시장의 균형임금 사이에 최저임금을 강제적으로 설정할 경 우 고용량이 증가할 수 있다.

③ 이 노동시장의 균형임금은 노동의 한계수입생산보다 낮은 수준에서 결정된다.

④ 이 노동시장의 균형임금은 완전경쟁 노동시장의 균형임금보다 낮다.

⑤ 이 노동시장의 균형임금과 완전경쟁 노동시장의 균형임금 사이에 최저임금을 강제적으로 설정할 경 우 노동의 평균요소비용과 한계요소비용이 모두 감소한다.

> 해설
>
> 난도 ★★
>
> ⑤ 수요독점 노동시장의 균형에서는 $MRP_L = MFC$에서 고용량을 결정한다. 그러나 임금은 더 높은 수준에서 결정된다. 즉 $MRP_L = MFC > w = AFC_L$이 성립한다. 최저임금을 균형임금보다 높은 수준에서 강제적으로 설정할 경우 노동의 평균요 소비용이 상승한다.
>
> 답 ⑤

15 A국의 대표적인 장기명목이자율인 국공채이자율이 5%이다. 현재 인플레이션율은 3%이고 예상인플레이 션율이 2%일 때 사전적(ex ante)인 실질이자율은?

① 2% ② 3%

③ 5% ④ 8%

⑤ 15%

> 해설
>
> 난도 ★
>
> 사전적인 실질이자율＝명목이자율－예상인플레이션율＝5%－2%＝3%이다.
>
> 답 ②

16 생산요소시장에 관한 설명으로 옳지 <u>않은</u> 것은?(단, 생산물시장과 생산요소시장을 완전경쟁시장으로 가정함)

① 노동과 같은 생산요소에 대한 수요는 재화와 서비스의 생산을 위해 요소들을 사용하는 기업에서 나오는 파생수요이다.

② 이윤극대화를 추구하는 기업은 한계생산물가치가 요소가격과 같아지는 점에서 요소 고용량을 결정한다.

③ 노동공급곡선이 우상향한다는 것은 임금이 상승하면 여가시간을 늘린다는 뜻이다.

④ 생산요소들은 함께 투입되므로 한 요소의 공급량의 변화는 다른 요소들의 소득에 영향을 미친다.

⑤ 생산요소에 대한 수요는 그 요소의 한계생산물가치를 반영하므로 균형상태에서 각 요소는 한계생산물가치만큼의 보수를 받는다.

해설

난도 ★★

노동공급곡선이 우상향한다는 것은 임금이 상승하면 노동공급을 늘리고 여가시간을 줄인다는 뜻이다.

답 ③

---

17 생산요소수요의 가격탄력성의 주요 결정요인이 <u>아닌</u> 것은?

① 총비용에서 차지하는 비중

② 한계생산이 체감하는 속도

③ 다른 생산요소로 대체가 가능한 속도

④ 상품에 대한 수요의 가격탄력성

⑤ 생산요소가격의 크기

해설

난도 ★★

생산요소수요의 가격탄력성은 요소가격이 변화할 때 요소수요량이 변화하는 정도를 나타낸다. 이는 ①, ②, ③, ④가 클수록 커지는 반면, ⑤ 생산요소가격의 크기와는 무관하다.

답 ⑤

18 임금상승에 따라 후방굴절하는 구간에서의 노동공급곡선에 대한 설명 중 옳은 것은?(단, 여가는 소득효과가 양(+)인 정상재이다)

① 여가가 정상재이기 때문에 항상 후방굴절한다.
② 대체효과와 소득효과의 크기와는 관계없다.
③ 여가에 대한 대체효과의 크기가 소득효과의 크기보다 크다.
④ 여가에 대한 대체효과의 크기가 소득효과의 크기와 같다.
⑤ 여가에 대한 대체효과의 크기가 소득효과의 크기보다 작다.

해설
난도 ★★
노동공급곡선이 후방굴절하는 이유는 (노동대신 여가를 선택하는) 대체효과가 (노동공급을 줄이는) 소득효과의 크기보다 작기 때문이다.

답 ⑤

19 지대, 경제적 지대 및 준지대를 설명한 것 중 옳지 <u>않은</u> 것은?

① 리카도(D. Ricardo)에 따르면, 쌀값이 비싸지면 그 쌀을 생산하는 토지의 지대도 높아진다.
② 경제적 지대는 토지뿐만 아니라 공급량이 제한된 노동, 기계설비 등 모든 종류의 시장에서 나타날 수 있다.
③ 생산요소가 받는 보수 중에서 경제적 지대가 차지하는 비중은, 수요가 일정할 때, 공급곡선이 탄력적일수록 작아진다.
④ 마샬(A. Marshall)의 준지대는 장기에 소멸되어 존재하지 않는다.
⑤ 준지대는 산출량의 크기와는 관계없이 총고정비용보다 크다.

해설
난도 ★
준지대는 단기에 고정된 생산요소의 공급가격이므로 총고정비용과 같다.

답 ⑤

20 다음은 노동자의 노동공급에 대해 설명한 것이다. 바르지 <u>못한</u> 것은?

① 임금이 상승하는 경우 여가의 기회비용이 증가하므로 노동공급량을 증가시킬 것이다.

② 만일 여가가 열등재(inferior goods)라면 노동공급곡선은 우상향하는 형태를 보일 것이다.

③ 임금수준이 아주 높거나 아주 낮은 경우 노동공급곡선은 후방굴절(backward kinked)하는 형태를 보일 것이다.

④ 임금수준이 보통수준인 경우 임금상승의 대체효과보다 소득효과가 크기 때문에 노동공급곡선은 우상향하는 형태를 보일 것이다.

⑤ 임금이 상승하는 경우 전보다 일을 적게 해도 전과 동일한 소득을 얻을 수 있기 때문에 노동공급량을 감소시키는데 이를 소득효과라고 한다.

| 해설 |
난도 ★★

임금수준이 보통수준인 경우 임금상승의 대체효과가 소득효과보다 크기 때문에 노동공급곡선은 우상향하는 형태를 보일 것이다.

답 ④

21 다음 중 경제지대에 관한 설명 중 옳은 것은?

① 지대추구행위는 효율성과 형평성을 제고시켜 사회복지증진에 기여한다.

② 일반적으로 지대추구행위는 수요측면의 확대를 도모하고자 하는 행위를 말한다.

③ 공급곡선이 수평에 가까울수록 경제지대는 줄어든다.

④ 전용수입(이전수입)이 커질수록 경제지대도 커진다.

⑤ 완전경쟁적인 생산요소시장에서는 경제지대가 발생하지 않는다.

| 해설 |
난도 ★★

공급곡선이 수평이면 노동소득은 전용수입으로만 구성되고 경제지대는 발생하지 않는다. 반면에 공급곡선이 수직이면 노동소득은 경제지대로만 구성되고 이전소득은 발생하지 않는다.

답 ③

22 경제적 지대(economic rent)에 관한 설명으로 옳은 것을 모두 고른 것은?

ㄱ. 공급이 제한된 생산요소에 발생하는 추가적 보수를 말한다.
ㄴ. 유명 연예인이나 운동선수의 높은 소득과 관련이 있다.
ㄷ. 생산요소의 공급자가 받고자 하는 최소한의 금액을 말한다.
ㄹ. 비용불변산업의 경제적 지대는 양(+)이다.

① ㄱ, ㄴ   ② ㄱ, ㄷ
③ ㄱ, ㄹ   ④ ㄴ, ㄷ
⑤ ㄴ, ㄹ

해설
난도 ★★

ㄷ. 생산요소의 공급자가 받고자 하는 최소한의 금액은 전용수입(transfer earnings)이다. 전용수입을 초과하여 생산요소의 공급자가 받는 부분이 경제지대이다.
ㄹ. 비용불변산업에서는 생산요소의 공급곡선이 수평이므로 경제적 지대는 0이 된다.

답 ①

제10장 | 일반균형과 후생경제학

출제포인트
- □ 외부효과와 외부효과의 내부화
- □ 공공재의 특징
- □ 공공재의 최적공급량
- □ 역선택과 도덕적 해이
- □ 일반균형과 파레토 최적
- □ 사회후생함수의 유형
- □ 외부성과 코즈정리

제1절 가격의 기능과 균형

1. 시장의 기능

(1) 경쟁시장에서 성립하는 균형가격은 재화의 기회비용을 반영하는 가격으로, 경쟁시장에서 가격이 형성되면 이 가격은 생산자와 소비자에게 신호(signal)의 역할을 한다.

(2) 즉 가격은 각 경제주체가 그들의 행동을 조절할 수 있는 가이드 포스트(guidepost)와 같은 역할을 한다. 이를 가격의 정보 전달기능이라고 한다.

2. 균형분석

가격의 결정과 자원배분 등 가격기구의 역할을 분석하는 데는 두 가지 접근방법, 즉 부분균형분석과 일반균형분석이 있다.

(1) 부분균형분석(partial equilibrium analysis)

① 부분균형분석은 마셜(A. Marshall)에 의해 체계화된 분석으로 개별 경제주체와 개별시장의 움직임을 모두 독립적으로 분리해서 다루는 분석방법이다.

② 즉 다른 모든 시장(부문)은 일정불변(ceteris paribus)이라는 가정하에 어느 한 시장만을 분석한다. 따라서 경제주체 간의 상호 관련성이나 시장 간의 상호 관련성은 무시한다.

③ 한 시장의 균형의 변화가 다른 시장의 균형에 미치는 영향이나 다른 시장의 균형의 변화가 이 시장에 미치는 영향(feed back효과)은 무시한다.

(2) 일반균형분석(general equilibrium analysis)

① 일반균형분석은 한 시장의 균형이 변화할 때 다른 시장의 균형에 미치는 영향 및 다른 시장의 균형의 변화가 이 시장에 미치는 영향을 동시에 분석하는 방법이다.

② 즉 모든 경제주체와 시장들이 통합된 하나의 경제 안에서 어떻게 상호연관되어 있는가를 분석한다.

③ 일반균형분석은 모든 시장의 동시적인 균형을 다루므로 개별경제주체와 개별시장의 상호의존 관계를 분명히 하여 세 가지 경제문제가 어떻게 동시에 그리고 상호 의존적으로 해결되는가를 분석한다.

④ 일반균형이론은 왈라스(L. Warlas)에 의해 발전되었고, 1950년대에는 애로우(K. Arrow)와 드브레 (G. Debreu) 등에 의해 일반균형의 존재와 특성이 수학적으로 밝혀졌다.

(3) 부분균형분석과 일반균형분석의 관계

이들 두 가지 분석방법은 상호 보완적이다. 즉 복잡한 경제현상의 분석을 보다 단순화하고 용이하게 하기 위해 주로 부분균형 분석을 이용한다.

제2절　자원배분과 파레토 최적성

1. 파레토 최적의 의의

(1) 후생경제학

① 어떤 경제의 상태를 비교·평가하기 위해서는, 여러 가지 상태 중에서 어떤 것이 좋고 어떤 것이 나쁘다는 객관적인 판단기준이 있어야 한다.

② 후생경제학(welfare economics)은 이러한 판단기준을 정립하고 여러 가지 경제적 상태에서의 사회후생을 비교하는 경제학의 한 분야이다.

(2) 실현 가능성과 파레토 우위

① 경제적인 효율성과 후생을 비교하기 위해 경제학에서 가장 일반적으로 사용되는 기준으로 파레토 최적기준(Pareto optimality criterion)이 있다. 이 기준의 기초가 되는 두 가지 개념이 실현 가능성과 파레토 우위이다.

② 실현 가능성(feasibility)은 어떤 자원이나 생산물의 배분상태가 경제내의 부존(endowment)을 초과하지 않는 배분상태를 말한다.

③ 어떤 두 배분상태를 비교할 때 한 배분상태가 다른 배분상태보다 구성원 어느 누구의 후생을 감소시키지 않으면서 적어도 한 사람의 후생이 증가되면 그 배분상태는 다른 배분상태보다 파레토 우위 (Pareto superior) 또는 파레토 개선(Pareto improvement)이라고 한다.

(3) 파레토 최적

① 한 배분상태가 실현가능하고 다른 배분상태와 비교할 때 이보다 우위인 배분상태가 없으면 이 배분상태를 파레토 최적(Pareto optimality) 또는 파레토 효율성(Pareto efficiency)이라고 한다.

② 즉 어느 한 사람의 효용을 감소시키지 않고는 다른 사람의 효용을 증가시킬 수 없는 배분상태를 의미한다. 다시 말하면 파레토 효율적 배분은 경제 내의 모든 경제주체의 효용을 동시에 증가시키는 것이 불가능한 배분상태를 말한다.

(4) 파레토 최적의 조건

① 경제 전체에서 자원배분의 파레토 최적을 달성하기 위해서는 세 가지 조건이 충족되어야 한다.

② 즉 교환에서의 최적성과 생산에서의 최적성, 그리고 생산물 구성에서의 최적성이 그 조건이다.

2. 교환에서의 파레토 최적성

(1) 교환에서의 파레토 최적성의 의의

① 교환에서의 최적성은 경제 내에 있는 소비자들 사이에 주어진 상품을 배분할 때 사회 내의 어떤 사람의 후생을 감소시키지 않고서는 다른 어느 누구의 후생도 증가시킬 수 없도록 상품을 배분해야 한다는 것이다.

② 이제 논의를 단순화하기 위해 X, Y 두 상품을 A, B 두 소비자에게 배분하는 경우를 살펴보자.

(2) 에지워스 상자(Edgeworth Box)를 이용한 설명

① 두 소비자(A, B)와 두 상품(X, Y재)이 존재하는 경제를 상정하면, E점은 초기 부존점(initial endowment)으로 교환 이전의 배분상태를 표시한다.

▶ 교환에서의 최적성

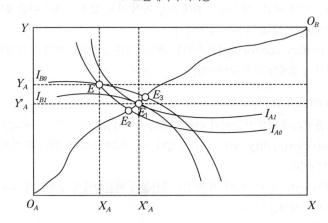

② A, B 두 소비자는 교환을 통해 효용을 증가(무차별곡선의 상방이동)시킬 수 있는 경우 교환을 한다.

③ 따라서 교환 결과 볼록렌즈 부분으로 이동하면 A, B 중 한 소비자, 또는 모두의 효용이 증가하고, 최종적으로는 A, B의 무차별곡선이 접하는 E_1에서 균형을 이루게 된다.

④ 교환 결과 A의 $Y_A Y_A{'}$만큼의 Y재가 B의 $X_A X_A{'}$만큼의 X재와 교환된다.

(3) 한계대체율(MRS)을 이용한 설명

① E에서는 A의 한계대체율이 B의 한계대체율보다 크다. 이처럼 한계대체율에 차이가 있는 경우 한계대체율이 같아질 때(E_1)까지 교환이 이루어진다. 한계대체율이 같아지면 더 이상 교환을 통한 효용의 증가가 불가능하다.

② 따라서 파레토 최적상태에서는 두 소비자의 두 상품에 대한 한계대체율이 같게 된다.

$$MRS_{XY}^A = MRS_{XY}^B$$

③ 여기서 한계대체율이 같은 점을 연결한 선을 소비면의 계약곡선(contract curve)이라고 한다.

주의 파레토 효율성(efficiency)이 공평성(equity)을 의미하는 것은 아니다. 파레토 효율성은 공평성과는 무관하다.

3. 생산에서의 파레토 최적성

(1) 생산에서의 파레토 효율성의 의의

① 생산에서의 최적성은 주어진 자원을 여러 종류의 상품을 생산하는 데에 어떻게 배분할 것인가에 관한 것이다. 즉 어느 한 상품의 생산량을 감소시키지 않고서는 다른 상품의 생산량을 증가시킬 수 없는 상태를 생산에서의 최적성이라고 한다.

② 이제 X, Y 두 상품을 생산하는 기업에 노동(L)과 자본(K) 두 생산요소를 배분하는 경우를 살펴보자

(2) 에지워스 상자(Edgeworth Box)를 이용한 설명

① 두 산업(X, Y)과 두 생산요소(L, K)가 존재하는 경제를 상정하면 P는 초기 배분점으로 교환 이전의 상태를 표시한다.

▶ 생산에서의 최적성

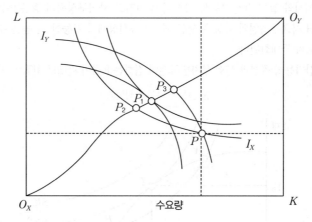

② 초기 배분점에서 두 산업 간에 노동과 자본을 교환하면 두 산업 모두, 또는 적어도 어느 한 산업에서는 생산량을 증가시킬 수 있으므로 두 산업 간에 노동과 자본의 교환이 이루어진다.

(3) 한계기술적 대체율에 의한 설명

① 초기 배분점 P에서는 두 산업의 한계기술적 대체율($MRTS$)이 서로 다르므로 두 산업 간에 생산요소의 교환이 발생하고, 그 교환은 두 산업의 한계기술적 대체율이 같아질 때까지 계속된다.

② 따라서 생산에서의 최적성 조건은 두 산업에서의 한계기술적 대체율이 같다는 것으로 정리할 수 있다.

$$MRTS_{LK}^X = MRTS_{LK}^Y$$

③ X, Y산업의 한계기술적 대체율이 같은 점들을 연결한 선을 생산면의 계약곡선이라고 한다. 따라서 교환의 결과 P_1, P_2, P_3 상의 어느 한 점에서 균형이 성립한다.

4. 생산물 구성에서의 파레토 최적성

(1) 의의

① 생산물 구성에서의 파레토 최적성이란 생산 가능한 범위 내에서 한 사회 구성원의 효용이 극대가 되도록 두 상품(X, Y재)을 조합하여 생산이 이루어져야 한다는 것이다.

② 즉 생산가능성 곡선(PPC)이 주어졌을 때 어떤 상품조합을 선택하는 것이 가장 바람직한가 하는 문제이다.

③ 다시 말하면 생산물 구성에서의 최적성이란 소비와 생산의 최적성을 동시에 만족시키도록 생산물 구성이 이루어져야 한다는 것이다.

(2) 생산물 구성에서의 파레토 최적성 조건

① 한 경제에 주어진 자원으로 최대한 생산 가능한 범위를 나타내는 것은 생산가능성 곡선(production possibility curve, PPC)이다. 그리고 한 사회구성원의 효용함수를 나타내는 것은 사회 무차별곡선(social indifference curve, SIC)이다.

② 아래 〈그림〉에서와 같이 생산가능성 곡선이 주어지고 사회구성원의 효용함수로부터 사회 무차별곡선이 그려지면 사회구성원의 효용은 생산가능성 곡선상에서 가능한 한 높은 수준의 사회 무차별곡선에 도달함으로써 극대화된다.

③ 이에 따라 생산가능성 곡선과 사회 무차별곡선이 접하는 E점이 파레토 최적이 이루어지는 점이다.

▶ 생산물 구성의 최적성

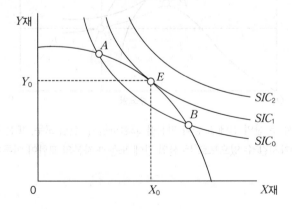

E점에서는 생산가능성 곡선의 기울기와 사회 무차별곡선의 기울기가 같으므로 생산물 구성에서의 파레토 최적성 조건은 다음과 같다.

$$MRT_{XY} = MRS_{XY}$$

5. 경쟁시장에서의 파레토 최적성 ★27, 34회 기출★

(1) 생산물의 교환조건

① 효용을 극대화하는 A, B 두 소비자의 균형은 무차별곡선과 예산선이 접하는 곳에서 성립한다. 이 경우 두 상품의 상대가격은 두 소비자에게 동일하게 주어지므로 다음의 조건이 성립한다.

$$MRS_{XY}^A = \frac{P_X}{P_Y} = MRS_{XY}^B$$

② 결국 두 소비자에게 동일하게 주어진 상대가격 하에서 효용극대화 행동을 한 결과 파레토 최적조건을 충족시키고, 따라서 가격을 통한 자원배분은 파레토 최적조건을 충족시킨다.

(2) 생산요소의 결합조건

① 노동과 자본의 상대가격은 X, Y 두 산업에 동일하게 주어지므로 생산요소의 배합에 있어서도 다음의 조건이 성립한다.

$$MRTS_{LK}^X = \frac{w}{r} = MRTS_{LK}^Y$$

② 경쟁적인 생산요소 시장에서 생산자의 균형은 X, Y 두 산업의 한계기술적 대체율($MRTS$)이 같은 곳에서 성립한다. 따라서 일반 경쟁균형은 계약곡선 위에 위치하는 PPC 상의 한 점에서 성립한다.
③ 그러므로 가격을 통한 생산요소의 배분도 파레토 효율성을 충족시킨다.

(3) 생산물 구성에서 파레토 효율성

① 각 기업은 이윤극대화 조건에 따라 $MC_X = P_X$, $MC_Y = P_Y$에서 생산량을 결정한다. 따라서 생산물 구성에 있어서 다음의 조건이 성립한다.

$$MRT_{XY} = \frac{MC_X}{MC_Y} = \frac{P_X}{P_Y} = MRS_{XY}$$

② 즉 재화의 상대가격이 주어지면 이와 동일한 기울기를 갖는 PPC 상의 한 점에서 생산자 균형이 성립된다.
③ 결국 생산측면에서 일반경쟁균형이 이루어지기 위해서는 생산요소 시장과 생산물 시장이 동시에 균형되어야 한다.

(4) 일반 경쟁균형의 특성

① 이제 경제 내에 소비자와 생산자가 모두 존재하는 경우 가격을 통해 이루어지는 일반경쟁균형에서 자원배분이 갖는 특성은 다음과 같다.

② 특성

㉠ 교환경제 : $MRS_{XY}^A = \dfrac{P_X}{P_Y} = MRS_{XY}^B$

㉡ 생산경제

ⓐ $MRTS_{LK}^X = \dfrac{w}{r} = MRTS_{LK}^Y$

ⓑ $MRT_{XY} = \dfrac{MC_X}{MC_Y} = \dfrac{P_X}{P_Y} = MRS_{XY}$

③ 그런데 경쟁시장에서는 소비자와 생산자 모두에게 동일한 상대가격이 주어지므로

$$MRS_{XY}^A = MRS_{XY}^B = \frac{P_X}{P_Y} = \frac{MC_X}{MC_Y} = MRT_{XY}$$

④ 결국 일반경쟁균형에서 생산, 분배, 소비는 동시에 결정되며, 그 결과는 파레토 최적을 충족한다.

제3절 시장의 실패

---

1. 일반경쟁균형의 파레토 최적성 정리가 성립하기 위한 조건

(1) 시장의 실패

① 일반 경쟁균형의 파레토 최적성 정리가 성립하기 위해서는 다음의 조건들이 충족되어야 한다. 이들 조건 중 어느 하나라도 충족되지 않으면 경쟁적 균형이 성립되지 않거나 성립된다 해도 자원의 효율적 배분은 이루어지지 않는다.

② 즉 시장기구가 자원의 효율적 배분에 실패하게 되는 데 이를 시장의 실패(market failure)라고 한다.

(2) 일반경쟁균형의 파레토 최적성 정리가 성립하기 위한 조건

① 규모의 경제가 존재하지 말아야 한다. 시장규모에 비해 규모의 경제가 크게 작용하면 완전경쟁은 성립하지 않고 독점(자연독점)의 가능성이 높아진다.

② 외부효과가 없어야 한다. 즉 소비자의 효용함수는 그가 소비하는 재화만의 함수이고, 생산함수는 그 기업이 투입하는 생산요소만의 함수이어야 한다.

③ 생산요소의 자유로운 이동이 보장되어야 하고, 가격의 변화에 따라 자원배분이 원활히 조정되어야 한다.

④ 경쟁적 균형은 안정적이며, 시장의 조정작용에 의해 신속히 균형이 성립되어야 한다.

2. 시장의 실패 원인

(1) 규모의 경제(economies to scale)

생산량의 증가에 따라 장기평균비용(LAC)이 하락하는 규모의 경제가 있으면 독점이나 과점이 발생하기 쉽고, 독과점이 존재하면 자원의 비효율적 배분, 즉 시장의 실패가 발생한다.

(2) 외부효과(external effect) ★27, 28, 29, 32, 33, 34회 기출★

① 외부효과의 뜻

  ㉠ 어떤 경제주체의 경제활동 결과가 시장의 외부를 통해, 즉 가격기구를 통하지 않고 다른 경제주체의 후생에 영향을 미치는 것을 말한다.

  ㉡ 가격기구를 통하지 않으므로 그에 대한 대가를 지불하지 않고, 따라서 시장의 실패가 발생한다. 외부효과를 외부성(externality)이라고도 한다.

② 외부효과의 유형

  ㉠ 외부경제 : 어떤 경제주체의 경제활동 결과가 다른 경제주체의 후생을 증가시키는 경우 이를 외부경제(external economy), 또는 양(+)의 외부효과라고 한다. 외부경제는 양봉업자와 과수원, 주택가의 꽃밭, 공원이나 호수를 조성하는 경우 나타날 수 있다.

  ㉡ 외부불경제 : 다른 경제주체의 후생을 감소키는 경우 이를 외부불경제(external diseconomy), 또는 음(−)의 외부효과라고 한다. 외부불경제의 예로는 공해나 환경오염 등을 들 수 있다.

③ 사회적 비용과 사적 비용

  ㉠ 사회적 비용은 사적 비용과 외부성으로 발생하는 외부비용(external cost)의 합계이다. 여기서 외부비용은 외부경제의 경우 음(−)이고, 외부불경제의 경우 양(+)이다. 따라서 외부불경제가 있는 경우에는 사회적 한계비용(SMC)이 사적 한계비용(PMC)보다 크고, 외부경제가 있는 경우에는 사회적 한계비용(SMC)보다 사적 한계비용(PMC)이 크다.

  ㉡ 음(−)의 외부비용을 외부편익(external benefit)으로 파악하여 분석하는 방법이 최근 많이 활용되고 있다.

④ 자원배분에 미치는 영향

  ㉠ 기업은 환경오염으로 인한 외부비용을 인식하지 않고 따라서 그에 대한 대가를 지불하지 않는다.

  ㉡ 기업은 사적 비용만 인식하므로, 기업은 이윤의 극대화를 위해 $PMC=MR$에서 산출량을 결정한다.

  ㉢ 그러나 사회적으로는 $SMC=MR$에서 산출량을 결정하는 것이 바람직하다(즉 자원의 효율적 배분이 이루어진다).

  ㉣ 그러나 경쟁시장에서는 외부성에 대한 외부비용을 지불하지 않으므로 $PMC=MR$에서 산출량이 결정되어 사회적으로 최적인 산출량보다 더 많이 생산되므로 시장의 실패가 발생한다.

⑤ 외부효과에 대한 정부의 정책

  ㉠ 외부불경제의 경우 : 정부는 자원의 효율적 배분이 이루어지는 산출량, 즉 사회적으로 최적인 산출량 Q_S를 구하고 SMC와 PMC의 차이만큼 조세를 부과한다. 그러면 단위당 조세액만큼 PMC 곡선이 상방이동하여 SMC곡선과 같아지므로 사회적으로 바람직한 산출량인 Q_S가 생산된다.

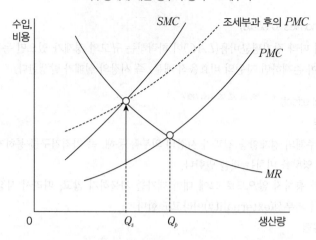

▶ 외부경제에 대한 정부의 정책－조세부과

ⓛ 외부경제의 경우 : 외부경제가 있는 경우에는 PMC가 SMC보다 크다. 따라서 정부는 $SMC=MR$에서 사회적으로 최적인 산출량 Q_S를 구하고 PMC와 SMC의 차이만큼 보조금을 지급한다. 그러면 단위당 보조금만큼 PMC곡선이 하방이동하여 SMC곡선과 같아지므로 사회적으로 바람직한 산출량인 Q_S가 생산된다.

▶ 외부경제에 대한 정부의 정책－보조금 지급

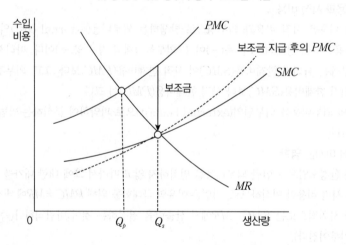

더 알아보기 코즈 정리 ★34회 기출★

• 환경오염에 외부불경제가 존재하는 이유는 오염행위자의 오염행위가 제3자에게 손해를 끼치고 있음에도 불구하고 그에 대한 배상이 이루어지지 않기 때문이다. 그런데 손해를 보는 제3자에게 환경에 대한 재산권을 부여하면 오염행위를 마음대로 할 수 없게 된다.

• 코즈(Ronald H. Coase)는 환경에 대한 재산권을 분명하게 해준다면 정부의 개입없이 시장기구가 스스로 외부효과 문제를 효율적으로 해결할 수 있다는 것을 보여 주었는데 이를 코즈 정리(Coase's theorem)라고 한다.

• 코즈는 재산권의 부여를 통하여 환경오염의 수준을 조절할 수 있는 방법으로는 협상(bargain)과 합병(merger) 두 가지를 제시하고 있다. 그러나 협상이나 합병에 의한 해결방법은 오염의 내용이 단순하고 거래비용이 작을 때만 효과적이다. 협상과 합병에 따르는 거래비용이 크다면 협상이나 합병이 이루어지기 어렵다.

(3) 공공재 ★31, 32회 기출★

공공재(public goods)가 있는 경우에는 공공재의 특성, 즉 소비에서의 비배제성과 소비에서의 비경합성으로 인해 무임승차(free rider)문제가 발생하고 이로 인해 시장의 실패가 유발된다. 따라서 공공재는 민간기업이 생산하지 못하고 정부가 생산한다.

더 알아보기 공공재와 공유자원

• 배제성과 경합성을 기준으로 재화를 구분하는 것이 경우에 따라서는 유용하게 이용될 수 있다.

구분	경합성 있음	경합성 없음
배제성 있음	사적 재화	자연독점
배제성 없음	공유자원	공공재

• 공유자원(common resources)은 경합성은 있으나 배제성이 없는 재화를 말한다. 바닷속의 물고기, 깨끗한 공기와 물, 땅속의 석유 등이다.
• 공유자원의 경우 재산권(property rights)이 명확하게 확립되어 있지 않기 때문에 시장이 자원을 효율적으로 배분하지 못한다.

더 알아보기 공유자원의 비극 ★34회 기출★

• 공유자원의 비극(Tragedy of the Commons), 또는 황무지의 비극은 공유자원에 대해서는 재산권이 명확하게 설정되어 있지 않기 때문에 과도하게 사용되어 자원이 고갈되는 상황에 대한 우화이다. 공유자원의 비극은 외부효과 때문에 발생한 것이다. 즉 음의 외부효과 때문에 공유자원이 과도하게 사용되는 것이다.
• 정부의 해결
  – 규제를 통해 해결
  – 세금을 부과하여 외부효과를 내부화
  – 공유자원에 재산권을 부여하여 해결

(4) 비대칭적 정보 ★28, 34회 기출★

① 비대칭 정보의 의의

ㄱ 완전경쟁시장의 경우 완전한 정보를 가정하지만 현실적으로는 수요자와 공급자간, 고용주와 피고용자 간에 정보가 균등하게 존재하지는 않는다.

ㄴ 그러한 사실을 경제주체들이 인식하는 경우 비대칭 정보(asymmetric information)가 존재한다고 한다.

ㄷ 비대칭적 정보가 존재하는 경우에는 도덕적 해이나 역(逆)선택의 문제가 발생하여 시장의 실패가 유발된다.

② 도덕적 해이

ㄱ 화재보험 시장의 경우 일단 보험에 가입한 사람은 화재방지를 위한 노력을 기울이지 않는다. 이에 따라 화재발생 확률이 높아지고, 보험회사는 전보다 많은 보험금을 지급하기 때문에 보험료를 인상함으로써 모든 화재보험 가입자가 높은 보험료를 부담하게 된다.

ㄴ 이처럼 화재보험 가입자가 화재를 방지하려는 노력을 기울이지 않는 현상을 도덕적 해이(moral hazard)라고 한다.

③ **역선택** ★32회 기출★

㉠ 화재보험상품이 만들어지면 화재가 발생할 가능성이 높은 사람들이 우선적으로 보험에 가입하기 때문에 보험회사가 으레 손해를 보게 된다.

㉡ 이처럼 화재발생의 위험도가 커 보험금을 탈 가능성이 높은 사람들만 보험에 가입하게 되는 경향을 역선택(adverse selection)이라고 한다.

㉢ 보험시장은 위험에 대비하려는 사람들의 욕구를 충족시켜 주지만 도덕적 해이와 역선택 때문에 모든 위험을 피할 수 있게 해주지는 못한다.

3. 정부의 실패

(1) 정부의 시장개입

① 앞에서 경쟁시장에서도 외부효과와 공공재가 존재하면 시장의 실패가 일어날 수 있다는 것을 보았다. 그러나 불완전 경쟁시장에서는 시장의 실패가 훨씬 크게 일어난다.

② 따라서 오늘날 모든 국가가 불완전경쟁을 완화하고 시장의 실패를 해결하기 위해 시장에 개입하고 있다.

(2) 정부의 실패

① 정부의 실패

정부의 개입으로 시장의 실패가 해결된다고 볼 수는 없다. 오히려 정부의 과도한 개입이나 잘못된 개입이 자원배분을 더욱 더 비효율적으로 만들기도 하는데 이를 정부의 실패라고 한다. 정부의 실패(government failure)란 정부의 시장개입과 규제가 효율적인 자원배분을 저해하는 현상을 의미한다.

② 정부의 실패 원인

㉠ 규제자의 불완전한 지식 · 정보

㉡ 규제수단의 불완전성

㉢ 규제의 경직성

㉣ 근시안적인 규제

㉤ 규제자의 개인적 편견이나 권한확보 욕구

㉥ 정치적 제약 등

제10장 | 확인학습문제

01 X재 산업의 역공급함수는 $P=440+Q$이고, 역수요함수는 $P=1,200-Q$이다. X재의 생산으로 외부편익이 발생하는데, 외부한계편익함수는 $EMB=60-0.05Q$이다. 정부가 X재를 사회적 최적수준으로 생산하도록 보조금 정책을 도입할 때, 생산량 1단위당 보조금은?(단, P는 가격, Q는 수량) ★31회 기출★

☑확인
Check!
○
△
×

① 20   ② 30

③ 40   ④ 50

⑤ 60

해설

난도 ★★

생산량 1단위당 보조금(Pigou 보조금)을 외부한계편익 EMB만큼 지급하면 사회적 최적수준을 생산하게 된다.

역수요함수에 외부한계편익함수를 더하면 사회적 역수요함수가 구해진다. 즉 사회적 역수요함수$=1,200-Q+60-0.05Q=$ $1,260-1.05Q$이다. 이를 역공급함수와 연립하여 풀면 사회적 최적수준이 구해진다. 즉 $1,260-1.05Q=440+Q$이고, $820=$ $2.05Q$이므로 사회적 최적수준 $Q=400$이다.

이를 EMB함수에 대입하면 $EMB=40$이다. 따라서 생산량 1단위당 보조금은 40이다.

답 ③

---

02 ( )에 들어갈 내용으로 옳은 것은? ★29회 기출★

☑확인
Check!
○
△
×

> • 생산의 긍정적 외부효과가 있을 때, (ㄱ)이 (ㄴ)보다 작다.
> • 소비의 부정적 외부효과가 있을 때, (ㄷ)이 (ㄹ)보다 크다.

① ㄱ : 사회적 한계비용, ㄴ : 사적 한계비용, ㄷ : 사회적 한계편익, ㄹ : 사적 한계편익

② ㄱ : 사회적 한계비용, ㄴ : 사적 한계비용, ㄷ : 사적 한계편익, ㄹ : 사회적 한계편익

③ ㄱ : 사적 한계비용, ㄴ : 사회적 한계비용, ㄷ : 사회적 한계편익, ㄹ : 사적 한계편익

④ ㄱ : 사적 한계비용, ㄴ : 사회적 한계비용, ㄷ : 사적 한계편익, ㄹ : 사회적 한계편익

⑤ ㄱ : 사회적 한계편익, ㄴ : 사적 한계편익, ㄷ : 사적 한계비용, ㄹ : 사회적 한계비용

난도 ★★

생산의 긍정적 외부효과가 있을 때 $SMC = PMC - EMB$이므로 SMC가 PMC보다 작다. 한편, 소비의 부정적 외부효과가 있을 때 $SMB = PMB - EMC$이므로 SMB가 PMB보다 작다.

답 ②

03 다음 ( ) 안에 들어갈 내용으로 알맞은 것은? ★28회 기출★

> 관상용 나무재배는 공기를 정화하는 긍정적 외부효과(externality)를 발생시킨다. 나무재배 시 사회적 효용은 사적 효용보다(과) (ㄱ), 사회적 최적 재배량은 사적 균형 재배량보다(과) (ㄴ).

① ㄱ : 크며 ㄴ : 많다

② ㄱ : 크며 ㄴ : 적다

③ ㄱ : 작으며 ㄴ : 많다

④ ㄱ : 작으며 ㄴ : 적다

⑤ ㄱ : 동일하고 ㄴ : 동일하다

난도 ★

긍정적 외부효과가 있는 경우 사회적 한계편익(SMB)=사적 한계편익(PMB)+외부한계편익(EMB)이므로 사회적 효용은 사적 효용보다 크다. 그리고 이런 경우 사적 균형생산량은 사회적 최적생산량보다 적다.

이 경우 정부가 개입하여 외부한계편익만큼 보조금(피구 보조금)을 지급하면 생산량을 증가시키므로 사회적 최적 생산량을 생산하게 된다.

답 ①

04 온실가스 배출량(Q)을 저감하기 위한 한계저감비용은 $40 - 2Q$이고, 온실가스 배출로 유발되는 한계피해비용은 $3Q$이다. 최적의 온실가스 배출량과 한계저감비용은? ★28회 기출★

① 8, 24

② 9, 27

③ 10, 30

④ 11, 33

⑤ 12, 36

난도 ★★

최적의 온실가스 배출량은 한계저감비용=한계피해에서 이루어진다. 따라서 $40 - 2Q = 3Q$에서 $Q = 8$이다. 이를 한계저감비용 함수에 대입하면 한계저감비용=24이다.

답 ①

05 사적재화 X재의 개별수요함수가 $P=7-q$인 소비자가 10명이 있고, 개별공급함수가 $P=2+q$인 공급자가 15명이 있다. X재 생산의 기술진보 이후 모든 공급자의 단위당 생산비가 1만큼 하락하는 경우, 새로운 시장균형가격 및 시장균형거래량은?(단, P는 가격, q는 수량이다)

★28회 기출★

① 3.4, 36　　　　　　　　　② 3.8, 38

③ 4.0, 40　　　　　　　　　④ 4.5, 42

⑤ 5.0, 45

해설
난도 ★★★

시장수요함수는 개별수요함수의 수평합이므로 시장수요함수는 역수요함수인 경우 개별수요함수와 세로축의 절편은 같고 기울기는 1/10배가 된다. 따라서 시장수요함수는 $P=7-\dfrac{1}{10}Q$이다. 시장공급함수도 같은 방법으로 구하면 $P=2+\dfrac{1}{15}Q$이다.

기술진보로 단위당 생산비가 1만큼 하락하면 기울기는 그대로이고 절편만 1 감소하므로 시장공급함수 $P=1+\dfrac{1}{15}Q$가 된다.

두 함수를 연립하여 풀면 $7-\dfrac{1}{10}Q=1+\dfrac{1}{15}Q$에서 $Q=36$이고, 이를 시장수요함수나 시장공급함수에 대입하면 $P=3.4$이다.

답 ①

---

06 정보의 비대칭성에 관한 설명으로 옳지 <u>않은</u> 것은?

★28회 기출★

① 사고가 발생할 가능성이 높은 사람일수록 보험에 가입할 가능성이 크다는 것은 역선택(adverse selection)에 해당한다.

② 화재보험 가입자가 화재예방 노력을 게을리 할 가능성이 크다는 것은 도덕적 해이(moral hazard)에 해당한다.

③ 통합균형(pooling equilibrium)에서는 서로 다른 선호체계를 갖고 있는 경제주체들이 동일한 전략을 선택한다.

④ 선별(screening)은 정보를 보유하지 못한 측이 역선택 문제를 해결하기 위해 사용할 수 있는 방법이다.

⑤ 항공사가 서로 다른 유형의 소비자에게 각각 다른 요금을 부과하는 행위는 신호발송(signaling)에 해당한다.

해설
난도 ★★

⑤ 항공사가 서로 다른 유형의 소비자에게 각각 다른 요금을 부과하는 행위는 선별(screening)에 해당한다.

답 ⑤

07 X재의 생산과정에서 양(+)의 외부효과가 발생할 때 균형산출량 수준에서 옳은 것은?(단, X재 시장은 완전경쟁시장이고, X재에 대한 수요의 법칙과 공급의 법칙이 성립하며, 정부의 개입은 없다고 가정한다. P는 X재의 가격, PMC는 X재의 사적 한계비용, SMC는 X재의 사회적 한계비용이다)   ★27회 기출★

① $P=SMC=PMC$
② $P=PMC>SMC$
③ $P=PMC<SMC$
④ $P=SMC<PMC$
⑤ $PMC<SMC<P$

해설
난도 ★★
양(+)의 외부효과, 즉 외부편익이 발생하는 경우 외부한계비용은 음(−)이다. 따라서 $SMC=PMC+EMC$에서 $P=PMC>SMC$가 성립한다. 반면 음(−)의 외부효과, 즉 외부비용이 발생하는 경우에는 $P=PMC<SMC$가 성립한다.

답 ②

08 기업 A의 사적한계비용 $MC=\dfrac{1}{2}Q+300$, $P=500$이고 기업 A가 발생시키는 환경오염 피해액은 단위당 100이다. 기업 A의 사회적 최적산출량은?(단, 완전경쟁시장을 가정하고, Q는 산출량, P는 가격이다)   ★34회 기출★

① 200
② 400
③ 600
④ 800
⑤ 1,000

해설
난도 ★
사회적한계비용(SMC)= 사적한계비용(PMC)+ 외부한계비용(EMC)이므로,

$SMC=\dfrac{1}{2}Q+300+100=\dfrac{1}{2}Q+400$

P=SMC에서 $500=\dfrac{1}{2}Q+400$ ∴$Q=200$

답 ①

09 생산측면에서 외부효과가 발생하는 경우에 관한 설명으로 옳지 <u>않은</u> 것은?

① 부정적 외부효과가 존재할 경우, 시장균형거래량에서 사회적 한계비용이 시장균형가격보다 낮다.

② 긍정적 외부효과가 존재할 경우, 시장균형거래량은 사회적 최적거래량보다 작다.

③ 부정적 외부효과가 존재할 경우, 경제적 순손실(자중손실)이 발생한다.

④ 긍정적 외부효과가 존재할 경우, 경제적 순손실(자중손실)이 발생한다.

⑤ 외부효과는 한 사람의 행위가 제3자의 경제적 후생에 영향을 미치고, 그에 대한 보상이 이루어지지 않을 때 발생한다.

> 해설
>
> 난도 ★
>
> ① 부정적 외부효과가 존재할 경우 시장균형거래량은 $PMC=PMB$에서 결정된다. $PMC<SMC$이므로 사회적 한계비용이 시장균형가격보다 높다.
>
> 답 ①

10 다음 표는 소비의 배제성과 경합성의 존재 유무에 따라 재화를 분류하고 있다. 다음 표에서 C에 해당하는 재화로 옳은 것은?

배제성		경합성	
		있음	없음
	있음	A	B
	없음	C	D

① 사적(私的) 재화   ② 유료 도로

③ 국방서비스   ④ 유료 케이블 TV

⑤ 공해(公海) 상의 물고기

> 해설
>
> 난도 ★
>
> 경합성은 있으나 배제성이 없는 재화는 공유자원이다. 공해(公海) 상의 물고기는 공유자원이다. 공해상에 있으므로 누구나 잡을 수는 있으나(비배제성), 누군가 너무 많이 잡으면 그 양이 줄어든다(경합성).
>
> 답 ⑤

11 중고차 시장에서 품질에 대한 정보의 비대칭성이 존재하는 경우 나타날 수 있는 현상으로 옳은 것을 모두 고른 것은?

> ㄱ. 정보의 비대칭성이 없는 경우보다 시장에서 거래되는 중고차의 품질이 올라간다.
> ㄴ. 보증(warranty)과 같은 신호발송(signaling)을 통해 정보의 비대칭으로 인한 문제를 완화할 수 있다.
> ㄷ. 역선택(adverse selection)의 문제가 발생할 수 있다.

① ㄱ
② ㄴ
③ ㄱ, ㄴ
④ ㄴ, ㄷ
⑤ ㄱ, ㄴ, ㄷ

해설
난도 ★★

중고차 시장에서 품질에 대한 정보의 비대칭성이 존재하는 경우 상태가 좋은 중고차는 제대로 된 값을 받을 수 없으므로 시장에서 사라지는 현상, 즉 역선택(adverse selection)의 문제가 발생할 수 있다. 따라서 정보의 비대칭성이 없는 경우보다 시장에서 거래되는 중고차의 품질이 낮아진다.
이런 문제를 해결하기 위해 보증(warranty)과 같은 신호발송(signaling) 방법을 도입할 수 있다.

답 ④

---

12 甲과 乙 두 사람이 사는 사회에서 甲의 소득을 X, 乙의 소득을 Y라 표시하고, 이들의 소득분포는 (X, Y)의 형태로 표시한다. 소득분포 상태를 평가하는 세 가지 원칙은 아래와 같다. 다음 설명으로 옳지 <u>않은</u> 것은?

> A : 사회에서 가장 가난한 사람의 소득이 높을수록 바람직하다.
> B : 모든 사회 구성원들의 소득의 총합이 클수록 바람직하다.
> C : 모든 사회 구성원들의 소득이 균등하게 분포될수록 바람직하다.

① 소득분포 (3, 2)와 (5, 1)을 비교할 때, 원칙 A에 따르면 (3, 2)가 더 바람직하다.
② 소득분포 (3, 2)와 (4, 2)를 비교할 때, 원칙 B에 따르면 (4, 2)가 더 바람직하다.
③ 소득분포 (1, 1)와 (4, 1)을 비교할 때, 원칙 C에 따르면 (1, 1)가 더 바람직하다.
④ 소득분포 (3, 3)와 (2, 3)을 비교할 때, 위 세 가지 원칙 모두 (3, 3)을 더 바람직하다고 판단한다.
⑤ 소득분포 (2, 3)와 (7, 3)을 비교할 때, 위 세 가지 원칙 중 (7, 3)이 명백히 더 바람직하다고 판단하는 원칙은 B뿐이다.

해설
난도 ★★★

A는 롤스의 사회후생함수로 가장 가난한 사람의 소득이 높을수록 바람직하다. 따라서 (3, 2)가 더 바람직하다.
B는 공리주의(벤담)의 사회후생함수로 두 사람의 소득의 합이 클수록 바람직하다. 따라서 (4, 2)가 더 바람직하다.
C는 평등주의 사회후생함수이다. (1, 1)이 균등분포이므로 더 바람직하다.
⑤ 소득분포 (2, 3)와 (7, 3)을 비교할 때, 원칙 A와 B에 따르면 (7, 3)이 더 바람직하다고 판단한다.

답 ⑤

13 외부성에 관한 설명으로 옳은 것을 모두 고른 것은?

ㄱ. 부(-)의 외부성이 존재하면 시장 생산량은 사회적 최적 생산량보다 많다.

ㄴ. 외부성은 합병이나 보조금 혹은 조세 등을 통해 내부화시킬 수 있다.

ㄷ. 코즈(R. Coase)에 의하면 외부성이 존재하더라도 재산권이 확립되어 있으면 정부의 개입이 불필요할 수 있다.

① ㄱ
② ㄱ, ㄴ
③ ㄴ, ㄷ
④ ㄱ, ㄷ
⑤ ㄱ, ㄴ, ㄷ

해설

난도 ★★

ㄱ. 부정적 외부효과가 발생하면 사회적 최적 생산량보다 많이 생산된다. 이 경우 외부한계비용만큼 조세(피구세)를 부과하면 사회적 최적 생산량을 달성할 수 있다.

ㄴ. 긍정적 외부효과가 있는 경우 보조금(피구보조금)을 통해 사회적 최적생산량을 달성할 수 있다.

ㄷ. 코즈(R. Coase)에 의하면 재산권이 확립되어 있고 협상비용이 들지 않으면 당사자간 자발적인 협상을 통해 외부효과를 해결할 수 있다.

답 ⑤

14 10가구만 살고 있는 마을에서 공공재를 생산하고자 한다. 이 공공재에 대한 개별가구의 수요함수는 $Q = 100 - 10P$로 동일하고, 이 공공재 생산의 한계비용은 5로 일정하다. 이 마을의 사회적 후생을 극대화시키는 공공재 생산량은?(단, Q는 수요량, P는 가격)

① 50
② 95
③ 125
④ 250
⑤ 500

해설

난도 ★★★

공공재의 시장수요함수는 개별수요함수의 수직적 합계이다. 개별수요함수 $Q = 100 - 10P$를 다시 정리하면 $P = 10 - \frac{1}{10}Q$이다. 10가구가 있으므로 시장수요함수는 $P = 100 - Q$이다. $P = MC$에서 최적생산량을 구할 수 있다. $100 - Q = 5$에서 $Q = 95$이다.

답 ②

15 X재의 생산으로 오염물질이 발생한다. X재의 수요곡선은 $P=80-Q$이고 사적 한계비용(Private marginal cost, PMC)은 $PMC=Q+30$이다. X재의 생산으로 사적 한계비용에 부가적으로 발생하는 사회적 한계피해액(social marginal damage, SMD)은 $SMD=2Q+10$이다. 이 경우 X재의 사회적 최적 생산량을 달성하기 위해 정부가 부과해야 하는 종량세의 크기는?

① 10
② 20
③ 30
④ 40
⑤ 50

해설

난도 ★★★

X재의 사회적 최적 생산량을 달성하기 위해서는 한계피해액 SMD(외부한계비용 EMC)만큼을 종량세(Pigouvian tax)로 부과해야 한다. $SMC=PMC+SMD=Q+30+2Q+10=3Q+40$이다.

최적생산량을 구하기 위해 수요곡선과 연립하여 풀면 $80-Q=3Q+40$에서 $Q=10$이 된다. 이를 SMD에 대입하면 $SMD=2Q+10=30$이다. 즉 단위당 30의 종량세를 부과하면 최적 생산량을 달성할 수 있다.

답 ③

16 롤스(J. Rawls)의 사회후생함수를 옳게 표현한 것은?(단, 이 경제에서는 甲, 乙만 존재하며, W는 사회 전체의 후생, U는 甲의 효용, V는 乙의 효용이다)

① $W=\min(U, V)$
② $W=\max(U, V)$
③ $W=U\times V$
④ $W=(U+V)/2$
⑤ $W=U+V$

해설

난도 ★★

롤스는 가장 빈곤한 계층의 효용수준에 의해 그 사회의 후생수준을 평가한다. 따라서 사회후생의 목표는 가장 빈곤한 사람의 효용을 극대화하는 것이고, 이를 최소극대화의 원칙(maximin principle)이라고 한다. 롤스의 주장은 레온티에프(W. Leontief) 사회후생함수 $W=\min(U, V)$로 표현된다. 이는 극단적으로 평등주의적인 사회후생함수이다.

② $W=\max(U, V)$는 극단적으로 불평등적인 사회후생함수이다.
③ $W=U\times V$, 즉 콥−더글러스 사회후생함수는 평등주의적 가치관을 반영한 사회후생함수이다. 원점에 대해 볼록한 형태의 사회무차별곡선으로 나타난다.
⑤ $W=U+V$는 선형후생함수로 공리주의적 또는 벤담(J. Bentham)의 사회후생함수이다. 사회후생은 각 개인의 효용의 단순 합이다. 최대 다수의 최대 행복을 강조하는 철학을 반영하는 사회후생함수이다.

답 ①

17 비대칭적 정보로 인한 역선택 현상에 대한 설명으로 옳지 <u>않은</u> 것은?

① 보험시장에서의 역선택 현상은 보험계약 이후 시점에 발생하는 정보비대칭성의 문제이다.

② 역선택 현상은 은행 대출에서도 발생할 수 있다.

③ 정부가 기업을 규제할 경우 피규제 기업의 사적정보 때문에 역선택 현상이 발생할 수 있다.

④ 보험시장에서의 역선택은 사고위험이 더 높은 사람이 보험에 가입하게 되는 현상을 말한다.

⑤ 보험회사는 역선택 현상을 방지하기 위하여 피보험자의 사적정보를 얻기 위한 여러 가지 선별제도를 활용한다.

해설

난도 ★

보험시장에서의 역선택 현상은 사고위험을 잘 알 수 없으므로 보험계약 이전 시점에 발생하는 정보비대칭성의 문제이다.

답 ①

---

18 완전경쟁시장의 일반균형에 대한 다음 설명 중 가장 옳지 <u>않은</u> 것은?

① 각 생산자의 이윤이 극대화되고 양의 값을 가진다.

② 예산집합에서 각 소비자의 효용이 극대화된다.

③ 일반균형배분은 파레토 효율적이지만 공평성을 보장하지는 않는다.

④ 한 소비자의 후생을 높이려면 반드시 다른 소비자의 후생이 낮아져야 한다.

⑤ 선호체계와 생산기술에 대한 몇 가지 가정이 성립할 때, 초기부존자원을 적절히 재분배하여 임의의 파레토 효율적 배분을 일반균형이 되게 할 수 있다.

해설

난도 ★★

완전경쟁시장에서 단기에 가격이 평균비용보다 낮으면(또는 총수입이 총비용보다 낮으면) 손실을 볼 수 있다.

답 ①

19 경제 전체의 파레토 효율성을 만족시키는 상황에 관한 설명으로 옳지 <u>않은</u> 것은?

① 각 재화 생산요소들의 한계기술대체율과 각 재화의 가격비가 일치한다.

② 각 재화의 한계변환율과 한계대체율이 일치한다.

③ 소비자들의 각 재화의 한계대체율이 일치한다.

④ 각 재화 생산요소들의 한계기술대체율이 일치한다.

⑤ 각 재화의 가격비와 한계변환율이 일치한다.

[해설]

난도 ★★

파레토 효율성이 충족되려면 각 재화의 한계대체율과 각 재화의 가격비가 일치해야 한다. 또한 각 생산요소들의 한계기술대체율과 각 생산요소의 가격비가 일치해야 한다.

답 ①

---

20 일반균형에 대한 설명 중 옳지 <u>않은</u> 것은?

① 개인의 선호의 형태와는 관계없이 일반균형은 존재한다.

② 일반균형이란 국민경제 내의 모든 시장이 동시에 균형을 이루고 있는 상태를 말한다.

③ 다른 사람의 후생을 감소시키지 않고서는 한 사람의 후생을 증가시킬 수 없는 상태를 파레토 효율이라고 하며, 에지워스상자(Edgeworth box) 내 계약곡선(contract curve)상의 모든 점들이 이를 충족시킨다.

④ 각 재화시장이 불균형 상태에 있을 경우, 두 재화의 상대가격의 변화를 통해 일반균형에 도달할 수 있다.

⑤ 오퍼곡선(offer curve)은 두 시장의 수요－공급곡선을 동시에 나타낼 수 있다.

[해설]

난도 ★★

일반균형이 성립하려면 개인의 선호가 강단조성(strong monotonicity)을 보여야 한다. 즉 상품의 소비량이 늘어날수록 효용이 증가하는 선호구조가 전제될 때만 일반균형이 성립할 수 있다.

답 ①

21 독점기업이 공급하는 X재의 시장수요곡선은 Q=200-P이고, 기업의 사적 비용함수는 C=Q²+20Q+10이고, 환경오염에 의한 추가적 비용을 포함한 사회적 비용함수는 SC=2Q²+20Q+20이다. 이 경우 사회적으로 바람직한 최적생산량은?(단, Q는 생산량, P는 시장가격이다)

★33회 기출★

① 24   ② 36

③ 60   ④ 140

⑤ 164

> **해설**
>
> 난도 ★★★
>
> 사회적으로 바람직한 최적생산량은 사회적 한계편익(SMB)=사회적 한계비용(SMC)에서 결정된다. 시장수요곡선 $P=200-Q$가 사회적 한계편익 SMB이다. 사회적 한계비용 $SMC=PMC+EMC$로 PMC와 EMC의 수직합이다.
>
> $PMC=\dfrac{dC}{dQ}=2Q+20$이고, $EMC=\dfrac{dSC}{dQ}=4Q+20$이고 $SMC=4Q+20$이다. $200-Q=4Q+20$에서 최적생산량 $Q^*=36$이다.
>
> 답 ②

---

22 후생경제이론에 관한 설명으로 옳지 <u>않은</u> 것은?

★34회 기출★

① 계약곡선 위의 모든 점은 파레토효율적 배분을 대표한다.

② 일정한 전제하에서 왈라스균형은 일반경쟁균형이 될 수 있다.

③ 차선의 이론에 따르면 점진적 접근방식에 의한 부분적 해결책이 최선은 아닐 수 있다.

④ 후생경제학의 제1정리에 따르면 일반경쟁균형의 배분은 파레토효율적이다.

⑤ 후생경제학의 제2정리는 재분배를 위한 목적으로 가격체계에 개입하는 것에 정당성을 부여한다.

> **해설**
>
> 난도 ★★
>
> ⑤ 후생경제학의 제2정리는 모든 개인들의 선호가 볼록성을 충족하면 초기 부존자원의 적절한 재분배를 통하여 임의의 파레토효율적인 자원배분을 일반경쟁균형을 통해서 달성할 수 있다는 것이다. 그러나 공평성을 달성하기 위해 초기 부존자원을 재분배하는 경우, 가격체계에 영향을 미치지 않아야 한다.
>
> ① 계약곡선은 에지워스 상자 내의 파레토 효율적인 지점들을 연결한 선이다.
>
> ③ 차선의 이론이란 자원배분의 파레토효율성을 달성하기 위한 모든 조건이 충족되지 않는 상황에서는, 그 중에서 더 많은 효율성조건을 충족시킨다고 해서 사회적으로 더 바람직한 상태가 되는 것은 아님을 의미한다. 이는 점진적 접근방식을 통하여 일부 효율성조건을 추가로 충족시킨다고 해서 사회후생이 증가한다는 보장이 없으며 오히려 부정적인 효과를 나타낼 가능성도 있음을 의미한다.
>
> ④ 후생경제학의 제1정리는 시장구조가 완전경쟁적이고 시장실패요인(외부성, 공공재)이 존재하지 않는다면 일반경쟁균형의 자원배분은 파레토효율적이라는 것이다. 효율성의 관점에서 시장경제체제를 설명하였다는 의미를 지닌다.
>
> 답 ⑤

23 후생경제학에 관한 설명 중 옳지 **않은** 것은?

① 후생경제학의 제2정리는 선호의 볼록성과 초기부존자원의 적절한 분배를 전제로 한다.
② 독점에서는 파레토 효율적 배분이 달성될 수 없다.
③ 초기부존자원의 계약곡선상에 있으면 교환이 발생하지 않는다.
④ 파레토효율성이 분배의 공평성을 보장하지는 않는다.
⑤ 선호체계가 강단조성을 갖고 시장실패가 없을 경우 일반경쟁균형은 파레토효율적이다.

해설
난도 ★★
독점시장이라도 파레토 효율적 배분이 달성될 수 있는 가능성은 있다. 예를 들어 독점기업이 1차 가격차별을 하는 경우 완전경쟁과 같은 상태가 되므로 파레토 효율적 배분이 달성될 수 있다.

답 ②

24 파레토효율에 관한 설명으로 옳지 **않은** 것은?

① 파레토효율적인 사회상태에서는 어떤 경제주체의 효용증대를 위해서는 다른 경제주체의 효용이 감소되어야만 한다.
② 후생경제학의 제1최적정리는 일정한 조건 하에서 완전경쟁시장경제는 스스로 파레토효율을 달성하게 됨을 보여준다.
③ 생산가능곡선(production possibility frontier)상에서는 생산의 파레토효율이 항상 달성된다.
④ 경제학에서 파레토효율이란 일반적으로 한정된 자원의 효율적인 사용과 관련된 의미이다.
⑤ 경제가 파레토효율적인 상태에 있다면 공정한 분배도 보장된다.

해설
난도 ★★
파레토최적에서는 자원의 효율적 배분이 이루어지지만 소득의 공정한 분배가 보장되지는 않는다.

답 ⑤

25 후생경제학 제1정리에 대한 설명으로 옳은 것은?

① 모든 경쟁균형은 공평(fair)하다.

② 경쟁균형은 항상 존재한다.

③ 파레토 최적일 때 모든 소비자는 반드시 동일한 부의 분배가 이루어진다.

④ 완전경쟁시 개인의 사적 이득 추구행위는 공익에 부합하는 결과를 낳는다.

⑤ 시장달성균형이 계약곡선상에 위치하지 않는다.

난도 ★★

후생경제학의 제1정리는 시장실패가 발생하지 않으면 완전경쟁시장에서의 자원배분은 파레토최적의 자원배분과 같다는 것이다. 완전경쟁시장에서 각각의 수요자와 공급자가 사적 이득 추구행위를 함으로써 시장의 균형점에서 거래가 이루어지며, 이것이 자원의 효율적 배분이라는 공익추구에 부합하게 된다.

답 ④

26 경제학자 피구(Pigou)는 공해를 발생시키는 기업에게 세금을 부과할 것을 주장하였다. 어느 수준의 세금을 부과할 것을 제시하였는가?

① 재화의 사적 한계비용과 사회적 한계편익이 일치하도록 생산량을 생산하게 하고, 그 생산량에 해당하는 사회적 한계편익과 사적 한계비용과의 차이

② 재화의 사적 한계비용과 수요가 일치하도록 생산량을 생산하게 하고, 그 생산량에 해당하는 사회적 한계비용과 사적 한계비용과의 차이

③ 재화의 사적 한계편익과 사회적 한계편익이 일치하도록 생산량을 생산하게 하고, 그 생산량에 해당하는 사회적 한계편익과 사회적 한계비용과의 차이

④ 재화의 사회적 한계비용과 수요가 일치하도록 생산량을 생산하게 하고, 그 생산량에 해당하는 사회적 한계비용과 사적 한계비용과의 차이

⑤ 재화의 수요와 공급이 일치하도록 생산량을 생산하게 하고, 시장가격과 소비자들의 만족감과의 차이

난도 ★★

피구(A. Pigou)에 의하면 사회적 한계비용과 사회적 한계편익이 일치하는 점에서 거래량이 결정되면 자원의 효율적인 배분이 이루어진다.

공해와 같은 부정적 외부효과가 발생하면 사회적 한계비용곡선과 수요곡선(사회적 한계편익곡선)이 교차하는 점에서 수량을 정하고 사회적 한계비용과 사적 한계비용의 차이만큼 세금을 부과하면 공급곡선이 사회적 한계비용곡선까지 상방이동하므로 사회적으로 최적인 수준을 생산하게 되어 자원의 효율적 배분이 이루어진다.

답 ④

27 외부성에 관한 코즈(Coase)정리의 설명 중 옳지 <u>않은</u> 것은?

① 거래비용의 중요성을 강조하고 있다.

② 시장실패를 교정하기 위해 정부가 반드시 개입할 필요는 없음을 시사한다.

③ 거래비용이 없다면 재산권을 누구에게 귀속시키는가에 따라 자원배분의 효율성이 달라진다.

④ 협상을 통해서 외부성을 내부화시킬 수 있다.

⑤ 소비외부성과 생산외부성에 모두 적용될 수 있다.

> **해설**
> 난도 ★★
> 정부가 재산권을 누구에게 귀속시키는가 하는 것은 민간의 자발적 협상의 결과에 아무런 영향도 미치지 못한다. 다시 말하면 재산권을 누구에게 귀속시키는가에 따라 자원배분의 효율성이 달라지는 것이 아니다.
>
> 답 ③

28 다음은 정보의 비대칭성과 관계된 경제적 현상을 설명한 것이다. 가장 **부적절한** 설명은 어느 것인가?

① 정보를 많이 가진 측의 감추어진 특성으로 인해 발생하는 문제를 역선택(adverse selection)이라 한다.

② 유인설계(incentive system)를 잘 할 경우 도덕적 해이(moral hazard) 문제를 어느 정도 해결할 수 있다.

③ 정부가 자동차 보험의 책임보험을 의무적으로 가입하게 하면 역선택의 문제를 방지할 수 있지만, 이는 사고 위험성이 높은 사람에게는 불리한 제도이다.

④ 선별(screening)이란 불완전하게 정보를 가진 측에서 주어진 자료와 정보를 이용하여 상대방의 특성을 파악하려는 것이고, 신호발송(signaling)이란 정보를 가진 측에서 자발적으로 자신의 특성을 알리려는 노력이다.

⑤ 화재보험에서 화재가 날 경우 손실의 일부분만을 보장해주는 제도를 도입한 것은 도덕적 해이 문제를 완화하기 위해서이다.

> **해설**
> 난도 ★★
> 정부가 자동차 보험의 책임보험을 의무적으로 가입하게 하면 역선택의 문제를 방지할 수 있지만, 이는 사고 위험성이 낮은 사람에게는 불리한 제도이다. 왜냐하면 사고 위험성이 낮은 사람은 자동차보험을 비교적 덜 필요로 하는데 의무적으로 가입해야 하기 때문이다.
>
> 답 ③

제2편

거시경제학

출제경향 & 수험대책

거시경제학에서는 평균적으로 약 40% 정도의 문제가 출제되고 있다. 경제이론에 기반을 둔 계산문제와 여러 분야의 지식을 종합해야 풀 수 있는 계산문제가 거시경제학 전체적인 분야에서 골고루 출제되고 있다. 문제의 난이도는 미시경제학보다 낮은 편이므로 고득점 할 수 있는 분야이다.

GDP 디플레이터와 소비자물가지수 관련 내용, AD-AS 모형 관련 내용, 솔로우(Solow)의 외생적 성장모형, 통화승수, 피셔방정식, 단기 및 장기 필립스 곡선, 통화정책, 화폐수량설(교환방정식), 성장회계방정식, IS-LM 모형 관련내용(계산문제와 곡선의 기울기 등), 실업률 · 경제활동참가율 · 고용률 계산, 항상소득가설, 화폐의 중립성과 고전학파의 이분법 등은 최근 10년간 4번 이상 출제된 내용들이다.

각 장의 출제 포인트에 제시한 내용들이 가장 출제빈도가 높은 내용이므로 잘 정리해두었으면 한다.

제1장 | 거시경제학과 거시경제지표

출제포인트
- GDP 디플레이터와 CPI
- 실질GDP 계산
- 새고전학파와 새케인즈학파의 차이
- 고전학파 경제학의 특징
- 고전학파와 케인즈학파의 차이
- GDP 개념
- GDP와 GNI의 관계
- GDP에 포함되는 것
- 저축의 역설(절약의 역설)

제1절　거시경제학의 과제와 흐름

1. 거시경제학의 과제

(1) 거시경제학의 의미

　① 미시경제학(microeconomics)은 개별경제주체의 행동이나 개별시장의 움직임을 분석하고 체계화하는 경제학의 분야이다.

　② 반면 거시경제학(macroeconomics)은 전체로서의 국민경제의 구조와 성과를 연구하는 분야이다. 그리고 정부의 경제정책의 과정과 그 효과를 분석한다.

(2) 거시경제학의 연구대상

　① 거시경제학의 가장 중요한 두 가지 연구대상은 실업과 인플레이션이다. 그리고 실업과 인플레이션은 국민소득, 고용, 국제수지 등 다른 경제변수들과도 밀접한 관련을 지니고 있으므로 이러한 것들도 거시경제학의 연구대상이다.

　② 이와 함께 단기적인 경기변동, 장기적인 경제성장, 정부의 경제정책 등의 문제도 거시경제학의 주요 연구대상이 된다.

(3) 거시경제정책의 주요목표

① 거시경제학은 정책 지향적(policy oriented)인 성격을 지니고 있다. 이는 세계 대공황 이후, 극도의 경기침체에서 경기회복을 위한 정부의 적극적인 개입을 주장하며 등장한 케인즈(J.M. Keynes)경제학으로부터 거시경제학이 시작된 것을 보면 쉽게 이해할 수 있다.

② 거시경제정책의 주요목표로는 산출량의 증대와 고용의 증대, 물가안정, 국제수지의 균형 또는 환율의 안정 등을 들 수 있다.

(4) 거시경제학의 두 조류

자본주의 경제를 보는 입장의 차이에 따라 거시경제학은 크게 고전학파 계열의 거시경제학과 케인즈 계열의 거시경제학으로 구분된다.

① 고전학파(classical school)는 자유방임주의에 기초하여, 자본주의 경제의 시장 메커니즘은 보이지 않는 손(invisible hand)에 의한 자동조절 능력을 가지고 있으므로 정부의 재량적이고 적극적인 개입은 문제만 더 복잡하게 한다고 주장한다. 따라서 정부의 역할은 시장 메커니즘이 원활하게 작동할 수 있도록 여건을 조성하는 데 국한해야 한다고 주장한다.

② 이에 반해 케인즈(J.M. Keynes)는 자본주의의 시장 메커니즘은 매우 불완전하므로, 정부가 재량적이고 적극적으로 개입하여 시장 메커니즘을 보완해야 한다고 주장한다.

2. 고전학파의 거시경제학 ★34회 기출★

(1) 고전학파 경제학의 기본전제

① 가격기구(price mechanism)의 완전신축성 : 물가와 임금 등 가격기구의 신축적인 작용으로 경제는 항상 균형을 이루고 또한 생산요소의 완전고용이 항상 보장된다.

② 세이(J.B. Say)의 법칙 : 완전고용 수준에서 생산되는 모든 상품은 전부 판매되고 따라서 일반적인 초과공급은 있을 수 없다.

(2) 세이의 법칙

① '공급은 스스로의 수요를 창조한다'(supply creates its own demand)는 세이의 법칙은 상품시장에서는 항상 균형이 달성된다는 것이다. 따라서 상품의 초과수요나 초과공급은 없다는 명제이다.

② 소득의 순환과정에서 누출(leakage) 만큼의 주입(injection)이 항상 존재한다는 것을 의미한다.

③ 즉 저축(S)=투자(I)의 관계가 항상 성립한다. 결국 세이의 법칙은 저축이 있으면 같은 액수의 투자가 있다는 것이다. 여기서 저축이 투자로 연결되는 것은 이자율의 역할이다(고전학파의 대부자금설).

> $S>I$ → 이자율 하락 → 저축 감소, 투자 증가 → $S=I$
> $S<I$ → 이자율 상승 → 저축 증가, 투자 감소 → $S=I$

④ 고전학파 경제학에서 이자율은 총생산의 크기를 결정하는 데는 영향을 미치지 못하고 이미 주어진 총생산 가운데서 저축(=투자)과 소비를 가르는 역할만 한다. 그리고 $S=I$의 균형을 통해 세이의 법칙이 항상 성립하도록 하는 역할을 한다.

- 고전학파의 이자율은 이자율의 증가함수인 저축(S)과 이자율의 감소함수인 투자(I)가 일치하는 곳에서 결정된다(대부자금설, 실물적 이자론).
- 반면 케인즈의 거시이론에서는 이자율이 국민소득(즉 총공급)의 크기를 결정하는데 중요한 역할을 한다.
- 즉 화폐시장에서 화폐에 대한 수요와 공급이 일치하는 곳에서 이자율이 결정되면, 이자율 → 투자 → 총수요 → 총공급 (즉 국민소득)의 메카니즘에 의해 이자율이 총공급, 즉 국민소득의 크기에 영향을 미친다.

⑤ 세이의 법칙에 따르면, 완전고용 수준에서 결정되는 경제의 총공급은 그대로 총소득이 된다. 이에 따라 고전학파 거시이론의 특징은 경제의 국민소득 수준은 공급측면에 의해서만 결정되며 수요측면은 국민소득이나 고용량의 결정에 아무런 영향도 미치지 못한다.

(3) 고전학파의 고용과 생산이론

① 고전학파의 고용이론은 노동의 수요와 공급이론으로, 노동시장에서 노동에 대한 수요와 공급에 의해 고용량(완전고용량)이 결정되면, 총생산함수에 따라 경제의 총생산량(즉 국민소득)이 결정된다. 이때의 생산량은 완전고용 생산량(또는 잠재 GDP)이다.

② 실질임금(w_0)과 고용량(L_0)은 노동수요곡선과 노동공급곡선이 교차하는 점(E)에서 결정된다. 이때의 고용량 L_0는 최대 고용량이고, 시장에서 주어진 실질임금 수준에서 노동자들이 공급하고자 하는 노동량을 표시하므로 완전고용량이다.

③ 한편 노동시장에서 완전고용이 이루어지면 총생산량은 국민경제의 기술적 조건을 반영하는 총생산함수에 따라 Q_0에서 결정되는데 Q_0의 생산량은 완전고용 생산량이다.

▶ 고전학파의 고용과 생산이론

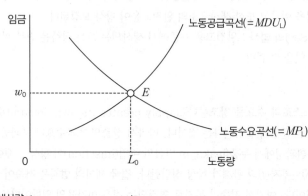

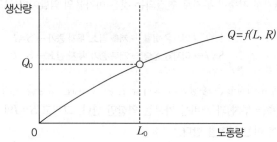

④ 고전학파 경제학에서는 명목임금의 완전신축성(flexibility)을 가정하므로 명목임금의 신축적인 변화에 의해 노동시장에서는 항상 완전고용이 달성된다.

(4) 고전학파의 화폐이론 ★28, 30회 기출★

① 화폐의 중립성

고전학파 거시이론에서 화폐는 고용량이나 총생산량 등 실물변수에는 아무런 영향도 미치지 못하고 오직 물가수준만을 결정하는데 이를 고전학파의 화폐 베일(veil)관, 또는 화폐의 중립성(neutrality of money)이라고 한다.

② 화폐수량설

피셔(I. Fisher)의 교환방정식으로 표현되는 고전학파의 화폐수량설은 $MV=Py$로 화폐의 유통속도(V)와 거래량(y)이 고정되어 있다면 통화량(M)은 단지 물가수준(P)만을 결정한다는 주장이다. 거래량(y)은 총생산량이고 실질 GDP이다.

③ 고전학파의 이자율

고전학파 거시이론에서 화폐부문은 소비, 투자 등 수요측면에는 영향을 미치지 못한다. 즉 주어진 완전고용 국민소득 수준에서 소비, 저축 및 투자는 이자율에 의해서 결정되는데, 이자율은 저축과 투자에 의해 결정되기 때문이다(고전학파의 실물적 이자론).

④ 고전학파의 이분법

㉠ 이상의 논의로부터 고전학파 거시이론에서 화폐부문은 물가수준의 결정에만 관여하고 고용, 생산량, 소득, 소비, 투자 등 실물변수에는 아무런 영향도 미치지 못한다.

㉡ 이처럼 고전학파 경제학에서는 실물부문과 화폐부문이 완전히 분리되어 있는데 이를 고전학파의 이분성(classical dichotomy)이라고 한다.

3. 케인즈의 거시경제학

(1) 케인즈 경제학의 등장배경

① 고전학파 경제학은 임금과 물가가 완전신축적이면 항상 완전고용이 달성되고 따라서 실업은 존재할 수 없다는 주장이다.

② 그러나 1929년의 대공황과 1930년대의 장기침체로 인해 대량의 실업이 발생했음에도 가격의 자동조절 기능이 발휘되지 못함으로써 고전학파 경제학은 설득력을 잃었고 이러한 상황을 배경으로 케인즈(J.M. Keynes) 경제학이 등장하였다.

더 알아보기 대공황기의 실업에 대한 고전학파의 견해

당시의 고전학파 경제학자들은 대규모의 실업이 존재함에도 노동조합의 영향으로 인해 실질임금이 하락하지 못하여 실업이 지속되고 있으며, 따라서 노동조합의 활동을 억제하고 가격기구가 제대로 기능을 할 수 있게 해주면 실업은 해결될 것이라는 입장이다.

(2) 케인즈의 고전학파 비판

① 케인즈는 고전학파 이론의 비현실성을 지적하고, 『고용, 이자 및 화폐에 관한 일반이론』(1936)에서 고전학파 경제학을 비판하고 자신의 경제학 체계를 구축하였다.

② 케인즈의 고전학파에 대한 비판을 요약하면 다음과 같다.

　　㉠ 자본주의 경제는 항상 완전고용 수준에 있는 것이 아니고, 실업이 일반적으로 존재한다.

　　㉡ 고용수준은 노동에 대한 수요와 공급에 의해서 결정되는 것이 아니라 상품시장에서의 총수요의 크기에 의해 결정된다.

　　㉢ 총수요는 완전고용을 보장해 주는 수준 이하에 머물 수 있으며, 이것이 실업, 즉 불완전 고용의 원인이 된다. 그리고 자본주의 경제에서는 불완전 고용이 완전고용보다 더 일반적이다.

　　㉣ 고용 및 소득수준의 결정에는 공급측면이 아니라 수요측면, 즉 총수요가 중요한 역할을 한다.

　　㉤ 고전파의 이분법(classical dichotomy)은 잘못이다. 즉 화폐시장에서 결정된 이자율이 투자를 변화시켜 총수요에 영향을 미치고, 총수요는 국민소득과 고용의 크기를 결정하므로 화폐부문과 실물부문은 서로 독립된 것이 아니라 밀접하게 연결되어 있다.

　　㉥ 세이의 법칙에서 $S=I$가 항상 이루어져야 할 이유가 없다고 본다. 그리고 $S>I$일 경우 이자율의 하락이 아니라, 유효수요의 부족으로 국민소득은 감소하고, 실업이 발생한다.

③ 케인즈는 고전학파 경제학이 무시해왔던 총수요가 국민소득의 결정과정에서 중요한 역할을 한다는 점을 지적하고 그 과정을 분석하였다.

④ 결국 유효수요이론으로 불리는 케인즈의 국민소득 결정이론은 기존의 고전학파 이론과는 방향자체가 다르기 때문에 경제학자들은 케인즈 경제학의 등장을 케인즈 혁명(Keynesian revolution)으로 부르고 있다.

4. 케인즈 경제학의 위기

(1) 케인즈 경제학의 확산

① 케인즈 경제학은 1940년대부터 1960년대 말까지 경제학의 주류를 이루면서 확산되었다. 즉 자본주의 경제는 케인즈 경제학의 처방에 입각한 정부의 적극적인 정책에 의하여 완전고용에 가까운 상태를 유지할 수 있었다.

② 이에 따라 케인즈 경제학은 1970년대 초까지만 해도 정부의 적절한 총수요 관리를 통해 실업과 인플레이션을 해소할 수 있는 이론적 기초를 제공하였다.

(2) 케인즈 경제학의 위기

① 1970년대에 들어 두 차례의 석유파동을 계기로 세계경제는 이제까지 경험하지 못했던 새로운 상황에 직면하게 되었다.

② 즉 경기침체와 물가상승이 함께 나타난 스태그플레이션(stagflation)이라는 이상현상에 직면하여 케인즈 경제학은 무력해졌고 이러한 상황을 배경으로 현실경제를 새로운 방향에서 접근하려는 시도가 여러 새로운 학파들에 의해 이루어졌다.

5. 새로운 학파의 등장

1970년대 이후 케인즈 경제학이 무력해짐에 따라 통화주의와 새고전학파, 공급측 경제학 및 새케인즈학파 등이 등장하였다.

(1) 통화주의

① 시카고대학의 프리드먼(M. Friedman)으로 대표되는 통화주의(monetarism)는 제2차 세계대전 이후 고전학파 경제학을 부활시킨 학파이다.

② 이들은 고전학파에 기초하여 통화량의 변화가 경제의 변화를 야기하는 가장 중요한 요인이고 장기적으로는 물가를 결정하는 가장 핵심적인 요인이라고 본다.

(2) 새고전학파

① 통화주의의 실패에 자극받아 1970년대에는 급진적 통화주의라고 불리는 새고전학파(new classical school)가 등장하였다.

② 루카스(R. Lucas)와 사전트(T. Sargent)로 대표되는 이 학파는 고전학파의 물가의 신축성(즉각적인 시장청산) 가정을 수용하면서 통화론자와는 다르게 합리적 기대(rational expectations) 개념을 제시하고 있다.

③ 또한 이들은 예견된 정부의 정책은 단기와 장기 모두에 실물변수에 영향을 미치지 않는다는 정책무력성의 명제를 제시하고 있다.

(3) 공급측 경제학

① 공급측 경제학(supply side economics)은 1980년대 케인즈 경제학이 지나치게 수요중심적이고 시장개입적이며 단기적인 정책을 강조한다고 비판하면서, 공급중심적이고 유인적(incentive)이며 장기적인 정책을 실시할 것을 주장하며 등장하였다.

② 이들은 고전학파의 입장을 극단적으로 수용하고 있기 때문에 이들을 초고전학파(ultra-classicism)라고도 한다. 대표적인 학자로는 래퍼(A. Laffer), 펠트스타인(M. Feldstein) 등이 있다.

(4) 새케인즈학파

① 새케인즈학파(new Keynesian school)는 통화주의가 강조하는 통화량도 중요하다고 인정하고, 합리적 기대이론도 수용하며, 케인즈학파의 기본가정인 임금과 가격의 경직성의 원천을 해명하기 위해 노력하기도 한다.

② 스탠리 피셔(S. Fisher), 맨큐(N.G. Mankiw), 로머(D. Romer) 등이 새케인즈학파의 대표적인 학자들이다.

1. 국내총생산의 정의 ★30, 34회 기출★

(1) 국내총생산의 일반적인 의미

① 국내총생산(gross domestic products, GDP)은 일정기간 동안 한 나라의 국내에서 생산된 최종생산물의 시장가치의 총액을 의미한다.

② 국내총생산은 한 국가의 경제상황을 잘 나타내주는 가장 보편적인 지표로 알려져 있다.

(2) 일정기간 동안에

① GDP는 일정한 기간 동안의 생산과 소득의 흐름을 측정한 것으로 유량(flow)변수이다. 따라서 기간 이전에 생산된 재화의 거래는 포함되지 않는다.

② 예컨대 재고품, 중고품, 골동품의 거래는 GDP에 포함되지 않는다.

(3) 국내에서

① GDP는 내외국인을 막론하고 국내에서 생산된 생산물만을 포함한다. 따라서 국내에서 외국인(기업)이 생산한 생산물은 포함되지만, 외국에서 내국인(기업)이 생산한 생산물은 포함되지 않는다.

② 또한 GDP에 수출품은 포함되지만 수입품은 포함되지 않는다.

더 알아보기 국민총생산

국민총생산(gross national products, GNP)은 국내외를 막론하고 국민이 생산한 최종생산물의 시장가치의 총액을 의미한다. 따라서

GNP＝GDP＋국외수취 요소소득－국외지급 요소소득＝GDP＋국외순수취 요소소득

이다. 폐쇄경제의 경우에는 GNP＝GDP이지만 선진국처럼 해외투자를 많이 한 나라의 경우에는 GNP＞GDP이다.

---

(4) 생산된

① GDP는 일정 기간에 생산된 것만을 포함한다. 따라서 생산을 수반하지 않은 이전적인 경제행위는 GDP에 포함되지 않는다.

② 예컨대 증여나 상속, 새로운 주식의 발행, 증권이나 국공채의 매매, 토지 등 부동산의 거래는 GDP에 포함되지 않는다.

(5) 최종생산물

GDP는 최종생산물(final products)만을 포함한다. 그러므로 기업 간에 거래되는 원료나 반제품과 같은 중간생산물(intermediate products)은 제외된다. 중간생산물은 가공되어 다시 판매되므로 이것을 포함시키면 이중계산이 되기 때문이다.

- 중간생산물의 이중계산을 피하는 방법
  - 최종생산물만을 합계하는 방법
  - 각 생산단계에서의 부가가치만을 합계하는 방법
- 부가가치(value added)란 어떤 생산자가 생산과정에서 새로 부가한 가치를 말한다. 즉 부가가치＝생산액－원료비－기계설비의 감가상각액이고 따라서 GDP＝부가가치의 합계＋감가상각액이 된다.

(6) 시장가격으로 평가

① GDP는 시장가격으로 평가한 총가치를 말한다. 시장가격이란 부가가치세 등 간접세가 포함된 가격이다.

② 그런데 유용한 재화 및 서비스 중에는 시장에서 거래되지 않고 시장가격이 없는 것들도 있다. 이런 것들을 GDP에 포함시킬 경우에는 귀속가치(imputed value)를 고려하여 포함시킨다.

(7) 총가치

GDP는 최종생산물의 총가치를 말한다. 따라서 생산된 최종생산물을 시장가격을 이용하여 금액으로 합산한다.

(8) 판매를 목적으로 생산된 생산물

① GDP개념과 관련하여 또 하나 중요한 기준은 일정기간 동안 판매를 목적으로(production for sale) 생산된 생산물의 가치를 포함한다는 것이다.

② 따라서 자기가 소비하기 위한 생산물, 가정주부의 가사노동은 GDP에 포함되지 않는다.

③ 또한 지하경제의 생산물, 예컨대 마약이나 불법무기생산 등은 GDP에 포함되지 않는다.

④ 그러나 판매를 목적으로 생산된 것이라는 기준에는 몇 가지 예외가 있다.

　　㉠ 주택이 제공하는 서비스는 자기소유 주택이든 임대주택이든 그 임대료(rent)가 GDP에 포함된다. 자기소유 주택의 임대료를 귀속임대료(imputed rent)라고 하는데 GDP에 포함된다.

　　㉡ 자기가 소비하기 위한 생산물 중에서 농가의 자기 소비를 위한 생산물은 GDP에 포함된다.

　　㉢ 정부의 서비스는 GDP에 포함된다. 즉 공무원이 제공하는 서비스에 대한 대가가 공무원의 보수이므로 이는 GDP에 포함된다.

2. 국내총생산의 분류

(1) 명목 GDP와 실질 GDP ★27, 30회 기출★

① GDP는 최종생산물을 시장가격으로 평가하여 합한 것이다. 그런데 이 경우 어느 해의 시장가격으로 평가하느냐에 따라 GDP의 크기에는 차이가 있다.

② 명목 GDP(nominal GDP) 또는 경상가격 GDP는 최종생산물을 당해연도의 시장가격으로 평가한 것이다. 따라서 명목 GDP에는 실질생산량의 변화와 함께 물가수준의 변화도 반영되어 있다.

③ 실질 GDP(real GDP) 또는 불변가격 GDP는 실질생산량의 변화만을 측정하기 위하여 기준연도를 정해놓고 기준연도의 시장가격으로 평가한 것이다. 실질 GDP는 실질경제성장률 계산에 사용된다.

④ 따라서 명목 GDP와 실질 GDP의 차이는 당해연도와 기준연도의 물가지수(GDP 디플레이터)만큼 차이가 있다.

$$실질\ GDP = \frac{명목\ GDP}{GDP\ deflator} \times 100$$

⑤ GDP Deflator는 명목 GDP를 실질 GDP로 나누어준 것으로 최종생산물의 가격변동을 모두 반영한 가장 포괄적인 물가지수이다.

(2) 실제 GDP와 잠재 GDP

① 실제 GDP(actual GDP)는 현실에서 실제로 실현된 GDP를 의미한다. 한국은행이 추계하여 매년 발표하는 실질 GDP가 실제 GDP이다.

② 잠재 GDP(potential GDP)는 실질GDP의 장기추세, 즉 그 경제의 장기적인 생산규모를 나타내는 것으로 물가상승(또는 인플레이션)을 유발하지 않으면서 생산해 낼 수 있는 실질 GDP의 최고수준을 의미한다. 이것은 자연실업률(또는 NAIRU)에 대응하는 실질 GDP 수준이라고도 하고, 완전고용수준에 대응하는 실질 GDP 수준이라고도 할 수 있다.

③ 잠재 GDP와 실제 GDP는 차이가 나는 것이 일반적인데 이 차이를 GDP 갭(GDP gap)이라고 한다. GDP 갭이 크다는 것은 경제가 불황상태에 있다는 것을 의미하고 이 경우 물가는 하락한다.

④ GDP 갭이 작을 때는 경기후퇴(recession), GDP 갭이 클 때는 경기침체(depression)라고 한다.

⑤ 한편 GDP 갭이 마이너스일 때는 경기가 매우 호황이라는 것을 의미하고 이는 경제가 생산능력을 과다하게 사용하는 것을 의미하며 물가는 상승하게 된다.

3. 국민소득 3면 등가의 법칙 ★32, 34회 기출★

(1) 국민소득 3면 등가의 법칙

① 국민소득은 소득순환의 3가지 측면에서 측정할 수 있는데, 3가지 측면의 국민소득은 그 크기가 동일하다는 것을 국민소득 3면 등가의 법칙이라고 한다.

생산국민소득 = 지출국민소득 = 분배국민소득

② 이 법칙은 정부부문이 없을 때는 타당하다. 그러나 정부부문이 도입되면 간접세와 보조금으로 인해 약간의 조정을 거쳐야 성립된다.

(2) 생산국민소득

생산국민소득은 국민소득을 생산물 시장에서의 최종생산물의 시장가치를 중심으로 파악한 것으로 국내총생산(GDP)을 의미한다.

(3) 지출국민소득

① 지출국민소득은 국민소득을 생산물 시장에서의 최종생산물에 대한 지출을 중심으로 파악한 것으로 국내총지출(gross domestic expenditure, GDE)을 의미한다.

② 지출국민소득 = $C + I + G + NX$이다.

(4) 분배국민소득

① 분배국민소득은 국민소득을 생산요소 시장에 있어서의 요소소득 또는 요소비용을 중심으로 파악한 것으로 국내총소득(GDI)이라고 한다.

② 분배국민소득은 요소소득의 합계＝임금＋이자＋지대＋이윤이다.

4. GDP 개념의 유용성과 한계

(1) GDP 개념의 유용성

① GDP의 크기 및 변동은 한 나라의 경제활동수준, 생산능력, 또는 경제성장률을 측정하는데 좋은 지표가 된다. 즉 GDP의 증가는 실질생산과 고용의 증가를 의미하고, 실질 GDP증가율은 경제성장의 속도를 나타내는 지표가 된다.

② GDP는 국민소득 수준을 나타내는 지표로 사용된다. 즉 감가상각비, 보조금, 간접세 등을 정확히 측정하기가 어려우므로 국민소득 지표로써 NNP, NI보다는 GDP를 사용한다.

③ GDP는 국민후생지표로도 사용된다. 1인당 GDP는 경제적 복지의 지표, 즉 국민의 생활수준을 표시한다.

(2) GDP 개념의 한계

① GDP의 개념 자체가 총생산물을 정확하게 나타내지 못한다. 즉 생산은 상품생산만을 의미하므로 자신의 소비를 위해 생산한 것은 시장을 통해 매매되지 않기 때문에 GDP에는 포함되지 않는다. 예컨대 가정주부의 가사노동은 GDP에 포함되지 않지만 가사도우미 일을 하게 되면 이는 GDP에 포함된다. 이런 문제를 보완하기 위해 농가의 자가소비를 위한 생산물 및 자기소유 주택의 임대료(즉 귀속임대료)를 GDP에 포함시킨다.

② 최종생산물의 합계를 실제로 추계(estimate)하기가 곤란하다. 따라서 실제로는 일부만 조사해서 이를 근거로 GDP를 산출하기 때문에 통계자료가 부정확하거나, 지하경제의 규모가 클수록 오차는 커질 수 있다.

③ GDP가 경제복지(economic welfare)와 직결되는 것은 아니다. 그 이유 중 하나는 GDP에는 소득분배가 고려되지 않는다는 점이다.

④ GDP에는 부(wealth)가 포함되지 않는다. 그러나 인간의 경제복지는 그동안 축적되어 온 사회적 부(상하수도 시설, 주택, 도로, 학교, 공원 등)에 크게 의존하는 경향이 있다.

⑤ 또한 GDP 중에는 인간의 효용을 위한 필요악적인 지출(즉 수단적 지출)을 많이 포함하고 있다. 예컨대 국방, 교통, 도로정비 등은 최종생산물은 아니지만 GDP에는 포함된다.

⑥ GDP에는 인간의 후생에 있어서 중요한 여가(leisure)는 포함되지 않는다. 오히려 여가가 증가하면 노동시간이 감소하므로 GDP는 감소한다.

⑦ 도시로의 인구집중, 교통혼잡, 공해 등의 외부효과로 인한 효용의 삭감(disamenity)은 GDP에서 공제되지 않는다. 오히려 공해제거 비용이 증가하면 GDP는 증가한다.

후생지표로서의 GDP의 문제점을 보완하기 위해 MEW, NEW 등의 새로운 후생지표 개념이 등장하였다.

① MEW(measure of economic welfare), 즉 경제후생지표는 노드하우스(W.D. Nordhaus)와 토빈(J. Tobin)이 GDP의 항목을 일부 조정하여 만든 것이다. 즉 가정주부의 서비스와 여가의 가치를 더하고, 공해비용을 공제한 개념이다.

② NEW(net economic welfare), 즉 순경제후생은 새뮤얼슨(P.A. Samuelson)이 MEW의 개념을 일부 수정하여 작성한 지표이다.

5. 국민소득의 다른 지표

(1) 국민총소득(Gross National Income, GNI)

① GNI의 의의

㉠ 생산, 지출, 분배의 세 측면 중 분배면에서 국민소득을 측정하기 위해 국민총소득(GNI)이 이용된다.

㉡ 즉 국민총소득은 일정기간 동안 한 나라의 국민이 벌어들인 임금, 이자, 배당 등의 소득을 모두 합친 것이다.

② 실질 GNI의 구성

㉠ 실질 GNI는 생산활동을 통하여 획득한 소득의 실질구매력을 나타내 주는 지표이다.

㉡ 이는 실질국내총소득(GDI)에 국가 간 생산요소의 이동에 따른 실질국외순수취요소소득(NFR)을 합한 것이다.

㉢ 그리고 실질 GDI는 실질 GDP에 교역조건의 변화를 반영한 실질무역손익을 합한 것이다.

> 실질 GNI＝실질 GDP＋실질국외순수취요소소득(NFR)＋실질무역손익

(2) 기타 국민소득지표

① 국내순생산(NDP)과 국민순생산(NNP) ★34회 기출★

GDP나 GNP의 생산과정에서 발생하는 자본장비(예컨대 공장, 생산장비, 주거용 건축물 등)의 가치감소분, 즉 감가상각(고정자본 소모)을 공제해야 순수하게 창출한 생산물만을 계산할 수 있다.

> 국내순생산(NDP)＝GDP－감가상각
> 국민순생산(NNP)＝GNP－감가상각

② 국민소득(National Income, NI)

㉠ 국민소득계정에서 조정을 거쳐야 할 항목으로 판매세와 같은 간접세와 기업에 대한 정부의 보조금이 있다.

㉡ 간접세는 소비자가 지불하는 가격과 기업이 실제로 얻는 가격의 차액으로, 기업이 얻는 것이 아니므로 기업의 소득이 될 수 없다. 반면 기업에 대한 정부의 보조금은 기업의 소득에 포함된다.

> NI＝NNP－간접세＋정부의 기업보조금

③ 가계처분가능소득(Personal Disposable Income, PDI)

    ⊙ 가계처분가능소득은 국민소득에서 법인세, 개인소득세 등의 직접세와 법인의 사내유보이윤을 빼고, 사회보장지출과 같은 정부 이전지출을 더해서 구한다.

    ⓛ PDI는 가계가 임의로 소비하거나 저축으로 처분할 수 있는 소득이다.

> PDI＝NI－법인세－사내유보이윤－개인소득세＋이전지출

6. 국민계정

(1) 국민계정의 뜻

국민계정(national account)은 일정기간 동안 국민경제의 활동 결과와 일정 시점에서의 국민경제의 자산과 부채의 상황을 알아보기 위해 작성하는 것으로, 기업의 재무제표와 같은 성격을 지닌다.

(2) 국민계정의 구성

국민계정은 국민소득통계, 자금순환표, 산업연관표, 국제수지표, 국민대차대조표로 구성되어 있다. 이 중 국민대차대조표는 스톡(stock)계정이고, 나머지는 플로(flow)계정이다.

제1장 | 확인학습문제

01 실질 GDP가 증가하는 경우는?

★30회 기출★

① 기존 아파트 매매가격 상승　　　　　　② 주식시장의 주가 상승

③ 이자율 상승　　　　　　　　　　　　　④ 사과 가격의 상승

⑤ 배 생산의 증가

> **해설**
>
> 난도 ★
>
> ⑤ 배 생산의 증가는 최종생산물의 생산이 증가한 것이므로 실질 GDP를 증가시킨다.
>
> ①, ② GDP에는 일정기간 동안의 생산물이 포함된다. 기존 아파트 매매가격 상승이나 주식시장의 주가 상승은 생산물이 아니므로 GDP 추계에 반영하지 않는다.
>
> ③ 이자율이 상승하면 민간투자가 감소하여 실질 GDP는 감소한다.
>
> ④ 사과 가격의 상승은 실질 GDP의 변동없이 명목 GDP를 증가시킨다.
>
> 답 ⑤

02 명목 GDP 증가율, 물가상승률, 인구증가율은 각각 연간 5%, 3%, 1%이다. 1인당 실질 GDP의 증가율은?

★30회 기출★

① 1%　　　　　　　　　　　　　　　　② 2%

③ 4%　　　　　　　　　　　　　　　　④ 9%

⑤ 10%

> **해설**
>
> 난도 ★★
>
> 실질 GDP$=\dfrac{\text{명목 GDP}}{\text{물가지수}}\times100$이다. 1인당 실질 GDP$=\dfrac{\text{실질 GDP}}{\text{총인구수}}$이다. 따라서 1인당 실질 GDP$=\dfrac{\text{명목 GDP}}{\text{물가}\times\text{인구}}$이다. 이를 증가율로 나타내려면 양변에 로그함수를 취한다. 1인당 실질 GDP 증가율=명목 GDP 증가율－물가상승률－인구증가율이 된다. 따라서 1인당 실질 GDP 증가율=5%－3%－1%=1%이다.
>
> 답 ①

03 GDP 증가요인을 모두 고른 것은?

★29회 기출★

> ㄱ. 정부지출
> ㄴ. 정부의 이전지출
> ㄷ. 외국산 자동차 수입

① ㄱ
② ㄴ
③ ㄱ, ㄷ
④ ㄴ, ㄷ
⑤ ㄱ, ㄴ, ㄷ

해설
난도 ★

정부지출(정부구매, government purchase)은 GDP를 증가시키지만 정부의 이전지출은 GDP에 포함되지 않는다. 또한 수출은 GDP에 포함되지만 수입은 포함되지 않는다.

답 ①

04 B국의 명목 GDP는 2013년 1,000억 달러에서 2014년 3,000억 달러로 증가했다. B국의 GDP 디플레이터가 2013년 100에서 2014년 200으로 상승했다면 B국의 2013년 대비 2014년 실질 GDP 증가율은 얼마인가?

★27회 기출★

① 5%
② 10%
③ 25%
④ 50%
⑤ 100%

해설
난도 ★★

실질 GDP$=\dfrac{\text{명목 GDP}}{\text{GDP 디플레이터}} \times 100$이다. 2013년 실질 GDP$=\dfrac{1,000억\ 달러}{100} \times 100 = 1,000억$ 달러이고, 2014년 실질 GDP$=\dfrac{3,000억\ 달러}{200} \times 100 = 1,500억$ 달러이다. 500억 달러 증가했으므로 2014년 실질 GDP 증가율은 50%이다.

답 ④

★28회 기출★

05 거시경제변수에 관한 설명으로 옳지 <u>않은</u> 것은?

① GDP는 유량(flow) 변수이다.
② GDP 디플레이터는 실질 GDP를 명목 GDP로 나눈 것으로 그 경제의 물가수준을 나타낸다.
③ 기준연도의 명목 GDP와 실질 GDP는 같다.
④ 외국인의 한국 내 생산활동은 한국의 GDP 추계에 포함된다.
⑤ 소비, 투자, 정부지출(구입), 순수출이 GDP를 구성하는 네 가지 항목이다.

해설
난도 ★★
② GDP 디플레이터는 명목 GDP를 실질 GDP로 나눈 것으로 그 경제의 총체적인 물가수준을 나타낸다.

답 ②

06 쌀과 컴퓨터만 생산하는 국가의 생산량과 가격이 다음과 같다. 2013년을 기준연도로 할 때 2014년의 실질 GDP와 실질 GDP 성장률은?

★27회 기출★

구분	쌀		컴퓨터	
	가격(원)	생산량(가마)	가격(원)	생산량(대)
2013년	10	50	30	100
2014년	15	100	50	200

① 3,500원, 100%
② 3,500원, 228.6%
③ 7,000원, 100%
④ 7,000원, 228.6%
⑤ 11,500원, 64.3%

해설
난도 ★★
2013년의 실질 GDP $=(10\times50)+(30\times100)=3,500$이다. 2014년의 실질 GDP $=(10\times100)+(30\times200)=7,000$이다.

따라서 2014년의 실질 GDP 성장률은 2배가 되었으므로 100%이다. 즉 $\dfrac{7,000-3,500}{3,500}\times100=100\%$이다.

답 ③

07 국내총생산에 관한 설명으로 옳지 <u>않은</u> 것은?

① 국내총생산은 시장에서 거래되는 최종생산물만 포함한다.

② 국내순생산은 국내총생산에서 고정자본소모를 제외한 부분이다.

③ 명목국내총생산은 재화와 서비스의 생산의 가치를 경상가격으로 계산한 것이다.

④ 3면 등가의 원칙으로 국내총생산은 국내총소득과 일치한다.

⑤ 국내총생산은 요소비용국내소득에 순간접세와 고정자본소모를 더한 것이다.

해설

난도 ★★

① 국내총생산은 시장에서 거래되는 최종생산물만을 포함하는 것이 아닌, 일정기간 동안에 판매(거래)되지 않고 재고로 보유하고 있는 것도 국내총생산에 포함된다.

② 국내순생산은 국내총생산에서 고정자본소모(감가상각비)를 제외한 부분을 말하며 고정자본소모는 생산량과는 관계없이 매시점마다 고정적으로 소요되는 비용을 의미한다. 제품을 생산할 때 사용되는 기계비용, 월세 또는 인건비 등이 고정자본소모에 해당한다. 국내순생산은 GDP보다 경제적 성과를 더 정확히 보여주지만, 감가상각비에 대한 일치가 어렵기 때문에 GDP가 더 자주 사용된다.

⑤ 생산이 이루어지면 이는 생산과정에 참여한 요소에 대한 소득으로 분배되므로 이를 합하여서 국내총생산을 계산할 수 있는데, 생산액 중에서 순간접세(간접세-보조금)와 고정자본소모는 요소소득이 될 수 없으므로 국내총생산을 집계하기 위해서는 요소비용국내소득(임금+이자+지대+이윤)에 순간접세와 고정자본소모를 더해주어야 한다.

답 ①

---

08 GDP(gross domestic product)에 관한 설명으로 옳지 <u>않은</u> 것은?

① GDP를 측정할 때 중간재의 가치는 제외하고 최종 상품과 최종 서비스의 가치만을 더한다.

② 실질 GDP의 단기 변화는 외국에서 자국민이 생산한 금액을 반영한다.

③ 주부의 가사노동으로 생산된 금액은 GDP 계산에서 제외된다.

④ 상품의 품질향상은 GDP 계산에 제대로 반영되지 못한다.

⑤ GDP는 지하경제를 제대로 반영하지 못한다.

해설

난도 ★★

② 국내총생산(GDP)은 국내에서 생산된 것만 포함된다. 즉 외국기업이 국내에서 생산한 것은 GDP에 포함되지만 자국민(자국기업)이 외국에서 생산한 것은 GDP에 포함하지 않는다.

답 ②

09 다음 중 케인즈 경제학의 내용과 일치하는 것을 고르면?

① 이자율은 이자율의 증가함수인 저축과 이자율의 감소함수인 투자가 일치하는 곳에서 결정된다.
② 한 경제의 국민소득 수준은 그 경제의 공급측면에 의해서 결정된다.
③ 한 경제의 고용수준은 생산물 시장에서의 총수요에 의해 결정된다.
④ 생산물 시장은 항상 균형을 이루기 때문에 일반적인 초과공급은 있을 수 없다.
⑤ 한 경제의 누출(leakage)과 주입(injection)은 항상 일치한다.

> 해설
> 난도 ★★
> ③ 케인즈 경제학은 국민소득 결정이론이 곧 고용이론이다. 즉 생산물 시장에서의 총수요에 의해 총생산량이 결정되면 그에
>   따라 고용수준이 결정된다.
> ①, ②, ④, ⑤ 고전학파의 주장이다.

답 ③

10 다음 중 우리나라의 국내총생산(GDP)에 포함되지 않는 것은?

① 북한에 보내기 위해 올해에 생산된 비료
② 의사가 진료비를 받고 행한 진료행위
③ 목수가 집을 짓기 위해 구입한 목재
④ 일본회사가 우리나라로부터 구입한 컴퓨터부품
⑤ 자기 집을 칠하기 위해 구입한 페인트

> 해설
> 난도 ★
> GDP는 일정기간에 한 나라 안에서 생산한 모든 최종생산물의 시장가치를 합한 것이다. 따라서 중간생산물은 GDP에 포함되
> 지 않는다.
> ③ 목수가 집을 짓기 위해서 구입한 목재는 중간생산물이므로 GDP에 포함되지 않는다.

답 ③

11 국내총생산(Gross Domestic Product, GDP)의 계산과 관련된 다음 설명 중 옳지 <u>않은</u> 것은?

① GDP를 계산하기 위해 생산된 최종생산물의 가격을 모두 합하는 방법을 사용할 수 있다.

② 자동차 제조기업에서 자동차 재고가 증가하였을 경우 이는 GDP의 계산에 포함되지 않는다.

③ 생산단계별로 발생한 부가가치를 모두 합산함으로써 GDP를 계산할 수 있다.

④ 가구점에서 만든 가구의 부가가치는 GDP에 포함되지만 개인이 자신이 사용할 목적으로 손수 만든 가구는 GDP에 포함되지 않는다.

⑤ 외국인이 소유한 서울의 한 빌딩으로부터 발생한 임대소득은 한국의 GDP에 포함된다.

해설
난도 ★★
② 상품의 재고는 기업이 의도하지 않은 재고투자로서 GDP에 포함된다.

정답 ②

12 국내총생산(GDP)에 포함되는 것은?

① 국내에 투자한 외국기업이 그 해에 생산하여 국외에 판매한 상품

② 연초에 500만 원에 구입하여 연말에 600만 원에 처분한 중고자동차

③ 정부가 영세민의 생활안정을 위해 지급한 생계보조비

④ 국외에 투자한 우리 기업이 생산하여 국내로 수입한 상품

⑤ 정부에 납부한 간접세와 정부가 지급한 보조금

해설
난도 ★★
① 국내에 투자한 외국기업이 생산하여 국외에 판매한 상품은 일정기간 동안 국내에서 생산된 상품이므로 GDP에 포함된다.

정답 ①

13 다음 중 옳은 것은?

① 소득과 부채는 유량이고 투자는 저량이다.
② 소득과 부채는 저량이고 투자는 유량이다.
③ 소득과 투자는 유량이고 부채는 저량이다.
④ 소득, 투자, 부채 모두 유량이다.
⑤ 소득, 투자, 부채 모두 저량이다.

해설
난도 ★

③ 소득, 투자, 소비, 정부지출, 순수출 등은 일정한 기간을 기준으로 측정한 개념이므로 유량(flow)이다. 부채, 자본, 자산, 통화량, 화폐수요, 부(wealth) 등은 일정한 시점에서 측정하는 개념으로 저량(stock)이다.

답 ③

제2장 | 균형국민소득의 결정

출제포인트
- 승수효과
- 여러 가지 승수의 계산
- 균형국민소득의 계산
- 국민소득 결정모형
- 단순모형의 특징
- 확장모형에서의 승수효과

제1절 국민경제의 순환

1. 국민소득의 순환

(1) 국민소득의 순환모형

① 국민경제에서 가계와 기업, 정부 사이에는 생산물 시장과 생산요소 시장을 통하여 생산물과 생산요소가 교환되면 그 이면에는 화폐의 흐름이 있게 된다.

② 국민경제의 순환을 화폐소득과 그 지출이라는 측면에서 살펴볼 때 이러한 순환과정을 국민소득의 순환(circular flow of national income)이라고 한다.

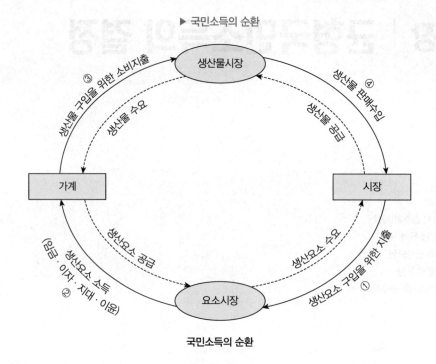

▶ 국민소득의 순환

국민소득의 순환

(2) 총생산과 총소득

① 〈그림〉에서 생산물 시장을 통해서 기업이 생산·판매한 생산물의 가치(총생산)는 생산요소 시장을 통해서 가계가 얻는 총요소소득(총소득)과 같게 된다. 즉 총생산=총소득의 관계가 성립한다.

② 한편 한 경제가 일정기간 동안 생산한 생산물이 처분되는 측면에서 보면 생산물의 일부는 소비재 (consumption goods)로서 소비되고, 일부는 자본재(capital goods)로서 소비재 또는 다른 자본재의 생산에 사용되는데 여기서 자본을 마련하기 위한 생산물의 흐름을 투자(investment)라고 한다.

③ 가계의 총소득 중 소비되지 않은 부분을 총저축이라고 하면 총생산=총소득의 관계는 다시 총투자= 총저축의 관계로 정리해 볼 수 있다. 즉 저축이 있어야 투자가 이루어질 수 있다는 것이다.

(3) 누출과 주입

① 국민소득의 순환모형에서 소득의 순환을 감소 또는 증가시키는 요인이 작용하는데 이를 누출 (leakage)과 주입(injection)이라고 한다.

② 소득의 순환에서 밖으로 빠져 나가는 소득부분을 누출(leakage)이라고 한다. 예컨대 가계가 소득 중 일부를 저축한다면 그만큼 소득순환은 감소한다. 저축(S)뿐만 아니라 조세(T)나 수입(IM)도 누출에 포함되는데 누출은 소득의 처분과정에서 그 크기가 결정되므로 소득의 증가함수이다.

③ 소득순환의 외부에서 들어와 새로운 소득을 창출하는 지출을 주입(injection)이라고 한다. 주입은 그 원천이 무엇이든 소득순환을 증가시킨다. 그리고 투자(I), 정부지출(G), 수출(EX) 등의 주입은 독립적인(autonomous) 지출로 소득의 크기를 결정한다.

④ 누출과 주입이 같으면 소득순환은 같은 크기로 반복되고 이 경우 국민소득은 균형을 이룬다. 그리고 주입이 누출을 초과하면 소득순환은 증가한다.

(4) 국민소득의 균형조건

누출과 주입이 같을 경우 국민소득은 균형상태에 있게 된다. 따라서 2부문 경제의 경우 $S=I$, 3부문 경제의 경우에는 $S+T=I+G$, 해외부문이 포함된 개방경제에서는 $S+T+IM=I+G+EX$가 국민소득의 균형조건이 된다.

2. 국민소득의 창출과 처분

(1) 국민소득의 처분

① 생산을 통해 얻어진 국민소득은 각 생산요소에 분배되고 분배된 국민소득은 소비(C), 저축(S), 조세(T), 수입상품에 대한 지출(IM)로 사용된다.

② 따라서 국민소득을 소득처분의 관점에서 보면

$$Y_S = Y = C + S + T + IM$$

이다. 여기서 Y_S는 생산을 통해 얻어진 국민소득, 즉 총공급을 표시한다. 이 식은 항등식이다.

(2) 국민소득의 창출

① 생산활동은 생산물에 대한 수요를 기반으로 이루어지는데 생산물에 대한 총수요(Y_D)는 소비수요(C), 투자수요(I), 정부수요(G), 해외수요 즉 수출(EX)로 구성된다. 총수요가 증가하면 생산이 증가하고, 이에 따라 국민소득이 증가한다.

② 따라서 국민소득을 소득창출의 관점에서 보면 다음과 같다.

$$Y_D = C + I + G + EX$$

(3) 국민소득의 균형조건 ★28, 30회 기출★

① 국민소득은 총수요와 총공급이 일치하는 수준에서 결정되므로 균형에서는 $Y_D = Y_S$가 된다.

② 그런데 총수요를 구성하는 항목 중 투자와 정부지출, 수출은 독립적으로(autonomous) 결정되므로 이 관계가 항상 성립하는 것은 아니다.

③ 총수요〉총공급이면 생산이 증가하고, 이에 따라 국민소득은 증가한다. 반면 총수요〈총공급이면 생산이 감소하고, 이에 따라 국민소득은 감소한다.

④ 국민소득의 균형조건은 다음과 같다.

$$C + S + T + IM = C + I + G + EX$$
$$S + T + IM = I + G + EX$$

결국 국민소득의 균형조건은 누출과 주입의 균형조건과도 일치한다.

1. 고전학파의 국민소득 결정

(1) 국민소득의 결정

① 고전학파는 일정기간 동안의 경제의 총생산(국민소득)은 그 경제에 주어진 생산요소의 크기(즉 노동, 자본의 양)에 의해 결정된다고 본다.

② 고전학파의 이러한 견해는 총생산함수 $Y=f(L, K)$에 반영된다. 즉 노동량 L과 자본량 K의 양에 의해 총생산(국민소득) Y의 크기가 결정된다는 것이다.

▶ 고전학파의 국민소득결정

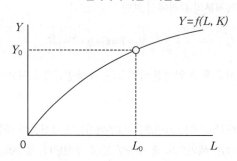

③ 〈그림〉에서 보는 것처럼 단기에 자본량이 고정되어 있다고 하면, 경제에 주어진 노동량의 크기에 의해 총생산(국민소득)의 크기가 결정된다.

(2) 고전학파의 기본적 사고 : 세이(Say)의 법칙

① 공급은 그 스스로의 수요를 창조한다(supply creates its own demand)는 세이의 법칙에 의해 수요는 문제가 되지 않고 공급만이 문제가 된다.

② 따라서 경제의 모든 생산요소를 생산에 투입(완전고용)하여 생산하면 실업(즉 비자발적 실업)은 존재하지 않고, 생산된 생산물은 전부 판매된다.

③ 그러나 고전학파의 이러한 사고방식은 1929년에 시작된 세계 대공황으로 설득력을 잃게 되었다.

2. 케인즈의 국민소득 결정

(1) 케인즈 이론의 등장

① 케인즈는 1929년의 세계대공황과 1930년대의 장기침체를 '풍요속의 빈곤(poverty midst plenty)'으로 표현하고, 그 원인을 유효수요(총수요)의 부족으로 설명한다.

② 즉 총생산(국민소득)은 유효수요의 크기에 의해 결정된다고 하여 고전학파와는 달리 수요의 중요성을 강조하는 유효수요 이론을 제시하였다.

(2) 케인즈 이론의 특징

① 단기이론이다. 즉 케인즈의 관심은 장기적인 경제성장이 아니고, 눈앞에 펼쳐진 단기적인 대량실업 문제의 해결에 있었다.

② 국민경제에는 잉여생산능력이 존재한다. 즉 주어진 노동과 자본의 상당부분이 실업상태에 있고 따라서 수요만 있다면 생산의 증가는 언제든지 가능하다.

③ 물가수준은 불변이다. 즉 명목소득의 증가는 곧 실질소득의 증가를 의미한다.

④ 단기에 생산능력은 불변이다. 즉 순투자(자본투입의 증대)에 의한 생산능력의 증가는 고려하지 않는다.

⑤ 고용수준은 국민소득의 변화에 비례한다. 즉 국민소득의 크기가 결정되면 그것을 생산할 수 있을 만큼 고용수준도 함께 결정된다. 따라서 국민소득 이론은 고용이론이다.

제3절 균형국민소득의 결정(단순모형)

1. 소비와 저축

(1) 소비와 저축은 소득의 증가함수

① 소비(consumption, C)는 소득(Y)의 증가함수로 다음과 같은 소비함수로 표시된다.

$$C = a + bY$$

② 소비함수의 세로축 절편에 해당하는 a는 기초소비이다. 즉 소득이 없어도 생계유지를 위해 필요한 최소한의 소비이다. 저축을 인출하여 소비한다고 보면 음($-$)의 저축이 된다. 또한 이는 소득과는 관계없이 그 크기가 결정되므로 독립(autonomous)소비이다.

③ 소비함수의 기울기인 b는 소득증가분(ΔY)에 대한 소비증가분(ΔC)의 비중을 나타내는 한계소비성향(MPC)이다.

④ 한편 저축(savings, S)은 소득에서 소비를 제하고 남은 부분이므로 소비와 마찬가지로 소득의 증가함수이다. 저축함수는 다음과 같이 표시된다.

$$S = Y - C = -a + (1-b)Y$$

⑤ $-a$는 저축함수의 절편인데 소비함수에서의 기초소비에 해당한다. $(1-b)$는 저축함수의 기울기로 소득증가분(ΔY)에 대한 저축증가분(ΔS)의 비중을 나타내는 한계저축성향(MPS)이다.

⑥ 소비함수와 저축함수는 다음의 〈그림〉과 같이 나타낼 수 있다.

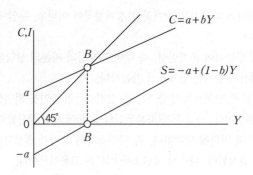

▶ 소비함수와 저축함수

(2) 소비성향과 저축성향

① 평균소비성향(APC)은 소득에서 차지하는 소비의 비중, 즉 $\dfrac{C}{Y}$이고, 평균저축성향(APS)은 소득(Y)에서 차지하는 저축(S)의 비중, 즉 $\dfrac{S}{Y}$이다. $APC+APS=1$이므로 APC와 APS 모두 1과 0 사이의 값을 갖는다.

② 한계소비성향(MPC)은 소득증가분에서 차지하는 소비증가분의 비중, 즉 $\dfrac{\Delta C}{\Delta Y}$이고, 한계저축성향($MPS$)은 $\dfrac{\Delta S}{\Delta Y}$이다. $MPC+MPS=1$이므로 MPC와 MPS 모두 1과 0 사이의 값을 갖는다.

(3) 파국점

파국점(breakeven point)은 소득을 전부 소비하는 점이다. 즉 $Y=C$이고 따라서 $S=0$인 점이다. 〈그림〉에서 45°선과 소비함수가 교차하는 점(B), 또는 저축함수가 가로축과 교차하는 점(B)이 파국점이다. 파국점에서는 $APC=1$, $APS=0$이다.

2. 투자

(1) 독립투자만을 가정

① 투자(investment, I)는 소득과 무관하게 기업가의 장래에 대한 기대(예상)에 의해 결정된다고 가정한다. 즉 독립투자만이 있다고 가정한다. 따라서 투자함수는 $I=I_0$이고 수평선의 형태로 나타난다.

② 실제로 케인즈는 투자가 매우 즉흥적이고, 감각적으로 이루어진다고 보고 있다. 즉 투자는 이자율과 예상수익률을 정확히 고려하여 이루어지는 것이 아니라 기업가의 본능적 판단(animal spirit)에 크게 의존한다고 생각하였다.

(2) 독립투자와 유발투자

① 독립투자(autonomous investment)는 소득의 크기(변화)와 관계없이 기업가의 독자적인 판단에 따라 독립적으로 이루어지는 투자이다. 주로 기업가의 미래에 대한 예상(전망)에 따라 달라진다.

② 유발투자(induced investment)는 소득의 증가에 따라 이루어지는 투자이다. 즉 소득이 증가하면 소비가 증가하여 재화와 서비스의 판매가 증가하므로 기업가의 이윤이 증가한다. 이로 인해 투자가 증가하는 데 이를 유발투자라고 한다.

3. 균형국민소득의 결정 ★27, 28, 30회 기출★

(1) 균형국민소득의 조건

① 가계와 기업으로 구성되는 2부문 경제에서 총수요 $Y_D=C+I$이다. 앞에서의 가정에 의해 이 경제에는 잉여생산능력이 있으므로 총생산, 즉 국민소득은 총수요의 크기에 의해 결정된다.

② 즉 균형국민소득은 총수요(Y_D)와 총공급(Y_S)이 일치하는 데서 결정된다. 국민소득의 균형조건은 $Y_D=Y_S$이므로 $C+I=C+S$ 또는 $I=S$ 역시 국민소득의 균형조건이다.

(2) 총수요에 의한 균형국민소득의 결정

① 〈그림〉에서 45°선은 $Y_S=Y$이므로 총공급함수이다. 총수요는 $Y_D=C+I$이므로 소비함수와 투자함수를 수직으로 합한 것이므로 총수요함수는 $Y_D=a+bY+I_0$이다.

▶ 균형국민소득의 결정

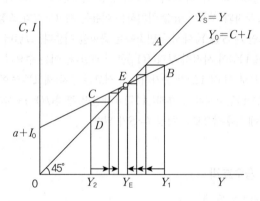

② 균형국민소득은 총수요와 총공급이 일치하는 E에서 결정된다. 따라서 Y_E가 균형국민소득이 된다. 균형국민소득은 한 나라의 국민경제가 균형을 이루도록 하는 국민소득을 의미한다. 따라서 실제 국민소득이나 완전고용 국민소득과는 구별되는 개념이다.

③ 만일 실제의 국민소득이 균형국민소득보다 높은 수준인 Y_1이면 총공급이 총수요를 초과하므로 AB 만큼 기업들의 초과공급, 즉 재고가 발생하고 기업들은 예상하지 못한 재고만큼 생산을 감소시킨다. 생산이 감소하면 국민소득이 감소하여 국민소득은 Y_E로 돌아간다.

④ 실제의 국민소득이 균형국민소득보다 낮은 수준인 Y_2이면 총수요가 총공급을 초과하므로 CD만큼 기업들의 초과수요가 발생한다. 그러면 기업들은 초과수요만큼 생산을 증가시키고 이에 따라 국민소득이 증가하여 국민소득은 균형국민소득인 Y_E로 돌아간다.

(3) $S=I$에 의한 균형국민소득의 결정

① 균형국민소득은 저축(S)=투자(I)의 균형조건에 의해서 결정된다. 다음의 〈그림〉에서 보는 바와 같이 저축과 투자가 일치하는 균형점 E에서 균형국민소득 Y_E가 결정된다.

② 실제 국민소득이 Y_1이면 AB만큼의 초과공급, 즉 재고(inventory)가 증가하므로 생산이 감소하여 국민소득은 감소한다. 반면 실제 국민소득이 Y_2이면 CD만큼 재고가 감소하므로 생산이 증가하여 국민소득은 증가한다.

▶ $S = I$에 의한 균형국민소득의 결정

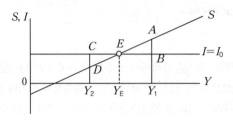

(4) 저축과 투자의 조정 ★32회 기출★

① 균형국민소득의 조건 $I = S$에서 투자(I)와 저축(S)은 사전적(ex-ante) 의미, 즉 의도된(intended) 투자와 저축이다. 여기서 투자와 저축의 주체 및 동기는 서로 다르므로 사전적으로는 투자와 저축이 일치하지 않는다.

② 그러나 사후적(ex-post)으로는 투자와 저축이 항상 일치한다. 사후적은 실현된(realized) 후를 의미한다. 사후적으로 투자와 저축이 항상 일치하는 이유는 재고투자의 조정이 이루어지기 때문이다.

③ 위의 〈그림〉에서 보면 $I = S$인 Y_E에서 국민소득은 균형을 이룬다. 그런데 만일 실제의 국민소득이 Y_1이라면 사전적 저축(AY_1)이 사전적 투자(BY_1)를 초과한다. 이는 수요가 적어 재화와 용역의 판매가 부진한 것을 의미하므로 재고(AB)가 증가하는데 재고는 투자(재고투자)에 포함된다.

④ 따라서 사후적 저축(AY_1)=사후적 투자(AY_1)=사전적 투자(BY_1)+사후적인 재고투자(AB)이다. 결국 재고투자로 인해 사후적으로는 항상 $I = S$가 된다.

4. 균형국민소득의 변화와 승수효과

(1) 승수효과(multiplier effect) ★28, 29회 기출★

① 2부문 모형에서 독립투자가 증가하면 총수요가 증가하여 국민소득은 증가한다. 이때 국민소득은 투자증가분 이상으로 여러 배가 증가하는데 이러한 효과를 승수효과(multiplier effect)라고 한다.

② 여기서 독립투자의 증가분(ΔI)보다 국민소득의 증가분(ΔY)이 더 큰 이유는 투자 증가 → 소득 증가 → 소비 증가 → 소득 증가 → 소비 증가의 연속적인 과정이 유발되기 때문이다.

(2) 승수(multiplier)의 크기

① 독립투자가 ΔI만큼 증가할 때 국민소득의 증가분 ΔY는 다음과 같다.

$$\Delta Y = \Delta I + b\Delta I + b^2\Delta I + b^3\Delta I + \cdots = \Delta I(1 + b + b^2 + b^3 + \cdots)$$

$$= \Delta I \times \frac{1}{1-b}$$

따라서 독립투자승수 $\dfrac{\Delta Y}{\Delta I} = \dfrac{1}{1-b}$이 된다.

② 만일 MPC가 0.6이라면 승수가 2.5이므로 투자가 100억 달러 증가했을 때 국민소득은 그 2.5배인 250억 달러가 증가한다는 것이다.

③ 이것이 바로 케인즈가 대공황으로부터 벗어나기 위해 제시한 유수정책(pump-primming policy)의 핵심적인 아이디어이다.

(3) 승수이론의 전제

① 소비함수가 안정적이어야 한다. 만일 한계소비성향(MPC)이 시간의 변화나 소득의 변화에 따라 변화한다면 승수의 크기는 일정하지 않다.

② 독립투자가 계속적으로 주입되어야한다. 즉 승수효과는 상당한 기간을 두고 단계적인 과정을 거쳐 나타나므로 승수효과만큼의 소득 증가가 있기 위해서는 매 기간 독립지출(투자)이 계속 주입되어야 한다.

③ 국민경제에는 잉여생산능력이 있으며, 물가수준이 일정하여 명목소득의 증가는 곧 실질소득의 증가를 의미한다는 가정이 있어야 성립한다.

5. 모형의 확장(확장모형)

(1) 확장모형의 의의

① 이제 국민소득 결정의 단순모형을 확장하여 정부와 해외부문을 포함한 경우의 국민소득 결정원리를 분석한다.

② 정부부문이 포함되면 정부지출과 조세를 고려하고, 해외부문이 포함되면 수출과 수입을 고려한다.

③ 여기서 정부지출(G)은 정책변수(즉 외생변수)이고 수출(EX)은 해외수요에 의해 결정되는 외생변수이므로 일정한 것으로 가정한다. 반면 조세(T)와 수입(IM)은 소득의 증가함수라고 가정한다.

(2) 확장모형에서의 균형국민소득 ★28, 30, 32, 33회 기출★

① 확장모형에서의 총수요 $Y_D = C + I + G + (EX - IM)$이고, 총공급 $Y_S = Y = C + S + T$이므로 균형국민소득의 조건식은 다음과 같다.

$$C + I + G + (EX - IM) = C + S + T$$
$$I + G + (EX - IM) = S + T$$

▶ 확장모형에서의 균형국민소득

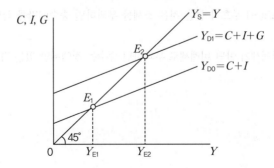

〈그림〉에서 보는 것처럼 총수요함수는 단순모형에서의 총수요함수를 정부지출(G)과 순수출($EX-IM$)만큼 상방으로 이동시킨 것이다.

② 균형국민소득이 총수요와 총공급이 일치하는 수준에서 결정되는 것은 단순모형에서와 같다. 그리고 단순모형에서보다 총수요가 더 크기 때문에 균형국민소득의 크기도 단순모형에서 보다 더 크다.

(3) 확장모형에서의 승수효과 ★27, 29, 31, 32, 33, 34회 기출★

① 투자승수

㉠ 확장모형에서의 승수는 단순승수(또는 독립투자승수)와 복합승수로 구분해 볼 수 있다.

㉡ 단순승수(simple multiplier) 또는 독립투자승수는 독립투자만 있는 경우의 승수로, 단순모형에서의 승수와 동일하다.

$$\text{단순독립투자승수} \quad \frac{\Delta Y}{\Delta I}=\frac{1}{1-b}$$

㉢ 복합승수(compound multiplier)는 유발투자까지 있는 경우의 승수로 이 경우의 투자함수는 $I=I_0+iY$가 된다. 여기서 i는 유발투자계수 또는 한계투자성향(MPI)이다.

$$\text{복합승수} \quad \frac{\Delta Y}{\Delta I}=\frac{1}{1-b-i}$$

복합승수는 유발투자까지 고려하므로 단순승수보다 승수의 크기가 더 크다.

② 정부지출승수

정부지출은 독립투자와 마찬가지로 독립적인 지출이기 때문에 투자승수와 크기가 같다.

$$\text{정부지출승수} \quad \frac{\Delta Y}{\Delta G}=\frac{1}{1-b}$$

③ 조세승수

㉠ 정액세, 즉 소득의 크기와는 무관한 조세를 부과한다고 가정하면 소비함수는 $C=a+b(Y-T)$가 된다.

$$\text{조세승수} \quad \frac{\Delta Y}{\Delta T}=\frac{-b}{1-b}$$

㉡ 승수에 마이너스($-$) 부호가 붙은 것은 조세를 부과하면 승수배만큼 국민소득이 감소한다는 것을 의미한다.

㉢ 만일 조세를 정액세가 아닌 비례세로 부과하면 승수는 정액세만 있는 경우보다 작아진다.

④ 이전지출승수

정부의 이전지출이 R만큼 있게 되면 정액세와는 반대로 소비함수는 $C=a+b(Y+R)$이 된다.

$$\text{이전지출승수} \quad \frac{\Delta Y}{\Delta R}=\frac{b}{1-b}$$

⑤ 균형재정승수 ★32회 기출★

케인즈의 국민소득 결정모형에서 정부지출(G)과 조세(정액세, T)를 동시에 같은 금액으로 증가시키면 국민소득(Y)은 ΔG(또는 ΔT)만큼, 즉 1배 증가하는데 이를 균형재정정리라고 하고 이 경우의 승수를 균형재정승수라고 한다. 즉 균형예산승수는 1이다.

$$\text{균형예산승수} \quad \frac{\Delta Y}{\Delta G(=\Delta T)}=\frac{1}{1-b}+\frac{-b}{1-b}=1$$

⑥ 조세(정액세)와 이전지출이 같은 경우

ΔT의 조세(정액세)를 부과하여 이를 전부 ΔR의 이전지출로 사용하는 경우의 승수는 0이다. 즉 국민소득은 변동이 없다.

$$\frac{\Delta Y}{\Delta R(=\Delta T)}=\frac{b}{1-b}+\frac{-b}{1-b}=0$$

⑦ 조세가 비례세인 경우

조세가 비례세인 경우 $T=tY$이므로 소비함수는 $C=a+b(Y-tY)$가 되어 위의 승수 모두 분모가 $1-b+bt$가 된다. t는 한계세율이다.

⑧ 개방경제의 경우

개방경제에서는 수입(IM)이 소득(Y)의 증가함수인 경우, 가처분소득($Y_D=Y-T$)인 경우로 구분하여야 한다. 수입함수는 $IM=mY$이다. m은 한계수입성향이다. 이 경우 위의 승수는 모두 분모가 $1-b+m$이 되어야 한다.

⑨ 모든 경우를 고려한 승수

유발투자, 비례세, 개방경제를 모두 고려한 경우 유발투자계수(한계투자성향, 가속도계수) i, 한계세율 t, 한계수입성향 m을 모두 포함하면 위 승수의 분모는 모두 $1-b+bt+m-i$가 된다. 분자는 동일하다.

6. 완전고용 국민소득

(1) 균형국민소득(Y_E)

① 균형국민소득은 국민경제의 균형을 보장하는 국민소득으로 실제의 국민소득과는 다르다.

② 케인즈의 이론에 의하면 균형국민소득은 총수요의 크기에 의해서 그 수준이 결정된다. 즉 균형국민소득은 총수요와 총공급이 일치하는 데서 결정된다.

(2) 완전고용국민소득(Y_F)

① 완전고용국민소득(잠재 GDP, 자연산출량과 같은 개념)은 한 경제에 주어진 생산요소를 완전고용했을 때의 국민소득이다. 완전고용국민소득은 그 경제에 주어진 생산요소의 부존량에 의해 결정된다.

② 따라서 총수요의 크기와는 무관하게 단기에는 그 크기가 일정하다. 〈그림〉에서 Y_F가 완전고용국민소득이다.

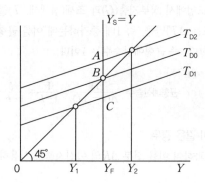

▶ 완전고용 국민소득

③ 만일 총수요가 T_{D2}라면 균형국민소득(Y_2)은 완전고용국민소득(Y_F)을 초과한다. 그러나 완전고용국민소득 이상의 국민소득 증가는 불가능하므로 이때 완전고용국민소득을 초과하게 만드는 총수요의 초과분, 즉 인플레이션 갭(inflationary gap)이 발생한다. 〈그림〉에서 AB가 인플레이션 갭이다. 그리고 인플레이션 갭은 물가상승을 유발한다.

④ 만일 총수요가 T_{D1}이라면 균형국민소득(Y_1)은 완전고용국민소득(Y_F)에 미달된다. 이때 완전고용국민소득에 미달되게 하는 총수요의 부족분을 디플레이션 갭(deflationary gap)이라고 한다. 〈그림〉에서 BC가 디플레이션 갭이다. 디플레이션 갭은 물가를 하락시킨다.

7. 절약의 역설

(1) 절약의 역설의 의미

① 저축은 개인적으로는 부의 축적수단이다. 그러나 사회적으로는 저축 증가 → 소비 감소 → 총수요 감소 → 소득 감소 → 저축 감소를 유발하는데 이를 절약의 역설(paradox of thrift) 또는 저축의 역설이라고 한다.

② 〈그림〉에서 보는 것처럼 저축이 증가하여 저축함수가 상방으로 이동하면 균형국민소득은 감소하고 이에 따라 저축도 감소한다.

▶ 절약의 역설

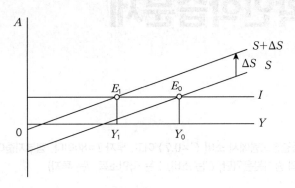

(2) 절약의 역설에 대한 평가

이 역설은 저축이 투자로 연결되지 않는다면 타당하다. 그러나 저축의 증가가 같은 크기의 투자 증가를 유발하면 총수요의 감소도 없고, 오히려 자본스톡을 증가시켜 미래의 경제성장을 가져오게 된다.

제2장 │ 확인학습문제

01

☑확인
Check!
○
△
×

케인즈의 국민소득결정모형에서 소비 $C=0.7Y$이고, 투자 $I=80$이다. 정부지출이 10에서 20으로 증가할 때, 균형국민소득의 증가분은?(단, C는 소비, Y는 국민소득, I는 투자) ★31회 기출★

① 10/3   ② 5

③ 100/7   ④ 100/3

⑤ 50

해설

난도 ★★

국민소득의 균형조건은 $Y=C+I+G$이다. 정부지출이 10인 경우 균형국민소득은 $Y=0.7Y+90$에서 $Y^*=300$이다.

정부지출이 20이면 $Y=0.7Y+100$에서 $Y^*=\dfrac{1,000}{3}$으로 $\dfrac{100}{3}$ 증가한다.

또는 한계소비성향(b)이 0.7이므로 정부지출승수 $\dfrac{\Delta Y}{\Delta G}=\dfrac{1}{1-b}=\dfrac{1}{1-0.7}=\dfrac{1}{0.3}$배 증가하여 $\dfrac{100}{3}$ 증가한다.

답 ④

02

☑확인
Check!
○
△
×

개방경제의 국민소득 결정모형이 아래와 같다. 정부지출(G)과 조세(T)를 똑같이 200에서 300으로 늘리면 균형국민소득은 얼마나 늘어나는가?(단, Y는 국민소득이다) ★29회 기출★

소비함수 : $C=300+0.6(Y-T)$	투자함수 : $I=200$
정부지출 : $G=200$	조세 : $T=200$
수출 : $EX=400$	수입 : $IM=100+0.1(Y-T)$

① 0   ② 50

③ 100   ④ 200

⑤ 250

해설
난도 ★★

정부지출(G)과 조세(T)를 똑같이 200에서 300으로 늘리는 경우 균형재정승수를 적용한다. 균형재정승수=1이므로 $\Delta Y = \Delta G = \Delta T = 100$이다.

또는 문제에서 한계소비성향 $MPC(b)=0.6$, 한계수입성향 $MPM(m)=0.1$이다. 이 경우 정부지출승수 $\frac{dY}{dG} = \frac{1}{1-b+m} = 2$이다. 수입은 처분가능소득의 증가함수이므로 조세승수 $\frac{dY}{dT} = \frac{-b+m}{1-b+m} = -1$이다.

정부지출이 100 증가하면 국민소득은 200억 증가하고, 조세가 100 증가하면 국민소득은 100 감소한다. 따라서 정부지출과 조세가 모두 100 증가하면 국민소득은 100만큼 증가한다.

답 ③

03 정부가 지출을 10만큼 늘렸을 때 총수요가 10보다 적게 늘어났다. 그 이유로 옳은 것은? ★30회 기출★

① 소득변화에 따른 소비증가   ② 소득변화에 따른 소비감소
③ 이자율변화에 따른 투자증가   ④ 이자율변화에 따른 투자감소
⑤ 그런 경우가 일어날 수 없다.

해설
난도 ★★
정부지출을 늘렸지만 총수요가 그보다 적게 늘어났다면 그 이유는 구축효과(crowding out effect)가 발생했기 때문이다. 즉 정부지출의 증가로 총수요가 증가하면 이자율이 상승하여 민간투자가 감소한 것이다.

답 ④

04 개방경제 甲국의 국민소득 결정모형이 다음과 같다. 특정 정부지출 수준에서 경제가 균형을 이루고 있으며 정부도 균형예산을 달성하고 있을 때, 균형에서 민간저축은?(단, Y는 국민소득, C는 소비, I는 투자, G는 정부지출, T는 조세, X는 수출, M은 수입이다)

★30회 기출★

- $Y = C + I + G + (X - M)$
- $C = 150 + 0.5(Y - T)$
- $I = 200$
- $T = 0.2Y$
- $X = 100$
- $M = 50$

① 150
② 200
③ 225
④ 250
⑤ 450

해설
난도 ★★
특정 정부지출 수준에서 경제가 균형을 이루고 있으며 정부도 균형예산을 달성하고 있으므로 $G = T$이고, 이를 대입하면 총수요 $E = C + I + G + X - M = 400 + 0.6Y$이다. $Y = E$에서 균형을 이루면 균형국민소득 $Y = 1,000$이다.
민간저축 $S = Y_D - C = -150 + 0.4Y = 250$이다.

답 ④

05 개방경제하에서 국민소득의 구성 항목이 아래와 같을 때 경상수지는?(단, C는 소비, I는 투자, G는 정부지출, T는 조세, S^P는 민간저축이다)

★33회 기출★

- C = 200
- T = 50
- I = 50
- S^P = 150
- G = 70

① 50
② 60
③ 70
④ 80
⑤ 90

해설
난도 ★
국민소득 항등식 $Y = C + I + G + (X - M)$을 저축과 투자의 관계로 정리하면, $(X - M) = S_P + (T - G) - I$이다.
$(X - M) = 150 + (50 - 70) - 50 = 80$이다.

답 ④

06 저축의 역설(paradox of saving)에 관한 설명으로 옳은 것은?

① 소득이 증가하면 저축이 감소한다는 가설이다.

② 투자가 GDP와 정(+)의 상관관계를 가질 때에는 저축이 증가하면 소득이 증가한다는 가설이다.

③ 고전학파(Classical School)의 이론에서는 성립되지 않는 가설이다.

④ 저축의 증가는 투자를 증가시킴으로써 경제성장을 촉진시킨다는 가설이다.

⑤ 명목이자율의 상승이 인플레이션을 하락시킨다는 가설이다.

해설

난도 ★★

저축의 역설(paradox of thrift) 또는 절약의 역설은 저축 증가 → 소비 감소 → 총수요 감소 → 소득 감소 → 저축 감소를 유발한다는 것으로 케인즈의 국민소득 결정이론에 바탕을 둔 이론이다. 이 역설은 경기침체로 인해 투자가 위축되어 저축이 투자로 연결되지 않으면 성립될 수 있다.

③ 저축과 투자가 항상 일치한다고 보는 고전학파(Classical School)의 이론에서는 성립할 수 없다.

달 ③

07 정부지출과 조세가 같은 액수만큼 증가했을 경우 경제의 변화는?

① 누출이 주입과 동일한 액수만큼 증가했으므로 경제에 미치는 영향이 없다.

② 조세증가로 인한 소비지출의 감소는 정부지출액이 가지는 효과보다 크므로 국민소득이 감소한다.

③ 조세는 국민소득에 마이너스의 효과를 주므로 국민소득은 감소한다.

④ 이런 경우 국민소득은 증가할 수도 있고 감소할 수도 있다.

⑤ 정부지출의 증가액은 그 전체가 주입이지만 조세의 일부는 저축으로부터의 누출이기 때문에 국민소득이 증가한다.

해설

난도 ★★★

⑤ 이 문제는 균형재정승수가 1이라는 것과 직결된다. 이에 의하면 정부지출과 조세가 같은 액수만큼 증가하면 소득도 이와 같은 액수만큼 증가한다. 그 이유는 정부지출의 증가액은 그 전체가 주입이지만 조세의 일부는 저축으로부터의 누출이기 때문에 국민소득이 증가한다.

달 ⑤

08 폐쇄경제에서 국민저축을 구성하는 두 성분이 되는 것은 다음 중 어느 것인가?

① 소비지출과 투자지출　　　　　　　② 민간저축과 재정수지

③ 투자지출과 국제수지　　　　　　　④ 조세와 재정수지

⑤ 민간저축과 조세

해설

난도 ★

경제 전체의 총저축은 민간과 정부에 의해 소비되지 않은 부분을 말한다. 가처분소득 중에서 소비(C)되지 않은 부분이 민간저축(S)이고, 정부의 조세수입 중 정부지출을 뺀 부분이 정부저축($T-G$) 또는 재정수지이다. 식으로 구하면 폐쇄경제에서 생산물시장의 균형식 $Y=C+S+T=C+I+G$에서 양변의 C를 소거하면 $S+T=I+G$이다. 여기서 $S+(T-G)=I$가 된다. 국민저축은 $S+(T-G)$가 되고 사후적으로 국내투자 I와 일치한다.

답 ②

---

09 어떤 개방경제의 국민소득결정 모형이 다음과 같이 주어져 있다. 정부지출을 100에서 200으로 늘리면 균형국민소득은 얼마나 늘어나는가?

> $Y=C+I+G+(EX-IM)$
> $C=200+0.6(Y-T)$, $I=100$, $G=T=100$
> $EX=100$, $IM=100+0.1(Y-T)$
> (Y : 국민소득, C : 소비, I : 투자, G : 정부지출, T : 조세, EX : 수출, IM : 수입)

① 100　　　　　　　　　　　　　　　② 150

③ 200　　　　　　　　　　　　　　　④ 250

⑤ 300

해설

난도 ★★

$Y=C+I+G+(EX-IM)$에 제시된 수치를 넣어 풀면 $G=100$인 경우 $Y=700$이고, $G=200$인 경우 $Y=900$이므로 국민소득은 200 증가한다.

더 쉬운 방법은 한계소비성향(b)이 0.6이고 한계수입성향(m)이 0.1이므로 정부지출승수 $=\dfrac{1}{1-b+m}=2$이다. 국민소득은 정부지출 증가분 100의 2배, 즉 200 증가한다.

답 ③

10 고전학파의 국민소득결정모형에 관한 설명으로 옳지 **않은** 것은?

① 세이의 법칙(Say's law)이 성립하여, 수요측면은 국민소득 결정에 영향을 미치지 못한다.

② 물가와 임금 등 모든 가격이 완전히 신축적이고, 노동시장은 균형을 달성한다.

③ 노동시장의 수요는 실질임금의 함수이다.

④ 노동의 한계생산이 노동시장의 수요를 결정하는 중요한 요인이다.

⑤ 통화공급이 증가하여 물가가 상승하면, 노동의 한계생산이 증가한다.

해설

난도 ★

⑤ 고전학파의 국민소득결정모형에 따르면 가격이 신축적이므로, 통화공급이 증가하여 물가(P)가 상승하면 임금 역시 상승하게 되므로 실질임금은 불변이다. ③과 같이 노동시장의 수요는 실질임금의 함수이므로, 실질임금이 변하지 않으면 노동시장의 균형고용량도 변하지 않으므로 노동의 한계생산도 변하지 않는다.

① 세이의 법칙에 의해 공급만이 문제가 된다.

② 노동시장에서의 수요와 공급의 불일치는 신축적인 명목임금에 의하여 신속히 조절되고 균형을 달성하게 된다.

③ 노동에 대한 수요와 공급은 모두 실질임금의 함수이며 노동시장은 완전경쟁시장이다.

답 ⑤

---

11 케인즈 단순모형에 기초한 총수요·총공급 모형에서 경제는 완전고용상태에 있다고 하자. 정부지출을 증가시키면서 총수요 증가로 인한 물가상승을 유발하지 않으려면 조세를 어떻게 해야 하는가?(단, 단기 총공급곡선은 우상향한다고 가정한다)

① 줄여야 한다.

② 정부지출보다 적게 늘려도 된다.

③ 정부지출만큼 늘리면 된다.

④ 정부지출보다 많이 늘려야 한다.

⑤ 어떤 조세정책을 써도 물가상승이 유발된다.

해설

난도 ★★

케인즈의 단순모형에서 정부지출승수 $\frac{1}{1-b}$의 절댓값이 조세승수 $\frac{-b}{1-b}$의 절댓값보다 더 크다. 따라서 정부지출 증가로 국민소득이 증가하고 물가가 상승한 경우 이를 원래 수준으로 돌아오게 하여 국민소득과 물가를 유지하려면 조세는 정부지출보다 더 많이 늘려야 한다.

답 ④

12 아래의 개방경제 균형국민소득 결정모형에서 수출이 100만큼 늘어나는 경우 (ㄱ) 균형소득의 변화분과 (ㄴ) 경상수지의 변화분은?(단, C는 소비, Y는 국민소득, T는 세금, I는 투자, G는 정부지출, X는 수출, M은 수입이며, 수출 증가 이전의 경제상태는 균형이다) ★33회 기출★

확인
Check!
○
△
×

- $C = 200 + 0.7(Y - T)$
- $G = 100$
- $X = 300$
- $I = 200$
- $T = 100$
- $M = 0.2(Y - T)$

① ㄱ : 1000, ㄴ : 100
② ㄱ : 1000/3, ㄴ : 100/3
③ ㄱ : 1000/3, ㄴ : 100
④ ㄱ : 200, ㄴ : 60
⑤ ㄱ : 200, ㄴ : 100

해설
난도 ★★

이 모형에서 수출승수는 $\dfrac{1}{1 - b + m} = \dfrac{1}{1 - 0.7 + 0.2} = 2$이다. 따라서 수출이 100만큼 늘어나면 국민소득은 2배, 즉 200만큼 증가한다. 경상수지 $X - M$의 변동분 $= 100 - 0.2(200) = 60$이다.

답 ④

---

13 아래의 IS—LM 모형에서 균형민간저축(private saving)은?(단, C는 소비, Y는 국민소득, T는 조세, I는 투자, r은 이자율, G는 정부지출, M^S는 명목화폐공급량, P는 물가수준, M^d는 명목화폐수요량이다) ★33회 기출★

확인
Check!
○
△
×

- $C = 8 + 0.8(Y - T)$
- $T = 5$
- $M^d = Y - 10r$
- $I = 14 - 2r$
- $M^S = 10$
- $G = 2$
- $P = 1$

① 2
② 4
③ 5
④ 8
⑤ 10

해설
난도 ★★

균형민간저축 $S_P = Y - C - T$이다. IS곡선과 LM곡선을 도출한 후 균형국민소득을 구해서 S_P 식에 대입한다.
IS곡선 : $Y = C + I + G = 8 + 0.8(Y - 5) + 14 - 2r + 2$ 에서 $Y = 100 - 10r$이다.
LM곡선 : $M^s = M^d$, $10 = Y - 10r$에서 $Y = 10 + 10r$이다.
두 식을 연립하여 풀면 균형국민소득 $Y = 55$, 균형이자율 $r = 4.5$이다. 이 값을 균형민간저축 $S_P = Y - C - T$식에 대입하여 값을 구하면 $S_P = 2$이다.

답 ①

제3장 | 소비, 투자

출제포인트

- □ 항상소득가설
- □ 신고전학파 투자이론
- □ 투자의 현재가치법
- □ 절대소득가설
- □ 토빈의 q이론
- □ 라이프 사이클(life cycle) 가설
- □ 상대소득 가설
- □ 피셔의 기간 간 소비선택이론
- □ 가속도 원리

제1절 소비

1. 소비함수

(1) 소비의 특성

① 소비(consumption)지출은 국내총생산에 대한 지출 중에서 가장 큰 비중을 차지한다. 대부분의 국가에서 소비지출은 국내총생산의 60% 이상을 차지한다.

② 소비지출은 또한 가장 안정적이다. 즉 경기변동이 심해도 소비지출은 큰 변동이 없이 안정적이다.

(2) 소비지출의 결정요인

① 소비지출은 가계의 소득, 부(wealth), 경기에 대한 전망, 정부의 정책, 소비자의 기호 등에 의해 그 크기가 결정된다. 이 중 가계의 소득, 즉 가처분 소득이 소비지출에 가장 큰 영향을 미친다.

② 따라서 다른 조건이 일정불변이라면 소비지출(C)은 가처분 소득(Y)의 증가함수이다. 즉 소비함수는 $C = C(Y)$로 표시된다.

2. 케인즈의 절대소득가설 ★29, 31, 34회 기출★

(1) 절대소득가설의 의의

케인즈(J.M. Keynes)의 소비함수는 현재소비는 현재소득의 절대적인 크기에 의존한다는 의미에서 절대소득가설(absolute income hypothesis)이라고 한다. 즉 케인즈의 소비함수는 $C=C(Y)$로 나타낼 수 있다.

(2) 케인즈 소비함수의 특징

① 소득이 증가하면 소비지출도 증가하지만, 소비의 증가는 소득의 증가보다 작다. 즉 0<한계소비성향(MPC)<1 인데 이는 미래에 대비하기 위해 저축을 하는 인간의 기본적인 심리에 기초하고 있는 것이다.

② 소득의 증가에 따라 평균소비성향(APC)은 감소한다. 이는 소득이 낮을 때는 일정수준의 기초소비가 존재한다는 것을 의미하는 것으로 소비함수는 $C=a+bY$이다.

③ 즉 소비함수의 절편이 0보다 큰 경우에 소득이 증가하면 평균소비성향(APC)은 감소하고 또한 이 경우에는 $MPC<APC$이다.

④ 기초소비가 0이라면 소비함수는 원점을 지나는 직선이 되고, 이 경우 소득이 증가해도 APC는 일정하고 $MPC=APC$가 된다.

⑤ 소득의 증가에 따라 한계소비성향(MPC)은 감소한다. 즉 소비함수는 원점에 대해 오목한 형태이다.

3. 소비함수에 대한 실증연구

(1) 쿠즈네츠의 실증연구 결과

① 케인즈의 소비함수가 제시된 후, 여러 학자들에 의해 소비함수에 대한 실증연구가 이루어졌다. 그 중 대표적인 것이 쿠즈네츠(S. Kuznets)의 실증연구이다.

② 쿠즈네츠는 미국의 소득-소비에 관한 자료를 분석한 결과, 횡단면 분석과 단기 시계열 분석에서는 케인즈의 소비함수가 잘 맞지만, 장기 시계열 분석에서는 케인즈 소비함수가 맞지 않는다는 것을 밝혀냈다.

(2) 횡단면 분석 결과

① 횡단면(cross-section) 분석은 어느 한 시점에서의 소득과 소비의 관계를 분석하는 것으로, 횡단면 분석에서는 소득이 저소득층과 고소득층으로 나뉘어 측정된다.

② 횡단면 분석 결과는 $MPC<APC$인 케인즈 소비함수가 잘 맞는 것으로 밝혀졌다. $MPC<APC$인 이유는 소득수준이 높은 계층일수록 평균적으로 낮은 소비성향을 보이고, 소득수준이 낮은 계층일수록 평균적으로 높은 소비성향을 보이기 때문이다.

(3) 시계열 분석 결과

① 연도별, 계절별 또는 월별 등 시간의 흐름에 따라 소득과 소비의 관계를 분석하는 시계열(time-series) 분석 결과는 단기와 장기의 경우에 다르게 나타났다.

② 단기 시계열 분석에서는 평균소비성향이 호황기에는 장기평균보다 낮고 불황기에는 장기평균보다 높다는 것이 밝혀졌다. 그러므로 단기 소비함수에서는 $MPC<APC$로 나타나 케인즈의 소비함수가 잘 맞는 것으로 밝혀졌다.

③ 그러나 쿠즈네츠의 장기 시계열 분석에 의하면 APC가 대략 일정한 크기를 보인다는 사실이 밝혀졌다. APC가 일정하다는 것은 장기 소비함수에서는 $APC=MPC$, 즉 장기 소비함수는 원점에서 그은 직선의 형태라는 것을 의미하므로 케인즈 소비함수의 특성에 어긋난다.

④ 이러한 경험적인 사실이 밝혀진 것을 계기로 소비함수에 관한 여러 연구결과가 제시되었다.

4. 소비함수에 관한 이론 ★29, 31, 33회 기출★

(1) 프리드먼의 항상소득가설

① 프리드먼(M. Friedman)은 케인즈의 단기소비함수에서 $APC>MPC$인 것은 소득이 실제소득(measured income)이기 때문이라는 것이다. 그러나 장기적으로 소비는 항상소득의 함수라는 항상소득가설(permanent income hypothesis)을 제시하였다.

② 실제소득은 항상소득과 임시소득으로 구성되는데, 항상소득은 임금이나 이자, 지대처럼 가계가 확실히 예상할 수 있는 기대소득(expected income), 즉 장기적인 평균소득으로 이는 소득이나 인적 또는 물적 부(wealth)에서 비롯된다.

③ 반면 임시소득은 변동소득, 즉 일시적인 소득으로 장기적으로는 0이 된다. 또한 소비도 실제소비와 임시소비로 구성된다.

④ 프리드먼은 항상소득(Y^p)과 항상소비(C^p)간에만 일정한 상관관계가 성립한다고 주장한다. 즉 소비는 항상소득의 함수로 $C^p=mY^p$의 관계가 성립한다고 주장한다. 여기서 m은 MPC와 유사한 개념이다.

⑤ 항상소득가설에 따르면 케인즈가 매우 효과적이라고 주장한 단기의 재정정책, 특히 조세정책은 무력해진다. 정부가 단기적으로 세율을 변화시켜도 임시소득만 변화할 뿐 항상소득은 변화하지 않기 때문에 소비와 총수요에는 별다른 영향을 주지 못한다.

(2) 라이프 사이클(life cycle) 가설

① 모딜리아니(F. Modigliani), 브럼버그(R. Brumberg), 앤도(A. Ando)에 의해 주장된 라이프-사이클 가설, 또는 생애주기가설, MBA 가설은 소비는 소비자의 전 생애를 통한 총소득에 의해 결정된다는 이론이다.

② 〈그림〉에서와 같이 청년기와 노년기에는 소득수준이 상대적으로 낮다. 사람들의 일생을 통해서 볼 때 중년기의 저축으로 청년기와 노년기의 소비를 충당한다는 것이다.

③ 따라서 횡단면 분석을 통해서 보면 고소득층의 APC가 낮고 저소득층의 APC가 높게 나타난다. 여기서 고소득층은 중년기이고 저소득층은 청년기와 노년기이다.

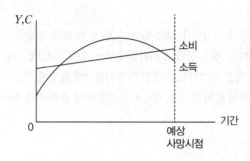

▶ 라이프-사이클 가설

④ 라이프 사이클 가설은 소비의 결정요인으로 장기소득 개념을 사용하고 있다는 점에서 프리드먼의 항상소득가설과 맥락을 같이 한다.

⑤ 그리고 소비가 당기의 소득에 의존하는 것이 아니기 때문에 단기적인 재정정책, 특히 세율의 변화는 소비와 총수요에 별다른 영향을 미치지 못한다.

(3) 듀젠베리의 상대소득가설

① 듀젠베리(J. Duesenberry)는 소비에 영향을 주는 요인으로 소비자 자신의 현재소득은 물론 비교대상이 되는 타인의 소득과 자신의 과거 최고소득을 중요시하였다.

② 이처럼 듀젠베리의 이론은 소비가 자신과 타인, 또는 현재와 과거 사이에서 성립하는 상대소득(relative income)의 함수라고 보는 것이다. 그러므로 듀젠베리의 소비이론을 상대소득가설(relative income hypothesis)이라고 한다.

③ 상호의존성과 전시효과

㉠ 소비와 타인의 소득과의 관계는 소비행위의 상호의존성(mutual dependence)에 의해 설명할 수 있다.

㉡ 즉 소비는 자신의 소득에 의해서 뿐만 아니라 타인의 소비행위에 의해서도 영향을 받는다는 것이다.

㉢ 예컨대 고소득층의 소비행위가 저소득층의 소비행위에 영향을 미치는 경우를 볼 수 있는데 듀젠베리는 이와 같은 소비행위의 상호의존관계를 전시효과(demonstration effect)라고 불렀다.

④ 비가역성과 톱니효과

㉠ 한편 소비와 과거소득의 관계는 소비행위의 비가역성(irreversibility)으로 설명한다. 비가역성은 소득이 증가함에 따라 일단 높아진 소비수준은 소득이 감소해도 쉽게 줄어들지 않는다는 것이다.

㉡ 비가역성에 의해 현재의 소비가 과거의 최고소비수준, 즉 과거의 최고소득수준에 의해 제약받게 되는 현상을 듀젠베리는 톱니효과(ratchet effect)라고 하였다.

(4) 불확실성 하에서의 소비 ★31회 기출★

① 미래소득의 불확실성

케인즈의 소비함수 이후 소비함수 논쟁 과정에서 등장한 소비이론들은 미래의 소득을 예측할 수 있다는 가정 하에서 나온 이론들이다. 그러나 미래소득에 대한 불확실성을 전제로 하면 소비지출에 대한 합리적 판단은 그만큼 제약될 수밖에 없다.

② 불규칙보행가설

홀과 플라빈(R. Hall and M. Flavin)이 제시한 불규칙보행가설(random walk hypothesis) 또는 임의보행가설은 불확실성 하에서는 현재 및 미래의 소득을 알 수 없기 때문에 소비자는 과거의 소비행태에 의존하여 소비를 한다는 주장이다.[1]

③ 유동성제약가설

㉠ 앞에서 본 라이프 사이클 가설은 효율적으로 잘 움직이는 자본시장을 가정하고 있다. 즉 중년기의 소득을 청년기와 노년기에 이용하기 위해서는 이를 잘 연결해주는 자본시장이 있어야 한다.

㉡ 그러나 현실의 자본시장은 불완전하고 한 개인의 미래소득이 불확실하다면 대부자는 자금의 대부를 꺼리므로 개인은 그때그때의 소득수준에 따라 소비를 할 것이다.

㉢ 이처럼 자금의 대부가 어려워지면 개인은 항상소득이나 평생소득보다는 현재소득에 의존하여 소비를 하게 된다는 이론이 유동성제약가설(liquidity constraint hypothesis)이다.

더 알아보기 | 소비함수에 관한 가설

- 소비함수에 관한 가설 구분
  - 현재소득을 중시하는 케인즈의 가설
  - 과거소득을 중시하는 듀젠베리의 가설(회고적 이론)
  - 미래소득을 중시하는 MBA 가설과 프리드먼의 가설(전망적 이론)로 구분해 볼 수 있다.
- 결국 이 가설들의 차이는 소득개념의 차이에 있다. 그런데 인간의 합리적 행위는 과거의 제약 하에, 현재의 시점에서, 미래의 행동을 계획하므로 이 세 가설은 상호보완적이라고 할 수 있다.

---

1) 홀(R. Hall)에 의해 제시된 불규칙보행(random walk)가설은 원래 환율이나 주식가격은 정확히 예측할 수 없다는 점을 강조하는 가설이다. 즉 내일의 환율이나 주식가격은 술취한 사람의 비틀거리는 걸음걸이와 같아서 오르내리는 방향을 정확히 예측할 수 없다는 것이다.

1. 투자의 개념과 성격

(1) 투자의 뜻

① 투자(investment)는 생산설비나 재고품에 대한 지출을 말한다. 즉 자본재의 증가 또는 유지(대체)를 위한 지출을 투자라고 하는데 주로 기업에 의해서 이루어진다.

② 일반적으로 언급하는 부동산 투자나 주식투자는 국민경제 전체의 입장에서 본다면 단순한 소유권의 이전에 불과하기 때문에 경제학에서 말하는 투자가 아니다.

③ 자본재의 증가를 위한 투자를 신투자(new investment), 자본재의 유지 또는 대체를 위한 투자를 대체투자(replacement investment) 또는 재투자라고 하고 이 둘을 합하여 총투자라고 한다.

(2) 투자의 성격

① 소비지출은 GDP에 대한 지출 중에서 가장 큰 비중을 보일 뿐만 아니라 또한 경기변동에 관계없이 안정적이지만, 투자는 불안정하다. 즉 투자는 경기변동에 따라 심한 기복을 보인다.

② 비록 GDP에서 차지하는 비중이 소비지출에 비하면 작지만 투자의 불안정성은 경기변동의 원인이 되기도 한다.

2. 투자수준의 결정

(1) 투자의 동기

① 기업은 이윤, 즉 기대이윤의 확대를 위해 투자를 한다. 투자로부터 기대되는 기대이윤의 크기는 투자로부터의 미래에 얻을 것으로 기대되는 기대수익, 즉 투자의 한계효율과 투자의 비용, 즉 이자율에 의해 결정된다.

② 따라서 투자의 결정요인으로 가장 중요한 두 가지는 투자의 한계효율(또는 내부수익률)과 이자율이다.

(2) 투자의 한계효율

① 기업이 투자로부터 기대하는 기대수익을 수익률로 표시한 것을 투자의 한계효율(marginal efficiency of investment, MEI)이라고 한다. 즉 MEI는 투자의 기대수익률을 말한다.[2] 기업은 MEI가 큰 투자안을 선택할 것이며 시장 이자율보다 높은 MEI를 갖는 투자안을 모두 선택하여 투자하면 기대이윤을 극대화할 수 있다.

② 투자의 한계효율이 큰 투자안부터 낮은 투자안까지 차례로 나열하면 우하향하는 MEI곡선을 얻을 수 있는데, 이 MEI곡선을 투자수요곡선이라고 한다.

---

2) 투자의 한계효율(MEI)은 케인즈(J.M. Keynes)에 의해 제시된 것으로, 어떤 투자의 결과 미래에 예상되는 총기대수익의 현재가치와 현재의 투자비용을 같도록 만드는 할인율, 다시 말하면 순현재가치(NPV)를 0으로 만드는 할인율을 의미한다. 이는 투자사업 자체에서 계산되므로 내부수익률(internal rate of return, IRR)이라고도 하고, 간단히 기대수익률이라고도 한다.

③ MEI곡선이 우하향한다는 것은 곧 투자가 증가할수록 좋은 투자기회는 사라지기 때문에 기대수익률은 하락한다는 것을 의미한다.[3]

④ 만일 미래의 경제전망이 낙관적이면 기대수익률은 상승할 것이고 이 경우 MEI곡선은 우측으로 이동하게 된다.

(3) 이자율

이자율(interest rate)은 투자의 비용(즉 기회비용)이다. 이자율이 높으면 투자의 기회비용이 높으므로 투자는 감소하고 이자율이 낮으면 투자의 기회비용이 낮으므로 투자는 증가한다.

(4) 투자의 결정 ★30회 기출★

① 〈그림〉에서와 같이 기업은 투자의 한계효율(MEI)과 이자율(r)을 비교하여 투자여부를 결정한다.

▶ 투자의 결정

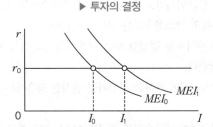

② 기업의 기대수익률, 즉 투자의 한계효율(MEI)>이자율(r)인 경우에는 투자를 늘리면 기대이윤을 증대시킬 수 있다. 반면 투자의 한계효율(MEI)<이자율(r)인 경우에는 투자를 줄여야 기대이윤을 증대시킬 수 있다.

③ 투자의 한계효율(MEI)=이자율(r)에서 적정투자의 양(I_0)이 결정되고 여기에서 기대이윤이 극대화된다.

④ 또한 미래의 경제전망이 호전되면 MEI곡선은 우측으로 이동하고 기대이윤을 극대화할 수 있는 적정투자의 양은 증가한다(I_1으로).

3. 기대수익에 의한 투자결정이론

(1) 고전학파의 현재가치 접근법

① 현재가치 접근법의 의의

현재가치 접근법은 피셔(I. Fisher)에 의해 정립된 고전학파의 투자결정이론으로 미래에 얻게 될 기대수익의 현재가치(present value, PV)와 투자비용을 비교하여 투자 결정을 하는 방법이다.

② 기대수익의 현재가치

㉠ 기대수익의 현재가치는 미래의 총기대수익을 시장이자율로 할인(discount)하여 현재가치로 환산한 것이다.

㉡ I만큼의 투자금액(투자비용)을 투자하여 1년 후부터 n년 후까지 매년 R_1, R_2, …, R_n의 수익이 기대된다고 할 때 기대수익의 현재가치(PV)는 다음과 같이 계산된다.

---

3) MEI곡선은 가로축은 투자의 양, 세로축은 이자율을 표시하므로 MEI곡선의 기울기는 투자의 이자율 탄력성으로 나타낼 수 있다. 투자의 이자율 탄력성은 이자율의 변화에 대한 투자의 변화정도를 나타내는 개념으로 투자의 이자율 탄력성이 탄력적이면 MEI곡선은 완만한 형태를 보이고 MEI곡선이 완만하면 뒤에서 보게 될 IS곡선도 완만한 형태를 보인다.

$$PV = \frac{R_1}{1+r} + \frac{R_2}{(1+r)^2} + \cdots + \frac{R_n}{(1+r)^n}$$

③ 투자의 결정

㉠ 위와 같이 계산된 기대수익의 현재가치(PV)가 투자금액(I)보다 크다면 기업은 투자를 결정할 것이고, 반대로 $PV < I$인 경우에는 투자하지 않을 것이다.

㉡ 다른 여건이 불변인데 시장이자율(r)이 상승하면 기대수익의 현재가치(PV)가 적어질 것이므로 투자를 줄일 것이다. 그러므로 투자는 이자율의 감소함수가 된다.

(2) 케인즈의 내부수익률 접근법(MEI 접근법)

① 투자의 한계효율(MEI), 즉 내부수익률(IRR)과 이자율에 의해서 투자가 결정된다고 보는 케인즈의 투자이론을 내부수익률 접근법이라고 한다. 따라서 내부수익률 접근법도 고전학파의 현재가치법과 마찬가지로 투자가 이자율의 감소함수라는 것을 보여준다.

② 하나의 투자안을 놓고 투자여부를 결정할 때는 현재가치 접근법을 사용하건 내부수익률 접근법을 사용하건 같은 결론에 도달한다.

③ 그러나 여러 투자안 중 어느 것에 투자할 것인가를 결정할 경우에는 두 접근법이 서로 다른 결론에 도달할 수 있다.

④ 이 경우에는 현재가치 접근법이 내부수익률 접근법보다 더 안전하고 정확한 기준을 제시해 줄 수 있다.

4. 가속도원리에 의한 투자 결정

(1) 고전적 가속도원리

① 고전적 가속도원리(acceleration principle)는 클라크(J.B. Clark)에 의해 정립된 것으로, 소비의 증가가 큰 폭의 유발투자의 증가를 초래한다는 것이다.

② 즉 소비의 증가가 생산의 증가를 초래하고 생산의 증가는 투자(유발투자)수요의 증가를 초래하는데 이 때 일반적으로 소비의 증가율보다 유발투자의 증가율이 더 크게 나타난다.

③ 고전적 가속도원리를 식으로 표현하면 다음과 같다.

$$I_t = \beta \Delta C_t = \beta(C_t - C_{t-1})$$

여기서 I_t는 t기의 유발투자, ΔC_t는 t기의 소비 증가분을 표시한다. β는 소비 증가분에 대한 유발투자의 비율인데 이를 가속도계수라고 한다. 가속도계수는 1보다 크다.

(2) 근대적 가속도원리

① 고전적 가속도원리는 소비와 유발투자와의 관계를 설명하는 것이었다. 이에 비해 고전적 가속도원리를 발전시킨 근대적 가속도원리는 새뮤얼슨(P.A. Samuelson)에 의해 정립된 것으로 소득의 변동이 소비의 변동을 통하여 가속도적으로 유발투자의 변동을 야기하는 원리를 설명하는 것이다.

② 근대적 가속도원리는 다음 식으로 표현된다.

$$I_t = \alpha\beta(Y_{t-1} - Y_{t-2})$$

즉 소득(Y)의 증가에 따라 다음 기에 일정비율(즉 $\alpha\beta$의 가속도계수만큼)의 투자 증가가 유발된다는 것이다. 여기서 α는 한계소비성향으로 1보다 작기 때문에 $\alpha\beta$는 고전적 가속도계수 β보다 작다.

③ 가속도원리는 생산시설의 완전가동과 가속도계수가 일정하다고 가정하고 있는데, 그러나 경기상황에 따라 가속도 계수는 변화한다. 이러한 상황을 설명하기 위해 등장한 것이 자본스톡 조정모형이다.

(3) 자본스톡 조정모형

① 자본스톡 조정모형은 근대적 가속도원리의 한계를 극복하기 위해 나타난 이론으로 신축적 가속도원리라고도 한다.

② 기업은 이윤극대화를 위해 자본의 한계생산(MP_K)=실질 임대료 수준에서 자본스톡을 유지(K^*)하려하고, 이 K^*와 기존 자본스톡의 갭을 신투자를 통해 줄여 나간다는 원리이다.

③ 자본스톡 조정모형은 다음의 식으로 표현된다. 이 식에서 I_t는 t기의 신투자를 나타낸다.

$$I_t = K_t - K_{t-1} = \lambda(K^* - K_{t-1}),\ 0 < \lambda < 1$$

④ 자본스톡 조정모형은 신고전파적 투자수요 이론으로 불리면서 가장 대표적인 신투자 수요이론으로 인정받고 있다.

(4) 토빈의 q이론 ★29, 33회 기출★

① 토빈(J. Tobin)에 의해서 정립된 q이론은 투자의 수요는 투자로 인한 순한계생산력(즉 자본의 한계생산력−투자비용)과 실질이자율의 비율에 의해 결정된다는 것이다.

② q이론은 케인즈의 투자이론을 기초로 기업의 이윤극대화 조건으로부터 q를 도출함으로써 신고전파의 투자이론을 흡수했다는 평가를 받는다. 그 전개과정은 자본스톡 조정모형과 유사하다.

③ 토빈의 q는 주식시장에서 평가된 기업의 시장가치를 기업의 실물자본 대체비용으로 나눈 것이다. 주식가격이 투자에 미치는 영향을 설명할 수 있다.

$$q = \frac{\text{설치되어 있는 자본의 시장가치}}{\text{설치되어 있는 자본의 대체비용}}$$

④ $q > 1$인 경우 자본을 새로 설치하는 비용보다 새로 설치한 자본에서 발생하는 수익의 흐름이 더 크기 때문에 기업은 투자를 증가시킨다. 반면 $q < 1$이면 투자를 감소시킨다.

제3장 | 확인학습문제

01 소비이론에 관한 설명으로 옳지 <u>않은</u> 것은? ★31회 기출★

① 생애주기가설에 따르면 장기적으로 평균소비성향이 일정하다.
② 항상소득가설에 따르면 단기적으로 소득 증가는 평균소비성향을 감소시킨다.
③ 케인즈(J.M. Keynes)의 소비가설에서 이자율은 소비에 영향을 주지 않는다.
④ 피셔(I. Fisher)의 기간 간 소비선택이론에 따르면 이자율은 소비에 영향을 준다.
⑤ 임의보행(random walk)가설에 따르면 소비의 변화는 예측할 수 있다.

해설

난도 ★★

⑤ 임의보행가설(random walk hypothesis) 또는 불규칙보행가설은 불확실성 하에서는 현재 및 미래의 소득을 알 수 없기 때문에 소비자는 과거의 소비행태에 의존하여 소비를 한다는 주장이다. 따라서 소비의 변화도 예측할 수 없다.

답 ⑤

02 다음은 소비이론에 대해 설명한 것이다. 옳지 <u>않은</u> 것은?

① 항상소득가설에 의하면 소득이 높은 가계가 평균적으로 낮은 평균소비성향을 보인다.
② 생애주기가설에 의하면 고령인구의 비율이 높아질수록 민간부문의 저축률은 하락한다.
③ 상대소득가설은 소비의 가역성과 소비의 상호작용성을 강조한다.
④ 케인즈의 절대소득가설에 의하면 평균소비성향은 한계소비성향보다 크다.
⑤ 항상소득가설에 의하면 정부가 단기에만 조세를 변화시키는 경우 장기간 변화시키는 경우보다 소비에 미치는 효과가 작아진다.

해설

난도 ★

③ 듀젠베리의 상대소득가설은 톱니효과(ratchet effect)를 통해 소비의 비가역성(irreversibility)을 강조하고, 전시효과(demonstration effect)를 통해 소비의 상호작용성을 강조한다.

답 ③

03 소비이론에 관한 설명으로 옳은 것을 모두 고른 것은?

★29회 기출★

☑확인
Check!
○
△
×

> ㄱ. 케인즈 소비함수에 의하면 평균소비성향이 한계소비성향보다 크다.
> ㄴ. 상대소득가설에 의하면 장기소비함수는 원점을 통과하는 직선으로 나타난다.
> ㄷ. 항상소득가설에 의하면 항상소비는 평생 부(wealth)와 관계없이 결정된다.
> ㄹ. 생애주기가설에 의하면 중년층 인구비중이 상승하면 국민저축률이 하락한다.

① ㄱ, ㄴ   ② ㄱ, ㄷ

③ ㄴ, ㄷ   ④ ㄴ, ㄹ

⑤ ㄷ, ㄹ

해설
난도 ★★

ㄱ. 케인즈 소비함수(절대소득가설)에 의하면 기초소비(basic consumption)로 인해 평균소비성향(APC)이 한계소비성향(MPC)보다 크다. 그러나 기초소비＝0이면 소비함수는 원점을 통과하는 직선형태이므로 $APC = MPC$이다.

ㄴ. 전시효과와 톱니효과 두 가설을 이용하여 단기소비함수와 장기소비함수의 괴리를 설명하는 상대소득가설에 의하면 장기소비함수는 원점을 통과하는 직선으로 나타난다.

ㄷ. 프리드먼의 항상소득가설에서 부(wealth)가 증가하면 항상소득이 증가하므로 항상소비는 증가한다.

ㄹ. 생애주기가설에 의하면 중년층은 저축을 많이 하므로 중년층 인구비중이 높아지면 국민저축률은 높아진다.

 ①

04 피셔(I. Fisher)의 기간 간 선택(intertemporal choice) 모형에서 최적소비 선택에 관한 설명으로 옳은 것을 모두 고른 것은?(단, 기간은 현재와 미래이며, 현재소비와 미래소비는 모두 정상재이다. 무차별곡선은 우하향하며 원점에 대하여 볼록한 곡선이다)

★30회 기출★

☑확인
Check!
○
△
×

> ㄱ. 실질이자율이 상승하면, 현재 대부자인 소비자는 미래소비를 증가시킨다.
> ㄴ. 실질이자율이 하락하면, 현재 대부자인 소비자는 현재저축을 감소시킨다.
> ㄷ. 실질이자율이 상승하면, 현재 차입자인 소비자는 현재소비를 감소시킨다.
> ㄹ. 미래소득이 증가하여도 현재 차입제약에 구속된(binding) 소비자의 현재소비는 변하지 않는다.

① ㄱ, ㄴ   ② ㄴ, ㄷ

③ ㄷ, ㄹ   ④ ㄱ, ㄷ, ㄹ

⑤ ㄴ, ㄷ, ㄹ

난도 ★★★

ㄴ. 실질이자율이 하락하면 현재소비의 상대가격이 하락하므로 현재 대부자인 소비자는 대체효과에 의해 현재소비가 증가하므로 현재저축이 감소한다. 그러나 실질이자율 하락으로 실질소득이 감소하면 소득효과에 의해 현재소비가 감소하므로 현재저축이 증가한다.

따라서 실질이자율이 하락할 때 대체효과와 소득효과가 다르므로 현재저축의 증감여부는 불분명하다.

답 ④

★27회 기출★

05 소비이론에 관한 설명으로 옳지 않은 것은?

① 절대소득가설에 의하면 소비의 이자율탄력성은 0이다.

② 절대소득가설에 의하면 기초소비가 있는 경우, 평균소비성향이 한계소비성향보다 크다.

③ 항상소득가설에 의하면 임시소비는 임시소득에 의해 결정된다.

④ 상대소득가설에 의하면 장기소비함수는 원점을 통과하는 직선의 형태로 도출된다.

⑤ 생애주기가설에 의하면 사람들은 일생에 걸친 소득의 변화 양상을 염두에 두고 적절한 소비수준을 결정한다.

해설

난도 ★

③ 프리드먼의 항상소득가설에 의하면 항상소득만이 소비에 영향을 미친다. 임시소득은 임시소비에 영향을 미치지 못한다.

답 ③

06 甲기업이 새로운 투자프로젝트 비용으로 현재 250원을 지출하였다. 1년 후 120원, 2년 후 144원의 수익을 얻을 수 있다. 연간 시장이자율(할인율)이 20%일 때, 이 투자프로젝트의 순현재가치(Net Present Value)는?

① −50원

② −30원

③ −3원

④ 14원

⑤ 50원

해설

난도 ★★

미래 기대수익의 현재가치를 구하려면 시장이자율(r)로 할인해야 한다. 기대수익의 현재가치 $PV=\dfrac{R_n}{(1+r)^n}$이다. 1년 후 120원과 2년 후 144원의 $PV=\dfrac{120}{(1+0.2)}+\dfrac{144}{(1+0.2)^2}=200$원이다. 현재의 투자비용은 250원이므로 순현재가치(NPV)는 −50원이다.

답 ①

07 효용을 극대화하는 甲은 1기의 소비(c_1)와 2기의 소비(c_2)로 구성된 효용함수 $U(c_1,\ c_2)=c_1c_2^2$을 가지고 있다. 甲은 시점 간 선택(intertemporal choice) 모형에서 1기에 3,000만 원, 2기에 3,300만 원의 소득을 얻고, 이자율 10%로 저축하거나 빌릴 수 있다. 1기의 최적 선택에 관한 설명으로 옳은 것은?(단, 인플레이션은 고려하지 않는다)
★29회 기출★

① 1,000만 원을 저축할 것이다.

② 1,000만 원을 빌릴 것이다.

③ 저축하지도 빌리지도 않을 것이다.

④ 1,400만 원을 저축할 것이다.

⑤ 1,400만 원을 빌릴 것이다.

해설

난도 ★★★

현재소비와 미래소비 간의 한계대체율 $MRS_{C_1C_2}=\dfrac{MU_{C_1}}{MU_{C_2}}=\dfrac{C_2^2}{2C_1C_2}=\dfrac{C_2}{2C_1}$이다. 소비자균형점에서는 $MRS=(1+r)$ 이고 $r=0.1$이므로 $\dfrac{C_2}{2C_1}=1.1$, 따라서 $C_2=2.2C_1$이다.

1기 소득 $Y_1=3,000$, 2기 소득 $Y_2=3,300$, 이자율 $r=0.1$을 두 기간 모형의 예산제약식 $Y_1+\dfrac{Y_2}{(1+r)}=C_1+\dfrac{C_2}{(1+r)}$ 에 대입하면 $3,000+\dfrac{3,300}{1.1}=C_1+\dfrac{C_2}{1.1}$이 된다. 이를 다시 정리하면 $1.1C_1+C_2=6,600$이 된다.

소비자균형조건을 예산제약식에 대입하여 풀면 $1.1C_1+2.2C_1=6,600$이고, $C_1=2,000$이다. 1기 소득이 3,000만 원이고, 1기 소비가 2,000원이므로 1기 저축은 1,000만 원이다.

답 ①

08 어빙 피셔(Irving Fisher)의 2기간 최적 소비선택 모형에서 도출되는 결론으로 옳은 것만을 모두 고른 것은?
(단, 기간별로 소비되는 재화는 모두 정상재, 차입제약은 없고, 각 기간의 소비는 모두 0보다 큼)

> ㄱ. 제1기의 소득증가는 제1기의 소비를 증가시킨다.
> ㄴ. 제2기의 소득증가는 제2기의 소비를 감소시킨다.
> ㄷ. 실질이자율이 상승하면 제2기의 소비는 증가한다.
> ㄹ. 제2기의 소득증가는 제1기의 소비를 감소시킨다.

① ㄱ
② ㄴ
③ ㄴ, ㄷ
④ ㄴ, ㄹ
⑤ ㄷ, ㄹ

해설

난도 ★★

ㄱ. 제1기에 소비되는 재화는 정상재이므로 제1기의 소득이 증가하면 제1기의 소비는 증가한다.

ㄴ. 제2기에 소비되는 재화는 정상재이므로 제2기의 소득이 증가하면 제2기의 소비는 증가한다.

ㄷ. 실질이자율이 상승하면 차입자의 현재소비는 감소하고 대부자(저축자)의 미래소비는 증가한다.

ㄹ. 제2기의 소득이 증가하면 정상재이므로 제1기의 소비는 증가한다.

답 ①

---

09 소비이론에 관한 설명으로 옳은 것은?

① 피셔(I. Fisher)의 기간 간 소비선택이론에 따르면 차입제약이 없는 경우 이자율은 현재소비에 영향을 줄 수 없다.

② 항상소득가설(permanent income hypothesis)은 소비자들이 유동성제약에 처해있다고 전제한다.

③ 생애주기가설(life cycle hypothesis)은 현재 소비는 현재소득에만 의존한다고 전제한다.

④ 항상소득가설에 따르면 평균소비성향은 현재소득에 대한 항상소득의 비율에 의존한다.

⑤ 케인즈 소비함수에서 소득이 증가할 때 평균소비성향은 항상 일정하다.

난도 ★★★

④ 프리드먼(M. Friedman)의 항상소득가설에 따르면 평균소비성향은 $APC = \dfrac{\beta Y_P}{Y}$이다. 즉 평균소비성향은 현재소득에 대한 항상소득의 비율에 의존한다.

① 피셔(I. Fisher)의 기간 간 소비선택이론에 따르면 차입제약이 없는 경우 이자율이 현재소비에 미치는 영향은 차입자와 저축자의 경우에 다르게 나타난다. 이자율이 상승하면 차입자의 현재소비는 감소한다. 그러나 저축자(대부자)의 현재소비는 알 수 없다.

② 항상소득가설은 소비자들이 유동성제약에 처해있지 않다고 가정한다.

③ 생애주기가설(life cycle hypothesis)은 현재 소비는 평생소득에 의존한다고 전제한다.

⑤ 케인즈 소비함수(절대소득가설)에서는 기초소비로 인하여 소득이 증가할 때 평균소비성향은 감소하다.

目 ④

10 프리드만의 항상소득가설에 대한 설명 중 가장 적절한 것은?

① 현재소비는 현재소득에만 의존한다.

② 항상소득과 일시소득 사이에 높은 상관관계가 있다.

③ 현재소득이 일시적으로 항상소득 이상으로 증가하면 평균소비성향은 일시적으로 하락한다.

④ 항상소득가설은 유동성 제약이 없는 소비자의 경우보다 유동성제약이 있는 소비자의 경우에 부합한다.

⑤ 소득의 변동이 일시적인 요인에 의한 경우에 소비의 변동이 소득의 변동보다 커진다.

난도 ★★

③ 호황기에는 임시소득이 오르므로 현재소득이 일시적으로 항상소득 이상으로 증가한다. 그러나 소비는 항상소득을 기준으로 결정되므로 임시소득이 증가한다고 해도 별로 증가하지 않는다. 그 결과 평균소비성향은 일시적으로 하락한다.

目 ③

11 **저축과 소비에 관한 이론 중 틀린 것은?**

① 케인즈의 절대소득가설에 의하면 장기에는 평균소비성향과 한계소비성향이 동일하다.

② 절대소득가설에 의하면 당기 소비는 가처분소득에 의해서 결정된다.

③ 평생소득가설에 의하면 평생에 걸쳐 소비를 균등하게 하는 것이 효용을 극대화시킬 수 있다고 가정했다.

④ 항상소득가설에 의하면 복권당첨이나 보너스 소득과 일시적인 소득이 많은 사람들은 보다 높은 저축률을 지니게 될 것이다.

⑤ 상대소득가설에 의하면 사람들은 과거 자신들의 소비형태를 유지하려는 속성을 가정한다.

해설
난도 ★

케인즈의 절대소득가설은 단기소비함수에 대한 분석이다. 단기소비함수 $C=a+bY$에서 기초소비 a로 인하여 단기에는 평균소비성향이 한계소비성향보다 크다.

답 ①

12 **다음 중 소비함수에 관한 이론의 설명으로서 옳지 않은 것은?**

① 절대소득가설에 의하면 당기의 소비는 당기의 소득수준에 의하여 결정되며 한계소비 성향은 평균소비성향보다 작다.

② 상대소득가설에 의하면 당기의 소비는 당기의 소득수준 및 과거의 최고 소득수준에 의존하며 단기적으로 한계소비성향이 평균소비성향보다 작을 수 있지만 장기적으로 한계소비성향과 평균소비성향은 일치한다.

③ 항상소득가설에 의하면 소비의 평균적인 수준은 평균적인 소득수준에 의하여 결정되며 단기적으로 관찰된 한계소비성향이 평균소비성향보다 작을 수 있지만 장기적으로 한계소비성향과 평균소비성향은 일치한다.

④ 생애주기가설에 의하면 개인의 소비는 평생의 소득-소비 패턴에 의하여 결정되며 경제전체의 소득-소비의 관계에서는 장기적으로 한계소비성향과 평균소비성향은 일치한다.

⑤ 1998년도에 우리나라에서 소득의 감소에도 불구하고 저축이 증가한 것은 종래의 소비 함수이론으로는 설명하기 어렵다.

해설
난도 ★★

항상소득가설에 의하면 소비는 평균소득이 아니라 항상소득에 의해서 결정된다. 가령 경기가 오르면 (임시소득이 오르므로) 소득의 평균수준은 오르겠지만 항상소득이 일정하게 유지되면 소비의 평균적인 수준은 오르지 않을 것이다.

답 ③

13 정부가 불황을 극복하기 위해 일시적으로 재정조세정책을 변경시키려고 한다. 생애주기(life-cycle) 가설에 입각할 때, 다음 중 경제 전체의 소비를 증가시키는 데 가장 기여할 것으로 보이는 조치는?

① 노년층에 대한 재정지출을 집중적으로 증가시킨다.

② 근로소득세를 일률적으로 인하한다.

③ 법인세를 일률적으로 인하한다.

④ 청장년층에 대한 조세를 집중적으로 감면한다.

⑤ 공공근로사업을 확대한다.

해설

난도 ★★

① 생애주기 가설에 의하면 청년층과 노년층의 평균소비성향이 높은 반면, 장년층의 평균소비성향은 낮다. 따라서 노년층에 대한 재정지출을 증가시키면 경제 전체의 소비를 증가시키는 효과가 크다.

답 ①

---

14 신고전학파(Neoclassical) 투자이론에 관한 설명으로 옳지 않은 것은?(단, 모든 단위는 실질 단위이며 자본비용은 자본 한 단위당 비용이다) ★28회 기출★

① 자본량이 증가하면 자본의 한계생산물은 감소한다.

② 감가상각률이 증가하면 자본비용도 증가한다.

③ 자본량이 균제상태(steady state) 수준에 도달되면 자본의 한계생산물은 자본비용과 일치한다.

④ 자본의 한계생산물이 자본비용보다 크다면 기업은 자본량을 증가시킨다.

⑤ 실질이자율이 상승하면 자본비용은 감소한다.

해설

난도 ★★★

⑤ 신고전학파 투자이론은 기업이 실물자본투자의 한계비용과 한계수익을 비교하여 투자를 결정한다는 이론이다. 여기서 실물자본투자의 한계비용을 자본의 사용자비용이라고 한다. 실질이자율을 r, 감가상각률을 δ라고 하면 자본의 사용자비용은 $ucc=(r+\delta)P^K$이다. r이나 δ가 상승하면 자본비용은 증가한다.

답 ⑤

15 투자에 관한 다음 설명 중 옳지 <u>않은</u> 것은?

① 투자는 이자율의 감소함수이다.

② 가속도원리에 의하면 투자는 소득 또는 생산의 증가함수이다.

③ 토빈의 q는 주식시장에서 평가된 기업이 시장가치를 기업의 실물자본 대체비용으로 나눈 값이다.

④ 투자지출은 소비지출보다 GDP에서 차지하는 비중은 작지만 경기변동에 더 민감하게 반응한다.

⑤ 주어진 이자율에서 자본의 한계생산성이 증가하면 투자수요가 감소한다.

해설

난도 ★★

케인즈의 내부수익률법에 의하면 주어진 이자율에서 자본의 한계생산성이 증가하면 투자수요가 증가한다.

답 ⑤

16 투자이론에 대한 다음 설명 중 가장 옳지 <u>않은</u> 것은?

① 케인즈는 투자의 한계효율(marginal efficiency)과 이자율이 일치하는 수준에서 투자수준이 결정된다고 보았다

② 가속도원리에 의하면 투자는 소득변화의 증가함수이다.

③ 신고전학파의 투자이론에 의하면 자본의 한계생산성이 투자의 주요 결정요인이다.

④ 토빈(Tobin)의 q이론에 의하면 주식시장에서 평가된 어느 기업의 시장가치가 그 기업의 실물자본 대체비용보다 큰 경우 이 기업의 투자는 감소한다.

⑤ 딕싯(Dixit)의 투자옵션모형에 의하면 투자는 불확실성의 감소함수이다.

해설

난도 ★★

토빈(Tobin)의 q이론에 의하면 주식시장에서 평가된 어느 기업의 시장가치가 그 기업의 실물자본 대체비용보다 큰 경우, 즉 토빈의 q가 1보다 큰 경우 이 기업의 투자는 증가한다.

답 ④

17 토빈(J. Tobin)의 q에 관한 설명으로 옳은 것은?

① 자본 1단위 구입비용이다.

② 자본의 한계생산에서 자본 1단위 구입비용을 뺀 값이다.

③ 기존 자본을 대체하는 데 드는 비용이다.

④ 시장에서 평가된 기존 자본의 가치이다.

⑤ q 값이 1보다 큰 경우 투자를 증가시켜야 한다.

해설

난도 ★★

토빈(J. Tobin)의 q란 주식시장에서 평가된 기업의 시장가치를 기업의 실물자본 대체비용으로 나눈 것

$\left(=\dfrac{\text{설치되어 있는 자본의 시장가치}}{\text{설치되어 있는 자본의 대체비용}}\right)$으로 주식가격이 투자에 미치는 영향을 설명할 수 있다.

$q>1$인 경우 자본을 새로 설치하는 비용보다 새로 설치한 자본에서 발생하는 수익의 흐름이 더 크기 때문에 기업은 투자를 증가시킨다. 반면 $q<1$이면 투자를 감소시킨다.

답 ⑤

18 소비이론에 관한 설명으로 옳은 것은?

① 항상소득가설(permanent income hypothesis)에 따르면, 현재소득이 일시적으로 항상소득보다 작게 되면 평균소비성향은 일시적으로 증가한다.

② 생애주기가설(life-cycle hypothesis)은 소비자가 저축은 할 수 있으나 차입에는 제약(borrowing constraints)이 있다고 가정한다.

③ 케인즈 소비함수는 이자율에 대한 소비의 기간별 대체효과를 반영하고 있다.

④ 소비에 대한 임의보행(random walk)가설은 소비자가 근시안적(myopic)으로 소비를 결정한다고 가정한다.

⑤ 항상소득가설은 소비자가 차입제약에 직면한다고 가정한다.

해설

난도 ★★

① 항상소득가설에 따르면, 단기적으로 소득(Y)이 감소하면 평균소비성향($\frac{C}{Y}$)은 일시적으로 증가한다. 그러나 장기적으로 항상소득에 변화가 없으면 평균소비성향을 불변이라고 주장한다.

② 생애주기가설은 소비자는 차입에 제약이 없다고 가정한다.

③ 이자율에 대한 소비의 기간별 대체효과를 반영하는 소비이론은 피셔(I. Fisher)의 기간간 선택(intertemporal choice)이론이다. 케인즈(J. M. Keynes)의 소비이론은 소비는 현재의 가처분소득에 의해 현재의 소비가 결정된다고 주장하는 절대소득가설이다.

④ 홀(R. Hall)의 임의보행가설은 항상소득가설을 기초로 소비자는 합리적 기대를 한다고 가정한다.

⑤ 항상소득가설은 소비자는 차입제약, 즉 유동성 제약에 처해있지 않다고 가정한다.

답 ①

제4장 | 재정과 재정정책

출제포인트

□ 구축효과
□ 재량적 정책과 재정의 자동안정화장치
□ 재정정책의 시차
□ 리카도 동등성 정리

제1절 재정의 의의와 기능

1. 정부의 경제적 역할

(1) 고전학파

① 고전학파는 스미스(A. Smith)의 '보이지 않는 손(invisible hand)'의 원리에 기초하여 정부의 역할은 국방, 치안 등에만 국한해야 한다고 생각하였다. 이러한 고전학파의 입장은 흔히 자유방임주의(laissez faire) 또는 값싼 정부론(cheap government)으로 표현된다.

② 따라서 고전학파는 정부의 국민경제활동에 대한 적극적인 개입에 반대하는 자유주의의 입장을 보인다.

(2) 케인즈와 케인즈학파

① 세계 대공황을 배경으로 등장한 케인즈학파는 실업과 인플레이션의 해소를 위해 정부의 적극적인 개입을 주장한다.

② 케인즈 경제학은 재정정책과 통화정책을 통한 총수요 관리정책의 효과를 강조함으로써 제2차 세계대전 이후 1960년대 말까지의 자본주의 경제의 고도성장에 기여하였다.

(3) 통화주의와 새고전학파, 공급측 경제학

① 1970년대 세계적으로 극심한 인플레이션과 스태그플레이션이 나타나면서 케인즈 경제학이 위기에 직면하면서 새로운 이론들이 등장하였다.

② 즉 통화주의(monetarism)와 공급측 경제학(supply-side economics), 새고전학파(new classical school) 등이 등장하였는데 이들 학파들은 고전학파의 자유주의적 사고를 계승하여 시장기구를 신뢰하고, 정부의 적극적인 개입에는 반대하는 입장을 보인다.

2. 재정의 의의와 기능

(1) 재정의 의의

① 정부는 국방과 치안은 물론 시장의 실패를 해결하고, 경제발전과 국민복지 향상을 위한 역할 등 다양한 기능을 수행한다.

② 이러한 다양한 기능을 수행하기 위하여 정부는 필요한 자금을 마련하고 그 자금으로 여러 가지 지출을 하게 되는데 이와 같은 정부의 활동을 재정(public finance)이라고 한다. 즉 정부의 수입과 지출에 관련된 정부의 모든 경제활동을 재정이라 한다.

(2) 재정의 기능

① 재정, 특히 중앙정부의 재정은 자원의 효율적 배분기능, 공평한 소득분배의 기능, 그리고 경제의 안정화 기능 등 세 가지 주요 기능을 수행한다.

② 자원의 효율적 배분기능은 시장의 실패(market failure)를 해결하는 기능, 특히 공공재를 공급하는 기능을 말한다.

③ 공평한 소득분배의 기능은 빈부의 격차를 완화하여 사회의 안정을 이루는 기능을 말한다.

④ 경제의 안정화 기능은 경기변동의 진폭을 줄여 국민경제의 안정적 성장을 지속시키는 기능을 말한다.

제2절   재정정책

1. 재정정책의 의의

(1) 재정정책의 뜻

재정정책(fiscal policy)은 정부지출과 조세를 수단으로 하여 국민경제의 안정적인 성장과 국민의 복지를 증대시키려는 정부의 정책을 의미한다.

(2) 재정정책의 목표

① 재정정책의 최종목표는 물가안정과 완전고용, 국제수지의 균형, 경제성장, 공정한 소득분배 등을 들 수 있다.

② 그리고 이들 목표는 크게 국민경제의 안정적 성장과 국민의 복지증대로 요약할 수 있다.

2. 조세

(1) 조세의 의의

① 정부의 재정수입은 크게 조세 수입과 조세외 수입, 그리고 자본수입으로 나누어진다. 조세 수입과 조세외 수입을 합하여 경상수입이라고 한다. 이 중 가장 큰 비중을 차지하는 것은 역시 조세수입이다.

② 어느 한 해의 명목 GDP에 대한 조세의 비율을 조세부담률이라고 한다. 조세부담률은 한 나라 국민의 조세부담의 정도를 나타내는 지표인데 사회보장제도가 잘 마련된 선진국일수록 조세부담률은 높은 것으로 나타나고 있다.

③ 조세(tax)는 민간으로부터 정부로의 부(wealth)의 강제적 이전을 의미하기 때문에 국민의 경제활동 수준, 자원배분, 소득재분배 등에 큰 영향을 미친다.

(2) 세율에 따른 조세

① 납세자의 소득이 얼마이든 세율이 일정하여 조세부담이 납세자의 소득에 비례하여 변화하는 조세를 비례세(proportional tax)라고 한다. 비례세는 역진적인 성격이 있기 때문에 세 부담의 형평성 문제를 야기하고 빈부의 격차를 심화시키는 효과가 있다.

② 소득의 증가에 따라 세율이 높아지는 조세를 누진세(progressive tax)라고 한다. 일반적으로 소득세와 법인세 등에 누진세를 적용한다. 누진세는 세 부담의 형평성을 실현하여 소득의 재분배에 크게 기여할 수 있는 조세이다.

③ 소득의 증가에 따라 세율이 낮아지는 조세를 역진세(regressive tax)라고 한다. 주민세처럼 소득이나 자산의 크기와 관계없이 일정한 금액을 부담해야 하는 정액세(lump-sum tax)나 생활필수품에 부과되는 소비세는 역진세의 효과가 있다.

(3) 조세의 기능

① 소득분배 및 재분배 기능

② 투자에 대한 세액공제(tax credit), 특정이윤에 대한 비과세 제도 등으로 기업의 투자에 영향

③ 자원배분에 영향

④ 거시적으로 국민의 경제활동과 경제성장에 영향

3. 정부지출

(1) 경제적 성격에 따른 분류

① 정부지출을 경제적 성격에 따라 분류하면 경상지출과 자본지출, 그리고 순대출로 구분할 수 있다.

② 경상지출은 정부의 소비지출과 이전지출로 구성되는데 이 중에서 정부의 소비지출(즉 정부구매)만 국내총생산(GDP)에 포함된다.

③ 자본지출은 정부와 토지와 각종 자본재 등을 취득하는데 따른 지출로 정부의 투자지출이다.

(2) 지출대상을 기준으로 한 분류

① 정부지출의 대상을 기준으로 분류하면 그 기간의 생산물을 구입하기 위한 지출, 개인이나 단체에 대한 보조금, 민간에의 대여 등으로 구분할 수 있다.

② 그 기간의 생산물을 구입하기 위한 지출은 정부의 소비지출(경상지출)과 투자지출(자본지출)로 구성되는데 이는 그 기간의 국민소득을 증가시킨다.

③ 정부의 투자지출은 공공사업에 대한 투자나 교육에 대한 투자, 사회간접자본의 형성을 위한 지출로 국민소득에 대한 효과가 가장 강력하고, 따라서 경제성장에 기여하는 정도는 매우 크다.

④ 개인이나 기업, 또는 단체에 대한 보조금(subsidy)은 이전지출(transfer payment)이라고 부르는데 여기에는 두 가지가 있다. 하나는 실업자나 생활무능력자 등 개인에 대한 이전지출이고, 다른 하나는 수출보조금 등과 같이 기업이나 단체에 대한 이전지출이다.

⑤ 개인에 대한 이전지출은 소득재분배의 효과가 있고, 기업이나 단체에 대한 이전지출은 특정산업이나 특정경제활동에 대한 보호 및 육성책으로 사용된다. 이전지출은 국내총생산(GDP)에는 포함되지 않는다.

제3절 재정정책과 국민소득

1. 재량적 재정정책

(1) 재량적 재정정책의 의의 ★29회 기출★

① 정부가 '의도적으로' 국민경제에 개입하여 정부지출과 조세의 조정을 통해 국민소득의 증가 및 경제안정을 이루고자 취하는 정책을 재량적 재정정책(discretionary fiscal policy)이라고 한다.

② 즉 재량적 재정정책은 그때그때의 경제상황에 따라 정부가 개입하여 총수요를 조정하는 총수요 관리정책을 의미한다. 그러나 케인즈의 이러한 주장에 대해 고전학파는 재량적 재정정책의 효과를 인정하지 않는다.

(2) 디플레이션 갭의 경우

① 정부부문이 포함된 국민소득 결정모형에서 균형국민소득의 조건식은 $I + G = S + T$이다. 케인즈는 이때의 균형국민소득(Y_E)은 완전고용 국민소득(Y_F)에 미달할 수 있다고 본다.

② 따라서 이 경우에 경제를 완전고용 수준으로 회복하기 위해서는 총수요의 부족분, 즉 디플레이션 갭(deflationary gap)을 조세를 줄이거나 정부지출을 늘리는 확장적 재정정책을 통해 보전해야 한다는 것이다. 그렇게 하면 국민소득이 증가하여 완전고용 국민소득 수준을 달성할 수 있다는 것이다.

(3) 인플레이션 갭의 경우

인플레이션 갭이 존재하는 경우에는 완전고용 국민소득(Y_F)을 초과하도록 만드는 총수요의 초과분, 즉 인플레이션 갭(inflationary gap)을 조세를 늘리거나 정부지출을 줄이는 긴축적 재정정책을 통해 조정할 수 있다는 것이다.

2. 재정의 자동안정화 장치

(1) 재정의 자동안정화 장치의 의미 ★29회 기출★

① 재정의 자동안정화 장치(built-in stabilizer, automatic stabilizer)는 케인즈의 재량적 재정정책과 대비되는 개념으로 경기침체나 호황에서 정부가 의도적으로 정부지출과 조세를 변동시키지 않아도 자동적으로 정부지출이나 조세가 변화하여 경기침체나 호황의 강도를 완화시켜주는 재정제도를 말한다.

② 재정의 자동안정화 장치의 역할을 하는 것

    ㉠ 누진적인 소득세

    ㉡ 실업보험

    ㉢ 사회보장을 위한 이전지출

    ㉣ 농산물 가격 지지제도 등

(2) 고전학파의 견해

고전학파는 이 자동안정화 장치가 시장의 자율적인 조정기구의 일부라고 본다. 그리고 이 장치만으로 조정되지 않는 총수요는 이자율의 신축적인 조정을 통해 총공급과 같아지도록 조정된다고 생각하여 정부의 국민경제에 대한 개입은 필요가 없다고 주장한다.

(3) 케인즈의 견해

이러한 고전학파의 주장에 대해 케인즈는 이 장치만으로는 단기적인 경기조절이 어려우므로 적극적이고 재량적인 재정정책의 사용을 주장하였다.

제4절   재정정책의 효과

1. 구축효과 ★30회 기출★

(1) 구축효과의 뜻

① 어떤 지출의 증가가 다른 지출의 증가를 상쇄시키는 효과를 구축효과(crowding out effect), 또는 상쇄효과, 잠식효과라고 한다.

② 즉 일반적으로 정부지출(G)의 증가는 총수요의 증가를 통해 국민소득을 증가시키지만 구축효과가 있는 경우 정부지출(G)의 증가는 민간의 투자(I)를 감소시켜 국민소득을 증가시키지 못한다는 것이다.

③ 구축효과는 케인즈가 주장하는 재정정책은 효과가 없다는 것을 강조하기 위한 근거로 고전학파나 통화주의자가 주장하는 것이다.

(2) 구축효과의 메커니즘

① 구축효과의 메커니즘은 여러 가지 파급경로로 설명할 수 있다. 그 중 한 가지 경로는 다음과 같다. 즉 정부의 확장적 재정정책에 의해 정부지출(G) 증가 → 국민소득(Y) 증가 → 화폐시장에서 화폐수요 증가 → 이자율(r) 상승[4] → 민간투자(I) 감소 → 국민소득(Y) 감소가 나타난다.

② 또한 통화량(M)의 증가 없이 정부지출(G)을 증가시키기 위해 국채를 발행하는 경우 민간부문은 국채 매입으로 자금 부족 → 투자 감소를 가져오고, 또한 국채 판매 증가 → 국채가격 하락 → 이자율 상승 → 민간투자가 감소하여 국민소득을 감소시킨다는 것이다.

(3) 고전학파의 견해

① 고전학파 모형에서 국민소득은 공급측면에 의하여 결정되고 수요측면은 국민소득의 결정에 아무런 영향을 미치지 못한다. 따라서 수요측면의 재정정책의 효과를 논하는 것은 별 의의가 없다.

② 재무성 견해(Treasury view)가 재정정책에 대한 고전학파의 입장을 나타낸다고 볼 수 있다. 재무성 견해는

> **총저축 = 총투자 = 정부투자(G) + 민간투자(I)**

이라는 것이다. 따라서 정부투자의 증가는 그만큼 민간투자를 감소시키므로 구축효과가 100% 나타나고 따라서 재정정책은 전혀 효과가 없게 된다.[5]

③ 고전학파의 견해는 뒤에서 보게 될 IS-LM 모형에 의해서도 설명이 된다. 즉 고전학파의 화폐의 중립성 가정과 이자율 결정이론, 고전파의 이분성에 근거하여 보면 화폐수요의 이자율 탄력성이 0이므로 LM곡선은 수직선의 형태가 된다.

④ 따라서 정부지출을 증가시켜 IS곡선이 오른쪽으로 이동해도 국민소득은 전혀 증가하지 못하므로 구축효과는 100%가 된다.

(4) 케인즈의 견해

① 케인즈는 정부지출의 증가로 국민소득이 증가하면 이자율이 상승하기는 하지만 투자의 한계효율(MEI) 곡선이 비탄력적이므로(즉 가파르므로) 민간투자의 감소효과는 작다고 보아 재정정책의 효과는 매우 크다고 본다.

② 더구나 대공황과 같은 극도의 경기침체 상황에서 유동성 함정(liquidity trap)이 나타나면 구축효과는 0이 되고, 따라서 이런 경우에는 재정정책만이 강력한 효과를 나타낼 수 있다고 주장한다.

(5) 통화주의자의 견해

① 프리드먼(M. Friedman) 등의 통화주의자(monetarists)는 구축효과가 거의 100%에 가깝다고 본다.

② 즉 정부지출의 증가로 인한 국민소득의 증가로 화폐수요가 증가하면 이자율의 급격한 상승이 유발되고, 따라서 민간투자를 크게 감소시키므로 구축효과는 매우 크고 따라서 재정정책은 별 효과가 없다고 주장한다.

---

4) 정부가 국채의 발행을 늘리면 국채의 공급이 증가하여 국채의 가격은 하락하는데, 국채의 가격 하락은 이자율의 상승을 의미한다는 점에 유의해야 한다. 즉 국채의 가격과 이자율은 역(–)관계에 있다.

5) 재무성 견해(Treasury view)는 영국 재무성의 견해를 나타내는 것으로 고전학파 경제학의 전제가 되는 세이의 법칙과 부합된다. 즉 총저축과 총투자는 항상 일치하므로 총저축이 일정할 때 정부지출이 증가하면 민간투자는 그만큼 감소할 수밖에 없다는 것이다.

2. 정책의 시차

(1) 시차의 의의

① 정책의 시차(time-lag) : 문제도 정책의 유효성 문제를 제시할 때 매우 중요한 근거로 작용한다.

② 만일 정책의 효과가 나타날 때까지 길고 가변적인 시차가 있다면 그러한 정책은 별로 효과가 없을 뿐만 아니라 오히려 경제의 불안정성을 확대시킬 수 있다.

(2) 시차의 유형 ★29회 기출★

① 현실의 경제상황을 정확히 인식하고 정책의 필요성을 인식할 때까지의 시차를 인식시차(recognition lag)라고 하고, 정책의 필요성을 인식한 후 정책을 실행에 옮길 때까지의 시차를 실행시차(implementation lag)라고 한다.

② 그리고 인식시차와 실행시차를 합하여 내부시차(inside lag)라고 한다. 한편 정책을 실행에 옮긴 이후 정책의 효과가 나타날 때까지의 시차를 외부시차(outside lag)라고 한다.

③ 시차가 길수록 재량적 재정정책의 효과는 작고, 경우에 따라서는 정반대의 결과를 가져올 수도 있다.

④ 일반적으로 재정정책은 내부시차(특히 실행시차)가 길고 외부시차는 짧은 것으로 알려져 있다. 반면 통화정책(monetary policy)은 내부시차는 짧지만 외부시차가 긴 것으로 알려져 있다.

3. 리카도 동등성 정리 ★28, 30, 31회 기출★

(1) 리카도 동등성 정리의 의의

① 케인즈학파는 정부지출을 증대시키기 위해 조세를 부과하면 소비를 감소시키기 때문에 효과가 별로 없지만 국공채를 발행하여 재원을 조달하는 것은 민간의 저축을 대신하므로 효과적이라고 본다.

② 리카도(D. Ricardo) 등 고전학파와 새고전학파 학자들은 케인즈학파와 달리 정부지출의 변화 없이 조세수입만의 변화에 의한 재정적자 규모의 변화는 경제에 아무런 영향을 미치지 못한다고 주장하는데 이들의 주장을 리카도 동등성 정리(Ricardian equivalence theorem) 또는 리카도 대등정리(등가정리)라고 한다.

③ 즉 정부지출의 변화 없이 현재의 조세를 감소시키는 것은 정부부채의 증가를 의미하기 때문에 정부지출의 재원을 현재 조세로 충당하든지 정부부채로 충당하든지 경제의 실질변수에 미치는 영향은 동일하다는 것이다.

④ 이러한 주장은 리카도에 의해 제시되었지만 1970년대 배로(R. Barro)에 의해 발전되어 리카도-배로 정리(Ricardo-Barro theorem)라고도 한다.

(2) 리카도 동등성 정리가 성립하기 위한 조건

① 리카도 동등성 정리는 정부가 국채를 발행하여 재원을 조달하면 만기에는 국채를 상환할 것이므로 장기적으로 정부는 균형재정을 유지하는 것으로 가정한다.

② 리카도 대등정리가 성립하려면 주어진 이자율 수준에서 자유롭게 저축과 차입이 가능해야 한다. 즉, 유동성 제약(차입의 제약)이 없어야 한다.

③ 또한 경제활동인구 증가율이 0이 되어야 한다.

④ 경제주체들이 합리적이어서 현재시점에서 조세가 감면되면 미래의 조세증가를 예견할 수 있어야 한다. 즉, 경제주체들은 '합리적 기대'에 따라 합리적으로, 미래지향적으로 행동한다고 가정한다.

(3) 리카도 동등성 정리가 성립하지 않는 경우

따라서 민간이 근시안적 소비를 하는 경우, 민간의 소비가 절대소득에 반응하는 경우(지금 조세를 부과하지 않고 공채를 발행하는 경우), 국민들이 현재 유동성 계약이나 차입 제약에 빠져 있는 경우, 조세를 부담할 경제활동인구가 증가하는 경우에는 리카도 동등성 정리가 성립할 수 없다.

제4장 | 확인학습문제

01 경기안정화 정책에 관한 설명으로 옳은 것은?

★29회 기출★

① 재정지출 증가로 이자율이 상승하지 않으면 구축효과는 크게 나타난다.
② 투자가 이자율에 비탄력적일수록 구축효과는 크게 나타난다.
③ 한계소비성향이 클수록 정부지출의 국민소득 증대효과는 작게 나타난다.
④ 소득이 증가할 때 수입재 수요가 크게 증가할수록 정부지출의 국민소득 증대효과는 크게 나타난다.
⑤ 소득세가 비례세보다는 정액세일 경우에 정부지출의 국민소득 증대효과는 크게 나타난다.

해설

난도 ★★★

⑤ 정액세일 경우 정부지출승수 $\frac{1}{1-c}$는 비례세일 경우 정부지출승수 $\frac{1}{1-c(1-t)}$보다 크다. 따라서 국민소득 증대

효과가 크게 나타난다.

① 재정지출 증가로 이자율이 상승하지 않으면 투자 감소가 없으므로 구축효과는 나타나지 않는다.

② 투자가 이자율에 비탄력적일수록 구축효과는 작게 나타난다. 구축효과의 메커니즘은 $G\uparrow \rightarrow Y\uparrow \rightarrow M^D\uparrow \rightarrow r\uparrow \rightarrow I\downarrow \rightarrow Y\downarrow$이다. r이 크게 올라도 I가 조금 하락하면, 즉 투자의 이자율탄력성이 비탄력적이면 구축효과는 작게 나타난다.

③ 한계소비성향(MPC)을 c라고 하면 단순모형에서 정부지출승수는 $\frac{1}{1-c}$이다. 따라서 한계소비성향이 클수록

정부지출의 국민소득 증대효과는 크게 나타난다.

④ 수입을 고려하는 경우 한계수입성향(MPM)을 m이라고 하면 정부지출승수는 $\frac{1}{1-c+m}$이다. 한계수입성향

(m)이 커서 소득이 증가할 때 수입재 수요가 크게 증가할수록 정부지출의 국민소득 증대효과는 작게 나타난다.

답 ⑤

02 경제정책에 관한 설명으로 옳은 것을 모두 고른 것은?

★29회 기출★

ㄱ. 외부시차는 경제에 충격이 발생한 시점과 이에 대한 정책 시행 시점 사이의 기간이다.
ㄴ. 자동안정화장치는 내부시차를 줄여준다.
ㄷ. 루카스(R. Lucas)는 정책이 변하면 경제주체의 기대도 바뀌게 되는 것을 고려해야 한다고 주장하였다.
ㄹ. 시간적 불일치성 문제가 있는 경우 자유재량적 정책이 바람직하다.

① ㄱ, ㄴ   ② ㄱ, ㄷ
③ ㄱ, ㄹ   ④ ㄴ, ㄷ
⑤ ㄴ, ㄹ

해설
난도 ★★

ㄱ. 경제에 충격이 발생한 시점과 이에 대한 정책 시행 시점 사이의 기간은 내부시차(inside time lag)이다. 내부시차는 인식시차와 실행시차로 구분한다.
ㄹ. 시간적 불일치성 문제가 있는 경우 자유재량적 정책은 일관성을 상실하게 되므로 준칙(rule)을 도입하는 것이 바람직하다.

🄰 ④

03 구축효과(crowding-out effect)에 관한 설명으로 옳은 것은?

① 조세를 인하할 경우 총수요 증가효과가 이자율 상승으로 인한 민간투자의 감소로 상쇄되는 현상을 의미한다.
② 조세를 인상할 경우 민간부문의 가처분소득이 감소하여 소비지출이 감소하는 현상을 의미한다.
③ 정부지출을 확대할 경우 민간부문의 투자지출이 증가하는 현상을 의미한다.
④ 통화공급량을 감소시킬 경우 이자율이 상승하여 민간부문의 투자지출이 감소하는 현상을 의미한다.
⑤ 자국 환율을 평가절하시킬 경우 해외제품 수입증가로 인하여 국내제품에 대한 수요가 감소하는 현상을 의미한다.

해설
난도 ★★

구축효과(crowding-out effect)는 정부지출의 증가로 총수요가 증가해도 이자율이 상승하여 민간투자가 감소하므로 총수요를 감소시키는 것을 말한다.
케인즈학파가 강조하는 재정정책의 효과를 비판하기 위한 주장으로 고전학파는 구축효과가 완전하므로 재정정책은 전혀 효과가 없다고 본다. 통화주의는 투자의 이자율 탄력성이 크기 때문에 구축효과가 매우 크다고 주장한다.

🄰 ①

04 리카디언 등가(Ricardian equivalence) 정리에 관한 설명으로 옳지 <u>않은</u> 것은?

① 민간 경제주체는 합리적 기대를 한다.

② 소비자가 차입 제약에 직면하면 이 정리는 성립되지 않는다.

③ 소비자가 근시안적 견해를 가지면 이 정리는 성립되지 않는다.

④ 현재의 감세가 현재의 민간소비를 증가시킨다는 주장과는 상반된 것이다.

⑤ 정부가 미래의 정부지출을 축소한다는 조건에서 현재 조세를 줄이는 경우에 현재의 민간소비는 변하지 않는다.

해설

난도 ★★

리카디언 등가(Ricardian equivalence theorem)는 정부지출의 흐름이 일정하게 주어진 경우 재정적자(또는 정부부채)의 변동이 저축이나 자본축적에 어떤 영향도 미치지 않는다는 것이다. 정부가 국채를 발행하여 재원을 조달하면 만기에는 국채를 상환할 것이므로 장기적으로 정부는 균형재정을 유지하는 것으로 가정한다.

⑤ 정부가 미래의 정부지출을 축소한다는 조건에서 현재 조세를 줄이는 경우라면 현재의 민간소비는 증가할 수 있다.

답 ⑤

05 다음은 무엇에 관한 설명인가?

정부지출 수준이 일정하게 주어졌을 때 정부지출의 재원조달방법의 변화는 민간부문의 경제활동에 아무런 영향을 주지 않는다.

① 리카디언(Ricardian)의 동등성 정리

② 모딜리아니−밀러(Modigliani−Miller) 정리

③ 정책의 동태적 비일관성 정리

④ 애로(Arrow)의 불가능성 정리

⑤ 오쿤(Okun)의 법칙

해설

난도 ★★

제시된 내용은 리카디언(Ricardian)의 동등성 정리에 대한 설명이다. 정부지출의 변화없이 현재의 조세를 감소시키는 것은 정부부채의 증가를 의미하므로 정부지출의 재원을 현재 조세로 충당하든지 정부부채로 충당하든지 그 경제적 효과는 동일하다는 것이다.

답 ①

06 리카디언 등가정리(Ricardian equivalence theorem)가 성립할 경우 옳은 설명을 모두 고른 것은?
★28회 기출★

ㄱ. 현재소비는 기대되는 미래소득과 현재소득을 모두 포함한 평생소득(lifetime income)에 의존한다.

ㄴ. 소비자는 현재 차입제약 상태에 있다.

ㄷ. 다른 조건이 일정할 때, 공채발행을 통한 조세삭감은 소비에 영향을 줄 수 없다.

ㄹ. 정부지출 확대정책은 어떠한 경우에도 경제에 영향을 줄 수 없다.

① ㄱ, ㄷ
② ㄱ, ㄹ
③ ㄴ, ㄷ
④ ㄱ, ㄷ, ㄹ
⑤ ㄴ, ㄷ, ㄹ

해설
난도 ★★★

리카도(D. Ricardo) 등 고전학파 학자들은 케인스학파와 달리 재정지출의 변화 없이 조세수입만의 변화에 의한 재정적자 규모의 변화는 경제에 아무런 영향을 미치지 못한다고 주장한다. 이들의 주장을 리카디언 등가정리(Ricardian equivalence theorem)라고 한다. 즉, 재정지출의 변화 없이 현재의 조세를 감소시키는 것은 정부부채의 증가를 의미하므로 재정지출의 재원을 현재 조세로 충당하든지 정부부채로 충당하든지 그 경제적 효과는 동일하다는 것이다.

ㄴ. 리카도 등가정리가 성립하려면 주어진 이자율 수준에서 자유롭게 저축과 차입이 가능해야 한다. 즉, 소비자는 현재 차입의 제약(유동성 제약)이 없어야 한다.

ㄹ. 리카도 등가정리는 정부지출 확대정책이 효과가 없다는 것을 의미하는 것이 아니다.

답 ①

07 리카도 대등정리(Ricardian equivalence theorem)는 정부지출의 재원조달 방식에 나타나는 변화가 민간부문의 경제활동에 아무런 영향을 주지 못한다는 것이다. 이 정리가 성립하기 위한 가정으로 옳은 것을 모두 고른 것은?
★30회 기출★

ㄱ. 유동성 제약

ㄴ. 경제활동인구 증가율 양(+)의 값

ㄷ. 일정한 정부지출수준과 균형재정

ㄹ. '합리적 기대'에 따라 합리적으로 행동하는 경제주체

① ㄱ, ㄴ
② ㄴ, ㄷ
③ ㄷ, ㄹ
④ ㄱ, ㄷ, ㄹ
⑤ ㄴ, ㄷ, ㄹ

난도 ★★

리카도 대등정리(Ricardian equivalence theorem)는 정부가 국채를 발행하여 재원을 조달하면 만기에는 국채를 상환할 것이
므로 장기적으로 정부는 균형재정을 유지하는 것으로 가정한다.

리카도 대등정리가 성립하려면 주어진 이자율 수준에서 자유롭게 저축과 차입이 가능해야 한다. 즉, 유동성 제약(차입의 제약)
이 없어야 한다. 또한 경제활동인구 증가율이 0이 되어야 하며, 경제주체들이 합리적이어서 현재시점에서 조세가 감면되면 미
래의 조세증가를 예견할 수 있어야 한다. 즉, 경제주체들은 '합리적 기대'에 따라 합리적으로 행동한다고 가정한다.

답 ③

08 다음 ( )안에 알맞은 것은?

정부의 재정적자는 정부차입으로 인한 민간투자의 감소를 초래하는데, 이러한 현상을 ( )(이)라고 한다. 이는 정부차
입이 이자율을 ( )시키기 때문이다.

① 분산투자, 상승 ② 금융중개, 하락
③ 승수효과, 하락 ④ 위험분산, 하락
⑤ 구축효과, 상승

난도 ★

정부가 국채를 발행하여 정부차입으로 적자재정을 운영하면 국채가격은 하락하고 이자율이 상승하여 민간투자를 감소시킨다.
이러한 현상을 구축효과라고 한다. 구축효과의 메커니즘은 여러 경로를 통해 설명할 수 있다.

답 ⑤

09 단기적 재정정책이 가장 큰 효과를 발휘하는 경우는 다음 중 어느 것인가?

① 소비과정에 항상소득가설이 적용된다.
② 화폐수요가 이자율에 민감하게 영향을 받는다.
③ 사람들이 합리적으로 미래에 대한 기대를 형성한다.
④ 투자가 이자율에 민감하게 영향을 받는다.
⑤ 소비가 이자율에 민감하게 영향을 받는다.

해설

난도 ★★

단기적 재정정책이 큰 효과를 발휘하기 위해서는 구축효과(crowding out effect)가 작아야 한다. 정부지출의 증가로 국민소득이 증가하면 화폐수요가 증가하고 이자율이 상승하여 민간투자를 감소시킨다. 이 경우 화폐수요가 이자율에 민감하게 영향을 받아 화폐수요의 이자율탄력성이 크면 화폐수요곡선이 완만해지므로 화폐수요가 증가해도 이자율이 조금 상승하므로 민간투자는 적게 감소한다(즉 구축효과가 작다).

이 내용은 IS-LM 모형으로도 설명할 수 있다.

답 ②

10 정부가 재정적자를 확대시키면서 예산을 팽창할 경우 나타나는 현상이 <u>아닌</u> 것은?

① 대부자금시장에서 이자율을 상승시킨다.
② 정부저축과 국민저축의 감소를 가져온다.
③ 대부자금시장에서 공급곡선이 왼쪽으로 이동한다.
④ 민간투자의 감소를 초래한다.
⑤ 총수요의 감소를 초래한다.

해설

난도 ★★

⑤ 정부가 예산을 팽창하려면 조세를 증가시켜야 한다. 조세의 증가는 가처분소득과 소비를 감소시키므로 총수요가 감소한다. 그러나 재정적자를 확대하면 조세징수액보다 정부지출이 더 크기 때문에 총수요는 증가한다.

①, ②, ③, ④ 재정적자가 확대되면 정부저축($T-G$)이 감소하고 국민저축도 감소한다. 저축이 감소하면 대부자금시장의 공급이 감소하므로(공급곡선의 왼쪽 이동) 이자율이 상승한다. 이자율의 상승은 민간투자를 감소시킨다.

답 ⑤

11 개방경제의 국민소득 항등식(identity)에서 정부의 재정적자를 충당하는 방법을 바르게 나열한 것은?

① 민간저축 증가, 민간투자 감소, 해외자본 차입
② 민간저축 증가, 민간투자 증가, 해외자본 대출
③ 민간저축 감소, 민간투자 감소, 해외자본 차입
④ 민간저축 감소, 민간투자 증가, 해외자본 대출
⑤ 민간저축 증가, 민간투자 증가, 해외자본 차입

해설

난도 ★★

생산물 시장의 균형조건 $I+G+EX=S+T+IM$을 다시 정리하면 $(G-T)=(S-I)+(IM-EX)$이다. 좌변 $(G-T)$는 재정수지를 나타내는데 S가 증가하거나 I가 감소하는 경우, 해외자본을 차입하는 경우 증가한다.

답 ①

12 다음 중 자동안정화 장치에 대한 예로서 옳은 것은?

| (a) 누진적 소득세 |
| (b) 실업보험 |
| (c) 법인의 이윤에 부과하는 조세 |

① (a)만 해당   ② (a)와 (b)만 해당
③ (a), (b), (c) 모두   ④ 위의 것 모두 아님
⑤ (a)와 (c)만 해당

해설

난도 ★

자동안정화 장치의 예로는 누진세, 실업보험 등 사회보장제도, 농산물가격 지지제도 등을 들 수 있다. 법인의 이윤에 부과하는 조세인 법인세도 누진세이므로 자동안정화 장치에 해당한다.

답 ③

13 정부의 정책과 관련된 설명 중 옳은 것을 모두 고르면?

> ㄱ. 시간 불일치(time inconsistency)의 문제를 완화하려면 준칙에 따른 정책을 수행해야 한다.
> ㄴ. 균형을 회복하는 시장의 조정과정이 빠를수록 재량적 정책이 선호된다.
> ㄷ. 정책 시차가 길고 정책의 효과가 불확실할수록 재량적 정책이 선호된다.

① ㄱ
② ㄴ
③ ㄷ
④ ㄱ, ㄴ
⑤ ㄱ, ㄷ

해설

난도 ★★

준칙(rule)을 강조하는 통화주의는 케인즈학파의 재량적 정책은 불확실성을 야기하고, 정책의 시차가 있고, 시간 불일치(동태적 비일관성) 등으로 경제를 더욱 불안정하게 만든다고 비판한다.

ㄱ. 통화주의는 시간 불일치(time inconsistency)의 문제를 완화하려면 준칙에 따른 정책을 수행해야 한다고 주장한다.

ㄴ. 균형을 회복하는 시장의 조정과정이 빠르면 준칙을 도입하는 것이 바람직하다.

ㄷ. 정책의 시차가 길고 정책의 효과가 불확실할수록 준칙을 도입하는 것이 바람직하다.

답 ①

제5장 | 화폐와 금융

제1절 화폐의 공급

1. 화폐의 기능 ★32회 기출★

(1) 교환의 매개수단

화폐는 교환의 매개수단(medium of exchange)으로서의 기능을 하는데 이는 회계단위로서의 기능과 함께 화폐의 가장 본질적인 기능이다. 고전학파는 화폐를 단순한 교환수단으로서만 인식한다.

(2) 가치의 저장수단

① 화폐는 가치의 저장수단(store of value)으로서의 기능, 즉 저축수단으로서의 기능을 한다. 이러한 기능 때문에 화폐는 현재와 미래간의 자원배분(intertemporal resource allocation)을 더욱 효율적으로 할 수 있게 한다.

② 이 기능이 제대로 수행되기 위해서는 물가안정, 즉 화폐가치의 안정이 전제가 된다.

③ 가치 저장수단의 기능은 케인즈(J.M. Keynes)와 케임브리지 학파에 의해 인식된 기능으로, 화폐가 실물경제활동에 중요한 영향을 미치는 요소라는 현실로부터 유도된 것이다.

(3) 회계의 단위

화폐는 회계의 단위(unit of account)로서의 기능을 한다. 또는 가치척도의 기능이라고도 한다.

2. 본원통화의 공급

화폐의 공급은 두 가지 경로를 통해 이루어진다. 중앙은행은 중앙은행의 기능을 통해 본원통화(현금통화)를 공급하고, 예금은행은 신용창조 기능을 통해 파생통화(예금통화)를 공급한다.

(1) 본원통화의 뜻 ★28, 31, 34회 기출★

① 본원통화(reserve base)는 중앙은행의 창구를 통하여 시중에 나온 현금을 말한다. 본원통화는 민간의 수중으로 들어가기도 하고 예금취급기관의 수중으로 들어가기도 한다.

② 따라서

> 본원통화 = 현금통화 + 예금취급기관의 지급준비금
> = 현금통화 + 예금취급기관의 시재금 + 중앙은행 지준예치금
> = 화폐발행액 + 중앙은행 지준예치금

의 관계가 성립한다. 본원통화는 중앙은행이 정부부문, 민간은행부문, 해외부문을 통해 공급한다.

③ 본원통화가 공급되면 이를 기초로 예금은행의 신용창조 과정에서 몇 배의 요구불예금을 창조하기 때문에 본원통화를 고성능 화폐(high-powered money)라고 한다.

(2) 본원통화의 공급경로 ★34회 기출★

① 본원통화는 정부부문을 통하여 공급된다. 즉 중앙은행의 대정부여신이 증가하면 본원통화가 증가하고, 정부의 예금이 증가하면 본원통화는 감소한다. 또한 재정적자가 발생하여 정부가 직접 차입하거나 정부가 발행한 국채를 중앙은행이 인수하면 본원통화는 증가한다.

② 본원통화는 민간은행부문을 통하여 공급된다. 민간은행의 자금이 부족하여 중앙으로부터 자금을 차입하면 중앙은행의 대민간은행여신이 증가하고 본원통화는 증가한다. 또한 민간은행이 보유한 어음을 중앙은행이 재할인(rediscount)하면 본원통화는 증가한다.

③ 본원통화는 해외부문을 통하여 공급된다. 수출이 증가하여 중앙은행의 외환매입액이 증가하면 본원통화는 증가하고, 수입이 증가하여 중앙은행의 외환매출액이 증가하면 본원통화는 감소한다.

④ 중앙은행은 기타자산의 순증가를 통해 본원통화를 증가시킬 수 있다. 중앙은행이 국공채와 같은 유가증권을 매입하면 본원통화는 증가한다.

3. 예금은행의 신용창조와 예금통화의 공급

(1) 신용창조의 뜻

중앙은행을 통해 본원통화가 공급되면 예금은행은 이를 기초로 본원통화의 여러 배에 해당하는 예금통화를 창조하는데 이를 신용창조(credit creation)라고 한다.

(2) 신용창조의 원리

① 요구불예금만 존재하고, 예금은행 밖으로의 현금유출이 없으며, 은행은 법정지급준비금만 보유한다고 가정한다. 즉 법정지급준비율을 r, 은행은 예금을 수취하면 법정지급준비금을 제외한 전액을 대출하고, 차입자는 대부받은 자금을 전액 예금한다고 가정한다.

② 이 경우 본원통화 B만큼 공급되어 전액 요구불예금(본원적 예금)으로 예금되면 전체 은행조직을 통해 대출과 예금이 반복되는 과정에서 신용창조가 이루어진다. 여기서

$$은행조직의 요구불 예금의 합계 = \frac{B}{r}$$

이고, 신용창조액은 은행조직의 요구불예금의 합계에서 최초의 본원적 예금(본원통화)을 뺀 금액이다. 따라서

$$신용창조액 = (\frac{B}{r} - B) = [(\frac{1-r}{r})B]$$

가 된다. 여기서 $\frac{1}{r}$, 즉 법정지급준비율의 역수를 신용승수(credit multiplier)라고 한다. $\frac{1-r}{r}$ 을 순신용승수라고 한다.

더 알아보기 지급준비금(reserves)

• 지급준비금은 법정지급준비금과 초과지급준비금으로 나누어진다. 법정지급준비금의 비율은 중앙은행이 정하고 초과지급준비금의 비율은 예금은행이 결정한다.
• 예금은행은 지급준비금의 일부를 중앙은행에 예치해야 한다. 따라서 지급준비금=법정지급준비금+초과지급준비금=중앙은행 예치금+시재금(vault cash) 의 관계가 성립된다.

4. 통화량의 결정

(1) 본원통화와 통화량 ★27, 28, 30, 31회 기출★

앞에서 본 것처럼 통화량=본원통화(현금통화)+예금통화이다. 이 관계를 이용하여 본원통화와 통화량 간의 관계, 즉 통화공급 방정식을 만들면 다음과 같다.

$$M = mB$$

여기서 M은 통화량, B는 본원통화이고, 통화량을 본원통화로 나눈 값 m을 통화승수(money multiplier)라고 한다. 은행조직 밖으로 현금유출이 있는 것으로 가정하여 통화승수를 계산하여 정리하면

$$M = mB = \frac{1}{c+r-cr}B$$

가 된다. 여기서 c는 민간이 통화량 중에서 현금으로 보유하려는 비율, 즉 현금보유비율(currency ratio)이고, r은 지급준비율이다. 통화승수 m은 c와 r이 작을수록 커진다.

(2) 통화량의 결정요인

① 결국 통화량의 크기, 즉 통화공급에 영향을 미치는 요인은 3가지이다. 본원통화(B)가 클수록, 현금보유비율(c)이 낮을수록, 지급준비율(r)이 낮을수록 통화량은 커진다.

② 그런데 현금보유비율은 단기적으로 안정적이며, 초과지급준비율은 은행의 관행에 따르므로 역시 단기적으로 안정적이다. 따라서 통화량의 크기는 단기적으로는 주로 본원통화에 달려있다.

③ 그러므로 통화량의 조절은 중앙은행의 재량에 달려있다고 할 수 있으며 이런 의미에서 통화량은 정책변수(외생변수)이다.

제2절   화폐수요

1. 화폐수요이론

(1) 화폐수요의 뜻

화폐수요(demand of money)는 일정 시점에서 사람들이 보유하고자 하는 화폐의 양을 말한다. 따라서 화폐수요는 일반 재화에 대한 수요와는 달리 일정 시점에서의 저량수요(stock demand)이다.

(2) 화폐수요이론

① 화폐수요는 물가수준, 실질소득 및 지출, 사회의 지불제도 및 관습, 인플레이션율, 이자율 등에 의해 화폐수요가 변화한다.

② 이러한 요인들 중 어느 것이 가장 중요한 요인이 무엇인가를 밝히려는 이론이 화폐수요이론이다.

2. 화폐수량설

(1) 화폐수량설의 의의

① 화폐수량설(quantity theory of money)은 화폐수요에 대한 가장 전형적인 초기이론이다. 화폐수량설은 18세기 유명한 철학자인 흄(D. Hume)에 의해 주장되었고, 피셔(I. Fisher)에 의해 교환방정식으로 정리되었으며, 근래에 들어서는 프리드먼(M. Friedman)에 의해 지지되고 있다.

② 화폐수량설은 원래 통화량의 변화 → 같은 비율로 총지출의 변화 → 같은 비율로 물가 변화, 즉 통화량의 변화는 같은 비율로 물가를 변화시킨다는 고전학파의 물가이론이다. 그러나 오늘날에는 고전학파의 화폐수요이론으로 해석하고 있다.

③ 화폐수량설에는 피셔의 교환방정식과 케임브리지(Cambridge) 학파의 현금잔고 방정식의 두 형태가 있지만 근본적인 차이는 없다.

(2) 교환방정식

① 어빙 피셔의 교환방정식(equation of exchange)은 거래수량설이라고도 하는데 다음과 같이 표시된다.

$$MV \equiv PT$$

여기서 M은 통화량, V는 화폐의 거래유통속도[6], P는 물가수준 그리고 T는 거래량을 나타낸다.

② 이는 일정기간동안 재화의 거래액(PT)은 그 대가로 지출되는 화폐지출액(MV)과 항상 일치한다는 것이다. 이 식을 변형하면

$$M = \left(\frac{T}{V}\right)P$$

가 되는데 V와 T가 단기에 불변이라고 보면 물가(P)는 통화량(M)에 정비례한다는 고전학파의 물가 이론이 된다.

③ 이 교환방정식은 거래개념을 사용했지만 소득개념으로 보는 것이 더 일반적이다. 따라서 거래량 T를 실질소득 y로 바꾸면[7]

$$MV = Py$$

가 된다. 이 경우의 V를 화폐의 소득유통속도라고 하는데 최종생산물의 구매에 화폐 1단위가 평균적으로 몇 번 사용되었는가를 나타낸다.

④ 교환방정식은 화폐수요이론으로 해석할 수 있다. 즉 균형상태에서는 화폐공급(통화량)과 화폐수요가 일치하므로 M을 경제 전체의 화폐수요로 보면 다음과 같은 화폐수요함수로 변형될 수 있다.

$$M = M^D = \left(\frac{1}{V}\right)Py$$

즉 경제 전체의 화폐수요는 명목소득 Py에 의해 결정된다는 것이다.

⑤ 또한 단기에는 V와 y가 일정하므로 통화량의 변화는 동일한 비율로 물가를 변화시키고, 나아가 명목 소득(명목산출량) Py를 동일한 비율로 변화시킨다는 것이다. 이것이 피셔의 화폐수량설의 핵심이다.

(3) 현금잔고 방정식

① 고전학파의 화폐수량설은 마셜(A. Marshall)과 피구(A. Pigou) 등 케임브리지(Cambridge) 학파에 의해 발전하였다. 케임브리지 학파의 화폐수요함수는

$$M_d = kPQ$$

로 나타낸다. 여기서 P는 물가수준, Q는 일정기간 동안 재화의 거래량이므로 PQ는 총거래액 (소득)이다. 따라서 일정기간 동안의 총거래액 중 k의 비율만큼 화폐를 수요한다는 것이다.

② 이 식을 케임브리지 방정식, 또는 현금잔고 방정식(cash balance equation)이라고 한다. k를 Marshall의 k라고 하고 이는 단기에 일정하다고 본다.

---

6) 화폐의 거래유통속도란 일정기간동안 일어난 재화의 모든 거래에서 화폐의 각 단위가 평균적으로 몇 번씩 사용되었는가 하는 사용횟수를 말한다. 예컨 대 일정기간동안 100원짜리가 5번 사용되었고 1,000원짜리가 3번 사용되었다면 V=(5×100+3×1000)/(100+1000)=3.180│ 된다. 고전학파는 화폐 의 유통속도는 그 사회의 상거래 관습에 의해 결정되기 때문에 단기에는 일정하다고 본다.

7) 고전학파는 세이의 법칙에 기초하므로 생산된 것은 전부 팔리는 것으로 본다면 생산량=거래량이 된다. 따라서 거래량 T는 생산량을 의미한다고 볼 수 있으므로 실질소득으로 볼 수 있다.

③ 따라서 교환방정식과 마찬가지로 물가는 통화량에 비례하고, 총거래액(명목소득)이 증가하면 화폐수요가 증가한다는 것이다.

④ 차이가 있다면 교환방정식의 경우에는 화폐를 교환의 매개수단으로만 인식한데 반해, 현금잔고 방정식에서는 화폐를 가치의 저장수단으로 인식하고 있다는 점이다.

3. 유동성 선호이론

(1) 유동성 선호

① 유동성(liquidity)이란 어떤 자산이 가치의 감소 없이 즉시 화폐와 교환될 수 있는 가능성의 정도를 의미한다.

② 화폐는 완전한 유동성을 가지고 있으므로 케인즈의 용어인 유동성 선호(liquidity preference)는 곧 화폐수요를 의미한다.

(2) 유동성 선호의 동기

케인즈(J.M. Keynes)는 사람들이 화폐를 보유하려는 동기가 무엇인가에 착안하여 그의 화폐수요이론인 유동성 선호이론을 제시한다. 케인즈는 화폐보유의 동기, 즉 유동성 선호의 동기를 3가지로 구분한다.

① 거래적 동기(transactions motive)

거래적 동기는 일상에서의 거래를 위하여 화폐를 보유하려는 것을 말한다. 거래적 화폐수요는 교환의 매개수단으로서의 화폐의 기능에 기초하고 있고, 명목소득(명목 산출량)의 증가함수이다.

② 예비적 동기(precautionary motive)

예상하지 못한 지출에 대비하기 위하여 화폐를 보유하려는 것을 말한다. 케인즈는 소득이 크면 예비적 수요도 크다고 보고 소득의 증가함수로 본다.

③ 투기적 동기(speculative motive)

좋은 투자기회가 발생할 경우 투자하기 위하여 화폐를 보유하려는 것을 말한다. 또는 증권시장에서의 자본손실(capital loss)을 피하기 위하여 일시적으로 증권 대신 화폐로 보유하려는 것이다. 따라서 이는 가치의 저장수단으로서의 기능에 기초하고 있다. 케인즈는 투기적 화폐수요는 이자율의 감소함수로 본다.[8]

(3) 유동성 함정 ★31회 기출★

① 유동성 함정의 의의

㉠ 케인즈 경제학에서 가장 중요한 개념 중의 하나가 유동성 함정(liquidity trap)이다. 이 개념은 케인즈가 고전학파를 비판하고 자신의 주장을 옹호할 때 이용하는 아주 강력한 무기이다.

㉡ 유동성 함정은 경기가 극도의 침체상태에 빠져 있을 때 나타날 수 있는 현상이다. 즉 극도로 경기가 침체하면 이자율(r)은 아주 낮은 수준으로 하락하고 증권가격($1/r$)은 최고수준이 된다.

㉢ 그러면 사람들은 증권가격의 하락을 예상하여 보유하고 있던 증권을 전부 매각하고 자산의 전부를 화폐로만 보유하려 한다는 것이다.

---

8) 투기적 화폐수요를 근래에는 투자적 화폐수요로 번역하는 경우도 있다. 투기적 화폐수요가 이자율의 감소함수인 것은, 이자율(r) 상승 → 증권가격(1/r) 하락 → 증권가격의 상승을 예상하여 증권매입 → 투기적 화폐수요 감소이기 때문이다. 여기서 이자율과 증권(또는 채권)의 가격이 역수인 점에 주의해야 한다.

② 유동성 함정의 특징

　　㉠ 유동성 함정에서는 화폐수요의 이자율 탄력성(L_r)은 무한대가 되고 따라서 화폐수요곡선은 수평,
　　나아가 LM곡선도 수평이 된다.

▶ 유동성 함정

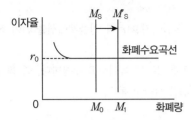
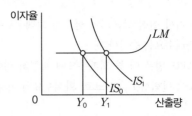

　　㉡ 경제가 유동성 함정에 빠지면 고전학파와 통화주의자가 주장하는 통화정책은 전혀 효력을 발휘할
　　수 없고, 오직 재정정책만이 경기를 회복시킬 수 있다(이 경우 구축효과는 0이다).

(4) 총화폐수요(유동성 선호)

① 앞의 논의를 요약하면 거래적 동기와 예비적 동기에 의한 화폐수요(L_1)는 소득의 증가함수이고, 투기
적 동기에 의한 화폐수요(L_2)는 이자율의 감소함수이다.

② 따라서 화폐수요함수는 $L = L_1(Y) + L_2(r)$ 또는 $L = L(Y,\ r)$로 나타낼 수 있다.

③ 결국 화폐수요의 결정요인으로 고전학파가 강조한 소득(Y)에 더하여 이자율(r)을 포함시킨 것이다.
그러나 케인즈는 소득보다는 이자율을 더 중요한 요인으로 파악한다.

④ 여기서 소득이 증가하면 화폐수요함수는 오른쪽으로 이동하는 데 그 이동정도는 화폐수요의 소득탄
력성(L_Y)으로 나타낸다.

4. 신화폐수량설

(1) 의의

① 신화폐수량설은 프리드먼(M. Friedman)에 의해 제시된 화폐수요이론으로 고전학파의 화폐수량설
의 결론과 유사하기 때문에 신화폐수량설이라고 한다.

② 프리드먼은 화폐보유의 동기와는 관계없이 이론적으로 화폐수요에 영향을 미치는 요인들에 직접 관
심을 갖는다.

③ 따라서 프리드먼은 화폐도 하나의 자산에 불과하므로 화폐수요는 미시이론에서처럼 예산제약 조건과
화폐보유의 기회비용에 의해서 결정된다고 주장한다.

④ 예산제약조건은 실질소득(항상소득)이고, 화폐보유의 기회비용은 화폐 이외의 자산을 보유할 경우
예상되는 수익률(즉 실질이자율)과 물가상승률이다.

(2) 프리드먼의 화폐수요함수

① 프리드먼의 화폐수요함수는 다음과 같이 표시할 수 있다.

$$\left(\frac{M}{P}\right)^d = f(r, \, Y, \, \pi)$$

여기서 실질소득(Y)이 클수록 화폐수요는 증가하고, 실질이자율(r)과 인플레이션율(π)이 작을수록 화폐수요는 증가한다.

② 프리드먼은 이 중 화폐수요에 결정적 영향을 미치는 것은 실질소득이라고 주장한다. 즉 화폐수요의 소득 탄력성(L_Y)은 크고, 화폐수요의 이자율 탄력성(L_r)은 작다고 본다.

5. 자산선택이론

(1) 의의

① 자산선택이론(portfolio selection theory)은 토빈(J. Tobin)에 의해서 제시된 이론으로, 자산을 보유할 때 어느 하나의 자산이 아니고 여러 유형을 자산을 배합하여 보유함으로써 위험을 피하고 나아가 결합이익을 극대화할 수 있다는 주장이다.

② 토빈은 화폐도 금융자산의 하나로 간주하여 자산의 구성항목 중 얼마를 화폐로 보유할 것인가를 설명한다.

(2) 자산의 선택기준

① 자산 중 얼마를 화폐로 보유할 것인가는 자산의 수익성, 안전성을 비교하여 결정한다.

② 불확실성 하에서 모험을 회피하는 주체(risk averter)는 수익성 대신 안전성을 선호하고, 불확실성 하에서 모험을 선호하는 주체(risk lover)는 안전성 대신 수익성을 선호한다.

제3절   이자율

---

1. 이자율의 뜻과 의의

(1) 이자율의 뜻

① 다른 자산과 마찬가지로 화폐도 소유가격과 임대가격 두 가지 가격을 가지고 있다.

㉠ 화폐의 소유가격은 화폐 1단위로 구매할 수 있는 재화의 양을 말한다. 따라서 화폐의 소유가격은 물가와 반비례한다.

㉡ 화폐의 임대가격은 화폐 1단위를 일정기간 동안 빌려준 경우의 임대료를 말하는데 실질적인 임대료와 화폐가치의 하락에 대한 보상으로 구성된다.

② 이 경우 임대가격(즉 임대료)을 임대한 자금의 크기에 대한 비율로 표시한 것이 이자율(interest), 즉 명목이자율이다.

③ 따라서 명목이자율은 두 가지 항목으로 구성된다. 실질임대료에 해당하는 부분이 실질이자율이고 물가상승으로 인한 화폐가치 하락에 대한 보상이 인플레이션 보상(inflation premium)이다. 즉 명목이자율＝실질이자율＋인플레이션 보상이 된다.

④ 명목이자율에 인플레이션 보상(inflation premium)이 가산된다는 것을 처음 밝힌 학자는 미국의 경제학자인 어빙 피셔(I. Fisher)이다. 따라서 이 식을 피셔관계식(Fisherian relation), 피셔 효과라고 한다.

(2) 이자율의 의의

① 고전학파는 실물부문과 화폐부문은 서로 영향을 미치지 못하고 독립적으로 움직인다고 생각하였다 (고전파의 이분성).

② 그러나 케인즈의 단순모형에서 소득은 소비와 투자의 합계인 총수요에 의해 결정되고, 이 중 투자는 이자율에 의해 영향을 받는다. 이자율은 화폐시장에서 화폐의 수요와 공급에 의해 결정되기 때문에 이자율은 실물부문과 화폐부문을 연결시켜주는 역할을 한다.

2. 이자율의 종류

(1) 명목이자율과 실질이자율 ★27, 28, 29, 30, 31회 기출★

① 명목이자율(nominal interest rate)은 화폐단위로 나타낸 이자율이다. 우리가 흔히 대출이자율, 시장이자율이라고 할 때의 이자율은 명목이자율이다. 명목이자율에는 인플레이션율이 반영되어 있기 때문에 물가가 상승하면 명목이자율은 상승한다.

② 실질이자율(real interest rate)은 실물단위로 나타낸 이자율이다. 따라서 미래의 실질이자율은 명목이자율에서 예상인플레이션율을 공제하여 구한다. 즉 실질이자율＝명목이자율－예상인플레이션율이다.

(2) 명목이자율의 다양성

① 현실에는 매우 다양한 이자율이 존재한다. 은행의 경우에도 예금이자율이 있고 대출이자율이 있으며 예금의 종류마다 이자율이 서로 다르다. 이자율의 크기에 영향을 미치는 요인들은 다음과 같다.

② 기간(또는 만기)이 이자율에 영향을 미친다. 기간이 길수록 불확실성이 더 커지므로 단기이자율보다 장기이자율이 더 높다.

③ 위험도(risk)에 따라 이자율에 차이가 있다. 통상 위험이 클수록 이에 대한 보상으로 인해 이자율은 높다. 위험에는 채무불이행(default)의 위험, 즉 신용위험과 시장위험이 있다.

④ 유동성(liquidity)의 정도가 이자율 수준에 영향을 미친다. 일반적으로 유동성이 클수록 이자율은 낮다.

⑤ 경기순환에 따라 이자율이 달라진다. 일반적으로 경기의 수축국면에서는 이자율이 떨어지고 경기의 확장국면에서는 이자율이 상승한다.

1. 통화정책의 의의

(1) 통화정책의 뜻

① 통화정책(monetary policy)은 통화당국이 통화량이나 이자율 등 금융변수를 조정함으로써 국민경제의 안정적 성장을 이루고자 하는 경제정책을 말한다.

② 재정정책(fiscal policy)이 국민소득의 흐름에 직접적인 영향을 미치는 것과는 달리 통화정책은 통화량과 이자율의 조정을 통해 간접적으로, 즉 총수요의 변화를 통해 국민소득의 흐름에 영향을 미친다.

(2) 통화정책의 파급경로

① 통화정책은 다음의 〈그림〉에서 보는 것처럼 일반적으로 최종목표(goals), 운용목표(operating targets), 정책수단(instruments)의 세 가지 요소로 구성된다.

▶ 통화정책의 파급경로

정책수단	중간목표	최종목표
공개시장운영 재할인율정책 지급준비율정책	통화량 이자율	물가안정 완전고용 국제수지개선

② 통화정책은 통화당국이 통화정책 수단을 사용하여 통화량과 이자율 등 통화정책의 운용목표(중간목표)에 영향을 마치고, 나아가 국민경제의 안정적 성장이라는 최종목표를 달성하고자 하는 것을 뜻한다. 이러한 일련의 과정을 통화정책의 파급경로(transmission mechanism)라고 한다.

(3) 물가안정목표제 ★32회 기출★

① 물가안정목표제의 의의

㉠ 물가안정목표제(inflation targeting)는 중앙은행이 일정 기간 동안 달성해야 할 물가상승률 목표치를 미리 제시하고 이에 맞추어 통화정책을 운영하는 방식이다. 1990년 이후 우리나라를 포함한 대부분의 선진국들이 채택하고 있다.

㉡ 이때 물가는 중앙은행이 통제하기 어려운 비곡물 농산물과 석유류의 가격을 뺀 소비자 물가(CPI)의 상승, 즉 근원 인플레이션(core inflation)을 말한다. 그리고 한국은행은 설정된 물가목표를 달성하기 위해 기준금리(call rate)를 운용목표로 하는 금리 중시 통화정책을 활용하고 있다.

② 물가안정목표제의 장점

㉠ 물가안정목표제는 중앙은행이 최종적인 물가목표를 공개적으로 제시함에 따라 명목기준지표가 명료하고, 민간의 기대인플레이션 형성이 용이하며, 목표달성 여부를 직접 쉽게 확인할 수 있다는 장점이 있다.

㉡ 또한 인플레이션 기대를 목표물가 수준에 맞도록 안정화시켜 재량적 통화정책이 초래할 수 있는 인플레이션 기대 편의(bias)를 극복할 수 있다.

(4) 물가수준목표제

① 물가수준목표제의 의의

㉠ 물가수준목표제(price level targeting)는 중앙은행이 물가상승률 대신 물가수준의 장래 목표경로를 사전에 제시하고 이를 달성하려는 방식이다.

㉡ 물가수준이 목표경로를 벗어나면 중앙은행이 조정을 통해 물가수준을 목표경로로 복귀시켜야 한다.

② 물가수준목표제의 특징

㉠ 과거의 충격이 현재 및 장래의 통화정책에 영향을 미치는 역사의존성(history dependence)이 나타나게 된다.

㉡ 반면 물가안정목표제는 과거의 충격이 현재 및 장래의 통화정책에 영향을 미치지 않는다.

㉢ 물가수준목표제는 장기적인 물가수준의 예측이 가능하다. 또한 경제주체의 인플레이션 기대에 영향을 미치고 이를 통해 인플레이션 및 총산출량의 변동성을 줄일 수 있다.

㉣ 그러나 지속적인 비용 상승 충격이 나타나는 경우 물가수준목표제는 오히려 인플레이션과 총산출량의 변동성을 늘릴 수도 있다.

2. 통화정책의 수단

(1) 일반적 정책수단 ★32회 기출★

일반적 정책수단(general control)은 통화량의 크기와 이자율을 조정함으로써 국민경제 전체에 영향을 미치고자 하는 정책을 말한다. 공개시장운영, 재할인율정책(여·수신제도), 지급준비율정책(지급준비제도) 세 가지가 있다.

① 지급준비율(reserve requirement)정책

중앙은행이 법정지급준비율을 변경시킴으로써 통화량의 크기를 조절하는 것을 말한다. 법정지급준비율을 인상하면 통화량은 감소한다.

② 재할인율(rediscount rate)정책

중앙은행이 예금취급기관을 상대로 재할인율을 변동시켜 통화량을 조정하고 시중금리에 영향을 미치는 것을 말한다. 재할인율을 인상하면 통화량은 감소한다.

③ 공개시장운영(open market operation)

중앙은행이 국공채의 매매를 통해 통화량을 조절하는 것을 말한다. 중앙은행이 보유하고 있던 국공채를 매각하면 통화량이 감소한다. 공개시장조작은 우리나라를 포함하여 증권시장이 잘 발달된 선진국에서 보편적으로 이용하는 정책수단이다.

④ 각종 한도제(ceiling)

㉠ 창구규제라고도 하는데 앞에서 본 정책수단만 가지고는 통화량 규제의 효과를 보기가 어려운 경우에 보다 직접적인 통화량 규제수단으로 채택되는 것이다.

㉡ 예컨대 대출한도제(국내 여신한도제), 통화량 최고한도제, 중앙은행과 예금은행의 자산 규제 등이 있다.

(2) 테일러 준칙 ★31, 34회 기출★

① 테일러 준칙의 의의

현재 대부분의 중앙은행은 자국의 경제상황에 맞게 기준금리를 조정하여 통화정책을 수행하고 있다.
이 경우 중앙은행이 기준금리 수준을 설정할 때 참고로 하는 것이 테일러 준칙(Taylor rule)이다.

② 테일러 준칙의 내용

㉠ 테일러 준칙은 다음과 같이 간략하게 나타낼 수 있다.

> 목표 명목기준금리＝균형 명목기준금리＋α · 총생산 갭＋β · 인플레이션 갭

여기서 각 항은 다음을 의미한다.

> 균형 명목기준금리＝실제 인플레이션율＋균형 실질기준금리
>
> 총생산 갭＝$\dfrac{\text{실제 실질GDP} - \text{잠재 실질GDP}}{\text{잠재 실질GDP}} \times 100$
>
> 인플레이션 갭＝실제 인플레이션율－목표 인플레이션율

㉡ 이를 수식으로 나타내면 다음과 같다.

$$i = 0.05 + \pi + 0.5(\pi - \pi^*) - 0.5\left(\frac{Y^* - Y}{Y^*}\right)$$

여기서 i는 명목이자율, π는 인플레이션율, π^*는 목표 인플레이션율, Y^*는 잠재 GDP, Y는 실제
GDP이고, 따라서 $(Y^* - Y)/Y^*$는 총생산 갭이다.

③ 테일러 준칙의 해석

테일러 준칙에 의하면 중앙은행은 실제 인플레이션율과 목표 인플레이션율의 차이가 클수록, 실제
GDP와 잠재 GDP의 차이가 클수록 명목 목표기준금리를 올린다는 것이다. 이는 곧 긴축적인 통화
정책을 의미한다.

제5장 | 확인학습문제

01 다음은 화폐수량설에 대해 설명한 것이다. 바르지 **못한** 것은?

① 흄(D. Hume)이 주장하고 피셔(I. Fisher)가 정리하였으며, 프리드먼(M. Friedman)이 지지한 이론이다.

② 통화량이 증가하면 물가는 비례적으로 상승한다는 주장이다.

③ 화폐의 유통속도가 일정하면 통화량의 증가는 실질국민소득을 증가시킨다는 주장이다.

④ 명목국민소득이 증가하면 화폐수요는 비례적으로 증가한다는 이론이다.

⑤ 화폐의 기능 중 교환의 매개수단으로서의 기능을 중시하는 이론이다.

해설

난도 ★★

화폐수량설에서 통화량의 증가는 실질국민소득은 증가시키지 못하고 물가만 비례적으로 상승한다. 이는 고전학파가 주장한 것으로 화폐의 중립성(neutrality of money)이라고 한다.

실물부문과 화폐부문은 서로 영향을 미치지 못하고 완전히 분리되어 있다는 고전학파의 이분성(classical dichotomy)의 근거가 되는 주장이다.

답 ③

02 유동성함정(liquidity trap)에 관한 설명으로 옳은 것을 모두 고른 것은?

> ㄱ. IS곡선이 수직선이다.
> ㄴ. LM곡선이 수평선이다.
> ㄷ. 재정정책이 국민소득에 영향을 주지 않는다.
> ㄹ. 화폐수요의 이자율 탄력성이 무한대일 때 나타난다.

① ㄱ, ㄷ
② ㄴ, ㄹ
③ ㄷ, ㄹ
④ ㄱ, ㄴ, ㄷ
⑤ ㄴ, ㄷ, ㄹ

해설

난도 ★★

유동성 함정(liquidity trap)은 극도로 경기가 침체하여 투자수요가 거의 없어 이자율이 최저수준으로 하락했을 때 나타나는 현상으로 케인즈에 의해 주장된 것이다. 화폐수요의 이자율탄력성이 무한대가 되어, 화폐수요곡선과 LM곡선은 수평선이 된다. 유동성 함정이 존재하면 통화량을 증가시키는 통화정책은 전혀 효과가 없고, 구축효과는 0이 되어 재정정책의 효과는 매우 강력하다.

답 ②

03 A국에서 인플레이션 갭과 산출량 갭이 모두 확대될 때, 테일러 준칙(Taylor's rule)에 따른 중앙은행의 정책은?

① 정책금리를 인상한다.
② 정책금리를 인하한다.
③ 정책금리를 조정하지 않는다.
④ 지급준비율을 인하한다.
⑤ 지급준비율을 변경하지 않는다.

해설

난도 ★★

테일러 준칙을 간략하게 나타내면 목표 명목기준금리＝균형 명목기준금리＋α · 산출량 갭＋β · 인플레이션 갭이다.
① 인플레이션 갭과 산출량 갭이 모두 확대되면 중앙은행은 정책금리를 인상한다.

답 ①

04 어느 경제에서 1년 동안 쌀만 100kg 생산되어 거래되었다고 하자. 쌀 가격은 1kg당 2만 원이고 공급된 화폐량은 50만 원이다. 이 경우 화폐의 유통속도는 얼마인가?(단, 화폐수량설이 성립한다) ★30회 기출★

① 1

② 2

③ 3

④ 4

⑤ 5

해설

난도 ★

화폐수량설에서 교환방정식은 $MV=Py$이고 화폐의 유통속도 $V=\dfrac{Py}{M}$이다. 여기에 주어진 조건을 대입하면

$V=\dfrac{2만\ 원\times100kg}{50만\ 원}=4$가 된다.

답 ④

05 화폐수요함수는 $\dfrac{M^d}{P}=\dfrac{Y}{5i}$ 이다. 다음 중 옳은 것을 모두 고른 것은?(단, $\dfrac{M^d}{P}$는 실질화폐잔고, i는 명목이자율, Y는 실질생산량, P는 물가이다) ★28회 기출★

> ㄱ. 명목이자율이 일정하면, 실질생산량이 $k\%$ 증가할 경우 실질화폐잔고도 $k\%$ 증가한다.
> ㄴ. 화폐유통속도는 $\dfrac{5i}{Y}$이다.
> ㄷ. 명목이자율이 일정하면 화폐유통속도는 일정하다.
> ㄹ. 실질생산량이 증가하면 화폐유통속도는 감소한다.

① ㄱ, ㄴ

② ㄱ, ㄷ

③ ㄴ, ㄷ

④ ㄴ, ㄹ

⑤ ㄷ, ㄹ

해설

난도 ★★★

ㄱ. 화폐수요함수가 $\dfrac{M^d}{P}=\dfrac{Y}{5i}$이므로 실질화폐잔고 $\dfrac{M^d}{P}$는 실질생산량 Y와 정비례 관계에 있다. 실질생산량이 $k\%$ 증가할 경우 실질화폐잔고도 $k\%$ 증가한다.

ㄴ. 교환방정식 $MV=PY$에서 화폐의 유통속도 $V=\dfrac{PY}{M}$이다. 균형에서는 $M^d=M^s=M$이므로 $V=\dfrac{PY}{M}=5i$이다.

ㄷ, ㄹ. $V=5i$이므로 명목이자율이 일정하면 화폐의 유통속도는 일정하고, 화폐의 유통속도와 실질생산량은 아무 관계가 없다.

답 ②

06 실질화폐수요가 이자율과는 음(-)의 관계이고 실질국민소득과는 양(+)의 관계이다. 화폐시장이 균형일 때, 새로운 균형을 이루기 위한 변수들의 변화에 관한 설명으로 옳지 <u>않은</u> 것은?(단, 화폐시장만 고려하며, 화폐수량설이 성립한다. 명목통화량과 물가수준은 외생변수이다)　　★30회 기출★

① 물가수준이 하락하는 경우, 이자율이 변하지 않는다면 화폐유통속도도 변하지 않는다.

② 물가수준이 하락하는 경우, 이자율이 변하지 않는다면 실질국민소득은 증가한다.

③ 실질국민소득이 증가하면, 화폐유통속도는 증가한다.

④ 명목통화량이 감소하는 경우, 실질국민소득이 변하지 않는다면 화폐유통속도는 증가한다.

⑤ 명목통화량이 증가하는 경우, 실질국민소득이 변하지 않는다면 이자율은 하락한다.

해설

난도 ★★★

① 물가수준(P)이 하락하는 경우, 이자율이 변하지 않는다면 실질국민소득(y)이 증가하는데, 이때 명목국민소득(Py)는 P하락률과 y증가율의 상대적인 크기에 의해 결정되므로 증감여부가 불분명하다. $MV = Py$에서 M이 주어진 상태에서 Py가 증가하면 화폐유통속도 V가 증가하지만 Py가 감소하면 V가 감소한다. 그런데 P가 하락할 때 Py의 변화가 불분명하므로 V의 변화도 불분명하다.

②, ⑤ 확실히 옳다.

③ M과 P에 대한 가정이 주어져야 성립할 수 있다.

④ P에 대한 가정이 주어져야 명확하게 성립할 수 있다(수험생 이의제기 수용).

🄰 모두 정답

---

07 화폐수량방정식($MV = PY$)과 피셔효과가 성립하는 폐쇄경제에서 화폐유통속도(V)가 일정하고, 인플레이션율이 2%, 통화증가율이 5%, 명목이자율이 6%라고 할 때, 다음 중 옳은 것을 모두 고른 것은?(단, M은 통화량, P는 물가, Y는 실질소득이다)　　★29회 기출★

> ㄱ. 실질이자율은 4%이다.
> ㄴ. 실질경제성장률은 4%이다.
> ㄷ. 명목경제성장률은 5%이다.

① ㄱ　　　　　　　　　　　　② ㄴ

③ ㄱ, ㄷ　　　　　　　　　　④ ㄴ, ㄷ

⑤ ㄱ, ㄴ, ㄷ

해설

난도 ★★

피셔효과가 성립하면 실질이자율＝명목이자율 - 인플레이션율이므로＝6% - 2%＝4%이다. $MV = PY$를 증가율로 나타내면 $\dfrac{dM}{M} + \dfrac{dV}{V} = \dfrac{dP}{P} + \dfrac{dY}{Y}$이고 여기에 주어진 조건을 대입하면 $5\% + 0\% = 2\% + \dfrac{dY}{Y}$이므로 실질경제성장률은

$\dfrac{dY}{Y}$=3%이다. 따라서 명목경제성장률은 5%이다.

답 ③

08 폐쇄경제인 A국에서 화폐수량설과 피셔방정식(Fisher equation)이 성립한다. 화폐유통속도가 일정하고, 실질 경제성장률이 2%, 명목이자율이 5%, 실질이자율이 3%인 경우 통화증가율은? ★28회 기출★

☑확인
Check!
○
△
✕

① 1% ② 2%

③ 3% ④ 4%

⑤ 5%

해설
난도 ★★

피셔 방정식에 따르면 실질이자율=명목이자율－예상인플레이션이다. 그리고 고전학파의 세계에서는 예상인플레이션율의 변화가 동일한 크기의 명목이자율 변화를 가져오는데 이를 피셔효과(Fisher effect)라고 한다. 주어진 조건에서 예상인플레이션율=5%－3%=2%이다. 화폐수량설 $MV=Py$, $M=\dfrac{Py}{V}$에서 백분율로 나타내면 통화증가율=예상인플레이션율＋실질경제성장률=4%이다.

답 ④

09 통화공급 과정에 관한 설명으로 옳은 것을 모두 고른 것은? ★30회 기출★

☑확인
Check!
○
△
✕

ㄱ. 100% 지급준비제도가 실행될 경우, 민간이 현금통화비율을 높이면 통화승수는 감소한다.
ㄴ. 민간이 현금은 보유하지 않고 예금만 보유할 경우, 예금은행의 지급준비율이 높아지면 통화승수는 감소한다.
ㄷ. 중앙은행이 민간이 보유한 국채를 매입하면 통화승수는 증가한다.

① ㄱ ② ㄴ

③ ㄱ, ㄴ ④ ㄱ, ㄷ

⑤ ㄴ, ㄷ

해설
난도 ★★★

ㄱ. 통화승수 $m=\dfrac{1}{c+r(1-c)}$이다. r은 지급준비율, c는 현금보유비율이다. 100% 지급준비제도가 시행되어 $r=1$이면 c의 크기에 관계없이 통화승수는 항상 1이 된다.

ㄷ. 중앙은행이 민간이 보유한 국채를 매입하면 본원통화만 증가하고, 통화승수는 변화하지 않는다.

답 ②

10 甲국과 乙국의 실질이자율과 인플레이션율은 다음 표와 같다. 명목이자소득에 대해 각각 25%의 세금이 부과될 경우, 甲국과 乙국의 세후 실질이자율은 각각 얼마인가?(단, 피셔효과가 성립한다)　★30회 기출★

구분	甲국	乙국
실질이자율	4%	4%
인플레이션율	0%	8%

① 3%, 1%　　　　　　　　　　② 3%, 3%
③ 3%, 9%　　　　　　　　　　④ 4%, 4%
⑤ 4%, 12%

해설
난도 ★★★

명목이자율＝실질이자율＋인플레이션율이다. 갑국의 명목이자율은 4%인데 25%, 즉 1/4을 세금으로 납부하면 세후 명목이자율은 3%, 세후 실질이자율은 3%－0%＝3%이다.

을국의 명목이자율은 12%인데 1/4을 세금으로 납부하면 세후 명목이자율은 3/4에 해당하는 9%이다. 세후 실질이자율은 9%－8%＝1%이다.

답 ①

---

11 본원통화에 관한 설명으로 옳지 않은 것은?　★34회 기출★

① 본원통화는 현금통화와 은행의 지급준비금의 합과 같다.
② 본원통화는 중앙은행의 화폐발행액과 은행의 중앙은행 지급준비예치금의 합과 같다.
③ 중앙은행의 대차대조표상의 순대정부대출이 증가하면 본원통화는 증가한다.
④ 중앙은행의 대차대조표상의 순해외자산이 증가하면 본원통화는 증가한다.
⑤ 추가로 발행된 모든 화폐가 은행의 시재금(vault cash)으로 보관된다면 본원통화는 증가하지 않는다.

해설
난도 ★★★

⑤ 추가로 발행된 모든 화폐가 은행의 시재금으로 보관되면 본원통화는 증가한다.

①, ② 본원통화는 중앙은행의 창구를 통하여 시중에 나온 현금으로 예금은행의 예금통화 창조의 토대가 된다. 중앙은행을 통해 공급된 본원통화는 일부는 민간이 보유하고, 일부는 은행이 보유하게 되는데, 민간이 보유한 현금은 현금통화 그리고 은행이 보유한 현금은 은행의 지급준비금이다.

> 본원통화＝현금통화＋은행의 지급준비금
> 　　　＝현금통화＋은행의 시재금＋은행의 중앙은행 지준예치금
> 　　　＝화폐발행액＋은행의 중앙은행 지준예치금

③ 중앙은행의 순대정부대출이 증가하면 본원통화가 증가하고, 정부의 예금이 증가하면 본원통화는 감소한다.
④ 수출이 증가하여 중앙은행의 외환매입액이 증가하면(중앙은행의 순해외자산증가) 본원통화는 증가하고, 수입이 증가하여 중앙은행의 외환매출액이 증가하면 본원통화는 감소한다.

답 ⑤

12 통화량 변동에 관한 설명으로 옳지 <u>않은</u> 것은?

☑확인
Check!
○
△
×

① 법정지급준비율의 변동은 본원통화량을 변화시키지 않는다.

② 중앙은행이 통화안정증권을 발행하여 시장에 매각하면 통화량이 감소한다.

③ 중앙은행이 시중은행으로부터 채권을 매입하면 통화량이 감소한다.

④ 은행의 법정지급준비율을 100 %로 규제한다면 본원통화량과 통화량은 동일하다.

⑤ 정부의 중앙은행차입이 증가하면 통화량은 증가한다.

해설
난도 ★★

③ 중앙은행이 시중은행으로부터 채권을 매입하면 채권 매입대금이 시중은행으로 나가므로 본원통화가 증가하고 통화량은 증가한다.

④ 현금보유비율을 c, 법정지급준비율을 r이라고 하면 통화승수 $m = \dfrac{1}{c+r(1-c)}$이므로 법정지급준비율이 100%로 규제하면 $r=1$이 되므로 통화승수도 1이 된다. 통화승수가 1이면 본원통화량과 통화량은 크기가 같다.

답 ③

13 통화량(M)을 현금(C)과 요구불예금(D)의 합으로, 본원통화(B)를 현금(C)과 지급준비금(R)의 합으로 정의하자. 이 경우 현금보유비율(cr)은 C/D, 지급준비금 비율(rr)은 R/D로 나타낼 수 있다. 중앙은행이 본원통화를 공급할 때 민간은 현금 보유분을 제외하고는 모두 은행에 예금하며, 은행은 수취한 예금 중 지급준비금을 제외하고는 모두 대출한다고 가정한다. cr이 0.2, rr이 0.1이면 통화승수의 크기는?

☑확인
Check!
○
△
×

① 1.5

② 2.0

③ 3.7

④ 4.0

⑤ 5.3

해설
난도 ★★

통화승수 $m = \dfrac{M}{B} = \dfrac{C+D}{C+R}$에서 양변을 D로 나누면 $m = \dfrac{(C/D)+1}{(C/D)+(R/D)} = \dfrac{cr+1}{cr+rr} = \dfrac{0.2+1}{0.2+0.1} = 4$이다.

답 ④

14 A국 경제가 유동성 함정(LM곡선이 수평)에 빠졌을 경우 이에 관한 설명으로 옳은 것은? ★27회 기출★

① 투자가 이자율에 대해 매우 탄력적이다.

② 확대통화정책이 확대재정정책보다 국민소득을 더 많이 증가시킨다.

③ 확대재정정책을 시행하면 구축효과로 인해 국민소득의 변화가 없다.

④ 화폐수요가 이자율에 대해 완전비탄력적이다.

⑤ 확대통화정책을 시행하더라도 이자율의 변화가 없다.

> 해설
>
> 난도 ★★
>
> 유동성 함정(liquidity trap)은 극도로 경기가 침체하여 투자수요가 거의 없어 이자율이 최저수준으로 하락했을 때 나타나는 현상으로 케인즈에 의해 주장된 것이다. 화폐수요의 이자율탄력성이 무한대가 되어, 화폐수요곡선과 LM곡선은 수평선이 된다.
>
> 유동성 함정이 존재하면 통화량을 증가시키는 통화정책은 이자율의 변화가 없으므로 전혀 효과가 없고, 재정정책의 효과는 구축효과는 0이 되므로 매우 강력하다.
>
> 답 ⑤

15 중앙은행의 통화량 조절 방법에 관한 설명으로 옳은 것은?

① 법정지급준비율을 인상하면 시중은행이 예금액 중에서 대출할 수 있는 금액이 증가한다.

② 중앙은행이 국채를 시중은행 A에 매도하면 시중은행 A의 지급준비금은 증가한다.

③ 법정지급준비율을 인하하면 예금통화승수는 감소한다.

④ 재할인율을 인상하면 통화량이 증가한다.

⑤ 중앙은행이 민간인들이 보유하고 있는 국채를 매입하면 통화량은 증가한다.

> 해설
>
> 난도 ★
>
> ⑤ 중앙은행이 공개시장 운영을 통해 민간이 보유하고 있는 국채를 매입하면 통화량은 증가한다.
>
> ① 법정지급준비율을 인상하면 시중은행이 예금액 중에서 대출할 수 있는 금액이 감소하여 통화량은 감소한다.
>
> ② 중앙은행이 국채를 시중은행에 매각하더라도 시중은행의 지급준비금은 변화하지 않는다.
>
> ③ 법정지급준비율을 인하하면 예금통화승수는 상승한다.
>
> ④ 재할인율을 인상하면 통화량은 감소한다.
>
> 답 ⑤

16 A국에는 2개의 은행이 있는데, 지급준비율을 제1은행은 20%, 제2은행은 10%로 항상 유지한다. 甲은 기존에 보유하고 있던 현금 100만 원을 제1은행에 예금하였고 제1은행은 지급준비금을 제외한 금액을 乙에게 대출하였다. 乙은 이 돈으로 丙에게서 물품을 구입하였고, 丙은 이 대금을 제2은행에 예금하였다. 제2은행은 지급준비금을 제외한 금액을 丁에게 대출하였다. 이상의 거래로부터 추가적으로 창출된 **통화량은?**

① 144만 원

② 152만 원

③ 160만 원

④ 232만 원

⑤ 332만 원

해설

난도 ★★

은행이 예금으로 받은 돈을 다른 사람에게 대출하면 현금통화가 증가하여 통화량이 증가한다. 문제에서 통화량이 증가하는 경우는 제1은행과 제2은행이 대출하는 경우이다.

제1은행은 갑의 예금 100만 원 중 80%인 80만 원을 대출하였고, 제2은행은 병의 예금 80만 원 중 90%인 72만 원을 대출하였다. 따라서 추가적으로 창출된 통화량은 80만 원+72만 원=152만 원이다.

답 ②

17 A은행의 T-계정은 다음과 같다.

자산		부채	
지급준비금 대출	1,000억 원 3,000억 원	예금	4,000억 원

예금에 대한 법정지급준비율이 10%이고, A은행을 제외한 다른 은행들은 초과 지급준비금을 보유하지 않는다. A은행이 지급준비금을 법정지급준비금 수준까지 줄인다면 최대로 가능한 통화량 증가액은?(단, 민간의 현금보유비율은 0)

① 600억 원

② 1,000억 원

③ 4,000억 원

④ 6,000억 원

⑤ 1조 원

해설

난도 ★★

예금에 대한 법정지급준비율이 10%이므로 지급준비금은 예금 4,000억 원 중 400억 원만 보유하면 된다. 현재 초과지급준비금이 1,000억 원-400억 원=600억 원이고 법정지급준비율이 10%이므로 600억 원×$\frac{1}{0.1}$=6,000억 원까지 대출이 가능하다.

답 ④

18 통화량을 증가시키기 위한 중앙은행의 정책으로 ( ) 안에 들어갈 내용을 순서대로 옳게 연결한 것은?

☑확인
Check!
○
△
×

- 국공채 (ㄱ)
- 법정지급준비율 (ㄴ)
- 재할인율 (ㄷ)

① ㄱ : 매입, ㄴ : 인하, ㄷ : 인하

② ㄱ : 매입, ㄴ : 인하, ㄷ : 인상

③ ㄱ : 매각, ㄴ : 인하, ㄷ : 인상

④ ㄱ : 매각, ㄴ : 인상, ㄷ : 인하

⑤ ㄱ : 매각, ㄴ : 인상, ㄷ : 인상

해설
난도 ★
중앙은행이 통화량을 증가시키기 위해서는 공개시장운영을 통해 국공채를 매입하고, 법정지급준비율을 인하해야 한다. 그리고 재할인율을 인하해야 한다.

답 ①

19 화폐수량설에 따른 화폐수량방정식은 $M \times V = P \times Y$이다. 이에 관한 설명으로 옳지 <u>않은</u> 것은?(단, M 은 통화량, V는 화폐유통속도, P는 산출물의 가격, Y는 산출량이다)

☑확인
Check!
○
△
×

① 장기적으로 화폐의 중립성이 성립한다.

② 화폐유통속도는 오랜 기간에 걸쳐 비교적 안정적이다.

③ 중앙은행이 통화량을 증가시키면 물가는 상승한다.

④ 중앙은행이 통화량을 증가시키면 장기적으로 산출량이 증가한다.

⑤ 중앙은행이 통화량을 변화시키면 산출량의 명목가치는 비례적으로 변한다.

해설
난도 ★★
화폐수량설에서 통화량의 증가는 실질국민소득(산출량)은 증가시키지 못하고 물가만 비례적으로 상승한다. 이는 고전학파가 주장한 것으로 화폐의 중립성(neutrality of money)이라고 한다.
고전학파는 장기적으로 산출량은 그 경제에 주어진 생산요소의 양에 의해 결정된다고 주장한다.

답 ④

20 전통적 화폐수량설에 근거한 화폐의 중립성이 성립할 경우 다음 설명 중 옳지 <u>않은</u> 것은?

① 통화량 증가율을 증가시키면 명목이자율이 상승한다.
② 통화량 증가율을 증가시키면 인플레이션율이 상승한다.
③ 통화량을 증가시켜도 실질 국민소득수준은 변화하지 않는다.
④ 통화량을 증가시키면 실업률은 하락한다.
⑤ 통화량을 증가시켜도 실질이자율은 변화하지 않는다.

해설

난도 ★★

고전학파의 화폐수량설에 근거한 화폐의 중립성(neutrality of money)은 화폐는 물가수준에만 영향을 미치고 실물변수에는 아무런 영향을 미치지 못한다는 것이다. 따라서 통화량을 증가시켜도 총생산량이나 고용수준(또는 실업률)에는 아무런 변화가 없다는 주장이다.

답 ④

---

21 고전학파의 화폐수량설에 따를 때, 통화량이 증가하는 경우 다음 설명 중 옳은 것은?

① 화폐유통속도가 감소한다.
② 화폐유통속도가 증가한다.
③ 물가가 상승한다.
④ 물가가 하락한다.
⑤ 명목 GDP는 불변이다.

해설

난도 ★★

③ 고전학파의 화폐수량설에 의하면 통화량이 증가하면 물가에만 영향을 미치고 다른 실물변수에는 영향을 미치지 못한다. 화폐의 유통속도와 실질 GDP는 일정하다고 가정한다. 물가가 상승하므로 명목 GDP는 증가한다.

답 ③

22

☑확인
Check!
○
△
✕

A국의 중앙은행은 필립스곡선, 성장률과 실업률의 관계, 이자율 준칙에 따라 이자율을 결정한다. 현재 목표물가상승률이 2%, 자연실업률이 3%이고, 국내총생산은 잠재국내총생산, 물가상승률은 목표물가상승률, 그리고 실업률은 자연실업률과 같다고 가정할 때, 이에 관한 설명으로 옳지 <u>않은</u> 것은?(단, r, π, π^e, π^T, u, u_n, u_{-1}, Y, Y^P는 각각 이자율, 물가상승률, 기대물가상승률, 목표물가상승률, 실업률, 자연실업률, 전기의 실업률, 국내총생산, 잠재국내총생산이다) ★34회 기출★

- 필립스곡선 : $\pi = \pi^e - 0.5(u - u_n)$
- 이자율 준칙 : $r = \pi + 2.0\% + 0.5(\pi - \pi^T) + 0.5G$
- 성장률과 실업률의 관계 : 국내총생산의 성장률 $= 3\% - 2(u - u_{-1})$
- $G = \dfrac{(Y - Y^P)}{Y^P} \times 100$

① 현재 이자율은 4%이다.

② 현재 기대물가상승률은 2%이다.

③ 실업률이 5%로 상승하고 기대물가상승률이 변화하지 않았다면, 물가상승률은 1%이다.

④ 기대물가상승률이 3%로 상승하면, 이자율은 5.5%이다.

⑤ 실업률이 1%로 하락하고, 기대물가상승률이 3%로 상승하면, 이자율은 7%이다.

해설

난도 ★★★

⑤ 실업률이 1%로 하락시, 국내총생산 성장률 : $G = \dfrac{Y - Y^P}{Y^P} \times 100 = 3\% - 2(1\% - 3\%) = 7\%$

　$\pi^e = 3\%$이므로 필립스곡선에서 $\pi = 3\% - 0.5(1\% - 3\%) = 4\%$

　$\pi = 4\%, G = 7\%$이므로 이자율준칙에서 $r = 4\% + 2\% + 0.5(4\% - 2\%) + 0.5 \times 7\% = 10.5\%$

① $\pi = \pi^T = 2\%$, $Y = Y^P$이므로

　이자율준칙에서 $r = 2\% + 2\% + 0.5(2\% - 2\%) + 0.5 \times 0 = 4\%$

② $\pi = 2\%, u = u_n = 3\%$이므로

　필립스곡선에서 $2\% = \pi^e - 0.5(3\% - 3\%)$, $\pi^e = 2\%$

③ 필립스곡선에서 $\pi = 2\% - 0.5(5\% - 3\%) = 1\%$

④ 필립스곡선에서 $\pi = 3\% - 0.5(3\% - 3\%) = 3\%$

　$\pi = 3\%$를 이자율준칙에 대입하면, $r = 3\% + 2\% + 0.5(3\% - 2\%) + 0.5 \times 0 = 5.5\%$

답 ⑤

23 중앙은행은 아래와 같은 테일러 준칙(Taylor rule)에 따라 명목이자율을 조정한다. 이에 관한 설명으로 옳지 <u>않은</u> 것은?{단, i는 명목이자율, π는 인플레이션율, π^*는 목표 인플레이션율, Y^*는 잠재 GDP, Y는 실제 GDP, $(Y^*-Y)/Y^*$는 총생산 갭이다}

$$i=0.05+\pi+0.5(\pi-\pi^*)-0.5(Y^*-Y)/Y^*$$

① 목표 인플레이션율이 낮아지면 중앙은행은 명목이자율을 인상한다.
② 실제 GDP가 잠재 GDP보다 더 큰 경우에 중앙은행은 명목이자율을 인상한다.
③ 총생산 갭은 0이고 인플레이션율이 3%에서 4%로 상승하는 경우에, 중앙은행은 명목이자율을 0.5% 포인트(%p) 인상한다.
④ 인플레이션율이 목표치와 같고 실제 GDP가 잠재 GDP와 같다면 실질이자율은 5%가 된다.
⑤ 인플레이션율은 목표치와 같고 총생산 갭이 0%이 1%로 상승하는 경우에, 중앙은행은 명목이자율을 0.5%포인트(%p) 인하한다.

해설
난도 ★★★
③ 총생산 갭 $(Y^*-Y)/Y^*$은 0이고 인플레이션율 π가 3%에서 4%로 1%p 상승하는 경우에, 중앙은행은 명목이자율을 1.5%p 인상해야 한다.

답 ③

24 A국 중앙은행은 아래의 테일러 규칙(Taylor rule)에 따라 명목정책금리를 조정한다. 이에 관한 설명으로 옳지 <u>않은</u> 것은? {단, 총생산 갭=(실질GDP−완전고용 실질GDP) / 완전고용 실질GDP이다} ★33회 기출★

명목정책금리=인플레이션율+0.02+0.5×(인플레이션율−0.03)+0.5×(총생산 갭)

① A국 중앙은행의 인플레이션율 목표치는 3%이다.
② 인플레이션율 목표치를 2%로 낮추려면 명목정책금리를 0.5%p 인하해야 한다.
③ 인플레이션율이 목표치와 동일하고 총생산 갭이 1%인 경우 실질 이자율은 2.5%이다.
④ 완전고용 상태에서 인플레이션율이 2%인 경우에 명목정책금리는 3.5%로 설정해야 한다.
⑤ 인플레이션율이 목표치보다 1%p 더 높은 경우에 명목정책금리를 0.5%p 인상한다.

해설
난도 ★★
주어진 테일러 준칙에서 현재의 목표 인플레이션율은 3%이다. 이를 2%로 낮추려면 명목정책금리는 0.5%p 인상해야 한다.

답 ②

25 고전학파의 대부자금설이 성립할 경우 정부가 저축을 촉진하기 위해 이자소득세를 인하하고 동시에 투자를 촉진하는 투자세액공제제도를 도입할 때 예상되는 대부자금 시장의 변화로 옳은 것은?(단, 수요곡선은 우하향, 공급곡선은 우상향)

① 균형이자율 상승, 균형거래량 증가
② 균형이자율 상승, 균형거래량 감소
③ 균형이자율 하락, 균형거래량 증가
④ 균형이자율 하락, 균형거래량 증감 불분명
⑤ 균형이자율 등락 불분명, 균형거래량 증가

[해설]
난도 ★★
대부자금설은 저축과 투자가 일치할 때 균형이자율이 결정된다는 것이다. 정부가 저축을 촉진하기 위해 이자소득세를 인하하고 동시에 투자를 촉진하는 투자세액공제제도를 도입하면 저축과 투자 모두 증가하므로 대부자금의 균형거래량은 증가한다. 그러나 이자율은 불확실하다. 저축과 투자의 증가 정도에 따라 이자율은 달라진다.

답 ⑤

26 다음은 화폐수요이론에 대한 설명이다. 옳지 <u>않은</u> 것은?

① 예비적 화폐수요란 미래의 불확실한 위험에 대비하기 위한 화폐수요로 소득의 증가함수이다.
② 거래적 화폐수요란 예상되는 거래지출을 위해서 화폐를 보유하는 것으로 소득의 증가함수이다.
③ 투자적 화폐수요란 자본이득을 얻거나 자본손실을 방지하기 위하여 자산소유자가 재산의 일부를 화폐형태로 보유하는 것으로서 이자율의 감소함수이다.
④ 유동성선호설에 따르면 이자율이 상승할 경우 투자적 동기에 의한 화폐의 수요량은 증가한다.
⑤ 일반적으로 화폐에 대한 수요는 소득과는 정(正)의 관계에 있고, 이자율과는 역의 관계에 있다.

[해설]
난도 ★★
유동성선호설에 따르면 이자율이 상승할 경우 투자적 동기에 의한 화폐의 수요량은 감소한다. 투자적 동기에 의한 화폐수요는 이자율의 감소함수이다.

답 ④

27

민간은 화폐를 현금과 요구불예금으로 각각 1/2씩 보유하고, 은행은 예금의 1/3을 지급준비금으로 보유한다. 통화공급을 150만큼 늘리기 위한 중앙은행의 본원통화 증가분은?(단, 통화량은 현금과 요구불예금의 합계이다)

★31회 기출★

① 50 ② 100
③ 150 ④ 200
⑤ 250

해설

난도 ★★

현금보유비율 $c = \dfrac{1}{2}$이고, 지급준비율 $r = \dfrac{1}{3}$이므로 통화승수 $m = \dfrac{1}{c + r(1-c)} = \dfrac{3}{2} = 1.5$이다. 통화공급을 150 증가시키려면 본원통화는 100 증가해야 한다.

답 ②

제6장 | 총수요·총공급 이론

출제포인트

- □ 총수요-총공급(AD-AS) 균형
- □ IS-LM 균형, IS-LM곡선의 기울기와 정책효과
- □ 총수요곡선(AD)이 우하향하는 이유
- □ 단기와 장기의 총공급곡선(AS)
- □ 부(wealth)의 효과(피구효과)
- □ 단기와 장기의 차이
- □ IS-LM에서 불균형의 특징과 균형으로의 조정

제1절 생산물시장의 균형과 IS곡선

1. IS-LM모형의 의의

(1) 생산물시장의 분석

① 앞에서 우리는 생산물시장(또는 실물부문)만을 대상으로 하여 총수요의 크기에 의해 국민소득 (또는 산출량)이 결정되는 과정을 살펴보았다.

② 그러나 이러한 분석은 총수요에 영향을 미치는 다른 요인이나 다른 시장은 일정불변이라는 가정 하에 서 이루어진 것이다.

(2) 화폐시장의 도입

① 생산물시장은 화폐시장(또는 화폐부문)과 밀접한 연관을 맺고 있다. 즉 화폐시장에서 화폐공급이나 화폐수요가 변화하면 이자율이 변화하고 이자율이 변화하면 투자가 변화하여 국민소득이 변화하게 된다. 즉 생산물시장과 화폐시장은 이자율을 매개로 밀접하게 연관이 되어 있다.

② 따라서 국민소득(또는 산출량)이 결정되는 원리를 좀 더 본질적으로 이해하기 위해서는 두 시장에 대 한 동시적인 분석이 필요한데, 두 시장의 동시적인 균형분석은 힉스(J.R. Hicks)와 한센(A. Hansen)에 의해 개발되어 이를 힉스-한센분석 또는 IS-LM분석이라고 한다.[9]

---

9) IS-LM분석에서 IS는 생산물시장의 균형을 의미한다. 즉 생산물시장의 균형은 I=S, 즉 투자와 저축이 같은 곳에서 이루어지므로 생산물시장의 균형을 나 타내는 곡선을 IS곡선이라고 한다. 한편 LM은 화폐시장의 균형을 의미하는데 화폐시장의 균형은 L=M, 즉 화폐수요와 화폐공급이 같은 곳에서 이루어지 므로 화폐시장의 균형을 나타내는 곡선을 LM곡선이라고 한다.

(3) 국민경제의 일반균형의 의의

① 국민경제의 일반균형을 분석하기 위해 국민경제를 4개의 시장으로 구분한다. 즉 생산물시장, 화폐시장, 노동시장 및 증권시장으로 구분한다.

② 4개의 시장은 상호 연관되어 있다. 따라서 어느 한 시장에서 불균형이 발생하면 이는 다른 시장에 파급되어 다른 시장의 균형을 파괴한다.

(4) 왈라스의 법칙

국민경제의 일반균형을 분석하기 위해서는 4개 시장에 대한 동시적인 분석이 필요하지만 왈라스의 법칙(Walras' law)에 의거하여 3개의 시장이 동시균형을 이루면 나머지 하나의 시장도 균형을 이루기 때문에 3개 시장의 동시균형만 분석하면 된다.

(5) 일반균형의 체계

따라서 앞으로 분석하게 될 국민경제의 일반균형의 체계를 정리하면 다음과 같다.

▶ 일반균형의 체계

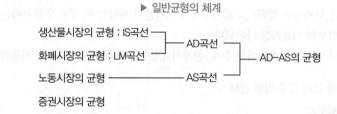

생산물시장의 균형 : IS곡선 ─┐
화폐시장의 균형 : LM곡선 ─┴─ AD곡선 ─┐
노동시장의 균형 ──────── AS곡선 ─┴─ AD-AS의 균형
증권시장의 균형

2. IS곡선의 도출

(1) IS곡선의 뜻

IS곡선은 생산물시장의 균형을 보장하는 이자율(r)과 국민소득(Y)의 조합점을 연결한 선이다. 따라서 IS곡선 위에서는 생산물시장이 균형상태에 있게 된다.

(2) IS곡선의 도출

① IS곡선은 생산물시장의 균형으로부터 도출한다. 즉 생산물시장의 균형 조건 $I(r) = S(Y)$로부터 IS곡선을 도출한다.

▶ IS곡선의 도출

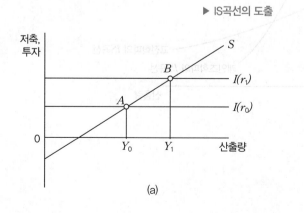

(a)

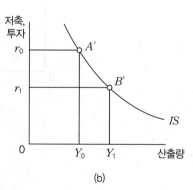

(b)

② 〈그림〉 (a)에서 A점은 이자율이 r_0일 때 생산물시장의 균형점이다. 즉 이자율이 r_0일 때 생산물시장의 균형을 보장하는 국민소득은 Y_0이다. 따라서 A점을 공간을 바꾸어 이자율(r)과 국민소득(Y) 공간에 표시하면 A'이 된다.

③ 이제 이자율이 r_0에서 r_1으로 하락하면 투자는 $I(r_0)$에서 $I(r_1)$으로 증가하므로 생산물시장의 균형점은 B가 된다. B는 이자율이 r_1일 때 생산물시장의 균형을 보장하는 국민소득은 Y_1이라는 것을 의미한다.

④ 마찬가지 방법으로 이를 이자율, 국민소득 공간에 표시하면 B'이 되고, A'과 B'을 연결하면 우하향하는 IS곡선이 도출된다.

3. IS곡선의 기울기 ★34회 기출★

(1) IS곡선의 기울기의 결정요인

① 우하향하는 IS곡선의 기울기는 투자의 이자율 탄력성(Ir)과 한계저축성향(MPS)에 의해서 결정된다.

② 투자의 이자율 탄력성은 앞의 〈그림〉 (a)에서 이자율이 하락할 때 투자가 증가하는 정도를, 한계저축성향은 저축함수의 기울기를 나타낸다.

③ 따라서 투자의 이자율 탄력성이 클수록, 한계저축성향이 작을수록 IS곡선의 기울기는 완만하다.

(2) IS곡선의 기울기에 대한 각 학파의 견해

① 고전학파, 통화주의

고전학파의 경우 저축(S)과 투자(I)에 의해 이자율이 결정되므로 투자의 이자율 탄력성은 매우 크고, 따라서 IS곡선의 기울기는 매우 완만하다고 본다.

② 케인즈학파

케인즈는 투자는 이자율보다는 기업가의 동물적 본능(animal spirit)에 많이 의존하고, 또한 이자율은 화폐시장에서 화폐의 수요와 공급에 의해 결정되기 때문에 따라서 투자의 이자율 탄력성은 매우 작고, IS곡선의 기울기는 가파르다고 본다.

▶ 고전학파와 케인즈학파의 IS곡선

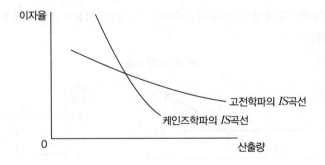

4. IS곡선의 이동

생산물 시장의 균형이 변화하면 IS곡선이 이동한다. 따라서 정부부문을 포함한 생산물 시장의 균형조건 $I+G=S+T$에서 주입(I, G)이 증가하거나 누출(S, T)이 감소하면 IS곡선은 오른쪽으로 이동한다.

5. 생산물시장의 불균형

(1) IS곡선은 생산물시장의 균형을 보장하는 이자율과 국민소득의 조합점을 연결한 선이므로 IS곡선 위에서는 어디서나 생산물 시장이 균형상태에 있다. 그러나 IS곡선 이외의 점은 생산물시장이 불균형상태에 있음을 의미한다.

(2) 이 경우 IS곡선의 윗부분(오른쪽 부분)은 생산물시장의 초과공급, 즉 I<S인 상태이고, IS곡선의 아랫부분(왼쪽 부분)은 생산물시장의 초과수요, 즉 I>S인 상태를 의미한다.

(3) 생산물 시장에 초과공급이 있게 되면 기업들은 생산량을 줄이므로 국민소득이 감소하는 방향으로 조정이 이루어진다.

제2절 화폐시장의 균형과 LM곡선

1. LM곡선의 도출

(1) LM곡선의 뜻

LM곡선은 화폐시장의 균형을 보장하는 이자율(r)과 국민소득(Y)의 조합점을 연결한 선이다. 따라서 LM곡선 위에서는 화폐시장이 균형상태에 있게 된다.

(2) LM곡선의 도출

① LM곡선은 화폐시장의 균형으로부터 도출된다. 즉 화폐에 대한 수요함수는 $M^D=L(Y, r)$이고 화폐공급함수는 $M^S=M_0$이므로 화폐시장의 균형조건은 $M^D=M^S$, 즉 $L(Y, r)=M_0$이다.

▶ LM곡선의 도출

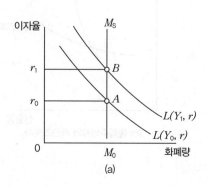

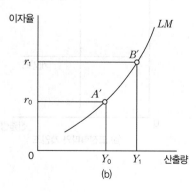

② 〈그림〉 (a)에서 국민소득이 Y_0일 때 화폐수요함수는 $L(Y_0)$이므로 화폐시장의 균형점은 A이고 따라서 화폐시장의 균형을 보장하는 이자율은 r_0이다. 이를 이자율과 국민소득 공간에 표시하면 A′이 된다.

③ 한편 국민소득이 Y_1으로 증가하면 화폐수요함수는 오른쪽으로 이동하여 $L(Y_1)$이 되고 화폐시장의 균형점은 B가 되어 화폐시장의 균형을 보장하는 이자율은 r이 된다. 이를 이자율과 국민소득 공간에 표시하면 B′이 되고 A′과 B′을 연결하면 우상향하는 LM곡선이 도출된다.

2. LM곡선의 기울기 ★34회 기출★

(1) 기울기의 결정요인

우상향하는 LM곡선의 기울기는 화폐수요의 이자율 탄력성과 화폐수요의 소득탄력성에 의해서 결정된다. 화폐수요의 이자율 탄력성이 클수록, 화폐수요의 소득탄력성이 작을수록 LM곡선의 기울기는 완만하다.

(2) LM곡선의 기울기에 대한 각 학파의 견해

① 고전학파

고전학파는 화폐는 거래목적으로만 보유하고, 이자율은 투자와 저축에 의해서 결정된다고 본다. 즉 화폐의 중립성과 고전학파의 이분성에 근거하여 보면 화폐수요의 이자율 탄력성은 0이므로, 화폐수요곡선은 수직이 되고, LM곡선도 수직의 형태를 보인다.

② 통화주의자

프리드먼(M. Friedman)의 신화폐수량설에 의하면 화폐수요의 소득탄력성은 크고, 화폐수요의 이자율 탄력성은 매우 작으므로 LM곡선은 매우 가파른 형태를 보인다.

③ 케인즈

케인즈(J.M. Keynes)의 유동성 함정에서 화폐수요의 이자율 탄력성은 무한대가 된다. 따라서 LM곡선은 수평의 형태를 보인다.

④ 케인즈학파

케인즈의 이자율 결정이론에 기초하여 화폐수요의 이자율 탄력성은 크고 화폐수요의 소득탄력성은 작으므로 LM곡선은 완만한 형태를 보인다.

▶ LM곡선에 관한 각 학파의 견해

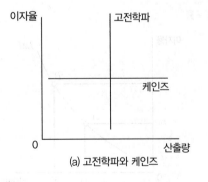

(a) 고전학파와 케인즈

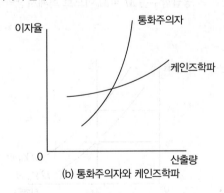

(b) 통화주의자와 케인즈학파

3. LM곡선의 이동

화폐시장의 균형이 변화하면 LM곡선이 이동한다. 따라서 화폐공급(통화량)의 증가, 화폐수요의 감소, 물가
하락이 있으면 LM곡선은 오른쪽으로 이동한다.

4. 화폐시장의 불균형

(1) LM곡선은 화폐시장의 균형을 보장하는 이자율과 국민소득의 조합점을 연결한 선이므로 LM곡선 위에
서는 어느 점에서나 화폐시장이 균형상태($M_D = M_S$)에 있다.

(2) 그러나 LM곡선 이외의 점에서는 화폐시장이 불균형상태에 있음을 의미한다. 이 경우 LM곡선의 윗부분
은 화폐시장이 초과공급 상태, LM곡선의 아랫부분은 화폐시장이 초과수요 상태에 있게 된다.

(3) 화폐시장이 초과공급이면 이자율이 하락하는 방향으로 균형으로의 조정이 이루어진다. 초과수요이면 이
자율이 상승하는 방향으로 균형으로의 조정이 이루어진다.

1. 두 시장의 동시균형 ★28, 31, 33회 기출★

생산물시장과 화폐시장의 동시균형은 IS곡선과 LM곡선이 교차하는 E점에서 이루어진다. 즉 $E(r_0, Y_0)$는
양시장의 동시균형을 보장하는 이자율, 국민소득이고, E 이외의 점은 두 시장 중 어느 하나, 또는 두 시장
모두에 불균형이 있음을 의미한다.

▶ 생산물시장과 화폐시장의 동시균형

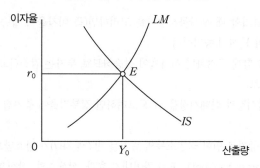

2. 균형이자율과 균형국민소득의 변화 ★27, 33, 34회 기출★

(1) 균형의 변화요인

① IS곡선과 LM곡선의 교차점은 생산물시장과 화폐시장의 동시균형점, 즉 국민경제의 수요측면의 일
반균형점으로 이 균형점은 IS곡선과 LM곡선이 이동하면 변화한다.

② 즉 투자, 정부지출, 저축, 조세 등의 변동으로 IS곡선이 이동하거나, 화폐공급(통화량), 화폐수요 등의 변동으로 LM곡선이 이동하면 균형이자율과 균형국민소득은 변화한다.

(2) 화폐공급(통화량)의 변화

① 화폐공급(통화량)이 증가하면 LM곡선이 우측으로 이동한다. 이에 따라 이자율이 하락하고 국민소득은 증가한다.

② 이 경우 이자율의 하락효과를 세분화해서 보면 다음과 같다. 즉 화폐공급(통화량) 증가 → 이자율 하락(r_0에서 r_2로) → 투자 증가 → 국민소득 증가, 그런데 국민소득의 증가로 화폐수요 증가 → 이자율 상승(r_2에서 r_1으로)

③ 즉 화폐공급의 증가는 이자율을 하락시키지만 화폐시장만을 고려했을 때 화폐공급 증가의 완전효과(r_0에서 r_2로의)를 반영하지는 못한다.

④ 따라서 이자율은 r_0에서 r_1까지만 하락한다. 이는 생산물 시장을 함께 고려했기 때문이다.

▶ 통화량 증가의 효과

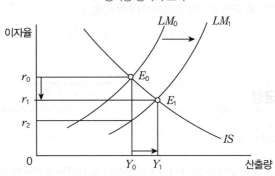

(3) 정부지출의 변화 ★32회 기출★

① 정부지출(G)이 증가하면 IS곡선은 오른쪽으로 이동하고 이에 따라 이자율이 상승하고 국민소득은 증가한다.

② 만일 정부지출이 증가할 때 생산물시장만을 고려하면(즉 이자율이 상승하지 않는 것으로 가정하면) 국민소득은 Y_0에서 Y_2까지 증가한다.

③ 그러나 화폐시장을 함께 고려하면 이자율이 상승하므로 투자는 감소하고 이에 따라 국민소득은 감소한다(Y_2에서 Y_1으로).

④ 결과적으로 생산물시장과 화폐시장을 함께 고려하면 정부지출이 증가할 때 국민소득은 Y_0에서 Y_1까지만 증가한다.

⑤ 즉 정부지출(G)의 증가로 인한 국민소득의 증가를 민간투자(I)가 감소함으로써 상쇄하게 되는데 이를 구축효과(crowding out effect), 또는 밀어내기 효과, 상쇄효과, 잠식효과라고 한다.

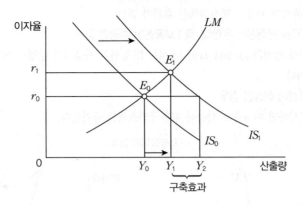

▶ 정부지출 증가의 효과

(4) 구축효과에 대한 각 학파의 견해

구축효과의 크기는 LM곡선의 기울기와 밀접한 관계가 있으므로 각 학파가 상이한 견해를 보이고 있다. 각 학파의 견해를 비교하면 다음과 같다.

① **고전학파**

화폐수요의 이자율 탄력성이 0이므로 LM곡선은 수직의 형태를 보인다. 따라서 정부지출이 증가하여 IS곡선이 오른쪽으로 이동해도 국민소득은 증가할 수 없다. 즉 구축효과가 100%이다.

② **통화주의자**

화폐수요의 이자율 탄력성이 매우 작다고 보기 때문에 LM곡선의 기울기는 가파른 형태이다. 따라서 정부지출의 증가로 IS곡선이 오른쪽으로 이동하면 국민소득은 조금밖에 증가하지 못한다. 즉 구축효과가 매우 크다.

③ **케인즈**

유동성 함정에서 화폐수요의 이자율 탄력성이 무한대이므로 LM곡선은 수평의 형태이고 따라서 구축효과는 0이다.

④ **케인즈학파**

화폐수요의 이자율 탄력성이 크기 때문에 LM곡선은 완만한 형태이다. 따라서 구축효과는 작고 따라서 정부지출을 증가시키는 재정정책은 효과가 크다.

3. 재정정책과 통화정책의 유효성 ★27, 32, 33회 기출★

재정정책과 통화정책의 목표를 국민소득(Y)의 증가라고 하면 정책의 효과는 IS곡선과 LM곡선의 기울기에 따라 차이가 있다.

(1) 재정정책의 효과

재정정책은 정부지출(G) 증가, 조세(T) 감소를 통해 IS곡선을 오른쪽으로 이동시켜 국민소득을 늘리는 데 목적이 있다.

① **화폐수요의 이자율 탄력성이 0, 즉 LM곡선이 수직인 경우**

고전학파의 견해로 IS곡선의 기울기가 어떻든 구축효과가 완전하기 때문에 재정정책은 효과가 없다.

② 투자의 이자율 탄력성이 무한대, 즉 IS곡선이 수평인 경우

    LM곡선의 기울기가 어떻든 재정정책은 효과가 없다.

③ 화폐수요의 이자율 탄력성이 무한대, 즉 LM곡선이 수평인 경우

    케인즈의 유동성 함정(liquidity trap)에서는 IS곡선의 기울기가 수평만 아니라면 재정정책의 효과는 아주 강력하다.

④ IS곡선과 LM곡선이 정상인 경우

    재정정책을 실시하면 이자율도 상승하지만 국민소득도 증가한다.

▶ 재정정책의 효과

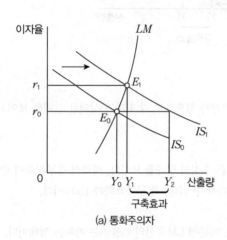

(a) 통화주의자

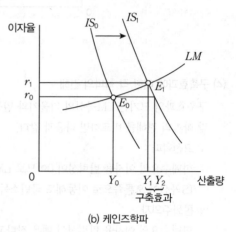

(b) 케인즈학파

(2) 통화정책의 효과

    통화정책은 화폐공급(통화량)을 늘려 LM곡선을 오른쪽으로 이동시킴으로써 국민소득(Y)을 늘리는데 목적이 있다.

① LM곡선이 수평인 경우

    케인즈의 유동성 함정(liquidity trap)에서는 수평의 LM곡선을 이동시킬 수가 없기 때문에 통화정책은 전혀 효과가 없다.

② IS곡선이 수직인 경우

    투자의 이자율 탄력성이 0인 경우로 화폐공급을 늘려 이자율이 하락해도 투자가 전혀 증가하지 못하므로 통화정책은 전혀 효과가 없다.

③ LM곡선이 수직인 경우

    고전학파의 주장으로 통화정책의 효과는 매우 강력하다.

▶ 통화정책의 효과

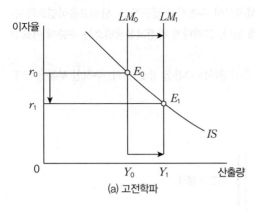

(a) 고전학파

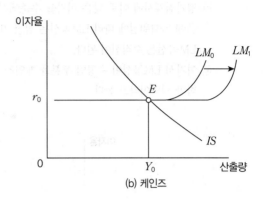

(b) 케인즈

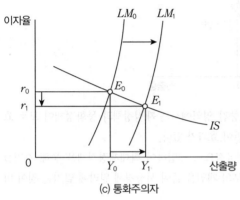

(c) 통화주의자

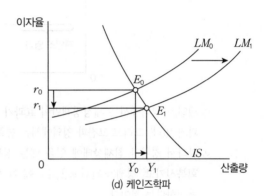

(d) 케인즈학파

(3) 재정정책과 통화정책의 유효성 논쟁 ★28회 기출★

케인즈 이후 재정정책과 통화정책의 유효성을 놓고 케인즈학파와 통화론자 간에 치열한 논쟁이 전개되었다. 이 논쟁의 내용은 주로 IS곡선과 LM곡선의 기울기에 관한 것이다.

① 케인즈학파

㉠ 케인즈학파(Keynesian)는 자본주의 경제의 민간부문은 불안정하므로 정부가 개입하여 불안정을 제거하고 재량적 재정정책을 이용하여 경제를 안정화시켜야 한다는 입장이다.

㉡ 케인즈학파는 투자의 이자율 탄력성이 작기 때문에 따라서 IS곡선은 가파른 반면, 화폐수요의 이자율 탄력성은 크기 때문에 LM곡선은 완만하다고 본다.

㉢ 따라서 통화정책의 효과는 작고, 재정정책의 효과가 강력하다고 주장한다.

② 통화론자

㉠ 통화론자(Monetarists)는 자본주의 시장경제는 안정적이기 때문에 따라서 경제에 대한 정부의 지나친 개입은 경제를 오히려 불안정하게 만든다는 입장이다.

㉡ 통화주의자는 투자의 이자율 탄력성은 크기 때문에 IS곡선은 완만하고, 반면 화폐수요의 이자율 탄력성은 거의 0에 가까우므로 LM곡선은 수직에 가깝다고 본다.

㉢ 따라서 재정정책은 구축효과로 인해 효과가 별로 없고, 통화공급의 일정한 준칙(money supply rule)을 도입하는 통화정책의 효과가 크다고 주장한다.

③ 논쟁 결과

　　㉠ 경기침체시에 아주 낮은 이자율 수준에서는 LM곡선이 수평선에 접근하고, 완전고용국민소득 수준에 가까워짐에 따라 LM곡선은 점점 가파르게 된다. 그러다가 완전고용국민소득 수준에 이르면 LM곡선은 수직선이 된다.

　　㉡ 여기서 LM곡선이 수평인 부분을 케인즈 영역, 우상향하는 부분을 중간 영역, 수직인 부분을 고전학파 영역이라고 한다.

▶ LM곡선

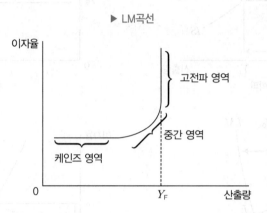

　　㉢ 케인즈 영역에서는 재정정책만이 효과가 있고, 중간 영역에서는 재정정책과 통화정책이 모두 효과가 있다. 그리고 고전파 영역에서는 통화정책만이 효과가 있다.

　　㉣ 따라서 경기가 침체상태에 있을 때는 정부가 적극적으로 개입하여 확대재정정책을 통해 경기를 회복시키고, 경제가 완전고용 수준에 이르면 정부의 개입을 줄여 시장경제 원리에 맡기는 것이 바람직하다는 것이다.

4. 피구효과 ★29회 기출★

(1) 피구효과의 의의

피구효과(PIgou effect)는 피구가 고전학파의 입장에서, 케인즈의 적극적인 재정정책의 유효성 주장에 대한 반론으로 제시한 것이다.

(2) 케인즈의 견해

① 케인즈는 대공황과 같은 경기침체상태에서 나타나는 유동성 함정에서는 통화정책은 효과가 없고 재정정책 만이 효과가 있다고 주장한다. 따라서 확대재정정책으로 대량의 실업을 구제하고 국민소득을 증가시켜야 한다고 주장한다.

② 이에 대해 고전학파의 전통을 유지하는 피구(A. Pigou)는 피구효과, 또는 실질잔고효과(real balance effect)를 제시하여 반론을 제기한다.

(3) 피구효과

① 피구는 고전학파의 물가와 임금의 신축성을 가정하면 유동성 함정에서는 물가가 하락한다고 본다. 물가가 하락하면 경제주체들이 보유하고 있는 화폐잔액(현금잔고)의 실질가치(즉 화폐가치, 또는 실질잔고)가 상승하여 소비가 증가한다.

② 소비의 증가는 IS곡선을 오른쪽으로 이동시키므로 국민소득이 증가하는데, 이 효과를 피구효과, 실질잔고효과, 또는 자산효과, 부의 효과(wealth effect)라고 한다.

▶ 피구(pigou)효과

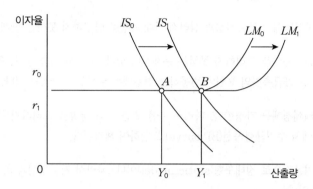

③ 최초에 균형점 A에서 균형국민소득 Y_0는 완전고용국민소득에 미달되므로 실업이 존재한다. 실업과 경기침체가 장기화되면 물가가 하락하여 화폐의 실질잔고(즉 화폐가치)가 증가하면 LM곡선이 오른쪽으로 이동한다.

④ 이와 함께 소비의 증가로 IS곡선은 오른쪽으로 이동하므로 B에서 균형이 이루어지고 국민소득은 완전고용국민소득 수준에 이르게 된다.

⑤ 즉 피구는 유동성 함정이 존재해도 물가하락이 실질잔고를 증가시키는 효과(즉 피구효과)를 통해 IS곡선과 LM곡선을 오른쪽으로 이동시켜 완전고용균형을 달성한다는 것이다.

⑥ 그러나 피구의 주장은 물가의 신축성을 전제로 해야 성립될 수 있다. 또 이 경우 경기회복을 위한 정부의 개입은 필요하지 않다.

(3) Pigou효과의 문제점

① 물가가 하락해도 소비가 증가하지 않을 수도 있다. 즉 물가 하락이 계속될 것으로 예상하면 현재의 소비를 감소시키고, 미래의 소비를 증가시키려고 할 수도 있다.

② 물가하락은 부(wealth)의 재분배 효과를 발생시킬 수 있다. 그리고 이로 인해 가계와 기업의 행동은 차이를 보인다. 즉 화폐의 실질가치의 상승으로 소비가 증가하지만 채권자인 기업의 경우 이자 부담과 자금조달 비용의 상승으로 투자를 감소시킨다. 따라서 국민소득 증가는 없을 수도 있다.

③ 물가하락으로 정부의 부채는 증가하고 민간부문의 자산가치는 상승한다. 이 경우 정부의 이자지급이 결국은 조세 증가에 의해 이루어질 것으로 인식하면 물가 하락으로 인한 피구효과의 상당부분이 상쇄된다.

5. IS-LM모형의 한계

IS-LM모형은 재정정책과 통화정책의 효과를 분석하는 데 매우 유용한 도구로 이용된다. 그러나 다음과 같은 몇 가지의 한계를 지니고 있다.

(1) IS-LM모형은 현실경제의 불확실성과 심리적 기대 측면을 반영하지 못하는 한계가 있다.

(2) IS-LM모형은 공급측면을 고려하지 못하는 문제점이 있다. 따라서 기술 진보, 원자재 가격의 변동, 노동생산성의 향상 등 공급측면의 요인이 변동하는 경우에는 분석상의 한계가 있다.

(3) IS-LM모형은 폐쇄경제를 가정한다. 따라서 환율 변동 등의 영향을 고려하지 못하는 한계가 있다. 이 문제는 개방경제에서 수지균형곡선(BP curve) 도입하여 해결된다.

(4) IS-LM모형은 기본적으로 정태모형(static model)이다. 따라서 자본형성과정, 인플레이션 등의 동태 분석에는 한계가 있다.

제4절 총수요곡선

1. 총수요곡선의 의의

(1) 총수요곡선의 뜻

생산물시장과 화폐시장의 동시적인 균형을 보장하는 물가수준(P)과 국민소득수준(Y)의 조합점을 연결한 선을 총수요(aggregate demand, AD)곡선이라고 한다. 수요측면의 균형을 나타내는 선이다.

(2) 고전학파의 총수요곡선(AD)

① 고전학파의 총수요곡선은 고전파의 이분성에 기초하여 화폐시장에서 도출되므로 생산물시장과 무관하게 유도된다.

② 즉 피셔(I. Fisher)의 교환방정식

$$MV = Py, \text{ 따라서 } y = \frac{MV}{P}$$

에서 화폐의 유통속도 V는 단기에 일정하다. 따라서 통화량 M을 일정하게 유지하면 실질국민소득 y와 물가 P는 역관계에 있게 된다.

③ 이를 물가(P), 국민소득(y) 공간에 표시하면 우하향하는 AD곡선이 유도된다. 그리고 여기서 Py는 일정하므로 AD곡선은 직각쌍곡선의 형태를 보이게 된다.

④ 여기서 통화량 M이 증가하면 명목국민소득 Py가 증가하므로 AD곡선은 오른쪽으로 이동한다. 따라서 고전학파의 총수요곡선은 통화량의 크기에 의해 그 위치가 결정된다.

⑤ 그러므로 고전학파의 총수요곡선에서 정부지출(G), 조세(T) 등 재정정책 수단은 총수요에 전혀 영향을 미치지 못한다. 그 이유는 구축효과가 크기 때문이다.

2. 케인즈학파의 총수요곡선

(1) 총수요곡선(AD)의 유도 ★33회 기출★

① 케인즈학파는 물가수준(P)이 변화할 때 IS-LM모형의 균형점의 변화를 추적하여 AD곡선을 도출한다.

② 즉 물가수준(P)이 상승하면 명목화폐수요가 증가하여 LM곡선이 왼쪽으로 이동하고, 이에 따라 이자율은 상승하고 국민소득은 감소한다. 이 경우 물가(P)와 국민소득(Y)이 역관계에 있게 되므로 우하향하는 AD곡선이 유도된다.

▶ 총수요곡선(AD)의 도출

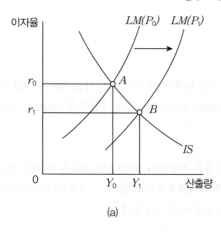 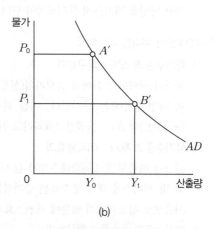

(a)   (b)

③ 〈그림〉 (a)에서 A는 물가가 P_0일 때의 균형점이다. 즉 물가가 P_0일 때의 LM곡선은 $LM(P_0)$이므로 이 경우의 균형국민소득은 Y_0이다. 이 관계를 물가, 국민소득 공간에 표시하면 A′이 된다.

④ 물가가 P_1으로 하락하면 LM곡선은 오른쪽으로 이동하여 $LM(P_1)$이 되고 균형점 B에서 국민소득은 Y_1이 되는데 마찬가지 방법으로 이 균형점을 물가, 국민소득 공간에 표시하면 B′이 된다. 여기서 A′과 B′을 연결한 선이 우하향하는 AD곡선이다.

(2) 총수요곡선(AD)의 이동 ★29, 34회 기출★

① 케인즈학파의 AD곡선은 IS곡선이나 LM곡선을 이동시키는 요인이 작용하면 이동한다.

② 즉 정부지출(G), 투자(I), 소비(C), 통화량(M)이 증가하거나 조세(T), 저축(S)이 감소하면 AD곡선은 오른쪽으로 이동한다.

③ 결국 케인즈학파의 경우 총수요가 총공급을 창출하게 된다.

(3) 특이한 형태의 AD곡선

① 극단적인 경우에는 수직형태의 AD곡선이 유도되기도 한다. 즉 LM곡선이 수평이면 물가의 변화로 LM곡선이 이동해도 국민소득은 불변이므로 수직의 AD곡선이 유도된다.

② 또한 IS곡선이 수직이면 물가의 변화로 LM곡선이 이동해도 국민소득은 불변이므로 수직의 AD곡선이 유도된다.

3. AD곡선이 우하향하는 이유 ★27회 기출★

(1) 총수요의 구성

① 물가와 총수요(또는 국민소득) 사이에 역(−)관계가 존재하는 이유를 설명하기 위해 국민소득(Y)이 소비(C), 투자(I), 정부지출(G), 순수출(NX)의 합이라는 사실을 떠올릴 필요가 있다.

② 여기서 정부지출은 정책변수로서 고정된 것으로 가정하면 나머지 소비, 투자, 순수출은 물가수준의 영향을 받는다.

③ 따라서 AD곡선이 우하향하는 이유를 알기 위해서는 물가수준이 소비, 투자, 순수출을 통해 총수요에 어떤 영향을 미치는지 살펴보아야 한다.

(2) AD곡선이 우하향하는 이유

① 물가수준과 소비 : 피구효과

물가가 하락하면 화폐의 실질가치(실질잔고)가 상승한다. 이에 따라 소비가 증가하여 재화 및 서비스에 대한 총수요는 증가한다. 이를 피구효과(Pigou effect), 또는 자산효과(wealth effect), 부(wealth)의 효과, 실질잔고효과라고 한다.

② 물가수준과 투자 : 이자율효과

물가가 하락하면 명목화폐수요가 감소하여 이자율은 하락한다. 이자율의 하락은 투자를 증가시켜 재화 및 서비스에 대한 총수요는 증가하는데 이를 이자율효과라고 한다. 이자율효과는 케인즈에 의해 처음으로 강조되었기 때문에 케인즈효과(Keynes effect)라고 한다.

③ 물가수준과 순수출 : 환율효과

물가가 하락하면 이자율이 하락하고 실질환율이 상승하여(즉 절하) 수출이 증가하고 수입이 감소한다. 즉 순수출이 증가하여 총수요를 증가시키는데 이를 환율효과라고 한다.

제5절 　총공급곡선

---

1. 총공급곡선의 의의

(1) 총공급곡선의 뜻

① 다른 조건들이 일정할 때, 주어진 물가수준에서 한 경제의 모든 기업들이 생산 · 판매하려는 재화와 서비스의 양을 나타내는 것을 총공급(aggregate supply, AS)곡선이라고 한다.

② 총공급(AS)곡선은 국가경제의 공급측면의 균형을 나타내므로 노동시장의 균형과 총생산함수로부터 도출된다.

(2) 총공급곡선의 형태 ★27, 34회 기출★

① AD곡선이 항상 우하향하는데 반해 AS곡선은 노동시장을 보는 각 학파의 입장에 따라 여러 가지 형태의 AS곡선이 유도된다.

② 즉 물가와 임금의 완전신축성을 가정하는 고전학파의 경우에는 수직의 AS곡선, 케인즈학파의 경우 고정물가에서는 수평의 AS곡선과 변동물가에서는 우상향하는 AS곡선이 유도된다.

③ 새고전학파의 경우에는 루카스(R. Lucas) 공급곡선에 기초하여 우상향하는 AS곡선이 유도된다.

④ 그러나 근래에는 이러한 다양한 주장들이 장기 AS곡선과 단기 AS곡선으로 설명되고 있다.

2. 고전학파의 AS곡선 : 장기 AS곡선

(1) 장기 총공급의 결정 ★32회 기출★

① 장기적으로 한 경제의 재화와 서비스의 공급량(즉 실질국민소득)은 그 경제가 지니고 있는 노동과 자본의 양, 그리고 생산기술에 의해 좌우된다.

② 따라서 물가수준은 장기 총공급에 영향을 주지 않으므로 장기 AS곡선은 〈그림〉에서 보는 것처럼 완전고용 국민소득(또는 자연산출량[10]) 수준에서 수직이다.

③ 수직인 장기 AS곡선은 고전학파의 이분성과 화폐의 중립성, 물가와 임금의 완전신축성이라는 고전학파 경제학의 기본명제가 그대로 AS곡선에 적용된 것이다.[11]

④ 즉 장기 AS곡선이 수직이면 산출량이라는 실질변수가 물가수준이라는 명목변수에 의해 영향을 받지 않는다는 고전학파의 이분성에 부합된다.

▶ 고전학파의 총공급(AS)곡선

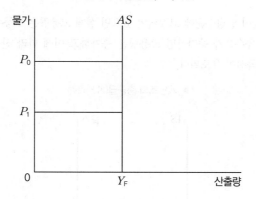

(2) 장기 AS곡선의 이동

① 장기 AS곡선은 자연산출량 수준에 위치하므로 어떤 요인에 의해 자연산출량이 변화하면 장기 AS곡선이 이동한다.

② 고전학파의 모형에서는 산출량이 노동, 자본, 자연자원, 생산기술과 지식 등에 의해 결정되기 때문에 이들 요인이 변화하면 장기 AS곡선이 이동한다.

---

10) 장기 AS곡선의 위치는 완전고용 국민소득 또는 잠재산출량(potential output)이라고 불린다. 그러나 단기적으로 실제산출량이 잠재산출량 수준보다 높을 수도 있고 낮을 수도 있기 때문에 이 산출량 수준을 자연산출량(natural rate of output)이라고 부른다. 자연산출량은 실업률이 자연실업률이나 정상실업률 수준에 있을 때의 산출량을 나타내기 때문이다. 자연실업률은 한 나라 경제의 산출량이 장기적으로 수렴하는 수준을 말한다.

11) 고전학파는 노동에 대한 수요와 노동공급이 모두 실질임금의 함수라고 보고, 노동시장의 균형상태에서는 완전고용이 이루어진다고 본다. 그리고 물가와 임금의 완전신축성 가정에 기초하여 노동시장에 불균형이 발생하면 명목임금이 신속히 변화하여 다시 균형으로 회복되고 완전고용이 이루어진다고 본다. 따라서 물가수준이 얼마이건 항상 완전고용국민소득(또는 자연산출량) 수준에 있게 되므로 수직의 AS곡선이 유도된다.

3. 단기 AS곡선

(1) 케인즈학파의 AS곡선

① 케인즈의 노동시장에 대한 가정

ⓐ 케인즈는 일반이론에서 명목임금의 하방경직성과 고정물가를 가정하기도 하고, 명목임금의 하방경직성(wage rigidity)과 변동물가를 가정하기도 한다.

ⓑ 케인즈는 노동수요는 실질임금의 함수이나, 노동공급은 노동자들이 화폐환상(money illusion)[12]을 가지고 있으므로 명목임금의 함수라고 본다.

ⓒ 또한 불균형이 발생했을 때 가격조정은 신속하지 않으며, 세이(J.B. Say)의 법칙은 성립하지 않는다고 본다.

② 고정물가 - 명목임금의 하방경직성 하의 AS곡선

경제에 광범위한 실업이 존재하고, 실업이 있으면 물가상승 없이도 AS의 증가가 가능하다. 즉 P_0의 물가수준에서 실업이 있는 한 AS의 증가가 가능하기 때문에 AS곡선은 수평이라는 것이다.

③ 변동물가 - 명목임금의 하방경직성 하의 AS곡선

ⓐ 케인즈는 명목임금의 상승은 가능하지만, 하락은 어렵다고 생각하였는데 이를 명목임금의 하방경직성이라고 한다.

ⓑ 따라서 명목임금이 일정수준에 고정되어 있으면 실제 고용량은 노동수요에 의해 결정되므로 물가가 상승하여 노동수요가 증가하면 고용량은 증가하고 이에 따라 산출량도 증가한다고 생각하여 우상향하는 AS곡선이 유도된다.[13]

▶ 케인즈의 총공급(AS)곡선

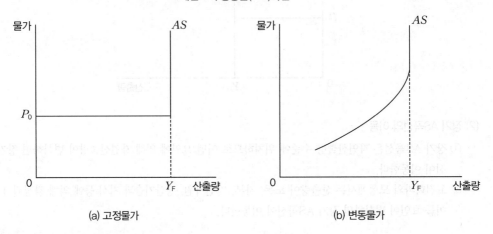

(a) 고정물가　　　　　　　　　　(b) 변동물가

(2) 단기 AS곡선이 우상향하는 이유 ★28회 기출★

① 착각이론

물가수준의 하락을 상대가격의 하락으로 잘못 인식하여 공급자들이 재화와 서비스의 공급량을 줄이게 되기 때문에 물가가 하락하면 공급량이 감소하는 것이다.

---

12) 노동자들은 물가에 대한 정보가 불완전하기 때문에 화폐임금(즉 명목임금)의 변화에 반응한다는 것을 화폐환상(money illusion)이라고 한다. 즉 화폐임금이 상승하면, 물가가 더 많이 상승하여 실질임금이 하락함에도 불구하고 노동공급량을 증가시킨다는 것이다. 고전학파는 완전한 정보를 전제로 하기 때문에 화폐환상을 인정하지 않는다.

13) 노동수요는 노동의 한계생산가치(VMPL=P·MPL)에 의해서 결정되므로 물가가 상승하면 노동수요는 증가하고 고용량이 증가한다.

② 임금경직성 이론

    ⊙ 단기에는 명목임금이 경직적(sticky)이고 자유롭게 변동하지 않기 때문에 AS곡선이 우상향한다.

    ⓒ 즉 물가가 변동할 때 임금은 즉각적으로 변동하지 않기 때문에, 물가수준이 낮아지면 고용과 생산의 수익성이 하락하여 기업들이 재화와 서비스의 생산을 줄인다는 것이다.

③ 가격경직성 이론

    물가수준이 예상보다 낮으면 일부 기업의 가격이 바람직한 수준보다 높아 판매가 감소하고 이에 따라 생산을 줄인다.

④ 루카스 공급함수

    ⊙ 세 가지 이론에 대해서는 학자들 간에 논란이 있지만 공통점이 있다. 즉 실제물가가 사람들이 예상한 수준과 다르면 산출량이 자연산출량과 달라진다는 사실이다.

    ⓒ 이는 다음과 같은 루카스(R. Lucas) 공급함수로 표시할 수 있다. 여기서 Y_N은 자연산출량, P^e는 예상 물가수준을 나타낸다. 그리고 α는 산출량이 예상하지 못한 물가수준 변동에 얼마나 민감하게 반응하는 지를 나타낸다.

$$Y = Y_N + \alpha(P - P^e)$$

    ⓒ 즉 물가가 예상한 수준보다 높으면 산출량이 자연산출량을 초과하고, 물가가 예상한 수준보다 낮으면 산출량이 자연산출량에 미달한다는 것이다.

(3) 단기 AS곡선의 이동요인

    ① 단기 AS곡선이 이동하는 요인은 장기 AS곡선이 이동하는 요인에 더하여 착각, 경직적 임금, 경직적 가격에 영향을 미치는 예상물가수준이라는 변수를 고려해야 한다.

    ② 따라서 단기 AS곡선은 노동, 자본, 자연자원, 기술지식의 변동에 더하여 예상 물가수준이 변화하면 이동한다.

제6절   AD-AS에 의한 국민경제의 균형

1. 국민경제의 일반균형

(1) 일반균형의 의의

    한 경제를 구성하는 모든 시장이 동시에 균형을 이룰 때 이를 일반균형이라고 한다. 즉 생산물 시장과 화폐시장, 노동시장, 증권시장이 동시에 균형을 이루는 경우 이를 국민경제의 일반균형이라고 한다.

(2) AD-AS의 균형 ★32, 33, 34회 기출★

    ① 이미 본 바와 같이 AD곡선은 생산물시장과 화폐시장, 즉 수요측면의 균형을 나타내고, AS곡선은 공급측면의 균형을 나타낸다.

② 따라서 AS곡선과 AD곡선이 교차하는 곳에서 한 경제의 균형 물가수준(P)과 균형 실질국민소득 수준(Y)이 결정된다.

▶ 총수요-총공급의 균형

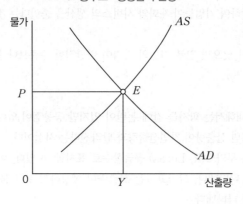

2. 각 학파의 견해

(1) 고전학파

AS곡선이 수직이므로 산출량(실질국민소득)은 AD곡선에 관계없이 AS곡선에 의해 결정되고, AD곡선은 AS와 결합하여 물가수준 만을 결정한다.

(2) 케인즈의 고정물가 모형

아주 낮은 물가수준에서 AS곡선이 수평이므로, 따라서 국민소득은 AD곡선의 변동에 의해 결정된다. 즉 총수요가 증가하여 AD곡선이 오른쪽으로 이동하면 물가상승 없이 산출량의 증가가 이루어진다.

(3) 케인즈의 변동물가 모형

변동물가 모형에서는 AS곡선이 우상향하므로 물가수준과 국민소득은 AS곡선과 AD곡선의 교차점에서 결정된다.

(4) 종합적 이해

AS곡선이 수평인 부분을 케인즈 영역, 우상향하는 부분을 중간영역, 수직인 부분을 고전학파 영역이라고 한다.

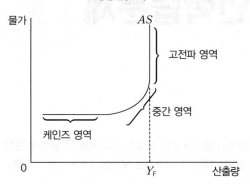

▶ 총공급(AS)곡선

① 케인즈 영역

   ㉠ 극심한 불황에는 AS곡선이 주어지면 물가상승 없이 국민소득 증가가 가능하므로 설득력이 있다. 이 경우 총수요(AD)가 증가 하면 물가상승 없이도 국민소득 증가가 이루어진다.

   ㉡ 따라서 정부지출이나 순수출이 증가하거나, 조세가 감소하면 총수요(AD)가 증가하여 물가상승 없이 국민소득이 증가한다.

② 중간 영역

   중간영역에서는 총수요(AD)가 증가하면 물가상승과 동시에 국민소득이 증가한다.

③ 고전파 영역

   완전고용국민소득 수준에 이르면 총수요(AD)가 증가해도 물가만 상승하고 국민소득의 증가는 이루어지지 않는다.

제6장 │ 확인학습문제

01 폐쇄경제의 IS-LM 모형에서 물가수준이 하락할 경우 새로운 균형에 관한 설명으로 옳은 것을 모두 고른 것은?(단, 초기 경제는 균형상태이며, IS곡선은 우하향, LM곡선은 우상향) ★31회 기출★

☑확인
Check!
○
△
×

> ㄱ. 명목 이자율이 하락한다.
> ㄴ. 투자가 감소한다.
> ㄷ. 명목 통화량이 증가한다.

① ㄱ   ② ㄴ

③ ㄱ, ㄷ   ④ ㄴ, ㄷ

⑤ ㄱ, ㄴ, ㄷ

해설

난도 ★

폐쇄경제의 IS-LM 모형에서 물가수준의 하락은 LM곡선을 우측으로 이동시킨다. LM곡선이 우측으로 이동하면 명목 이자율은 하락하고 국민소득은 증가한다.

답 ①

02 총수요-총공급 모형의 단기 균형 분석에 관한 설명으로 옳은 것은?(단, 총수요곡선은 우하향하고, 총공급곡선은 우상향한다) ★28회 기출★

★28회 기출★

① 물가수준이 하락하면 총수요곡선이 오른쪽으로 이동하여 총생산은 증가된다.

② 단기적인 경기변동이 총수요충격으로 발생되면 물가수준은 경기역행적(countercyclical)으로 변동한다.

③ 정부지출이 증가하면 총공급곡선이 오른쪽으로 이동하여 총생산은 증가한다.

④ 에너지 가격의 상승과 같은 음(-)의 공급충격은 총공급곡선을 오른쪽으로 이동시켜 총생산은 감소된다.

⑤ 중앙은행이 민간 보유 국채를 대량 매입하면 총수요곡선이 오른쪽으로 이동하여 총생산은 증가한다.

해설
난도 ★★

⑤ 중앙은행이 민간 보유 국채를 대량 매입하면 통화량이 증가하므로 총수요곡선이 오른쪽으로 이동하여 총생산은 증가한다.

① 물가수준은 내생변수이므로 물가수준이 하락하면 총수요곡선상의 한 점에서 아래쪽의 한 점으로 이동한다.

② 단기적인 경기변동이 총수요충격으로 발생되면 물가수준은 경기순응적(procyclical)으로 변동한다. 실질 GDP의 변동과 양(+)의 상관관계를 가지면 경기순응적이다.

③ 정부지출이 증가하면 총수요곡선이 오른쪽으로 이동하여 총생산은 증가한다.

④ 에너지 가격의 상승과 같은 음(-)의 공급충격은 총공급곡선을 왼쪽으로 이동시켜 총생산은 감소한다.

답 ⑤

---

03 다음의 경제모형에서 균형 국민소득과 균형 이자율은 각각 얼마인가?(단, Y는 국민소득, C는 소비, I는 투자, G는 정부지출, L은 화폐수요, M은 화폐공급, r은 이자율이다)

$Y = C + I + G$ (생산물시장의 균형식)

$L = M$ (화폐시장의 균형식)

$C = 100 + 0.8Y$

$I = 50 - 2r$

$G = 150$

$L = 0.2Y - 2r$

$M = 100$

	균형 국민소득	균형 이자율
①	600	10
②	700	20
③	800	30
④	900	40
⑤	1,000	50

난도 ★★★

IS−LM의 균형점을 계산하는 문제이다. 먼저 생산물 시장의 균형을 나타내는 IS곡선은 $Y=C+I+G$이므로 $Y=100+0.8Y$ $+50-2r+150$이고 $0.2Y+2r=300$이다. LM곡선은 $L=M$이므로 $0.2Y-2r=100$이다.

두 식을 연립하여 풀면 $4r=200$이므로 균형 이자율 $r^*=50$, 균형 국민소득 $Y^*=1,000$이다.

답 ⑤

04 다음의 폐쇄경제 모형에서 생산물시장과 화폐시장을 동시에 균형시키는 물가수준은?(단, Y는 국민소득, C는 소비, I는 투자, G는 정부지출, r은 이자율, M^d는 명목화폐수요, M^s는 명목화폐공급, P는 물가수준이다)

> $Y=C+I+G$ (생산물시장의 균형)
> $Y=100$
> $C=20+0.5Y$
> $I=30-50r$
> $G=10$
> $M^s=M^d$ (화폐시장의 균형)
> $\dfrac{M^d}{P}=0.01Y-r$
> $M^s=20$

① 15 　　　　　　　　　　　　　② 25
③ 50 　　　　　　　　　　　　　④ 75
⑤ 100

난도 ★★★

IS곡선은 $Y=C+I+G=20+0.5Y+30-50r+10$에서 $0.5Y+50r=60$이므로 IS곡선 식은 $Y=120-100r$이다. $Y=100$을 대입하면 $r=0.2$이다.

LM곡선은 $\dfrac{M^s}{P}=\dfrac{M^d}{P}$에서 $0.01Y-r=\dfrac{20}{P}$이다. 여기에 $Y=100$, $r=0.2$를 대입하면 $P=25$이다.

답 ②

05 단기 총공급곡선에 관한 설명으로 옳은 것은?

★28회 기출★

① 케인즈(J.M. Keynes)에 따르면 명목임금이 고정되어 있는 단기에서 물가가 상승하면 고용량이 증가하여 생산량이 증가한다.

② 가격경직성 모형(sticky-price model)에서 물가수준이 기대 물가수준보다 낮다면 생산량은 자연산출량 수준보다 높다.

③ 가격경직성 모형은 기업들이 가격수용자라고 전제한다.

④ 불완전정보 모형(imperfect information model)은 가격에 대한 불완전한 정보로 인하여 시장은 불균형을 이룬다고 가정한다.

⑤ 불완전정보 모형에서 기대 물가수준이 상승하면 단기 총공급곡선은 오른쪽으로 이동된다.

해설

난도 ★★

① 케인즈(J. M. Keynes)에 따르면 명목임금이 고정(임금 경직성)되어 있는 단기에서 물가가 상승하면 재화·서비스의 가격이 생산요소의 가격(예컨대 임금)보다 더 빨리 오르기 때문에 기업의 이윤이 증가하므로 생산량이 증가한다.

② 새케인스학파의 AS곡선 또는 가격경직성 모형과 유사한 의미를 지니는 루카스(Lucas) 공급함수 $Y = Y_N + \alpha(P - P^e)$에서 물가수준($P$)이 기대물가수준($P^e$)보다 낮으면 $Y < Y_N$이 된다.

③ 가격경직성 모형에서 기업들은 가격설정자라고 전제한다.

④ 새고전학파의 불완전정보 모형(imperfect information model)은 재화가격이 신축적이므로 시장은 균형상태에 있는 것으로 가정한다.

⑤ 불완전정보 모형에서 기대 물가수준이 상승하면 루카스 공급함수에서 보는 것처럼 단기 총공급곡선은 왼쪽으로 이동한다.

답 ①

---

06 아래의 폐쇄경제 IS-LM 모형에서 도출된 총수요곡선으로 옳은 것은?(단, r은 이자율, Y는 국민소득, M^d는 명목화폐수요량, P는 물가수준, M^s는 명목화폐공급량이고, Y > 20이다)

★33회 기출★

- IS곡선 : $r = 10 - 0.4Y$

- 실질화폐수요함수 : $\dfrac{M^d}{P} = 0.1Y - r$

- 명목화폐공급함수 : $M^s = 4$

① $P = \dfrac{1}{2(Y-20)}$

② $P = \dfrac{1}{(Y-20)}$

③ $P = \dfrac{2}{(Y-20)}$

④ $P = \dfrac{4}{(Y-20)}$

⑤ $P = \dfrac{8}{(Y-20)}$

난도 ★★

주어진 조건을 이용하여 먼저 LM곡선을 구하고 IS-LM 균형점에서 AD곡선을 구한다. $M^l = P(0.1Y - r)$이므로 $P(0.1Y - r)$ = 4에서 LM곡선은 $r = 0.1Y - \dfrac{4}{P}$이다. IS곡선 식과 연립하여 P를 구한다. 즉 $0.1Y - \dfrac{4}{P} = 10 - 0.4Y$에서 P를 구하면 총수요곡선은 $P = \dfrac{8}{(Y - 20)}$이다.

정답 ⑤

---

07 폭설로 도로가 막혀 교통이 두절되고 농촌 비닐하우스가 무너져 농작물 피해가 발생하였다. 우하향하는 총수요곡선과 우상향하는 총공급곡선을 이용하여 이러한 자연재해가 단기적으로 경제에 미치는 영향은?

① 물가수준은 상승하고 실질 GDP는 감소한다.
② 물가수준은 하락하고 실질 GDP는 감소한다.
③ 물가수준은 상승하고 실질 GDP는 증가한다.
④ 물가수준은 상승하고 실질 GDP는 불변이다.
⑤ 물가수준은 하락하고 실질 GDP는 증가한다.

난도 ★

자연재해로 농작물 피해가 발생한 것은 부(-)의 공급충격으로 총공급곡선이 왼쪽으로 이동한다. 그 결과 실질 GDP는 감소하고 물가는 상승한다.

정답 ①

08 물가수준이 하락할 때 총수요가 증가하는 이유를 모두 고른 것은?

☑확인
Check!
○
△
×

> ㄱ. 실질 화폐공급이 증가하여 실질이자율이 하락하고 투자가 증가
> ㄴ. 수입가격에 비해 수출가격이 상대적으로 하락하여 순수출이 증가
> ㄷ. 가계의 실질자산가치가 하락하여 소비가 증가

① ㄱ
② ㄴ
③ ㄱ, ㄴ
④ ㄴ, ㄷ
⑤ ㄱ, ㄴ, ㄷ

해설
난도 ★★

물가수준이 하락할 때 총수요가 증가하는 이유는 총수요(AD)곡선이 우하향하는 이유이다. 그 이유로 피구효과(자산효과), 이자율 효과(케인즈 효과) 및 환율효과(무역수지 효과)를 들 수 있다.

ㄱ. 이자율 효과

ㄴ. 환율효과이다.

ㄷ. 물가수준이 하락하면 가계의 실질자산가치가 상승하므로 소비가 증가한다. 이를 피구효과(Pigou effect) 또는 자산효과 (wealth effect)라고 한다.

目 ③

09 총수요−총공급 모형에서 총수요곡선을 이동시키는 요인으로 옳지 <u>않은</u> 것은?

☑확인
Check!
○
△
×

① 원유 등 주요 원자재 가격의 하락
② 가계의 신용카드 사용액에 대한 소득공제 축소
③ 신용카드 사기의 증가로 현금사용 증가
④ 가계의 미래소득에 대한 낙관적인 전망
⑤ 유럽의 재정위기로 인한 유로지역 수출 감소

해설
난도 ★

총수요곡선의 이동요인은 C, I, G, T, NX, M 등에 영향을 미치는 요인들이다.

① 원유 등 주요 원자재 가격의 하락은 생산비에 영향을 미치는 정(+)의 공급충격이므로 총공급곡선을 오른쪽으로 이동시킨다.

目 ①

10 甲国의 국민소득(Y)은 소비(C), 민간투자(I), 정부지출(G), 순수출(NX)의 합과 같다. 2016년과 같이 2017년에도 조세(T)와 정부지출의 차이($T-G$)는 음($-$)이었고 절대크기는 감소하였으며, 순수출은 양($+$)이었지만 절대크기는 감소하였다. 이로부터 유추할 수 있는 2017년의 상황으로 옳은 것을 모두 고른 것은?

★29회 기출★

> ㄱ. 국가채무는 2016년 말에 비해 감소하였다.
> ㄴ. 순대외채권은 2016년 말에 비해 감소하였다.
> ㄷ. 민간저축은 민간투자보다 더 많았다.
> ㄹ. 민간저축과 민간투자의 차이는 2016년보다 그 절대크기가 감소하였다.

① ㄱ, ㄴ ② ㄱ, ㄷ
③ ㄴ, ㄷ ④ ㄴ, ㄹ
⑤ ㄷ, ㄹ

해설

난도 ★★

GDP 항등식 $Y=C+I+G+NX$을 저축과 투자의 관계로 나타내면 $NX=(S_P-I)+(T-G)$가 된다.

ㄷ. ㄹ. 2017년에 $(T-G)$는 음($-$)이며 절대크기가 감소하고, NX가 양($+$)이며 절대크기는 감소하면 (S_P-I)는 양이며 절대크기가 감소한다. 따라서 2017년에는 민간저축은 민간투자보다 더 많고, 그 차이는 2016년보다 그 절대크기가 감소한다.

ㄱ. 2017년에 $(T-G)$는 음($-$)이면 국채가 발행되었고 국가채무는 2016년 말에 비해 증가한다.

ㄴ. 2017년의 순수출 NX가 양($+$)이면 순대외채권은 2016년 말에 비해 증가한다.

답 ⑤

---

11 총수요곡선이 오른쪽으로 이동하는 이유로 옳은 것을 모두 고른 것은?

★29회 기출★

> ㄱ. 자율주행 자동차 개발지원 정책으로 투자지출이 증가한다.
> ㄴ. 환율이 하락하여 국내 제품의 순수출이 감소한다.
> ㄷ. 주식가격이 상승하여 실질자산가치와 소비지출이 증가한다.
> ㄹ. 물가가 하락하여 실질통화량이 늘어나 투자지출이 증가한다.

① ㄱ, ㄴ ② ㄱ, ㄷ
③ ㄴ, ㄷ ④ ㄴ, ㄹ
⑤ ㄷ, ㄹ

해설

난도 ★

$Y=C+I+G+NX$에서 C, I, G, NX 등이 증가하거나 통화량(M) 증가, 통화수요(M^D)가 감소하는 경우 총수요곡선은 우측으로 이동한다. 물가(P)가 하락하는 경우에는 총수요곡선 상에서의 이동으로 나타난다.

답 ②

12 총수요-총공급 모형에서 일시적인 음(−)의 총공급 충격이 발생한 경우를 분석한 설명으로 옳지 <u>않은</u> 것은? ★29회 기출★
(단, 총수요곡선은 우하향, 총공급곡선은 우상향한다)

☑확인
Check!
○
△
×

① 확장적 통화정책은 국민소득을 감소시킨다.
② 스태그플레이션을 발생시킨다.
③ 단기 총공급곡선을 왼쪽으로 이동시킨다.
④ 통화정책으로 물가 하락과 국민소득 증가를 동시에 달성할 수 없다.
⑤ 재정정책으로 물가 하락과 국민소득 증가를 동시에 달성할 수 없다.

해설
난도 ★★
과거의 석유파동(oil shock)처럼 총수요-총공급 모형에서 일시적인 음(−)의 총공급 충격이 있게 되면 단기 총공급(AS)곡선
이 왼쪽으로 이동하여 물가(P) 상승과 국민소득(Y) 감소, 즉 스태그플레이션(stagflation) 현상이 나타난다. 이 경우 총수요에
영향을 주는 통화정책이나 재정정책으로 물가 하락과 국민소득 증가를 동시에 달성할 수는 없다
① 스태그플레이션이 발생한 경우 확장적 통화정책을 사용하면 국민소득은 증가하지만 물가는 더 크게 상승한다.

답 ①

---

13 총수요 증가 요인으로 옳은 것을 모두 고른 것은? ★30회 기출★

☑확인
Check!
○
△
×

| ㄱ. 정부지출 감소 | ㄴ. 국내 이자율 하락 |
| ㄷ. 무역 상대국의 소득 증가 | ㄹ. 국내 소득세 인상 |

① ㄱ, ㄴ
② ㄱ, ㄷ
③ ㄴ, ㄷ
④ ㄴ, ㄹ
⑤ ㄷ, ㄹ

해설
난도 ★
총수요는 소비, 투자, 정부지출 및 순수출을 합한 것이다. 국내 이자율이 하락하면 투자가 증가하여 총수요를 증가시킨다. 무역
상대국의 소득이 증가하면 국내 수출이 증가하여 총수요를 증가시킨다.

답 ③

14 어떤 경제의 총수요곡선과 총공급곡선이 각각 $P=-Y^D+2$, $P=P^e+(Y^S-1)$이다. P^e가 1.5일 때, 다음 설명 중 옳은 것을 모두 고른 것은?(단, P는 물가수준, Y^D는 총수요, Y^S는 총공급, P^e는 기대물가수준이다)

> ㄱ. 이 경제의 균형은 $P=1.25$, $Y=0.750$이다.
> ㄴ. 이 경제는 장기균형 상태이다.
> ㄷ. 합리적 기대가설 하에서는 기대물가수준 P^e는 1.25이다.

① ㄱ
② ㄴ
③ ㄱ, ㄷ
④ ㄴ, ㄷ
⑤ ㄱ, ㄴ, ㄷ

해설

난도 ★★

총공급곡선 $P=P^e+(Y^S-1)$에 $P^e=1.5$를 대입한 후 총수요곡선과 연립하여 계산하면 $-Y+2=1.5+Y-1$이므로 $2Y=1.5$이고 균형국민소득 $Y=0.750$이다. 이를 총수요곡선이나 총공급곡선 식에 대입하면 균형물가수준 $P=1.250$이다.

ㄴ. 장기에는 물가예상이 정확해지므로 $P=P^e=1.250$이다. 이를 총공급곡선에 대입하면 잠재 GDP $Y=1$이다. 현재 균형국민소득이 0.750이므로 장기균형은 아니다.

ㄷ. 기대물가 P^e가 1.5인데 실제 물가는 1.250이다. 이런 상황에서 기대물가수준 P^e를 1.25로 한다면 이는 적응적(adaptive) 기대가설이 반영된 것이다.

답 ①

15 총수요곡선 및 총공급곡선에 관한 설명으로 옳지 <u>않은</u> 것을 모두 고른 것은?

★34회 기출★

> ㄱ. 총수요곡선은 물가수준과 재화 및 용역의 수요량간의 관계를 보여준다.
> ㄴ. 통화수요 또는 투자가 이자율에 영향을 받지 않을 경우 총수요곡선은 수평이 된다.
> ㄷ. 단기적으로 가격이 고정되어 있을 경우 총공급곡선은 수평이 된다.
> ㄹ. 정부지출의 변화는 총수요곡선 상에서의 변화를 가져온다.

① ㄱ, ㄴ
② ㄱ, ㄷ
③ ㄴ, ㄷ
④ ㄴ, ㄹ
⑤ ㄷ, ㄹ

해설

난도 ★★

ㄱ. 총수요곡선이란 각각의 물가수준에서 대응되는 총수요를 연결한 그래프로서 생산물시장과 화폐시장의 균형을 동시에 달성시키는 국민소득(총수요)과 물가의 조합을 표시한 것이다.

ㄴ. 투자가 이자율에 영향을 받지 않을 경우 IS곡선은 수직이 되므로, 수직의 AD곡선이 유도된다.

ㄹ. 정부지출의 변화는 총수요곡선상에서의 변화가 아닌, 총수요곡선 자체를 이동시킨다.

답 ④

16 IS-LM곡선에 관한 설명으로 옳은 것을 모두 고른 것은?(단, 폐쇄경제를 가정한다)

ㄱ. 투자가 이자율에 영향을 받지 않는다면 LM곡선은 수직선이 된다.

ㄴ. 투자가 이자율에 영향을 받지 않는 다면 IS곡선은 수직선이 된다.

ㄷ. 통화수요가 이자율에 영향을 받지 않는다면 LM곡선은 수직선이 된다.

ㄹ. 통화수요가 소득에 영향을 받는다면 LM곡선은 수직선이 된다.

① ㄱ, ㄴ ② ㄱ, ㄷ

③ ㄴ, ㄷ ④ ㄴ, ㄹ

⑤ ㄷ, ㄹ

해설

난도 ★★★

ㄱ. 투자의 이자율탄력성은 LM곡선의 기울기와는 관계가 없다.

ㄴ. IS곡선의 기울기는 $-\dfrac{1-c(1-t)+m}{b}$이므로 b값인 투자의 이자율탄력성이 0이라면 IS곡선은 수직선이 된다.

ㄷ. LM곡선의 기울기는 $\dfrac{k}{h}$이므로 h값인 통화수요의 이자율탄력성이 0이라면 LM곡선은 수직선이 된다.

답 ③

17 IS-LM 모형에 관한 설명으로 옳은 것을 모두 고른 것은?

ㄱ. IS곡선이 우하향할 때, 확장적 재정정책은 IS곡선을 왼쪽으로 이동시킨다.

ㄴ. LM곡선이 우상향할 때, 중앙은행의 공개시장을 통한 채권 매입은 LM곡선을 오른쪽으로 이동시킨다.

ㄷ. 투자가 이자율의 영향을 받지 않는다면 IS곡선은 수직선이다.

① ㄱ ② ㄴ

③ ㄱ, ㄷ ④ ㄴ, ㄷ

⑤ ㄱ, ㄴ, ㄷ

해설

난도 ★

ㄱ. 정부지출을 증가시키거나 조세를 감면하는 확장적 재정정책을 실시하면 IS곡선은 오른쪽으로 이동한다.

답 ④

18 폐쇄경제의 IS—LM모형에서 화폐시장 균형조건이 $\dfrac{M}{P} = L(r, Y - T)$일 때, 조세삭감이 미치는 효과로 옳은

확인
Check!
○
△
×

것을 모두 고른 것은?(단, 초기는 균형상태, IS곡선은 우하향, LM곡선은 우상향하며, M은 통화량, P는 물가, r은 이자율, Y는 국민소득, T는 조세이다) ★34회 기출★

ㄱ. IS곡선 우측이동	ㄴ. LM곡선 우측이동
ㄷ. 통화수요 감소	ㄹ. 이자율 상승

① ㄱ, ㄴ ② ㄱ, ㄷ

③ ㄱ, ㄹ ④ ㄴ, ㄷ

⑤ ㄴ, ㄹ

해설
난도 ★★

ㄱ. 조세삭감은 국민의 가처분소득과 소비를 늘리므로 IS곡선을 오른쪽으로 이동시킨다.

ㄴ. ㄷ. IS곡선의 오른쪽 이동으로 국민소득이 증가하면 가처분소득이 증가, 그에 따라 화폐수요가 증가하게 되고, 화폐수요가 증가하므로 LM곡선은 좌측으로 이동한다.

ㄹ. IS 곡선이 우측, LM곡선이 좌측으로 이동하므로 이자율은 상승한다.

탑 ③

19 다음 ( )안의 내용을 옳게 연결한 것은?

확인
Check!
○
△
×

소비함수에 자산효과가 도입되면 물가수준의 하락에 따라 실질자산이 (ㄱ)하고, 이는 소비의 (ㄴ)를 통해 (ㄷ)곡선을 (ㄹ)으로 이동시켜 국민소득 증가를 가져와 유동성함정 문제를 해결할 수 있다. 이것을 (ㅁ)효과라고 한다.

	ㄱ	ㄴ	ㄷ	ㄹ	ㅁ
①	증가	증가	IS	우측	케인즈
②	증가	증가	IS	우측	피구
③	감소	감소	IS	좌측	마샬
④	증가	감소	LM	좌측	피구
⑤	감소	증가	LM	우측	마샬

해설
난도 ★★

피구효과(Pigou effect) 또는 자산효과(실질잔고효과)는 물가↓ → 실질자산↑ → 소비↑ → IS곡선 우측 이동 → 국민소득↑ → 유동성 함정 문제 해결의 과정이다.

유동성 함정에서 통화정책은 효과가 없으므로 적극적인 재정정책을 통해 경기를 회복시켜야 한다는 케인즈의 주장에 대해, 피구는 자산효과로 인해 경기가 회복되므로 정부가 개입할 필요가 없다는 주장을 내세운다.

탑 ②

20 다음의 IS-LM 모형에 관한 설명으로 옳지 <u>않은</u> 것은?

☑확인
Check!
| ○ |
| △ |
| × |

> $Y=C+I+G$ (생산물시장의 균형식)
> $L=M$ (화폐시장의 균형식)
> $C=a_1+a_2Y$ $(0<a_2<1)$
> $I=b_1+b_2r$ $(b_2<0)$
> $L=d_1+d_2Y+d_3r$ $(d_2>0, d_3<0)$
> G와 M은 정책변수
> $a_1, a_2, b_1, b_2, d_1, d_2, d_3$은 모두 상수

① a_2의 절댓값이 증가하면 정부지출이 국민소득에 미치는 영향이 커진다.
② b_2의 절댓값이 증가하면 정부지출이 국민소득에 미치는 영향이 작아진다.
③ d_2의 절댓값이 증가하면 정부지출이 국민소득에 미치는 영향이 작아진다.
④ d_3의 절댓값이 증가하면 정부지출이 국민소득에 미치는 영향이 작아진다.
⑤ d_3의 절댓값이 증가하면 정부지출이 이자율에 미치는 영향이 작아진다.

해설

난도 ★★★

④ d_3는 화폐수요의 이자율탄력성이다. d_3의 절댓값이 증가하면 LM곡선이 완만하게 되어 구축효과가 작아지므로 정부지출이 국민소득에 미치는 영향이 커진다(케인즈학파의 주장).

① a_2는 한계소비성향(MPC)이다. 한계소비성향이 증가하면 승수효과는 커지고 정부지출이 국민소득에 미치는 영향은 커진다.

② b_2는 투자의 이자율탄력성이다. b_2의 절댓값이 증가하면 구축효과가 커지므로 정부지출이 국민소득에 미치는 영향이 작아진다.

③ d_2는 화폐수요의 소득탄력성으로 d_2의 절댓값이 증가하면 LM곡선의 기울기가 가파르게 되고, 정부지출이 국민소득에 미치는 영향이 작아진다.

달 ④

21 IS곡선에 관련된 설명으로 옳지 않은 것은?(단, IS곡선은 우하향)

① IS곡선은 생산물시장의 균형을 이루는 이자율과 국민소득의 조합을 나타낸다.
② 현재의 이자율과 국민소득의 조합점이 IS곡선보다 위쪽에 있다면, 생산물시장에서 수요가 공급을 초과하고 있음을 의미한다.
③ 조세부담이 증가하면 IS곡선은 좌측으로 이동한다.
④ 정부의 재정지출이 증가하면 IS곡선은 우측으로 이동한다.
⑤ 한계소비성향이 높아질수록 IS곡선은 더 완만해진다.

해설
난도 ★★
② 현재의 이자율과 국민소득의 조합점이 IS곡선보다 위쪽에 있다면 생산물시장이 초과공급 상태에 있다는 것을 의미한다. 또한 현재의 이자율과 국민소득의 조합점이 LM곡선보다 위쪽에 있다면 화폐시장이 초과공급 상태에 있다는 것을 의미한다.

답 ②

---

22 폐쇄경제 IS-LM 모형과 관련된 설명으로 옳은 것은?(단, IS 곡선은 우하향, LM 곡선은 우상향한다)

① IS곡선과 LM곡선에서 총공급곡선이 도출된다.
② 정부지출의 구축효과는 발생하지 않는다.
③ 현재 경제상태가 IS곡선의 왼쪽, LM곡선의 오른쪽에 있다면 상품시장은 초과공급, 화폐시장은 초과수요 상태이다.
④ 피구효과(Pigou effect)에 의하면 물가수준이 하락할 때 IS 곡선이 우측으로 이동하여 국민소득이 증가한다.
⑤ IS-LM 모형에서 물가수준은 내생변수이다.

해설
난도 ★★
① IS곡선과 LM곡선에서 도출되는 것은 총수요곡선이다.
② IS곡선은 우하향, LM곡선은 우상향하면 정부지출의 구축효과가 발생한다. 유동성함정이 존재하여 LM곡선이 수평이라면 구축효과는 발생하지 않는다.
③ 현재 경제상태가 IS곡선의 왼쪽(IS곡선의 아랫부분), LM곡선의 오른쪽(LM곡선의 아랫부분)에 있다면 상품시장과 화폐시장 모두 초과수요 상태이다.
⑤ IS-LM 모형에서는 이자율(r)만 내생변수이다. 물가수준(P)은 외생변수로 물가수준이 변화하면 LM곡선이 이동한다.

답 ④

23 폐쇄경제의 IS-LM 모형에서 정부는 지출을 증가시키고, 중앙은행은 통화량을 증가시켰다. 이 경우 나타나는 효과로 옳은 것은?(단, IS곡선은 우하향, LM곡선은 우상향한다)

① 국민소득은 증가하고, 이자율은 하락한다.

② 국민소득은 증가하고, 이자율은 상승한다.

③ 국민소득은 증가하고, 이자율의 변화 방향은 알 수 없다.

④ 국민소득은 감소하고, 이자율은 상승한다.

⑤ 국민소득은 감소하고, 이자율의 변화 방향은 알 수 없다.

해설

난도 ★★

IS-LM 모형에서 정부지출이 증가시키고, 통화량이 증가하면 IS곡선과 LM곡선 모두 오른쪽으로 이동한다. 따라서 국민소득은 증가하지만 물가수준은 불확실하다. 물가수준은 IS곡선과 LM곡선의 이동 크기에 따라 달라진다.

달 ③

---

24 다음은 개방경제의 균형에 대해 설명한 것이다. 바르지 <u>못한</u> 것은?

① 국가 간에 불완전한 자본이동이 이루어지는 경우 BP곡선은 우상향의 기울기를 보인다.

② 변동환율제도에서의 LM곡선의 기울기는 폐쇄경제에 비해 더 완만하다.

③ 변동환율제도에서 국제수지의 흑자가 발생하면 LM곡선은 우측으로 이동한다.

④ 폐쇄경제에 비해 IS곡선의 기울기는 더 가파르다.

⑤ 환율의 상승은 IS곡선을 우측으로 이동시킨다.

해설

난도 ★★

② 변동환율제도에서의 환율변동에 따른 영향으로 LM곡선의 기울기는 폐쇄경제에 비해 더 가파르다.

달 ②

25 거시경제의 총공급(AS)과 총수요(AD)에 대한 다음의 내용 중 바르지 <u>못한</u> 것은?

① 단기 경기변동에서 소비와 투자는 모두 경기순응적이며, 소비의 변동성은 투자의 변동성보다 작다.

② 케인즈의 유동성 선호이론에 의하면 경제가 유동성 함정에 있는 경우 추가적인 화폐공급은 모두 투자적 화폐수요로 흡수된다.

③ 공급측 경제학에 의하면 근로소득세율의 인하는 단기 총공급곡선의 오른쪽 이동을 가져온다.

④ 변동환율제도에서 확장적 재정정책의 구축효과는 폐쇄경제에서 동일한 정책의 구축효과보다 더 크게 나타날 수 있다.

⑤ 명목임금의 경직성 하에서 물가수준이 하락하면 기업의 이윤이 감소하여 생산이 감소하므로 단기 총공급곡선은 왼쪽으로 이동한다.

해설
난도 ★★
⑤ 총수요곡선과 총공급곡선에서 물가(P)는 내생변수이다. 내생변수가 변화하면 곡선상에서의 이동이 나타난다. 외생변수가 변화하면 곡선 자체가 이동한다.

답 ⑤

26 피구효과(Pigou effect)에 대한 다음의 설명 중 바르지 <u>못한</u> 것은?

① 소비가 가처분소득뿐만 아니라 가계가 보유하고 있는 금융자산의 실질가치에 의해서도 영향을 받는다는 것을 전제로 한 것이다.

② 경기침체시 재량적이고 적극적인 재정정책만이 효과가 있다는 케인즈의 주장에 대한 반론으로 제시된 것이다.

③ 경제가 유동성 함정에 빠져 있는 경우 물가 하락이 LM곡선뿐만 아니라 IS곡선도 오른쪽으로 이동시킨다는 것이다.

④ 물가가 하락하면 이자율이 상승하여 투자가 감소하므로 총수요가 감소한다는 것이다.

⑤ 유동성 함정과 같은 상황에서 정부의 개입 없이도 경기가 회복될 수 있다는 것이고 통화정책이 유효하다는 의미를 갖고 있기도 하다.

해설
난도 ★★
④는 총수요곡선이 우하향하는 이유를 설명하는 케인즈 효과(이자율 효과)이다.

답 ④

27 단기 총공급 곡선은 우상향하는데 그 이유로 볼 수 <u>없는</u> 것을 고르면?

① 단기에는 명목임금이 하방경직적이고 자유롭게 변동하지 않기 때문이다.
② 물가수준이 예상보다 낮으면 일부 공급자들이 자신의 상대가격이 하락했다고 생각하여 생산을 줄이기 때문이다.
③ 물가수준이 하락하면 이자율이 하락하고 이에 따라 투자가 증가하기 때문이다.
④ 물가수준이 예상보다 낮으면 일부 기업의 가격이 바람직한 수준보다 높아 판매가 감소하고 이에 따라 생산을 줄이기 때문이다.
⑤ 독점적 경쟁기업의 최적화 행위의 결과로 나타나는 가격경직성 때문이다.

해설
난도 ★★
③은 총수요 곡선이 우하향하는 이유의 하나로 이자율 효과에 대한 설명이다. 단기 AS곡선이 우상향하는 이유를 설명하는 이론에는 착각이론, 임금경직성 이론, 가격경직성 이론 등이 있다.

답 ③

28 다음은 IS곡선에 대해 설명한 것이다. 바르지 <u>못한</u> 것은?

① 케인즈는 기업가의 투자는 주로 야성적 충동(animal spirit)에 의존하기 때문에 IS곡선의 기울기는 완만한 형태를 보인다고 주장한다.
② IS곡선 상에서 생산물시장은 균형을 이루기 때문에 저축과 투자는 항상 일치한다.
③ IS곡선의 오른쪽 영역은 생산물시장의 초과공급, 왼쪽 영역은 초과수요를 보인다.
④ 고전학파는 이자율의 함수인 저축과 투자에 의해 이자율이 결정되므로 투자의 이자율탄력성이 매우 크다고 주장한다.
⑤ IS곡선은 생산물 시장의 균형을 보장하는 이자율과 국민소득의 배합점을 연결한 선을 의미한다.

해설
난도 ★★
케인즈는 기업가의 투자는 주로 야성적 충동(animal spirit)에 의존하기 때문에 투자의 이자율 탄력성은 작고 따라서 IS곡선의 기울기는 매우 가파르다고 주장한다.

답 ①

29 화폐시장을 설명하는 다음의 내용 중 올바르지 <u>못한</u> 것은?

① LM곡선은 유동성 선호와 화폐공급이 일치한다는 것을 나타낸다.

② 화폐수요는 명목소득과는 양(+)의 관계를 갖고, 이자율과는 음(−)의 관계를 갖는다.

③ 중앙은행에 의해 화폐공급이 증가하면 이자율은 하락한다.

④ 이자율이 높아지면 채권수익률이 높아지므로 채권가격은 상승한다.

⑤ 일반적으로 중앙은행은 목표 이자율을 선택하고, 이를 달성하기 위해 화폐공급을 변경시킨다.

해설

난도 ★★

채권가격은 채권에서 나오는 이자의 현재가치의 합계이다. 따라서 이자율이 높아지면 채권가격은 하락한다.

답 ④

30 IS−LM 모형에서 거시경제정책이 국민소득에 미치는 영향에 대한 다음 설명 중 가장 옳지 <u>않은</u> 것은?(단, IS곡선은 우하향하고 LM곡선은 우상향한다)

① 투자가 이자율에 민감하게 반응할수록 확장적 통화정책은 국민소득을 크게 증가시킨다.

② 한계소비성향이 클수록 긴축적 통화정책은 국민소득을 크게 감소시킨다.

③ 화폐수요가 소득에 민감하게 반응할수록 확장적 재정정책은 국민소득을 크게 증가시킨다.

④ 화폐수요가 이자율에 민감하게 반응할수록 긴축적 재정정책은 국민소득을 크게 감소시킨다.

⑤ 소득세율이 낮을수록 확장적 통화정택은 국민소득을 크게 증가시킨다.

해설

난도 ★★

화폐수요가 소득에 민감하게 반응할수록 LM곡선은 가파르게 우상향한다. 이 경우 확장적 재정정책을 실시하면 구축효과의 부작용이 커서 국민소득은 별로 증가하지 않는다.

답 ③

31 장기총공급곡선에 관한 설명으로 옳지 <u>않은</u> 것은?

① 장기적으로 한 나라 경제의 재화와 서비스 공급량은 그 경제가 가지고 있는 노동과 자본 그리고 생산 기술에 의해 좌우된다.

② 장기총공급곡선은 고전학파의 이분성을 뒷받침 해준다.

③ 확장적 통화정책으로 통화량이 증가하더라도 장기총공급곡선은 이동하지 않는다.

④ 장기총공급량은 명목임금이 경직적이고 자유롭게 변동하지 않기 때문에 물가수준이 얼마가 되든 변하지 않는다.

⑤ 장기총공급곡선은 수직이다.

해설

난도 ★★

장기총공급량은 변하지 않는 이유는 명목임금이 경직적이기 때문이 아니라 장기적으로는 경제활동수준이 자연산출량 수준에서 이루어지기 때문이다.

답 ④

32 총공급곡선이 우상향하는 이유가 될 수 <u>없는</u> 것은?

① 물가의 변화에 따라 명목임금이 신축적으로 변동하고 이에 따라 생산도 변한다.

② 불완전정보로 인하여 전반적인 물가수준의 변화와 상대가격의 변화를 혼동한다.

③ 수요의 변화에 따라 기업들이 가격을 즉각적으로 조정할 수 없다.

④ 노동수요는 실질임금에 의존하지만 노동공급은 기대실질임금의 함수이다.

⑤ 임금이 장기계약에 의해 정해진다.

해설

난도 ★★

① 물가의 변화에 따라 명목임금이 신축적으로 변동하면 실질임금이 변화하지 않으므로 고용수준이 변화하지 않고 따라서 생산량도 변화하지 않는다. 그 결과 총공급곡선은 수직선이 된다.

답 ①

33 총공급곡선(AS)에 대한 학파별 설명 중 틀린 것은?

① 고전학파의 총공급곡선은 화폐환상의 부재로 수직이다.
② 케인즈학파의 총공급곡선은 노동시장에서 결정된 균형노동량을 생산함수에 대입하여 얻는다.
③ 고전학파의 총공급곡선은 물가에 대해 완전비탄력적이다.
④ 수평적인 총공급곡선은 불완전고용을 전제하고 있다.
⑤ 합리적 기대론자의 총공급곡선은 수직이다.

해설
난도 ★
②는 고전학파의 AS모형을 설명하고 있다. 케인즈(학파)의 경우에는 생산물에 대한 총수요(AD)의 크기에 따라 노동수요가 결정되고 그 결과 고용량과 총공급(AS)이 결정된다.

답 ②

34 총수요 충격 및 총공급 충격에 관한 설명으로 옳지 않은 것은?(단, 총수요곡선은 우하향, 총공급곡선은 우상향)

★31회 기출★

① 총수요 충격으로 인한 경기변동에서 물가는 경기순행적이다.
② 총공급 충격으로 인한 경기변동에서 물가는 경기역행적이다.
③ 총공급 충격에 의한 스태그플레이션은 합리적 기대가설이 주장하는 정책무력성의 근거가 될 수 있다.
④ 명목임금이 하방 경직적일 경우 음(−)의 총공급 충격이 발생하면 거시경제의 불균형이 지속될 수 있다.
⑤ 기술진보로 인한 양(+)의 총공급 충격은 자연실업률 수준을 하락시킬 수 있다.

해설
난도 ★★
③ 새고전학파로 분류되는 루카스(R. Lucas)가 주장한 정책무력성의 명제(policy)는 경제주체들이 합리적 기대에 따라 이용 가능한 모든 정보를 활용하여 자신의 효용과 이윤을 극대화하기 때문에 정부의 예견된 정책은 장기는 물론이고 단기에도 아무런 효과를 보지 못한다는 것이다.
정책무력성의 명제의 전제가 되는 것은 합리적 기대와 모든 시장이 항상 청산되는 가정이다. 총공급 충격에 의한 스태그플레이션은 정책무력성의 명제와는 아무런 관련이 없다.

답 ③

제7장 | 실업과 인플레이션

제1절   실업

1. 실업의 의의

(1) 실업의 뜻 ★28회 기출★

① 실업(unemployment)은 일할 능력과 의사가 있음에도 불구하고 취업기회가 주어지지 않는 상태를 말한다.

② 따라서 사회적으로는 유용한 생산자원의 유휴, 낭비를 의미한다. 실업이 있는 경우의 GDP는 잠재 GDP보다 작게 된다.

(2) 실업에 대한 관심

① 고전학파는 임금, 물가의 신축성을 가정하므로 따라서 항상 완전고용이 이루어지고 실업은 있을 수 없다는 입장을 보인다. 즉 현실의 실업은 모두 자발적이라는 곳이다. 노동조합의 압력으로 임금이 경직적이라면 실업이 발생할 수 있다고 보았다.

② 그러나 1930년대 대공황을 계기로 고전학파의 주장은 설득력을 잃었고 케인즈 경제학이 등장하였다.

③ 케인즈 경제학은 대공황으로 인한 대량실업의 해결을 목적으로 등장하였다. 케인즈는 총수요가 부족하여 생산이 완전고용 수준 이하에 머물면 비자발적 실업(unvoluntary unemployment)이 존재할 수 있음을 보였다.

2. 실업의 측정 ★27, 28, 29, 30, 32, 33회 기출★

(1) 경제활동인구

① 총인구에서 15세 미만의 인구(재소자와 군인 포함)를 제외한 것을 생산가능인구(15세 이상 인구)라고 한다.

② 여기서 일할 의사가 없고 따라서 구직활동을 하지 않는 비경제활동인구를 제외하면 경제활동인구가 된다. 비경제활동인구는 학생(통학)이나 전업주부, 노령인구, 자원봉사자, 심신장애인, 구직단념자, 취업준비자 등을 말한다.

③ 경제활동인구는 다시 취업자와 실업자로 분류된다. 따라서 다음의 관계가 성립한다.

> 경제활동인구 = 생산가능인구(15세 이상 인구) − 비경제활동인구 = 취업자수 + 실업자수

(2) 경제활동참가율과 실업률

① 경제활동참가율은 생산가능인구(15세 이상 인구)에 대한 경제활동인구의 비율이다. 일반적으로 경제가 발전할수록 여성의 경제활동 참가가 높아지기 때문에 경제활동참가율은 높아지는 경향이 있다.

② 실업률(unemployment rate)은 경제활동인구에서 차지하는 실업자의 비율이다. 또한 고용률은 생산가능인구에서 차지하는 취업자수의 비율이다.

> ㉠ 경제활동참가율(%) $= \dfrac{경제활동인구}{생산가능인구(15세\ 이상\ 인구)}$
>
> ㉡ 실업율(%) $= \dfrac{실업자수}{경제활동인구}$
>
> ㉢ 고용률(%) $= \dfrac{취업자수}{생산가능인구(15세\ 이상\ 인구)}$

(3) 자연실업률 ★27, 28회 기출★

① 특정한 해의 실업률은 정상적인 실업률을 중심으로 위아래로 변동하는데 이와 같은 정상적인 실업률을 자연실업률(또는 NAIRU)이라고 하고, 자연실업률을 벗어난 실제 실업을 경기적 실업이라고 한다.

② 자연실업률은 마찰적 실업과 구조적 실업 만이 있는 경우의 실업률이다. 완전고용 실업률이라고도 한다.

3. 실업의 형태

(1) 마찰적 실업

① 어떤 노동자가 다른 일자리를 찾기 위해 정보수집활동을 하며 실업을 택하고 있을 때 이를 마찰적 실업(frictional unemployment)이라고 한다. 마찰적 실업은 더 나은 일자리를 탐색한다는 의미에서 탐색적 실업(search unemployment)이라고도 한다.

② 마찰적 실업은 노동시장의 정보부족으로 발생하는 것이므로 고용기회에 관한 정보의 흐름을 원활하게 하면 해결될 수 있다. 마찰적 실업은 자발적이고 불가피한 실업이다.

③ 전통적으로 마찰적 실업만이 있는 상태를 완전고용이라고 하고, 이때의 실업률을 자연실업률(natural rate of unemployment)이라고 한다. 그러나 최근 맨큐(N.G. Mankiw)나 크루그먼(P. Krugman) 등의 교과서에서는 마찰적 실업과 구조적 실업만이 있는 상태를 완전고용으로 파악하기도 한다.

(2) 경기적 실업 ★28회 기출★

경기적 실업(cyclical unemployment)은 불경기에 수반하여 발생하는 실업이다. 따라서 총수요의 부족으로 인해 발생하는 것이므로 장기적인 대량실업으로 나타난다. 케인즈에 의해 그 가능성이 제시되어 케인즈(Keynes)적 실업이라고도 한다.

(3) 구조적 실업 ★28, 29회 기출★

① 구조적 실업(structural unemployment)은 어떤 특수한 종류의 노동에 대한 수요부족으로 발생하는 실업이다. 산업간, 지역 간의 불균등한 발전이나 노동의 이동성 부족(immobility)에서 원인을 찾는다.

② 예컨대 소비유형이 변화하면 소비가 감소한 재화의 생산이 감소하여 이 부문(사양산업)에서 실업이 발생하는데 이런 경우의 실업을 구조적 실업이라고 한다.

③ 최근 맨큐(N.G. Mankiw)나 크루그먼(P. Krugman) 등의 교과서에서는 구조적 실업을 높은 임금으로 인하여 발생하는 실업으로 설명한다. 그 원인으로는 노동조합의 저항, 최저임금제 및 기업주의 효율임금정책을 제시한다.

(4) 기술적 실업

① 기술적 실업(technological unemployment)은 마르크스(K. Marx)가 제시한 것으로 기술진보로 인해 노동대신 기계를 사용하게 됨으로써 발생하는 실업이다.

② 그러나 기술진보는 실업을 창출하기도 하지만 일자리도 함께 창출하므로 그 존재는 미미한 것으로 알려져 있다.

(5) 계절적 실업

계절적 실업(seasonal unemployment)은 계절에 따른 고용기회의 감소로 발생하는 외생적 실업이다. 정부는 공공근로사업 등을 통해 계절적 실업자들의 최저생활을 보장한다.

(6) 위장실업

① 위장실업(disguised unemployment)은 조앤 로빈슨(J. Robinson)이 제시하는 개념으로 외형상으로는 취업상태에 있으나 노동의 한계생산성이 0이거나 0에 가까운 경우를 말한다.

② 루이스(Lewis) 모델과 페이-래니스(Fei-Ranis) 모델은 위장실업을 이용하는 저개발국의 경제발전 모델로 유명하다.

4. 실업대책

완전고용은 마찰적 실업을 제외하고는 실업자가 없는 상태, 즉 경제가 자연실업률에 있는 상태를 의미하므로 정부의 고용정책은 경기적 실업과 구조적 실업을 제거하고자 하는 것으로 볼 수 있다.

(1) 경기적 실업대책 *28회 기출*

경기적 실업은 총수요의 부족으로 발생하므로 조세 감면, 정부지출 증가, 화폐공급 증대 등 확장적 재정정책과 통화정책을 통한 총수요의 증대를 통해 해결할 수 있다. 그러나 이 경우 실업은 해소되지만 인플레이션이 발생할 수 있다.

(2) 구조적 실업대책 *29회 기출*

① 구조적 실업은 인력정책(human power policy), 즉 노동력에 대한 수요변화에 따라 노동력의 공급구조를 변화시키는 정책을 통해서 해결할 수 있다.

② 인력정책

ㄱ 직업 소개 및 보도 등 취업 알선

ㄴ 교육, 훈련 및 재훈련

ㄷ 노동자의 지역적 이동을 촉진하는 방안 등 노동의 이동성(mobility)을 증대시키는 정책 포함

5. 실업의 존재이유

(1) 구조적 실업에 대한 새로운 설명

현실적으로 실업은 임금이 시장의 균형임금보다 높게 유지되는 경우에 발생한다. 임금이 높기 때문에 기업의 노동수요량보다 노동자의 노동공급량이 많고 따라서 노동의 초과공급량, 즉 실업이 발생하는 것이다.

(2) 높은 임금이 나타나는 이유

임금이 시장의 균형임금보다 높게 유지되는 이유로 맨큐(N.G. Mankiw), 크루그먼(P. Krugman) 등은 세 가지를 제시하고 있다.

① 최저임금제

ㄱ 최저임금(minimum wage)은 시장의 균형임금보다 높게 설정되므로 노동의 초과공급량, 즉 실업을 발생시킨다. 최저임금제가 전체 실업의 주된 원인은 아니지만 숙련도와 경험이 부족한 계층의 실업을 설명하는 데는 설득력이 있다.

ㄴ 노동수요의 임금탄력성과 노동공급의 임금탄력성이 비탄력적일수록 최저임금으로 인한 실업은 적게 발생한다.

② 노동조합과 단체교섭

ㄱ 노동조합은 일종의 카르텔(cartel)이다. 노동조합이 임금을 균형임금 수준 이상으로 인상하면 노동의 공급량은 늘고 수요량은 감소하여 실업이 발생한다.

ㄴ 노동조합은 내부자(insiders)와 외부자(outsiders) 사이의 갈등을 야기하고, 노동조합이 결성되어 있지 않은 직종의 임금을 하락시킨다.

③ 효율임금 *28, 31회 기출*

㉠ 효율임금(efficiency wages)은 기업이 균형임금보다 더 높은 임금을 지불하면 효율이 높아지기 때문에, 노동의 초과공급이 있는 경우에도 높은 임금을 유지하는 것이 기업에게 더 이익이라는 것이다.

㉡ 효율성 임금 이론은 균형임금보다 높은 실질임금이 노동자의 생산성 또는 근로의욕(work effort)을 높일 수 있다고 전제한다.

㉢ 그 이유로는 높은 실질임금은 이직률을 낮춘다는 노동이직 모형(labor turnover model), 높은 실질임금은 노동자의 근무태만이나 태업을 방지하여 생산성을 방지하여 생산성을 높일 수 있다는 태업방지 모형(shirking model), 노동의 생산성에 대한 정보가 비대칭적으로 존재할 때 효율성 임금이 노동의 평균적인 질을 향상시킬 수 있다는 역선택 모형(adverse selection model) 등이 제시되고 있다.

제2절 인플레이션

인플레이션(inflation)은 일반물가수준의 지속적인 상승과정, 즉 물가지수의 상승현상을 의미한다.

1. 물가지수의 의의

(1) 가격지수

가격지수(price index)는 개별상품의 가격변화를 측정한다. 가격지수=비교시점의 가격/기준시점의 가격이다.

(2) 물가지수

① 물가지수(prices index)는 여러 상품의 가격변화를 종합한 것으로, 어떤 기준연도의 재화 및 서비스의 가격을 100으로 놓고 비교연도의 이들 가격을 평균하여 지수로 나타낸 것이다. 물가지수는 측정방법에 따라 단순물가지수와 가중물가지수로 구분한다.

② 가중물가지수는 대상상품의 경제적 중요성, 거래량 등을 고려하여 각 상품마다 서로 다른 가중치(weight)를 부여하여 가중평균하여 산출한 물가지수이다. 현실적인 물가지수는 전부 가중 물가지수이다.

(3) 물가지수의 측정방법

가중물가지수는 가중치를 어떻게 구하는가(또는 가중치로 무엇을 이용하는가)에 따라 세 가지 방식이 이용된다.

① 라스파이레스(Laspeyres) 방식

기준시 가중 산술평균법이라고 하는데 기준시점의 상품거래량을 가중치로 이용한다. 우리나라에서는 이 방식의 수정방식을 이용하여 소비자 물가지수(CPI)와 생산자 물가지수(PPI)를 계산한다.

② 파셰(Paasche) 방식

비교시 가중 산술평균법이라고 하는데, 비교시점의 상품거래량을 가중치로 이용한다. GDP 디플레이터(deflator)는 그 해에 생산된 최종생산물을 추계하는데 관련되어 있으므로 파셰 방식과 관련이 있다.

③ 피셔(Fisher) 방식

피셔 방식은 라스파이레스 방식과 파셰 방식의 기하평균치이다. 즉 기준연도에는 기준연도의 상품 거래량을, 비교연도에는 비교연도의 상품 거래량을 가중치로 이용한다. 수출입 물가지수의 작성에 이용된다.

2. 물가지수의 종류

현재 우리나라에서 흔히 쓰이는 일반적인 물가지수로는 소비자 물가지수, 생산자 물가지수, GDP 디플레이터 등이 있다. 소비자 물가지수는 통계청이, 생산자 물가지수는 한국은행이 작성하는데 기준연도는 5년마다 개편된다.

(1) 소비자 물가지수 ★28, 32, 33회 기출★

① 소비자 물가지수(consumer price index, CPI)는 가계의 소비생활에 필요한 재화 및 서비스의 가격변동을 측정하기 위해 작성되는 물가지수로, 최종적으로 소비자에게 판매되는 소비재와 서비스의 소비자 가격을 기준으로 작성된다.

② 도시근로자의 생계비와 밀접한 관련이 있기 때문에 생계비지수라고도 한다. 현재는 전국 38개 도시 지역에서 거래되는 460개 품목의 가격변화를 조사하여 통계청이 작성하고 있다.

(2) 생산자 물가지수 ★33회 기출★

생산자 물가지수(producer price index, PPI)는 기업 상호간에 거래되는 재화와 서비스 가격의 기준을 작성한다. 870개 재화와 서비스 품목을 대상으로 한국은행이 작성하고 있다.

(3) GDP 디플레이터 ★27, 33, 34회 기출★

① GDP 디플레이터(deflator)는 경상가격 GDP를 불변가격 GDP로 환산하기 위한 일종의 물가지수이다. GDP 디플레이터＝(명목 GDP/실질 GDP)×100이다.

② GDP추계시에는 생산자물가지수(PPI)나 소비자물가지수(CPI)뿐만 아니라 수출입물가지수, 임금, 환율 등 각종 가격지수가 종합적으로 이용되고 있기 때문에 GDP 디플레이터는 국민소득에 영향을 주는 모든 물가요인을 포괄하는 종합적인 물가지수로서 GDP라는 상품의 가격수준을 나타낸다고 할 수 있다.

(4) 차이점 *27, 33회 기출*

앞의 세 가지 물가지수에 의한 물가변동은 대체로 같은 방향으로 움직이지만 똑같은 크기로 나타나지는 않는다. 대상품목과 가중치, 포착하는 거래단계가 다르기 때문이다.

① CPI에는 소비재와 서비스의 가격이 반영되지만 PPI에 포함되는 원재료와 중간재, 그리고 최종재 중 자본재의 가격은 포함되지 않는다. 석유파동 등 해외부문의 충격은 PPI에는 직접적인 영향을 주지만 CPI에는 간접적으로만 영향을 미친다. GDP 디플레이터에는 최종생산물이 모두 포함되기 때문에 가장 광범위한 물가지수이다.

② 수입품의 가격은 CPI에만 반영된다.

③ 주택이나 토지 등 부동산의 가격은 CPI와 PPI에 포함되지 않는다. 그러나 신축주택이나 건물 등의 가격은 GDP 디플레이터에는 포함되나, 기존 주택에 대한 투기에 의한 부동산 가격은 포함되지 않는다. 주택임대료가 상승하면 이는 CPI, PPI와 GDP 디플레이터 모두에 포함된다.

3. 인플레이션의 영향

(1) 예상하지 못한 인플레이션

① 예상하지 못한 인플레이션은 채권자와 채무자 사이에 부와 소득을 재분배한다.[14] 또한 일시적으로 생산이 증가하여 고용을 증가시킬 수 있다.

② 그러나 예상하지 못한 인플레이션에 따른 불확실성이 경제의 효율성은 낮추는데 이것이 인플레이션의 경제적 비용이다.

(2) 예상된 인플레이션

① 예상된 인플레이션이 발생하는 경우 채권자로부터 채무자로의 소득의 재분배는 일어나지 않는다.

② 인플레이션이 예상된 경우에는 생산과 고용에 별다른 영향을 미치지 않는다. 이는 루카스 공급함수를 통해 확인할 수 있다.

③ 예상된 인플레이션이 지속되면 국민경제의 효율성이 낮아진다. 인플레이션으로 인한 손해를 줄이기 위해 실물자산에 대한 투기가 증가하여 자원배분을 비효율적으로 만든다.

더 알아보기 | 인플레이션 비용 *34회 기출*

맨큐(N.G. Mankiw)는 인플레이션 비용을 여섯 가지로 요약하고 있다. 구두창 비용(shoeleather costs), 메뉴비용(menu costs), 상대가격 변화에 의한 자원배분의 왜곡, 의도하지 않은 세금 부담, 혼란과 불편, 부(wealth)의 자의적 재분배 등이다.

---

14) 예상하지 못한 인플레이션은 민간으로부터 정부로 부와 소득을 재분배한다. 화폐와 공채는 일종의 정부의 부채이기 때문이다. 따라서 인플레이션은 화폐라는 세원에 대하여 부과하는 조세와 같다는 의미에서 인플레이션을 인플레이션 조세(inflation tax), 강제저축(forced savings)이라고 한다. 또한 인플레이션이 일어날 때 채무자, 기업부문(순적자지출), 정부부문, 실물보유자, 수입업자는 이득을 보고, 채권자, 가계부문(순흑자지출), 민간부문, 화폐보유자, 수출업자는 손해를 본다. 또한 금리생활자, 연금생활자, 봉급생활자 등 정액소득자는 손해를 보게 된다.

1. 수요견인 인플레이션

(1) 의의

① 총수요가 증가하여 총공급을 초과하면 물가상승이 유발되는데 수요견인 인플레이션(demand pull inflation), 또는 초과수요 인플레이션이라고 한다.

② 즉, 과잉투자, 적자재정, 수출 증가, 과소비 등으로 총수요가 증가하면 총수요가 총공급을 초과하여 초과수요가 발생하고, 이로 인해 물가상승이 유발된다. 이 경우 생산과 고용은 증가한다. 가장 전형적인 인플레이션이다.

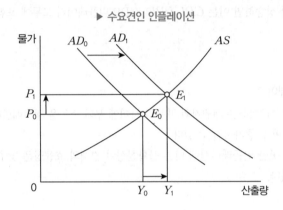

▶ 수요견인 인플레이션

(2) 수요견인설

① 수요견인 인플레이션을 설명하는 이론으로는 고전학파의 화폐수량설이 가장 전형적이고, 통화주의와 케인즈의 이론이 있다.

② 화폐수량설은 통화량의 증가에 비례하여 물가가 상승하므로 인플레이션의 원인은 통화량의 증가가 유일하다고 본다.

③ 통화주의자인 프리드먼(M. Friedman)은 신화폐수량설을 통해 물가가 통화량에 비례한다고는 할 수 없으나 인플레이션은 언제 어디서나 화폐적 현상이라고 주장한다. 이들은 인플레이션의 원인이 된 통화팽창은 정부의 방만한 재정운영(즉 재정적자), 중앙은행의 무책임한 통화신용정책에 기인한다고 본다.

④ 케인즈(J.M. Keynes)는 물가와 통화량 간에 직접적인 관계는 없다고 생각하였다. 즉 통화량의 증가는 투자와 저축을 통해 간접적으로 물가상승을 가져올 뿐 직접적인 관계는 없다고 주장한다.

> **더 알아보기**　케인즈의 인플레이션
>
> 케인즈(J.M. Keynes)는 인플레이션을 두 가지로 설명한다.
> - 총수요가 증가하여 총수요가 완전고용 산출량 수준을 초과할 때, 즉 인플레이션 갭(inflationary gap)이 존재할 때 물가가 상승하는 데 이를 진성 인플레이션(true inflation)이라고 하였다.
> - 총수요가 완전고용 산출량 수준에 접근해감에 따라 수확체감의 법칙이 작용하고, 또 일부 생산요소의 부족현상으로 임금, 원료비 등이 상승하여 물가가 상승하게 되는데 이를 애로 인플레이션(bottle neck inflation)이라고 하였다.

(3) 총수요 억제정책

① 수요견인 인플레이션에 대한 대책으로는 총수요 억제정책(또는 긴축정책)이 있다. 즉 재정정책과 통화정책을 통해 총수요를 억제하면 총수요와 총공급이 균형을 이룸으로써 물가가 안정된다는 것이다.

② 즉 정부지출의 억제와 조세 인상 등의 긴축재정, 통화량을 축소하는 긴축통화정책을 통해 물가안정을 이룰 수 있다.

2. 비용상승 인플레이션

(1) 의의

① 생산비의 상승으로 총공급이 감소하여 물가상승을 유발할 때 이를 비용상승 인플레이션(cost push inflation)이라고 한다. 즉, 인플레이션의 원인을 공급측면에서 찾는 것이다.

② 이 경우에 생산은 감소하고 고용도 감소한다. 즉 경기침체와 함께 발생하는 인플레이션이다.

▶ 비용상승 인플레이션

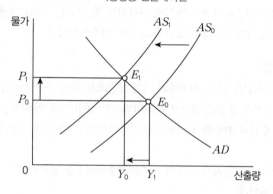

(2) 생산비 상승의 원인

생산비를 상승시키는 주요 원인으로는 노동생산성의 증가율을 초과하는 과도한 임금인상(이 경우에는 임금−물가의 악순환을 초래한다), 기업의 이윤인상, 원자재 가격의 상승, 환율 인상으로 수입원자재의 국내가격 상승, 독점이윤의 인상 등이 있다.

(3) 비용상승설

① 비용상승 인플레이션은 1970년대에 들어와 두 차례의 석유파동을 계기로 가속화된 것이다. 공급측면에서 그 원인을 찾기 때문에 통화론자(monetarists)들은 비용상승 인플레이션의 존재를 인정하지 않는다.

② 그러나 케인즈는 물가는 생산비에 의해 결정되며, 생산비 중에서는 임금이 압도적인 비중을 차지하므로 임금이 상승하면 물가가 상승한다고 본다.

(4) 소득정책

① 비용상승 인플레이션에 대한 대책으로 가장 대표적인 것은 소득정책(income policy)이다.

② 즉 노동생산성을 초과하는 임금인상이 이루어지는 경우 기술개발이나 투자효율의 증대를 통해 생산성을 향상시키는 것도 한 가지 방법이지만 이는 단기적으로는 실현될 수 없기 때문에 소득정책을 실시할 수 있다.

③ 소득정책(income policy)은 정부가 직접 중요한 가격과 임금의 과도한 상승을 억제하는 것이다. 예컨대 임금 가이드 라인(guide line) 정책 같은 것들이다.

3. 스태그플레이션 ★28, 29, 31회 기출★

(1) 스태그플레이션의 의미

① 1970년대 이후 두 차례의 석유파동(oil shock)을 계기로 본격화된 스태그플레이션(stagflation)은 경기침체(stagnation)와 물가상승(inflation)이 동시에 진행되는 현상이다.

② 즉 실업률의 증대와 인플레이션이 동시에 진행되는 현상이다. 제2차 세계대전 이후에도 간헐적으로 발생하였으나, 1970년대 2차례의 오일 쇼크 이후 가속화되었다.

(2) 스태그플레이션의 원인

① 스태그플레이션의 원인은 임금, 원자재의 가격 상승으로 인한 총공급의 감소에 있다.

② 비용상승 인플레이션과 동일한 현상으로 파악되지만 1970년대 이후에는 물가상승률과 실업률 간의 관계가 불안정하게 나타남에 따라 비용상승 인플레이션으로는 스태그플레이션을 만족스럽게 설명하지 못한다.

③ 케인즈학파 이론의 이런 한계를 극복하고 스태그플레이션을 만족스럽게 설명하기 위해 등장한 이론이 자연실업률 이론이다.

④ 스태그플레이션은 단기 필립스 곡선(Phillips curve)의 우상방 이동을 의미한다. 그리고 필립스 곡선의 우상방 이동은 총공급(AS)곡선의 왼쪽 이동을 의미한다.

제4절 자연실업률 이론

---

1. 필립스 곡선 ★27, 28, 29, 32, 33, 34회 기출★

(1) 의미

① 필립스 곡선(Phillips Curve)은 1958년 영국의 경제학자인 필립스(A.W. Phillips)가 1861~1957년간의 영국경제를 대상으로 실증분석을 한 결과, 명목임금상승률과 실업률 간에 매우 안정적인 역(trade-off)관계가 있다는 것을 나타낸 곡선이다.

② 후에 립시(R. Lipsey)는 명목임금상승률과 물가상승률은 비례관계가 있다는데 착안하여 이를 물가상승률(인플레이션율)과 실업률 간의 역(−)관계로 추가하였다.

③ 인플레이션율을 π, 실제실업률을 u, 자연실업률을 u_N이라고 하면 필립스 곡선은 다음과 같다.

$$\pi = -\alpha(u - u_N)$$

▶ 필립스 곡선

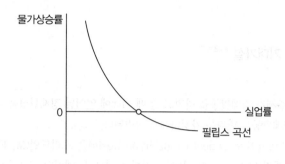

(2) 정책적 함의

① 물가상승률과 실업률 간에 안정적인 역관계가 존재한다는 것은, 정책당국이 실업률을 낮추려면 물가 상승을 감수해야하고, 물가상승률을 억제하려면 어느 정도의 실업을 받아들여야 함을 의미한다.

② 즉 완전고용과 물가안정이라는 두 가지 정책목표 간의 모순을 지적하는 것이다.

(3) 필립스 곡선과 총공급(AS)곡선

① 필립스 곡선의 형태와 총공급(AS)곡선은 매우 밀접한 관계에 있다. 여기서 필립스 곡선과 AS곡선을 연결하는 고리는 오쿤(Okun)의 법칙이다. 정상적인 경우 필립스 곡선이 우하향하는 형태인 경우 AS 곡선은 우상향한다.

② 그러나 장기 필립스 곡선처럼 필립스 곡선이 수직인 경우에는 물가와 실업률, 즉 역으로 하면 산출량 간에 아무런 관계가 없다는 것을 의미하므로 AS곡선도 수직의 형태가 된다.

(4) 오쿤의 법칙

① 오쿤의 법칙의 의의

㉠ 미국의 경제학자인 아서 오쿤(A. Okun)이 미국경제에 대한 실증분석을 통해서 찾아낸 실업률과 GDP 갭 간의 상관관계를 말한다.

㉡ 잠재 GDP와 실제 GDP를 각각 Y_P와 Y, 자연실업률과 실업률을 u_N과 u로 표시하면 오쿤의 법칙을 다음과 같이 나타낼 수 있다.

$$\frac{Y_P - Y}{Y_P} = \alpha(u - u_N)$$

② 오쿤의 법칙의 의미

　　㉠ 오쿤의 법칙은 GDP 갭($Y_P - Y$)과 실업률 간의 정(+)의 상관관계를 나타낸다. 산출량(Y)의 증가
　　는 GDP 갭을 감소시켜 실업률을 하락시킨다.

　　㉡ 이는 산출량과 실업률 간의 음(−)의 관계를 나타내고 AS곡선과 필립스 곡선의 관계를 도출하는
　　데 활용된다.

2. 자연실업률과 적응적 기대가설 ★28회 기출★

(1) 기대가설

① 기대가설은 경제주체가 경제활동을 하려고 할 때 미래에 일어날 경제현상을 미리 예상(expectations)
또는 기대하여 경제활동을 한다는 가정하에서 성립된다.

② 적응적 기대가설(adaptive expectations hypothesis)은 프리드먼(M. Friedman), 펠프스(E.S.
Phelps) 등 통화론자(Monetarists)들이 주장하는 것으로, 예컨대 경제주체는 전기의 물가상승률을
보고 이번기의 물가상승률을 예상하고, 이 예상(기대)물가상승률을 근거로 노동계약을 체결한다는
것이다.

③ 합리적 기대가설(rational expectations hypothesis)은 루카스(R. Lucas), 사전트(T. Sargent)
등 합리적 기대학파, 즉 새고전학파가 주장하는 것으로 이용가능한 모든 정보를 근거로 미래를 예상
하고 이에 따라 경제활동을 한다는 가설이다.

(2) 자연실업률 이론의 의의 ★32, 34회 기출★

① 프리드먼(M. Friedman) 등 통화론자는 적응적 기대가설에 기초하여 단기 필립스 곡선은 우하향하
지만, 장기 필립스 곡선은 자연실업률에서 수직이라고 주장한다.

② 즉 단기적으로는 실업률과 물가상승률 간에 역관계가 존재하지만, 장기적으로는 관계가 없다.[15]

③ 여기서 자연실업률은 장기적으로 평균적인 실업률로 인플레이션과는 관계없이 결정되는 실업률이다.[16]

④ 따라서 자연실업률 이하로 실업률을 줄이려는 재량적 재정정책이나 통화정책은 장기적으로 물가만
상승시키고 실업률은 줄일 수 없다.

⑤ 그러므로 통화공급의 증가율을 k%로 일정하게 유지하는 통화준칙(k% rule)을 도입하는 정책이 필요
하다고 주장한다.

---

15) 자연실업률 이론에 대한 실증분석 결과 이 이론은 1960년대 후반 이후 지금까지 선진국들이 보이고 있는 인플레이션과 실업과의 상호관계를 잘 설명
해주는 모형으로 밝혀졌다. 따라서 자연실업률 이론은 오늘날 대부분의 케인즈학파나 새케인즈학파 경제학자들도 받아들이는 이론이 되었다.

16) 자연실업률(natural unemployment rate)은 정부의 재량적인 안정화정책에 관계없이 생산물시장의 불완전 경쟁의 정도, 구직자와 구인기업의 탐색비용,
노동의 이동가능성, 최저임금제, 노동조합의 역할, 효율성 임금 등 생산물시장과 노동시장의 구조적 특성에 의해 결정된다.

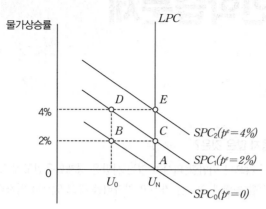

▶ 자연실업률 가설

(3) 자연실업률 이론의 전개

① 자연실업률 이론에서 중요한 것은 예상물가가 상승하면 단기 필립스 곡선은 상방으로 이동한다는 점이다. 〈그림〉에서 최초의 상태는 자연실업률 수준인 A점이다.

② A점에서 정부가 자연실업률 수준 이하로 실업률을 줄이기 위해 확대 재정정책을 실시하면 단기적으로 실업률은 감소하지만 물가는 상승하여 경제는 B점으로 이동한다.

③ 시간이 흐르면서 노동자들은 물가상승을 인식하게 되고 실질임금이 하락한 것을 알게 되므로 명목임금의 인상을 요구한다.

④ 이에 따라 명목임금이 상승하므로 기업은 노동수요를 줄이게 되어 실업률이 상승하여 경제는 C점으로 이동한다. 또한 예상물가가 상승하게 되므로 단기 필립스 곡선은 SPC_0에서 SPC_1으로 이동한다.

⑤ 이러한 상황이 반복되면 장기적으로 경제는 A → C → E로 이동하게 되고 이 수직선이 장기 필립스 곡선이 된다.

더 알아보기 | 재량적 안정화정책의 효과에 대한 견해

• 케인즈학파 : 케인즈학파(Keynesian)는 재량적인 총수요 확대정책의 효과에 대해 단기에 효과가 있으면 그 효과는 장기에도 지속된다고 주장한다.

• 통화주의자 : 통화주의자(monetarists)는 자연실업률 이론에 기초하여 재량적인 총수요 확대정책은 단기에는 실업률을 줄이는 효과가 있지만 장기에는 아무런 효과가 없다고 주장한다.

• 새고전학파 : 새고전학파(new classical)는 경제주체들이 합리적 기대를 갖게 되면 실제물가를 정확하게 예상할 수 있기 때문에 재량적인 안정화정책은 장기는 물론 단기에도 효력이 없다고 주장한다. 이를 정책무력성의 명제(policy ineffectiveness proposition)라고 한다.

제7장 │ 확인학습문제

01 실업에 관한 설명으로 옳지 <u>않은</u> 것은?

★28회 기출★

① 일자리를 가지고 있지 않으나 취업할 의사가 없는 사람은 경제활동인구에 포함되지 않는다.

② 실업이란 사람들이 일할 능력과 의사를 가지고 일자리를 찾고 있으나 일자리를 얻지 못한 상태를 말한다.

③ 자연실업률은 구조적 실업만이 존재하는 실업률이다.

④ 실업자가 구직을 단념하여 비경제활동인구로 전환되면 실업률이 감소한다.

⑤ 경기변동 때문에 발생하는 실업은 경기적(cyclical) 실업이다.

해설

난도 ★

③ 자연실업률은 마찰적 실업과 구조적 실업만이 존재하는 경우의 실업률을 의미한다. 자연실업률은 잠재산출량(자연산출량)에 대응되는 실업률이다. 총수요 변동과 관계없이 구조적·마찰적 요인에 따라 결정되는 실업률 또는 공급측면의 교란 요인이 없을 때 장기적으로 인플레이션 압력을 유발하지 않는 수준의 실업률, 즉 NAIRU(non-accelerating inflation rate of unemployment)를 의미한다. 자연실업률은 노동시장에서 수요와 공급이 균형을 이루어 실제 자발적 실업만 존재하는 경우의 실업률을 의미한다.

④ 실업자가 구직을 단념하여 비경제활동인구로 전환되면(실망노동자, 구직단념자) 경제활동인구와 실업자수가 감소하므로 경제활동참가율과 실업률은 감소한다(실망노동자 효과).

답 ③

02 실업에 관한 설명으로 옳지 <u>않은</u> 것은?

☑확인
Check!
○
△
×

① 균형임금을 초과한 법정 최저임금의 인상은 비자발적 실업을 증가시킨다.
② 실업급여 인상과 기간 연장은 자발적 실업 기간을 증가시킨다.
③ 정부의 확장적 재정정책은 경기적 실업을 감소시킨다.
④ 인공지능 로봇의 도입은 경기적 실업을 증가시킨다.
⑤ 구직자와 구인자의 연결을 촉진하는 정책은 마찰적 실업을 감소시킨다.

해설
난도 ★
④ 인공지능 로봇의 도입은 산업구조의 변화를 가져와 실업을 증가시키므로 구조적 실업을 증가시킨다.

답 ④

03 실업에 관한 설명으로 옳은 것은?

☑확인
Check!
○
△
×

① 만 15세 미만 인구도 실업률 측정 대상에 포함된다.
② 마찰적 실업은 자연실업률 측정에 포함되지 않는다.
③ 더 좋은 직장을 구하기 위해 잠시 직장을 그만둔 경우는 경기적 실업에 해당한다.
④ 경기적 실업은 자연실업률 측정에 포함된다.
⑤ 현재의 실업률에서 실망실업자(discouraged workers)가 많아지면 실업률은 하락한다.

해설
난도 ★★
⑤ 실망실업자(discouraged workers)가 많아지면 실업자가 비경제활동인구로 전환된 것이다. 따라서 실업자 수가 감소하므로 실업률은 하락한다. 이를 실망실업자 효과라고 한다.
① 만 15세 미만 인구는 생산가능인구에 포함시키지 않으므로 실업률 측정 대상에 포함되지 않는다.
② 마찰적 실업은 자발적 실업이므로 불가피하게 존재한다. 따라서 마찰적 실업만 있는(또는 마찰적 실업과 구조적 실업만이 있는) 상태를 자연실업률이라고 한다.
③ 경기적 실업은 총수요의 감소로 경기가 침체하여 발생하는 실업이다.

답 ⑤

04 만 15세 이상 인구(생산가능인구) 1,250만 명, 비경제활동인구 250만 명, 취업자 900만 명인 甲국의 경제활동참가율, 실업률, 고용률은? ★30회 기출★

① 80%, 10%, 72%   ② 80%, 20%, 72%
③ 80%, 30%, 90%   ④ 90%, 20%, 72%
⑤ 90%, 20%, 90%

해설
난도 ★★
경제활동인구=15세 이상 인구−비경제활동인구=1,250만 명−250만 명=1,000만 명이다. 실업자=경제활동인구−취업자 =1,000만 명−900만 명=100만 명이다.
경제활동참가율=경제활동인구/생산가능인구=1,000만 명/1,250만 명=80%이다. 실업률=실업자/경제활동인구=100만 명/1,000만 명=10%이다. 고용률=취업자/생산가능인구=900만 명/1,250만 명=72%이다.

답 ①

05 A국의 생산가능인구는 100만 명, 경제활동인구는 60만 명, 실업자는 6만 명이다. 실망실업자(구직단념 자)에 속했던 10만 명이 구직활동을 재개하여, 그중 9만 명이 일자리를 구했다. 그 결과 실업률과 고용률 은 각각 얼마인가? ★33회 기출★

① 6%, 54%
② 10%, 54%
③ 10%, 63%
④ 10%, 90%
⑤ 15%, 90%

해설
난도 ★
실망실업자(구직단념자)는 비경제활동인구에 포함되므로 그 수가 변화하여도 실업률에는 영향을 미치지 않는다. 실업율(%)=
$\frac{\text{실업자수}}{\text{경제활동인구}} = \frac{6만 명}{60만 명} \times 100(\%) = 10\%$이다. 취업자수는 54만 명에서 9만 명이 증가하였으므로 63만 명이 되었고, 따라서
고용률(%)=$\frac{\text{취업자수}}{\text{생산가능인구}} = \frac{63만 명}{100만 명} \times 100(\%) = 63\%$이다.

답 ③

06 甲國은 경제활동인구가 1,000만 명으로 고정되어 있으며 실업률은 변하지 않는다. 매 기간 동안, 실업자 중 새로운 일자리를 얻는 사람의 수가 47만 명이고, 취업자 중 일자리를 잃는 사람의 비율(실직률)이 5%로 일정하다. 甲國의 실업률은?

★30회 기출★

☑확인
Check!
○
△
✕

① 3% 　　　　　　　　　② 4%

③ 4.7% 　　　　　　　　④ 5%

⑤ 6%

해설
난도 ★★

실업률이 변화하지 않는다는 것은 실업자 중 새로운 일자리를 얻는 사람의 수와 취업자 중 일자리를 잃는 사람의 수가 같다는 것이다. 매 기간 취업자(E) 중 5%가 일자리를 잃는데 그 수가 47만 명이므로 $0.05E = 47$만 명이고, 취업자 수 $= \dfrac{47만 명}{0.05} = 940$만 명이다. 따라서 실업자 수 $= 1,000$만 명 $- 940$만 명 $= 60$만 명이고, 이 나라의 실업률 $= \dfrac{실업자수}{경제활동인구}$ $= \dfrac{60만 명}{1,000만 명} = 6\%$이다.

답 ⑤

07 A국의 단기 필립스곡선은 $\pi = \pi^e - 0.4(y - u_n)$이다. 현재 실제인플레이션율이 기대인플레이션율과 동일하고 기대인플레이션율이 변하지 않을 경우, 실제인플레이션율을 2%p 낮추기 위해 추가로 감수해야 하는 실업률의 크기는?(단, u는 실제실업률, u_n는 자연실업률, π는 실제인플레이션율, π^e는 기대인플레이션율이고, 자연실업률은 6%이다)

★27회 기출★

☑확인
Check!
○
△
✕

① 5.0%p 　　　　　　　② 5.2%p

③ 5.4%p 　　　　　　　④ 5.6%p

⑤ 5.8%p

해설
난도 ★★★

필립스곡선 식에서 실제 실업률이 1%p 상승하면 인플레이션율은 0.4%p 하락한다. 이 경우 실제 인플레이션율을 2%p 낮추려면 $\dfrac{2\%p}{0.4\%p} = 5$이므로 실업률이 5%p 상승해야 한다.

답 ①

08 필립스곡선에 관한 설명으로 옳지 <u>않은</u> 것은?

☑확인
Check!
○
△
×

① 필립스(A. W. Phillips)는 임금상승률과 실업률간 음(−)의 경험적 관계를 발견했다.
② 우상향하는 단기 총공급곡선과 오쿤의 법칙(Okun's Law)을 결합하면 필립스곡선의 이론적 근거를 찾을 수 있다.
③ 적응적 기대를 가정하면 장기에서도 필립스곡선은 우하향한다.
④ 단기 총공급곡선이 가파른 기울기를 가질수록 필립스곡선은 가파른 기울기를 가진다.
⑤ 새고전학파(New Classical)는 합리적 기대를 가정할 경우 국민소득의 감소 없이 인플레이션을 낮출 수 있다고 주장한다.

> 해설

난도 ★
③ 적응적 기대하에서 장기에는 사람들이 인플레이션율을 정확히 예상하므로 인플레이션율 수준에 상관없이 실제실업률이 자연실업률과 일치하게 되고 장기 필립스곡선은 자연실업률 수준에서의 수직선이 된다.
① 필립스곡선은 경제학자 필립스가 영국의 자료를 통해 명목임금상승률과 실업률 간에 역의 상관관계가 있음을 발견함으로써 시작된 것으로 현재는 인플레이션율과 실업률 간의 역의 상관관계를 나타내는 곡선을 말한다.
④ 단기 총공급곡선이 가파른 기울기를 가질 때에는 총수요가 증가하면 물가가 큰 폭으로 상승하는데 비해 국민소득은 별로 증가하지 않으므로 실업률이 별로 낮아지지 않는다. 그러므로 필립스곡선의 기울기도 가파른 모양이 된다.
⑤ 합리적 기대하에서 민간이 정부정책을 신뢰하는 경우, 정부가 인플레이션을 낮추겠다는 정책을 사전에 발표하고 경제주체들이 이를 신뢰한다면 기대인플레이션율이 즉각 조정되고 단기 필립스 곡선이 하방 이동하므로 실업률을 증가시키지 않고도 인플레이션율을 낮출 수 있게 된다.

 답 ③

09 필립스(Phillips)곡선에 관한 설명으로 옳은 것은?

☑확인
Check!
○
△
×

① 필립스(A.W. Phillips)는 적응적 기대 가설을 이용하여 최초로 영국의 실업률과 인플레이션 간의 관계가 수직임을 그래프로 보였다.
② 1970년대 석유파동 때 미국의 단기 필립스곡선은 왼쪽으로 이동되었다.
③ 단기 총공급곡선이 가파를수록 단기 필립스곡선은 가파른 모양을 가진다.
④ 프리드먼(M. Friedman)과 펠프스(E. Phelps)에 따르면 실업률과 인플레이션 간에는 장기 상충(trade−off)관계가 존재한다.
⑤ 자연실업률가설은 장기 필립스곡선이 우상향함을 설명한다.

해설

난도 ★★

① 프리드먼(M. Friedman)과 펠프스(E. Phelps)는 적응적 기대 가설에 기초하여 최초로 실업률과 인플레이션 간의 장기적 관계가 자연실업률 수준에서 수직임을 그래프로 보였다.

② 1970년대 석유파동은 공급충격으로 물가상승과 경기침체가 함께 진행하는 스태그플레이션을 야기하였다. 이는 단기 필립스곡선의 우상방(또는 우측) 이동을 가져온다.

④, ⑤ 프리드먼(M. Friedman)과 펠프스(E. Phelps)의 자연실업률 이론에 따르면 장기에는 실업률과 인플레이션 간에는 아무런 관계가 존재하지 않는다.

답 ③

---

10 사과와 오렌지만 생산하는 A국의 생산량과 가격이 다음과 같을 때 2014년 대비 2015년의 GDP 디플레이터로 계산한 물가상승률은 얼마인가?(단, 2014년을 기준연도로 한다) ★27회 기출★

☑확인
Check!
○
△
×

구분	사과		오렌지	
	수량	가격	수량	가격
2014	5	2	30	1
2015	10	3	20	1

① 20%
② 25%
③ 35%
④ 45%
⑤ 50%

해설

난도 ★★

2015년의 명목GDP $=(3\times10)+(1\times20)=50$이다. 2015년 실질GDP $=(2\times10)+(1\times20)=40$이다. 따라서 2015년의 GDP 디플레이터 $=\dfrac{50}{40}\times100=125$이다. 기준연도인 2014년의 GDP 디플레이터는 100이므로 물가상승률은 25%이다.

답 ②

11 효율성 임금(efficiency wage) 이론에 따르면 기업은 노동자에게 균형임금 보다 높은 수준의 임금을 지급한다. 옳은 것을 모두 고른 것은? ★28회 기출★

☑확인
Check!
○
△
×

> ㄱ. 노동자의 생산성을 높일 수 있다.
> ㄴ. 노동자의 근무태만이 늘어난다.
> ㄷ. 노동자의 이직률을 낮출 수 있다.

① ㄷ   ② ㄱ, ㄴ
③ ㄱ, ㄷ   ④ ㄴ, ㄷ
⑤ ㄱ, ㄴ, ㄷ

해설
난도 ★★
효율성 임금 이론은 균형임금보다 높은 실질임금이 노동자의 생산성 또는 근로의욕(work effort)을 높일 수 있다고 전제한다. 이를 설명할 수 있는 미시적 근거를 3가지 제시할 수 있다.
첫째, 높은 실질임금은 이직률을 낮춘다는 노동이직 모형(labor turnover model)이다.
둘째, 높은 실질임금은 노동자의 근무태만이나 태업을 방지하여 생산성을 방지하여 생산성을 높일 수 있다는 태업방지 모형(shirking model)이다.
셋째, 노동의 생산성에 대한 정보가 비대칭적으로 존재할 때 효율성 임금이 노동의 평균적인 질을 향상시킬 수 있다는 역선택 모형(adverse selection model)이다.

답 ③

12 효율임금이론에 관한 설명으로 옳지 <u>않은</u> 것은? ★31회 기출★

☑확인
Check!
○
△
×

① 높은 임금을 지급할수록 노동자 생산성이 높아진다.
② 높은 임금은 이직률을 낮출 수 있다.
③ 높은 임금은 노동자의 도덕적 해이 가능성을 낮출 수 있다.
④ 효율임금은 시장균형임금보다 높다.
⑤ 기업이 임금을 낮출 경우 생산성이 낮은 노동자보다 높은 노동자가 기업에 남을 확률이 높다.

해설
난도 ★★
⑤ 기업이 효율임금을 도입하면서 임금을 낮출 경우에는 생산성이 높은 노동자보다 낮은 노동자가 기업에 남을 확률이 높다.

답 ⑤

13 인플레이션에 관한 설명으로 옳지 <u>않은</u> 것은? ★28회 기출★

① 프리드만(M. Friedman)에 따르면 인플레이션은 언제나 화폐적 현상이다.

② 정부가 화폐공급을 통해 얻게 되는 추가적인 재정수입이 토빈세(Tobin tax)이다.

③ 비용상승 인플레이션은 총수요관리를 통한 단기 경기안정화정책을 어렵게 만든다.

④ 예상하지 못한 인플레이션은 채권자에서 채무자에게로 소득재분배를 야기한다.

⑤ 인플레이션이 예상되는 경우에도 메뉴비용(menu cost)이 발생할 수 있다.

해설
난도 ★★

② 정부가 화폐공급을 통해 얻게 되는 추가적인 재정수입은 인플레이션 조세(inflation tax)이다. 즉 정부지출을 보전하기 위해 화폐를 발행하여 인플레이션이 발생하면 국민이 보유하고 있는 화폐가치가 하락하는 것을 의미한다.

토빈세(Tobin tax)는 투기를 목적으로 하는 단기적인 외환거래에 부과하는 세금으로 토빈(J. Tobin)에 의해 주장되었다.

답 ②

14 감정평가사 A의 2000년 연봉, 1,000만 원을 2018년 기준으로 환산한 금액은?(단, 2000년 물가지수는 40, 2018년 물가지수는 120이다) ★30회 기출★

① 1,000만 원   ② 2,000만 원

③ 3,000만 원   ④ 4,000만 원

⑤ 5,000만 원

해설
난도 ★★

2000년 물가지수는 40, 2018년 물가지수는 120이므로 2000년을 100으로 하면 2018년의 물가지수 $= \left(\frac{120}{40} \times 100 \right) = 300$이다. 따라서 2000년 연봉 1,000만 원은 2018년에는 3,000만 원이 된다.

답 ③

15 물가지수에 관한 설명으로 옳은 것은? ★29회 기출★

① GDP 디플레이터에는 국내산 최종 소비재만이 포함된다.

② GDP 디플레이터 작성 시 재화와 서비스의 가격에 적용되는 가중치가 매년 달라진다.

③ 소비자물가지수 산정에는 국내에서 생산되는 재화만 포함된다.

④ 소비자물가지수에는 국민이 구매한 모든 재화와 서비스가 포함된다.

⑤ 생산자물가지수에는 기업이 구매하는 품목 중 원자재를 제외한 품목이 포함된다.

16 소비자물가지수를 구성하는 소비지출 구성이 다음과 같다. 전년도에 비해 올해 식료품비가 10%, 교육비가 10%, 주거비가 5% 상승하였고 나머지 품목에는 변화가 없다면 소비자물가지수 상승률은? ★28회 기출★

식료품비 : 40%	교육비 : 20%
교통비 및 통신비 : 10%	주거비 : 20%
기타 : 10%	

① 5%   ② 7%

③ 9%   ④ 10%

⑤ 12.5%

해설

난도 ★★

소비자물가지수 상승률 = (0.1×0.4)+(0.1×0.2)+(0.05×0.2)=0.07이다. 즉 7%가 상승한다.

답 ②

17 인플레이션 조세(inflation tax)에 관한 설명으로 옳은 것은?

① 물가가 상승함에 따라 납세자들이 더 높은 세율등급을 적용받아 납부하는 소득세로 정의된다.

② 물가가 상승함에 따라 경제주체가 보유하고 있는 통화의 실질가치가 상승할 때 발생한다.

③ 세율이 인상됨에 따라 인플레이션율이 상승하는 것을 의미한다.

④ 정부가 정부채권을 시중금융기관으로부터 매입함으로써 발생한 이자율 하락으로 인한 금융자산의 가격하락을 의미한다.

⑤ 정부가 통화량을 증가시켜 재정자금을 조달할 때 발생한다.

해설

난도 ★★

⑤ 정부가 통화량을 증가시켜 재정자금을 조달하면 인플레이션이 나타나 화폐의 구매력이 감소하여 화폐를 보유한 사람의 실질소득이 감소한다. 이는 정부가 세금을 부과한 것과 같은 결과를 가져온다고 해서 인플레이션 조세(inflation tax)라고 한다.

답 ⑤

18 다음 중 옳은 것을 모두 고른 것은?(단, 피셔효과가 성립한다) ★27회 기출★

> ㄱ. 실질이자율은 명목이자율에서 인플레이션율을 뺀 것이다.
> ㄴ. 예상보다 높은 인플레이션율은 채무자에게 유리하고 채권자에게는 불리하다.
> ㄷ. 예상되는 미래인플레이션율의 상승은 예상되는 실질이자율을 상승시킨다.

① ㄱ
② ㄴ
③ ㄱ, ㄴ
④ ㄱ, ㄷ
⑤ ㄴ, ㄷ

해설

난도 ★

ㄱ. 피셔방정식에 의하면 실질이자율은 명목이자율에서 인플레이션율을 뺀 것이다.

ㄴ. 예상보다 높은 인플레이션율은 화폐가치를 하락시키므로 채무자에게 유리하고 채권자에게는 불리하다.

ㄷ. 피셔방정식에 의하면 예상되는 미래인플레이션율의 상승은 예상되는 실질이자율을 하락시킨다.

답 ③

19 오쿤의 법칙(Okun's Law)에 따라 실업률이 1% 포인트 증가하면 실질 GDP는 약 2% 포인트 감소한다고 가정하자. 만약, 중앙은행이 화폐공급 증가율을 낮추어 인플레이션율은 10%에서 8%로 하락하였으나 실업률은 4%에서 8%로 증가하였을 경우 희생비율(sacrifice ratio)은?(단, 희생비율 = 실질GDP 감소율/인플레이션 하락률) ★28회 기출★

① 약 2
② 약 4
③ 약 6
④ 약 8
⑤ 약 10

난도 ★★★

오쿤의 법칙(Okun's Law)에 따라 실업률이 1% 포인트 증가하면 실질 GDP는 약 2% 포인트 감소하므로 긴축적인 통화정책으로 실업률이 4%p 상승하는 경우 실질 GDP는 8%p 감소한다. 인플레이션이 2%p 하락하고 실질 GDP가 8%p 하락하는 경우 희생비율 $= \dfrac{8\%p}{2\%p} = 4$가 된다.

답 ②

20 甲국 통화당국의 손실함수와 필립스곡선이 다음과 같다. 인플레이션율에 대한 민간의 기대가 형성되었다. 이후, 통화당국이 손실을 최소화하기 위한 목표 인플레이션율은?(단, π, π^e, u, u_n은 각각 인플레이션율, 민간의 기대인플레이션율, 실업률, 자연실업률이고, 단위는 %이다)

★29회 기출★

☑확인
Check!
○
△
×

통화당국의 손실함수 : $L(\pi, u) = u + \dfrac{1}{2}\pi^2$

필립스곡선 : $\pi = \pi^e - \dfrac{1}{2}(u - u_n)$

---

① 0%   ② 1%

③ 2%   ④ 3%

⑤ 4%

난도 ★★★

통화당국의 손실함수 $L(\pi, u) = u + \dfrac{1}{2}\pi^2$에 따르면 u와 π가 낮아질수록 통화당국의 손실은 감소하지만 u와 π 간의 역관계로 인해 u와 π를 모두 낮추는 것은 불가능하다. 이 경우 통화당국이 손실을 최소화하기 위한 목표 인플레이션율을 구하려면 필립스 곡선 식을 u에 관해 정리한 후 통화당국의 손실함수에 대입하여 손실함수를 인플레이션의 함수로 나타낸 후, 이 손실함수를 π에 관하여 미분한 값을 0으로 하면 된다.

필립스곡선 $\pi = \pi^e - \dfrac{1}{2}(u - u_n)$를 u에 대해 정리하면 $u = u_n + 2(\pi^e - \pi)$이다. 이를 손실함수에 대입하면 $L(\pi, u) = u_n + 2(\pi^e - \pi) + \dfrac{1}{2}\pi^2$가 된다. 이를 π에 관하여 미분하고 0으로 하면 $\dfrac{dL}{d\pi} = -2 + \pi = 0$이 된다. $\pi = 2$, 즉 통화당국이 손실을 최소화하기 위한 목표 인플레이션율은 2%이다.

답 ③

21 A국의 연간 실질 GDP 변화율과 실업률의 변화가 다음과 같은 관계에 있다. 이에 관한 설명으로 옳은 것은?

> 실질 GDP 변화율(%)=3%−2×실업률(%)의 변화

① 자연실업률은 3%이다.
② 실업률이 5%에서 6%로 상승하면 실질 GDP는 2% 감소한다.
③ 실질 GDP가 1% 하락하면 실업률은 5%에서 5.5%로 상승한다.
④ 물가가 상승하면 단기적으로 실질 GDP가 감소한다.
⑤ 실업률이 변화하지 않을 경우 실질 GDP는 3% 증가한다.

해설
난도 ★★
① 이 식에서 자연산출량의 변화율은 3%이지만 자연실업률은 알 수 없다.
② 실업률이 5%에서 6%로 1%p 상승하면 실질 GDP는 1% 감소한다.
③ 실질 GDP가 1% 하락하면 실업률은 2%p 상승한다. −1=3%−2×실업률(%)의 변화에서 실업률의 변화는 2%p이다.

🅐 ⑤

22 다음 그림은 A국의 인플레이션율과 실업률 사이의 단기적 상충관계를 나타내는 필립스곡선이다. 이 관계에 근거하여 단기적으로 실업률을 낮추기 위한 정부의 정책 방향으로 옳은 것은?(단, 세로축은 인플레이션율, 가로축은 실업률이고, 단위는 %이다)

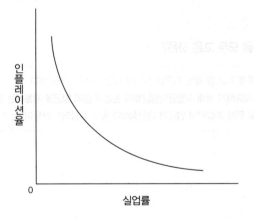

① 정부지출을 감소시킨다.
② 소득세를 인하한다.
③ 통화량을 감소시킨다.
④ 기준금리를 인상한다.
⑤ 법인세를 인상한다.

단기적으로 실업률을 낮추기 위해서는 총수요를 증가시키는 확장 통화정책과 확장 재정정책을 실시해야 한다.

답 ②

23 우리나라에서 산정되는 물가지수에 관한 설명으로 옳은 것은?

① 소비자 물가지수 산정에 포함되는 재화와 서비스는 매년 달라진다.
② GDP 디플레이터 산정에는 파셰 지수(Paasche Index) 산식을 사용한다.
③ 소비자 물가지수 산정에는 국내에서 생산되는 재화와 서비스만 포함된다.
④ 생산자 물가지수 산정에 포함되는 재화와 서비스는 해마다 달라진다.
⑤ GDP 디플레이터 산정에 포함되는 재화와 용역은 5년마다 달라진다.

해설
난도 ★★
①, ④ 소비자 물가지수나 생산자 물가지수 산정에 포함되는 재화와 서비스는 5년마다 가중치를 조정하면서 품목을 조정한다.
③ 소비자 물가지수 산정에는 수입품도 포함된다.
⑤ GDP 디플레이터 산정에 포함되는 재화와 서비스는 매년 달라진다.

답 ②

24 마찰적 실업의 원인을 모두 고른 것은?

ㄱ. 노동자들이 자신에게 가장 잘 맞는 직장을 찾는데 시간이 걸리기 때문이다.
ㄴ. 기업이 생산성을 제고하기 위해 시장균형임금보다 높은 수준의 임금을 지불하는 경향이 있기 때문이다.
ㄷ. 노동조합의 존재로 인해 조합원의 임금이 생산성보다 높게 설정되기 때문이다.

① ㄱ   ② ㄴ
③ ㄷ   ④ ㄱ, ㄴ
⑤ ㄴ, ㄷ

해설
난도 ★
마찰적 실업은 주로 직업 탐색과정에서 정보의 불일치로 시간이 걸리기 때문에 발생한다. 기업이 효율임금정책을 실시하거나 노동조합의 저항으로 임금이 시장임금보다 높아져 발생하는 실업은 구조적 실업이다.

답 ①

25 A국의 단기 필립스 곡선이 아래와 같을 때 이에 관한 설명으로 옳지 <u>않은</u> 것은?(단, π, π^e, u, u_n은 각각 인플레이션율, 기대 인플레이션율, 실업률, 자연 실업률이다)

$$\pi - \pi^e = -0.5(u - u_n)$$

① 총공급곡선이 수직선인 경우에 나타날 수 있는 관계이다.
② 총수요 충격이 발생하는 경우에 나타날 수 있는 관계이다.
③ 인플레이션율과 실업률 사이에 단기적으로 상충관계가 있음을 나타낸다.
④ 고용이 완전고용수준보다 높은 경우에 인플레이션율은 기대 인플레이션율보다 높다.
⑤ 인플레이션율을 1%p 낮추려면 실업률은 2%p 증가되어야 한다.

[해설]
난도 ★★
필립스 곡선이 수직이 되는 경우는 $\pi = \pi^e - \beta(u - u_n)$에서 $\pi = \pi^e$인 경우, 또는 $u = u_n$인 경우이다. 이 경우 총공급 곡선은 수직이 된다.

답 ①

26 필립스곡선에 관한 설명으로 옳은 것만을 모두 고른 것은?

ㄱ. 합리적 기대이론에 따르면 기대 인플레이션율이 0%인 경우에만 단기 필립스곡선은 수직이 된다.
ㄴ. 자연실업률가설에 따르면 통화정책에 의해서 장기적으로 자연실업률을 변화시킬 수 있다.
ㄷ. 적응적 기대가설 하에서 정부의 재량적 안정화정책은 단기적으로 실업률을 낮출 수 있다.
ㄹ. 자연실업률가설에 따르면 장기 필립스곡선은 수직이다.

① ㄱ, ㄴ
② ㄴ, ㄷ
③ ㄴ, ㄹ
④ ㄱ, ㄹ
⑤ ㄷ, ㄹ

[해설]
난도 ★★
ㄷ. ㄹ. 자연실업률가설의 전제가 되는 적응적 기대가설 하에서 정부의 재량적 안정화정책은 단기적으로 실업률을 낮출 수 있다. 그러나 장기에는 다시 실업률이 높아져 장기 필립스곡선은 수직이 된다.
ㄱ. 합리적 기대에 기초하여 물가예상이 완전예견, 즉 $\pi = \pi^e - \beta(u - u_N)$에서 $\pi = \pi^e$라면 필립스곡선은 단기에도 수직선이 된다.
ㄴ. 자연실업률가설에 따르면 통화정책에 의해서는 장기적으로 자연실업률을 변화시킬 수 없다.

답 ⑤

27 자연실업률에 관한 설명으로 옳은 것을 모두 고른 것은?

ㄱ. 자연실업은 구조적 실업과 경기적 실업의 합계를 말한다.
ㄴ. 자연실업률은 실제 실업률이 상승·하락하는 기준이 되는 정상적인 실업률이다.
ㄷ. 마찰적 실업의 증가는 자연실업률을 증가시킨다.

① ㄱ
② ㄴ
③ ㄷ
④ ㄱ, ㄴ
⑤ ㄴ, ㄷ

해설
난도 ★★

ㄱ. 자연실업은 마찰적 실업과 구조적 실업의 합계를 말하는 것으로 자연실업만 존재하는 경우 완전고용으로 판단한다. 자연실업만 존재하는 경우의 산출량은 자연산출량으로 잠재 GDP와 같은 개념이다.

답 ⑤

28 적응적 기대가설에 기초한 필립스곡선에 관한 설명으로 옳지 않은 것은?

① 정부지출이 증가하면 단기적으로 경제의 균형은 필립스곡선을 따라 실업률이 더 낮고 인플레이션율이 더 높은 점으로 옮겨간다.
② 통화량이 증가하면 장기적으로 경제의 균형은 필립스곡선을 따라 실업률은 변하지 않고 인플레이션율만 더 높은 점으로 옮겨간다.
③ 유가상승과 같은 공급충격은 단기적으로 필립스곡선을 왼쪽으로 이동시켜 경제의 균형은 실업률과 인플레이션율이 모두 낮은 점으로 옮겨간다.
④ 예상인플레이션율이 더 높을수록 단기 필립스곡선은 더 높은 곳에 위치한다.
⑤ 프리드만(M. Friedman)에 의하면 장기적으로는 실업률과 인플레이션율 사이에 상충관계가 성립하지 않는다.

해설
난도 ★★

③ 유가상승과 같은 공급충격은 단기적으로 필립스곡선을 오른쪽으로(우상방으로) 이동시켜 경제의 균형은 실업률과 인플레이션율이 모두 높은 점으로 옮겨간다. 이때 나타나는 현상이 스태그플레이션(stagflation)이다.

답 ③

29 인플레이션에 관한 설명으로 옳은 것은?(단, 다른 조건은 일정하다)

① 예상인플레이션율이 증가하면 실질이자율이 상승한다.
② 합리적 기대가설에 의하면 예상인플레이션율이 증가할 경우 인플레이션이 심화된다.
③ 예상치 못한 인플레이션이 발생하면 자연실업률이 하락한다.
④ 인플레이션율이 예상보다 높으면 고정된 연금으로 생활하는 사람들에게 유리해진다.
⑤ 인플레이션을 완전히 예상할 수 있다면 메뉴 비용이 발생하지 않는다.

해설
난도 ★★

② 합리적 기대가설에 의하면 예상인플레이션율이 증가할 경우 노동자들은 더 높은 명목임금을 요구할 것이고, 이는 AS곡선을 왼쪽으로 이동시켜 인플레이션이 심화된다.
① 실질이자율＝명목이자율－예상인플레이션율이므로 예상인플레이션율이 증가하면 실질이자율이 하락한다.
③ 자연실업률은 예상치 못한 인플레이션이 발생하더라도 변화하지 않는다.
④ 인플레이션율이 예상보다 높으면 화폐의 구매력이 하락하여 고정된 연금으로 생활하는 사람들에게 불리해진다.
⑤ 인플레이션이 예상되면 가격을 변화시켜야 하므로 메뉴 비용이 발생한다.

답 ②

---

30 실업과 인플레이션에 대한 다음의 설명 중 바르지 <u>못한</u> 것은?

① 자연실업률은 현재 진행되고 있는 인플레이션을 가속화시키지 않고 달성할 수 있는 실업률이다.
② 미래 인플레이션에 대한 합리적 기대 하에서 예상하지 못한 확장적 재정정책은 단기적으로 실업과 인플레이션 간 상충관계를 가져온다.
③ 인플레이션과 실업률이 동시에 상승하는 현상은 필립스곡선의 우상방 이동으로 설명될 수 있다.
④ 프리드먼-펠프스의 자연실업률 이론에 의하면 자연실업률 아래로 실업을 줄이고자 하는 어떠한 정책도 장기와 단기를 막론하고 효과가 없다.
⑤ 이력현상(hysteresis)이 나타나면 인플레이션과 실업률 간에 음(－)의 상관관계가 명확하게 존재하지 않을 수 있다.

해설
난도 ★★

④ 자연실업률 이론에 따르면 자연실업률 아래로 실업을 줄이고자 하는 정책은 장기에는 효과가 없지만 단기적으로는 효과가 있다.

답 ④

31 필립스곡선(Phillips curve)에 대한 설명으로 가장 옳지 <u>않은</u> 것은?

① 기대가 반영된 필립스곡선은 기대인플레이션과 실업률 및 자연실업률에 의존한다.

② 기대인플레이션이 적응적 기대에 의한다면, 단기 필립스곡선은 인플레이션과 실업률을 모두 낮추려는 정책이 가능함을 나타낸다.

③ 합리적 기대 하에서 예상하지 못한 통화정책은 인플레이션과 실업률의 조합점을 단기 필립스곡선 상에서 이동시킨다.

④ 시간이 지남에 따라 경제주체들이 인플레이션에 대한 기대를 합리적으로 형성한다면 인플레이션과 실업 사이의 상충적 관계는 단기적으로만 유지될 가능성이 크다.

⑤ 단기 필립스곡선에서 합리적 기대와 정부의 정책에 대한 신뢰가 확보된 경우 고통없는 인플레이션 감축이 가능하다.

해설
난도 ★★
② 단기에는 인플레이션과 실업률 간에 상충관계가 존재하기 때문에 두 가지를 동시에 낮추는 것은 불가능하다.

답 ②

32 경제활동인구가 6,000만 명으로 불변인 A국에서 매기 취업자 중 직업을 잃는 비율인 실직률이 0.05이고, 매기 실업자 중 새로이 직업을 얻는 비율인 구직률이 0.2이다. 균제상태(steady-state)에서의 실업자의 수는?

★33회 기출★

① 500만 명

② 800만 명

③ 900만 명

④ 1,000만 명

⑤ 1,200만 명

해설
난도 ★★★
균제상태(steady-state)에서는 자본량과 산출량은 인구증가율(n)로 증가한다. 따라서 실업률은 불변이다.
실업률이 변화하지 않는다는 것은 실업자 중 새로운 일자리를 얻는 사람의 수와 취업자 중 일자리를 잃는 사람의 수가 같다는 것이다. 경제활동인구＝취업자 수＋실업자 수이다.
매 기간 취업자 수를 E라고 하면 매 기간 실업자 수＝(6,000만－E)이다. 따라서 0.05E＝0.2(6,000만－E)이다. 매 기간 취업자 수(E)＝4,800만 명이다.
따라서 실업자 수＝6,000만 명－4,800만 명＝1,200만 명이다.

답 ⑤

제8장 | 경기변동과 안정화정책

제1절 경기변동

1. 경기변동의 의의

(1) 경기변동의 뜻

자본주의 경제의 경제활동은 어느 정도의 규칙성을 띠고 호황과 불황이 반복되는데 이러한 현상을 경기순환(business cycle), 경기변동 또는 경제변동(economic fluctuation)이라고 한다.

(2) 경기변동의 국면

① 경기변동 이론의 대표적인 학자인 미첼(W.C. Mitchell)은 경기변동(business cycle)을 경제활동 변화의 일종으로 보고, 하나의 순환과정은 네 국면을 거친다고 주장하였다.

② 거의 동시에 모든 경제활동이 확대되는 확장국면(expansion), 정점(peak)을 지나 경제활동이 활기를 상실하는 후퇴국면(recession), 경제가 침체상태로 진입하는 수축국면(contraction), 저점(trough)을 지나 경제활동이 활기를 회복하는 회복국면(recovery) 등으로 구분하였다.

(3) 경기변동의 특징

① 경기변동은 불규칙적이고 예측하기가 어렵다.

② 경기변동은 반복적이지만 비주기적이다. 즉 경기변동의 주기와 진폭은 경기변동마다 다르다.

③ 경기변동은 지속적이고 비대칭적이다. 경기가 후퇴하면 상당기간동안 경기는 더 나빠진다. 그리고 확장국면이 수축국면보다 길게 나타난다.

④ 대부분의 거시경제변수들은 함께 움직인다. 많은 거시경제변수들이 경기변동 과정에서 예측가능한 방향으로 같이 움직이는 현상을 공행(comovement)이라고 한다.

(4) 경기변동의 측정지표

어떤 경제가 경기변동의 4국면 중 어디에 위치하는가를 판단하기 위해 경기종합지수(composite indexes of business indicators)를 작성한다. 우리나라의 경기종합지수는 21개 계열의 경기지표를 이용하는데 크게 세 가지가 있다.

① 동행종합지수(coincident composite index)는 경기 전체의 움직임과 시간적으로 함께 움직이는 것으로 공급측면의 광공업생산지수, 도소매업을 제외한 서비스업생산지수, 실질가격 기준 수입액, 비농림어업취업자수 등과 수요측면의 소매판매액지수, 내수출하지수, 건설기성액 등 7개 지표로 구성된다.

② 선행종합지수(leading composite index)는 실제경기의 움직임에 선행하는 것으로 경기예측에 주로 이용한다. 선행종합지수는 제조업 재고순환지표, 기계류내수출하지수, 국제원자재가격지수, 수출입물가비율, 코스피지수, 장단기금리차, 구인구직비율, 건설수주액, 소비자기대지수 등 9개 지표로 구성된다.

③ 후행종합지수(lagging composite index)는 실제경기의 움직임에 뒤이어 따라가는 지수이다. 상용근로자수, 생산자제품재고지수, 도시가계소비지출(실질), 비재수입액(실질), 회사채유통수익률 등 5개 지표로 구성된다.

2. 경기변동의 유형

(1) 단기순환

① 단기순환은 키친순환(Kitchin cycle)이라고도 하고 주기가 가장 짧기 때문에 소순환(minor cycle) 또는 재고순환이라고 한다.

② 단기순환은 기업의 재고투자의 변동, 통화공급이나 이자율의 변동에서 원인을 찾는다. 주기는 30~40개월 정도이다. 재고순환 과정은 가속도원리와 유사하다.

(2) 중기순환

① 중기순환은 8~10년을 주기로 하는 경기변동으로 주글라순환(Juglar cycle) 또는 주순환(major cycle)이라고 한다.

② 주로 기업의 설비투자의 변동으로 발생하는데 자본주의 경제가 성립된 후 가장 빈번하고 뚜렷하게 관찰되는 경기변동이다.

(3) 건축순환

18~20년을 주기로 하는 경기변동으로 쿠즈네츠순환(Kuznets cycle)이라고 한다. 건축투자의 변동으로 발생하는 경기변동이다.

(4) 장기파동

① 장기파동은 콘드라티에프파동(Kondratiev's wave)이라고 하는데 자본주의 경제가 시작된 후 약 50년을 주기로 하는 파동이다.

② 콘드라티에프는 전쟁, 혁명 등 주요 사회변동을 원인으로 제시하고 있고, 슘페터(J.A. Schumpeter)대발명이나 발견 등 기술혁신과 새로운 자원의 개발에서 그 원인을 찾는다.

(5) 3가지 순환의 도식

미첼(W. Mitchell)에 따르면 3가지 순환은 동시적으로 진행된다고 한다. 즉 장파의 하강과정에서 중파의 상승은 짧아지고 중파의 하강은 길어지며, 장파의 상승과정에서 중파의 상승은 길어지고 중파의 하강은 짧아진다고 본다.

3. 새고전학파의 경기변동이론 : 균형경기변동이론 ★27, 31회 기출★

(1) 의의

① 새고전학파는 기존의 이론과는 달리 경기변동 현상을 각 경제주체들이 합리적 기대 하에서 최적화 행동을 추구하는 과정에서 발생한다고 주장한다.

② 새고전학파는 고전학파에 기초하여 모든 시장이 항상 균형상태에 있다는, 즉 완전히 신축적인 물가와 임금을 가정하면서도 외부의 충격이 산출량과 고용의 순환적 변동을 야기한다는 것이다.

③ 이 경우 경제에 충격을 주는 요인이 화폐적 요인이면 화폐적 균형경기변동이론, 경제에 충격을 주는 요인이 실물적 요인이면 실물적 경기변동이론이라고 한다.

(2) 화폐적 균형경기변동이론

① 이는 루카스(R. Lucas)에 의해 주장된 것이다. 루카스는 명목통화량의 불규칙적 교란(random monetary shock)과 이에 따른 경제주체의 상대가격 구조에 대한 잘못된 인식이 경기변동의 원인이라는 것이다.

② 이론의 핵심은 루카스 공급함수 $Y=Y_N+\alpha(P-P^e)$로 설명되는데 루카스에 의해 제시된 이 인식오류 모형을 불완전 정보이론이라고도 한다.

(3) 실물적 균형경기변동이론 ★27, 28, 31, 33회 기출★

① 1980년대 들어 쉬들란(F. Kydland), 프레스콧(E.C. Prescott) 등 새고전학파 경제학자들은 기술혁신, 경영혁신, 석유파동, 노사분규, 기후 등과 같은 생산물의 총공급(AS)곡선에 영향을 미치는 요인들이 경기변동의 주요 원인이라는 이론을 전개하였다. 이 이론을 실물적 균형경기변동이론이라고 한다.

② 실물적 균형경기변동이론은 기본적으로 고전학파의 수직의 AS곡선을 받아들인다.[17] 따라서 총수요 측면은 경기변동을 일으키는 주요 원인이 아니라고 본다.

4. 새케인즈학파의 경기변동이론 ★28, 33회 기출★

(1) 케인즈학파의 경기변동이론

케인즈학파는 명목임금과 물가는 경직적인 경향이 있으며 따라서 AS곡선은 수직이 아니라는 가정에 기초하여 경기변동은 기본적으로 총수요의 변화에 의하여 야기된다는 입장을 보이고 있다. 그리고 정부가 개입하여 이러한 경기변동의 진폭을 줄이는 것이 바람직하다는 입장이다.

---

17) 실물적 경기순환이론을 실질 경기순환이론(real business cycle theory)라고도 하는데 고전학파의 가정 하에서 이론을 전개한다. 즉 고전학파의 수직의 AS곡선을 받아들이는데 이는 단기적으로도 가격은 완전신축적이라는 가정, 따라서 고전학파의 이분법을 전제로 한다는 것이다.

(2) 새케인즈학파의 경기변동이론

① 기본적인 케인즈학파의 경기변동 모형은 명목임금과 물가의 변동이 단순히 가정된 것이고 미시경제학적 기초를 갖지 못하고 있다는 사실 때문에 많은 비판을 받았다.

② 새케인즈학파(new Keynesian school)는 새고전학파가 제시하는 합리적 기대와 최적화 행동원리를 받아들이고 있으나 명목임금과 물가의 경직성이 경제주체들의 합리적인 최적화 행동의 결과라는 것을 보임으로써, 시장이 즉각적으로 청산된다는 사실을 받아들이지 않고 있다.

③ 경직성을 유발하는 요인으로 새케인즈학파는 여러 가지의 시장불완전성 요소들을 제시하고 있다. 예컨대 고용의 장기계약, 노동조합의 임금결정, 암묵적 계약, 효율 임금, 메뉴비용 등을 제시하고 있다.

제2절　안정화 정책

1. 안정화 정책의 의의와 효과

(1) 안정화 정책의 의의

① 경기가 지나친 호황을 보이면 인플레이션의 가능성이 높아지고, 지나친 불황을 보이고 실업의 가능성이 높아진다. 따라서 경기변동의 진폭이 너무 큰 것은 바람직하지 않다.

② 안정화 정책(stabilization policy)은 경기변동의 진폭을 줄여 경제가 안정적 성장을 이루도록 하려는 정책이다. 앞에서 본 재정정책과 통화정책은 총수요에만 영향을 미치기 때문에 총수요 관리정책이라고도 하는데, 안정화 정책은 이를 포함하는 보다 포괄적인 개념이다.

(2) 단기와 장기

① 미시경제 분석에서와는 달리 거시경제 분석에서는 단기에는 물가와 임금이 경직적(또는 비신축적)이고 장기에는 물가와 임금이 신축적이라고 봄으로써 단기와 장기를 구분한다.

② 즉 고전학파의 이분법과 화폐의 중립성이 단기에는 성립하지 않지만 장기에는 성립한다고 본다.

③ 또한 단기에는 필립스 곡선이 우하향하고 AS곡선이 우상향하지만, 장기에는 필립스 곡선과 AS곡선이 모두 수직이다.

(3) 안정화 정책의 효과 : 단기와 장기

① 케인즈 모형이나 기대물가가 고정된 루카스 공급함수는 단기모형이고 고전학파 모형은 장기모형이다. 따라서 안정화 정책은 단기에는 생산과 고용을 변화시키지만 장기에는 물가만 변화시킨다.

② 경기가 침체되어 있을 때 확장적인 재정정책과 통화정책이 단기적으로는 생산과 고용을 증가시킨다는 것은 고전학파도 인정한다. 그리고 안정화 정책이 장기에는 생산과 고용에 별다른 영향을 주지 못하고 물가에만 영향을 미친다는 것은 케인즈학파도 인정한다.

2. 안정화 정책의 효과 : 재정정책과 통화정책

(1) 재정정책과 통화정책

① 통화주의자의 주장처럼 투자의 이자율 탄력성이 탄력적이어서 IS곡선이 완만하거나 화폐수요의 이자율 탄력성이 비탄력적이어서 LM곡선이 가파른 경우에는, 구축효과(crowding out effect)가 크기 때문에 재정정책은 별 효과가 없고 통화정책은 큰 효과를 거둘 수 있다.

② 그러나 케인즈학파의 주장처럼 투자의 이자율 탄력성이 비탄력적이거나 화폐수요의 이자율 탄력성이 탄력적인 경우에는 통화정책은 효과가 적고 재정정책의 효과가 크다.

(2) 안정화 정책의 효과

① 경기가 침체되어 있는 경우에 케인즈 학파는 화폐수요의 이자율 탄력성이 크고 투자의 이자율 탄력성이 작기 때문에 확장적인 재정정책이 효과가 크다고 주장한다.

② 반면 프리드먼(M. Friedman) 등 통화주의자는 확장적인 통화정책이 효과가 크다고 주장한다.

③ 두 학파의 주장이 큰 차이를 보이는 것은 투자와 화폐수요의 이자율 탄력성과 안정화 정책의 전달장치에 대한 입장이 다르기 때문이다.

3. 안정화 정책의 효과 : 재량과 준칙

(1) 재량과 준칙

① 재량정책(discretionary policy)은 경기상황에 따라 정부가 의도적으로 개입하여 재정정책과 통화정책을 통해 총수요를 조절하는 정책이다.

② 반면 준칙정책(rules policy)은 경제운영에서 정부의 권한을 제한하고 일정한 준칙(rule)을 도입하는 것이다.

(2) 안정화 정책의 효과

① 재정정책에서도 케인즈학파의 재량적 재정정책에 대한 자동안정화 장치(build-in stabilizer)에서 보는 것처럼 준칙에 대한 여러 주장들이 있지만, 재량과 준칙에 대한 논의는 주로 통화정책을 중심으로 전개되고 있다.

② 통화정책을 일정한 준칙에 따라 집행해야 한다는 통화준칙으로 가장 대표적인 것은 프리드먼의 $k\%$ 통화준칙($k\%$ monetary rule)이다. 경제성장률과 연계하여 통화량을 일정한 율($k\%$)로 증가시키는 것이 경제안정을 위해 바람직하다는 것이다. 그러나 이러한 주장은 화폐의 유통속도가 안정적이지 않으면 설득력이 없어진다.

4. 합리적 기대와 안정화 정책

(1) 합리적 기대의 뜻

① 합리적 기대(rational expectations)란 경제주체들이 물가를 비롯한 미래의 경제변수를 예측할 때, 그 변수에 영향을 미치는 과거, 현재 및 미래의 이용가능한 모든 정보를 이용하여 합리적으로 예측한다는 것이다.

② 합리적 기대는 루카스(Robert Lucas), 사전트(T. Sargent) 등의 새고전학파에 의해 도입되었는데 새케인즈학파도 이를 수용한다.

(2) 새고전학파 : 안정화 정책의 무력성 ★31회 기출★

① 새고전학파는 경제주체들이 합리적 기대를 가지면 변동하는 물가를 평균적으로 정확하게 예상할 수 있다.

② 루카스 공급함수 $Y=Y_N+\alpha(P-P^e)$에서 물가예상이 정확하여 평균적으로 $P=P^e$이면 안정화 정책에 관계없이 단기에 총공급은 평균적으로 $Y=Y_N$이 되어 안정화 정책은 무력하고 따라서 불필요해진다. 이를 정책무력성의 명제(policy ineffectiveness preposition)라고 한다.

③ 그러나 경제주체가 예상하지 못한 깜짝정책(surprise policy)으로 실제물가와 기대물가 사이에 괴리가 발생하면 정부의 안정화 정책은 효과를 볼 수 있다고 주장한다.

(3) 새케인즈학파 : 안정화 정책의 옹호

① 새케인즈학파는 물가와 임금 등 가격변수들이 단기에 완전신축적으로 변하지 않는 이유를 연구하여 안정화 정책이 유효하고 필요하다고 주장한다.

② 물가의 비신축성(경직성)과 관련해서는 테일러(J.B. Taylor)와 피셔(S. Fisher)의 엇갈리는 가격설정(staggered price setting) 모형과 맨큐(N.G. Mankiw)의 메뉴비용(menu cost) 모형이 있다.

  ㉠ 엇갈리는 가격설정 모형은 현실적으로 독과점 기업들이 가격을 동시에 조정하지 않기 때문에 단기에 체계적인 안정화 정책은 효과가 있다는 것이다.

  ㉡ 그리고 메뉴비용 모형은 가격을 변화시키는데 따르는 비용 때문에 기업들은 시장수요가 변화해도 즉각적으로 가격을 변화시키지 않는다는 것이다.

③ 임금의 비신축성(경직성)과 관련해서는 고용의 장기계약, 효율임금, 노동조합의 저항과 노동자의 저항(화폐환상으로 인한) 등의 이유를 제시하여 현실적인 실업을 설명하고 있다.

제8장 | 확인학습문제

01 경기변동이론에 관한 설명으로 옳은 것은?

★31회 기출★

① 실물경기변동(real business cycle)이론에서 가계는 기간별로 최적의 소비 선택을 한다.
② 실물경기변동이론은 가격의 경직성을 전제한다.
③ 실물경기변동이론은 화폐의 중립성을 가정하지 않는다.
④ 가격의 비동조성(staggering pricing)이론은 새고전학파(New Classical) 경기변동이론에 속한다.
⑤ 새케인즈학파(New Keynesian)는 공급충격이 경기변동의 원인이라고 주장한다.

> 해설
>
> 난도 ★★
>
> 실물경기변동이론은 고전학파 계열의 새고전학파의 주장으로 고전학파의 기본 가정을 수용한다. 즉 가격의 신축성과 화폐의 중립성을 기본 전제로 한다. 또한 가계는 기간별로 최적의 소비 선택을 하는 것으로 가정한다.
>
> ④, ⑤ 가격의 비동조성 이론(또는 중첩가격설정, 엇갈리는 가격설정)은 스탠리 피셔(S. Fisher), 존 테일러(J. Taylor) 등 새케인즈학파의 경기변동이론이다. 새케인즈학파는 경기변동의 원인으로 수요충격을 중요시한다.
>
> 답 ①

02 경기변동이론에 관한 설명으로 옳은 것은?

★28회 기출★

① 실물경기변동이론(real business cycle theory)은 통화량 변동 정책이 장기적으로 실질 국민소득에 영향을 준다고 주장한다.
② 실물경기변동이론은 단기에는 임금이 경직적이라고 전제한다.
③ 가격의 비동조성(staggered pricing)이론은 새고전학파(New Classical) 경기변동이론에 포함된다.
④ 새케인즈학파(New Keynesian) 경기변동이론은 기술충격과 같은 공급충격이 경기변동의 근본 원인이라고 주장한다.
⑤ 실물경기변동이론에 따르면 불경기에도 가계는 기간별 소비선택의 최적조건에 따라 소비를 결정한다.

난도 ★★★

① 실물경기변동이론(real business cycle theory)은 총요소생산성(TFP)이나 기술충격 등 실물적 요인이 경기변동의 가장 중요한 원인이라고 주장한다. 새고전학파 학자들에 의해 주장된 것으로 화폐는 경기변동에 중립적이라고 주장한다.

② 실물경기변동이론은 새고전학파의 주장이므로 장기는 물론이고 단기에도 물가와 임금 등 가격변수는 신축적이라고 전제한다.

③ 가격의 비동조성(staggered pricing)이론은 새케인스학파(New Keynesian) 경기변동이론에 포함된다.

④ 기술충격과 같은 공급충격이 경기변동의 근본 원인이라고 주장하는 것은 새고전학파 중 실물경기변동이론의 주장이다. 새케인즈학파(New Keynesian) 경기변동이론은 수요측 충격을 강조한다.

답 ⑤

---

03 실물경기변동이론(real business cycle theory)에 관한 설명으로 옳은 것을 모두 고른 것은? ★27회 기출★

☑확인
Check!
| ○ |
| △ |
| × |

> ㄱ. 임금 및 가격이 경직적이다.
> ㄴ. 불경기에는 생산의 효율성이 달성되지 않는다.
> ㄷ. 화폐의 중립성(neutrality of money)이 성립된다.
> ㄹ. 경기변동은 시간에 따른 균형의 변화로 나타난다.

① ㄱ, ㄴ   ② ㄱ, ㄷ

③ ㄴ, ㄷ   ④ ㄴ, ㄹ

⑤ ㄷ, ㄹ

난도 ★★

실물경기변동이론은 고전학파 계열의 새고전학파의 주장으로 고전학파의 기본 가정을 수용한다. 즉 임금 및 가격의 신축성과 화폐의 중립성(neutrality of money)을 기본 전제로 한다. 또한 경기변동은 시간의 변화에 따른 균형의 변화로 나타나는 현상으로 파악한다.

ㄴ. 불경기에도 모든 주체가 합리적으로 행동한다고 가정하므로 생산의 효율성이 나타난다.

답 ⑤

04 각 경제학파별 경제안정화정책에 관한 설명으로 옳지 <u>않은</u> 것은?

★28회 기출★

① 고전학파는 구축효과, 화폐의 중립성을 들어 경제안정화정책을 쓸 필요가 없다고 주장한다.

② 케인즈경제학자(Keynesian)는 IS곡선이 가파르고, LM곡선은 완만하므로 적극적인 재정정책이 경제안정화정책으로 바람직하다고 주장한다.

③ 통화주의자(Monetarist)는 신화폐수량설, 자연실업률 가설을 들어 재량적인 경제안정화정책을 주장한다.

④ 새고전학파(New Classical School)는 예상치 못한 경제안정화정책은 일시적으로 유효할 수 있다는 점을 인정한다.

⑤ 새케인즈학파(New Keynesian School)는 임금과 물가가 경직적인 경우에는 경제안정화정책이 유효하다고 주장한다.

해설

난도 ★★

③ 통화주의자(Monetarist)는 신화폐수량설, 자연실업률 가설을 들어 재량적인 경제안정화정책을 비판하고, 준칙(rule)을 도입해야 한다고 주장한다.

답 ③

05 2015년 현재 우리나라 경기종합지수 중 동행종합지수의 구성지표로 옳은 것은?

① 구인구직비율　　　　　　　　　　　② 코스피지수
③ 장단기금리차　　　　　　　　　　　④ 광공업생산지수
⑤ 생산자제품재고지수

해설

난도 ★★

동행종합지수(coincident composite index)는 경기전체의 움직임과 시간적으로 함께 움직이는 것으로 공급측면의 광공업생산지수, 도소매업을 제외한 서비스업생산지수, 실질가격 기준 수입액, 비농림어업취업자수 등과 수요측면의 소매판매액지수, 내수출하지수, 건설기성액 등 7개 지표로 구성된다.

①, ②는 선행종합지수에, ③, ⑤는 후행종합지수에 포함된다.

답 ④

06 다음 중 총수요 확대 정책을 모두 고른 것은?

> ㄱ. 근로소득세율 인상
> ㄴ. 정부의 재정지출 증대
> ㄷ. 법정 지급준비율 인상
> ㄹ. 한국은행의 국공채 매입

① ㄱ, ㄴ
② ㄱ, ㄷ
③ ㄴ, ㄷ
④ ㄴ, ㄹ
⑤ ㄷ, ㄹ

해설
난도 ★

총수요 확대 정책에는 정부지출 증대와 조세 감면 등 확장적 재정정책과 통화량 증대 등 확장적 통화정책이 있다. 법정 지급준비율 인상은 통화량을 감소시키고, 한국은행의 국공채 매입은 통화량을 증가시킨다.

답 ④

07 실물경기변동이론(real business cycle theory)에 관한 설명으로 옳지 않은 것은?

① 경기변동의 요인으로 기술 충격의 중요성을 강조한다.
② 노동시장은 항상 균형을 이룬다.
③ 경기변동은 시간에 따른 균형의 변화로 나타난다.
④ 불경기에도 생산의 효율성은 달성된다.
⑤ 생산성은 경기역행적(counter-cyclical)이다.

해설
난도 ★★

실물경기변동이론은 새고전학파의 균형경기변동이론에 해당하는 이론으로 개별 경제주체들의 최적화와 시장균형의 결과로 경기변동을 설명한다. 단기적 경기변동의 주요 요인으로 총요소생산성의 변화나 기술 충격(technology shock)의 중요성을 강조한다.
⑤ 새고전학파의 실물경기변동이론에서 생산성이 증가하면 국민소득이 증가하므로 생산성은 경기순응적(procyclical)이다.

답 ⑤

08 다음 중 옳은 것만을 모두 고른 것은?

> ㄱ. 프리드만(M.Friedman)은 통화량을 일정률로 증가시키는 통화준칙을 주장한다.
> ㄴ. 새고전학파(New Classical School)는 예측되는 정책은 항상 긍정적인 효과가 있다고 주장한다.
> ㄷ. 새케인즈학파(New Keynesian School) 이론 중에는 메뉴비용(menu cost)의 존재로 총수요관리정책이 효과가 있다는 주장이 있다.
> ㄹ. 실물경기변동론자들은 기술충격에 의한 총공급의 변동으로 경기변동을 설명한다.
> ㅁ. 케인즈학파(Keynesian School)는 총공급의 변동이 경기변동의 가장 중요한 원인이라고 주장한다.

① ㄱ, ㄴ, ㅁ   ② ㄱ, ㄴ, ㄷ
③ ㄱ, ㄷ, ㄹ   ④ ㄴ, ㄷ, ㅁ
⑤ ㄴ, ㄷ, ㄹ

해설
난도 ★★★

ㄴ. 루카스(R. Lucas) 등 새고전학파(New Classical School)는 경제주체가 예상한 정책은 단기에도 효과가 없다고 주장한다 (정책무력성의 명제).
ㅁ. 케인즈학파(Keynesian School)는 총수요의 변동이 경기변동의 가장 중요한 원인이라고 주장한다.

답 ③

09 1980년대 등장한 실물경기변동이론(real business cycle theory)에 관련된 설명으로 바르지 못한 것은?

① 경기변동을 경제 전체의 충격(aggregate shock)에 대한 개별 경제주체들의 동태적 최적화 및 시장 청산 결과 나타나는 균형현상으로 파악하는 이론이다.
② 경기변동을 유발하는 요인으로 총요소생산성(TFP)이나 기술의 변화와 같은 실물적 요인을 강조한다.
③ 케인즈의 화폐환상을 합리적 기대에서의 물가예상 착오로 발전시켰으며, 적응적 기대에서의 자연실 업률 이론을 합리적 기대에서의 필립스 곡선으로 발전시켰다는 점에서 그 의의를 찾을 수 있다.
④ 일회적인 실물충격에 의해 균형수준 자체가 내생적으로 변화하게 되므로 경기변동이 지속성을 보인 다고 주장한다.
⑤ 경기변동은 경제주체들의 최적화 행동의 결과이고 피할 수 없는 효율적 경제현상이므로 정부의 개입 은 후생을 감소시킨다고 본다.

해설
난도 ★★★

③은 루카스(R. Lucas)의 화폐경기변동이론에 대한 설명이다. 화폐경기변동이론은 정보가 불확실한 상황에서 예상하지 못한 통화정책의 결과로 나타난 물가수준의 변화에 대해 예상착오를 일으킬 수 있다. 그 결과 단기적으로 명목임금의 변화를 실질 임금의 변화로 착각하여 노동공급을 조정함으로써 경기변동이 시작된다는 주장이다.

답 ③

10 정부는 경기침체를 극복하기 위해 대규모의 국채 발행을 통해 재정지출을 확대하기로 하였다. 이러한 정책이 경제에 미치는 효과에 대한 설명 중 가장 옳지 <u>않은</u> 것은?

① 국채공급이 늘어 시장이자율이 상승한다.
② 승수효과에 따라 생산이 증가한다.
③ 자본시장이 개방된 경우에는 자본유출이 증가한다.
④ 장기적으로 물가상승을 유발한다.
⑤ 투자의 구축효과(crowding−out effect)가 발생한다.

해설
난도 ★★
국채를 발행하면 국채공급이 늘어나서 국채가격은 하락하지만 이자율이 오르므로 자본이 외국에서 국내로 유입된다.

답 ③

11 다음은 재정정책과 통화정책의 유효성에 대해 설명한 것이다. 올바르게 기술된 것은?(단, 정책의 목표는 GDP를 증가시키는 것이다)

① 투자의 이자율 탄력성이 0이라면 통화정책의 효과는 매우 강력하다.
② 화폐수요의 이자율탄력성이 무한대이면 구축효과는 100%가 되어 통화정책은 효과가 전혀 없다.
③ 화폐수요의 소득탄력성이 작을수록 통화정책의 효과는 작고 재정정책의 효과는 강력하다.
④ 한계저축성향이 클수록 통화정책의 효과는 크고 재정정책의 효과는 작다.
⑤ 화폐수요의 이자율탄력성이 무한대이면 통화정책의 효과는 매우 크지만 재정정책은 아무런 효과가 없다.

해설
난도 ★★★
화폐수요의 소득탄력성이 작을수록 LM곡선의 기울기는 완만하므로 재정정책을 통해 IS곡선을 우측으로 이동시키면 국민소득은 크게 증가한다.

답 ③

12 한국은행이 콜금리를 인하했을 때 경기가 부양되는 파급과정에 대한 설명 중 가장 옳지 <u>않은</u> 것은?

① 주식가격이 상승하면 소비의 자산효과(wealth effect)에 의해서 소비가 증가한다.
② 화폐의 기회비용이 하락하므로 화폐수요가 감소하고 소비지출이 증가한다.
③ 시장이자율의 하락으로 기업의 투자가 증가한다.
④ 은행의 대출이 증가하여 기업의 투자가 증가한다.
⑤ 자본유출로 국내통화의 가치가 절하되므로 수출이 증가한다.

해설
난도 ★
(콜금리를 인하하여) 이자율이 내리면 화폐를 보유하기 위해서 포기해야 하는 이자소득(기회비용)이 하락하므로 화폐수요가 증가하고 소비지출이 증가한다.

답 ②

13 물가수준이 고정되어 있고 국민경제의 생산능력에 여유가 있다고 가정하자. 다음 중 화폐공급의 증가가 이자율을 하락시키고, 투자와 국민소득을 가장 많이 증가시키는 경우를 바르게 설명한 것은?

① 화폐수요가 이자율에 대해 탄력적이고, 투자수요가 이자율에 대해 탄력적이며, 승수의 크기가 클 경우
② 화폐수요가 이자율에 대해 비탄력적이고, 투자수요가 이자율에 대해 비탄력적이며, 승수의 크기가 클 경우
③ 화폐수요가 이자율에 대해 비탄력적이고, 투자수요가 이자율에 대해 탄력적이며, 승수의 크기가 작을 경우
④ 화폐수요가 이자율에 대해 비탄력적이고, 투자수요가 이자율에 대해 탄력적이며, 승수의 크기가 클 경우
⑤ 화폐수요가 이자율에 대해 탄력적이고, 투자수요가 이자율에 대해 비탄력적이며, 승수의 크기가 클 경우

해설
난도 ★★
확대통화정책의 효과가 크려면 IS곡선이 완만하게 우하향하고, LM곡선이 가파르게 우상향해야 한다. 즉 화폐수요가 이자율에 대해 비탄력적이고, 투자수요가 이자율에 대해 탄력적이어야 한다. 또한 이자율이 하락할 때 투자가 증가하면 소득이 큰 폭으로 증가해야 하므로 승수의 크기가 클수록 확대효과가 크다.

답 ④

14 경제안정화정책에 관한 학파별 입장을 설명한 것 중 옳지 <u>않은</u> 것은?

① 케인즈학파는 투자수요의 이자율 탄력성이 작고 화폐수요의 이자율 탄력성이 크기 때문에 재정정책의 효과가 크다고 본다.

② 통화주의학파는 투자수요의 이자율 탄력성이 크고 화폐수요의 이자율 탄력성이 작기 때문에 통화정책을 재량적으로 운영할 것을 주장한다.

③ 고전학파는 안정화정책에 대해 부정적인 입장이지만 기간이 지극히 짧은 단기에는 효과가 있다는 점을 인정한다.

④ 새고전학파는 합리적 기대를 도입하여 안정화정책이 불필요하다는 입장이지만 예상하지 못한 경제정책이 실물변수에 영향을 미칠 수 있다는 점을 인정한다.

⑤ 새케인즈학파는 단기에 물가, 임금 등과 같은 가격변수들이 완전히 신축적으로 변하지 않기 때문에 안정화정책이 필요하고 유효하다는 입장이다.

> **해설**
> 난도 ★★
> 통화주의학파는 투자의 이자율 탄력성이 크고 화폐수요의 이자율 탄력성이 작기 때문에 통화정책의 효과가 크게 나타날 수 있음을 인정한다. 그러나 그 효과가 정부가 원하는 시점에서 나타나는 것이 아니라 시차(time-lag)를 두고 엉뚱한 시점에서 나타남으로써 오히려 경기변동을 가져올 수 있다고 보고 재량적인 운영보다는 준칙(rule)에 따른 운영을 주장한다.
>
> 閏 ②

15 재량에 의한 통화정책보다 준칙에 의한 통화정책이 더 바람직한 이유가 <u>아닌</u> 것은?

① 통화정책은 외부시차가 길고 가변적이므로

② 재량정책은 시간적 비일관성(time-inconsistency) 문제를 야기할 수 있으므로

③ 재량정책 하에서는 통화당국의 대리인 문제가 심각할 수 있으므로

④ 신축적인 안정화정책이 필요하므로

⑤ 재량정책 하에서는 정치적 경기변동이 발생할 수 있으므로

> **해설**
> 난도 ★★
> 재량에 의한 통화정책은 케인즈학파가 주장한 것으로 정부가 경기변동에 따라 통화량을 재량적으로 조절하여 경기를 안정화시키는 정책을 말한다. 반면에 준칙에 의한 통화정책은 통화론자가 주장한 것으로 경기변동에 관계없이 중·장기적인 준칙에 따라 통화량을 일관성 있게 늘려나가는 정책을 말한다.
> 전자의 경우는 신축적인 안정화정책이 필요하다고 생각되는 경우에 실행되는 반면, 후자는 재량적 정책이 오히려 비일관성의 문제를 야기할 수 있다고 생각되는 경우에 실행된다.
>
> 閏 ④

16 1980년대 영국의 대처정부는 인플레이션을 억제하기 위하여 긴축정책을 실시하였고 그 결과 인플레이션율은 크게 낮아졌다. 그러나 자연실업률이 종전보다 크게 높아져 장기적인 경제의 균형자체가 변화하였다. 이에 대한 이유로 볼 수 <u>없는</u> 것은?

① 불황으로 해고된 사람들의 생산성이 낮아져 직장을 구하기가 어렵기 때문이다.
② 실업자들의 기대 인플레이션율 상승으로 더 높은 임금을 요구하여 취업이 어렵기 때문이다.
③ 경기가 회복되는 데 시간이 걸리고 그 기간동안 새로운 노동력이 시장에 진입하기 때문이다.
④ 실업기간이 길어지면 구직활동을 아예 포기하는 실망실업자가 크게 늘어나기 때문이다.
⑤ 외부자가 된 노동자는 임금협상 과정에서 소외되어 계속 실업자로 남기 때문이다.

해설
난도 ★★★
② 소수의 내부자(노동자)들이 더 높은 임금을 요구하여 한 번 실직한 외부자(실업자)는 취업이 어렵기 때문이다.
　문제에서처럼 자연실업률이 종전보다 크게 높아져 장기적인 경제의 균형자체가 변화하고 장기 필립스곡선의 모양을 변화시킬 수 있다. 이처럼 불황 이후 실업이 지속적일 수 있는 현상을 기억효과 또는 이력현상(hysteresis)라고 한다. 이러한 현상이 나타나는 이유를 설명하는 주장에는 불황이 해고된 사람들의 생산성에 영구적인 영향을 미친다는 주장, 노동에 대한 태도 변화(실망실업자), 내부자-외부자 모형 등이 있다.

답 ②

17 루카스 공급곡선에 관한 설명으로 옳지 <u>않은</u> 것은?

① 기대물가와 실제물가가 같을 때의 실업률과 생산량을 각각 자연실업률과 완전고용생산량이라고 한다.
② 기대물가가 실제물가보다 높을 때의 생산량은 완전고용생산량보다 적다.
③ 유가가 상승할 경우 생산량은 완전고용생산량 이하로 떨어진다.
④ 기대물가가 고정되어 있는 경우 총공급곡선은 우상향한다.
⑤ 기대물가가 상승하면 생산량은 증가한다.

해설
난도 ★★
루카스 공급함수는 $AS=Y_n+\alpha(P-P^e)$이다. 따라서 기대물가(P^e)가 상승하면 생산량은 감소한다.

답 ⑤

18 실업률과 인플레이션율 사이에 명확한 상충관계가 존재하지 않는다고 할 때 그 원인에 대해 가장 옳지 않은 것은?

① 원자재가격 등 공급 요인의 변화로 필립스곡선이 이동하였기 때문이다.
② 사람들의 인플레이션에 대한 기대가 변했기 때문이다.
③ 인구 구성의 변화에 따라 자연실업률이 변했기 때문이다.
④ 통화량 증가로 자연실업률이 변했기 때문이다.
⑤ 장기간 경기침체로 이력현상(hysteresis)이 발생했기 때문이다.

> 해설
> 난도 ★★★
> 케인즈학파는 총수요가 증가하면 물가가 상승함과 동시에 소득도 올라서 실업률이 낮아진다고 생각하며 이 경우 필립스곡선은 우하향한다. 그러나 통화론자는 총수요가 증가하더라도 소득은 오르지 않고 물가만 오르므로 실업률과 인플레이션율 사이에 명확한 상충관계가 존재하지 않음을 주장한다. 이러한 주장은 통화량을 증가시키더라도 자연실업률에는 아무런 변화가 없고 단기적으로 실제실업률이 낮아졌다가 장기적으로 자연실업률 수준으로 회복된다는 적응적 기대가설에 근거를 두고 있다.
>
> 圓 ④

19 경기변동이론에 관한 설명으로 옳은 것은?   ★33회 기출★

① 신케인즈 학파(new Keynesian)는 완전경쟁적 시장구조를 가정한다.
② 신케인즈 학파는 총수요 외부효과(aggregate-demand externality)를 통해 가격경직성을 설명한다.
③ 신케인즈 학파는 총공급 충격이 경기변동의 근본 원인이라고 주장한다.
④ 실물경기변동이론은 실질임금의 경직성을 가정한다.
⑤ 실물경기변동이론에 따르면 불경기에는 비용 최소화가 달성되지 않는다.

> 해설
> 난도 ★★
> ① 신케인즈 학파(new Keynesian)는 불완전한 시장을 가정하고, 시장의 불완전 요소들이 가격경직성을 가져온다고 주장한다.
> ③ 신케인즈 학파는 총수요 충격이 경기변동의 근본 원인이라고 주장한다. 총공급 충격을 경기변동의 원인으로 강조하는 것은 새고전학파이다.
> ④ 실물경기변동이론은 새고전학파 경제학자들의 주장으로 완전 신축적인 물가와 임금을 가정한다.
> ⑤ 실물경기변동이론은 물가와 임금의 신축성을 가정하므로 불경기에도 비용 최소화가 달성된다.
>
> 圓 ②

제9장 | 경제성장

제1절 경제성장과 그 요인

1. 경제성장의 의의

(1) 경제성장의 뜻

① 경제성장(economic growth)은 시간의 흐름에 따라 경제활동규모(실질 GDP로 측정)가 확대되는 현상을 의미한다. 따라서 경제성장의 속도, 즉 경제성장률은 실질 GDP의 증가율을 의미한다.

$$실질경제성장률 = \frac{금년도\ 실질\ GDP - 전년도\ 실질\ GDP}{전년도\ 실질\ GDP} \times 100$$

② 여기서 실질 GDP가 항상 증가만 하는 것은 아니고 증가와 감소가 반복(순환)되는 형태를 취하지만 장기적으로 보면 추세적 성장(trend growth), 즉 동태적 성장(dynamic growth)이 이루어진다.

(2) 경제성장의 표현

비교정태분석에서는 경제성장을 생산함수의 상방이동, 생산가능곡선(PPC)의 확장, AD곡선과 AS곡선의 오른쪽 이동으로 설명한다.

2. 경제성장의 요인 ★33, 34회 기출★

(1) 생산요소의 양(요소부존량)

① 토지 등 자연자원은 공급이 고정되어 있다. 따라서 자본이나 노동의 증가, 또는 노동생산성의 향상이 경제성장의 주요 요인이 된다. 생산요소의 증가는 수확체감의 법칙의 지배 하에서도 총생산량을 증가시킨다. 고전학파가 중요시하는 요인이다.

② 여기서 자본과 노동의 성장기여도는 생산요소의 한계생산성(MP)에 의해 결정되므로 따라서 생산요소의 부존도(endowment)에 따라 자본과 노동의 성장기여도는 차이가 있다.

(2) 기술의 진보(기술적 지식의 진보)

① 기술진보(technological progress)는 생산요소의 생산성을 향상시키는 요인으로 슘페터(J.A. Schumpeter)가 중요시하는 요인이다.

② 기술진보는 생산함수 자체의 상방이동, 또는 생산가능곡선(PPC)의 확장을 의미한다.

더 알아보기 경제성장의 4대요인

① 인적자원(또는 인간자본) : 단순한 노동공급량뿐만 아니라 노동자들이 교육, 훈련, 경험, 동기 부여 등을 통해 얻은 지식과 기술 등 노동의 질적인 측면도 포함된다. 예컨대 기업가정신(entrepreneurial spirit)도 인적자원이다.

② 자연자원 : 토지, 광물, 기후 등 자연에 의하여 제공된 생산투입물을 말한다. 자연자원은 재생가능 자연자원과 재생불가능 자연자원으로 나누어진다.

③ 자본형성(또는 실물자본) : 기계, 공장처럼 재화와 서비스를 생산하기 위해 사용되는 설비나 구조물의 총스톡을 말한다. 자본이라고 할 때는 도로, 항만, 공항, 댐 등 사회간접자본(social overhead capital, SOC) 또는 경제하부구조(infrastructure) 등도 포함한다.

④ 기술 : 성장을 결정하고 생산성을 높이며 따라서 생활수준을 결정하는 가장 중요한 요소는 기술진보 또는 기술적 지식의 진보이다. 기술혁신을 위해서는 기업가정신의 부양이 무엇보다 중요하다.

제2절 경제성장이론

1. 경제성장에서의 규칙성

(1) 의의

① 1958년 칼도(N. Kaldor)는 1880년대 이후 선진자본주의 국가의 경제성장 과정을 분석한 결과 경제성장 과정에서 나타나는 4가지의 장기적인 규칙성을 발견하였다. 이를 경제성장에서의 정형화된 사실(stylized facts of growth)이라고 한다.

② 이는 경제성장률, 생산요소 증가율, 자본과 노동의 상대적 분배율 간에 나타나는 규칙성으로 이 규칙성을 이론적, 논리적으로 해명하는 것이 경제성장이론의 과제이다. 그 내용은 다음과 같다.

(2) 정형화된 사실의 내용

① 자본−산출비율(capital−output ratio), 즉 자본계수는 일정하다. 자본−산출비율(K/Y)은 자본계수(capital coefficient)라고도 하는데 산출량 1단위 생산에 필요한 자본량을 나타낸다. 자본의 평균생산(AP_K)의 역수이다.

② 자본량 증가율($\Delta K/K$)은 대체로 일정하고, 따라서 ①, ②에서 자본량 증가율($\Delta K/K$)=산출량(국민소득) 증가율($\Delta Y/Y$)이며 또한 일정하다.

③ 자본−노동비율(1인당 자본, K/L)과 1인당 소득(Y/L)은 일정비율로 증가한다. 이는 자본량 증가율($\Delta K/K$)과 국민소득 증가율($\Delta Y/Y$)은 같으며 노동량 증가율($\Delta L/L$)보다 크다는 것을 의미한다. 자본−노동비율이 증가하는 것을 자본의 심화(deepening of capital)라고 한다.

④ 실질이자율은 지속적으로 증가하거나 감소하는 추세를 보이지 않는다.

⑤ 자본(K)과 노동(L)의 상대적 분배율(=노동소득/자본소득)은 대체로 일정하다. 이는 경제성장 과정에서 분배상태는 큰 변동이 없다는 것을 의미한다.

2. 고전학파의 성장이론

(1) 의의

스미스(A. Smith)와 리카도(D. Ricardo) 등 고전학파는 경제성장의 원동력으로 자본축적을 중시한다. 이와 함께 인구의 증가, 즉 노동력의 증가도 성장의 원동력으로 중시한다.

(2) 스미스의 성장이론

Smith는 경제성장의 원동력으로 자본축적을 특히 중요시하였다. 스미스는 노동가치설에 근거하여 국민경제에서 부를 생산하는 근원은 노동인데, 자본축적이 이루어지면 노동수요가 증가하여 총인구 중 생산적 노동이 증가하고, 또한 분업이 확대되어 노동생산성이 증대됨으로써 경제성장이 이루어진다고 보았다.

3. 신고전파의 성장이론 : 솔로우 모형 ★27, 28, 29, 31, 32, 33, 34회 기출★

(1) 신고전파 성장이론의 의의

① 솔로우(R.M. Solow)는 이전의 성장이론을 발전시켜 오늘날 경제성장 이론의 기초를 마련했다. 솔로우 성장모형을 신고전파적 성장모형(neoclassical growth model)이라고 한다. 신고전파 모형의 새로운 요소는 자본과 기술변화이다.

② 솔로우 모형은 자본주의 경제를 안정적인 성장경로로 이끄는 내재적인 힘이 작용하고 있다고 본다.

③ 그리고 그러한 내재적인 힘을 자본과 노동 등 생산요소의 대체가능성과 생산요소 가격의 신축적인 조정, 그리고 한계생산 체감의 법칙이라는 신고전파적 전제에서 찾고 있다.

(2) 솔로우 모형의 가정

솔로우는 노동과 자본 간의 대체가능성을 전제로, 경제의 자율적인 시장조정을 통한 완전고용을 상정하고, 규모에 대한 보수가 불변인 생산함수를 가정한다.

(3) 기본적 사고

솔로우 모형의 기본적 사고는 노동과 자본 중 자본은 완전고용되고 노동이 과잉상태에 있으면 노동의 가격이 하락하여 노동수요가 증가하고 이에 따라 노동의 완전고용이 이루어짐으로써 두 생산요소 모두 완전고용된다는 것이다.

(4) 모형의 내용

① 노동 한 단위당 산출량을 y, 자본−노동비율을 k라고 하면 $y=Y/L$이므로 $Y=yL$이고, $k=K/L$이므로 $K=kL$이다. 규모에 대한 보수 불변이므로 노동 한단위당 산출량은 자본−노동비율에만 의존하게 되므로 생산함수 $Y=F(K, L)$는

$$y=f(k)$$

로 나타낼 수 있다.

② 한편 소득의 일부는 저축되고 저축은 투자와 같다고 하면, 투자는 자본의 증가분이므로 $S=I=\Delta K=sY$가 된다. 따라서 자본증가율은

$$\frac{\Delta K}{K}=\frac{sY}{kL}=\frac{sf(k)}{k}$$

이 된다.

③ 따라서 자본(K)과 노동(L)이 완전고용을 이루면서 경제가 성장하기 위해서는 $sf(k)/k=n$, 또는 $sf(k)=nk$의 조건이 충족되어야 한다.

▶ 신고전학파(R. solow)의 성장모형

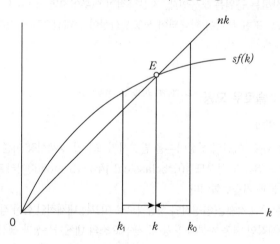

〈그림〉에서 가로축은 자본−노동비율(k)이므로 이를 45°선으로 나타낼 수 있다. 자본−노동비율이 증가함에 따라 $f(k)$곡선이 체감하는 것은 한계생산 체감의 법칙이 작용하기 때문이다.[18]

---

18) 솔로우의 모형에서 자본−산출비율(v)이 일정하고 자본증가율도 일정하다면 경제성장률=자본증가율이다. 한편 자본−노동비율(k)과 1인당 소득은 일정한 비율로 증가하는데 솔로우는 이 비율을 기술진보율로 보았다. 따라서 경제성장률=인구증가율+기술진보율이다. 따라서 솔로우에 의하면 장기에 1인당 실질소득의 증가율을 결정하는 것은 인구증가율과 기술진보율이다.

④ $sf(k)>nk$인 경우에는 자본증가율이 더 크므로 자본이 상대적으로 과잉상태에 있게 되고 따라서 자본의 가격이 하락하여 자본의 고용이 증가한다. 이에 따라 1인당 자본량 k가 증가하여 $sf(k)=nk$가 된다. 반대로 $sf(k)<nk$인 경우에는 노동증가율이 더 크므로 노동이 상대적으로 과잉이고, 따라서 노동의 가격이 하락하여 노동의 고용이 증가한다. 이에 따라 1인당 자본량 가 감소하여 $sf(k)=nk$가 된다.

⑤ 즉 조건이 충족되지 못해도 경제는 자율적인 조정을 통해 조건을 만족시키는 자본-노동비율인 k^*(신고전파 성장모형의 균형)로 수렴한다. 노동과 자본의 완전고용이 동시에 달성되는 상태를 균제성장경로(steady growth path)라고 하고, 일단 이 상태에 도달하면 그 다음에는 이에 따른 성장이 계속된다.

(5) 솔로우 모형의 한계

① 솔로우 모형에서 1인당 소득증가율을 결정하는 유일한 요소는 기술진보율이다. 그러나 솔로우 모형은 이러한 결론만 제시하고 기술진보를 가져오는 원인에 대해서는 언급하지 않고 있다.

② 즉 기술이라는 성장의 원동력을 외생변수로 취급하고 있는 것이다. 그렇기 때문에 솔로우의 모형을 외생적 성장이론(exogenous growth theory)이라고 한다.

③ 이 모형에서는 화폐의 역할이나 물가변동, 그리고 금융시장이나 자본시장이 야기하는 여러 가지 심리적 요소 등이 고려되고 있지 않다는 것이다.

4. 내생적 성장이론 ★29, 33회 기출★

(1) 등장 배경

① 솔로우 모형의 균형성장 조건에 따르면 각국의 경제성장률은 비슷해야 하고 개발도상국의 경제성장률이 선진국보다 높아야 한다. 그렇지만 현실세계에서는 나라마다 경제성장률이 크게 다르고 선진국과 후진국 간의 생활수준의 격차가 오히려 확대되고 있다.

② 그리고 솔로우 모형은 기술진보율이 어떻게 결정되는가에 대해서는 언급하지 않고 있다. 이러한 한계를 극복하기 위해 1980년대에 등장한 이론이 내생적 성장이론(endogenous growth theory) 또는 새 성장이론(new growth theory)이다.

(2) 내생적 성장이론

① 내생적 성장이론은 로머(Paul Romer)와 루카스(R. Lucas)에 의해 처음 제기된 후 비약적인 연구가 이루어지고 있다.

② 내생적 성장이론의 접근방법은 크게 두 가지로 구분할 수 있다. R&D 모형은 솔로우 모형처럼 수확체감의 법칙과 경제성장의 원동력으로 기술진보를 인정하면서, 기술진보가 내생적이고 지속적으로 유도되도록 하는 모형이다.

③ AK모형은 솔로우 모형과는 달리 경제성장의 원동력으로 자본축적을 인정하는 한편, 수확체감이 발생하지 않도록 모형을 구성한다. AK모형은 생산함수가 $Y=AK$의 형태를 갖기 때문에 붙여진 이름이다.

④ 내생적 성장이론에 의하면 기술진보의 핵심은 새로운 지식의 창출이다. 따라서 내생적 성장이론은 저축률의 제고, 교육과 훈련, 사회간접자본 투자, 연구 개발 등을 위해 정부가 적극 지원해야 한다는 정책처방을 제시하고 있다.

제9장 | 확인학습문제

01 경제성장이론에 관한 설명으로 옳은 것은?

☑확인
Check!
○
△
×

① 내생적 성장이론(endogenous growth theory)에 따르면 저소득 국가는 고소득 국가보다 빨리 성장
　　하여 수렴현상이 발생한다.
② 내생적 성장이론에 따르면 균제상태의 경제성장률은 외생적 기술진보 증가율이다.
③ 솔로우 경제성장 모형에서 황금률은 경제성장률을 극대화하는 조건이다.
④ 솔로우 경제성장 모형에서 인구 증가율이 감소하면, 균제상태에서의 1인당 소득은 감소한다.
⑤ 솔로우 경제성장 모형에서 균제상태에 있으면, 총자본스톡 증가율과 인구 증가율이 같다.

해설
난도 ★★

① 솔로우(Solow) 모형에서는 수렴가설(절대적 수렴가설)이 성립하지만, 내생적 성장이론(endogenous growth theory)에서
　　는 경제성장률이 국가들의 구조적인 차이(기술수준 또는 총요소생산성, 생산함수, 저축률, 인구증가율 등의 차이)에 의해 성
　　립하므로 국가 간 소득수준의 수렴이 발생하지 않을 수 있다.
② 내생적 성장이론에서 경제성장률은 기술진보 증가율과 일치하는 것은 아니다.
③ 솔로우 경제성장 모형에서 황금률은 경제성장률을 극대화하는 조건이 아니라 1인당 소비가 극대화되는 균형성장경로를 의
　　미한다.
④ 솔로우 경제성장 모형에서 인구 증가율이 감소하면 1인당 자본량(k)이 증가하므로 1인당 소득(y)이 증가한다.

답 ⑤

02 A국의 생산함수는 $Y = AK^{\alpha}L^{\beta}$이다. 다음 자료를 바탕으로 성장회계에 의한 총요소생산성의 경제성장 기여율을 계산하면 얼마인가?(단, Y는 총소득, A는 총요소생산성, K는 자본스톡, L은 노동, α는 자본소득분배율, β는 노동소득분배율이다)

- 연간 경제성장률 : 5%
- 연간 자본스톡증가율 : 7%
- 연간 노동증가율 : 1%
- $\alpha = 0.5$
- $\beta = 0.5$

① 10% ② 15%
③ 20% ④ 25%
⑤ 30%

해설

난도 ★★★

생산함수를 성장회계방정식으로 나타내면 $\dfrac{\Delta Y}{Y} = \dfrac{\Delta A}{A} + \alpha\dfrac{\Delta K}{K} + \beta\dfrac{\Delta L}{L}$이고, 여기에 주어진 자료를 대입하면 $5\% = \dfrac{\Delta A}{A} + 0.5(7\%) + 0.5(1\%)$이다. 따라서 TFP증가율 $\dfrac{\Delta A}{A} = 1\%$이다. 이는 연간 경제성장률의 5%의 $\dfrac{1\%}{5\%} = 20\%$에 해당한다.

目 ③

03 모든 시장이 완전경쟁 상태인 경제에서 총생산함수는 $Y = AL^{2/3}K^{1/3}$이다. 매년 L, K, A가 각각 3%씩 증가하는 경제에 관한 설명으로 옳은 것을 모두 고른 것은?(단, Y는 국내총생산, L은 노동량, K는 자본량, A는 상수이다) ★29회 기출★

ㄱ. 총생산함수는 규모 수익 불변이다.
ㄴ. 노동소득분배율은 2/3이다.
ㄷ. 경제성장률은 6%이다.

① ㄱ ② ㄴ
③ ㄱ, ㄴ ④ ㄴ, ㄷ
⑤ ㄱ, ㄴ, ㄷ

난도 ★★★

총생산함수 $Y=AL^{2/3}K^{1/3}$은 1차 동차 생산함수이므로 규모에 대한 수익 불변이다. 노동소득분배율은 2/3이고, 자본소득분배율은 1/3이다. 규모에 대한 수익 불변이므로 L과 K가 모두 3% 증가하면 Y는 3% 증가하고, 또 A가 3% 증가하면 Y는 3% 증가하므로 매년 L, K, A가 각각 3%씩 증가하면 경제성장률은 6%이다.

답 ⑤

---

04 수확체감의 법칙이 적용되는 성장이론에 관한 설명으로 옳지 <u>않은</u> 것은?

① 저축률이 증가하면 자원이 자본재 생산에 더 많이 투입된다.

② 저축률이 증가하면 일시적으로만 높은 성장률이 유지된다.

③ 저축률이 증가하면 노동생산성이 높아지지만 장기적으로 노동생산성의 증가율은 높아지지 않는다.

④ 다른 조건이 같을 경우 상대적으로 가난한 상태에서 출발하는 나라가 빠른 속도로 성장하기 어렵다.

⑤ 국내저축뿐만 아니라 해외저축에 의한 투자도 생산증대와 실질임금 상승에 기여할 수 있다.

난도 ★★

④ 솔로우 모형에 따르면 인구증가율, 저축률 등 경제의 기본적인 여건이 동일할 경우 1인당 자본량(k)이 낮은 저개발국의 경제성장률이 선진국보다 높아 수렴이 이루어진다.

답 ④

---

05 甲국의 생산함수는 $Y=AK^{1/3}L^{2/3}$이다. 노동자 1인당 생산량증가율이 10%이고, 총요소생산성증가율은 7%일 경우, 성장회계에 따른 노동자 1인당 자본량증가율은?(단, Y는 총생산량, A는 총요소생산성, K는 자본량, L은 노동량이다)

★28회 기출★

① 3% ② 4.5%

③ 6% ④ 7%

⑤ 9%

난도 ★★

생산함수 $Y=AK^{1/3}L^{2/3}$의 양변을 L로 나누면 1인당 생산함수는 $y=Ak^{1/3}$이 된다. 1인당 생산함수를 증가율로 나타내면 $\frac{\Delta y}{y}=\frac{\Delta A}{A}+\frac{1}{3}\left(\frac{\Delta k}{k}\right)$이다. 주어진 조건을 대입하면 $10\%=7\%+\frac{1}{3}\left(\frac{\Delta k}{k}\right)$이 된다. 여기서 $\frac{\Delta k}{k}=9\%$이다.

답 ⑤

06 B국의 총생산함수는 $Y = AK^{1/4} L^{3/4}$이다. 2015년 B국의 총생산 증가율이 4%, 총요소생산성 증가율이 2%, 노동량 증가율이 1%일 경우 성장회계에 따른 2015년 자본량 증가율은?(단, Y는 총생산, A는 총요소생산성, K는 자본량, L은 노동량이다)

★27회 기출★

① 1%

② 2%

③ 2.5%

④ 4%

⑤ 5%

해설

난도 ★★

생산함수 $Y = AK^{1/4} L^{3/4}$를 증가율로 나타내면 $\frac{\Delta Y}{Y} = \frac{\Delta A}{A} + \frac{1}{4}\left(\frac{\Delta K}{K}\right) + \frac{3}{4}\left(\frac{\Delta L}{L}\right)$이다. 주어진 조건을 대입하면 자본

량 증가율 $\frac{\Delta K}{K} = 5\%$이다.

답 ⑤

07 경제성장모형에서 생산함수가 $Y = AK$일 때 다음 설명 중 옳은 것만을 모두 고른 것은?(단, Y는 생산량, A는 생산성수준이며 0보다 큰 상수, K는 자본량)

> ㄱ. 자본량의 한계생산물은 일정하다.
> ㄴ. 자본량이 증가할 때 생산량은 증가한다.
> ㄷ. 노동량이 증가할 때 생산량은 증가한다.
> ㄹ. 자본의 증가율과 생산량의 증가율은 같다.

① ㄱ, ㄴ

② ㄱ, ㄴ, ㄹ

③ ㄱ, ㄷ, ㄹ

④ ㄴ, ㄷ, ㄹ

⑤ ㄱ, ㄴ, ㄷ, ㄹ

해설

난도 ★★

생산함수가 $Y = AK$이면 생산량은 총요소생산성과 자본량에 의해서만 결정된다. 자본투입량이 증가하면 생산량은 비례적으로 증가한다. 즉 자본의 증가율과 생산량의 증가율은 같다. 자본의 한계생산은 $MP_K = \frac{dY}{dK} = A$로 일정하다.

답 ②

08 솔로우(Solow) 단순경제성장모형에서 총생산함수가 $Y=2L^{0.5}K^{0.5}$이고, 다음과 같은 조건이 주어진 경우 균제상태(steady state)에서 1인당 국민소득(y)의 값은?(단, Y는 총국민소득, L은 노동투입량, K는 자본투입량, $y=\dfrac{T}{L}$, $k=\dfrac{T}{L}$, $y>0$, $k>0$)

- 민간부문만 있는 폐쇄경제이다.
- 인구증가율은 0이다.
- 저축함수는 $S=0.2Y$ (S는 저축)
- 각 기간의 저축과 투자는 일치한다.
- 자본의 감가상각률은 0.1이다.

① 2
② 4
③ 8
④ 12
⑤ 16

해설

난도 ★★★

총생산함수 $Y=2L^{0.5}K^{0.5}$의 양변을 L로 나누어 1인당 생산함수를 구하면 $y=f(k)=2\sqrt{k}$이다. 균제상태(steady state)에서는 $sf(k)=(n+d)k$가 성립하므로 제시된 수치를 대입하면 $0.2\times2\sqrt{k}=(0+0.1)k$이다. $0.4\sqrt{k}=0.1k$이고 $k=16$이다. 이를 1인당 생산함수에 대입하면 $y=8$이다.

답 ③

---

09 솔로우(R.Solow) 성장모형에서 일인당 생산함수는 $y=k^{1/2}$, 저축률은 12%, 인구증가율은 1%, 자본의 감가상각률은 2%이다. 다음 설명 중 옳은 것을 모두 고른 것은?(단, y는 일인당 생산량, k는 일인당 자본량이다)

ㄱ. 균제상태(steady state)에서 일인당 산출량은 4이다.
ㄴ. 자본소득분배율과 노동소득분배율은 같다.
ㄷ. 균제상태에서 황금률(golden rule)이 달성되고 있다.

① ㄱ
② ㄴ
③ ㄱ, ㄴ
④ ㄴ, ㄷ
⑤ ㄱ, ㄴ, ㄷ

난도 ★★★

ㄱ. 솔로우 모형의 균제상태 $sf(k)=(n+d)k$에 문제에 제시된 수치를 대입한다. $0.12\sqrt{k}=(0.01+0.02)k$이다. $4\sqrt{k}=k$에서 $\sqrt{k}=4$이고 $k=16$이다. 따라서 균제상태에서의 1인당 산출량 $y=\sqrt{k}=\sqrt{16}=4$이다.

ㄴ. 1인당 생산함수가 $y=k^{1/2}$이므로 총생산함수는 $Y=K^{1/2}L^{1/2}$이다. 따라서 자본소득분배율과 노동소득분배율은 같다.

ㄷ. 자본축적의 황금률에서는 $f'(k)=n+d$가 성립한다. 먼저 1인당 생산함수 y를 k에 관해서 미분하면 $\dfrac{dy}{dk}=\dfrac{1}{2}k^{-1/2}=\dfrac{1}{2\sqrt{k}}$

이므로 황금률에서는 $\dfrac{1}{2\sqrt{k}}=(0.01+0.02)$가 성립한다. 여기서 $\dfrac{1}{\sqrt{k}}=\dfrac{1}{0.06}$이고, $k=\dfrac{1}{0.0036}=278$이다. 균제상태에서의 자본량 $k=16$은 황금률의 자본량에 미치지 못한다.

답 ③

---

10 솔로우(Solow) 경제성장모형에서 1인당 생산함수는 $y=2k^{1/2}$이다. 감가상각률이 0.2, 인구증가율과 기술진보율이 모두 0이라면, 이 경제의 1인당 소비의 황금률 수준(golden rule level)은?(단, y는 1인당 생산, k는 1인당 자본량이다)

★27회 기출★

☑ 확인
Check!
○
△
×

① 2   ② 5
③ 10   ④ 2
⑤ 100

난도 ★★

솔로우(Solow) 경제성장모형에서 인구증가율과 기술진보율이 모두 0인 경우 자본축적의 황금률에서는 $MP_K=d$가 성립한다. $MP_K=k^{-1/2}=\dfrac{1}{\sqrt{k}}$이다. 황금률에서의 1인당 자본량을 구하기 위해 $MP_K=d$로 하면 $\dfrac{1}{\sqrt{k}}=0.2$이고 $k=25$이다. 이를 1인당 생산함수에 대입하면 1인당 생산량은 $y=10$이다.

1인당 생산함수를 기초로 총생산함수를 구하면 $Y=2K^{1/2}L^{1/2}$이다. 노동소득분배율은 50%이므로 황금률에서의 1인당 소비는 $10\times\dfrac{1}{2}=5$이다.

답 ②

11 기술진보가 없는 솔로우(Solow)의 경제성장모형에서 1인당 생산함수는 $y = k^{0.2}$, 저축률은 0.4, 자본의 감가상각률은 0.15, 인구증가율은 0.05이다. 현재 경제가 균제상태(steady state)일 때 다음 중 옳은 것을 모두 고른 것은?(단, y는 1인당 생산량, k는 1인당 자본량이다)

★28회 기출★

ㄱ. 현재 균제상태의 1인당 자본량은 황금률 수준(golden rule level)의 1인당 자본량보다 작다.

ㄴ. 황금률을 달성시키는 저축률은 0.20이다.

ㄷ. 인구증가율이 증가하면 황금률 수준의 1인당 자본량도 증가한다.

ㄹ. 감가상각률이 증가하면 황금률 수준의 1인당 자본량은 감소한다.

① ㄱ, ㄴ

② ㄱ, ㄷ

③ ㄴ, ㄹ

④ ㄱ, ㄴ, ㄹ

⑤ ㄴ, ㄷ, ㄹ

해설

난도 ★★★

ㄱ. ㄴ. 1인당 생산함수가 $y = k^{0.2}$이므로 $\left(\dfrac{Y}{L}\right) = \left(\dfrac{K}{L}\right)^{0.2}$이고, 양변에 L을 곱해 주면 총생산함수는 $Y = K^{0.2}L^{0.8}$이다. 황금률에서는 노동소득분배율이 소비율과 같으므로 저축률은 0.20이다. 제시된 저축률은 0.4이므로 황금률보다 높은 수준이다.

ㄷ. ㄹ. 1인당 생산함수를 k에 대해 미분하면 $f'(k) = 0.2k^{-0.8} = \dfrac{0.2}{k^{0.8}}$이다. 황금률에서의 1인당 자본량을 구하기 위해 $f'(k) = n + d$로 두면 $\dfrac{0.2}{k^{0.8}} = (n+d)$이다. 이로부터 $k^{0.8} = \dfrac{0.2}{n+d}$, $k = \left(\dfrac{0.2}{n+d}\right)^{5/4}$의 관계가 도출된다. 이 관계로부터 n이나 d가 상승하면 황금률에서의 1인당 자본량이 감소한다는 것을 알 수 있다.

답 ③

12 솔로우(R. Solow)의 경제성장 모형에 대한 설명으로 옳지 <u>않은</u> 것은?

☑확인
Check!
○
△
×

① 생산요소 간 대체가능성과 수확체감의 법칙이라는 신고전학파적 전제를 수용하여 이전의 성장모형 보다는 현실에 보다 부합되는 성장이론이다.

② 1인당 자본스톡이 균제상태(정상상태)보다 낮은 수준에서 균제상태로 접근함에 따라 경제성장률이 둔화된다.

③ 가격조정에 의하여 노동과 자본이 완전고용될 수 있도록 1인당 자본이 조정되면 경제는 노동과 자본이 동일한 비율로 성장하게 되어 균제상태에 이르게 된다.

④ 저축률이 황금률 수준의 저축률보다 낮은 경우에 저축률을 황금률 수준으로 증가시키면, 현재투자와 미래투자 모두 이전보다 감소한다.

⑤ 자본소득을 모두 저축하고 노동소득을 모두 소비한다면, 이 경제의 균제상태는 황금률을 달성한다.

해설
난도 ★★

④ 저축률이 황금률 수준의 저축률보다 낮은 경우에 저축률을 황금률 수준으로 증가시키면, 현재투자와 미래투자 모두 저축률을 증가시키기 이전보다 증가한다.

답 ④

13 인적자본과 실물자본이 갖는 경합성과 배제가능성을 바탕으로 R&D 모형만으로 설명하기 어려웠던 국가 간 지속적인 성장률 격차를 설명하는데 유용한 모형은?

☑확인
Check!
○
△
×

① 물적 · 인적자본의 동시축적 모형

② 지식자본의 외부효과 모형

③ 학습효과 모형

④ 루카스(Lucas)의 인적자본 모형

⑤ 로머(Romer)의 모형

해설
난도 ★★

R&D 모형만으로 설명하기 어려웠던 국가 간 지속적인 성장률 격차를 설명하는데 유용한 모형은 루카스의 인적자본 모형이다.

답 ④

14 경제성장과 관련된 다음 주장 중 옳지 <u>않은</u> 것은?

① 생활수준의 향상을 양적인 성장으로 측정하고자 할 때 대표적으로 쓰이는 지표는 명목 국민소득의 증가율이다.

② 성장회계를 통하여 경제성장 요인을 분해하면 노동투입의 증가로 인한 기여분, 자본투입의 증가로 인한 기여분, 총요소생산성의 증가로 나눌 수 있다.

③ 솔로우 경제성장모형에서 균제상태(steady state)에 도달하기 전에는 소득이 증가함에 따라 성장률이 하락한다.

④ 전체인구 중 취업자 비중이 동일하고 일인당 노동시간이 동일하다면, 일인당 평균 노동생산성이 높을수록 일인당 국민소득이 높다.

⑤ 두 나라의 근로자 일인당 국민소득이 동일하다면 전체인구 중 취업자 비중이 높은 나라의 일인당 국민소득이 더 높다.

> 해설
> 난도 ★
> 생활수준의 향상을 양적인 성장으로 측정하고자 할 때 대표적으로 쓰이는 지표는 (명목국민소득이 아니라) 실질국민소득의 증가율이다.

답 ①

15 내생적 성장이론(endogenous growth theory)이 주장하는 지속적 성장의 요인은?

① 인적자본, 연구–개발 투자　　　　② 인구성장률, 한계저축성향
③ 자본계수, 자본–노동 비율　　　　④ 인구성장률, 자본계수
⑤ 1인당 최적소비

> 해설
> 난도 ★
> 내생적 성장이론에 의하면 가계, 기업, 정부가 모두 노동의 생산성을 높이는데 주력할 때 경제성장률이 높아진다.
> 즉, 가계는 소득의 일부를 자신의 능력을 계발하는 상품을 소비하는데 지출함으로써 노동의 생산성이 높아지고 그럼으로써 경제성장에 필요한 인적자본을 공급할 수 있다.
> 기업은 인적자본과 물적자본(첨단시설)에 대한 투자를 함으로써 학습효과(learning – by – doing)를 높인다. 이를 위해서 인재를 양성하고 고급노동자를 확보한다.
> 정부는 세율을 낮춤으로써 기업의 조세부담을 줄인다. 그러려면 정부 지출이 감소해야 한다. 그러나 인적자본을 구축하는데 필요한 이른바 생산성 지출은 높임으로써 인적자본(human capital)을 구축한다.

답 ①

16 내생적 성장이론에 대한 다음 설명 중 가장 옳지 <u>않은</u> 것은?

① 장기적으로 지속적 성장을 위해서는 생산함수가 모든 투입요소에 대하여 한계생산 체감을 보이지 않아야 한다.

② R&D모형에 의하면 비경합성과 배제가능성을 갖는 지식의 축적으로 지속적 성장이 가능해진다.

③ 인적자본모형에 의하면 효율적인 교육정책은 경제성장률을 영구적으로 높일 수 있다.

④ 물적자본과 인적자본의 동시축적으로 자본의 한계생산성이 체감하지 않도록 함으로써 1인당 소득의 지속적 증가를 설명할 수 있다.

⑤ 가난한 나라와 부유한 나라의 1인당 소득수준이 장기적으로 수렴하지 않는 현상을 설명할 수 있다.

> 해설
> 난도 ★★
> 생산함수는 모든 투입요소에 대하여 한계생산 체감을 보일 수밖에 없다. 이러한 상황에서 장기적으로 지속적 성장을 위해서는 R&D를 통해서 생산성을 높임으로써 한계생산 체감을 극복해야 한다.
>
> 답 ①

17 다음 중 내생적 성장이론에 대한 설명으로 옳지 <u>않은</u> 것은?

① 루카스(R. Lucas)의 인적자본 모형에 의하면 교육 또는 기술습득의 효율성이 장기 경제성장률에는 영향을 미치지 못한다.

② 각국의 지속적인 성장률 격차를 모형 안의 내생변수의 상호작용에 의해 설명하는 이론이다.

③ 로머(P. Romer)의 R&D모형에 의하면 연구인력의 증가만으로도 장기 경제성장률을 높일 수 있다.

④ R&D 모형에 의하면 비경합성과 배제가능성을 갖는 지식의 축적으로 지속적 성장이 가능해진다.

⑤ AK모형에서 지속적인 성장이 가능한 것은 자본의 외부경제성으로 인해 자본의 한계생산이 체감하지 않기 때문이다.

> 해설
> 난도 ★★
> 루카스(R. Lucas)는 인적자본의 축적이 장기 경제성장률을 결정하는 가장 중요한 요인이라고 주장한다.
>
> 답 ①

18 인구 증가와 기술진보가 없는 솔로우(Solow) 경제성장모형에서 1인당 생산함수는 $y=5k^{0.4}$, 자본의 감가상각률은 0.2일 때, 황금률(Golden rule)을 달성하게 하는 저축률은?(단, y는 1인당 생산량, k는 1인당 자본량이다)

★33회 기출★

① 0.1

② 0.2

③ 0.25

④ 0.4

⑤ 0.8

해설

난도 ★

1인당 생산함수가 $y=5k^{0.4}=(\dfrac{Y}{L})=5(\dfrac{K}{L})^{0.4}$ 이므로 양변에 L을 곱해주면 총생산함수는 $Y=5K^{0.4}L^{0.6}$ 이다. 황금률에서는 노동소득 분배율이 소비율과 같고, 저축율이 자본소득 분배율과 일치하므로 황금률 수준에서의 저축률은 0.4이다.

답 ④

---

19 경제성장모형인 $Y=AK$ 모형에서 A는 0.5이고 저축률은 s, 감가상각률은 δ일 때 이에 관한 설명으로 옳은 것은?(단, Y는 생산량, K는 자본량, $0 < s < 1$, $0 < \delta < 1$이다)

★33회 기출★

① 자본의 한계생산은 체감한다.

② $\delta=0.1$이고 s=0.4이면 경제는 지속적으로 성장한다.

③ 감가상각률이 자본의 한계생산과 동일하면 경제는 지속적으로 성장한다.

④ $\delta=s$이면 경제는 균제상태(steady-state)이다.

⑤ 자본의 한계생산이 자본의 평균생산보다 크다.

해설

난도 ★★

② AK 모형에서 자본축적 증가율 $\dfrac{\Delta K}{K}=\dfrac{\Delta Y}{Y}=sA-\delta>0$이면 지속적인 성장이 가능하다.

① AK 모형에서는 자본의 한계생산은 자본이 축적되어도 체감하지 않고 $Y=AK$에서 A로 일정하다.

③ 감가상각률보다 자본의 한계생산이 커야만 경제는 지속적으로 성장할 수 있다.

⑤ 자본의 한계생산이 일정하므로 자본의 한계생산과 자본의 평균생산은 같다.

답 ②

20 갑국의 생산함수는 $Y = AL^{0.6}K^{0.4}$이다. 총요소생산성 증가율은 5%이고, 노동량과 자본량 증가율은 각각 −2%와 5%일 경우, 성장회계에 따른 노동량 1단위당 생산량 증가율은?(단, Y는 총생산량, A는 총요소생산성, L은 노동량, K는 자본량이다)   ★33회 기출★

☑ 확인
Check!
○
△
×

① 5%

② 5.5%

③ 6.2%

④ 7.2%

⑤ 7.8%

해설

난도 ★★

총생산함수를 증가율에 관한 식으로 바꾸면 성장회계방정식이 된다.

즉, $\dfrac{\Delta Y}{Y} = \dfrac{\Delta A}{A} + 0.6\dfrac{\Delta L}{L} + 0.4\dfrac{\Delta K}{K}$이다. 여기에 주어진 조건들을 대입하여 정리하면 생산량 증가율($\dfrac{\Delta Y}{Y}$)=5.8%이고,

노동자 1인당 생산량 증가율은 생산량 증가율(5.8%)에서 노동량 증가율(−2%)을 빼면 7.8%이다.

답 ⑤

당신이 저지를 수 있는 가장 큰 실수는,
실수를 할까 두려워하는 것이다.

– 앨버트 하버드 –

제3편

국제경제학

출제경향 & 수험대책

최근 국제경제학에서는 3~5문제(10% 정도)가 출제되고 있다. 국제무역에서는 비교우위론, 헥셔-올린 정리, 관세부과의 일반적 효과와 사회후생에 미치는 영향, 교역조건 등이 자주 출제되고, 이는 기본적인 내용만 정리해두면 어렵지 않게 풀 수 있는 수준의 문제들이다.

국제수지와 환율분야에서는 환율결정이론, 환율과 원화가치, 국제수지표, 먼델-플레밍 모형 등이 자주 출제된다. 최근에는 미시 경제학과 거시경제학의 이론을 개방경제로 확장한 문제도 출제되고 있으나 크게 어려운 내용은 아니다.

제1장 | 국제무역

제1절 국제무역의 의의

1. 국제무역

(1) 국제무역의 특징

국제무역(international trade)은 국내거래와는 달리 다음과 같은 몇 가지 차이점을 지니고 있다.

① 거래 당사자 간에 화폐단위의 차이가 있기 때문에 이로 인해 각국화폐 간의 교환비율, 즉 환율문제가 발생한다.

② 생산물의 국가 간의 이동은 비교적 자유로우나 생산요소의 국가 간의 이동은 제한적이다. 그러므로 전통적인 국제경제이론은 생산요소의 비이동성(immobility)을 가정한다.

③ 국제무역은 국민경제에 대해 국제수지의 문제를 야기한다. 대부분의 국가에서 국제수지의 균형은 주요 경제정책 목표의 하나이다.

(2) 국제무역의 분류

국제무역, 즉 국제거래는 크게 재화 및 서비스의 거래와 생산요소의 거래로 구분할 수 있다. 재화 및 서비스의 거래는 다시 재화(상품)의 거래와 서비스의 거래로 구분한다. 흔히 재화의 거래를 보이는 무역(visible trade)이라고 하고 서비스의 거래를 보이지 않는 무역(invisible trade)라고 한다. 그리고 생산요소의 거래는 노동이나 자본, 기술의 이동 등을 의미한다.

2. 국제무역의 발생원리

(1) 국제경제의 형성

교환(exchange)은 교환당사자 모두에게 이익을 주기 때문에 발생한다. 국제무역에서는 분업의 정도가 더 현저하므로 국내교역에 비해 더 큰 이익을 준다. 국제경제(international economy)는 자본주의의 발전, 교통 및 통신의 발전, 산업혁명으로 생산 및 교환의 영역이 확대되고 국가 간의 교역이 증대함에 따라 형성되었다.

(2) 국제무역의 발생 원리

국제무역이 발생하는 가장 큰 이유는 무역을 통해 무역 당사국이 모두 이익을 얻기 때문이다. 무역 당사국이 모두 이익을 얻게 만드는 요인으로는 생산조건의 차이, 규모의 경제, 기호의 차이 등을 들 수 있다.

① 나라마다 토지, 천연자원, 노동 등 생산요소 부존량과 기술수준 등 생산조건의 차이가 있기 때문에 무역은 당사국 모두에게 이익을 준다. 스웨덴의 경제학자인 헥셔(E. Heckscher)와 올린(B. Ohlin)은 두 나라 사이에 다른 모든 조건이 같더라도 생산요소의 부존량이 다르면 무역이 일어난다는 것을 보였다.[1]

② 수출을 위해 생산량을 늘리면 규모의 경제가 발생하여 평균생산비를 감소시킨다. 규모의 경제는 산업내 무역(intra-industry trade), 즉 한 산업 안에서도 수출과 수입이 일어나는 것을 설명할 수 있다.

③ 모든 국가에서 생산조건이 같다고 해도 재화에 대한 소비자의 기호(taste)가 다르면 무역을 통해 이익을 얻을 수 있다.

제2절　국제무역의 이익

1. 절대우위설

(1) 절대우위설

스미스의 절대우위설(theory of absolute advantage)은 각국이 다른 나라에 비해 생산비가 적게 드는 상품만을 생산하여 교환하면 무역 당사국 모두 이익을 얻는다는 것이다.

(2) 절대우위의 예

한 나라가 어떤 상품 1단위를 생산하는 데 다른 나라보다 적은 양의 생산요소를 사용할 때 그 나라는 다른 나라에 대하여 그 상품생산에 절대우위를 가진다고 한다. 예컨대 영국과 포르투갈이 옷감과 와인 1단위를 생산할 때 투입되는 노동량이 다음 [표]와 같다고 하자.

---

1) 전통적으로 국제무역은 산업간 무역이 중심을 이루었다. 그러나 근래에는 산업내 무역이 보편적으로 행해지고 있다. 산업간 무역(inter-industry trade)은 예컨대 미국의 자동차와 우리나라의 섬유제품을 서로 교환하는 형태이다. 반면 산업내 무역(intra-industry trade)은 미국이 자동차와 섬유제품을 우리나라에 수출하고, 우리나라도 마찬가지로 자동차와 섬유제품을 미국에 수출하는 경우를 말한다.

구분	옷감	와인
영국	8단위	10단위
포르투갈	12단위	9단위

이 경우 영국의 옷감생산비는 포르투갈의 2/3 수준이고, 포르투갈의 와인생산비는 영국의 9/10 수준이다. 따라서 영국은 옷감생산에 절대우위를 가지고 포르투갈은 와인생산에 절대우위를 가진다고 한다. 그러므로 영국은 옷감만 생산하고 포르투갈은 와인만 생산하여 두 나라가 교환하면 두 나라 모두 이익을 얻는다는 이론이 절대우위설이다.

더 알아보기 교역조건

교역조건(terms of trade, T/T)은 수출품 1단위와 교환되는 수입품의 단위수를 말한다. 교역조건은 보통 '수출품 가격지수/수입품 가격지수'로 나타내는 데 100을 넘으면 수출국에 유리한 것이다.

2. 비교우위설

(1) 비교우위

① 한 나라가 다른 나라보다 어떤 상품을 상대적으로 적은 기회비용으로 생산할 수 있을 때 그 나라는 그 상품생산에 비교우위(comparative advantage)가 있다고 한다.

② 절대우위는 두 나라의 생산성을 비교하는 개념인데 비해 비교우위는 두 나라의 기회비용을 비교하는 개념으로 사용된다.

(2) 비교우위설

① 리카도(D. Ricardo)의 비교우위설(theory of comparative advantage)은 생산비에 절대우위가 없어도 상대적인 우위, 즉 비교우위가 있는 상품 생산에 전문화 또는 특화(specialization)하여 교환(무역)을 하게 되면 무역 당사국이 모두 이익을 얻는다는 것을 말한다.

② 비교우위는 노동생산성의 차이에서 발생하지만, 실제로는 기술이나 생산요소 부존(endowment)의 차이로 인한 상대적 생산비의 차이가 원인이 된다.

(3) 비교우위의 예

① 영국과 포르투갈이 각각 옷감과 와인 1단위를 생산할 때 투입되는 노동량이 다음 [표]와 같다.

구분	옷감	와인
영국	8단위	9단위
포르투갈	12단위	10단위

② 이 경우 영국은 옷감생산과 와인생산 모두에 절대우위를 가지고 있다. 스미스의 절대우위설에 따르면 한 나라가 두 재화생산 모두에 절대우위를 가지고 있으므로 무역은 일어나지 않는다.

③ 그러나 리카도의 비교우위설에 따르면 포르투갈과 비교할 때 영국의 옷감생산비는 8/12(=67%)이고 와인생산비는 9/10(=90%)이므로 영국은 옷감생산에 23%의 비교우위가 있다.

④ 반면 영국과 비교할 때 포르투갈의 와인생산비는 10/9(=111%)이고 옷감생산비는 12/8(=150%)이므로 포르투갈은 와인생산에 39%의 비교우위가 있다.

⑤ 이제 두 나라는 비교우위가 있는 상품생산에 특화하여[2] 두 나라가 교환하면 두 나라 모두 이익을 얻게 된다.

(4) 비교우위론의 평가

리카도의 비교우위설은 주어진 가정, 즉 임금과 가격이 신축적으로 조정되고, 생산요소의 이동성 (mobility)이 완전하며, 비자발적 실업이 없는 경우에는 타당하지만 다음과 같은 한계를 가지고 있다.

① 이 이론은 노동가치설에 입각하여 생산요소로서 노동만이 투입된다는 가정에 입각하고 있는데 이는 비현실적이다.

② 생산요소 투입에서의 수확체감의 법칙을 무시하고 있다는 한계가 있다.

③ 교역국 전체에는 이익이지만 교역국의 국민은 이익을 보지 못하고 실업이 발생할 가능성이 있다.

④ 오늘날의 무역 추세는 산업간 무역(inter-industry trade)에서 산업내 무역(intra-industry trade)으로 변화하고 있기 때문에 따라서 비교우위설의 이론적 타당성은 줄어든다.

⑤ 비교우위가 있는 상품생산에만 특화하는 경우 후진국은 1차 산업만 육성해야 하는데 그렇다면 후진국의 공업화는 어려워진다.

⑥ 비교우위설은 정태(static) 이론이다. 그러나 비교우위는 계속 변화하므로 설득력이 떨어진다.

3. 헥셔-올린 정리

(1) 헥셔-올린 정리의 의의

① 스웨덴의 경제학자인 헥셔(E. Heckscher)와 올린(B. Ohlin)은 리카도의 노동가치설에 입각한 비교우위설을 발전시켜, 노동 이외에도 자본 등 모든 생산요소를 투입한다고 했을 때 무역이 이루어지는 원리를 설명하는 데 이를 헥셔-올린 정리(Heckscher-Ohlin theorem)라고 한다.

② 리카도는 노동생산성의 차이로부터 비교우위가 발생한다고 했지만, 헥셔-올린 정리에서는 각국의 서로 다른 생산요소의 부존량의 차이와 요소집약도의 차이에서 비교우위가 발생한다고 본다.

(2) 헥셔-올린 정리의 가정

① 2국가-2재화-2생산요소의 무역모형을 전제로 한다.

② 두 나라의 생산기술, 즉 생산함수는 동일하다.

③ 생산함수는 규모에 대한 보수 불변의 생산함수이고 수확체감의 법칙이 작용한다.

④ 두 나라는 어느 한 상품에 완전특화하지는 않는다. 즉 부분 특화한다.

⑤ 생산물 시장과 생산요소 시장은 완전경쟁시장이다.

⑥ 두 나라 사이에 생산요소의 부존량은 다르고, 양국 간 생산요소의 이동은 없다.

⑦ 두 나라의 수요패턴은 같다.

---

2) 이처럼 비교우위가 있는 상품만 생산하고 비교열위가 있는 상품은 전혀 생산하지 않는 것을 완전특화(complete specialization)라고 한다. 반면 비교우위가 있는 상품을 주로 생산하면서 비교열위가 있는 상품도 함께 생산할 때 부분특화라고 한다. 스미스의 절대우위설과 리카도의 비교우위설은 완전특화를 전제로 한 이론이다. 그리고 헥셔-올린 정리는 부분특화를 전제로 한다.

(3) 헥셔-올린 정리의 내용

헥셔-올린 정리의 결론은 두 가지로 요약해 볼 수 있다.

① 노동이 상대적으로 풍부한 국가는 노동집약적 상품생산에 특화하여 수출하고 자본이 상대적으로 풍부한 국가는 자본집약적 상품생산에 특화하여 수출하면 두 나라는 모두 무역을 통해서 이익을 얻게 된다.

② 생산요소가 국가 간에 이동하지 않더라도 상품의 교환에 의해 생산요소의 가격이 국가 간에 같아져 생산요소의 이동이 있는 것과 동일한 결과를 가져온다. 이를 요소가격 균등화 정리라고 한다.

4. 기타 무역이론

(1) 스톨퍼-새뮤얼슨 정리

① 스톨퍼-새뮤얼슨(Stolper-Samuelson) 정리는 어느 한 재화의 상대가격이 상승하면 그 재화에 집약적으로 사용된 생산요소의 가격을 재화가격의 상승에 비해 더 높게 상승시키며, 다른 생산요소의 가격은 절대적으로 하락하게 된다는 자본과 노동의 실질소득 변화에 관한 이론이다.

② 따라서 자유무역을 하게 되면 노동집약적인 상품을 수출하는 국가에서는 노동자의 실질소득이 증가하고, 자본집약적인 상품을 수출하는 국가에서는 자본가의 실질소득이 증가한다는 것이다.

(2) 립진스키 정리

립진스키(Rybczynski) 정리는 모든 재화의 상대가격이 일정불변인 경우에 어느 한 생산요소의 공급이 증가하면 그 생산요소를 집약적으로 사용하는 재화의 생산량은 증가하고, 다른 요소를 집약적으로 사용하는 재화의 생산량은 감소한다는 이론이다.

제3절   무역정책

---

1. 자유무역주의

(1) 자유무역주의의 뜻

① 자유무역주의는 비교우위설에 입각하여 국가가 간섭하지 말고 무역을 자유롭게 방임해야한다는 주장이다. 전통적인 경제학, 즉 고전학파와 신고전학파의 기본 입장이다.

② 그 이론적 근거는 스미스(A. Smith)의 절대우위설, 리카도(D Ricardo)의 비교우위설, 헥셔-올린(Hecksher-Ohlin) 정리 등에 두고 있다.

(2) 자유무역의 이점

① 자유무역은 각국이 비교우위를 가진 상품만을 생산하여 교환하므로 국제분업의 이익이 실현되고 국가 간에 자원의 효율적인 배분이 이루어진다. 또한 소비자 후생이 증가하고 사회전체의 후생도 증가한다.

② 자유무역의 이익을 다음 [그림]을 통해서 살펴보자.

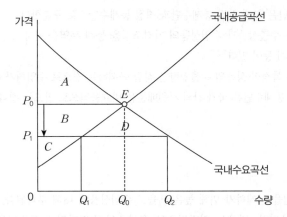

▶ 자유무역의 이익

③ 무역이 없는 경우 E에서 균형을 이루고 P_0의 가격으로 Q_0만큼의 거래가 이루어진다. 수입이 개방되면 P_1의 세계시장 가격으로 수입이 이루어지는 데 여기서 P_1은 국내수요에 의해 영향을 받지 않으므로 수평이다. 국내상품의 가격도 P_1으로 하락하고, P_1의 가격에서 국내기업은 $0Q_1$을 생산하여 판매한다. 수요자들은 $0Q_2$를 수요하므로 따라서 공급부족량 Q_1Q_2를 수입한다.

④ 이 경우 소비자잉여는 $B+D$만큼 증가하고, 생산자잉여는 B만큼 감소하므로 따라서 D만큼의 순수한 사회후생 증가가 발생한다.

2. 보호무역주의

(1) 보호무역주의의 의미

보호무역주의는 국가산업을 보호, 육성하기 위하여 국가가 적극적으로 수출을 장려하고 수입을 제한해야 한다는 주장을 말한다.

(2) 보호무역론의 근거 ★34회 기출★

① **유치산업 보호론** : 독일의 역사학파 경제학자인 리스트(F. List)는 유치산업(infant industry)이 국제경쟁력(비교우위)을 갖게 될 때까지 국가가 수입제한을 통해 보호해야 한다고 주장한다.

② **정부 관세수입의 증대** : 정부의 관세수입 증대를 위해 수입상품에 대해 관세를 부과해야 한다는 주장이다.

③ **교역조건의 개선** : 수입관세를 부과하여 교역조건(terms of trade)을 개선해야 한다는 주장이다. 이 경우 상대국도 보복관세를 부과하면 관세전쟁이 일어나고 무역규모가 축소될 수도 있다.

④ **비경제적 목적** : 대외의존도의 심화 방지, 국방산업의 확보, 국민의 자존심이 걸린 산업 등의 보호 등도 보호무역의 근거가 된다.

(3) 신보호주의

1970년대 중반이후 선진국들이 주로 신흥 공업국(NICs)를 상대로 유치산업이 아닌 자국의 산업을 보호하기 위해 보호무역정책을 실시하였는데 이를 신보호주의라고 한다. 신보호주의는 주로 비관세 수단을 통해 보호 무역을 실시하였다.

(4) 보호무역 정책수단

보호무역의 정책수단은 크게 간접 통제수단과 직접 통제수단으로 구분한다.

① 간접 통제수단은 수출상품과 수입상품의 가격조정을 통해 무역을 규제하는 것으로 관세, 과징금, 보조금, 복수 환율제 등이 있다.

② 직접 통제수단은 특정한 상품의 수출입량을 직접 규제하는 것으로 수입허가제, 수입할당제, 국영 무역 등이 있다. 직접 통제수단은 국가 간의 자원배분을 비효율적으로 만드는 결과를 초래한다.

3. 관세

(1) 관세의 의의

관세(tariff)는 수입을 억제하기 위해 높은 세율로 수입상품에 대해 부과된다. 후진국의 소비억제를 위해서도 관세가 이용된다. 관세는 일반적으로 수입품의 수입가격에 일정비율로 과세하는 종가세(ad valorem tax)의 형태이다.

(2) 관세의 경제적 효과

아래 [그림]에서와 같이 수입품 단위당 t원씩의 관세를 부과하면 세계공급곡선은 P_1에서 수평이 된다. 관세만큼 가격이 상승했기 때문에 국내기업의 공급량은 Q_3에서 Q_1만큼 증가하였고 수요량은 Q_4에서 Q_2만큼 감소하여, 수입량은 $Q_3, Q_1 + Q_2, Q_4$만큼 감소하였다. 관세부과의 효과를 정리해보면 다음과 같다.

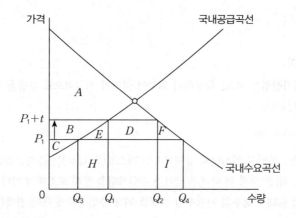

① 산출량 증가효과 : 관세를 부과하면 국내생산량은 $Q_1 Q_3$만큼 증가하고 고용도 증가한다. 이를 관세의 고용증대 효과, 국내산업 보호 효과라고 한다.

② 소비억제효과 : 관세가 부과되어 수입상품의 국내가격이 높아짐에 따라 $Q_4 Q_2$만큼 국내소비가 감소한다.

③ 재정수입 증대효과 : 정부의 재정수입이 사각형 D만큼 증가한다.

④ 국제수지 개선효과 : 관세부과로 수입이 $Q_1 Q_3 + Q_4 Q_2$만큼 감소하여 수입액도 $H + I$만큼 감소하는데 그만큼 국제수지가 개선된 것이다.

⑤ 교역조건 개선효과 : 관세가 부과되면 교역조건은 개선된다.

⑥ **소비자 잉여 및 사회후생의 손실효과** : 관세가 부과되면 수입상품의 가격이 P_1으로 상승하므로 소비자 잉여는 $C+D+E+F$만큼 감소한다. 그러나 이중 C는 국내 생산자 잉여의 증가, D는 재정수입이므로 사회후생의 순손실(deadweight loss)이 $E+F$만큼 발생한다.

⑦ **소득의 재분배효과** : 관세 부과로 소비자 부담은 증가하지만 생산자나 정부는 이익을 본다. 따라서 관세는 소득을 소비자로 부터 정부와 생산자로 재분배한다.

(3) 탄력관세제도

탄력관세제도는 국제경제의 변화에 민감하게 대응할 수 있도록 관세율의 범위를 정해놓고 필요에 따라 관세율을 변화시킬 수 있는 제도를 의미한다.

① **상계관세(countervailing duties)** : 수출국이 수출산업에 주는 수출 장려금, 보조금을 상계하기 위한 관세이다.

② **보복관세(retaliatory duties)** : 상대국이 자국의 수출상품에 대해 차별대우를 하는 경우, 상대국의 수입상품에 대해 보복적으로 부과하는 관세이다.

③ **반(反)덤핑관세(anti dumping duties)** : 생산원가 이하로 수출하는 수출국의 상품에 부과하는 관세이다.

④ **기타** : 긴급관세, 물가평형 관세, 관세할당제 등이 있다.

제1장 | 확인학습문제

01

소국 개방경제(small open economy)인 A국이 해외로부터의 수입 농산물에 관세를 부과할 때 나타나는 현상으로 옳은 것을 모두 고르면?(단, 국내산 농산물과 수입 농산물은 동질적이다. 또한 농산물에 대한 A국의 국내 수요곡선은 우하향하고, 국내 공급곡선은 우상향한다고 가정한다)

> ㄱ. A국에서 국내 생산에 의한 농산물 공급량이 감소한다.
> ㄴ. A국에서 해외로부터의 농산물 수입량이 감소한다.
> ㄷ. A국에서 생산자 잉여는 증가하고 소비자 잉여는 감소한다.

① ㄱ
② ㄴ
③ ㄷ
④ ㄱ, ㄴ
⑤ ㄴ, ㄷ

해설

난도 ★

ㄴ. 이로 인해 국내 생산량은 증가하고 국내 수요량은 감소한다. 국내 생산량의 증가분과 국내 수요량의 감소분을 더한 것만큼 수입량은 감소한다.

ㄷ. 국내가격이 상승하므로 생산자 잉여는 증가하고 소비자 잉여는 감소한다.

ㄱ. 소국 개방경제(small open economy)인 A국이 수입 농산물에 관세를 부과하면 그 농산물의 국내가격이 상승하여 국내 공급량은 증가한다.

답 ⑤

02 국제무역과 관련된 다음 설명 중 적절하지 <u>않은</u> 것은?(단, 국내 수요곡선은 우하향하고, 국내 공급곡선은 우상향하는 것으로 가정한다)

① 관세를 부과하면 생산자의 후생은 감소하고 소비자의 후생은 증가한다.

② 비교우위론에 따르면 각 국가는 생산의 기회비용이 상대적으로 낮은 재화에 특화하는 것이 유리하다.

③ 헥셔−올린 정리에 따르면 각국은 상대적으로 풍부한 생산요소를 많이 사용하는 재화에 비교우위가 있다.

④ 수입쿼터를 부과하면 수입 한 단위당 국내가격과 국제가격의 차이에 해당하는 액수가 수입업자에게 돌아간다.

⑤ 유치산업보호론에 따르면 저개발국가의 기업들은 해외의 기업들과 경쟁할 수 있을 때까지 보호받아야 한다.

해설
난도 ★★

① 관세를 부과하면 국내 시장가격이 상승한다. 따라서 생산자잉여는 증가하고 소비자잉여는 감소한다. 정부의 관세수입은 증가하고, 사회후생의 손실(deadweight loss)이 발생한다.

답 ①

03 A국은 자본이 상대적으로 풍부하고 B국은 노동이 상대적으로 풍부하다. 양국 간의 상품이동이 완전히 자유로워지고 양 국가가 부분특화하는 경우, 헥셔−올린(Hecksher−Ohlin) 정리와 스톨퍼−새뮤얼슨(Stolper−Samuelson) 정리에서의 결과와 부합하는 것을 모두 고른 것은?

★28회 기출★

> ㄱ. 두 국가의 자본가격은 같아진다.
> ㄴ. B국 자본가의 실질소득이 증가한다.
> ㄷ. A국 노동자의 실질소득이 감소하는 반면, B국 노동자의 실질소득은 증가한다.

① ㄱ

② ㄱ, ㄴ

③ ㄱ, ㄷ

④ ㄴ, ㄷ

⑤ ㄱ, ㄴ, ㄷ

해설
난도 ★★

ㄱ. 헥셔−올린 정리(Heckscher−Ohlin theorem)의 내용 중 하나인 요소가격 균등화 정리에 의하면 생산요소가 국가 간에 이동하지 않더라도 상품의 교환에 의해 생산요소의 가격이 국가 간에 같아져 생산요소의 이동이 있는 것과 동일한 결과를 가져온다.

ㄴ, ㄷ. 스톨퍼−새뮤얼슨(Stolper−Samuelson) 정리는 자유무역을 하게 되면 노동집약적인 상품을 수출하는 국가에서는 노동자의 실질소득이 증가하고, 자본집약적인 상품을 수출하는 국가에서는 자본가의 실질소득이 증가한다는 것이다. 노동이 풍부한 B국 노동자의 실질소득은 증가하지만 자본가의 실질소득은 감소한다.

답 ③

04 A국은 자본이동이 완전히 자유로운 소규모 개방경제이다. 변동환율제도 하에서 A국의 거시경제모형이 다음과 같을 때, 정책효과에 관한 설명으로 옳지 않은 것은?(단, Y, M, r, e, p, r^*, p^*는 각각 국민소득, 통화량, 이자율, 명목환율, 물가, 외국이자율, 외국물가이다)

★29회 기출★

> 소비함수 : $C = 1000 + 0.5(Y-T)$
>
> 투자함수 : $I = 1200 - 10000r$
>
> 순수출 : $NX = 1000 - 1000\varepsilon$
>
> 조세 : $T = 1000$
>
> 정부지출 : $G = 2000$
>
> 실질환율 : $\varepsilon = e\dfrac{p}{p^*}$
>
> 실질화폐수요 : $LD = 40 - 1000r + 0.01Y$
>
> 실질화폐공급 : $L^S = \dfrac{M}{p}$
>
> $M = 5000$, $p = 100$, $p^* = 100$, $r^* = 0.02$

① 정부지출을 증가시켜도 균형소득은 변하지 않는다.

② 조세를 감면해도 균형소득은 변하지 않는다.

③ 통화공급을 증가시키면 균형소득은 증가한다.

④ 확장적 재정정책을 실시하면 e가 상승한다.

⑤ 확장적 통화정책을 실시하면 r이 하락한다.

해설

난도 ★★

제시된 내용으로 IS곡선이나 LM곡선을 계산할 필요는 없다.

⑤ 자본이동이 완전히 자유로운 변동환율제도 하의 소규모 개방경제에서 재정정책은 국민소득에 아무런 영향을 미칠 수 없지만 통화정책은 매우 효과적이다. 즉 확장적 통화정책 결과 고용과 국민소득(Y)이 증가하고, 소비(C)가 증가한다. 주어진 국제이자율이 변하지 않는 한 투자(I)는 불변이고 r도 불변이다.

①, ②, ③, ④ 변동환율제도에서 확장적 재정정책(정부지출 증가, 조세 감면)은 환율하락으로 인한 순수출 감소로 국민소득 불변, 소비·투자 불변, 쌍둥이 적자(재정적자와 경상수지 적자)를 야기한다. 변동환율제도에서 확장적 통화정책은 국민소득 증가, 소비 증가, 투자 불변, 경상수지 호전을 야기한다.

답 ⑤

05

개방경제인 A국의 국민소득 결정모형이 다음과 같을 때, A국의 국내총소득, 국민총소득, 처분가능소득은? (단, 제시된 항목 외 다른 것은 고려하지 않는다)

★30회 기출★

- 국내총생산 : 1,000
- 대외 순수취 요소소득 : 20
- 교역조건 변화에 따른 실질무역 손익 : 50
- 감가상각 : 10
- 사내유보이윤 : 10
- 각종세금 : 3
- 이전지출 : 3

① 1,000, 980, 960
② 1,000, 1,020, 1,000
③ 1,050, 1,050, 1,050
④ 1,050, 1,070, 1,050
⑤ 1,070, 1,050, 1,030

해설

난도 ★★

국내총소득(GDI)＝GDP＋교역조건 변화에 따른 실질무역손익＝1,000＋50＝1,050이다.

국민총소득(GNI)＝GDI＋국외순수취요소소득＝1,050＋20＝1,070이다.

처분가능소득＝GNI－감가상각－사내유보이윤＝1,070－10－10＝1,050이다.

답 ④

06 甲과 乙만으로 구성된 A국에서 두 사람이 각각 하루 10시간 일하며, X재와 Y재만을 생산한다. 甲은 시간당 X재 2단위 또는 Y재 1단위를 생산할 수 있으며, 乙은 시간당 X재 1단위 또는 Y재 2단위를 생산할 수 있다. 다음 설명 중 옳지 <u>않은</u> 것은?　　　　　　　　　　　　　　　　　　　　★27회 기출★

① A국의 X재 하루 최대 생산량은 30이다.

② A국의 Y재 하루 최대 생산량은 30이다.

③ A국의 생산가능곡선은 기울기가 −1인 직선형태를 지닌다.

④ 두 사람 모두 하루에 5시간씩 X재와 Y재를 생산하는 것은 비효율적이다.

⑤ 甲은 X재 생산에, 乙은 Y재 생산에 비교우위가 있다.

해설

난도 ★★★

③ 주어진 조건에 따라 생산가능곡선(PPF)을 그려보면 X, Y재 (20, 20)의 배합점으로부터 Y절편(0, 30)과 X절편(30, 0)이 직선으로 이어진다. 따라서 X, Y재 (20, 20)의 배합점까지 기울기는 $-\frac{10}{20} = -\frac{1}{2}$이고, X절편까지의 기울기는 $-\frac{20}{10} = -2$인 직선형태이다.

④ 두 사람 모두 하루에 5시간씩 X재와 Y재를 생산하면 (15, 15) 단위가 생산되므로 생산가능곡선 내부에 있게 되므로 비효율적이다.

답 ③

07 A국과 B국의 무역 개시 이전의 X재와 Y재에 대한 단위당 생산비가 다음과 같다. 무역을 개시하여 두 나라 모두 이익을 얻을 수 있는 교역조건(P_X/P_Y)에 해당하는 것은? (단, P_X는 X재의 가격이고, P_Y는 Y재의 가격이다)　　　　　　　　　　★27회 기출★

구분	X재	Y재
甲국	5	10
乙국	8	13

① 0.45

② 0.55

③ 0.65

④ 0.75

⑤ 0.85

해설
난도 ★★★

Y재로 표시한 X재의 기회비용(생산가능곡선의 기울기)이 X재의 상대가격$\left(\dfrac{P_X}{P_Y}\right)$으로 나타낸 교역조건이다. A국에서 X재의 기회비용은 $\dfrac{5}{10}=0.5$이고 B국의 X재의 기회비용은 $\dfrac{8}{13}=0.62$이다. $0.5 < \dfrac{P_X}{P_Y} < 0.62$에서 교역조건이 결정되어야 두 나라 모두 이익을 얻을 수 있다. 이에 해당하는 것은 0.55이다.

답 ②

08 소규모 경제가 밀의 교역을 시작할 때 나타나는 효과에 대한 다음 설명 중 적절하지 않은 것은?(단, 국내 수요곡선은 우하향하고, 국내 공급곡선은 우상향하며, 교역에 수반되는 제반비용은 없는 것으로 가정한다)

① 무역 전의 국내 시장가격이 국제가격보다 높다면 이 나라는 밀의 수입국이 될 것이다.
② 무역 전의 국내 시장가격이 국제가격보다 낮다면 이 나라는 밀의 수출국이 될 것이다.
③ 무역 전의 국내 시장가격이 국제가격보다 높다면 소비자 잉여는 증가할 것이다.
④ 무역 전의 국내 시장가격이 국제가격보다 높다면 생산자 잉여는 증가할 것이다.
⑤ 무역 전의 국내 시장가격이 국제가격과 다르면 총잉여는 증가할 것이다.

해설
난도 ★★

소규모 경제의 경우 무역 이전의 국내 시장가격이 국제가격보다 높다면 무역 이후 국내 시장가격이 하락하므로 소비자잉여는 증가하지만 생산자 잉여는 감소한다.

답 ④

09 유일한 생산요소인 노동을 90단위 가지고 있는 국가를 상정해 보자. 이 국가는 치즈와 포도주를 생산할 수 있는데, 1kg의 치즈와 1리터의 포도주를 생산하기 위해 각각 2단위와 3단위의 노동량이 필요하다. 다음의 설명 중 가장 옳지 <u>않은</u> 것은?

① 치즈의 최대 생산가능량은 45kg이다.
② 치즈로 표시한 포도주의 기회비용은 3/2이다.
③ 세계시장에서 치즈로 표시한 포도주의 상대가격이 2/3이라면, 이 국가는 포도주의 생산에 완전특화한다.
④ 생산가능곡선은 우하향하는 직선의 형태로 나타난다.
⑤ 노동의 부존량이 변화하더라도 이 국가가 비교우위를 갖는 재화는 바뀌지 않는다.

해설
난도 ★★
국제시장에서 포도주 가격은 치즈가격의 2/3에 불과한 반면 포도주의 생산비용은 치즈의 생산비용보다 높으므로 포도주를 생산하는 것은 불리하다. 따라서 이 국가는 치즈생산에 완전특화하는 것이 유리하다.

답 ③

10 산업내 무역에 대한 설명 중 옳지 <u>않은</u> 것은?

① 동종 산업에서 차별화된 제품에 대한 무역이 이루어진다.
② 산업내 무역의 중요한 원인은 규모의 경제이다.
③ 부존자원의 차이 때문에 발생하는 국제무역을 잘 설명해 준다.
④ 어떤 나라가 구체적으로 어떤 제품에 특화할 것인가에 대한 예측이 어렵다.
⑤ 반도체 산업에서 한국이 메모리 부문에, 미국이 비메모리 부문에 특화하는 것이 하나의 예다.

해설
난도 ★★
산업내 무역에 의하면 제품의 차별화와 규모의 경제(economies of scale)로 인하여 무역이 발생한다. 부존자원의 차이 때문에 발생하는 국제무역을 설명해주는 것은 헥셔-올린 정리이다.

답 ③

11 2국가(A, B), 2재화(X, Y) 모형에 있어서 A국은 B국보다 X재의 Y재에 대한 기회비용이 낮다고 하자. 두 나라의 무역에 대한 설명으로 올바른 것은?

① A국은 Y재에 특화를 하여 B국에 수출을 하고, B국은 X재에 특화를 하여 A국에 수출을 하면, 두 국가는 이득을 얻는다.

② A국은 X재에 특화를 하여 B국에 수출을 하고, B국은 Y재에 특화를 하여 A국에 수출을 하면, 두 국가는 이득을 얻는다.

③ 두 국가는 두 재화를 모두 생산하여 각 재화를 반씩 서로 수출과 수입을 하면, 두 국가 모두 이득을 얻는다.

④ 두 나라는 두 재화에 어떤 양상의 무역을 하더라도, 무역 전에 비해서 두 나라의 후생이 증진될 수 없다.

⑤ 두 나라가 어떤 재화든 생산을 해서 무역을 하기만 하면, 무역 전에 비해서 두 나라의 후생이 증진된다.

해설
난도 ★★
A국이 B국보다 X재의 Y재에 대한 기회비용이 낮다면 A국은 X재에 B국은 Y재에 비교우위가 있다. 따라서 A국은 X재에 특화하고, B국은 Y재에 특화하여 무역을 하면 두 국가 모두 이득을 얻는다.

답 ②

12 두 나라 사이에 교역이 이루어지는 기본 원리와 관련하여 옳은 설명을 모두 고르면?

ㄱ. 각국은 기회비용이 작은 재화를 생산한다.
ㄴ. 한 나라가 모든 재화에 절대적인 우위가 있는 경우 교역은 이루어지지 않는다.
ㄷ. 교역이 이루어지는 경우 한 나라가 이득을 보면 다른 나라는 손해를 본다.
ㄹ. 기회비용의 크기는 비교우위를 결정한다.

① ㄱ, ㄴ
② ㄱ, ㄹ
③ ㄴ, ㄷ
④ ㄴ, ㄹ
⑤ ㄷ, ㄹ

해설
난도 ★
ㄱ. ㄹ. 리카도(D. Ricardo)의 비교우위론에 의하면 각국은 무역상대국보다 기회비용(상대가격)이 작은 재화에 비교우위를 갖게 된다.
ㄴ. 한 나라가 모든 재화에 절대적인 우위가 있는 경우에도 각국은 어느 한 재화에 비교우위가 있을 수 있고, 이 경우 교역을 통해서 이득을 볼 수 있다.
ㄷ. 교역이 이루어지는 경우 두 나라가 두 재화의 상대가격 사이에서 교역을 하면 두 나라 모두 이득을 본다.

답 ②

13 A국가는 상대적으로 노동력이 풍부하고 B국가는 상대적으로 자본이 풍부하다. 헥셔-올린 정리에 입각할 때 경제적 교류가 전혀 없던 두 국가간에 자유무역이 이루어진다면, 무역 이전과 비교하여 A국가의 임금과 이자율의 변화는?

① 임금은 상승하고 이자율은 하락할 것이다.

② 임금은 하락하고 이자율은 상승할 것이다.

③ 임금과 이자율 모두 하락할 것이다.

④ 임금과 이자율 모두 상승할 것이다.

⑤ 임금과 이자율 모두 불변일 것이다.

해설

난도 ★★

스톨퍼-새뮤얼슨(Stolper-Samuelson) 정리에 따르면 자유무역을 하게 되면 노동의 풍부한 A국가는 노동집약적인 상품에 비교우위가 있으므로 이에 특화하여 수출하면 노동자의 임금(실질소득)이 증가한다. 반면 A국에서 이자율(자본소득)은 하락한다.

目 ①

제2장 | 국제수지와 환율

출제포인트
- 구매력평가설
- 먼델－플레밍 모형
- 환율과 원화가치
- 국제수지표의 구성내용
- 실질환율
- 이자율평가설
- 개방경제의 국민소득결정 모형
- J－커브 효과
- 고정환율제도와 변동환율제도의 차이

제1절 국제수지

1. 국제수지의 의의

(1) 국제수지의 정의

국제수지(balance of payments)란 일정기간 동안에 한 나라의 거주자와 다른 나라에 있는 비거주자 사이에 이루어진 모든 경제적 거래에서의 수지를 말한다.

(2) 국제수지의 개념상 주의할 점

① '일정기간 동안에'라는 말은 국제수지가 유량(flow) 개념이라는 것이다. 반면 국제대차(balance of international indebtness)는 어느 한 시점에서 한 나라의 거주자가 다른 나라에 있는 비거주자에 대해 가지고 있는 채권과 채무의 잔고를 말하므로 저량(stock)이다. 이 경우 채권의 잔고를 대외채권, 채무의 잔고를 총외채라고 하고 총외채에서 대외채권을 뺀 나머지를 순외채라고 한다.

② '한 나라의 거주자와 다른 나라에 있는 비거주자'라는 말은 경제주체들의 국적을 따지지 않고 경제활동에서의 이익의 중심이 어디에 있는가를 기준으로 구분한다는 것이다. 외국기업이 우리나라에서 영업활동을 하고 있다면 거주자(resident)가 된다. 그러나 정부기관은 해외에 있어도 우리나라의 거주자로 본다.

③ '모든 경제적 거래'라는 말은 국제수지에는 재화 및 서비스의 거래, 자본거래, 외환거래 및 국가 간의 증여 등 일체의 대외거래를 포함한다는 것이다.

2. 국제수지표 ★29회 기출★

(1) 경상수지

경상수지는 상품수지, 서비스수지, 본원소득수지, 이전소득수지로 구성된다.

① 상품수지와 서비스수지는 상품과 서비스의 수출입을 의미한다. 상품수출액과 상품수입액의 차이를 상품수지라고 한다. 서비스수지는 운수 · 여행 · 통신 · 보험 · 특허권 등 각종 서비스의 수출입을 의미한다.

② 본원소득수지는 노동이나 자본과 같은 생산요소를 공급하거나 사용한 대가로 수취하거나 지급하는 임금, 이자, 배당 등을 기록한다.

③ 이전소득수지는 나라 간의 무상 증여 · 국제기구 출연금 · 상금 · 장학금처럼 반대급부 없이 일방적으로 이루어지는 거래를 말한다.

(2) 자본 · 금융수지

① 자본 · 금융수지는 다시 자본계정과 금융계정으로 구성된다. 자본계정은 국가 간 부채의 탕감, 이민에 따른 자산의 국제이동, 군대주둔지의 소유권 이전과 같은 국가간 자산의 이전거래를 기록한다.

② 금융계정은 투자수지라고도 하는데 금융자산을 포함한 자산의 국제거래를 기록한다. 금융계정은 거래되는 자산의 성격에 따라 직접투자, 증권투자, 파생금융상품, 기타 투자, 준비자산증감으로 나눠진다.

(3) 준비자산 증감

① 준비자산 증감은 중앙은행이 국제수지의 불균형을 바로 잡기 위해 사용할 수 있는 대외자산의 증감을 기록한다. 중앙은행의 대외자산은 금, 현금 · 예금 및 증권 등의 외화자산의 형태로 보유한다.

② 국제거래에서 경상수지가 흑자이면 여유자금을 다른 나라에 빌려주거나 빚을 갚는데 사용하므로 자본수지는 적자가 된다. 반면 경상수지가 적자이면 부족한 외화를 외국에서 빌려오게 되므로 자본수지는 흑자이다. 빌려온 것으로도 경상수지의 적자를 메우지 못하면 부족한 외화는 통화당국이 가지고 있는 외환보유액에서 충당한다. 따라서 중앙은행의 대외자산은 감소하는데 준비자산의 증감은 그 부호가 양(+)이 된다.

③ 따라서 준비자산 증감란이 양수이면 중앙은행의 대외자산이 감소한 것을, 음수이면 중앙은행의 대외자산이 그만큼 증가한 것이다.

3. 국제수지의 원리

(1) 국제수지의 원리

① 앞에서 본 내용에 따르면 다음의 관계가 성립한다.

경상수지+자본수지=준비자산 증가

경상수지와 자본수지의 합이 양이면 준비자산은 그만큼 증가하고 경상수지와 자본수지의 합이 음이면 준비자산은 그만큼 감소한다.

② 따라서 앞의 식은 다음과 같이 바꾸어 쓸 수 있다.

경상수지+자본수지+준비자산 증(−)감(+)=0

이 식은 항상 성립해야 한다. 그러나 현실의 국제수지표에서는 이 식이 항상 성립하는 것이 아니기 때문에 '오차 및 누락'이라는 조정항목을 둔다.

③ 따라서 국제수지표에서는 항상 다음의 관계가 성립한다.

경상수지+(자본수지+준비자산 증감+오차 및 누락)=0

일반적으로 경상수지와 자본수지의 합이 0이라고 할 때 자본수지는 광의의 자본수지로 자본수지와 준비자산 증감, 오차와 누락을 포함하는 개념이다.

(2) 경상수지와 자본수지, 저축 및 투자

① 앞에서 본 바와 같이 다음의 관계가 성립한다.

$$GDP=C+I+G+NX$$

여기에 국외순수취요소소득을 더하면 국민총소득(GNI)이 된다. 그리고 여기에 국외순수취경상이전을 더하면 국민총처분가능소득(GNDI)이 된다. 즉, 다음과 같다.

$$GNDI=C+I+G+경상수지$$

이 관계식을 정리하면 경상수지는 다음과 같다.

$$경상수지=S-I$$

② 따라서 한 나라의 총저축이 국내총투자보다 많으면 경상수지 흑자가 이루어진다. 반대로 총저축보다 국내총투자가 많으면 경상수지는 적자가 된다.

③ 그렇기 때문에 정부가 재정적자를 시현하면 정부저축이 마이너스가 되어 총저축이 감소하고 경상수지는 적자를 보이게 된다.[3]

④ 총저축이 국내총투자보다 많으면 그 차액만큼이 국외투자로 나타나고, 이 국외투자는 흔히 순해외투자(net foreign investment, NFI)라고 한다.

---

3) 정부의 재정적자는 결과적으로 경상수지의 적자로 귀결되기 쉽다. 즉 재정적자와 경상수지의 적자가 함께 나타나게 되는 것이 일반적인데 이를 쌍둥이 적자(twin deficits)라고 한다.

⑤ 해외순투자가 있게 되면 자본수지는 적자가 된다. 즉 S−I만큼이 자본수지의 적자가 되므로 다음과 같은 관계가 성립한다.

$$경상수지 = -자본수지$$
$$경상수지 + 자본수지 = 0$$

4. 국제수지가 경제에 미치는 영향

국제수지는 일반적으로 경상수지를 의미하는데, 경상수지의 흑자가 국민경제에 미치는 영향은 다음과 같다.

(1) 생산 및 고용 증가

상품수지가 흑자인 경우, 즉 수출이 수입을 초과하는 경우에는 순수출이 증가하므로 총수요가 증가하고 이에 따라 국내생산과 고용을 증가시킨다.

(2) 외채 감소

경상수지의 흑자가 발생하면 대외채무를 상환할 수 있기 때문에 외채가 감소한다. 또는 외환자산이 증가한다.

(3) 원자재의 안정적 공급 확보

외화자산이 증가하므로 주요 원자재의 안정적인 공급을 확보할 수 있고 해외 직접투자가 증가한다.

(4) 인플레이션 유발

경상수지의 흑자는 중앙은행의 외환매입액을 증가시키고 이에 따라 국내 통화량이 증가하며 인플레이션이 유발된다.

(5) 무역마찰 증대

경상수지의 흑자는 교역 상대국에 대해 무역마찰을 유발할 수 있다.

제2절 환율

1. 환율의 결정

(1) 환율의 뜻

① 환율(exchange rate)은 두 나라 화폐 간의 교환비율을 말한다. 즉 환율은 한 나라의 화폐단위로 표시한 외화의 가격으로 화폐의 대외가치를 표시한다.

② 결국 환율은 외환의 가격이므로 외환에 대한 수요와 공급에 의해서 결정된다.

(2) 명목환율과 실질환율

① 실질환율(real exchange rate)은 한 나라의 환율이 다른 나라의 환율과 교환되는 비율을 말한다.

② 명목환율(nominal exchange rate)은 통화단위로 표시되는 데 비해 실질환율은 교환되는 상품수량으로 표시된다.

$$실질환율 = \frac{명목환율 \times 해외가격}{국내가격}$$

위와 같은 공식이 성립하므로 우리나라 상품수량으로 표시한 외국상품의 가치를 나타낸다. 국제무역이론에서는 명목환율보다 실질환율을 더 중요한 가격변수로 본다.

(3) 환율의 결정

① 외환에 대한 수요

ㄱ 외환수요는 외국의 생산물에 대한 수요, 외국의 금융자산 및 실물자산에 대한 수요에 의해 결정된다.

ㄴ 즉 수입대금의 지급, 외국의 금융자산 구입, 해외 투자, 외채 상환, 외화 송금을 위해 외환 수요가 발생한다.

ㄷ 환율이 상승하면 수입이 감소하고 외환 수요는 감소하므로 환율과 외환 수요는 음(−)의 관계에 있고 외환수요곡선은 우하향한다.

② 외환공급

ㄱ 수출대금의 수취, 외자 도입, 해외로부터의 송금에 의해 외환 공급이 발생한다.

ㄴ 환율이 상승하면 수출이 증가하고 외환 공급이 증가하므로 환율과 외환 공급은 양(+)의 관계에 있고 외환공급곡선은 우상향한다.

③ 균형환율의 결정

ㄱ 외환시장을 균형시키는 균형환율은 외환에 대한 수요와 공급이 일치하는 E점에서 결정된다.

▶ 환율의 결정

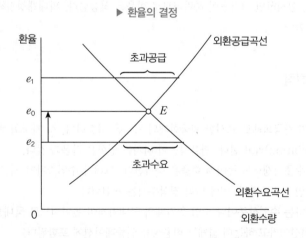

ㄴ 환율이 e_1인 경우에는 외환 수요량보다 외환 공급량이 많으므로 외환에 대한 초과공급, 즉 국제수지의 흑자가 발생하여 환율은 하락한다.

ㄷ 반면에 환율이 e_2인 경우에는 외환 수요량이 외환 공급량을 초과하므로 외환에 대한 초과수요, 즉 국제수지의 적자가 발생하여 환율은 상승한다.

ㄹ 환율이 e_0인 경우 외환 수요량과 외환 공급량이 일치하므로 균형환율이 결정된다.

2. 균형환율의 변동

외생적 요인에 의해 외환에 대한 수요와 공급이 변화하면 외환수요곡선과 외환공급곡선이 이동하고 이에 따라 균형환율은 변동한다.

(1) 두 나라 간의 경제성장의 차이(또는 국민소득의 차이)

예컨대 외국의 성장이 둔화되면 국내로부터의 수입이 감소한다. 이로 인해 국내 수출이 감소하면 외환공급이 감소하여 환율은 상승한다.

(2) 두 나라 간의 물가상승률의 차이

국내의 물가상승률이 외국의 물가상승률보다 높으면 외국의 상품가격이 상대적으로 싸지므로 국내수입이 증가하고 수출은 감소한다. 따라서 외환수요가 증가하고 외환공급은 감소하므로 환율은 상승한다.

(3) 이자율의 차이

이자율의 차이는 국가 간에 자본이동을 야기하여 환율을 변동시킨다. 즉 국내 이자율이 외국의 이자율보다 높으면 외국자본의 국내유입이 증가하여 외환공급을 증가시키므로 환율이 하락한다.

(4) 예상(또는 기대)

경제주체들의 예상이 외화의 수요와 공급에 영향을 미쳐 환율을 변화시킨다. 예컨대 환율이 상승할 것으로 예상되면 수출은 가급적 늦추고 수입은 앞당기는(leads and lags) 현상이 나타난다. 이에 따라 외환공급은 감소하고 외환수요는 증가하여 환율은 상승한다.

(5) 정부의 정책

확대통화정책을 실시하면 이자율이 하락하므로 환율은 상승한다. 확대재정정책은 이자율을 상승시키므로 환율은 하락한다.

3. 환율상승과 환율하락[4]

(1) 환율상승

환율이 상승하면 자국화폐로 표시한 외국화폐의 가격은 상승한다. 즉 자국화폐의 가치가 하락하므로 이를 절하(depreciation)라고 한다. 환율상승이 미치는 영향은 다음과 같다.

① 수출업자의 수출경쟁력이 높아져 수출은 증가한다. 그러나 수입업자가 지급해야 하는 원화가격이 높아지므로 수입은 감소한다. 이에 따라 경상수지는 개선된다.

② 해외에 수입하는 수입상품이나 수입 원자재의 국내가격이 높아지므로 국내물가가 상승한다. 이를 환(換)인플레이션이라고 하는데 넓게는 비용상승 인플레이션에 포함된다.

③ 대외채무에 대한 상환부담이 증가한다.

---

4) 고정환율제도 하에서는 필요한 경우 정부가 개입하여 환율을 올리거나 내리므로 환율인상, 환율인하라는 표현을 사용하고 이에 따른 원화가치의 변동도 평가절하(devaluation), 평가절상(revaluation)이라고 한다. 그러나 변동환율제도 하에서는 시장에서 환율이 결정되고 변동하므로 환율상승, 환율하락이라고 하고 이에 따른 원화가치의 변동도 절하(depreciation), 절상(appreciation)이라고 쓰는 것이 올바르다.

(2) 환율하락

① 환율이 하락하면 자국화폐로 표시한 외국화폐의 가격이 하락한다. 즉 자국화폐의 가치가 상승하므로 이를 절상(appreciation)이라고 한다.

② 환율 하락, 즉 원화절상이 미치는 효과는 절하와 반대로 이해하면 된다. 즉 수출이 감소하고 수입이 증가하여 경상수지는 악화되고, 국내물가는 하락하며, 대외채무의 상환부담은 줄어든다.

4. 구매력 평가설 ★29회 기출★

(1) 구매력 평가설의 의의

카셀(G. Cassel)이 제시한 구매력평가설(purchasing power parity theory)은 장기에서의 균형환율의 결정과 변동을 두 나라 간의 간 화폐의 구매력의 차이로 설명하려는 가장 고전적이고 단순한 환율결정 이론이다.

(2) 구매력 평가

① 구매력평가(purchasing power parity, PPP)는 다음의 식으로 나타낼 수 있다. 즉 다음과 같다.

$$\text{국내가격}(P) = \text{해외가격}(P') \times \text{환율}(e)$$

② 따라서 국내가격을 국내물가로, 해외가격을 해외물가로 보면 다음의 식이 성립하는데 이를 구매력 평가설이라고 한다.

$$\text{환율상승률}(=\text{원화절하율}) = \text{국내물가상승률} - \text{해외물가상승률}$$

(3) 구매력 평가설

① 앞의 식에서 본 것처럼 구매력 평가설은 환율상승이 국내외 인플레이션율의 차이만큼 같은 비율로 이루어진다는 이론이다.

② 즉 두 나라 간의 환율은 두 나라의 물가수준의 차이를 반영하여 조정된다는 주장이다.

③ 이에 따라 자유무역 하에서는 장기적으로 같은 재화를 어느 나라에서 구입하든지 가격이 같아지도록 환율이 조정된다.[5]

④ 따라서 환율은 양국의 물가수준, 즉 화폐의 구매력을 반영하게 되는데 이 이론은 인플레이션이 장기적으로 환율에 미치는 영향을 예측하는데 이용된다.

(4) 구매력 평가와 빅맥지수

① 영국의 시사주간지 이코노미스트(The Economist)는 1986년부터 여러 나라에서 팔리는 맥도날드의 빅맥가격을 미국의 빅맥가격과 비교하여 구매력평가설에 따른 빅맥지수(명목환율)와 각국의 실제 환율을 비교하여 발표하고 있다.

② 예컨대 한국에서 빅맥 1개의 가격이 2,600원이고 미국의 경우 2.56달러라면 구매력평가에 따른 환율은 2,600원/2.56달러로 1달러당 약 1,016원이다.

---

5) 구매력 평가설은 기본적으로 일물일가의 법칙(law of one price)에 바탕을 두고 있다. 일물일가의 법칙은 한 상품에는 하나의 가격만 있어야 한다는 것으로 완전경쟁시장에서 성립될 수 있다.

③ 그러나 실제 통용환율은 1달러당 1,474원이라면 우리나라의 원화 가치는 구매력 평가가 시사하는 것보다 약 31% 저평가되고 있다는 것이다.

제3절 환율제도

1. 변동환율제도

(1) 의미

① 변동환율제도(flexible exchange rate system)는 각국의 정부나 중앙은행에 의한 시장개입이 없이 자유롭게 외환이 매매되도록 하는 제도를 말한다.

② 자유변동환율제도와 관리변동환율제도로 구분하는데 일반적으로 변동환율제도라고 하면 자유변동환율제도를 말한다.

③ 반면 관리변동환율제도는 환율이 외환시장에서 자유롭게 결정되도록 하고 필요에 따라 수시로 정부나 중앙은행이 외환시장에 개입하는 제도이다.

(2) 장단점

① 변동환율제도 하에서는 외환시장의 수요와 공급에 의해 균형환율이 결정되므로 국제수지의 불균형이 자동적으로 조정된다는 장점이 있다.

② 그러나 교역당사자에게 환위험(exchange rate risk)을 부담하게 함으로써 국제거래를 위축시킨다. 또한 외환시장에 투기가 발생함으로써 환율을 불안정하게 만들기도 하는 문제점이 있다.

2. 고정환율제도

(1) 의미

① 고정환율제도(fixed exchange rate system)는 각국의 환율을 일정수준에 고정시키는 제도이다.

② 1870년대 이후의 금본위제도[6]와 제2차 세계대전 이후 국제통화기금(IMF)에 의해 운영된 브레튼우즈 체제(Bretton Woods)체제가 대표적인 고정환율제도이다.

③ 금본위제도(gold standard system)에서는 각국의 환율이 금을 통해 고정되어 있었고, 브레튼우즈 체제에서는 미국의 달러화가 금과 일정한 교환비율을 유지하고, 각국의 통화는 달러화와 일정한 교환비율을 유지함으로써 환율이 고정되었다.

---

6) 금본위제도(gold standard system)는 1870년대 이후 세계 주요국가들이 채택했던 국제통화제도이다. 1930년대 세계대공황을 계기로 붕괴되었는데 금의 일정량을 화폐단위로 하는 제도이다. 이 제도하에서는 각국 간의 환율이 금을 통하여 고정된다.

(2) 장단점

① 고정환율제도에서는 환율이 일정한 수준에 고정되어있으므로 국제거래가 안정되고 이에 따라 국제거래가 촉진되어 국제시장이 확대된다. 실제 제2차 세계대전 이후 자본주의의 고도성장은 고정환율제도 하에서 이루어진 것이다.

② 그러나 고정환율제도는 국제수지의 만성적인 불균형을 초래한다. 따라서 이 경우에는 다른 방법으로 국제수지를 조정해야 한다.

(3) 고정환율제도 하에서의 국제수지의 조정방법

예컨대 국제수지가 적자인 경우 국제수지의 조정방법을 보면 다음과 같다.

① 강력한 긴축정책

강력한 긴축정책을 실시하면 수입수요가 감소하여 국제수지가 개선된다. 그러나 국민경제에 불황과 실업을 야기할 위험이 있다.

② 수입규제 정책

수입을 줄이기 위한 각종 규제정책을 실시하여 수입을 줄일 수 있다. 그러나 이 경우 장기적으로는 국가 간의 자원배분을 왜곡시키고 무역마찰을 초래할 수 있다.

제2장 | 확인학습문제

01 국제수지표의 금융계정(financial account)에 포함되는 거래가 **아닌** 것은?

★29회 기출★

① 한국 기업이 외국인 투자자에게 배당금을 지불한다.
② 한국 기업이 베트남 기업에 대해 50% 이상의 주식지분을 매입한다.
③ 외국 금융기관이 한국 국채를 매입한다.
④ 한국 금융기관이 외화자금을 차입한다.
⑤ 한국은행이 미국 재무성 채권을 매입한다.

[해설]

난도 ★

① 한국 기업이 외국인 투자자에게 배당금을 지불한 것은 경상계정(current account) 중 본원소득수지에 포함된다. 국제수지 표는 크게 경상계정(상품수지, 서비스수지, 본원소득수지, 이전소득수지), 자본계정(기타자본수지), 그리고 금융계정으로 구 성된다. 금융계정은 직접투자, 증권투자, 파생금융상품, 기타 투자 및 준비자산으로 구성된다.

답 ①

---

02 개방경제인 A국의 GDP(Y)는 100, 소비(C)는 $C=0.7Y$, 투자(I)는 $I=30-2r$이다. r이 5일 경우, A국의 순수출은 얼마인가?(단, A국의 경제는 균형상태이며, 정부부문은 고려하지 않고 r은 이자율이다)

★27회 기출★

① -10
② 10
③ 0
④ 20
⑤ 40

[해설]

난도 ★

$Y=100$을 소비함수에 대입하면 $C=70$이고, 이자율 $r=5$를 투자함수에 대입하면 $I=20$이다. GDP 항등식에 주어진 수치를 대입하면 $Y=C+I+(EX-IM)$이다. 즉 $100=70+20+(EX-IM)$이므로 순수출은 10이 된다.

답 ②

03 국민소득 항등식을 기초로 하여 경상수지가 개선되는 경우로 옳은 것을 모두 고른 것은? ★28회 기출★

> ㄱ. 민간소비 증가
> ㄴ. 민간저축 증가
> ㄷ. 민간투자 감소
> ㄹ. 재정적자 감소

① ㄱ, ㄴ
② ㄴ, ㄷ
③ ㄴ, ㄹ
④ ㄱ, ㄷ, ㄹ
⑤ ㄴ, ㄷ, ㄹ

해설

난도 ★★

국민소득 항등식 $Y=C+I+G+(X-M)$을 저축과 투자의 관계로 정리하면 다음과 같다. $(X-M)=S_P+(T-G)-I$이다.

ㄱ. 민간소비가 증가하면 민간저축(S_P)이 감소하고 $(X-M)$이 감소하여 경상수지는 악화된다.

답 ⑤

04 국제거래 중 우리나라의 경상수지 흑자를 증가시키는 것은?

① 외국인이 우리나라 기업의 주식을 매입하였다.
② 우리나라 학생의 해외 유학이 증가하였다.
③ 미국 기업이 우리나라에 자동차 공장을 건설하였다.
④ 우리나라 기업이 중국 기업으로부터 특허료를 지급받았다.
⑤ 우리나라 기업이 외국인에게 주식투자에 대한 배당금을 지급하였다.

해설

난도 ★★

④ 특허료를 받았으면 경상수지(서비스수지)의 흑자이다. 서비스수지에는 운송, 여행, 통신, 건설, 보험, 금융, 사업서비스, 정부 서비스 및 지적재산권 사용료 등이 포함된다.

①은 금융계정(증권투자)의 흑자, ②는 경상수지(이전소득수지)의 적자, ③은 금융계정(직접투자)의 흑자, ⑤는 경상수지(본원소득수지)의 적자이다.

답 ④

05 한국의 경상수지에 기록되지 <u>않는</u> 항목은?

① 한국에서 생산된 쌀의 해외 수출
② 중국인의 한국 내 관광 지출
③ 한국의 해외 빈국에 대한 원조
④ 한국 노동자의 해외 근로소득 국내 송금
⑤ 한국인의 해외 주식 취득

해설
난도 ★

⑤ 한국인의 해외 주식 취득은 금융계정(증권투자)에 기록된다.
①은 경상수지의 상품수지에, ②는 경상수지의 서비스수지에, ③은 경상수지의 이전소득수지에, ④는 경상수지의 본원소득수지에 기록된다. 경상계정은 상품수지, 서비스수지, 본원소득수지, 이전소득수지로 구성된다.

답 ⑤

---

06 국제수지표의 경상수지에 포함되는 거래가 <u>아닌</u> 것은?

① 외국인의 국내주식 구입
② 해외교포의 국내송금
③ 재화의 수출입
④ 정부 간 무상원조
⑤ 외국인의 국내관광 지출

해설
난도 ★★

① 외국인의 국내주식 구입은 금융계정의 증권투자에 기록된다. 자본계정은 자본계정과 금융계정으로 세분된다. 자본계정에는 해외이주비 같은 자본이전을 포함한다. 금융계정은 직접투자, 증권투자, 파생금융상품(순자산), 기타투자, 준비자산으로 구분된다.

답 ①

07 국제수지와 환율에 대한 다음 설명 중 옳지 <u>않은</u> 것은?

① 국제수지는 경제적 거래의 형태에 따라 크게 경상수지와 자본수지로 나눌 수 있다.

② 개방경제의 총수요에는 순수출이 포함된다.

③ 명목환율은 서로 다른 나라 화폐 간의 교환비율이다.

④ 실질환율은 우리나라에서 생산된 재화 한 단위가 다른 나라에서 생산된 재화 몇 단위와 교환되는지를 나타내는 척도이다.

⑤ 국민소득계정 항등식에 의하면 국내저축이 국내투자보다 크면 순수출은 항상 0보다 작다

> 해설
>
> 난도 ★
>
> 국민소득계정 항등식에 의하면 해외저축＝수입－수출 또는 국내저축＝순수출(수출－수입)이 성립한다. 따라서 국내저축이 음(－)일 때 순수출은 0보다 작다.
>
> 답 ⑤

08 자본이동이 자유로운 소규모 개방경제가 자유변동환율제도를 채택하고 있으며 정책변화가 있기 전에는 균형상태를 유지하고 있다. 먼델－플레밍(Mundell－Fleming) 모형에 의하면?

① 통화량을 증가시키면 자본이 국내로 유입된다.

② 통화량을 증가시키면 국내통화의 대외가치가 상승한다.

③ 정부지출을 증가시키면 자본이 해외로 유출된다.

④ 정부지출을 증가시키면 국내통화의 대외가치가 상승한다.

⑤ 해외 이자율이 인상되면 국내통화의 대외가치가 상승한다.

> 해설
>
> 난도 ★★
>
> 먼델－플레밍(Mundell－Fleming) 모형은 국가 간 자본이동을 고려한 IS－LM 모형을 말한다.
>
> ④ 정부지출을 증가시키면 국민소득의 증가, 화폐수요의 증가로 이자율이 상승하므로 외화자본이 국내로 유입된다. 외환공급이 증가하면 환율이 하락하므로 국내통화의 대외가치는 상승한다.
>
> ① 통화량을 증가시키면 이자율이 하락하므로 자본이 국외로 유출된다.
>
> ② 통화량을 증가시키면 국내통화의 대외가치가 하락한다.
>
> ③ 정부지출을 증가시키면 이자율이 오르므로 자본이 국내로 유입된다.
>
> ⑤ 해외 이자율이 인상되면 자본이 국외로 유출되므로 국내통화의 대외가치가 하락한다.
>
> 답 ④

09 구매력평가설에 대한 설명으로 옳지 <u>않은</u> 것은?

① 일물일가법칙에 근거한 환율이론이다.
② 차익거래가 균형환율을 결정한다고 본다.
③ 국제자본의 이동이 환율결정에서 가장 중요하다는 관점이다.
④ 거래비용과 비교역재가 없다면 성립할 가능성이 크다.
⑤ 빅맥지수(bigmac index)는 구매력평가설을 활용한 한 예이다.

| 해설 |
난도 ★★

카셀(G. Cassell)은 각국화폐의 교환비율(환율)은 각국화폐의 구매력, 즉 물가수준의 비율에 의해서 결정된다고 하였다. 이는 (자본의 국제적인 이동은 고려하지 않고) 각국이 자유무역을 한다는 가정하에서 성립하는 이론으로 경상수지와 관련이 있고 자본수지와는 무관하다.

답 ③

10 환율에 관한 설명 중 가장 적절하지 <u>않은</u> 것은?

① 환율의 기대상승률이 주어진 상황에서 한 나라의 이자율이 상승하면 그 나라 화폐의 가치는 상대적으로 낮아진다.
② 구매력평가설에 따르면 한 나라의 화폐는 어느 나라에서나 동일한 구매력을 지녀야 한다.
③ 실질환율은 두 나라 사이에 재화와 서비스가 교환되는 비율이다.
④ 비교역재가 존재하는 경우에는 구매력평가설이 적용되기 어렵다.
⑤ 구매력평가설은 인플레이션과 환율간의 장기관계를 설명하는데 유효하다.

| 해설 |
난도 ★★

한 나라의 이자율이 상승하면 외환이 유입되므로 외환가치는 하락하고 그 나라 화폐의 가치는 상대적으로 상승한다.
②, ③, ④, ⑤는 모두 구매력평가설에 관한 옳은 설명이다.

답 ①

11 환율에 관한 다음의 내용 중 바르지 <u>못한</u> 것은?

① 구매력 평가설에 의하면 차익거래(arbitrage)가 균형환율을 결정한다.

② 미국의 물가상승률이 EU의 물가상승률보다 높으면 미국의 달러가치는 하락한다.

③ 거래비용과 비교역재가 존재하지 않고 상품이 동질적이라면 환율은 각국 화폐의 구매력을 반영하여 결정될 가능성이 크다.

④ 구매력 평가설은 환율결정에서 국제자본의 이동이 가장 중요하다는 입장이다.

⑤ 변동환율제에서는 각국의 이자율 수준이 환율결정에 영향을 미친다.

해설

난도 ★★

④ 구매력 평가설은 환율결정에서 물가의 변동이 가장 중요하다는 입장이다. 환율결정에서 국제자본의 이동이 가장 중요하다는 것은 이자율 평가설이다.

답 ④

12 자유변동환율제도(free floating exchange rate system)에 관한 설명으로 옳지 <u>않은</u> 것은?

① 고정환율제도에 비해서 상대적으로 통화정책의 자주성을 확보할 수 있다.

② 환율의 신속한 시장수급 조절기능은 대외 균형을 유지하는데 도움이 된다.

③ 환율변동에 다른 교역당사자의 환위험 부담이 있다.

④ 각국의 정책당국들이 경쟁적으로 평가절상 정책을 실시한다.

⑤ 각국의 이자율 수준이 환율 결정에 영향을 미친다.

해설

난도 ★★

④ 자유변동환율제도는 중앙은행의 개입 없이 외환시장의 수요와 공급에 의해 환율이 자유롭게 결정되도록 하는 제도이다. 정책당국은 외환시장에 개입하지 않는다.

답 ④

13 달러화에 대한 원화의 실질환율과 명목환율에 관한 설명으로 옳지 <u>않은</u> 것은?

① 명목환율이 일정할 때 실질환율이 상승(절하)되면 미국 제품에 비해 우리나라 제품의 가격이 더 비싸진다.

② 양국의 물가수준이 일정할 때 명목환율이 상승(절하)하면 실질환율도 상승(절하)한다.

③ 실질환율이 하락(절상)되면 장기적으로 우리나라의 순수출은 감소한다.

④ 구매력평가설에 따르면 미국의 물가수준이 상승하고 우리나라 물가수준이 하락할 때 명목환율이 변한다.

⑤ 구매력평가설에 따르면 우리나라 제품의 가격과 미국 제품의 원화표시 가격의 상대적 비율은 일정하다.

[해설]

난도 ★★

실질환율은 자국통화로 표시된 외국재화의 물가(eP^f)와 국내재화의 물가(P) 간의 비율 $\dfrac{eP^f}{P}$로, 외국재화 1단위와 교환되는 국내생산재화의 수량(두 나라에서 생산된 재화의 상대가격)을 나타낸다. 따라서 실질환율의 상승은 국내에서 생산된 재화의 상대가격이 하락하였다는 것이다.

답 ①

---

14 다음 ( )안에 들어갈 내용이 순서대로 올바른 것은?

> J-curve 효과는 '환율이 (ㄱ)하면 한국의 경상수지가 초기에는 (ㄴ)되고 시간이 경과된 후에는(도) (ㄷ)되는 효과가 나타나는 것'을 의미한다. (단, 환율은 미국 달러에 대한 원화의 환율: ₩/$, 양국의 물가수준은 불변)

① ㄱ : 상승, ㄴ : 악화, ㄷ : 개선

② ㄱ : 상승, ㄴ : 개선, ㄷ : 개선

③ ㄱ : 상승, ㄴ : 악화, ㄷ : 악화

④ ㄱ : 하락, ㄴ : 악화, ㄷ : 개선

⑤ ㄱ : 하락, ㄴ : 악화, ㄷ : 불변

[해설]

난도 ★

J-curve 효과는 환율이 상승하면 한국의 경상수지가 초기에는 악화되지만 시간이 경과된 후에는 개선되는 효과가 나타나는 것을 의미한다. 가로축에 시간변수를 표시하고 세로축에 경상수지를 나타내면 환율 상승시 경상수지의 변화가 J자 모양을 보이며 변화한다는 것이다.

답 ①

15 고정환율제인 먼델−플레밍 모형에서 해외이자율이 상승할 경우, 자국에 나타나는 경제변화에 관한 설명으로 옳은 것은?(단, 자국은 자본이동이 완전히 자유로운 소규모 개방경제국이다.) ★28회 기출★

① 환율은 불변이고, 생산량은 감소한다.

② 환율은 불변이고, 무역수지는 증가한다.

③ 환율은 불변이고, 국내투자수요가 증가한다.

④ 환율에 대한 하락압력으로 통화량이 증가한다.

⑤ 국내이자율이 하락함에 따라 국내투자수요가 증가한다.

해설
난도 ★★

IS−LM−BP 모형에서 해외이자율이 상승하면 수평인 BP곡선은 상방으로 이동한다. 또한 해외이자율 상승으로 자본유출이 이루어져 외환수요가 증가하여 환율상승 압력이 발생한다. 고정환율제하에서 환율을 일정하게 유지하려면 중앙은행이 외환을 매각해야 한다. 중앙은행이 외환을 매각하면 통화량이 감소하므로 LM곡선은 왼쪽으로 이동한다. 따라서 환율은 불변이고 국내이자율은 상승하며 생산량(국민소득)은 감소한다.

답 ①

---

16 각 나라의 빅맥 가격과 현재 시장환율이 다음 표와 같다. 빅맥 가격을 기준으로 구매력평가설이 성립할 때, 다음 중 자국 통화가 가장 고평가(overvalued)되어 있는 나라는? ★28회 기출★

구분	빅맥 가격	현재 시장환율
미국	3달러	−
영국	2파운드	1파운드=2달러
한국	3,000원	1달러=1,100원
인도네시아	20,000루피아	1달러=8,000루피아
멕시코	400페소	1달러=120페소

① 미국

② 영국

③ 한국

④ 인도네시아

⑤ 멕시코

영국의 경우에는 약 34% 고평가, 멕시코의 경우 약 11% 고평가되어 있다. 한국은 9% 저평가, 인도네시아는 약 17% 저평가되어 있다.

	빅맥 가격	구매력평가 환율	현재 시장환율
미국	3달러	–	–
영국	2파운드	1달러=0.67파운드	1달러=0.5파운드
한국	3,000원	1달러=1,000원	1달러=1,100원
인도네시아	20,000루피아	1달러=6,667루피아	1달러=8,000루피아
멕시코	400페소	1달러=133페소	1달러=120페소

답 ②

---

17 원/달러 환율의 하락(원화 강세)을 야기하는 요인으로 옳은 것은?

★28회 기출★

① 재미교포의 국내송금 감소
② 미국인의 국내주식에 대한 투자 증가
③ 미국산 수입품에 대한 국내수요 증가
④ 미국 기준금리 상승
⑤ 미국인 관광객의 국내 유입 감소로 인한 관광수입 감소

해설
난도 ★
원/달러 환율의 하락은 달러화에 대한 수요가 감소하거나 달러화의 공급이 증가할 때 나타난다.
② 미국인의 국내주식에 대한 투자가 증가하면 달러화의 국내공급이 증가하므로 환율은 하락한다.
① · ⑤ 재미교포의 국내송금 감소나 관광수입이 감소하면 달러화의 공급이 감소하므로 환율은 상승한다.
③ · ④ 미국산 수입품에 대한 국내수요 증가나 미국 기준금리 상승의 경우 달러화의 수요가 증가하므로 환율은 상승한다.

답 ②

18 현재 우리나라 채권의 연간 명목수익률이 5%이고 동일 위험을 갖는 미국 채권의 연간 명목수익률이 2.5%일 때, 현물환율이 달러당 1,200원인 경우 연간 선물환율은?(단, 이자율 평가설이 성립한다고 가정한다) ★30회 기출★

① 1,200원/달러

② 1,210원/달러

③ 1,220원/달러

④ 1,230원/달러

⑤ 1,240원/달러

해설

난도 ★★★

이자율평가설에 의하면 선물환 프리미엄(forward premium)은 두 나라의 이자율 차이와 같다. 즉 $i = i_f + \dfrac{f_t - e_t}{e_t}$ 의 관계가 성립한다. 따라서 $0.05 = 0.025 + \dfrac{f_t - 1,200}{1,200}$에서 $f_t = 1,230$이 된다. 즉 우리나라의 명목이자율이 미국의 명목이자율보다 2.5% 높으므로 선물환율이 현물환율보다 2.5% 높아야 한다. 따라서 선물환율 $= 1,200 \times 1.025 = 1,230$원이다.

답 ④

19 한국과 미국의 연간 물가상승률은 각각 4%와 6%이고 환율은 달러당 1,200원에서 1,260원으로 변하였다고 가정할 때, 원화의 실질환율의 변화는? ★30회 기출★

① 3% 평가절하

② 3% 평가절상

③ 7% 평가절하

④ 7% 평가절상

⑤ 변화 없다.

해설

난도 ★★

실질환율의 변화율＝명목환율의 변화율＋외국의 물가상승률－국내 물가상승률이다. 명목임금의 변화율 $= \dfrac{1,260 + 1,200}{1,200} = 5\%$ 이므로, 실질환율변화율＝5%＋6%－4%＝7% 상승이다. 7%의 환율상승은 곧 평가절하를 의미한다.

답 ③

20 다음은 개방경제에서 거시경제정책의 유효성을 설명한 것이다. 바르지 <u>못한</u> 것은?

① 변동환율제도에서 정부지출의 증가는 수요측면에서 국민소득을 증가시키는데 효과가 없다.

② 변동환율제도에서 통화량의 증가는 수요측면에서 국민소득을 증가시키는데 효과가 있지만, 이 경우 경상수지는 악화된다.

③ 고정환율제도에서 확장적 재정정책은 수요측면에서 국민소득을 증가시키는데 효과가 있다.

④ 자본이동이 자유로운 고정환율제도에서 확장적 통화정책은 국민소득을 증가시키는 효과가 없고 경상수지도 변화가 없다.

⑤ 변동환율제도에서 확정적 재정정책을 실시하면 재정적자와 경상수지 적자가 동시에 발생하는 쌍둥이 적자 현상이 나타난다.

| 해설 |

난도 ★★

② 변동환율제도에서 통화량의 증가는 수요측면에서 국민소득을 증가시키는데 효과가 있다. 이 경우 환율이 상승하므로 순수출이 증가하여 경상수지는 호전된다.

답 ②

21 자본이동이 완전한 소규모 개방경제의 먼델-플레밍(Mundell-Fleming)모형에서 변동환율제도인 경우, 긴축 통화정책을 시행할 때 나타나는 경제적 효과를 모두 고른 것은?(단, 물가수준은 고정이다) ★33회 기출★

ㄱ. 소득 감소

ㄴ. 경상수지 개선

ㄷ. 자국 통화가치 절하

ㄹ. 해외자본 유입

① ㄱ, ㄴ

② ㄱ, ㄷ

③ ㄱ, ㄹ

④ ㄴ, ㄷ

⑤ ㄷ, ㄹ

| 해설 |

난도 ★★

ㄱ. [○] ㄹ. [○] 먼델-플레밍(Mundell-Fleming) 모형은 국가간 자본이동을 고려한 IS-LM-BP 모형이다. 변동환율제도인 경우 통화량을 줄이면 이자율이 상승하므로 투자가 감소하여 소득은 감소하고, 해외자본이 유입된다.

ㄴ. [×] ㄷ. [×] 통화량을 줄이면 자국통화의 대외가치는 상승(절상)하고 경상수지는 악화된다.

답 ③

PART 04
회계학

제1편

재무회계

출제경향 & 수험대책

감정평가사 회계학은 재무회계 30문제와 원가관리회계 10문제로 구성되어 있으며, 과거 5년간 기출문제의 경우 난이도의 편차는 크지 않은 편이다. 수험목적을 달성하기 위해서는 제한된 시간에 회계학문제를 모두 푸는 것이 어렵기 때문에 효과적으로 문제를 선별하여 풀어야 할 필요가 있다. 특히 회계학은 출제비중이 높은 분야부터 집중적으로 학습함으로써 소기의 목적을 달성할 수 있을 것이다. 재무회계에서 출제비중이 높은 부분은 이론체계, 재고자산, 유형자산, 자본, 사채이다.

제1장 | 재무회계의 기본이해

출제포인트
- 회계의 순환과정
- 거래의 8요소
- 재무제표
- 재무상태표
- 손익의 구분계산
- 재무보고를 위한 개념체계
- 유용한 재무정보의 질적 특성
- 포괄손익계산서
- 장기지급능력 비율

제1절 회계 기초이론

1. 회계의 기초

(1) 회계의 의의

회계란 정보이용자가 합리적인 의사결정을 할 수 있도록 경제적 정보를 식별하고 측정하여 전달하는 과정이다.

경제적 정보	→	회계(식별, 측정, 전달)	→	정보이용자의 합리적인 의사결정

투자자 : 투자의사결정
채권자 : 신용제공에 관한 의사결정
경영자 : 관리적 의사결정 및 수탁책임 보고
기타이용자 : 정책수립, 노사협상, 연구분석자료 등

(2) 회계의 분류

① 재무회계

재무회계란 회계학의 한 분야로 기업의 재무상태와 경영실적 정보 등을 측정하여 주주, 채권자, 정부 등과 같은 기업의 외부 이해관계자들에게 재무정보를 제공하기 위한 과정이다. 이러한 재무정보는 재무제표의 형태로 정보이용자에게 제공된다.

② 관리회계

관리회계란 경영자의 내부자원관리에 대한 의사결정과 부서 및 개인의 실적평가 등 내부적으로 유용한 정보를 이용하기 위해 회계정보를 구별 · 측정 · 분석하는 과정이다. 내부경영자를 위한 정보를 생성한다는 면에서 외부 이해관계자를 위한 정보를 생성하는 재무회계와 구별된다.

(3) 재무정보 및 회계원칙

① 재무정보와 재무보고

재무보고는 특정 기업실체의 경제적 자원 및 이에 관한 청구권과 이들을 변화시키는 경제활동에 관한 정보를 화폐로 측정하여 보고하는 것으로 재무정보의 전달수단이다.

ⓐ 재무정보의 수요 : 투자자, 종업원, 대여자, 공급자와 그 밖의 거래채권자, 고객, 정부와 유관기관, 일반대중 등이다.

ⓑ 재무정보의 공급 : 기업이 정기적으로 재무제표를 작성하여 공시한다.

② 기업회계기준

재무제표가 모든 정보이용자들에게 공통적으로 유용한 정보를 제공하기 위해서는 모든 외부 이해관계자가 동의할 수 있는 재무제표 작성 및 보고에 대한 원칙이 필요하다. 기업회계기준은 기업이 회계처리를 할 때 준수해야 할 기준으로서 기업회계의 실무에서 관습으로 발달한 것으로부터 일반적으로 공정 타당하다고 인정된 회계원칙(GAAP; Generally Accepted Accounting Principles)을 논리적으로 요약 · 체계화한 것이다.

현행 기업회계기준은 한국채택국제회계기준, 일반기업회계기준 등이 있다. 관세사 시험은 국제회계기준을 기반으로 하여 우리나라에 적용시킨 한국채택국제회계기준의 범위에서 출제된다.

ⓐ 회계원칙의 특징

> ⓐ 회계실무의 지도원리이다.
> ⓑ 보편타당성을 갖는다.
> ⓒ 이해가능성, 신뢰성, 목적적합성 및 비교가능성을 갖는다.
> ⓓ 회계관습 및 회계절차 등을 체계화한 것이다.

ⓑ 국제회계기준(IFRS)의 특징 : 원칙 중심의 회계기준

> ⓐ 회계기준의 복잡성을 줄이기 위해 예외규정을 지양한다.
> ⓑ 회계기준 내에서 목적과 핵심원칙을 명확하게 기술한다.
> ⓒ 회계기준서 간 일관성을 유지한다.
> ⓓ 개념체계에 근거하여 규정한다.
> ⓔ 규정에 대한 해석은 전문가의 판단에 의존한다.
> ⓕ 지침은 꼭 필요한 경우에 한하여 최소한으로 제공한다.

③ 재무정보의 기능
   ㉠ 재무정보는 자본시장에서 정보비대칭으로 인해 존재하는 역선택의 문제를 완화하여 자본이 투자자로부터 기업에게로 원활히 공급될 수 있도록 하는 데 도움을 준다.
   ㉡ 재무정보는 자본시장에서 발생할 수 있는 대리인의 기회주의적인 행위인 도덕적 해이라는 문제를 해결하는 데 도움을 준다.
   ㉢ 재무정보는 경제실체 간 자원의 이동에 관한 의사결정에 직·간접적으로 영향을 준다.
   ㉣ 재무정보는 자본주의 시장경제체제에서 희소한 경제적 자원이 자본시장을 통해 효율적으로 배분되도록 하는 데 도움을 준다.
   ㉤ 재무정보는 정부가 효율적이고 적절한 자원배분을 위한 정책을 수립하는 데 도움을 준다.

2. 회계의 순환과정

(1) 회계순환과정의 의의
   회계의 순환과정은 경영자와 정보이용자의 정기적인 정보전달의 순환과정을 말하며, 다음과 같은 순서로 이루어진다.

> ① 거래의 발생
> ② 분개 및 전기
> ③ 수정 전 시산표, 수정분개, 수정 후 시산표
> ④ 계정의 마감
> ⑤ 재무제표의 작성

(2) 거래(회계거래)
   ① 의의
      회계거래란 회사의 재무상태인 자산·부채·자본에 증감변동을 주는 사건·상태로서, 일상적 의미의 거래와 일치하지 않는 경우도 있다.
   ② 회계거래의 구분

회계거래이나 일상적인 거래가 아닌 것	• 도난사건(예 창고에 보관 중이던 상품을 도난당했다) • 자산의 가치감소 • 화재로 인한 손실발생(예 건물이 화재로 소실되었다) • 상품 등의 파손이나 변질 • 건물을 임차계약하고 계약금을 지급 • 주주에게 주식을 배당
일상적인 거래이나 회계거래가 아닌 것	• 상품의 보관 • 각종 계약 • 매입의뢰 • 상품의 매매주문 • 담보물의 예치 또는 예수

(3) 분개

① 분개의 의의

회계거래를 기록하는 것을 분개라고 한다. 분개는 회계거래를 기록하는 방식으로 계정과목을 사용하며, 복식부기 방식으로 이루어진다.

② 부기와 회계기록의 비교

○ 부기 : '장부기록'의 약칭으로 기업 재산의 증감 변화를 일정한 원리와 방법에 따라 기록·계산·정리하여 그 증감 원인과 결과를 명백히 밝히는 기술적인 절차이다.

○ 회계기록 : 기업의 거래를 통하여 산출된 정보를 기업 내부와 외부의 정보이용자들에게 전달하여 합리적인 의사결정을 할 수 있도록 하는 방법으로 이론적·과학적인 측면이 강하다. 회계는 기업의 거래를 정교하게 기록하는 부기의 한 방법이다.

③ 부기의 방법

○ 단식부기 : 거래의 순서대로 현금이나 재화의 증감변화만을 기록, 계산하는 방법으로 일반적으로 비영리, 소규모 상점에 적용한다.

○ 복식부기 : 일정한 원리, 원칙에 따라 조직적으로 재화의 증감뿐만 아니라 손익의 발생도 기록·계산하는 방법으로 영리, 대규모 기업에 적용하는 부기이며, 자기검증기능이 있어 정확성이 높아 회계기록에 사용한다.

④ 계정의 의의

계정은 각 항목별로 설정된 기록계산의 단위를 말하며, 각 계정의 위에 붙이는 이름을 계정과목이라 한다.

⑤ 거래의 8요소(계정의 기입방법)

계정과목은 거래의 8요소를 기초로 기입한다.

○ 재무상태표 계정

> ⓐ 자산계정 : 증가는 차변, 감소는 대변에 기입
> ⓑ 부채계정 : 증가는 대변, 감소는 차변에 기입
> ⓒ 자본계정 : 증가는 대변, 감소는 차변에 기입

○ 포괄손익계산서 계정

> ⓐ 수익계정 : 발생은 대변, 소멸은 차변에 기입
> ⓑ 비용계정 : 발생은 차변, 감소는 대변에 기입

차변기입항목(왼쪽)	대변기입항목(오른쪽)
• 자산의 증가	• 자산의 감소
• 부채의 감소	• 부채의 증가
• 자본의 감소	• 자본의 증가
• 비용의 발생	• 수익의 발생

⑥ 분개의 특징

    ㉠ 거래의 이중성 : 자산, 부채, 자본이 증감 변화하는 거래에서 차변에 발생한 거래는 반드시 대변에도 같은 금액의 거래가 발생하여 이중으로 기입하게 되는데, 이것을 '거래의 이중성'이라 한다.

    ㉡ 대차평균의 원리

        ⓐ 거래가 발생하면 분개를 통하여 어떤 계정의 차변과 또 다른 계정의 대변에 같은 금액을 기입하게 되며 일치하게 된다.

        ⓑ 복식부기제도하에서 모든 회계거래는 반드시 어떤 계정의 차변과 다른 계정의 대변에 같은 금액을 기입한다. 따라서 아무리 많은 거래를 기입하더라도 계정의 차변 합계금액과 대변 합계금액은 반드시 일치해야 하는데 이것을 '대차평균의 원리'라고 한다.

예제

다음 (주)관세의 20x1년 회계상 거래 중 발생시점에 자산과 부채가 동시에 증가하지 <u>않는</u> 것은?

① 1월 1일 : 3년 만기인 액면금액 ₩10,000의 일반사채를 ₩11,000에 발행하였다.

② 2월 1일 : 액면금액 ₩5,000의 상품권을 발행하고 고객에게 상품권을 액면금액으로 현금판매하였다.

③ 4월 1일 : 금융기관에서 이자율 연 10%로 현금 ₩10,000을 차입하고 이자와 원금은 1년 후에 상환하기로 하였다.

④ 7월 1일 : 주당 액면금액 ₩100인 보통주 100주를 주당 ₩120에 발행하였다.

⑤ 9월 1일 : 건물을 구입하여 소유권이전등기를 마치고 사용을 시작했으며, 건물대금 ₩10,000은 20x2년 2월 1일에 거래상대방에 지급하기로 하였다.

해설

④ 7월 1일 : '주당 액면금액 ₩100인 보통주 100주를 주당 ₩120에 발행하였다.'라는 거래는 자산과 자본이 동시에 증가하는 거래이다.

답 ④

---

(4) 전기

각 계정의 분개장에 기입한 분개를 모든 계정의 집합인 총계정원장에 옮겨 적는 절차를 말한다. 이때 T자 모양의 양식을 사용하기도 하는데, 이를 T계정에 전기한다고 말한다.

자산 · 비용 계정		부채 · 자본 · 수익 계정	
(차변)	(대변)	(차변)	(대변)
증가 또는 발생	감소	감소	증가 또는 발생

(5) 결산

① 결산의 의의

결산이란 회계기간의 말일에 일정 기간의 경영성과와 일정 시점의 재무상태를 명확히 하고 장부를 정리하는 일련의 절차를 말한다.

② 결산의 절차

결산의 예비절차 → 결산의 본절차 → 재무제표의 작성 순으로 이루어진다.

결산의 예비절차	• 시산표의 작성 • 재고조사표의 작성 • 결산정리분개(수정분개) • 정산표의 작성(임의선택사항)
결산의 본절차	• 수익 · 비용계정의 마감 • 집합손익계정의 마감 • 자산 · 부채 · 자본계정의 마감 • 이월시산표 작성 및 기타 장부 마감
재무제표의 작성 (결산보고서 작성)	• 포괄손익계산서의 작성 : 집합손익계정을 기초로 함 • 재무상태표의 작성 : 이월시산표를 기초로 함 • 자본변동표의 작성 • 현금흐름표의 작성

③ 시산표

회계기간 중 거래기록의 정확성을 검증하기 위하여 총계정원장의 각 계정금액을 집계하여 작성한 집계표로 합계시산표 · 잔액시산표 · 합계잔액시산표가 있다.

㉠ 합계시산표 : 총계정원장의 각 계정의 차변합계와 대변합계를 모두 표시하는 시산표이다.

㉡ 잔액시산표 : 총계정원장의 각 계정의 차변합계와 대변합계의 차이금액인 계정잔액을 기초로 작성되는 시산표이다.

㉢ 합계잔액시산표 : 총계정원장상의 각 계정의 차변합계와 대변합계를 표시함과 동시에 차변합계와 대변합계의 차이금액인 잔액을 표시하는 시산표이다.

④ 결산수정분개

결산에 앞서 원장잔액과 실제액이 다를 경우 원장 각 계정의 잔액을 실제액에 맞추어 수정해야 하는데 이를 결산정리라고 하며, 결산정리를 위한 분개를 정리분개 또는 수정분개라고 한다.

⑤ 정산표

결산의 전 과정을 개략적으로 파악할 수 있도록 작성하는 일람표(잔액시산표를 기초로 하여 재무상태표와 포괄손익계산서의 작성과정을 한 표에 나타냄)를 말한다.

⑥ 계정의 마감

계정의 대차를 일치시켜서 계정잔액을 '0'으로 만드는 것이다.

⑦ 재무제표의 작성

잔액시산표를 이용하여 재무제표를 작성한다.

3. 재무제표

(1) 재무제표의 의의

① 어느 특정한 경제적 실체의 자원과 그 자원에 대한 청구권 및 이들의 변동을 일으키는 거래나 사건 및 모든 경제적 영향을 인식하여 측정한 결과를 일정한 양식에 의해 보고하는 회계보고서 또는 결산보고서가 재무제표이다.

② 재무제표는 재무보고의 중심적인 수단으로서 이를 통하여 기업에 관한 재무정보를 외부의 이해관계자에게 전달하게 된다.

③ 현행 이용되고 있는 재무제표는 재무상태표, 포괄손익계산서, 자본변동표, 현금흐름표이며 이에 대한 적절한 주석도 재무제표의 구성요소에 포함된다.

구분	내용
재무상태표	회사의 일정시점의 재무상태에 대한 보고서
손익계산서	회사의 일정기간의 경영성과에 대한 보고서
현금흐름표	회사의 일정기간의 현금유출입에 대한 보고서
자본변동표	회사의 일정기간의 자본변동에 대한 보고서
주석	기타 추가적인 정보에 관한 내용

(2) 재무제표의 목적

광범위한 정보이용자의 경제적 의사결정에 유용한 기업의 재무상태, 재무성과와 재무상태변동에 관한 정보를 제공하는 것이다.

(3) 재무제표의 정보제공 내용

재무제표의 목적을 충족하기 위하여 재무제표는 자산, 부채, 자본, 차익과 차손을 포함한 광의의 수익과 비용, 소유주로서의 자격을 행사하는 소유주에 의한 출자와 소유주에 대한 배분, 현금흐름 등의 기업정보를 제공한다.

① 재무제표에 의해 제공되는 정보는 대부분 과거에 발생한 거래나 사건에 관한 것으로 정확한 측정치가 아닌 추정에 의한 측정치도 포함한다.

② 재무제표에 인식되는 금액은 추정이나 판단에 의한 정보를 포함한다.

③ 당기 재무제표를 이해하는 데 목적적합하다면 서술형 정보의 경우에도 비교정보를 포함한다.

(4) 재무상태표

① 재무상태표의 의의

일정시점에 있어서 기업이 보유하고 있는 재무상태, 즉 기업의 자산, 부채, 자본의 상태를 나타내는 재무보고서이다.

② 재무상태표 공식

자산＝부채＋자본

③ 재무상태표 예시

재무상태표

(주)관세 (단위 : 원)

자산		부채	
유동자산		유동부채	
현금및현금성자산	1,000	단기차입금	3,000
단기금융자산	1,500	매입채무	1,000
매출채권	2,400	기타유동부채	1,300
재고자산	6,500		5,300
기타유동자산	2,600		
	14,000	비유동부채	
		장기차입금	5,000
비유동자산		기타비유동부채	3,000
유형자산	2,000		8,000
장기금융자산	1,400	부채총계	13,300
무형자산	900		
기타비유동자산	1,000	자본	
	5,300	납입자본	3,000
		기타자본	2,000
		이익잉여금	1,000
		자본총계	6,000
자산총계	19,300	자본 및 부채총계	19,300

④ 재무상태표의 구성

   ㉠ 자산 : 기업의 경영활동을 영위하는 과정에서 과거 사건의 결과로 기업이 통제하고 있고 미래경제 적 효익이 기업에 유입될 것으로 기대되는 각종 재화와 채권과 같은 경제적 자원을 말한다. 미래 경제적 효익이란 직접 또는 간접으로 미래 현금 및 현금성자산의 기업에의 유입에 기여하게 될 잠 재력을 말한다.

   ㉡ 부채 : 과거의 거래나 사건의 결과로 현재 기업실체가 부담하고 있고(즉, 현재의무) 미래에 자원의 유출 또는 사용이 예상되는 것으로, 기업이 미래에 일정한 금액을 지급하거나 재화나 서비스 등을 제공하여 변제할 의무를 말한다.

   ㉢ 자본 : 기업이 보유하고 있는 자산총액에서 부채총액을 차감한 잔액을 말한다.

$$자본(순자산) = 자산 - 부채$$

(5) 포괄손익계산서

① 포괄손익계산서의 의의

   일정기간 동안 기업의 경영성과를 나타내는 동태적 보고서이다. 경영성과란 일정기간 동안의 기업의 영업활동 결과로 나타나는 수익과 비용의 발생 상태를 의미하는 것이다.

② 포괄손익계산서의 구성

   ㉠ 수익 : 기업이 일정기간 동안 고객에게 판매하거나 제공한 재화 · 용역의 화폐액의 합계액

   ㉡ 비용 : 기업이 일정기간 동안 수익을 획득하기 위하여 소비한 원가

③ 포괄손익계산서 공식

이익(손익)＝수익－비용

④ 포괄손익계산서의 예시

포괄손익계산서

(주)관세		(단위 : 원)
매출액	10,000	
매출원가	8,000	
매출총이익		2,000
판매비와관리비	500	
영업이익		1,500
금융수익	300	
금융비용	200	
기타수익	500	
기타비용	200	
법인세차감전계속사업이익		1,900
법인세비용	150	
당기순이익		1,750

⑤ 손익의 구분계산

㉠ 매출총이익 : 매출액에서 매출원가를 차감한 금액이다.

매출총이익＝매출액－매출원가

  ⓐ 매출액 : 기업이 회계기간동안 영업활동을 수행하여 벌어들인 총 매출액에서 매출에누리와 환입 및 매출할인을 차감하여 순매출액이 나타나도록 보고한다.
  ⓑ 매출원가 : 판매된 제품이나 상품 등에 대한 제조원가 또는 매입원가이다.

㉡ 영업이익 : 매출총이익에서 영업관련 비용을 차감한 금액이다.

영업이익＝매출총이익－판매비와 관리비

  ⓐ 판매비와 관리비 : 제품·상품 및 용역의 판매활동과 기업의 관리활동에서 발생하는 비용으로 급여, 퇴직급여, 복리후생비, 임차료, 보험료, 접대비, 감가상각비, 무형자산상각비, 세금과 공과, 광고선전비, 연구비, 경상개발비, 대손상각비 등 매출원가에 속하지 아니하는 모든 영업비용을 말한다.
  ⓑ 영업이익은 회사가 진행하는 사업과 관련된 손익이므로 기업의 미래현금흐름의 예측에 유용한 정보를 제공한다.

㉢ 법인세차감전순이익 : 영업이익에서 기타수익 및 금융수익 등을 가산하고 기타비용 및 금융비용 등을 차감하여 산출한다.

법인세차감전순이익＝영업이익±기타 수익비용

ⓔ 당기순이익 : 세전이익에서 법인세를 차감하여 구한 것으로 기업의 최종적인 일정기간의 손익을 말한다.

> 당기순이익 = 법인세차감전순이익 − 법인세비용

⑥ 순손익계산방법 ★33회 기출★

　　㉠ 재산법(재무상태표 접근법, 자본유지접근법)

　　당기순손익 계산 시 기말자본과 기초자본을 비교하여 계산하는 방법으로 Stock 개념이다. 당기순이익을 간단히 구할 수 있는 이점이 있는 반면에 당기순이익의 발생원인을 알 수 없다는 단점이 있다.

> 포괄이익(손실) = 기말자본 − 기초자본

　　상기 산식에서 기타포괄이익이 발생하지 않은 경우, 포괄이익은 당기순이익으로 간주할 수 있다. 증자(추가출자 등)와 감자(인출 및 현금배당) 등 자본거래가 있는 경우에는 다음과 같은 산식이 성립된다.

> 기초자본 + 유상증자 − 감자(현금배당) ± 당기순손익 ± 기타포괄손익 = 기말자본

　　㉡ 손익법(포괄손익계산서 접근법, 거래접근법)

　　일정기간 동안에 발생한 수익총액과 비용총액을 비교하여 당기순손익을 계산하는 방법으로 Flow 개념이다.

> 순이익(순손실) = 총수익 − 총비용

예제

다음은 (주)감평의 20×1년도 기초와 기말 재무상태표의 금액이다. ★33회 기출★

구분	20×1년 기초	20×1년 기말
자산총계	₩5,000	₩7,000
부채총계	2,500	3,400

(주)감평은 20×1년 중에 ₩300의 유상증자와 ₩100의 무상증자를 각각 실시하였으며, 현금배당 ₩200을 지급하였다. 20×1년도 당기에 유형자산 관련 재평가잉여금이 ₩80만큼 증가한 경우 (주)감평의 20×1년도 포괄손익계산서 상 당기순이익은?(단, 재평가잉여금의 변동 외에 다른 기타자본요소의 변동은 없다)

① ₩820　　　　② ₩900　　　　③ ₩920　　　　④ ₩980　　　　⑤ ₩1,000

해설

• 기초자본 + 유상증자 − 현금배당 + 재평가잉여금 + 당기순이익 = 기말자본
• 2,500 + 300원 − 200원 + 80원 + 당기순이익 = 3,600원
∴ 당기순이익 = 920원

답 ③

(6) 기타 재무제표

① 현금흐름표

일정기간 영업활동, 투자활동, 재무활동으로 인한 현금의 유입과 유출의 내역을 현금주의에 따라 작성한 보고서이다.

② 자본변동표

자본변동표는 한 회계기간 동안 발생한 소유주지분의 변동을 표시하는 재무보고서이다. 자본을 구성하고 있는 자본금, 이익잉여금 및 기타자본구성요소의 각 항목별로 기초잔액, 변동사항, 기말잔액을 표시한다.

③ 주석

재무상태표, 포괄손익계산서, 자본변동표 및 현금흐름표에 표시하는 정보에 추가하여 제공된 정보이다. 주석은 상기 재무제표에 표시된 항목을 구체적으로 설명하거나 세분화하고, 상기 재무제표 인식요건을 충족하지 못하는 항목에 대한 정보를 제공한다.

제2절   재무회계의 이론체계

1. 재무보고를 위한 개념체계 ★34회 기출★

(1) 개념체계의 위상 및 목적

① 개념체계의 위상

개념체계는 외부 이용자를 위한 재무보고의 기초가 되는 개념을 정립한다. 개념체계는 한국채택국제회계기준이 아니므로 특정한 측정과 공시 문제에 관한 기준을 정하지 아니하며, 어떠한 특정 한국채택국제회계기준에 우선하지 아니한다.

② 개념체계의 목적

㉠ 새로운 한국채택국제회계기준의 제정 및 개정 검토에 도움을 준다.
㉡ 한국채택국제회계기준에서 허용하는 대체적인 회계처리방법의 수의 축소를 위한 근거를 제공한다.
㉢ 재무제표의 작성 시 한국채택국제회계기준을 적용하고 한국채택국제회계기준이 미비한 주제에 대한 회계처리를 하는 데 도움을 준다.
㉣ 재무제표가 한국채택국제회계기준을 따르고 있는지에 대해 감사인의 의견형성에 도움을 준다.
㉤ 재무제표에 포함된 정보를 재무제표의 이용자가 해석하는 데 도움을 준다.
㉥ 한국채택국제회계기준을 제정하는 데 사용한 접근방법에 대한 정보를 제공한다.

(2) 일반목적재무보고의 목적, 유용성 및 한계

① 일반목적재무보고의 목적

현재 및 잠재적 투자자, 대여자 및 기타 채권자가 기업에 자원을 제공하는 것에 대한 의사결정을 할 때 유용한 보고기업 재무정보를 제공하는 것이다. 그 의사결정은 지분상품 및 채무상품을 매수, 매도 또는 보유하는 것과 대여 및 기타 형태의 신용을 제공 또는 결제하는 것을 포함한다.

② 일반목적재무보고의 유용성 및 한계

   ㉠ 일반목적재무보고서는 보고기업의 재무상태에 관한 정보, 즉 기업의 경제적 자원과 보고기업에 대한 청구권에 관한 정보를 제공하고, 경제적 자원과 청구권을 변동시키는 거래와 그 밖의 사건의 영향에 대한 정보도 제공한다.

   ㉡ 현재 및 잠재적 투자자, 대여자 및 기타 채권자는 그들에게 직접 정보를 제공하도록 보고기업에 요구할 수 없고, 그들이 필요로 하는 재무정보의 많은 부분을 일반목적재무보고서에 의존해야만 한다.

   ㉢ 일반목적재무보고서는 현재 및 잠재적 투자자, 대여자 및 기타 채권자가 필요로 하는 모든 정보를 제공하지는 않으며 제공할 수도 없다.

   ㉣ 일반목적재무보고서는 보고기업의 가치를 보여주기 위해 고안된 것이 아니다.

   ㉤ 각 주요 이용자들의 정보 수요 및 욕구는 다르고 상충되기도 한다.

   ㉥ 보고기업의 경영진도 해당 기업에 대한 재무정보에 관심이 있다. 그러나 경영진은 그들이 필요로 하는 재무정보를 내부에서 구할 수 있기 때문에 일반목적재무보고서에 의존할 필요가 없다.

   ㉦ 재무보고서는 정확한 서술보다는 상당 부분 추정, 판단 및 모형에 근거한다.

   ㉧ 경영진의 책임 이행에 대한 정보는 경영진의 행동에 대해 의결권을 가지거나 다른 방법으로 영향력을 행사하는 현재 투자자, 대여자 및 기타 채권자의 의사결정에도 유용하다.

(3) 일반목적재무보고서에서 제공되는 정보

  ① 보고기업의 경제적 자원과 청구권의 정보

  ② 보고기업의 경제적 자원 및 청구권의 변동에 관한 정보

  ③ 현금주의가 아닌 발생기준 회계가 반영된 재무성과

  ④ 과거 현금흐름이 반영된 재무성과

  ⑤ 재무성과에 기인하지 않은 경제적 자원 및 청구권의 변동(소유지분 발행 등 자본거래 사유)

(4) 유용한 재무정보의 질적 특성 ★29, 31, 32, 34회 기출★

  ① 근본적 질적 특성

    정보가 유용하기 위해서는 목적적합하고 충실하게 표현되어야 한다. 목적적합성과 표현충실성이라는 두 근본적 질적 특성이 없는 재무정보는 유용하지 않으며, 더 비교가능하거나, 검증가능하거나, 적시성이 있거나, 이해가능하더라도 유용하게 할 수 없다. 그러나 목적적합하고 충실하게 표현된 재무정보는 보강적 질적 특성이 없더라도 여전히 유용할 수 있다.

   ㉠ 목적적합성

     의사결정에 목적적합한 정보란 이용자가 과거, 현재 또는 미래의 사건을 평가하거나 과거의 평가를 확인 또는 수정하도록 도와줄 수 있는 특성을 갖고 있는 정보를 말한다. 목적적합한 재무정보는 정보이용자의 의사결정에 차이가 나도록 할 수 있다.

     ⓐ 예측가치 : 미래에 대한 예측을 돕는 정보의 질적 특성으로, 정보이용자들이 미래 결과를 예측하기 위해 사용하는 절차의 투입요소로 재무정보가 사용될 수 있다면 그 재무정보는 예측가치를 갖는다. 재무정보가 예측가치를 갖기 위해서는 그 자체가 예측치 또는 예상치일 필요는 없다.

ⓑ 확인가치 : 과거의 기대치를 확인 또는 수정함으로써 정보이용자의 의사결정에 영향을 미칠 수 있는 질적 특성으로, 과거 평가에 대해 피드백을 제공한다면 (과거 평가를 확인하거나 변경시 킨다면) 확인가치를 갖는다.

▷ 재무정보에 예측가치, 확인가치 또는 이 둘 모두가 있다면 그 재무정보는 의사결정에 차이 가 나도록 할 수 있다. 재무정보의 예측가치와 확인가치는 상호 연관되어 있어서 예측가치 를 갖는 정보는 확인가치도 갖는 경우가 많다.

ⓒ 중요성 : 정보가 누락되거나 잘못 기재된 경우 특정 보고기업의 재무정보에 근거한 정보이용자 의 의사결정에 영향을 줄 수 있다면 그 정보는 중요한 것이다. 중요성은 개별 기업 재무보고서 관점에서 해당 정보와 관련된 항목의 성격이나 규모 또는 이 둘 모두에 근거하여 해당 기업에 특유한 측면의 목적적합성을 의미한다.

ⓛ 충실한 표현

재무정보가 유용하기 위해서는 목적적합한 현상을 표현하는 것뿐만 아니라 나타내고자 하는 현상 을 충실하게 표현해야 한다. 완벽하게 충실한 표현을 하기 위해서는 서술은 완전하고, 중립적이 며, 오류가 없어야 할 것이다. 그러나 충실한 표현 그 자체가 반드시 유용한 정보를 만들어내는 것 은 아니다.

ⓐ 완전한 서술 : 필요한 기술과 설명을 포함하여 정보이용자가 서술되는 현상을 이해하는 데 필 요한 모든 정보를 포함하는 것이다.

ⓑ 중립적 서술 : 재무정보의 선택이나 표시에 편의가 없는 것이다. 중립적 정보는 목적이 없거나 행동에 대한 영향력이 없는 정보를 의미하지 않는다.

ⓒ 오류 없는 표현 : 충실한 표현은 모든 면에서 정확한 것을 의미하지는 않는다. 오류가 없다는 것은 현상의 기술에 오류나 누락이 없고, 보고 정보를 생산하는 데 사용되는 절차의 선택과 적 용 시 절차상 오류가 없음을 의미한다.

② 보강적 질적 특성

㉠ 비교가능성 : 정보이용자가 항목 간의 유사점과 차이점을 식별하고 이해할 수 있게 하는 질적 특 성이다.

ⓐ 비교가능성은 통일성이 아니다. 정보가 비교가능하기 위해서는 비슷한 것은 비슷하게 보여야 하고 다른 것은 다르게 보여야 한다.

ⓑ 일관성은 한 보고기업 내에서 기간 간 또는 같은 기간 동안에 기업 간, 동일한 항목에 대해 동일 한 방법을 적용하는 것을 말한다. 일관성은 비교가능성과 관련은 되어 있지만 동일하지는 않다.

ⓒ 보고기업에 대한 정보는 다른 기업에 대한 유사한 정보 및 해당 기업에 대한 다른 기간이나 다 른 일자의 유사한 정보와 비교할 수 있다면 더욱 유용하다.

㉡ 검증가능성 : 합리적인 판단력이 있고 독립적인 서로 다른 관찰자가 어떤 서술이 충실한 표현이라 는 것에 대해 비록 반드시 완전히 일치하지는 못하더라도 의견이 일치할 수 있다는 것을 의미한 다. 계량화된 정보가 검증가능하기 위해서 단일 점추정치이어야 할 필요는 없다. 가능한 금액의 범위 및 관련된 확률도 검증될 수 있다.

㉢ 적시성 : 의사결정에 영향을 미칠 수 있도록 의사결정자가 정보를 제때에 이용가능하게 하는 것을 의미한다. 일반적으로 정보는 오래될수록 유용성이 낮아지지만 일부 정보는 보고기간 말 후에도 오랫동안 적시성이 있을 수 있다.

ⓔ 이해가능성 : 정보를 명확하고 간결하게 분류하고, 특징지으며, 표시하면 이해가능하게 된다.

ⓜ 보강적 질적 특성의 적용

ⓐ 보강적 질적 특성은 가능한 한 극대화되어야 한다. 그러나 보강적 질적 특성은 정보가 목적적합하지 않거나 충실하게 표현되지 않으면, 개별적으로든 집단적으로든 그 정보를 유용하게 할 수 없다.

ⓑ 보강적 질적 특성을 적용하는 것은 어떤 규정된 순서를 따르지 않는 반복적인 과정이다. 때로는 하나의 보강적 질적 특성이 다른 질적 특성의 극대화를 위해 감소되어야 할 수도 있다.

(5) 유용한 재무보고에 대한 원가 제약

원가는 재무보고로 제공될 수 있는 정보에 대한 포괄적 제약요인이다. 재무정보의 보고에는 원가가 소요되고, 해당 정보 보고의 효익이 그 원가를 정당화한다는 것이 중요하다.

> 정보 보고의 효익 > 정보 보고의 원가

예제

일반목적재무보고의 목적에 관한 설명으로 옳지 않은 것은?

① 현재 및 잠재적 투자자, 대여자 및 기타 채권자가 필요로 하는 모든 정보를 제공하여야 한다.
② 보고기업의 재무상태에 관한 정보, 즉 기업의 경제적 자원과 보고기업에 대한 청구권에 관한 정보를 제공한다.
③ 경영진의 책임 이행에 대한 정보는 경영진의 행동에 대해 의결권을 가지거나 다른 방법으로 영향력을 행사하는 현재 투자자, 대여자 및 기타 채권자의 의사결정에 유용하다.
④ 경영진은 그들이 필요로 하는 재무정보를 내부에서 구할 수 있기 때문에 일반목적재무보고서에 의존할 필요가 없다.
⑤ 현재 및 잠재적 투자자, 대여자 및 기타 채권자가 기업에 자원을 제공하는 것에 대한 의사결정을 할 때 유용한 보고기업 재무정보를 제공한다.

해설

① 일반목적재무보고서는 현재 및 잠재적 투자자, 대여자 및 기타 채권자가 필요로 하는 모든 정보를 제공하지는 않으며 제공할 수도 없다.

정답 ①

유용한 재무정보의 질적 특성에 관한 설명으로 옳지 않은 것은?

① 목적적합성과 표현충실성이 없는 재무정보가 더 비교가능하거나, 검증가능하거나, 적시성이 있거나, 이해가 능하다면 유용한 정보이다.

② 보고기업에 대한 정보는 다른 기업에 대한 유사한 정보 및 해당 기업에 대한 다른 기간이나 다른 일자의 유사한 정보와 비교할 수 있다면 더욱 유용하다.

③ 재무정보가 예측가치를 갖기 위해서 그 자체가 예측치 또는 예상치일 필요는 없으며, 예측가치를 갖는 재무정보는 정보이용자가 예측하는 데 사용된다.

④ 정보가 누락되거나 잘못 기재된 경우 특정 보고기업의 재무정보에 근거한 정보이용자의 의사결정에 영향을 줄 수 있다면 그 정보는 중요한 것이다.

⑤ 목적적합하고 충실하게 표현된 재무정보는 보강적 질적 특성이 없더라도 유용할 수 있다.

해설

① 목적적합성과 표현충실성이라는 두 근본적 질적 특성이 없는 재무정보는 유용하지 않으며, 더 비교가능하거나, 검증가능하거나, 적시성이 있거나, 이해가능하더라도 유용하게 할 수 없다. 그러나 목적적합하고 충실하게 표현된 재무정보는 보강적 질적 특성이 없더라도 여전히 유용할 수 있다.

답 ①

2. 재무제표 요소의 인식 및 측정

(1) 재무제표 요소의 인식 ★27, 33회 기출★

인식은 재무제표 요소의 정의에 부합하고 인식기준을 충족하는 항목을 재무상태표나 포괄손익계산서에 반영하는 과정을 말한다. 재무제표 요소의 정의에 부합하는 항목이 다음 기준을 모두 충족한다면 재무제표에 인식되어야 한다.

- 그 항목과 관련된 미래경제적 효익이 기업에 유입되거나 기업으로부터 유출될 가능성이 높다.
- 그 항목의 원가 또는 가치를 신뢰성 있게 측정할 수 있다.

① **자산의 인식**

자산은 미래경제적 효익이 기업에 유입될 가능성이 높고 해당 항목의 원가 또는 가치를 신뢰성 있게 측정할 수 있을 때 재무상태표에 인식한다.

② **부채의 인식**

부채는 현재 의무의 이행에 따라 경제적 효익을 갖는 자원의 유출 가능성이 높고 결제될 금액에 대해 신뢰성 있게 측정할 수 있을 때 재무상태표에 인식한다.

③ **수익의 인식**

수익은 자산의 증가나 부채의 감소와 관련하여 미래경제적 효익이 증가하고 이를 신뢰성 있게 측정할 수 있을 때 포괄손익계산서에 인식한다. 이는 실제로 수익의 인식이 자산의 증가나 부채의 감소에 대한 인식과 동시에 이루어짐을 의미한다.

④ 비용의 인식

　　㉠ 비용은 자산의 감소나 부채의 증가와 관련하여 미래경제적 효익이 감소하고 이를 신뢰성 있게 측정할 수 있을 때 포괄손익계산서에 인식한다.

　　㉡ 비용은 발생된 원가와 특정 수익항목의 가득 간에 존재하는 직접적인 관련성을 기준으로 포괄손익계산서에 인식한다.

　　㉢ 경제적 효익이 여러 회계기간에 걸쳐 발생할 것으로 기대되고 수익과의 관련성이 단지 포괄적으로 또는 간접적으로만 결정될 수 있는 경우 비용은 체계적이고 합리적인 배분절차를 기준으로 포괄손익계산서에 인식된다.

　　㉣ 미래경제적 효익이 기대되지 않는 지출이거나, 미래경제적 효익이 기대되더라도 재무상태표에 자산으로 인식되기 위한 조건을 원래 충족하지 못하거나 더 이상 충족하지 못하는 부분은 즉시 포괄손익계산서에 비용으로 인식되어야 한다.

　　㉤ 제품보증에 따라 부채가 발생하는 경우와 같이 자산의 인식을 수반하지 않는 부채가 발생하는 경우에는 포괄손익계산서에 비용을 동시에 인식한다.

(2) 재무제표 요소의 측정 ★33회 기출★

① 측정의 의의

측정은 재무상태표와 포괄손익계산서에 인식되고 평가되어야 할 재무제표 요소의 화폐금액을 결정하는 과정이다.

② 측정기준의 예

재무제표를 작성하기 위해서는 다수의 측정기준이 다양한 방법으로 결합되어 사용된다. 그러한 측정기준의 예는 다음과 같다.

　　㉠ 역사적 원가(취득원가)

　　　　ⓐ 자산은 취득의 대가로 취득 당시에 지급한 현금 또는 현금성자산이나 그 밖의 대가의 공정가치로 기록한다.

　　　　▷ 공정가치 : 합리적인 판단력과 거래의사가 있는 독립된 당사자 사이의 거래에서 자산이 교환되거나 부채가 결제될 수 있는 금액

　　　　ⓑ 부채는 부담하는 의무의 대가로 수취한 금액으로 기록한다.

　　㉡ 현행원가(현행대체원가)

　　　　ⓐ 자산은 동일하거나 또는 동등한 자산을 현재시점에서 취득할 경우에 그 대가로 지불하여야 할 현금이나 현금성자산의 금액으로 평가한다.

　　　　ⓑ 부채는 현재시점에서 그 의무를 이행하는 데 필요한 현금이나 현금성자산의 할인하지 아니한 금액으로 평가한다.

　　㉢ 실현가능(이행)가치(현행유출가치)

　　　　ⓐ 자산은 정상적으로 처분하는 경우 수취할 것으로 예상되는 현금이나 현금성자산의 금액으로 평가한다.

　　　　ⓑ 부채는 이행가치로 평가하는데 이는 정상적인 영업과정에서 부채를 상환하기 위해 지급될 것으로 예상되는 현금이나 현금성자산의 할인하지 아니한 금액으로 평가한다.

ⓔ 현재가치

ⓐ 자산은 정상적인 영업과정에서 그 자산이 창출할 것으로 기대되는 미래 순현금유입액의 현재할인가치로 평가한다.

ⓑ 부채는 정상적인 영업과정에서 그 부채를 상환할 때 필요할 것으로 예상되는 미래 순현금유출액의 현재할인가치로 평가한다.

더 알아보기 | 화폐의 현재가치

- 현재가치(Present Value)는 미래에 얻게 될 확실한 부(富)의 가치를 현재의 가치로 환산한 값을 말한다.
- 미래에 얻게 될 부는 명목적인 가치뿐만 아니라 시간의 흐름에 따른 기회비용인 시간가치가 포함되어 있기 때문에 현재 표면상으로 동일한 부를 가지고 있다 하더라도 미래부와 현재부의 가치는 달라진다. 예를 들어 현재 가지고 있는 1,000원과 미래의 1,000원은 그 가치가 동일하지 않은데, 현재의 1,000원으로 다른 자산에 투자하여 초과이익을 얻을 수 있기 때문이다.
- 일반적으로 동일한 금액일 경우 미래에 얻을 수 있는 부의 가치가 현재에 얻을 수 있는 부의 가치보다 작다. 그 이유는 현재의 부를 무위험자산에 투자한다면 최소한 무위험이자율만큼의 이익을 얻을 수 있으므로 결국 미래에는 더 큰 부를 얻을 수 있기 때문이다.

공식

- 1기간 후의 미래부를 현재부로 환산하는 식을 표현하면 다음과 같다.

$$PV = \frac{FV_n}{(1+r)^n}$$

- PV = 현재가치(Present Value)
- r = 무위험이자율
- FV = 미래가치(Future Value)
- n = 기간

- 1기간 후부터 n기간까지의 미래에 일정한 현금흐름이 반복된다면 이를 현재가치로 환산하는 식은 다음과 같다.

$$PV = \frac{CF_1}{(1+r)^1} + \frac{CF_2}{(1+r)^2} + \frac{CF_3}{(1+r)^3} + \cdots + \frac{CF_n}{(1+r)^n}$$

- PV = 현재가치(Present Value)
- r = 무위험이자율
- CF = 현금흐름(Cash Flow)
- n = 기간

---

(3) 자본유지개념 ★33회 기출★

① 자본유지개념의 도출

자본유지개념은 기업이 유지하려고 하는 자본을 어떻게 정의하는지와 관련된다. 자본개념에 따라 다음과 같은 자본유지개념이 도출된다.

㉠ 재무자본유지 : 재무자본유지 개념 하에서 이익은 해당 기간 동안 소유주에게 배분하거나 소유주가 출연한 부분을 제외하고 기말 순자산의 재무적 측정금액(화폐금액)이 기초 순자산의 재무적 측정금액(화폐금액)을 초과하는 경우에만 발생한다. 재무자본유지는 명목화폐단위 또는 불변구매력단위를 이용하여 측정할 수 있다.

ⓒ 실물자본유지 : 실물자본유지개념 하에서 이익은 해당 기간 동안 소유주에게 배분하거나 소유주가 출연한 부분을 제외하고 기업의 기말 실물생산능력이나 조업능력(또는 그러한 생산능력을 갖추기 위해 필요한 자원이나 기금)이 기초 실물생산능력을 초과하는 경우에만 발생한다.

② **자본유지개념과 이익의 결정**

  ㉠ 자본유지개념은 이익이 측정되는 준거기준을 제공함으로써 자본개념과 이익개념 사이의 연결고리를 제공하며, 기업의 자본에 대한 투자수익과 투자회수를 구분하기 위한 필수요건이다. 자본유지를 위해 필요한 금액을 초과하는 자산의 유입액만이 이익으로 간주될 수 있고 결과적으로 자본의 투자수익이 된다.

  ㉡ 실물자본유지개념을 사용하기 위해서는 현행원가기준에 따라 측정해야 한다. 그러나 재무자본유지개념은 특정한 측정기준의 적용을 요구하지 아니한다.

  ㉢ 재무자본유지개념과 실물자본유지개념의 주된 차이는 기업의 자산과 부채에 대한 가격변동 영향의 처리방법에 있다. 일반적으로 기초에 가지고 있던 자본만큼을 기말에도 가지고 있다면 이 기업의 자본은 유지된 것이며, 기초 자본을 유지하기 위해 필요한 부분을 초과하는 금액이 이익이다.

③ **자본유지개념에 따른 이익의 계산**

  ㉠ 자본을 명목화폐단위로 정의한 재무자본유지개념 하에서 이익은 해당 기간 중 명목화폐자본의 증가액을 의미한다. 따라서 기간 중 보유한 자산가격의 증가 부분, 즉 보유이익은 개념적으로 이익에 속한다.

  > 명목화폐단위로 측정 시 이익=기말자본－기초자본

  ㉡ 재무자본유지개념이 불변구매력 단위로 정의된다면 이익은 해당 기간 중 투자된 구매력의 증가를 의미하게 된다. 따라서 일반물가수준에 따른 가격상승을 초과하는 자산가격의 증가 부분만이 이익으로 간주되며, 그 이외의 가격증가 부분은 자본의 일부인 자본유지조정으로 처리된다.

  > 명목화폐단위로 측정 시 이익=기말자본－기초자본

  ㉢ 자본을 실물생산능력으로 정의한 실물자본유지개념 하에서 이익은 해당 기간 중 실물생산능력의 증가를 의미한다. 기업의 자산과 부채에 영향을 미치는 모든 가격변동은 해당 기업의 실물생산능력에 대한 측정치의 변동으로 간주되어 이익이 아니라 자본의 일부인 자본유지조정으로 처리된다.

  > 명목화폐단위로 측정 시 이익=기말자본－기초자본

(주)관세의 20x1년 자료가 다음과 같을 때, 재무자본유지개념 하에서 불변구매력단위를 이용하여 측정한 당기순이익은?(단, 주어진 자료 외 다른 거래는 없다)

- 20x1년 초 현금 ₩100,000으로 영업을 개시하였다.
- 20x1년 초 재고자산 15개를 단위당 ₩5,000에 현금 구입하였다.
- 20x1년 기중에 재고자산 15개를 단위당 ₩8,000에 현금 판매하였다.
- 20x1년 초 물가지수가 100이라고 할 때, 20x1년 말 물가지수는 125이다.
- 20x1년 말 재고자산의 단위당 구입가격은 ₩6,500으로 인상되었다.
- 20x1년 말 현금 보유액은 ₩145,0000이다.

① ₩0
② ₩15,000
③ ₩20,000
④ ₩30,000
⑤ ₩45,000

해설

불변구매력단위로 측정 시 이익=기말자본－물가지수를 반영한 기초자본
$$=₩145,000(*1)-₩125,000(*2)$$
$$=₩20,000$$

(*1) 기말자본=₩100,000+15개×(₩8,000－₩5,000)=₩145,000
(*2) 물가지수를 반영한 기초자본=₩100,000×1.25=₩125,000

답 ③

3. 재무제표의 표시 ★34회 기출★

(1) 재무제표 작성과 표시의 일반사항 ★27, 28회 기출★

① 공정한 표시와 한국채택국제회계기준의 준수

㉠ 경제적 사실과 거래의 실질을 반영하여 기업의 재무상태, 재무성과 및 현금흐름을 공정하게 표시해야 한다.

㉡ 한국채택국제회계기준을 준수하여 재무제표를 작성하는 기업은 그러한 준수 사실을 주석에 명시적이고 제한 없이 기재한다.

㉢ 부적절한 회계정책은 이에 대하여 공시나 주석 또는 보충 자료를 통해 설명하더라도 정당화될 수 없다.

㉣ 한국채택국제회계기준을 준수하여 작성된 재무제표는 국제회계기준을 준수하여 작성된 재무제표임을 주석으로 공시할 수 있다.

㉤ 한국채택국제회계기준은 오직 재무제표에만 적용하며 연차보고서, 감독기구 제출서류 또는 다른 문서에 표시되는 그 밖의 정보에 반드시 적용하여야 하는 것은 아니다.

ⓑ 한국채택국제회계기준을 준수하여 재무제표를 작성하는 기업은 그러한 준수 사실을 주석에 명시적이고 제한 없이 기재한다. 재무제표가 한국채택국제회계기준의 요구사항을 모두 충족한 경우가 아니라면 한국채택국제회계기준을 준수하여 작성되었다고 기재하여서는 아니 된다.

② 계속기업을 전제로 작성

　ⓐ 재무제표는 일반적으로 기업이 계속기업이며 예상가능한 기간 동안 영업을 계속할 것이라는 가정 하에 작성된다. 따라서 기업은 그 경영활동을 청산하거나 중요하게 축소할 의도나 필요성을 갖고 있지 않다는 가정을 적용한다.

　ⓑ 경영진은 재무제표를 작성할 때 계속기업으로서의 존속가능성을 평가해야 한다.

　ⓒ 계속기업의 가정이 적절한지의 여부를 평가할 때 경영진은 적어도 보고기간 말로부터 향후 12개월 기간에 대하여 이용가능한 모든 정보를 고려한다.

　ⓓ 경영진이 기업을 청산하거나 경영활동을 중단할 의도를 가지고 있지 않거나, 청산 또는 경영활동의 중단 외에 다른 현실적 대안이 없는 경우가 아니면 계속기업을 전제로 재무제표를 작성한다.

③ 발생기준 회계

　ⓐ 기업은 현금흐름 정보를 제외하고는 발생기준 회계를 사용하여 재무제표를 작성한다.

　ⓑ 발생주의는 현금유출입시점과 관계없이 거래나 그 밖의 사건의 영향을 발생한 기간에 장부에 기록하고 재무제표에 표시하는 회계개념이다.

　ⓒ 발생주의 회계에서는 현금의 증감을 야기할 수 있는 거래가 발생하였을 때 이를 인식하여 미래에 그에 따른 현금이 수입되거나 지출될 것이라는 것을 예측할 수 있도록 하기 때문에 현금주의보다 더 합리적인 회계처리방식이다.

　ⓓ 수익 · 비용의 대응이 적절하게 성립되므로 적절한 기간손익, 경영성과를 파악할 수 있다.

　ⓔ 발생주의 회계는 발생, 이연, 배분, 상각 등의 개념을 모두 포함하고 있다.

더 알아보기 발생기준, 현금기준, 보수주의, 역사적 원가주의, 공정가치 등의 개념

발생주의	현금유출입 시점과 관계없이 거래나 사건의 영향을 발생한 기간에 장부에 기록하는 회계 개념
현금주의	기업이 현금이나 현금성자산을 수취하거나 지급하는 시점에서 거래나 그 밖의 사건에 대한 영향을 장부에 기록하고 재무제표에 표시하는 회계 개념
보수주의	두 가지 이상의 선택 가능한 회계처리방법이 있는 경우 될 수 있는 한 자산과 수익은 적게, 부채와 비용은 많이 인식하는 방법을 선택하는 회계관습
역사적 원가주의	자산, 부채 및 수익 · 비용의 취득 및 발생을 취득 또는 발생일자의 취득원가로 계상하고, 일단 원가로 계상된 금액은 이후에도 계속 해당 자산의 가액으로 계상된다는 개념으로 다음의 금액이다. • 자산의 경우 : 취득의 대가로 취득 당시에 지급한 현금 또는 현금성자산, 그 밖의 대가의 공정가치 • 부채의 경우 : 부담하는 의무의 대가로 수취한 금액 또는 정상적인 영업과정에서 부채를 이행하기 위해 지급할 것으로 기대되는 현금이나 현금성 자산의 금액
공정가치	합리적인 판단력과 거래의사가 있는 독립된 당사자 사이에서 자신이 교환될 수 있는 금액

④ 중요성과 통합표시
　　㉠ 유사한 항목은 중요성 분류에 따라 재무제표에 구분하여 표시한다. 상이한 성격이나 기능을 가진 항목은 구분하여 표시하지만 중요하지 않은 항목은 성격이나 기능이 유사한 항목과 통합하여 표시할 수 있다.
　　㉡ 수많은 거래와 그 밖의 사건은 성격이나 기능에 따라 범주별로 통합되어 재무제표에 표시된다.
　　㉢ 재무제표에는 중요하지 않아 구분하여 표시하지 않은 항목이라도 주석에서는 구분 표시해야할 만큼 충분히 중요할 수 있다.
　　㉣ 중요하지 않은 정보일 경우 한국채택국제회계기준에서 요구하는 특정 공시를 제공할 필요는 없다.

⑤ 상계표시 여부
　　㉠ 한국채택국제회계기준에서 요구하거나 허용하지 않는 한 자산과 부채 그리고 수익과 비용은 상계하지 아니한다.
　　㉡ 재고자산에 대한 재고자산평가충당금과 매출채권에 대한 대손충당금과 같은 평가충당금을 차감하여 관련 자산을 순액으로 측정하는 것은 상계표시에 해당하지 아니한다.
　　㉢ 외환손익 또는 단기매매 금융상품에서 발생하는 손익과 같이 유사한 거래의 집합에서 발생하는 차익과 차손은 순액으로 표시한다. 그러나 그러한 차익과 차손이 중요한 경우에는 구분하여 표시한다.
　　㉣ 투자자산 및 영업용자산을 포함한 비유동자산의 처분손익은 처분대가에서 그 자산의 장부금액과 관련처분비용을 차감하여 표시한다.

⑥ 보고빈도
　전체 재무제표(비교정보를 포함)는 적어도 1년마다 작성한다. 보고기간종료일을 변경하여 재무제표의 보고기간이 1년을 초과하거나 미달하는 경우, 보고기간이 1년을 초과하거나 미달하게 된 이유와 재무제표에 표시된 금액이 완전하게 비교가능하지 않다는 사실을 추가로 공시한다. 일반적으로 재무제표는 일관성 있게 1년 단위로 작성한다. 그러나 실무적인 이유로 어떤 기업은 예를 들어 52주의 보고기간을 선호한다. 이 기준서는 이러한 보고관행을 금지하지 않는다.

⑦ 비교정보
　　㉠ 한국채택국제회계기준이 달리 허용하거나 요구하는 경우를 제외하고는 당기 재무제표에 보고되는 모든 금액에 대해 전기 비교정보를 표시한다. 당기 재무제표를 이해하는 데 목적적합하다면 서술형 정보의 경우에도 비교정보를 포함한다.
　　㉡ 최소한 두 개의 재무상태표와 두 개의 포괄손익계산서, 두 개의 별개 손익계산서(표시하는 경우), 두 개의 현금흐름표, 두 개의 자본변동표 그리고 관련 주석을 표시해야 한다.

⑧ 표시의 계속성
　　㉠ 재무제표 항목의 표시와 분류는 다음의 경우를 제외하고는 매기 동일하여야 한다.
　　　ⓐ 사업내용의 유의적인 변화나 재무제표를 검토한 결과 다른 표시나 분류방법이 더 적절한 것이 명백한 경우
　　　ⓑ 한국채택국제회계기준에서 표시방법의 변경을 요구하는 경우
　　㉡ 기업은 변경된 표시방법이 재무제표이용자에게 신뢰성 있고 더욱 목적적합한 정보를 제공하며, 변경된 구조가 지속적으로 유지될 가능성이 높아 비교가능성을 저해하지 않을 것으로 판단할 때에만 재무제표의 표시방법을 변경한다.

재무제표 표시에 관한 설명으로 옳은 것은?

① 기업은 재무제표, 연차보고서, 감독기구 제출서류 또는 다른 문서에 표시되는 그 밖의 정보 등 외부에 공시되는 모든 재무적 및 비재무적 정보에 한국채택국제회계기준을 적용하여야 한다.

② 투자자산 및 영업용자산을 포함한 비유동자산의 처분손익은 처분대가에서 그 자산의 장부금액과 관련 처분비용을 차감하여 상계표시한다.

③ 경영진이 기업을 청산하거나 경영활동을 중단할 의도를 가지고 있거나 청산 또는 경영활동의 중단의도가 있을 경우에도 계속기업을 전제로 재무제표를 작성한다.

④ 한국채택국제회계기준의 요구사항을 모두 충족하지 않더라도 일부만 준수하여 재무제표를 작성한 기업은 그러한 준수 사실을 주석에 명시적이고 제한 없이 기재한다.

⑤ 변경된 표시방법의 지속가능성이 낮아 비교가능성을 저해하더라도 재무제표이용자에게 신뢰성 있고 더욱 목적적합한 정보를 제공한다고 판단할 때에는 재무제표의 표시방법을 변경한다.

해설

① 한국채택국제회계기준은 오직 재무제표에만 적용하며 연차보고서, 감독기구 제출서류 또는 다른 문서에 표시되는 그 밖의 정보에 반드시 적용하여야 하는 것은 아니다.

③ 경영진이 기업을 청산하거나 경영활동을 중단할 의도를 가지고 있지 않거나, 청산 또는 경영활동의 중단 외에 다른 현실적 대안이 없는 경우가 아니면 계속기업을 전제로 재무제표를 작성한다.

④ 한국채택국제회계기준을 준수하여 재무제표를 작성하는 기업은 그러한 준수 사실을 주석에 명시적이고 제한 없이 기재한다. 재무제표가 한국채택국제회계기준의 요구사항을 모두 충족한 경우가 아니라면 한국채택국제회계기준을 준수하여 작성되었다고 기재하여서는 아니 된다.

⑤ 기업은 변경된 표시방법이 재무제표이용자에게 신뢰성 있고 더욱 목적적합한 정보를 제공하며, 변경된 구조가 지속적으로 유지될 가능성이 높아 비교가능성을 저해하지 않을 것으로 판단할 때에만 재무제표의 표시방법을 변경한다.

정답 ②

(2) 재무제표의 구조와 내용 ★32, 33회 기출★

① 재무상태표의 표시

㉠ 재무상태표에 표시되는 정보

ⓐ 재무상태표에는 적어도 다음에 해당하는 금액을 나타내는 항목을 표시한다.

자산	부채
• 유형자산	• 매입채무 및 기타 채무
• 투자부동산	• 충당부채
• 무형자산	• 금융부채(단, 매입채무 및 기타 채무와 충당부채는 제외)
• 금융자산(단, 지분법 적용 투자주식, 매출채권 및 기타 채권 및 현금및현금성자산은 제외)	• 당기 법인세와 관련한 부채
• 지분법에 따라 회계처리하는 투자자산	• 이연법인세부채
• 생물자산	• 매각예정으로 분류된 처분자산집단에 포함된 부채
• 재고자산	**자본**
• 매출채권 및 기타 채권	• 자본에 표시된 비지배지분
• 현금및현금성자산	• 지배기업의 소유주에게 귀속되는 납입자본과 적립금
• 매각예정으로 분류된 자산과 매각예정으로 분류된 처분자산집단에 포함된 자산의 총계	
• 당기 법인세와 관련한 자산	
• 이연법인세자산	

ⓑ 기업의 재무상태를 이해하는 데 목적적합한 경우 재무상태표에 항목, 제목 및 중간합계를 추가하여 표시한다.

ⓒ 기업이 재무상태표에 유동자산과 비유동자산, 그리고 유동부채와 비유동부채로 구분하여 표시하는 경우, 이연법인세자산(부채)은 유동자산(부채)으로 분류하지 아니한다.

ⓓ 재무상태표에 표시되어야 할 항목의 순서나 형식을 규정하지 아니한다.

ⓒ 유동과 비유동의 구분

ⓐ 유동성 순서에 따른 표시방법이 신뢰성 있고 더욱 목적적합한 정보를 제공하는 경우를 제외하고는 유동자산과 비유동자산, 유동부채와 비유동부채로 재무상태표에 구분하여 표시한다. 유동성 순서에 따른 표시방법을 적용할 경우 모든 자산과 부채는 유동성의 순서에 따라 표시한다.

ⓑ 어느 표시방법을 채택하더라도 자산과 부채의 각 개별 항목이 보고기간 후 12개월 이내와 보고기간 후 12개월 후에 회수되거나 결제될 것으로 기대되는 금액이 합산하여 표시되는 경우, 12개월 후에 회수되거나 결제될 것으로 기대되는 금액을 공시한다.

ⓒ 기업이 명확히 식별 가능한 영업주기 내에서 재화나 용역을 제공하는 경우, 재무상태표에 유동자산과 비유동자산 및 유동부채와 비유동부채를 구분하여 표시한다.

ⓓ 자산과 부채의 실현 예정일에 대한 정보는 기업의 유동성과 부채상환능력을 평가하는 데 유용하다.

ⓒ 유동자산

ⓐ 자산은 다음의 경우에 유동자산으로 분류하며, 그 밖의 모든 자산은 비유동자산으로 분류한다.

- 기업의 정상영업주기 내에 실현될 것으로 예상되거나, 정상영업주기 내에 판매하거나 소비할 의도가 있다.
- 주로 단기매매 목적으로 보유하고 있다.
- 보고기간 후 12개월 이내에 실현될 것으로 예상한다.
- 현금이나 현금성자산으로서, 교환이나 부채 상환 목적으로의 사용에 대한 제한 기간이 보고기간 후 12개월 이상이 아니다.

ⓑ 영업주기는 영업활동을 위한 자산의 취득시점부터 그 자산이 현금이나 현금성자산으로 실현되는 시점까지 소요되는 기간이다. 정상영업주기를 명확히 식별할 수 없는 경우에는 그 기간이 12개월인 것으로 가정한다.

ⓒ 유동자산은 보고기간 후 12개월 이내에 실현될 것으로 예상되지 않는 경우에도 재고자산 및 매출채권과 같이 정상영업주기의 일부로서 판매, 소비 또는 실현되는 자산을 포함한다.

ⓔ 유동부채

ⓐ 부채는 다음의 경우에 유동부채로 분류하며, 그 밖의 모든 부채는 비유동부채로 분류한다.

- 정상영업주기 내에 결제될 것으로 예상하고 있다.
- 주로 단기매매 목적으로 보유하고 있다.
- 보고기간 후 12개월 이내에 결제하기로 되어 있다.
- 보고기간 후 12개월 이상 부채의 결제를 연기할 수 있는 무조건의 권리를 가지고 있지 않다. 계약 상대방의 선택에 따라, 지분상품의 발행으로 결제할 수 있는 부채의 조건은 그 분류에 영향을 미치지 아니한다.

ⓑ 매입채무 그리고 종업원 및 그 밖의 영업원가에 대한 미지급비용과 같은 유동부채는 기업의 정상영업주기 내에 사용되는 운전자본의 일부이다.

ⓒ 기타 유동부채는 정상영업주기 이내에 결제되지는 않지만 보고기간 후 12개월 이내에 결제일이 도래하거나 주로 단기매매목적으로 보유한다.

ⓓ 기업이 기존의 대출계약조건에 따라 보고기간 후 적어도 12개월 이상 부채를 차환하거나 연장할 것으로 기대하고 있고, 그런 재량권이 있다면, 보고기간 후 12개월 이내에 만기가 도래한다 하더라도 비유동부채로 분류한다.

ⓔ 보고기간 말 이전에 장기차입약정을 위반했을 때 대여자가 즉시 상환을 요구할 수 있는 채무는 보고기간 후 재무제표 발행승인일 전에 채권자가 약정위반을 이유로 상환을 요구하지 않기로 합의하더라도 유동부채로 분류한다.

ⓜ 재무상태표 또는 주석에 표시되는 정보

ⓐ 기업은 재무제표에 표시된 개별항목을 기업의 영업활동을 나타내기에 적절한 방법으로 세분류하고, 그 추가적인 분류 내용을 재무상태표 또는 주석에 공시한다.

ⓑ 세분류상의 세부내용은 한국채택국제회계기준의 요구사항, 당해 금액의 크기, 성격 및 기능에 따라 달라진다. 공시의 범위는 각 항목별로 다르며, 예를 들면 다음과 같다.

> - 유형자산 항목은 토지, 토지와 건물, 기계장치, 선박, 항공기, 차량운반구, 집기, 사무용 비품 등으로 세분화한다.
> - 채권은 일반상거래 채권, 특수관계자 채권, 선급금과 기타 금액으로 세분화한다.
> - 재고자산은 상품, 소모품, 원재료, 재공품 및 제품 등으로 세분화한다.
> - 충당부채는 종업원급여 충당부채와 기타 항목 충당부채로 세분화한다.
> - 납입자본과 적립금은 자본금, 주식발행초과금, 적립금 등과 같이 다양한 분류로 세분화한다.

② 포괄손익계산서

㉠ 포괄손익계산서의 표시

ⓐ 해당 기간에 인식한 모든 수익과 비용의 항목은 단일 포괄손익계산서 또는 두 개의 보고서(당기손익 부분을 표시하는 별개의 손익계산서와 포괄손익을 표시하는 보고서) 중 한 가지 방법으로 표시한다.

ⓑ 포괄손익계산서에는 당기손익 부분과 기타포괄손익 부분에 추가하여 다음을 표시한다.

> - 당기순손익
> - 총기타포괄손익
> - 당기손익과 기타포괄손익을 합한 당기포괄손익

ⓒ 당기손익과 기타포괄손익은 단일의 포괄손익계산서에 두 부분으로 나누어 표시할 수 있다. 별개의 손익계산서를 표시하는 경우, 포괄손익을 표시하는 보고서에는 당기손익 부분을 표시하지 않는다.

ⓓ 비지배지분이 있는 경우에 회계기간의 당기순손익과 기타포괄손익은 비지배지분과 지배기업의 소유주에 귀속되는 몫으로 배분하여 포괄손익계산서에 공시한다.

ⓛ 당기손익 부분 또는 손익계산서에 표시되는 정보 : 당기손익 부분이나 손익계산서에는 당해기간 의 다음 금액을 표시한다.

> ⓐ 수익
> ⓑ 영업이익
> ⓒ 금융원가
> ⓓ 지분법 적용대상인 관계기업과 공동기업의 당기순손익에 대한 지분
> ⓔ 법인세비용
> ⓕ 중단영업의 합계를 표시하는 단일금액

ⓒ 기타포괄손익 부분에 표시되는 정보
ⓐ 당해 기간의 기타포괄손익금액을 다른 한국채택국제회계기준서에 따라 후속적으로 당기손익으 로 재분류되지 않는 항목과 재분류되는 항목을 각각 집단으로 묶어 표시하되 지분법으로 회계 처리하는 관계기업과 공동기업의 기타손익에 대한 지분과 관련이 없으면 성격별로 분류한다.
ⓑ 기업의 재무성과를 이해하는 데 목적적합한 경우에는 당기손익과 기타포괄손익을 표시하는 보 고서에 항목, 제목 및 중간합계를 추가하여 표시한다.
ⓒ 수익과 비용의 어느 항목도 당기손익과 기타포괄손익을 표시하는 보고서 또는 주석에 특별손 익 항목으로 표시할 수 없다.
ⓓ 재분류조정은 당기나 과거 기간에 기타포괄손익으로 인식되었으나 당기손익으로 재분류된 금 액을 말한다.

ⓔ 당기순손익 : 한 기간에 인식되는 모든 수익과 비용 항목은 한국채택국제회계기준이 달리 정하지 않는 한 당기손익으로 인식한다.

ⓜ 기타포괄손익
ⓐ 기타포괄손익은 다음의 당기손익으로 인식하지 않는 수익과 비용항목(재분류조정 포함)을 포 함한다.

> • 재평가잉여금의 변동
> • 확정급여제도의 재측정요소
> • 해외사업장의 재무제표 환산으로 인한 손익
> • 기타포괄손익 – 공정가치측정금융자산의 재측정손익
> • 현금흐름위험회피의 위험회피수단의 평가손익 중 효과적인 부분
> • 지분법자본변동

ⓑ 기타포괄손익의 항목(재분류조정 포함)과 관련한 법인세비용 금액은 포괄손익계산서나 주석에 공시한다.
ⓒ 기타포괄손익의 항목은 관련 법인세비용을 차감한 순액으로 표시하거나, 법인세비용차감전금 액으로 표시할 수 있다.
ⓓ 기타포괄손익의 구성요소와 관련된 재분류조정을 공시한다.
ⓔ 재분류조정은 포괄손익계산서나 주석에 표시할 수 있다. 재분류조정을 주석에 표시하는 경우 에는 관련 재분류조정을 반영한 후에 기타포괄손익의 항목을 표시한다.

ⓗ 포괄손익계산서 또는 주석에 표시되는 정보

　ⓐ 수익과 비용 항목이 중요한 경우, 그 성격과 금액을 별도로 공시한다.

　ⓑ 기업은 비용의 성격별 또는 기능별 분류방법 중에서 신뢰성 있고 더욱 목적적합한 정보를 제공할 수 있는 방법을 적용하여 당기손익으로 인식한 비용의 분석내용을 표시한다.

　ⓒ 비용은 빈도, 손익의 발생가능성 및 예측가능성의 측면에서 서로 다를 수 있는 재무성과의 구성요소를 강조하기 위해 세분류로 표시한다. 분석내용은 두 가지 형태 중 하나로 제공된다.

　• 성격별 분류 : 당기손익에 포함된 비용은 그 성격(예 감가상각비, 원재료의 구입, 운송비, 종업원급여와 광고비)별로 통합하며, 기능별로 재배분하지 않는다. 비용을 기능별 분류로 배분할 필요가 없기 때문에 적용이 간단할 수 있다. 비용의 성격별 분류의 예는 다음과 같다.

수익	×
기타 수익	×
제품과 재공품의 변동	×
원재료와 소모품의 사용액	×
종업원급여비용	×
감가상각비와 기타 상각비	×
기타 비용	×
총 비용	(×)
법인세비용차감전순이익	×

　• 기능별 분류법(매출원가법) : 비용을 매출원가, 그리고 물류원가와 관리활동원가 등과 같이 기능별로 분류한다. 이 방법에서는 적어도 매출원가를 다른 비용과 분리하여 공시한다. 이 방법은 성격별 분류보다 재무제표이용자에게 더욱 목적적합한 정보를 제공할 수 있지만 비용을 기능별로 배분하는데 자의적인 배분과 상당한 정도의 판단이 개입될 수 있다. 비용의 기능별 분류의 예는 다음과 같다.

수익(매출액)	×
매출원가	(×)
매출총이익	×
기타 수익	×
물류원가	(×)
관리비	(×)
기타 비용	(×)
법인세비용차감전순이익	×

　ⓓ 비용을 기능별로 분류하는 기업은 감가상각비, 기타 상각비와 종업원급여비용을 포함하여 비용의 성격에 대한 추가 정보를 공시한다.

　ⓔ 수익과 비용의 어느 항목도 당기손익과 기타포괄손익을 표시하는 보고서 또는 주석에 특별손익 항목으로 표시할 수 없다.

③ 주석
- ㉠ 주석이 제공하는 정보
    - ⓐ 재무제표 작성 근거와 구체적인 회계정책에 대한 정보
    - ⓑ 한국채택국제회계기준에서 요구하는 정보이지만 재무제표 어느 곳에도 표시되지 않는 정보
    - ⓒ 재무제표 어느 곳에도 표시되지 않지만 재무제표를 이해하는 데 목적적합한 정보
- ㉡ 주석 공시사항
    - ⓐ 재무제표 발행승인일 전에 제안 또는 선언되었으나 당해 기간 동안에 소유주에 대한 분배금으로 인식되지 아니한 배당금액과 주당배당금
    - ⓑ 미인식 누적우선주배당금
- ㉢ 기타 주석공시사항
    - ⓐ 상법 등 관련 법규에서 이익잉여금처분계산서(또는 결손금처리계산서)의 작성을 요구하는 경우에는 재무상태의 이익잉여금(또는 결손금)에 대한 보충정보로서 이익잉여금처분계산서(또는 결손금처리계산서)를 주석으로 공시한다.
    - ⓑ 기업은 수익에서 매출원가 및 판매비와관리비(물류원가 등을 포함)를 차감한 영업이익(또는 영업손실)을 포괄손익계산서에 구분하여 표시한다. 다만 영업의 특수성을 고려할 필요가 있는 경우(예 매출원가를 구분하기 어려운 경우)나 비용을 성격별로 분류하는 경우 영업수익에서 영업비용을 차감한 영업이익(또는 영업손실)을 포괄손익계산서에 구분하여 표시할 수 있다.
    - ⓒ 영업이익(또는 영업손실) 산출에 포함된 주요항목과 그 금액을 포괄손익계산서 본문에 표시하거나 주석으로 공시한다.

4. 재무비율 분석

기업의 과거 재무성과와 현재 재무상태를 평가하고 미래수익의 잠재력과 관련 위험을 예측하기 위하여, 재무정보이용자가 해당 기업의 재무제표를 기초로 행하는 여러 가지 회계적 분석인 재무제표 분석의 방법이다. 재무제표를 작성하여 재무정보이용자들에게 정보를 제공하는 궁극적인 목적은 정보이용자들의 의사결정에 유용하게 이용하도록 하는 데 있다.

(1) 단기지급능력 비율(유동성 비율) ★30, 33회 기출★

① 의의

1년 이내에 만기가 도래하는 유동부채에 대하여 단기간 내에 현금화가 가능하여 상환재원이 될 수 있는 자산의 상대적인 비율로서 단기채무의 변제능력을 나타내는 재무비율이다.

② 종류

- ㉠ 유동비율 : 유동비율은 기업이 보유하는 지급능력 또는 그 신용능력을 판단하기 위하여 쓰이는 것으로 신용분석적 관점에서는 가장 중요하다. 이 비율이 클수록 그만큼 기업의 재무유동성은 크다. 일반적으로 200% 이상으로 유지되는 것이 이상적이다.

$$유동비율 = \frac{유동자산^*}{유동부채} \times 100$$

*당좌자산 + 재고자산

ⓐ 유동비율은 유동자산을 유동부채로 나눈 비율로서 유동비율이 100% 미만인 상태에서 유동자산과 유동부채가 같은 금액으로 감소하면 유동비율이 감소하게 된다.

ⓑ 유동자산이 증가하거나 유동부채가 감소하면 유동비율이 증가하고, 유동자산이 감소하거나 유동부채가 증가하면 유동비율이 감소한다.

ⓒ 유동비율은 유동성을 평가하는 데 가장 보편적으로 이용된다. 만약 현금을 주고 기계장치를 구입한다면 유동자산(현금)은 감소하고 비유동자산인 기계장치가 증가하므로 유동비율은 더욱 감소하게 되지만 장기성 지급어음을 발행하여 현금을 수령하면 유동비율은 증가한다.

더 알아보기 유동비율의 증가 및 감소

증가하는 경우	감소하는 경우
• 건물 처분하고 현금을 수령하는 경우	• 상품을 실사한 결과 감모손실이 발생한 경우
• 당기손익인식 금융자산을 장부가격 이상으로 처분하는 경우	• 장기차입금의 상환기일이 결산일 현재 1년 이내로 도래한 경우
• 장기어음을 발행하고 현금을 차입하는 경우	• 매출채권을 담보로 은행에서 단기로 차입한 경우

ⓛ 당좌비율 : 당좌자산을 유동부채로 나눈 비율로서, 유동비율의 보조비율로 기업의 단기채무지급능력을 평가하는 지표이다. '당좌자산'이란 유동자산 중에서 현금 또는 바로 현금으로 바꿀 수 있는 성질을 가진 예금, 1년 이내에 처분 가능한 유가증권을 비롯해 외상매출금, 단기대여금 등의 수취채권 등이 포함된다.

$$당좌비율 = \frac{당좌자산}{유동부채} \times 100$$

(2) 장기지급능력 비율(안정성 비율)

① 의의

기업이 장기부채에 대한 원금과 이자를 원만하게 지급할 수 있는지를 평가하는 데 이용하는 재무비율이다.

② 종류

㉠ 부채비율

$$부채비율 = \frac{타인자본(부채총계)}{자기자본(자본총계)} \times 100$$

ⓐ 부채비율은 기업이 갖고 있는 자산 중 부채가 어느 정도 차지하고 있는가를 나타내는 비율로서, 기업의 재무구조 특히 타인자본 의존도를 나타내는 대표적인 경영지표이다.

ⓑ 이는 상환해야 할 타인자본(부채총계)에 대해 자기자본이 어느 정도 준비되어 있는가를 나타내는 비율로 기업의 건전성을 평가하는 중요한 지표이다.

ⓒ 어느 기업의 부채비율이 200%라면 부채가 자본보다 2배 많음을 나타내는 것으로 일반적으로 100% 이하를 표준비율로 보고 있다.

ⓒ 이자보상비율(이자보상배율) : 이자보상비율은 기업의 채무상환능력을 나타내는 지표로 기업이 영업이익으로 이자를 감당할 수 있는가, 감당한 후 얼마나 여유가 있는가를 알아보는 지표이다.

$$이자보상비율 = \frac{영업이익}{이자비용}$$

(3) 수익성 비율

① 의의
일정기간의 영업성과를 나타내는 재무비율이다.

② 종류
ⓐ 총자본순이익률(ROI; Return On Investment) : 총자본은 자산을 의미하며 이에 따라 총자산이익률이라고도 한다. 경영자가 조달된 자본을 수익창출에 얼마나 효율적으로 이용하고 있는지를 나타내는 재무비율이다.

$$총자본순이익률 = \frac{당기순이익}{평균총자본} \times 100$$

ⓑ 자기자본순이익률(ROE; Return On Equity) : 자기자본이 얼마나 효율적으로 이용되고 있는지를 나타내는 비율이다.

$$자기자본순이익률 = \frac{당기순이익}{평균자기자본} \times 100$$

ⓒ 매출이익률 : 매출액 중 매출총이익, 당기순이익이 차지하는 비율이다.

$$매출총이익률 = \frac{매출총이익}{매출액} \times 100$$

$$매출액순이익률 = \frac{당기순이익}{매출액} \times 100$$

ⓓ 주가수익비율(PER; Price Earning Ratio) : 주가가 그 회사 1주당 수익의 몇 배가 되는가를 나타내는 지표로 주가를 1주당 순이익(납세 후)으로 나눈 것이다.

$$주가수익비율 = \frac{주가}{1주당 \; 당기순이익}$$

ⓐ 해당 기업의 순이익이 주식가격보다 크면 클수록 PER이 낮게 나타난다.
ⓑ PER이 낮으면 이익에 비해 주가가 낮다는 것이므로 그만큼 기업가치에 비해 주가가 저평가되어 있다는 의미로 해석할 수 있다. 반대로 PER이 높으면 이익에 비하여 주가가 높다는 것을 의미한다.

ⓜ 배당성향 : 당기순이익에 대한 현금배당액의 비율로 배당지급률, 사외분배율이라고도 한다. 이 비율은 배당금 지급능력을 나타내는 지표로, 높으면 높을수록 배당금 지급비율이 크다는 것을 나타낸다.

$$배당성향 = \frac{배당총액}{당기순이익}$$

(4) 활동성 비율(효율성 비율) ★28회 기출★

① 의의
자산의 효율적인 운용 여부를 평가하고자 하는 재무비율이다.

② 종류

㉠ 총자산회전율과 자기자본회전율

ⓐ 총자산회전율 : 보유하고 있는 총자산이 수익을 창출하는 데 얼마나 효율적으로 이용되고 있는가를 평가할 수 있다.

$$총자산회전율 = \frac{매출액}{평균총자산}$$

ⓑ 자기자본회전율 : 자기자본의 효율성을 평가할 수 있다.

$$자기자본회전율 = \frac{매출액}{평균자기자본}$$

㉡ 매출채권회전율과 매출채권평균회수기간

ⓐ 매출채권회전율 : 매출채권이 현금화되는 속도를 나타낸다.

$$매출채권회전율 = \frac{매출액}{평균매출채권}$$

ⓑ 매출채권회수기간 : 매출채권이 한 번 회전하는 데 소요된 기간을 나타낸다.

$$매출채권회수기간 = \frac{365}{매출채권회전율}$$

㉢ 재고자산회전율과 재고자산평균회전기간

ⓐ 재고자산회전율 : 재고자산을 얼마나 효율적으로 관리하고 있는지를 나타내는 지표이다. 이 비율이 높을수록 재고자산이 효율적으로 관리되고 있다는 것을 나타낸다.

$$재고자산회전율 = \frac{매출원가}{평균재고자산}$$

ⓑ 재고자산회전기간 : 재고자산이 현금화하는 데 소요되는 시간을 나타낸다.

$$재고자산회전기간 = \frac{365}{재고자산회전율}$$

예제

(주)관세의 20x1년 재무자료는 다음과 같다.

매출액	₩10,000	기초유동자산	₩3,500
기초재고자산	1,000	기말유동자산	3,000
기말재고자산	2,000	기초유동부채	1,000
당기재고자산매입액	8,500	기말유동부채	1,500

유동자산은 재고자산과 당좌자산으로만 구성된다. 다음 중 옳은 것은?

① 20x1년 재고자산회전율은 8회보다 높다.
② 20x1년 말 유동비율은 20x1년 초보다 높다.
③ 20x1년 초 당좌비율은 20x1년 말보다 높다.
④ 20x1년 매출총이익률은 15%이다.
⑤ 20x1년 말 유동비율은 20x1년 말 당좌비율보다 낮다.

해설

③ 20x1년 초 당좌비율=(당좌자산 / 유동부채)×100=((₩3,500−₩1,000) / ₩1,000)×100=250%
20x1년 말 당좌비율=(당좌자산 / 유동부채)×100=((₩3,000−₩2,000) / ₩1,500)×100=66.67%
① 재고자산회전율=매출원가 / 평균재고자산=(₩1,000+₩8,500−₩2,000) / ((₩1,000+₩2,000) / 2)=5회
② 20x1년 초 유동비율=(유동자산 / 유동부채)×100=(₩3,500 / ₩1,000)×100=350%
20x1년 말 유동비율=(유동자산 / 유동부채)×100=(₩3,000 / ₩1,500)×100=200%
④ 20x1년 매출총이익률=(매출총이익 / 매출액)×100=((₩10,000−₩7,500) / ₩10,000)×100=25%
⑤ 20x1년 말 유동비율=200%
20x1년 말 당좌비율=66.67%

답 ③

제1장 | 확인학습문제

01 재무보고를 위한 개념체계에서 유용한 재무정보의 질적 특성에 관한 설명으로 옳은 것은? ★29회 기출★

☑확인
Check!
○
△
×

① 재무정보가 예측가치를 갖기 위해서 그 자체가 예측치 또는 예상치일 필요는 없다.

② 계량화된 정보가 검증가능하기 위해서 단일 점추정치이어야 한다.

③ 완벽하게 표현충실성을 위해서는 서술은 완전하고, 검증가능하며, 오류가 없어야 한다.

④ 재무정보에 예측가치가 있다면 그 재무정보는 나타내고자 하는 현상을 충실하게 표현한다.

⑤ 재고자산평가손실의 인식은 보수주의 원칙이 적용된 것이며, 보수주의는 표현 충실성의 한 측면으로 포함할 수 있다.

해설
난도 ★★

② 계량화된 정보가 검증가능하기 위해서 반드시 단일 점추정치일 필요는 없다.

③ 완벽하게 표현충실성을 위해서는 서술은 완전하고, 중립적이며, 오류가 없어야 한다.

④ 재무정보에 예측가치가 있다면 그 재무정보는 목적적합한 정보가 될 수 있다.

⑤ 재고자산평가손실의 인식은 보수주의 원칙이 적용된 것은 맞지만, 보수주의가 표현 충실성의 한 측면으로 포함되지는 않는다.

답 ①

02 재무보고를 위한 개념체계 중 재무정보의 질적특성에 관한 설명으로 옳지 <u>않은</u> 것은? ★31회 기출★

① 유용한 재무정보의 질적특성은 그 밖의 방법으로 제공되는 재무정보뿐만 아니라 재무제표에서 제공되는 재무정보에도 적용된다.

② 중요성은 기업 특유 관점의 목적적합성을 의미하므로 회계기준위원회는 중요성에 대한 획일적인 계량 임계치를 정하거나 특정한 상황에서 무엇이 중요한 것인지를 미리 결정하여야 한다.

③ 재무정보의 예측가치와 확인가치는 상호 연관되어 있다. 예측가치를 갖는 정보는 확인가치도 갖는 경우가 많다.

④ 재무보고의 목적을 달성하기 위해 근본적 질적특성 간 절충(trade-off)이 필요할 수도 있다.

⑤ 근본적 질적특성을 충족하면 어느 정도의 비교가능성은 달성될 수 있다.

해설

난도 ★★

중요성은 기업 특유 관점의 목적적합성을 의미하므로 중요성에 대한 획일적인 계량 임계치를 정하는 것은 바람직하지 않다.

답 ②

03 재무보고를 위한 개념체계 상 재무제표 요소의 정의 및 인식에 관한 설명으로 옳지 <u>않은</u> 것은? ★27회 기출★

① 이익의 측정과 직접 관련된 요소는 수익과 비용이다.

② 합리적인 추정을 할 수 없는 경우 해당 항목은 재무상태표나 포괄손익계산서에 인식될 수 없다.

③ 자산이 갖는 미래경제적효익이란 직접으로 또는 간접으로 미래 현금 및 현금성자산의 기업에의 유입에 기여하게 될 잠재력을 말한다.

④ 미래경제적효익의 유입과 유출에 대한 불확실성 정도의 평가는 재무제표를 작성할 때 이용가능한 증거에 기초하여야 한다.

⑤ 증여받은 재화는 관련된 지출이 없으므로 자산으로 인식할 수 없다

해설

난도 ★★

증여받은 재화도 자산으로 인식하며 반대계정에 자산수증익으로 인식한다.

답 ⑤

04 재무제표 표시에 관한 설명으로 옳지 <u>않은</u> 것은?

① 계속기업의 가정이 적절한지의 여부를 평가할 때 경영진은 적어도 보고기간말로부터 향후 12개월 기간에 대하여 이용가능한 모든 정보를 고려한다.

② 기업이 재무상태표에 유동자산과 비유동자산, 그리고 유동부채와 비유동부채로 구분하여 표시하는 경우, 이연법인세자산(부채)은 유동자산(부채)으로 분류하지 아니한다.

③ 매입채무 그리고 종업원 및 그 밖의 영업원가에 대한 미지급비용과 같은 유동부채는 기업의 정상영업주기 내에 사용되는 운전자본의 일부이다. 이러한 항목은 보고기간 후 12개월 후에 결제일이 도래한다 하더라도 유동부채로 분류한다.

④ 보고기간 후 12개월 이내에 만기가 도래하는 경우에는, 기업이 기존의 대출계약조건에 따라 보고기간 후 적어도 12개월 이상 부채를 차환하거나 연장할 것으로 기대하고 있고, 그런 재량권이 있다고 하더라도, 유동부채로 분류한다.

⑤ 비용을 기능별로 분류하는 기업은 감가상각비, 기타 상각비와 종업원급여비용을 포함하여 비용의 성격에 대한 추가 정보를 공시한다

해설

난도 ★★★

부채를 차환하거나 연장할 것으로 기대하고 있고, 그런 재량권이 있다면 <u>비유동부채</u>로 분류한다.

답 ④

---

05 재무제표 표시에 관한 설명으로 옳은 것은?

① 비용을 기능별로 분류하는 것이 성격별 분류보다 더욱 목적적합한 정보를 제공하므로, 비용은 기능별로 분류한다.

② 재무상태표에 표시되는 자산과 부채는 반드시 유동자산과 비유동자산, 유동부채와 비유동부채로 구분하여 표시하여야 한다.

③ 영업이익에 포함되지 않은 항목 중 기업의 영업성과를 반영하는 그 밖의 수익항목이 있다면 조정영업이익으로 포괄손익계산서 본문에 표시하여야 한다.

④ 재무제표에는 중요하지 않아 구분하여 표시하지 않은 항목이라도 주석에서는 구분표시해야 할 만큼 충분히 중요할 수 있다.

⑤ 부적절한 회계정책은 이에 대하여 공시나 주석 또는 보충자료를 통해 설명할 수 있다면 정당화될 수 있다.

난도 ★★

① 비용을 기능별, 성격별 분류로 선택이 가능하나, 기능별 분류 선택 시 성격별 분류에 대한 추가공시가 필요하다.

② 재무상태표에 표시되는 자산과 부채는 유동과 비유동으로 구분하거나, 유동성 순서에 따른 표시방법도 가능하다.

③ 영업이익에 포함되지 않은 항목 중 기업의 영업성과를 반영하는 그 밖의 수익항목이 있다면 조정영업이익으로 주석에 공시한다.

⑤ 부적절한 회계정책은 이에 대하여 공시나 주석 또는 보충자료를 통해 설명할 수 있더라도 정당화될 수 없다.

답 ④

---

06 재무제표 요소의 측정 속성에 관한 설명으로 옳지 <u>않은</u> 것은?

① 부채의 이행가치는 정상적인 영업과정에서 부채를 상환하기 위해 지급될 것으로 예상되는 현금이나 현금성자산의 할인하지 않은 금액으로 평가한다.

② 자산의 역사적원가는 자산을 취득하였을 때 지급한 현금 또는 현금성자산이나 그 밖의 대가의 공정가치를 말한다.

③ 자산의 현행원가는 동일하거나 또는 동등한 자산을 현재시점에서 취득할 경우에 그 대가로 지불하여야 할 현금이나 현금성자산의 금액으로 평가한 것을 말한다.

④ 재무제표를 작성하기 위해서는 다수의 측정기준이 다양한 방법으로 결합되어 사용된다.

⑤ 자산의 실현가능가치는 정상적으로 처분하는 경우 수취할 것으로 예상되는 현금이나 현금성자산을 현재가치로 환산한 가액을 말한다.

난도 ★★★

자산의 실현가능가치는 현재가치로 환산하기 전의 금액이다.

답 ⑤

07 재무제표 표시에 관한 설명으로 옳지 <u>않은</u> 것은?

① 해당기간에 인식한 모든 수익과 비용 항목은 별개의 손익계산서와 당기순손익에서 시작하여 기타포괄손익의 구성요소를 표시하는 보고서 또는 단일 포괄손익계산서 중 한가지 방법으로 표시한다.

② 유동성 순서에 따른 표시방법을 적용할 경우에는 모든 자산과 부채를 유동성의 순서에 따라 표시한다.

③ 영업활동을 위한 자산의 취득시점부터 그 자산이 현금이나 현금성자산으로 실현되는 시점까지 소요되는 기간이 영업주기이다.

④ 매입채무 그리고 종업원 및 그 밖의 영업원가에 대한 미지급비용과 같은 기업의 정상영업주기 내에 사용되는 운전자본 항목은 보고기간 후 12개월 후에 결제일이 도래한다 하더라도 유동부채로 분류한다.

⑤ 비용의 기능에 대한 정보가 미래현금흐름을 예측하는데 유용하기 때문에 비용을 성격별로 분류하는 경우에는 비용의 기능에 대한 추가정보를 공시하는 것이 필요하다.

해설
난도 ★★★
미래현금흐름을 예측하는데 유용한 비용의 표시방법은 성격별 표시방법이다. 따라서 비용을 기능별로 구분하여 표시하는 경우 성격별 분류 내용을 추가 정보로 공시하는 것이 필요하다.

답 ⑤

제2장 | 자산

출제포인트
- □ 현금 및 현금성자산
- □ 회계처리
- □ 금융자산
- □ 지분법회계처리
- □ 재고자산
- □ 차입원가
- □ 무형자산

제1절 현금 및 현금성자산과 채권채무

1. 현금 및 현금성자산

(1) 현금

① 현금의 의의

> 현금＝보유현금＋요구불예금

② 보유현금 : 통화와 통화대용증권을 말한다.
  ㉠ 통화 : 지폐, 주화 등 사용가능한 화폐
  ㉡ 통화대용증권 : 타인발행수표(자기앞수표, 당좌수표, 가계수표, 송금수표), 우편환증서, 전신환증서, 만기도래어음, 일람출급어음, 지급일이 경과한 이자표, 배당금증서(통지서), 국고환급증서 등 통화와 유사하게 사용 가능한 지급수단
③ 요구불 예금 : 당좌예금, 보통예금과 같이 자유롭게 인출 가능한 예금
  ㉠ 당좌예금 : 예금자가 언제든지 수표를 발행하여 지급을 요구할 수 있는 예금으로 기업체에서 사용하는 가장 대표적인 예금
  ㉡ 당좌차월 : 당좌예금 거래자는 은행과 차월계약을 체결하면 예금잔액 이상으로 수표를 발행하여도 자금을 지원받을 수 있다. 이때 예금잔액을 초과한 금액이 부채계정인 단기차입금(당좌차월)에 해당한다.

④ 현금 분류 시 주의할 항목

　㉠ 우표, 수입인지는 수수료에 대한 선지급이므로 선급비용에 해당한다.

　㉡ 선일자수표는 형식은 수표이나 경제적 실질은 어음에 해당하므로 수취채권으로 분류한다.

　㉢ 급여가불금과 차용증서는 대여금에 해당한다.

　㉣ 사용제한예금은 취득당시 만기가 3개월 이내라 할지라도 현금 및 현금성자산에 해당하지 않는다.

(2) 현금성자산 ★32회 기출★

① 의의

현금성자산이란 큰 거래비용 없이 현금전환이 용이하고 시장이자율 변동에 따른 가치변동의 위험이 적은 단기투자자산으로 취득 당시 만기 또는 상환일이 3개월 이내인 것을 말한다.

② 현금성자산의 예

- 취득 당시 만기가 3개월 이내에 도래하는 채권
- 취득 당시 만기일이 3개월 이내인 초단기 수익증권
- 3개월 이내 환매조건의 환매채
- 취득 당시 만기가 3개월 이내에 도래하는 단기금융상품

(3) 은행계정조정표 ★30, 33, 34회 기출★

① 의의

일정시점의 회사의 예금계정잔액과 은행의 예금계좌의 잔액이 어느 한쪽의 기장오류로 인하여 일치하지 않는 경우가 발생하는 경우 금액의 불일치 원인을 파악하여 수정하는 것을 말하며, 이때 작성하는 표가 은행계정조정표이다.

② 불일치 조정

　㉠ 기발행 미결제(인출)수표 : 회사는 수표를 발행하여 당좌예금이 감소하였지만 동 수표가 은행에 지급제시되지 않아 은행 측에서는 당좌예금의 출금처리가 되지 않은 것으로 은행 측의 잔액을 차감하여 수정하여야 한다.

　㉡ 은행미기입예금 : 회사에서는 입금기록을 하였으나 은행 측에서 입금기록을 하지 않는 경우로 회사가 은행 마감 후 입금한 경우가 대표적이다. 이 경우에는 은행 측에 가산하여 수정하여야 한다.

　㉢ 회사미통지예금 : 은행에서 입금으로 기록하였으나 회사 측에서는 입금처리가 되지 않는 경우로 회사는 입금을 기록하여 회사측 잔액을 증가시켜 수정하여야 한다.

　㉣ 회사미기입출금 : 은행에서는 출금처리 하였으나 회사가 출금사실을 통지받지 못하여 출금처리를 하지 못한 경우로 회사는 예금잔액을 감소시키는 수정을 해야 한다.

　㉤ 부도수표 : 회사가 입금한 수표가 부도수표인데 회사가 알지 못한 경우, 은행에서는 입금되지 않았으나 회사에서는 입금처리 되어 있다. 해당 금액은 회사측 잔액에서 차감하여 조정한다.

　㉥ 기장의 오류 : 회사나 은행에서 장부기입의 누락이나 금액의 착오를 일으킨 경우로 회사 측의 오류일 때에는 회사의 금액을 조정하고, 은행 측의 오류일 경우에는 은행잔액을 조정하여 일치시킨다.

(주)관세가 20x1년 말 다음과 같은 항목들을 보유하고 있을 때 재무상태표에 현금및현금성자산계정으로 보고할 금액은?(단, 20x1년 말 환율은 €1=₩1,300, $1=₩1,200이다)

• 국내통화	₩1,200
• 외국환 통화	€1
• 외국환 통화	$1
• 보통예금	₩1,800
• 수입인지	₩100
• 우편환	₩200
• 선일자수표	₩200
• 급여가불증	₩250
• 20x1년 10월 초 가입한 1년 만기 정기예금	₩150
• 20x1년 12월 초 취득한 2개월 만기 환매채	₩400
• 20x1년 12월 초 취득한 2개월 만기 양도성예금증서	₩300 (단, 사용이 제한됨)

① ₩3,600
② ₩3,850
③ ₩4,000
④ ₩6,100
⑤ ₩6,300

해설

현금및현금성자산=보유현금+요구불예금+현금성자산
        =국내통화 ₩1,200+(외국환 통화 €1×₩1,300)+(외국환 통화 $1×₩1,200)
        +보통예금 ₩1,800+우편환 ₩200
        +20x1년 12월 초 취득한 2개월 만기 환매채 ₩400
         =₩6,100

답 ④

2. 채권 · 채무

(1) 채권 · 채무 일반

① 채권과 채무의 의의

채권이란 일반적으로 기업이 고객에게 외상으로 재화나 용역을 제공하거나 자금을 대여하여 발생하는 미래에 현금을 수취할 권리이며, 채무란 일반적으로 기업이 외상으로 재화나 용역을 구입하거나 운영에 필요한 자금을 차입하여 발생하는 미래에 현금을 지급할 의무이다.

② 채권과 채무의 분류

거래에 따른 분류	채권	• 매출채권 : 일반적인 상거래에서 발생하는 외상매출금과 받을어음 • 기타채권 : 일반적 상거래 이외에서 발생한 미수금과 대여금
	채무	• 매입채무 : 일반적 상거래에서 발생한 외상매입금과 지급어음 • 기타채무 : 일반적 상거래 이외에서 발생한 미지급금과 차입금
회수기간에 따른 분류	채권	• 단기수취채권(유동자산) : 매출채권, 미수금, 단기대여금 등 • 장기수취채권(비유동자산) : 장기성매출채권, 장기대여금 등
	채무	• 단기지급채무(유동부채) : 매입채무, 단기차입금 등 • 장기지급채무(비유동부채) : 장기성매입채무, 장기차입금 등

(2) 매출채권과 매입채무

① 외상매출금

ⓐ 외상매출금은 상거래상 외상으로 제품이나 상품을 매출한 경우에 발생하는 수취채권으로 다음과 같이 회계처리한다.

| • 외상판매 시 | (차) | 매출채권(외상매출금) | ××× | (대) | 매출 | ××× |
| • 대금회수 시 | (차) | 현금 | ××× | (대) | 매출채권(외상매출금) | ××× |

ⓑ 외상매출금의 조정항목

ⓐ 매매할인 및 수량할인 : 매매할인은 특정고객에게 가격의 일정률을 할인하여 주는 것이며, 수량할인은 구매물량이 일정수준을 초과하는 경우 할인하여 주는 것이다. 매매할인 및 수량할인은 이미 매출 시 매출액에 반영되어 있기 때문에 별도의 회계처리는 필요 없다.

ⓑ 매출환입 및 매출에누리 : 매출환입은 매출된 재고자산이 반품되는 경우를 말하며, 매출에누리는 고객이 구입한 재고자산의 파손 또는 결함 등으로 인하여 고객에게 가격을 할인하여 주는 것이다. 두 경우 모두 매출과 매출채권을 감소시키는 회계처리를 한다.

ⓒ 매출할인 : 상품매출대금을 회수일 이전에 회수한 때 거래처에 그 대금 중 일정률을 할인해주는 것을 말한다.

구분	발생원인	회계처리
거래할인	판매 시에 일정금액을 할인하여 주는 경우	회계처리를 하지 않음
매출할인	매출채권의 조기결제 시 일정한 금액을 할인하여 주는 경우	매출의 차감적 평가계정
매출에누리	매출 후 파손·결함 등으로 인하여 일정한 금액을 할인하여 주는 경우	
매출환입	매출 후 반품이 일어나는 경우	

② 외상매입금

ⓐ 외상매입금은 상거래상 외상으로 제품이나 상품을 매입한 경우 발생하는 지급채무로 다음과 같이 회계처리한다.

| • 외상구매 시 | (차) | 매입(상품 등) | ××× | (대) | 매입채무(외상매입금) | ××× |
| • 대금지급 시 | (차) | 매입채무(외상매입금) | ××× | (대) | 현금 | ××× |

ⓛ 매입 시에도 매출과 동일하게 할인이나 에누리가 발생할 수 있으며 이때는 재고자산에서 조정한다.

③ 받을어음과 지급어음

   ⊙ 어음이란 채무자가 자신의 채무를 이행하기 위하여 액면금액을 만기일에 지급하겠다는 내용을 일정한 서식에 따라 기재한 증권이다.

   ⓛ 받을어음은 상거래로 인하여 발생한 어음상의 채권을 처리하는 계정으로서 어음상의 채권이 발생하면 받을어음 계정의 차변에 기입하고 어음상의 채권이 소멸하면 받을어음 계정의 대변에 기입한다.

   ⓒ 지급어음은 일반적 상거래로 인하여 발생한 어음상의 채무를 처리하는 계정으로서 어음상의 채무가 발생하면 지급어음 계정의 대변에 기입하고, 어음상의 채무가 소멸하면 지급어음 계정의 차변에 기입한다.

④ 어음의 배서

어음의 배서란 만기 이전에 어음상의 권리를 타인에게 양도할 때 양도인이 어음권면상에 양도의사를 기명날인하는 것을 말한다.

⑤ 어음의 부도

어음상의 채무자가 자금부족을 이유로 거래처로부터 받아 보유하고 있던 받을어음의 만기일에 어음대금을 지급하지 못하는 것을 말한다. 은행에서 할인받은 어음이나 배서양도한 어음이 부도난 경우에는 부도어음으로 인하여 은행 등으로부터 청구받은 금액을 지급해야 한다.

3. 채권을 통한 자금조달

(1) 자금조달의 종류

채권은 향후 현금을 회수할 수 있는 권리이므로, 기업은 자금이 필요한 경우 채권을 가지고 금융기관과 담보차입 거래를 하거나 양도하여 이를 현금화할 수 있다. 채권을 현금화하는 방법에는 다음과 같은 것이 있다.

① 매출채권의 담보차입

토지나 건물 등을 담보로 제공하는 대신 매출채권을 담보로 제공하여 금융기관으로부터 자금을 차입하는 거래를 말한다. 이러한 거래가 이루어지면 매출채권은 담보물이 되어 재무제표에 그대로 남게 되고, 차입금이 증가한다.

② 매출채권의 양도(팩토링)

매출채권의 양도는 토지나 건물 등을 양도하는 것처럼, 매출채권을 금융회사에 양도하고 수수료를 차감한 자금을 조달하는 형태의 거래를 말한다. 해당 채권이 만기에 도달하면 채권의 양수인인 금융회사가 대금을 회수하게 된다.

③ 받을어음 할인

받을어음의 할인이란 어음의 만기일 이전에 은행 등의 금융기관에 배서양도하고 소정의 이자 및 수수료를 할인료로 차감한 잔액을 현금으로 받아 어음을 현금화하는 것을 말한다.

(2) 채권을 통한 자금조달 시 회계처리 ★28, 29회 기출★

매출채권을 양도하거나 받을어음을 할인할 때, 금융자산의 제거요건을 충족하면 채권의 매각거래에 해당하며 그렇지 못한 경우에는 차입거래에 해당한다.

① 매각거래

매각거래에 해당하는 경우 일반적인 자산의 매각과 유사하게 재무제표에서 금융자산을 제거한다. 이때 선이자를 차감한 금액을 수령하므로 이러한 수수료(이자비용)만큼 차이가 발생하여 이를 매출채권처분손실로 인식한다.

㉠ 어음할인 시 현금수령액의 계산

> ⓐ 채권의 만기가액＝액면가액＋액면표시이자×보유기간 / 12
> ⓑ 선이자＝채권의 만기가액×이자율×차입월수 / 12
> ⓒ 현금수령액＝채권의 만기가액－선이자

㉡ 어음할인 시 매출채권처분손실의 계산

> 매출채권처분손실＝액면금액＋보유기간이자－현금수령액

② 차입거래

금융자산의 제거요건을 충족하지 못하면 차입거래에 해당하는데, 채권을 담보제공하여 자금을 차입한 것으로 본다. 자산은 재무제표에 그대로 인식하며 해당 금액만큼 부채인 차입금을 인식한다. 차입거래 시에는 차입금에 대한 이자비용이 발생한다.

③ 금융자산의 제거요건

금융자산의 양도에 대하여 양도자는 금융자산의 소유에 따른 위험과 보상의 대부분을 이전하면 금융자산의 제거요건을 충족한다. 이는 법률적인 소유권, 실질적인 계약관계 등을 파악하여 결정하게 된다.

4. 대손회계

(1) 대손의 의의

대손이란 기업이 채권의 회수가능성을 검토한 결과 거래처의 신용하락, 파산 등의 사유로 채권의 회수가 불가능한 경우로서, 상각후원가측정금융자산의 손상을 의미한다.

(2) 대손예상액의 추정방법

IFRS에서는 기대신용손실모형을 사용하여 금융자산의 손상여부를 판단한다. 유의적인 금융요소를 포함하고 있지 않은 매출채권에 대해서는 항상 전체기간 기대신용손실에 해당하는 금액으로 손실충당금을 측정하는 간편법을 적용 가능하다. 전체기간 기대신용손실의 반영을 위해 다음의 방법을 동시에 고려하여 대손예상액을 추정할 수 있다. 매출채권 외 금융자산에 대한 손상은 금융자산 파트에서 다룬다.

① 개별법

기말 매출채권 총액을 구성하는 각각 항목별로 회수가능 여부를 파악하여 회수가 불확실한 채권금액을 대손추산액으로 보는 방법이다.

② 경험률법(채권잔액비례법)

기말 매출채권잔액에 과거 발생하였던 대손발생경험률을 곱하여 대손추산액을 산출하는 방법이다.

> 기말 대손충당금잔액 = 매출채권 기말잔액 × 대손경험률

③ 연령분석법

매출채권의 경과일수가 장기화되면 매출채권의 회수불능위험이 커진다는 가정 아래 오랜 기간이 경과한 매출채권잔액일수록 많은 금액을 대손추산액으로 설정하고, 최근에 발생한 채권일수록 작은 비율의 금액만큼 대손추산액으로 설정하는 방법이다.

(3) 대손의 인식방법

① 충당금설정법

㉠ 기업회계기준에서는 대손 관련하여 충당금설정법을 사용할 것을 규정하고 있다. 이는 합리적으로 추정이 가능한 채권의 대손금액에 대해서 미리 충당금을 설정하고 이후에 관련 대손이 발생 시 충당금과 상계하는 방법이다.

㉡ 기업은 결산 시 채권의 회수가능성을 검토하여 대손추정금액을 대손상각비로 인식하는 동시에 대손충당금을 설정한다. 이후에 대손이 발생하면 미리 설정한 대손충당금과 채권금액을 상계하는 방식으로 회계처리한다. 회계연도 중에는 이전에 설정한 대손충당금이 부족한 경우에 한하여 대손상각비가 발생한다.

② 회계처리

대손충당금의 설정 (회계연도 말)	[대손추산액 > 설정 전 충당금잔액인 경우] (차) 대손상각비 ×××　(대) 대손충당금 ×××
	[대손추산액 < 설정 전 충당금잔액인 경우] (차) 대손충당금 ×××　(대) 대손충당금환입 ×××
대손의 확정	[대손확정액 ≤ 대손충당금잔액인 경우] (차) 대손충당금 ×××　(대) 매출채권 ×××
	[대손확정액 ≥ 대손충당금잔액인 경우] (차) 대손충당금 ×××　(대) 매출채권 ××× 　　　대손상각비
대손처리한 채권의 회수	(차) 매출채권 ×××　(대) 대손충당금 ××× (차) 현금 ×××　(대) 매출채권 ×××

▷ 당기 대손상각비의 계산

기말충당금잔액 − 기초충당금잔액 + 당기대손액 − 추심액(대손처리하였으나 회수된 금액)

더 알아보기　대손충당금의 회계처리 시 유의사항

- 회수가 불확실한 채권은 합리적이고 객관적인 기준에 따라 산출한 대손추산액을 대손충당금으로 설정한다.
- 대손추산액은 대손상각비계정으로 처리하되 일반적 상거래에서 발생한 매출채권에 대한 대손상각비는 대손상각비로 하며, 기타의 채권에서 발생한 대손상각비는 기타의 대손상각비로 기타비용으로 처리한다.
- 대손이 발생한 경우에는 당기발생 채권인지의 여부에 관계없이 대손충당금과 먼저 상계하여야 하며, 대손충당금이 부족한 경우에는 대손상각비로 처리한다.
- 전기 이전에 대손이 확정되어 대손처리했던 채권을 당기에 다시 회수한 경우에는 대손충당금을 증가시키면 된다.

1. 금융자산의 의의

(1) 금융상품의 의의

거래당사자들 사이에 한 쪽은 금융자산이 발생하고 한 쪽에 금융부채나 지분상품을 발생하게 하는 모든 계약을 말한다. 금융부채 관련 내용은 뒤의 '금융부채와 사채'에서 다룬다.

(2) 금융자산의 의의

금융자산은 다음의 자산을 말한다.

> ① 현금
> ② 다른 기업의 지분상품
> ③ 거래상대방에게서 현금 등 금융자산을 수취할 계약상의 권리
> ④ 잠재적으로 유리한 조건으로 거래상대방과 금융자산이나 금융부채를 교환하기로 한 계약상의 권리
> ⑤ 기업 자신의 지분상품(자기지분상품)으로 결제되거나 결제될 수 있는 일정 계약

더 알아보기

- 지분상품 : 기업의 자산에서 모든 부채를 차감한 후의 잔여지분을 나타내는 모든 계약
- 채무상품 : 발행자에 대하여 금전을 청구할 수 있는 권리를 표시한 금융상품

2. 금융자산의 분류

금융자산은 금융자산의 관리를 위한 사업모형, 계약상 현금흐름 특성 모두에 근거하여 후속적으로 상각후원가, 기타포괄손익 – 공정가치, 당기손익 – 공정가치로 측정되도록 분류한다.

(1) 상각후원가측정금융자산

다음 두 가지 조건을 모두 충족한다면 금융자산을 상각후원가로 측정한다.
① 계약상 현금흐름을 수취하기 위해 보유하는 것이 목적인 사업모형 하에서 금융자산을 보유한다.
② 금융자산의 계약 조건에 따라 특정일에 원금과 원금잔액에 대한 이자 지급만으로 구성되어 있는 현금흐름이 발생한다.

(2) 기타포괄손익 – 공정가치측정금융자산

다음 두 가지 조건을 모두 충족한다면 금융자산을 기타포괄손익 – 공정가치로 측정한다.
① 계약상 현금흐름의 수취와 금융자산의 매도 둘 다를 통해 목적을 이루는 사업모형 하에서 금융자산을 보유한다.
② 금융자산의 계약조건에 따라 특정일에 원리금 지급만으로 구성되어 있는 현금흐름이 발생한다.

(3) 당기손익－공정가치측정금융자산

금융자산은 상각후원가로 측정하거나 기타포괄손익－공정가치로 측정하는 경우가 아니라면, 당기손익
－공정가치로 측정한다. 그러나 당기손익－공정가치로 측정되는 '지분상품에 대한 특정 투자'에 대하여
는 후속적인 공정가치 변동을 기타포괄손익으로 표시하도록 최초 인식시점에 선택할 수도 있다. 다만,
한 번 선택하면 이를 취소할 수 없다.

3. 금융자산의 회계처리 ★33회 기출★

> **예제**
>
> (주)감평은 20×1년 1월 1일에 액면금액 ₩500,000(표시이자율 연 10%, 만기 3년, 매년 말 이자 지급)의 사
> 채를 ₩475,982에 취득하고, 당기손익－공정가치 측정 금융자산으로 분류하였다. 동 사채의 취득 당시 유효
> 이자율은 연 12%이며, 20×1년 말 공정가치는 ₩510,000이다. 상기 금융자산(사채) 관련 회계처리가
> (주)감평의 20×1년도 당기순이익에 미치는 영향은?(단, 단수차이로 인한 오차가 있다면 가장 근사치를
> 선택한다) ★33회 기출★
>
> ① ₩84,018 증가
> ② ₩70,000 증가
> ③ ₩60,000 증가
> ④ ₩34,018 증가
> ⑤ ₩10,000 증가
>
> **해설**
> • 20×1년 상각액 = 475,982원 × 12% － 500,000원 × 10% = 7,118원
> • 20×1년 말 장부가액 = 475,982원 + 7,118원 = 483,100원
> • 이자수익 = 57,118원
> • 금융자산평가이익 = 510,000원 － 483,100원 =26,900원
> ∴ 당기순이익 = 57,118원 + 26,900원 = 84,018원 (증가)
>
> **답** ①

(1) 금융자산의 측정

① 금융자산의 인식

㉠ 최초 인식시점에 금융자산이나 금융부채를 공정가치로 측정한다. 당기손익－공정가치측정금융자
산 또는 당기손익－공정가치측정금융부채가 아닌 경우에 해당 금융자산의 취득이나 해당 금융부
채의 발행과 직접 관련되는 거래원가는 공정가치에 가감한다.

㉡ 유의적인 금융요소를 포함하지 않은 매출채권은 수익기준서에 따른 거래가격으로 측정한다.

② 최초 인식 시 측정

㉠ 금융자산은 최초 인식 시 공정가치로 측정한다. 다만, 당기손익인식금융자산이 아닌 경우 당해 금
융자산의 취득과 직접 관련되는 거래원가는 최초 인식하는 공정가치에 가산하여 측정한다.

㉡ 당기손익인식금융자산의 경우 취득과 직접 관련되는 거래원가는 당기비용으로 인식한다.

① 공정가치의 의의 : 자산이나 부채의 공정가치는 공정가치를 측정일에 시장참여자 사이의 정상거래에서 자산을 매도하면서 수취하거나 부채를 이전하면서 지급하게 될 가격을 말한다.

② 목적
  ㉠ 공정가치는 시장에 근거한 측정치이며 기업 특유의 측정치가 아니다.
  ㉡ 동일한 자산이나 부채의 가격이 관측가능하지 않을 경우 관련된 관측가능한 투입변수의 사용을 최대화하고 관측가능하지 않은 투입변수의 사용을 최소화하는 다른 가치평가기법을 이용하여 공정가치를 측정한다.

③ 가치평가기법에의 투입변수
  ㉠ 일반원칙 : 공정가치를 측정하기 위해 사용되는 가치평가기법은 관련된 관측가능한 투입변수의 사용을 최대화하고 관측가능하지 않은 투입변수의 사용을 최소화한다.
  ㉡ 공정가치 서열체계
    • 수준 1 투입변수는 측정일에 동일한 자산이나 부채에 대한 접근 가능한 활성시장의 (조정되지 않은) 공시가격이다.
    • 수준 2의 투입변수는 수준 1의 공시가격 이외에 자산이나 부채에 대해 직접적으로 또는 간접적으로 관측가능한 투입변수이다.
    • 수준 3의 투입변수는 자산이나 부채에 대한 관측가능하지 않은 투입변수이다.

④ 주된 시장 : 자산이나 부채의 공정가치를 측정하기 위하여 사용되는 주된 시장의 가격에서 거래원가를 조정하지는 않는다.

③ 재분류

금융자산을 관리하는 사업모형을 변경하는 경우에만 영향 받는 모든 금융자산을 재분류한다. 다음은 재분류에 해당하지 않는다.

  ㉠ 현금흐름위험회피 또는 순투자의 위험회피에서 위험회피수단으로 지정되고 위험회피에 효과적이었던 항목이 더는 위험회피회계의 적용조건을 충족하지 않는 경우
  ㉡ 특정 항목이 현금흐름위험회피 또는 순투자의 위험회피에서 위험회피수단으로 지정되고 위험회피에 효과적이 되는 경우
  ㉢ 신용 익스포저를 당기손익 – 공정가치측정 항목으로 지정함에 따른 측정의 변화

(2) 금융자산의 평가방법 ★32회 기출★

① 원가법

공정가치의 변동을 반영하지 않고 금융자산을 취득원가 또는 상각후원가로 평가하는 방법이다.

㉠ 금융자산이나 금융부채의 상각후원가
최초 인식시점에 측정한 자산이나 부채에서 상환된 금액을 차감하고, 최초 인식금액과 만기금액의 차액에 유효이자율법을 적용하여 계산한 상각누계액을 가감한 금액

㉡ 유효이자율
금융자산이나 금융부채의 기대존속기간에 추정 미래현금지급액이나 수취액의 현재가치를 금융자산의 총 장부금액이나 금융부채의 상각후원가와 정확히 일치시키는 이자율

㉢ 유효이자율법
금융자산이나 금융부채의 상각후원가를 계산하고 관련 기간에 이자수익이나 이자비용을 당기손익으로 인식하고 배분하는 방법

② 공정가치법

금융자산을 보고기간 말의 공정가치로 보고하는 방법으로 매 기간 말에 평가손익을 인식한다.

③ 금융자산의 분류별 평가

　㉠ 당기손익－공정가치측정금융자산 : 공정가치로 측정하고, 공정가치 변동을 당기손익으로 인식

　㉡ 기타포괄손익－공정가치측정금융자산 : 공정가치로 측정하고, 공정가치변동을 기타포괄손익으로 인식

　㉢ 상각후원가측정금융자산 : 상각후원가로 측정

(3) 금융자산의 손상

① 손상모형

　㉠ 금융상품의 손상모형은 향후 발생할 것으로 예상되는 신용손실을 손상으로 인식하는 기대신용손실모형이다.

　㉡ 신용손실이란 계약에 따라 받기로 한 현금흐름과 받을 것으로 예상하는 현금흐름의 차이를 최초 유효이자율로 할인한 금액이다. 유효이자율을 계산할 때 기대존속기간에 걸친 모든 계약조건(예 중도상환옵션, 연장옵션, 콜옵션 등)을 고려해야 한다.

　㉢ 기대신용손실이란 개별 채무불이행 발생 위험으로 가중평균한 신용손실이다.

② 손상대상 자산

　㉠ 손상대상 자산은 상각후원가측정금융자산, 기타포괄손익－공정가치측정금융자산(채무상품만)이다.

　㉡ 지분상품은 공정가치로 측정하기 때문에 손상규정이 적용되지 않는다.

③ 손상평가

　㉠ 금융자산 최초 인식 후에 금융상품의 신용위험이 유의적으로 증가했는지를 보고기간 말마다 평가한다.

　㉡ 미래 전망 정보를 포함하는 합리적이고 뒷받침될 수 있는 모든 정보를 고려하여 기대신용손실을 인식한다.

　㉢ 신용손상정도에 따라 기대손실 측정대상 기간을 다음과 같이 차별화한다.

　　ⓐ 신용위험이 유의적으로 증가하지 않은 경우(Stage1) : 12개월 기대신용손실

　　ⓑ 신용위험이 유의적으로 증가하였으나 손상되지 않은 경우(Stage2) : 전체기간(Lifetime) 기대신용손실

　　ⓒ 신용위험이 유의적으로 증가하였고, 신용이 손상된 경우(Stage3) : 전체기간(Lifetime) 기대신용손실

④ 손상사건

금융자산의 추정미래현금흐름에 악영향을 미치는 하나 이상의 사건이 생긴 경우에 해당 금융자산의 신용이 손상된 것이다. 신용손상을 일으킨 단일 사건을 특정하여 식별하는 것이 불가능할 수 있으며, 오히려 여러 사건의 결합된 효과가 신용손상을 초래할 수도 있다. 손상 징후의 예시는 다음과 같다.

　㉠ 발행자나 차입자의 유의적인 재무적 어려움

　㉡ 채무불이행이나 연체 같은 계약 위반

　㉢ 차입자의 재무적 어려움에 관련된 경제적이나 계약상 이유로 당초 차입조건의 불가피한 완화

　㉣ 차입자의 파산 가능성이 높아지거나 그 밖의 재무구조조정 가능성이 높아짐

ⓜ 재무적 어려움으로 해당 금융자산에 대한 활성시장의 소멸

ⓑ 이미 발생한 신용손실을 반영하여 크게 할인한 가격으로 금융자산을 매입하거나 창출하는 경우

⑤ 집합평가여부

    ㉠ 개별 금융자산의 최초 인식 후에 신용위험의 유의적 증가여부를 원칙적으로 개별평가한다.

    ㉡ 다만, 다음과 같은 경우 집합기준으로도 신용위험의 유의적 증가를 판단하는 것이 가능하다.

> ⓐ 개별 수준에서는 신용위험의 유의적 증가에 대한 증거가 없더라도 집합적으로 신용위험의 유의적 증가를 판단할 필요가 있는 경우
> ⓑ 개별평가를 수행하기 위해 과도한 원가나 노력이 필요한 경우
> ⓒ 공통의 신용위험 특성으로 묶어서 판단할 필요가 있는 경우

(4) 금융자산의 처분

① 금융자산의 정형화된 매입 또는 매도는 매매일이나 결제일에 인식하거나 제거한다.

② 금융자산 전체를 제거하는 경우에는 장부금액(제거일에 측정)과 수취한 대가(새로 획득한 모든 자산에서 새로 부담하게 된 모든 부채를 차감한 금액 포함)의 차액을 당기손익으로 인식한다.

③ 금융자산 전체나 일부의 회수를 합리적으로 예상할 수 없는 경우에는 그 자산의 장부금액을 직접 제각하며(줄이며), 제각은 금융자산을 제거하는 사건으로 본다.

④ 양도자가 양도자산의 소유에 따른 위험과 보상의 대부분을 보유하지도 이전하지도 않고, 양도자가 양도자산을 통제하고 있다면, 그 양도자산에 지속적으로 관여하는 정도까지 그 양도자산을 계속 인식한다.

⑤ 양도자산을 계속 인식하는 경우에 그 양도자산과 관련 부채는 상계하지 아니한다. 이와 마찬가지로 양도자산에서 생기는 모든 수익은 관련 부채에서 생기는 어떤 비용과도 상계하지 아니한다.

⑥ 기타포괄손익-공정가치측정금융자산에 해당하는 지분상품의 평가손익은 처분하더라도 당기손익으로 분류하지 않는다. 그 외 금융자산은 처분 시 당기손익으로 처리한다.

⑦ 기타포괄손익-공정가치측정금융자산에 해당하는 지분상품의 평가손익 누계액은 자본항목으로 표시하며 후속적으로 당기손익으로 이전하지 않는다. 다만, 자본 내에서 이익잉여금으로 대체할 수 있다. 즉, 처분할 때 평가손익누계액이 계속해서 재무제표에 표시될 수도 있고 이익잉여금으로 대체될 수도 있다. 이익잉여금으로 대체할 때는 다음과 같이 회계처리한다.

(차변)	평가이익	×××	(대변)	미처분이익잉여금	×××
또는					
(차변)	미처분이익잉여금	×××	(대변)	평가손실	×××

⑧ 기타포괄손익-공정가치측정금융자산에 해당하는 지분상품을 처분할 때는 공정가치(처분금액)로 먼저 평가한 후에(동 평가손익을 기타포괄손익으로 처리) 처분관련 회계처리를 한다. 즉, 선평가후처분의 과정을 따른다. 따라서 기타포괄손익-공정가치측정금융자산에 해당하는 지분상품을 처분할 때는 처분손익을 인식하지 않는다. 다만, 처분 시에 거래원가가 있다면 처분손익이 발생할 수 있다.

(5) 금융상품 구분에 따른 회계처리 ★29회 기출★

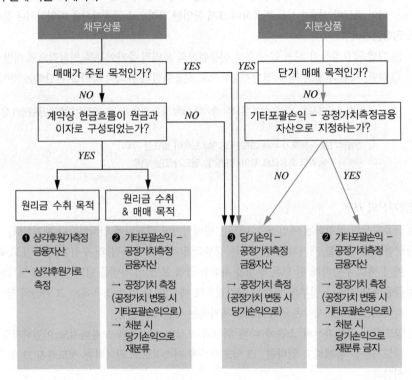

(주)관세는 20x1년 초 채무상품(액면금액 ₩100,000, 표시이자율 연 15%, 매년 말 이자지급, 5년 만기)을 ₩110,812에 구입하여 기타포괄손익-공정가치 측정 금융자산으로 분류하였다. 취득 당시 유효이자율은 연 12%이고, 20x1년 말 동 채무상품의 공정가치가 ₩95,000이다. 20x1년 (주)관세가 이 금융자산과 관련하여 인식할 기타포괄손실은?(단, 화폐금액은 소수점 첫째 자리에서 반올림한다)

① ₩10,812
② ₩14,109
③ ₩15,812
④ ₩17,434
⑤ ₩17,515

해설

회계처리와 기타포괄손익의 변동은 아래와 같다.

구분	회계처리					기타포괄손실
20x1년 초 채무상품 구입	(차) 금융자산	110,812	(대) 현금		110,812	–
20x1년 말	(차) 현금	15,000(*1)	(대) 이자수익		13,297(*2)	–
			금융자산		1,703(*3)	
	(차) 기타포괄손실	14,109(*4)	(대) 금융자산		14,109	₩14,109 발생
순효과						₩14,109 발생

(*1) 액면이자＝액면금액 ₩100,000×표시이자율 연 15%＝₩15,000
(*2) 유효이자＝₩110,812×유효이자율은 연 12%＝₩13,297
(*3) 상각액＝액면이자－유효이자＝₩1,703
(*4) 기타포괄손실＝상각후원가－공정가치＝(₩110,812－₩1,703)－₩95,000＝₩14,109

답 ②

(주)관세는 20x1년 초 지분상품을 거래원가 ₩2,000을 포함하여 ₩52,000에 구입하였고, 이 지분상품의 20x1년 말 공정가치는 ₩49,000이다. (주)관세는 20x2년 4월 초 공정가치인 ₩51,000에 지분상품을 처분하였다. 이 지분상품을 (A)당기손익－공정가치측정금융자산으로 인식했을 때와 (B)기타포괄손익－공정가치측정금융자산으로 최초 선택하여 인식했을 때 처분으로 인한 당기손익은?(단, 처분 시 거래원가는 발생하지 않았다)

	(A)	(B)
①	₩0	손실 ₩1,000
②	₩0	₩0
③	₩0	이익 ₩2,000
④	이익 ₩2,000	₩0
⑤	이익 ₩2,000	이익 ₩1,000

해설

기타포괄손익－공정가치측정금융자산에 해당하는 지분상품을 처분할 때는 공정가치(처분금액)로 먼저 평가한 후에(동 평가손익을 기타포괄손익으로 처리) 처분관련 회계처리를 한다. 즉, 선평가 후처분의 과정을 따른다. 따라서 기타포괄손익－공정가치측정금융자산에 해당하는 지분상품을 처분할 때는 처분손익을 인식하지 않는다. 다만, 처분 시에 거래원가가 있다면 처분손익이 발생할 수 있다. 회계처리를 나타내면 아래와 같다.

구분	(A)당기손익－공정가치				(B)기타포괄손익－공정가치			
20x1년 초	(차) 금융자산	52,000	(대) 현금	52,000	(차) 금융자산	52,000	(대) 현금	52,000
20x1년 말	(차) 평가손실	3,000	(대) 금융자산	3,000	(차) 기타포괄손실	3,000	(대) 금융자산	3,000
20x2년 4월 초	(차) 현금	51,000	(대) 금융자산 처분이익	49,000 2,000	〈선평가〉 (차) 금융자산 〈후처분〉 (차) 현금	2,000 51,000	(대) 기타포괄손실 (대) 금융자산	2,000 51,000

답 ④

4. 지분법적용투자주식 ★34회 기출★

(1) 관계기업

관계기업이란 투자자가 당해 기업에 대하여 유의적인 영향력이 있는 기업을 말한다. 일반적으로 기업이 직접 또는 간접(예 종속기업을 통하여)으로 피투자자에 대한 의결권의 20% 이상을 소유하고 있다면 유의적인 영향력을 보유하는 것으로 본다. 그러나 유의적인 영향력은 지분율뿐만 아니라 전반적인 조건들을 검토하여 행사할 수 있어야 한다. 종속기업이나 조인트벤처 투자지분은 관계기업이 될 수 없다.

- 피투자자의 이사회나 이에 준하는 의사결정기구에 참여
- 배당이나 다른 분배에 관한 의사결정에 참여하는 것을 포함하여 정책결정과정에 참여
- 투자자와 피투자자 사이의 중요한 거래
- 경영진의 상호 교류
- 필수적 기술정보의 제공

(2) 지분법회계처리

지분법회계처리는 투자자산을 최초에 원가로 인식하고, 취득시점 이후에 발생한 피투자자의 순자산변동액 중 투자자의 몫을 해당 투자자산에 가감하여 보고하는 회계처리방법이다. 투자자의 당기순손익에는 피투자자의 당기순손익 중 투자자의 지분율에 해당하는 금액을 포함하고, 투자자의 기타포괄손익에는 피투자자의 기타포괄손익 중 투자자의 지분율에 해당하는 금액을 포함한다.

① 피투자자의 순이익 보고

피투자회사의 당기순이익이 발생하면 해당 지분율만큼 관계기업투자주식으로 인식한다.

(차)	관계기업투자주식	×××	(대)	지분법이익	×××
* 관계기업(피투자자) 순이익×지분율					

② 피투자자의 배당선언 및 배당 지급

피투자회사로부터 배당을 수령하면 투자금의 회수로 보아 해당 지분율만큼 배당선언 시 관계기업투자주식에서 차감한다.

[관계기업 배당선언]					
(차)	미수배당금	×××	(대)	관계기업투자주식	×××
* 관계기업(피투자자) 배당금×지분율					

[배당금 수령]					
(차)	현금	×××	(대)	미수배당금	×××

③ 피투자자의 자본잉여금, 기타자본, 기타포괄손익이 증가한 경우

(차)	관계기업투자주식	×××	(대)	지분법자본변동	×××
* 관계기업(피투자자) 자본증가분×지분율					

④ 평가차액과 투자차액

관계기업 취득일 이후에는 이하의 공식이 성립해야 한다. 투자자가 관계기업주식을 취득할 때 지불한 금액이 관계기업의 순자산장부금액의 지분율에 해당하는 금액과 차이가 발생한다면, 이러한 차이의 원인에 따라 적절하게 재무제표에 인식한다.

관계기업주식의 장부금액＝관계기업의 순자산공정가치×투자자지분율

㉠ 평가차액 : 투자주식의 취득시점에 관계기업 순장부금액과 식별가능한 자산 · 부채를 공정가치로 평가한 관계기업의 순공정가치 금액이 차이나는 경우 그 차이금액을 평가차액이라고 한다.

ⓐ 재고자산의 평가차액 : 관계기업의 재고자산의 공정가치가 장부가액과 차이가 나는 경우 그 재고자산이 매출되는 시점에 차액이 실현되며, 이하의 금액만큼 실현된 때에 반영한다.

> 지분법이익(손실)=(매출된 재고자산의 장부금액−매출된 재고자산의 공정가치)×지분율

ⓑ 유형자산 등 상각자산의 평가차액 : 상각자산의 경우 매년 말 자산이 상각됨에 따라 공정가치와 장부가액의 차이가 실현되며, 이하의 금액만큼 실현된 때에 반영한다.

> 지분법이익(손실)=상각자산의 장부가액−상각자산의 공정가치) / 잔존내용연수×지분율

㉡ 투자차액 : 관계기업 순자산공정가치의 지분율 해당액과 취득금액의 차액을 말한다. 투자주식의 취득가액이 순자산공정가치의 지분율 해당액을 초과할 경우 영업권을 인식하고, 미달할 경우에는 염가매수차액을 인식한다.

> 영업권(염가매수차익)=관계기업의 순자산공정가치×지분율−관계기업투자주식 취득가액

더 알아보기 평가차액과 투자차액의 요약

관계기업 주식의 취득금액 ┐ 투자차액
관계기업 순자산공정가치 × 지분율 ┘
관계기업 순자산장부금액 × 지분율 ┘ 평가차액

⑤ 지분법이익과 관계기업투자주식의 장부금액

- 지분법이익=관계기업 당기순이익×지분율±순자산 과소(과대)평가 조정액
- 관계기업투자주식 장부금액
  =취득원가+관계기업 순자산 증가×지분율±순자산 과소(과대)평가 조정액

(주)한국은 2001년 초에 (주)서울의 의결권 있는 주식 30%를 ₩40,000에 취득하여 유의적인 영향력을 갖게 되었다. (주)한국은 (주)서울의 투자주식에 대해서 지분법을 적용하기로 하였으며, 관련 자료는 다음과 같다.

- 2001년 초 (주)서울의 순자산 장부금액은 ₩100,000이고 공정가치는 ₩130,000이다.
  이 건물의 공정가치가 장부금액을 ₩30,000 초과하고 있으며 감가상각방법은 정액법을 사용한다. 이 건물의 잔존내용연수가 10년이고 잔존가치는 없다고 가정한다.
- 2001년 중에 (주)한국이 (주)서울에 상품매출을 하였는데 2001년 말 현재 ₩2,000의 내부거래이익이 미실현된 상태이다.
- 2001년 중에 (주)서울의 순자산 장부금액이 ₩20,000 증가하였는데 이 중 ₩15,000은 당기순이익이며 나머지 ₩5,000은 기타포괄이익이다.

(주)한국이 2001년 말에 (주)서울의 투자주식에 대해서 인식할 지분법이익과 관계기업투자주식 장부금액은 얼마인가?

해설

① 영업권
  $= 40,000 - (100,000 + 30,000) \times 30\% = ₩1,000$
② 순자산 과소평가 상각
  $= 30,000 \times 30\% \div 10년 = ₩900$
③ 지분법이익
  $= 15,000 \times 30\% - 900 - 2,000(내부거래 미실현이익) \times 30\% = ₩3,000$
④ 관계기업투자주식 장부금액
  $= 40,000 + 3,000(지분법이익) + 1,500(관계기업기타포괄이익) = ₩44,500$

제3절　재고자산

1. 재고자산의 의의와 종류

(1) 재고자산의 의의

① 기업의 정상적인 영업활동과정에서 판매를 목적으로 보유하고 있는 자산(상품, 제품)이나 판매를 위해 현재 생산 중에 있는 자산(재공품, 반제품) 또는 판매할 자산을 생산하는 데 사용되거나 소모될 자산(원재료, 저장품)을 말한다.

② 용역제공기업의 재고자산에는 관련된 수익이 아직 인식되지 않은 용역원가가 포함된다.

③ 재고자산은 이를 판매하여 수익을 인식한 기간에 매출원가로 인식한다.

> 매출원가 = 기초재고 + 당기순매입액 - 기말재고

▷ 당기순매입액은 총매입액에서 매입에누리와 환출 및 매입할인을 차감하고, 매입운임 등의 부대비용을 포함시켜야 한다.

(2) 재고자산의 종류

① 상품
기업이 정상적인 영업활동과정에서 판매를 목적으로 구입한 상품을 말하며, 부동산매매업에서 판매를 목적으로 소유하는 토지·건물, 기타 이와 유사한 부동산은 이를 상품으로 포함시킨다.

② 제품
제조업을 영위하는 기업에서 판매를 목적으로 제조한 생산품을 말한다.

③ 반제품
자가 제조한 중간제품과 부분품 등을 말한다.

④ 재공품
제품 또는 반제품의 제조를 위하여 제공과정에 있는 제품을 말한다.

⑤ 원재료
완제품을 제조가공할 목적으로 구입한 원료, 재료 등을 말한다.

⑥ 저장품
소모품, 수선용 부분품 및 기타 저장품을 말한다.

⑦ 기타 재고자산
위에 속하지 아니한 재고자산을 말한다.

2. 재고자산의 취득

(1) 재고자산의 취득원가 ★32회 기출★
재고자산의 취득원가는 매입원가, 전환원가 및 재고자산을 현재의 장소에 현재의 상태로 이르게 하는 데 발생한 기타 원가 모두를 포함한다.

> 취득원가 = 취득가액 + 부대비용 = 매입원가 + 전환원가 + 기타원가

① 매입원가
㉠ 재고자산의 매입원가는 매입가격에 수입관세와 제세금(과세당국으로부터 추후 환급받을 수 있는 금액은 제외), 매입운임, 하역료 그리고 완제품, 원재료 및 용역의 취득과정에 직접 관련된 원가를 가산한 금액이다.

㉡ 매입할인, 리베이트 및 기타 유사한 항목은 매입원가를 결정할 때 차감한다.

② 전환원가
㉠ 재고자산의 전환원가는 직접노무원가 등 생산량과 직접 관련된 원가를 포함한다. 또한 원재료를 완제품으로 전환하는 데 발생하는 고정 및 변동 제조간접원가의 체계적인 배부액을 포함한다.

ⓐ 고정제조간접원가는 공장 건물이나 기계장치의 감가상각비와 수선유지비 및 공장 관리비처럼 생산량과는 상관없이 비교적 일정한 수준을 유지하는 간접 제조원가를 말한다.

ⓑ 변동제조간접원가는 간접재료원가나 간접노무원가처럼 생산량에 따라 직접적으로 또는 거의 직접적으로 변동하는 간접 제조원가를 말한다.

ⓒ 고정제조간접원가는 생산설비의 정상조업도에 기초하여 전환원가에 배부하는데, 실제조업도가 정상조업도와 유사한 경우에는 실제조업도를 사용할 수 있다.

    ⓐ 정상조업도는 정상적인 상황에서 상당한 기간 동안 평균적으로 달성할 수 있을 것으로 예상되는 생산량을 말하는데, 계획된 유지활동에 따른 조업도 손실을 고려한 것을 말한다.

    ⓑ 생산단위당 고정제조간접원가 배부액은 낮은 조업도나 유휴설비로 인해 증가되지 않으며, 배부되지 않은 고정제조간접원가는 발생한 기간의 비용으로 인식한다.

ⓒ 연산품이 생산되거나 주산물과 부산물이 생산되는 경우처럼 하나의 생산과정을 통하여 동시에 둘 이상의 제품이 생산될 수도 있다. 이 경우, 제품별 전환원가를 분리하여 식별할 수 없다면, 전환원가를 합리적이고 일관성 있는 방법으로 각 제품에 배부한다.

③ 기타 원가

    ㉠ 기타 원가는 재고자산을 현재의 장소에 현재의 상태로 이르게 하는데 발생한 범위 내에서만 취득원가에 포함된다. 예를 들어 특정한 고객을 위한 비제조 간접원가 또는 제품 디자인원가를 재고자산의 원가에 포함하는 것이 적절할 수도 있다.

    ㉡ 재고자산의 취득원가에 포함할 수 없으며 발생기간의 비용으로 인식하여야 하는 원가의 예는 다음과 같다.

        ⓐ 재료원가, 노무원가 및 기타 제조원가 중 비정상적으로 낭비된 부분

        ⓑ 후속 생산단계에 투입하기 전에 보관이 필요한 경우 이외의 보관원가

        ⓒ 재고자산을 현재의 장소에 현재의 상태로 이르게 하는 데 기여하지 않은 관리간접원가

        ⓓ 판매원가

    ㉢ 재고자산을 후불조건으로 취득할 수도 있다. 계약이 실질적으로 금융요소를 포함하고 있다면, 해당 금융요소(예 정상신용조건의 매입가격과 실제 지급액 간의 차이)는 금융이 이루어지는 기간 동안 이자비용으로 인식한다.

④ 용역제공기업의 재고자산 취득원가

    ㉠ 용역제공기업이 재고자산을 가지고 있다면 이를 제조원가로 측정한다. 이러한 원가는 주로 감독자를 포함한 용역제공에 직접 관여된 인력에 대한 노무원가 및 기타원가와 관련된 간접원가로 구성된다.

    ㉡ 판매와 일반관리 인력과 관련된 노무원가 및 기타원가는 재고자산의 취득원가에 포함하지 않고 발생한 기간의 비용으로 인식한다.

    ㉢ 일반적으로 용역제공기업이 가격을 산정할 때 고려하는 이윤이나 용역과 직접 관련이 없는 간접원가는 재고자산의 취득원가에 포함하지 아니한다.

⑤ 생물자산에서 수확한 농림어업 수확물의 취득원가
생물자산에서 수확한 농림어업 수확물로 구성된 재고자산은 순공정가치로 측정하여 수확시점에 취득원가를 최초로 인식한다.

(2) 기말재고자산에 대한 포함 여부 *29, 32, 34회 기출*

재고자산의 매출여부에 따라 기말재고에 포함, 불포함 여부가 구분된다. 일반적으로 재고자산의 매출
시점은 재고자산을 구입자에게 인도한 시점이다. 그러나 일부 특수한 매출 형태의 경우 재고자산이 매
출되어 장부에서 제거해야 되는지 기말재고자산에 포함해야 되는지 검토가 필요하다.

① 미착상품(운송 중인 상품, 미인도상품)

미착상품은 판매자로부터 구매자에게 운송 중에 있는 상품을 말한다.

F.O.B. 선적지인도조건	이미 선적된 시점에서 매입된 것으로 계상하게 되므로 매입자의 기말재고자산으로 포함시켜야 하며, 판매회사의 재고자산에 포함시켜서는 안 된다.
F.O.B. 목적지인도조건	목적지에 도착된 시점에서 매입되는 것으로 계상하므로 아직은 판매자의 재고자산이다. 그러므 로 매입회사의 재고자산에 포함시켜서는 안 된다.

② 적송품

적송품은 위탁자가 수탁자에게 재고자산을 적송하여 판매를 의뢰하는 상품으로, 위탁자판매조건으
로 위탁자가 수탁자에게 적송한 적송품은 수탁자가 위탁품을 판매하기 전까지는 원가에 적송운임을
더한 금액을 위탁자의 재고자산에 포함시켜야 한다.

③ 시송품(시용품)

시송품은 매입자에게 일정기간 동안 사용한 후에 매입여부를 결정하라는 조건으로 판매한 상품으로,
매입의사가 표시된 시점에 판매된다. 따라서 기말 현재 매입의사가 미표시된 시송품의 원가를 기말
재고에 포함하여야 한다.

④ 반품가능판매상품

판매한 상품 중에서 수익인식요건을 충족하지 못한 경우 판매된 것이 아니므로 기말재고에 포함해야
한다.

⑤ 할부판매상품

할부판매는 재고자산을 판매하고 대금을 여러 차례에 걸쳐서 분할하여 회수하는 조건으로 판매하는
방법으로, 할부판매의 수익인식은 인도기준에 따른다. 할부판매대금이 미회수되었다고 할지라도 할
부판매상품은 이미 판매된 상품으로 기말재고가 아니라 매출원가이다.

⑥ 미인도청구판매상품("Bill and hold" sales)

미인도청구판매는 재화의 인도가 구매자의 요청에 따라 지연되고 있으나, 구매자가 소유권을 가지며
대금청구를 수락하는 판매이다. 해당 재고자산이 수익인식 기준을 충족하면 매출원가로, 그렇지 않
은 경우 재고자산으로 인식한다.

3. 재고자산의 측정

(1) 재고자산의 수량결정방법 *29회 기출*

① 계속기록법(장부재고조사법)

회계기간 중에 재고자산이 매출될 때 재고자산의 출고를 매출원가로 계속 기록하는 방법으로 장부상
기말재고가 자동적으로 표시된다.

> 기말재고수량＝(기초재고수량＋당기매입수량)－당기매출수량

매입 시	(차)	상품	×××	(대)	현금	×××
매출 시	(차)	현금	×××	(대)	매출	×××
	(차)	매출원가	×××	(대)	상품	×××
기말수정분개	분개없음					

② 실지재고조사법(실사법)

매출 시에는 매출에 대한 회계처리만 하고, 매출원가에 대하여는 회계처리를 하지 않기 때문에 회계기말에 실지재고조사를 하여 기말재고액을 확정한 뒤 그 회계기간의 매출원가를 역산한다.

> 당기매출수량＝(기초재고수량＋당기매입수량)－기말재고수량

매입 시	(차)	매입	×××	(대)	현금	×××
매출 시	(차)	현금	×××	(대)	매출	×××
기말수정분개	(차)	매출원가	×××	(대)	상품(기초)	×××
	(차)	매출원가	×××	(대)	매입	×××
	(차)	상품(기말)	×××	(대)	매출원가	×××

(2) 재고자산의 단가산정방법(단위원가 결정)

동일한 거래에 대한 어떤 평가방법을 사용하느냐에 따라 매출원가의 기말재고가 다르게 산출된다. 통상적으로 상호 교환될 수 없는 재고자산항목의 원가와 특정 프로젝트별로 생산되고 분리되는 재화 또는 용역의 원가는 개별법을 사용하여 결정한다. 개별법이 적용되지 않는 재고자산의 단위원가는 선입선출법이나 가중평균법을 사용하여 결정한다. 성격과 용도 면에서 유사한 재고자산에는 동일한 단위원가 결정방법을 적용하여야 하며, 성격이나 용도 면에서 차이가 있는 재고자산에는 서로 다른 단위원가 결정방법을 적용할 수 있다. 재고자산의 지역별 위치차이로 인해 동일한 재고자산에 다른 단위원가 결정방법을 적용하는 것이 정당화될 수는 없다.

① 개별법

ㄱ 개별법은 각각의 식별되는 재고자산별로 특정한 원가를 부과하는 방법이다. 이 방법은 외부매입이나 자가제조를 불문하고, 특정 프로젝트를 위해 분리된 항목에 적절한 방법이다. 그러나 통상적으로 상호교환 가능한 대량의 재고자산 항목에 개별법을 적용하는 것은 적절하지 않다.

ㄴ 골동품·미술작품 또는 귀금속 등과 같은 고가품에 대하여는 단위당 가격이 높고 거래가 빈번하지 않은 점을 고려하여 개별법의 적용 시 실질적인 물량흐름과 원가흐름이 일치하므로 보다 적절하다.

② 선입선출법(FIFO)

ㄱ 선입선출법은 먼저 매입 또는 생산된 재고자산이 먼저 판매된다고 가정하는 방법이다. 따라서 재고품은 비교적 최근에 입고된 물품의 원가로 구성되며, 출고품의 가격은 일찍 입고된 물품의 원가에 의해 결정·표시된다.

ㄴ 선입선출법은 물가가 상승할 때 상품의 재고가액은 시가에 가까운 가액으로 계산되고 매출원가는 먼저 매입한 낮은 단가로 계산되기 때문에 매입 시와 판매 시를 비교하여 화폐가치의 하락이 있는 경우(인플레이션)에는 기말재고자산이 커진다.

ⓒ 선입선출법에서는 실지재고조사법과 계속기록법 어느 것으로 계산하여도 매출원가 금액은 동일하다.

③ 후입선출법(LIFO)

㉠ 재고자산의 단가를 산정하는 방법으로서 실제물량의 흐름과는 관계없이 가장 최근에 매입한 상품이 먼저 판매된 것으로 가정하여 매출원가 기말재고로 구분하는 방법이다.

㉡ 후입선출법을 적용하면 재무상태표의 재고자산은 과거의 취득 원가로 계상된다. 이러한 재고자산 금액은 최근 단가와 차이가 발생하여 재고자산 단가를 제대로 반영하지 못하며 기업이 의도하면 이익의 조정 또한 가능하다. 이러한 단점으로 인하여 한국채택국제회계기준에서는 후입선출법을 인정하지 않고 있다.

④ 가중평균법

가중평균법은 기초 재고자산과 회계기간 중에 매입 또는 생산된 재고자산의 원가를 가중평균하여 재고항목의 단위원가를 결정하는 방법으로, 이 경우 평균은 기업의 상황에 따라 주기적으로 계산하거나 매입 또는 생산할 때마다 계산할 수 있다. 가중평균법에는 총평균법과 이동평균법이 있다.

㉠ 총평균법 : 1년 동안의 재고자산 구입원가를 가중평균하여 단가를 결정하는 방법이다.

$$총평균단가 = \frac{판매가능액}{판매가능수량}$$

ⓐ 실지재고조사법에서 사용된다.

ⓑ 일정 기간에 있어서 기초재고자산 및 기중에 취득한 재고자산의 합계금액을 합계 수량으로 나누어서 평균원가를 구한다. 총평균법은 계산이 간단하지만 월말 또는 기말에 계산이 일괄적으로 수행되기 때문에 출고될 때마다 개별원가를 확인할 필요가 있는 경우에는 적절하지 않다.

㉡ 이동평균법 : 재고자산을 매입할 때마다 판매가능액을 판매가능수량으로 나누어 평균단가를 구입하는 방법이다.

ⓐ 계속기록법에서만 사용될 수 있다.

ⓑ 매입 시마다 그 구입수량과 금액을 앞의 잔액에 가산하여 새로운 평균단가를 산정하고, 이것에 의해서 출고단가를 계산하여 기장하는 방법이다. 이 방법에 의하면 재고자산가액이 평균화되기 때문에, 매출원가 매입가액이 달라짐에 따라 받는 영향이 적으나, 많은 경우 평균단가를 산출함에 있어서 단수가 생기며 그 처리가 번잡하다는 불편이 있다.

⑤ 단가산정방법의 비교

물가가 지속적으로 상승하고, 기말수량이 기초수량보다 많은 경우 재고자산의 단가산정방법별로 다음과 같은 결과가 나타난다.

㉠ 기말재고자산 : 선입선출법 > 이동평균법 > 총평균법 > 후입선출법
㉡ 매출원가 : 선입선출법 < 이동평균법 < 총평균법 < 후입선출법
㉢ 당기순이익 : 선입선출법 > 이동평균법 > 총평균법 > 후입선출법
㉣ 법인세 : 선입선출법 > 이동평균법 > 총평균법 > 후입선출법
㉤ 현금흐름 : 선입선출법 < 이동평균법 < 총평균법 < 후입선출법

(3) 재고자산의 원가측정방법 ★30회 기출★

① 소매재고법 ★33회 기출★

ⓐ 소매재고법에서 재고자산의 원가는 재고자산의 판매가격을 적절한 총이익률을 반영하여 환원하는 방법으로 결정한다.

ⓑ 매가재고조사법 또는 매출가격환원법이라고도 하며, 이는 취급상품이 매우 많은 백화점이나 연쇄점 혹은 상품소매업과 같이 기말재고품의 원가를 항상 명백히 해두기가 곤란한 업종의 기업에서 채용되는 것이다. 이 방법은 기말재고상품을 몇 개의 종류별로 구분하여 매가재고조사액을 파악하고 이를 기초로 하여 원가재고조사액을 계산한다.

평균원가 소매재고법	• 기말재고는 기초재고와 당기매입액으로 구성되어 있다고 가정 • 평균원가율=[기초재고(원가)+당기순매입액(원가)] / [기초재고(매가)+당기순매입액(매가)+순인상액−순인하액]
선입선출 소매재고법	당기원가율=당기순매입액(원가) / [당기순매입액(매가)+순인상액−순인하액]
저가기준 소매재고법	• 평균원가율(저가기준)=[기초재고(원가)+당기순매입액(원가)] / [기초재고액(매가)+당기순매입액(매가)+순인상액] • 당기원가율(저가기준)=당기순매입액(원가) / [당기순매입액(매가)+순인상액]

② 표준원가법

ⓐ 표준원가법이나 소매재고법 등의 원가측정방법은 그러한 방법으로 평가한 결과가 실제 원가와 유사한 경우에 편의상 사용할 수 있다. 표준원가는 정상적인 재료원가, 소모품원가, 노무원가 및 효율성과 생산능력 활용도를 반영한다. 표준원가는 정기적으로 검토하여야 하며 필요한 경우 현재 상황에 맞게 조정하여야 한다.

ⓑ 표준원가는 정상적인 재료원가, 소모품원가, 노무원가 및 효율성과 생산능력 활용도를 반영한다. 표준원가는 정기적으로 검토하여야 하며 필요한 경우 현재 상황에 맞게 조정하여야 한다.

③ 매출총이익률법

천재지변, 화재나 도난 등이 발생한 경우 재고자산의 가액을 추정하는 방법으로 기업회계에서 인정되는 방법이 아니므로 외부보고 목적으로 사용할 수 없다.

> ⓐ 매출총이익률=매출총이익 / 매출액
> ⓑ 당기의 매출원가=매출액×매출원가율=매출액×(1−매출총이익률)
> ⓒ 기말재고액=판매가능액−매출원가=(기초재고액+당기매입액)−매출원가

(4) 재고자산 관련 비용의 인식

① 재고자산의 판매 시, 관련된 수익을 인식하는 기간에 재고자산의 장부금액을 비용으로 인식한다. 재고자산을 순실현가능가치로 감액한 평가손실과 모든 감모손실은 감액이나 감모가 발생한 기간에 비용으로 인식한다. 순실현가능가치의 상승으로 인한 재고자산 평가손실의 환입은 환입이 발생한 기간의 비용으로 인식된 재고자산 금액의 차감액으로 인식한다.

② 자가건설한 유형자산의 구성요소로 사용되는 재고자산처럼 재고자산의 원가를 다른 자산계정에 배분하는 경우도 있다. 이처럼 다른 자산에 배분된 재고자산 원가는 해당 자산의 내용연수 동안 비용으로 인식한다.

재고자산에 관한 설명으로 옳지 <u>않은</u> 것은?

① 재고자산은 취득원가와 순실현가능가치 중 낮은 금액으로 측정한다.

② 재고자산의 취득원가는 매입원가, 전환원가 및 재고자산을 현재의 장소에 현재의 상태로 이르게 하는 데 발생한 기타 원가 모두를 포함한다.

③ 재료원가, 노무원가 및 기타 제조원가 중 비정상적으로 낭비된 부분은 재고자산의 취득원가에 포함할 수 없으며 발생기간의 비용으로 인식하여야 한다.

④ 표준원가법에 의한 원가측정방법은 그러한 방법으로 평가한 결과가 실제 원가와 유사한 경우에도 사용할 수 없다.

⑤ 매입할인, 리베이트 및 기타 유사한 항목은 재고자산의 매입원가를 결정할 때 차감한다.

④ 표준원가법에 의한 원가측정방법은 그러한 방법으로 평가한 결과가 실제 원가와 유사한 경우에 편의상 사용할 수 있다.

답 ④

(주)관세의 20x1년 총매출액은 ₩450,000, 매출에누리는 ₩50,000, 기초재고원가는 ₩150,000, 총매입액은 ₩250,000, 매입에누리는 ₩30,000이다. 20x1년 매출총이익률이 25%라면 (주)관세가 20x1년 12월 31일 재무상태표에 보고할 재고자산 금액은?

① ₩50,000

② ₩70,000

③ ₩90,000

④ ₩100,000

⑤ ₩270,000

아래 등식은 항상 성립한다.

기초재고액＋당기매입액＝당기매출원가＋기말재고액

₩150,000＋(₩250,000－₩30,000)＝₩300,000(*1)＋기말재고액

따라서 재무상태표에 보고할 재고자산 금액은 ₩70,000이다.

(*1) 당기매출원가는 매출총이익률을 이용하여 구할 수 있다.

"매출총이익률＝매출총이익 / 매출액"이므로

25%＝((₩450,000－₩50,000)－당기매출원가) / (₩450,000－₩50,000)

따라서 당기매출원가는 ₩300,000이다.

답 ②

(주)관세의 재고자산 관련 자료는 다음과 같다.

	원가	판매가
기초재고액	₩1,400,000	₩2,100,000
당기매입액	6,000,000	9,800,000
매입운임	200,000	
매입할인	400,000	
당기매출액		10,000,000
종업원할인		500,000
순인상액		200,000
순인하액		100,000

(주)관세가 선입선출법에 의한 저가기준 소매재고법을 이용하여 재고자산을 평가하고 있을 때 매출원가는?

① ₩6,300,000

② ₩6,307,500

③ ₩6,321,150

④ ₩6,330,000

⑤ ₩6,337,500

해설

원가 : 기초재고액 + 당기매입액 = 당기매출원가 + 기말재고액

₩1,400,000 + (₩6,000,000 + ₩200,000 − ₩400,000)

= 당기매출원가 + (기말재고액(매가)(*1) × 원가율(*2))

₩7,200,000 = 당기매출원가 + (₩1,500,000 × 58%)

따라서 매출원가는 ₩6,330,0000이다.

(*1) 기말재고액(매가)

= 기초재고액(매가) + 당기매입액(매가) − 당기매출액 − 종업원할인 + 순인상액 − 순인하액

= ₩2,100,000 + ₩9,800,000 − ₩10,000,000 − ₩500,000 + ₩200,000 − ₩100,000

= ₩1,500,000

(*2) 원가율 = (당기매입액(원가) + 매입운임 − 매입할인) / (당기매입액(매가) + 순인상액)

= (₩6,000,000 + ₩200,000 − ₩400,000) / (₩9,800,000 + ₩200,000)

= 58%

종업원할인은 원가율 산정할 때에는 고려하지 않고, 기말재고액(매가) 산정할 때에는 고려한다.

순인하액은 저가기준 소매재고법일 때는 원가율 산정 시 고려하지 않는다.

답 ④

4. 재고자산의 평가 ★33, 34회 기출★

(1) 재고자산감모손실 ★27회 기출★

① 기말재고 수량보다 실제 기말재고 수량이 부족한 경우로서, 도난·분실·기록오류·파손 등의 원인 으로 나타나게 된다.

② 정상적으로 발생한 감모손실은 매출원가에 가산하고 비정상적으로 발생한 감모손실은 영업외비용으로 분류한다.

재고자산감모손실 = (기말장부수량 - 기말실제수량) × 단위당취득원가

(2) 재고자산평가손실

① 재고자산은 일반적으로 취득원가를 재무상태표가액으로 하지만 다음과 같은 이유로 재고자산의 순실 현가능가치가 취득원가보다 하락한 경우에는 저가법을 사용하여 재고자산을 순실현가능가치로 감액 하여 재무상태표에 나타낸다.

㉠ 물리적으로 손상된 경우
㉡ 완전히 또는 부분적으로 진부화된 경우
㉢ 판매가격이 하락한 경우
㉣ 완성하거나 판매하는 데 필요한 원가가 상승한 경우

② 재고자산을 저가법으로 평가하는 경우에 일반적으로 제품, 상품 및 재공품의 시가는 순실현가능가치 를 말하며, 생산과정에 투입될 원재료의 시가는 현행대체원가를 말한다.

㉠ 기말재고자산평가액 = 취득원가와 순실현가능가치 중 낮은 가액
㉡ 재고자산평가손실 = (취득단가 - 단위당 순실현가능가치) × 실제수량

③ 순실현가능가치의 추정 ★33회 기출★

순실현가능가치 = 예상 판매가격 - 예상되는 추가 완성원가와 판매비용

㉠ 순실현가능가치는 통상적인 영업과정에서 재고자산의 판매를 통해 실현할 것으로 기대하는 순매 각금액을 말한다. 공정가치는 측정일에 재고자산의 주된 (또는 가장 유리한) 시장에서 시장참여자 사이에 일어날 수 있는 그 재고자산을 판매하는 정상거래의 가격을 반영한다. 순실현가능가치는 기업특유가치이지만, 공정가치는 시장가치에 해당한다. 따라서 재고자산의 순실현가능가치는 순 공정가치와 일치하지 않을 수도 있다.

㉡ 재고자산을 순실현가능가치로 감액하는 저가법은 항목별로 적용한다. 그러나 경우에 따라서는 서 로 유사하거나 관련 있는 항목들을 통합하여 적용하는 것이 적절할 수 있다. 그러나 재고자산의 분류(예 완제품)나 특정 영업부문에 속하는 모든 재고자산에 기초하여 저가법을 적용하는 것은 적 절하지 않다.

㉢ 순실현가능가치를 추정할 때에는 재고자산으로부터 실현가능한 금액에 대하여 추정일 현재 사용 가능한 가장 신뢰성 있는 증거에 기초하여야 한다.

ⓔ 순실현가능가치를 추정할 때 재고자산의 보유 목적도 고려하여야 한다. 예를 들어 확정판매계약
또는 용역계약을 이행하기 위하여 보유하는 재고자산의 순실현가능가치는 계약가격에 기초한다.
만일 보유하고 있는 재고자산의 수량이 확정판매계약의 이행에 필요한 수량을 초과하는 경우에는
그 초과 수량의 순실현가능가치는 일반 판매가격에 기초한다.

ⓜ 완성될 제품이 원가 이상으로 판매될 것으로 예상하는 경우에는 그 생산에 투입하기 위해 보유하
는 원재료 및 기타 소모품을 감액하지 아니한다. 그러나 원재료 가격이 하락하는 동시에 제품의 원
가가 순실현가능가치를 초과할 것으로 예상된다면 해당 원재료를 순실현가능가치로 감액한다. 이
경우 원재료의 현행대체원가는 순실현가능가치에 대한 최선의 이용가능한 측정치가 될 수 있다.

ⓗ 매 후속기간에 순실현가능가치를 재평가한다. 재고자산의 감액을 초래했던 상황이 해소되거나 경
제상황의 변동으로 순실현가능가치가 상승한 명백한 증거가 있는 경우에는 최초의 장부금액을 초
과하지 않는 범위 내에서 평가손실을 환입한다. 그 결과 새로운 장부금액은 취득원가와 수정된 순
실현가능가치 중 작은 금액이 된다. 판매가격의 하락 때문에 순실현가능가치로 감액한 재고항목
을 후속기간에 계속 보유하던 중 판매가격이 상승한 경우가 이에 해당한다.

예제

다음은 (주)한국의 기말재고자산 평가와 관련된 자료이다.

장부수량	실지재고수량	취득단가	단위당 시가	기초상품재고액	당기매입액
500개	450개	₩200	₩180	₩70,000	₩600,000

재고감모분 중 20%는 원가성이 있으며 나머지는 원가성이 없는 것으로 판단된다.

[물음1] 매출원가 및 영업외비용으로 계상될 재고자산감모손실을 구하라.

해설

매출원가로 계상 = (500개 − 450개) × ₩200 × 20% = ₩2,000
영업외비용으로 계상 = (500개 − 450개) × ₩200 × 80% = ₩8,000

[물음2] 재고자산평가손실을 구하라.

해설

재고자산평가손실 = (₩200 − ₩180) × 450개 = ₩9,000

[물음3] 재무상태표에 기록될 기말재고자산가액을 구하라.

해설

기말재고자산가액 = 450개 × ₩180 = ₩81,000

[물음4] 손익계산서에 기록될 당기매출원가를 구하라.

해설

당기매출원가 = ₩70,000 + ₩600,000 − ₩81,000 − ₩8,000 = ₩581,000

5. 농림어업의 회계처리

(1) 적용범위 및 용어의 정의

① 적용범위

㉠ 생산용식물을 제외한 생물자산, 수확시점의 수확물, 정부보조금이 농림어업활동과 관련되는 경우의 회계처리에 적용한다. 생물자산, 수확물 및 수확 후 가공품의 예는 다음과 같다.

생물자산	수확물	수확 후 가공품
양	양모	모사, 양탄자
조림지의 나무	벌목된 나무	원목, 목재
식물	면화	실, 의류
	수확한 사탕수수	설탕
젖소	우유	치즈
돼지	돈육	소시지, 햄
관목	잎	차, 담배
포도나무	포도	포도주
과수	수확한 과일	과일 가공품

㉡ 수확물로 수확하기 위해 재배하는 식물(예 목재로 사용하기 위해 재배하는 나무)은 생산용식물이 아니다.

② 용어의 정의

㉠ 농림어업활동 : 판매목적 또는 수확물이나 추가적인 생물자산으로의 전환목적으로 생물자산의 생물적 변환과 수확을 관리하는 활동을 말한다.

㉡ 수확 : 생물자산에서 수확물의 분리 또는 생물자산의 생장 과정의 중지를 말한다.

㉢ 수확물 : 생물자산에서 수확한 생산물을 말한다.

㉣ 생물자산 : 살아 있는 동물이나 식물을 말한다.

(2) 인식과 측정

① 인식

㉠ 다음의 조건이 모두 충족되는 경우에 한하여 생물자산이나 수확물을 인식한다.

ⓐ 과거 사건의 결과로 자산을 통제한다.

ⓑ 자산과 관련된 미래경제적 효익의 유입가능성이 높다.

ⓒ 자산의 공정가치나 원가를 신뢰성 있게 측정할 수 있다.

㉡ 당해 자산에 대한 자금 조달, 세금 또는 수확 후 생물자산의 복구 관련 현금흐름(예를 들어, 수확 후 조림지에 나무를 다시 심는 원가)은 포함하지 아니한다.

② 측정

㉠ 생물자산은 최초 인식시점과 매 보고기간 말에 공정가치에서 추정 매각부대원가를 차감한 금액(순공정가치)으로 측정하여야 한다.

㉡ 생물자산에서 수확된 수확물은 수확시점에 순공정가치로 측정하여야 한다.

(3) 평가손익 및 정부보조금

① 평가손익

⊙ 생물자산을 최초 인식시점에 순공정가치로 인식하여 발생하는 평가손익과 생물자산의 순공정가치 변동으로 발생하는 평가손익은 발생한 기간의 당기손익에 반영한다.

　　ⓛ 생물자산의 순공정가치를 산정할 때에 추정 매각부대원가를 차감하기 때문에 생물자산의 최초 인식시점에 손실이 발생할 수 있다. 송아지가 태어나는 경우와 같이 생물자산의 최초 인식시점에 이익이 발생할 수도 있다.

　　ⓒ 수확물을 최초 인식시점에 순공정가치로 인식하여 발생하는 평가손익은 발생한 기간의 당기손익에 반영한다.

　　ⓔ 수확의 결과로 수확물의 최초 인식시점에 평가손익이 발생할 수 있다.

② 공정가치를 신뢰성 있게 측정할 수 없는 경우

　　생물자산의 공정가치는 신뢰성 있게 측정할 수 있다고 추정한다. 그러나 생물자산을 최초로 인식하는 시점에 시장 공시가격을 구할 수 없고, 대체적인 공정가치측정치가 명백히 신뢰성 없게 결정되는 경우에는 최초 인식 시점에 한해 그러한 추정에 반론이 제기될 수 있다. 그러한 경우 생물자산은 원가에서 감가상각누계액과 손상차손누계액을 차감한 금액으로 측정한다.

③ 정부보조금

　　⊙ 순공정가치로 측정하는 생물자산과 관련된 정부보조금에 다른 조건이 없는 경우에는 이를 수취할 수 있게 되는 시점에만 당기손익으로 인식한다.

　　ⓛ 기업이 특정 농림어업활동에 종사하지 못하게 요구하는 경우를 포함하여 순공정가치로 측정하는 생물자산과 관련된 정부보조금에 부수되는 조건이 있는 경우에는 그 조건을 충족하는 시점에만 당기손익으로 인식한다.

④ 공시

　　⊙ 당기에 발생한 생물자산과 수확물의 최초 인식시점의 평가손익 총액과 생물자산의 순공정가치 변동에 따른 평가손익 총액을 공시한다.

　　ⓛ 생물자산집단별 내역을 공시한다.

예제

생물자산 및 수확물 등 농림어업의 회계기준 적용에 관한 설명으로 옳지 않은 것은?

① 당해 자산에 대한 자금 조달, 세금 또는 수확 후 생물자산의 복구 관련 현금흐름(예를 들어, 수확 후 조림지에 나무를 다시 심는 원가)을 포함해야 한다.

② 수확물로 수확하기 위해 재배하는 식물(예 목재로 사용하기 위해 재배하는 나무)은 생산용식물이 아니다.

③ 생물자산에서 수확된 수확물은 수확시점에 순공정가치로 측정하여야 한다.

④ 생물자산을 최초 인식시점에 순공정가치로 인식하여 발생하는 평가손익과 생물자산의 순공정가치 변동으로 발생하는 평가손익은 발생한 기간의 당기손익에 반영한다.

⑤ 순공정가치로 측정하는 생물자산과 관련된 정부보조금에 부수되는 조건이 있는 경우에는 그 조건을 충족하는 시점에만 당기손익으로 인식한다.

해설

① 당해 자산에 대한 자금 조달, 세금 또는 수확 후 생물자산의 복구 관련 현금흐름(예를 들어, 수확 후 조림지에 나무를 다시 심는 원가)은 포함하지 아니한다.

답 ①

1. 유형자산의 일반사항

(1) 유형자산의 의의

유형자산은 재화의 생산, 용역의 제공, 타인에 대한 임대 또는 자체적으로 사용할 목적으로 보유하는 물리적 형체가 있는 자산으로서 통상 1년(한 회계기간)을 초과하여 사용할 것이 예상되는 자산을 말한다.

① 유형자산은 재판매가 아닌 정상적인 영업활동에 사용할 목적으로 취득한 자산이다.

② 유형자산은 기업이 장기간에 걸쳐서 서비스를 제공하는 용역잠재력을 가진 자산이다.

③ 물리적 실체를 지니고 있는 자산이라는 점에서 무형자산과 구분된다.

④ 유형자산은 실물자산에 속하므로 비금융자산이고, 시간이 경과함에 따라 가액이 변할 수 있는 비화폐성자산이다.

(2) 유형자산의 분류

① 유형자산의 계정과목으로 토지, 설비자산(건물, 구축물, 기계장치), 건설중인 자산 및 기타의 유형자산으로 구분한다.

② 일반적으로 중요성 기준에 의거하여 공구기구 비품, 차량운반구 및 선박 등의 계정과목을 통합하여 기타의 유형자산으로 분류한다.

③ 업종의 특성 등을 반영하여 과목을 신설하거나 통합해서 사용할 수 있도록 유연성을 부여하고 있다.

(3) 유형자산의 인식기준

① 유형자산의 정의에 충족되어야 한다.

② 자산으로부터 발생하는 미래경제적 효익이 기업에 유입될 가능성이 높아야 한다.

③ 자산의 취득원가를 신뢰성 있게 측정할 수 있어야 한다.

2. 유형자산의 원가

(1) 최초원가 및 후속원가

① 최초원가

㉠ 유형자산을 최초 취득할 때 구입하거나 건설하기 위하여 제공한 대가의 공정가치를 말한다.

㉡ 안전 또는 환경상의 이유로 취득하는 유형자산은 그 자체로는 직접적인 미래경제적효익을 얻을 수 없지만, 다른 자산에서 미래경제적효익을 얻기 위하여 필요할 수 있다.

② 후속원가

후속적으로 증설, 대체 또는 수선·유지와 관련하여 발생하는 원가를 말한다. 후속원가는 유형자산의 최초 취득원가를 자산으로 인식하는 경우와 동일한 인식기준을 적용하여 인식한다.

㉠ 일상적인 수선·유지와 관련하여 발생하는 원가는 해당 유형자산의 장부금액에 포함하여 인식하지 아니한다. 이러한 원가는 발생시점에 당기손익으로 인식한다. 이러한 지출의 목적은 보통 유형자산의 '수선과 유지'로 설명된다.

ⓛ 유형자산의 주요부품이나 구성요소를 대체할 때 발생하는 원가가 자산의 인식기준을 충족하면 해당 유형자산의 장부금액에 포함하여 인식한다. 용광로의 내화벽돌의 교체, 항공기의 내부설비 교체, 건물 인테리어 교체 등이 해당된다.

ⓒ 정기적인 종합검사(예 항공기의 결함 검사)과정에서 발생하는 원가가 유형자산의 인식기준을 충족하는 경우에는 유형자산의 일부가 대체되는 것으로 보아 해당 유형자산의 장부금액에 포함하여 인식한다.

ⓔ 설비에 대한 비반복적인 교체에서 발생하는 원가라도 자산인식기준을 충족하면 자산으로 인식한다.

(2) 취득원가 ★27, 29, 32회 기출★

① 의의

취득원가는 자산을 취득하기 위하여 자산의 취득시점이나 건설시점에서 지급한 현금 및 현금성자산 또는 제공하거나 부담할 기타 대가의 공정가액을 말한다.

ⓐ 유형자산의 원가는 인식시점의 현금가격상당액이다. 대금지급이 일반적인 신용기간을 초과하여 이연되는 경우, 현금가격상당액과 실제 총지급액과의 차액은 차입원가 자본화의 요건을 충족하지 않는 한 신용기간에 걸쳐 이자로 인식한다.

▷ 자산을 의도된 용도로 사용하거나 판매 가능한 상태에 이르게 하는 데 필요한 활동이 아니라면 자본화할 수 없다.

ⓑ 유형자산을 장기후불조건으로 구입한 경우에는 취득시점의 현금구입가격(현재가치)을 취득원가로 한다.

ⓒ 유형자산의 취득 시 매입할인이 있는 경우에는 이를 차감하고, 취득세, 등록면허세 등 유형자산의 취득과 직접 관련된 제세공과금은 유형자산의 취득원가에 반영한다.

ⓔ 유형자산의 장부금액은 정부보조금의 회계처리와 정부지원의 공시의 기준서에 따라 정부보조금만큼 차감될 수 있다.

▷ 장부금액은 감가상각누계액과 손상차손누계액을 차감한 후 인식되는 자산금액이다.

② 취득원가의 구성요소

ⓐ 세금의 가산 및 매입할인 : 관세 및 환급 불가능한 취득관련 세금을 가산하고 매입할인과 리베이트 등을 차감한 구입가격으로 한다.

ⓑ 자산을 가동하는 것과 관련된 원가 : 유형자산의 취득과 관련하여 경영진이 의도하는 방식으로 자산을 가동하는 데 필요한 장소와 상태에 이르게 하는 데 직접 관련되는 원가를 말한다.

> ⓐ 유형자산의 매입 또는 건설과 직접적으로 관련되어 발생한 종업원급여
> ⓑ 설치장소의 준비원가
> ⓒ 최초의 외부 운송 및 취급관련 원가
> ⓓ 설치원가 및 조립원가
> ⓔ 유형자산 취득과 관련된 세금
> ⓕ 유형자산이 정상적으로 작동되는지 여부를 시험하는 과정에서 발생하는 원가. 단, 시험과정에서 생산된 재화의 순매각금액은 당해 원가에서 차감한다.
> ⓖ 전문가에게 지급하는 수수료

ⓒ 기타 유형자산의 원가에 포함하는 항목

> ⓐ 자산을 해체, 제거하거나 또는 부지를 복원하는 데 소요될 것으로 최초에 추정되는 원가
> ⓑ 자본화되는 차입원가
> ⓒ 자산을 취득할 때 국·공채를 불가피하게 구입하는 경우, 채무증권의 구입가액과 그 채무증권의 현재가치의 차액

③ 자산별 취득원가

ⓐ 토지

　ⓐ 구입가액 및 구입을 위하여 지출한 중개수수료, 취득세, 등록면허세와 같은 소유권이전비용이 포함된다.

　ⓑ 본래의 목적에 사용하기 위하여 지출하는 정지비용과 개발부담금, 토지측량비용도 포함된다.

ⓑ 건물

　ⓐ 건물을 구입하여 취득하는 경우 : 통상적으로 토지와 함께 취득하는데 건물을 사용하기 위하여 토지와 건물을 일괄구입한 경우 구입가액과 중개수수료 같은 공통부대비용의 합계액을 공정가액의 비율에 따라 배분하여야 한다. 다만, 건물의 취득과 개별적으로 관련된 취득세와 등록면허세 같은 부대비용은 건물의 취득원가이다.

　ⓑ 건물을 신축하기 위하여 건설회사에 도급을 주는 경우 : 도급액에 기초공사비와 설계비와 같은 부대비용이 건물의 취득원가에 포함된다. 이러한 부대비용에는 건물 신축을 전담한 직원의 건설기간 동안의 급여와 보험료 역시 포함된다. 건물 신축을 위하여 사용하던 기존건물을 철거하는 과정에서 발생하는 철거비용은 당기 기간비용으로 처리하여야 한다.

ⓒ 기계장치 등

　ⓐ 기계장치를 구입하는 경우 : 매입가액 및 이를 사용 가능한 상태에 이를 때까지 지출된 운임, 설치비, 시운전비와 같은 부대비용을 가산한다.

　ⓑ 취득원가에 포함시키지 않는 경우 : 유형자산을 취득 또는 사용 가능한 상태로 준비하는 과정과 직접 관련이 없는 일반관리비, 경비 등은 포함하지 않는다.

(3) 취득형태별 원가의 측정

① 장기연불조건에 의한 취득

ⓐ 취득원가 : 장기연불조건을 적용하지 않은 취득시점의 현금구입가격으로 한다. 장기후불조건으로 구입하거나, 대금지급기간이 일반적인 신용기간보다 긴 경우에 해당한다.

ⓑ 현금구입가격과 실제 총지급액과의 차액처리 : 현재가치할인차금계정으로 처리한다.

ⓒ 현재가치할인차금 : 유효이자율법에 따라 만기까지의 기간에 걸쳐 이자비용으로 인식한다.

② 일괄구입에 의한 취득

ⓐ 일괄구입이란 두 종류 이상의 자산을 일괄하여 합계금액으로 동시에 취득하는 것을 말한다.

ⓑ 유형자산을 일괄구입하여 개별자산의 취득원가를 알 수 없는 경우에는 일괄취득원가를 개별 자산들의 상대적 공정가치의 비율을 기준으로 하여 개별 자산에 배분한다.

ⓒ 개별 자산의 상대적 공정가치를 알 수 없는 경우에는 감정가액이나 과세표준액을 이용하여 배분할 수도 있다.

> 개별 자산의 취득원가＝일괄취득원가×(개별 자산의 공정가치 / 개별 자산들의 공정가치의 합계)

③ 자가건설에 의한 취득

> 취득원가＝제작원가(직접재료비, 직접노무비, 변동제조간접비, 고정제조간접비)＋부대비용

㉠ 자가건설한 유형자산의 원가는 외부에서 구입한 유형자산에 적용하는 것과 같은 기준을 적용하여 결정한다.
㉡ 제작원가는 고정제조간접비를 포함하는 전부원가계산에 따라야 한다.
㉢ 자가건설에 따른 내부이익, 자가건설 과정에서 원재료, 인력 및 기타 자원의 낭비로 인한 비정상적인 원가는 자산의 원가에 포함되지 않는다.
㉣ 건물을 신축하기 위하여 회사가 사용 중인 기존 건물을 철거하는 경우 그 건물의 장부가액은 제거하여 처분손실로 반영하고, 철거비용은 전액 당기비용으로 처리한다. 다만, 새 건물의 신축을 위하여 구 건물이 있는 토지를 구입한 경우 구 건물을 포함한 구입가액 전체를 토지의 취득원가로 보아야 하며, 기존건물을 철거하는 경우 기존건물의 철거관련비용에서 철거된 건물의 부산물을 판매하여 수취한 금액을 차감한 가액은 토지의 취득원가에서 차감한다.

④ 교환에 의한 취득 ★28, 29, 34회 기출★

교환에 의한 취득이란 하나 이상의 비화폐성자산 또는 화폐성자산과 비화폐성자산이 결합된 대가와 교환하여 하나 이상의 유형자산을 취득하는 것을 말한다.

㉠ 원칙 : 교환거래에 있어서 상업적 실질이 있는 경우, 유형자산의 취득원가는 제공한 자산의 공정가치에 현금지급액은 가산하고, 현금수령액은 차감하여 측정하며, 제공한 자산의 장부가액과 공정가치의 차액을 교환손익으로 인식한다.

> 취득원가＝제공자산의 공정가액＋현금지급액－현금수령액

㉡ 예외
ⓐ 교환거래에 있어서 상업적 실질이 있고 제공한 자산의 공정가치를 알 수 없지만 취득한 자산의 공정가치를 신뢰성 있게 측정할 수 있는 경우, 유형자산의 취득원가는 취득한 자산의 공정가치로 한다. 이때, 현금 지급액과 수취액은 취득원가에 반영하지 않는다.
ⓑ 교환거래에 있어서 상업적 실질이 결여되어 있거나 교환대상 자산의 공정가치를 신뢰성 있게 측정할 수 없는 경우(공정가치를 모르는 경우), 취득한 자산의 원가는 제공한 자산의 장부금액에 현금지급액은 가산하고, 현금수령액은 차감하여 측정한다.

> 취득원가＝제공자산의 장부가액＋현금지급액－현금수령액

⑤ 복구비용 ★29회 기출★

　㉠ 복구비용은 유형자산의 경제적 사용이 종료된 후에 그 자산을 해체 또는 제거하거나 부지를 복구하는 데 사용될 것으로 추정되는 비용을 말한다.

　㉡ 자산의 취득, 건설, 개발에 따른 복구비용에 대한 충당부채는 유형자산을 취득하는 시점에서 해당 유형자산의 취득원가에 반영하는 것을 원칙으로 한다.

　　주의 특정기간 동안 재고자산을 생산하기 위해 유형자산을 사용한 결과로 동 기간에 발생한 그 유형자산을 해체, 제거하거나 부지를 복구할 의무의 원가는 유형자산이 아닌 재고자산의 원가로 반영할 것인지 검토한다.

유형자산취득 시	(차)	유형자산	×××	(대)	현금	×××
					복구충당부채	×××
결산 시	(차)	이자비용	×××	(대)	복구충당부채	×××
	※ 이자비용＝복구충당부채의 기초장부금액×유효이자율					

⑥ 현물출자에 의한 취득

　현물출자란 기업이 주식을 발행하여 주고 대가로 유형자산을 취득하는 것으로, 취득원가는 자산의 공정가치로 측정한다.

⑦ 증여나 무상에 의한 취득

　대주주 또는 국가 등으로부터 자산을 증여 또는 무상으로 받는 경우 취득한 자산의 취득원가는 그 자산의 취득시점의 공정가액으로 한다.

⑧ 정부보조금에 의한 취득

　㉠ 의의 : 정부보조금은 기업의 영업활동과 관련하여 과거나 미래에 일정한 조건을 충족하였거나 충족할 경우 정부에서 기업에 자원을 이전하는 형태의 정부지원을 말한다.

　㉡ 보조금의 인식 : 정부보조금을 인식하는 때에는 정부보조금에 부수되는 조건의 준수와 보조금 수취에 대한 합리적인 확신이 있을 경우에만 인식한다.

　㉢ 종류 : 정부지원의 요건을 충족하는 기업이 장기성 자산을 매입, 건설하거나 다른 방법으로 취득하여야 하는 일차적 조건이 있는 정부보조금인 자산관련보조금과 수익관련보조금이 있다.

　　ⓐ 자산관련보조금의 회계처리

　　　• 이연수익법 : 보조금을 이연수익으로 인식하여 자산의 내용연수에 걸쳐 체계적이고 합리적인 방법으로 수익을 배분하는 방법으로, 보조금 수령시 이연수익(부채)으로 처리한다.

　　　• 자산(원가)차감법 : 자산의 장부가액을 결정할 때 보조금을 차감하는 방법이다. 정부보조금을 수령할 때에 이를 자산의 차감계정으로 처리하고 해당 자산의 내용연수에 걸쳐 감가상각비와 상계하여 감소시키는 방식으로 보조금을 수익으로 인식한다.

　　　• 당기손익에 미치는 영향은 자산차감법과 이연수익법이 동일하며, 유형자산의 순 장부금액은 달라진다.

　　ⓑ 수익관련보조금의 회계처리

　　　별도의 계정으로 혹은 기타수익과 같은 일반계정에 포함시켜 수익으로 인식하거나 관련비용에서 차감하여 인식한다.

ⓔ 회계처리방법

    ⓐ 자본접근법(정부보조금을 주주지분에 직접 인식하는 방법) : 금융수단이므로 자본조달로 처리, 관련원가가 없는 장려금으로 인식하는 방법이다.

    ⓑ 수익접근법(정부보조금을 수익으로 인식하는 방법) : 주주와의 거래가 아니며, 부여된 의무의 존재, 법인세 등 세금과 동일한 성격을 지닌다.

    ⓒ 처리방법 : 국제회계기준에서는 정부보조금을 수익접근법에 따라 회계처리를 하도록 하고 있다.

더 알아보기   유형자산의 취득원가가 아닌 경우

- 새로운 시설을 개설하는 데 소요되는 원가
- 새로운 상품과 서비스를 소개하는 데 소요되는 원가
- 새로운 지역에서 또는 새로운 고객을 대상으로 영업을 하는 데 소요되는 원가
- 기업의 영업 전부 또는 일부를 재배치하거나 재편성하는 과정에서 발생하는 원가
- 유형자산과 관련된 산출물에 대한 수요가 형성되는 과정에서 발생하는 가동손실과 같은 초기 가동손실
- 유형자산을 취득 또는 사용가능한 상태로 준비하는 과정과 직접 관련이 없는 경비
- 관리 및 기타 일반간접원가

---

(4) 차입원가 ★28, 33, 34회 기출★

① 의의

    ㉠ 적격자산의 취득, 건설 또는 제조와 직접 관련되는 차입원가는 당해 적격자산과 관련된 지출이 발생하지 아니하였다면 부담하지 않았을 차입원가이다. 이에 따라 해당 차입원가를 관련 자산의 원가에 포함시키고, 기타 차입원가는 발생기간의 비용으로 인식하는 입장이다. 여기서 적격자산이란 의도된 용도로 사용하거나 판매가능한 상태에 이르게 하는 데 상당한 기간을 필요로 하는 자산이다.

    ㉡ 금융자산과 단기간 내에 제조되거나 다른 방법으로 생산되는 재고자산은 적격자산에 해당하지 아니한다. 취득시점에 의도된 용도로 사용(또는 판매) 가능한 자산인 경우에도 적격자산에 해당하지 아니한다.

② 자본화의 개시 · 중단 · 종료

    ㉠ 자본화의 개시

    차입원가는 자본화 개시일에 적격자산 원가로 처리한다. 자본화 개시일은 최초로 다음 조건을 모두 충족시키는 날이다. 적격자산을 의도된 용도로 사용(또는 판매) 가능하게 하는 데 필요한 활동은 당해 자산의 물리적인 제작뿐만 아니라 그 이전단계에서 이루어진 기술 및 관리상의 활동도 포함한다.

      ⓐ 적격자산에 대하여 지출하고 있다.
      ⓑ 차입원가를 발생시키고 있다.
      ⓒ 적격자산을 의도된 용도로 사용하거나 판매 가능한 상태에 이르게 하는 데 필요한 활동을 수행하고 있다.

ⓛ 자본화의 중단 : 적격자산에 대한 적극적인 개발활동을 중단한 때이다. 그러나 상당한 기술 및 관리활동을 진행하고 있는 기간에는 차입원가의 자본화를 중단하지 아니한다.

ⓒ 자본화의 종료 : 적격자산을 의도된 용도로 사용하거나 판매 가능한 상태에 이르게 하는 데 필요한 대부분의 활동이 완료된 시점에 종료한다.

③ 자본화 차입금

자본화 자산의 평균지출액은 특정차입금으로 취득하였으며, 특정차입금으로 부족한 부분은 일반차입금이 있는 경우 일반차입금으로 차입하여 취득한 것으로 간주한다.

> ㉠ 특정차입금 : 적격자산을 취득하기 위한 목적으로 특정하여 차입한 자금
> ㉡ 일반차입금 : 일반적인 목적으로 자금을 차입하고 이를 적격자산의 취득을 위해 사용하는 경우의 차입금

④ 자본화 차입원가의 인식

㉠ 차입원가에 포함되는 것 : 유효이자율법을 사용하여 계산된 이자비용, 금융리스 관련 금융원가, 외화차입금과 관련되는 외환차입 중 이자원가의 조정으로 볼 수 있는 부분

㉡ 특정차입금의 경우, 회계기간 동안 그 차입금으로부터 실제 발생한 차입원가에서 당해 차입금의 일시적 운용에서 생긴 투자수익을 차감한 금액을 자본화가능차입원가로 한다.

㉢ 자본화이자율은 회계기간 동안 차입한 자금(적격자산을 취득하기 위해 특정 목적으로 차입한 자금 제외)으로부터 발생된 차입원가를 가중평균하여 산정한다.

㉣ 적격자산을 취득하기 위한 목적으로 특정하여 차입한 자금에 한하여, 회계기간 동안 그 차입금으로부터 실제 발생한 차입원가에서 당해 차입금의 일시적 운용에서 생긴 투자수익을 차감한 금액을 자본화가능차입원가로 결정한다.

㉤ 회계기간 동안 자본화한 차입원가는 당해 기간 동안 실제 발생한 차입원가를 초과할 수 없다.

> ⓐ 특정차입금의 자본화 차입원가=자본화기간 중 발생한 차입원가－일시운용투자수익
> ⓑ 일반목적 차입금의 자본화 차입원가(실제발생 차입원가를 한도로 함)=(공사평균지출액－특정목적차입금)×가중평균차입이자율

예제

(주)감평은 특정차입금 없이 일반차입금을 사용하여 건물을 신축하였다. 건물은 차입원가 자본화 대상인 적격자산이다. 신축 건물과 관련한 자료가 다음과 같을 경우, 20×1년도에 자본화할 차입원가(A)와 20×2년도에 자본화할 차입원가(B)는?(단, 계산시 월할 계산하며, 전기에 자본화한 차입원가는 적격자산의 연평균 지출액 계산 시 포함하지 않는다) ★33회 기출★

• 공사기간 : 20×1년 5월 1일 ~ 20×2년 6월 31일			
• 공사비 지출 :	20×1년 5월 1일	20×1년 10월 1일	20×2년 4월 1일
	₩300,000	₩200,000	₩100,000
• 일반차입금 자본화 연이자율 :	20×1년	20×2년	
	10%	8%	
• 실제 발생한 이자비용 :	20×1년	20×2년	
	₩20,000	₩24,200	

	(A)	(B)
①	₩20,000	₩22,000
②	₩20,000	₩24,200
③	₩20,000	₩25,000
④	₩25,000	₩22,000
⑤	₩25,000	₩24,200

해설

(A) 20×1년도 연평균지출액 = 300,000원 × $\frac{8}{12}$ + 200,000원 × $\frac{3}{12}$ = 240,000원

차입원가 = Min[240,000원 × 10% = 24,000원, 한도액 = 20,000원] = 20,000원

(B) 20×2년도 연평균지출액 = 500,000원 × $\frac{6}{12}$ + 100,000원 × $\frac{3}{12}$ = 275,000원

차입원가 = Min[275,000원 × 8% = 22,000원, 한도액 = 24,200원] = 22,000원

답 ①

예제

차입원가의 회계처리와 관련하여 적격자산에 관한 설명으로 옳지 않은 것은?

① 적격자산의 취득, 건설 또는 생산과 직접 관련된 차입원가는 당해 적격자산과 관련된 지출이 발생하지 아니하였다면 부담하지 않았을 차입원가이다.

② 금융자산과 단기간 내에 제조되거나 다른 방법으로 생산되는 재고자산은 적격자산에 해당하지 아니한다.

③ 적격자산을 의도된 용도로 사용(또는 판매) 가능하게 하는 데 필요한 활동은 당해 자산의 물리적인 제작뿐만 아니라 그 이전단계에서 이루어진 기술 및 관리상의 활동도 포함한다.

④ 적격자산에 대한 적극적인 개발활동을 중단한 기간에는 차입원가의 자본화를 중단한다.

⑤ 적격자산을 취득하기 위한 목적으로 특정하여 차입한 자금에 한하여, 회계기간 동안 그 차입금으로부터 실제 발생한 차입원가에서 당해 차입금의 일시적 운용에서 생긴 투자수익을 가산한 금액을 자본화가능차입원가로 결정한다.

해설

⑤ 적격자산을 취득하기 위한 목적으로 특정하여 차입한 자금에 한하여, 회계기간 동안 그 차입금으로부터 실제 발생한 차입원가에서 당해 차입금의 일시적 운용에서 생긴 투자수익을 차감한 금액을 자본화가능차입원가로 결정한다.

답 ⑤

3. 재평가모형 ★33회 기출★

유형자산을 처음 취득할 때에는 취득원가로 인식한다. 그리고 최초 인식한 이후에는 원가모형과 재평가모형 중에서 하나를 회계정책으로 선택하여 유형자산 분류별로 동일하게 인식과 측정을 할 수 있다.

(1) 의의

① 원가모형

최초 인식 후에 유형자산을 당초 취득원가에서 감가상각누계액과 손상차손누계액을 차감한 금액을 장부금액으로 기록하여 보고하는 방법이다. 후속기간에 공정가치가 변해도 회계처리를 하지 아니한다.

② 재평가모형

최초 인식 후에 공정가치를 신뢰성 있게 측정할 수 있는 유형자산을 재평가일의 공정가치에서 이후의 감가상각누계액과 손상차손누계액을 차감한 재평가금액을 장부금액으로 기록하여 보고하는 방법이다. 재평가는 보고기간 말에 자산의 장부금액이 공정가치와 중요하게 차이가 나지 않도록 주기적으로 수행한다.

(2) 재평가모형의 회계처리

① 공정가치 > 장부금액

재평가로 인한 평가이익을 기타포괄손익누계액(재평가잉여금)으로 인식하여 재평가잉여금의 과목으로 자본에 가산한다. 그러나 동일한 자산에 대하여 이전에 당기손익으로 인식한 재평가감소액(재평가손실)이 있다면 그 금액을 한도로 재평가증가액만큼 당기손익(재평가이익)으로 인식하여야 한다.

② 공정가치 < 장부금액

재평가감이 발생한 경우 전기이전에 발생한 재평가잉여금을 우선 감소시키고 나머지는 재평가손실로 당기손익으로 처리한다.

③ 장부금액의 조정

㉠ 비례수정법 : 자산 장부금액의 재평가와 일치하는 방식으로 자산의 총장부금액을 비례적으로 조정한다. 재평가일의 감가상각누계액은 손상차손누계액을 고려한 후 총장부금액과 장부금액의 차이와 같아지도록 조정한다.

㉡ 누계액 제거법 : 자산의 총장부금액에서 감가상각누계액을 제거하여 순장부가액이 재평가금액이 되도록 수정한다.

(3) 재평가잉여금의 회계처리

① 재평가잉여금은 이익조작가능성을 방지하기 위해 당기손익을 거치지 않고 직접 이익잉여금으로 대체되어야 하기 때문에 유형자산과 관련하여 자본에 계상된 재평가잉여금은 그 자산이 제거될 때 이익잉여금으로 대체하여야 한다.

② 자산이 폐기되거나 처분될 때에는 재평가잉여금 전부를 이익잉여금으로 대체한다.

③ 기업이 그 자산을 사용함에 따라 재평가잉여금의 일부를 이익잉여금으로 대체할 수 있다.

④ 재평가잉여금을 이익잉여금으로 대체하는 경우 그 금액은 당기손익으로 인식하지 않는다.

4. 감가상각 ★34회 기출★

(1) 감가상각의 의의 ★28회 기출★

감가상각이란 사용에 따른 유형자산의 가치감소를 측정하기 위한 평가과정이 아니라 단지 수익에 대응될 적절한 비용을 산정하기 위한 유형자산 취득원가의 인위적인 배분과정이다.

① 감가상각의 결정요소
- ㉠ 취득원가 : 자산을 취득하기 위하여 자산의 취득시점이나 건설시점에서 지급한 현금 및 현금성자산 또는 제공하거나 부담할 기타 대가의 공정가액을 말한다.
- ㉡ 내용연수(감가상각기간) : 기업에서 자산이 사용가능할 것으로 기대되는 기간 또는 자산에서 얻을 것으로 기대되는 생산량이나 이와 유사한 단위 수량이다.
- ㉢ 잔존가치 : 자산이 이미 오래되어 내용연수 종료시점에 도달하였다는 가정 하에 자산의 처분으로부터 현재 획득할 금액에서 추정 처분부대원가를 차감한 금액의 추정치이다.

② 감가상각액의 인식
감가상각대상금액은 유형자산의 내용연수 동안 인식될 총감가상각비로서 유형자산의 취득원가에서 잔존가치를 차감한 금액을 말한다.
- ㉠ 각 기간의 감가상각액은 다른 자산의 장부금액에 포함되는 경우가 아니라면 당기손익으로 인식한다.
- ㉡ 유형자산에 내재된 미래경제적 효익이 다른 자산을 생성하는 데 사용되는 경우가 있는데, 이 경우 유형자산의 감가상각액은 해당 자산의 원가의 일부가 된다.

③ 감가상각비의 회계처리

(차)	감가상각비	×××	(대)	감가상각누계액	×××

- ㉠ 감가상각방법은 변경될 수 있으며, 이러한 변경은 회계추정의 변경으로 회계처리한다.
  - 주의 회계정책의 변경이 아니라 회계추정의 변경으로 회계처리한다.
- ㉡ 유형자산을 구성하는 일부의 원가가 당해 유형자산의 전체원가에 비교하여 유의적이라면, 해당 유형자산을 감가상각할 때 그 부분은 별도로 구분하여 감가상각한다. 예를 들면, 항공기를 소유하고 있는지 금융리스하고 있는지에 관계없이, 항공기 동체와 엔진을 별도로 구분하여 감가상각하는 것이 적절할 수 있다.
- ㉢ 유형자산의 일부를 별도로 구분하여 감가상각하는 경우에는 동일한 유형자산을 구성하고 있는 나머지 부분도 별도로 구분하여 감가상각한다.
- ㉣ 유형자산의 전체원가와 비교하여 해당 원가가 유의적이지 않은 부분도 별도로 분리하여 감가상각할 수 있다.
- ㉤ 토지와 건물을 동시에 취득하는 경우에도 이들은 분리 가능한 자산이므로 별개의 자산으로 회계처리한다.

(2) 감가상각의 방법 ★27, 32회 기출★

감가상각 방법은 자산의 미래경제적 효익이 소비되는 형태를 반영하며, 적어도 회계연도말에 재검토한다.

① 정액법(균등상각법)

자산의 가치는 시간경과에 의하여 감소하는 것으로 보고 매년 동일한 금액을 감가상각비로 인식하는 방법으로, 적용이 간편하다는 장점이 있는 반면, 수익과 비용이 합리적으로 대응되지 않는 단점이 있다.

$$\text{연도별 감가상각비} = (\text{취득원가} - \text{추정잔존가치}) / \text{추정내용연수} = \text{감가상각기준액} / \text{추정내용연수}$$

② 체감잔액법(가속상각법)

체감잔액법은 감가상각비를 상각대상 기간의 초기에 많이 인식하고 후반기에 적게 인식하는 것으로 자산의 내용연수 동안 감가상각액이 매 기간 감소하는 방법이다. 체감잔액법은 초기에는 수선유지비가 적게 계상되므로 감가상각비를 많이 인식하며, 사용시간이 경과하여 수선유지비가 증가하면 감가상각비를 적게 인식하는 방법이다.

ㄱ) 정률법 : 유형자산 취득원가에서 감가상각누계액을 차감한 미상각잔액에 상각률을 곱하여 회계기간별 감가상각비를 계산하는 방법이다.

$$\text{연도별 감가상각비} = (\text{취득원가} - \text{기초감가상각누계액}) \times \text{상각률} = \text{기초장부가액} \times \text{정률}$$

$$\text{*상각률(정률)} = 1 - \sqrt[n]{\frac{\text{잔존가치}}{\text{취득원가}}}$$

▷ 감가상각 초기에 정액법 대신에 정률법을 적용한 경우 순이익은 감소하고 유형자산의 장부금액은 작게 표시된다.

ㄴ) 이중체감법 : 상각률이 정액법의 2배가 되는 방법으로 상각률에 의해 정률법처럼 상각하는 방법이다.

$$\text{상각률} = \frac{1}{\text{내용연수}} \times 2$$

ㄷ) 연수합계법 : 취득원가에서 잔존가액을 차감한 감가상각기준액에 내용연수의 합계를 분모로 하고, 미상각내용연수를 분자로 하는 감가상각률을 곱하여 구하는 방법이다.

$$\text{감가상각비} = (\text{취득원가} - \text{잔존가치}) \times \frac{\text{잔여내용연수}}{\text{내용연수합계}}$$

③ 활동기준법

활동기준법은 자산의 생산량 및 사용정도 등 자산의 사용량(조업도)에 의하여 감가상각비를 계산하는 방법이다.

ㄱ) 생산량비례법 : 자산의 예상조업도 혹은 예상생산량에 근거하여 감가상각비를 계산하는 방법이다.

$$\text{연도별 감가상각비} = (\text{취득원가} - \text{잔존가치}) \times \frac{\text{실제생산량}}{\text{예상총생산량}}$$

ⓒ 작업시간비례법 : 사용가능한 작업시간에 비례하여 유형자산의 감가상각비를 계산하는 방법이다.

$$\text{연도별 감가상각비} = (취득원가 - 잔존가액) \times \frac{당기작업시간}{총\ 추정작업시간}$$

(3) 감가상각비의 기장방법

① 직접법

비용계정인 감가상각비계정을 차변에 기입하고, 대변에는 해당 고정자산가액을 직접 감소시키는 방법이다. K-IFRS에서는 무형자산에 대해 이 방법을 적용하고 있다.

② 간접법

차변에는 직접법과 마찬가지로 감가상각비계정을 기입하고, 대변에는 감가상각누계계정을 기입하여 유형고정자산가액을 감가상각누계액을 통해 간접적으로 감소시키는 방법이다. 이 방법에 의하면 재무상태표상 유형고정자산계정은 항상 취득원가로 기재되고, 감가상각누계계정은 매 회계연도 감가상각액의 누계액으로서 유형고정자산에서 차감하는 형식으로 기재된다.

예제

(주)관세는 20x1년 4월 1일 제품제조에 필요한 기계장치를 ₩750,000에 취득(잔존가치 ₩30,000, 내용연수 5년)하여 연수합계법으로 감가상각한다. 동 기계장치와 관련하여 20x2년 12월 31일 재무상태표에 보고할 감가상각누계액은?(단, 감가상각은 월할 계산한다)

① ₩192,000　　　　　　　　　　　② ₩204,000
③ ₩212,500　　　　　　　　　　　④ ₩384,000
⑤ ₩400,000

해설

회계처리를 나타내면 아래와 같다.

구분	회계처리						감가상각누계액
20x1년 4월 1일	(차)	기계장치	750,000	(대)	현금	750,000	–
20x1년 12월 31일	(차)	감가상각비	180,000	(대)	감가상각누계액	180,000(*1)	180,000
20x2년 12월 31일	(차)	감가상각비	204,000	(대)	감가상각누계액	204,000(*2)	384,000

(*1) : (₩750,000 - ₩30,000) × (5 / 15) × (9 / 12) = ₩180,000
(*2) : (₩750,000 - ₩30,000) × (5 / 15) × (3 / 12) + (₩750,000 - ₩30,000) × (4 / 15) × (9 / 12)
　　 = ₩204,000

답 ④

5. 유형자산의 손상차손과 제거

(1) 유형자산의 손상차손 ★32, 33, 34회 기출★

① 손상차손의 회계처리 방법

　㉠ 유형자산의 미래경제적 효익(회수가능액)이 장부가액에 현저하게 미달할 가능성이 있는 경우 손상차손의 인식 여부를 검토한다.

(차)	유형자산손상차손	×××	(대)	유형자산손상차손누계액	×××
	(당기손익)			(유형자산 차감계정)	

　㉡ 유형자산의 감액이 발생한 이후에 감액된 유형자산의 회수가능액이 장부가액을 초과하는 경우에는 당해 자산을 회복한 시점의 상각 후 취득원가(손상되지 않았을 경우의 장부금액의 감가상각 후 잔액)를 한도로 하여 그 초과액을 손상차손환입으로 처리한다.

(차)	유형자산손상차손누계액	×××	(대)	유형자산손상차손환입	×××
	(유형자산 차감계정)			(당기손익)	

　㉢ 과거기간에 인식한 손상차손은 직전 손상차손의 인식시점 이후 회수가능액을 결정하는 데 사용된 추정치에 변화가 있는 경우에만 환입한다.

　㉣ 유형자산손상차손은 회수가능액과 손상시점의 장부금액의 차이로 측정한다.

　㉤ 유형자산 시장가치의 하락이나 심각한 물리적 변형 등의 사유가 발생하면 손상가능성을 검토해야 한다.

② 회수가능액

유형자산의 회수가능액은 자산의 공정가치와 사용가치 중 큰 금액이다.

> 회수가능액=max[공정가치, 사용가치]

　㉠ 자산의 공정가치 : 합리적인 판단력과 거래의사가 있는 제3자와의 독립적인 거래에서 매매되는 경우의 예상처분가액에서 예상처분비용을 차감한 금액이다.

　㉡ 사용가치(기업특유가치) : 자산의 계속적 사용으로부터 그리고 내용연수 종료시점에 처분으로부터 발생할 것으로 기대되는 현금흐름의 현재가치이다.

③ 손상차손인식과 환입

　㉠ 손상차손인식 : 기업은 매 보고기간 말에 자산손상을 시사하는 징후가 있는지를 검토하고, 그러한 징후가 있다면 당해 자산의 회수가능액을 추정한다. 이때 회수가능액이 장부금액에 미달하는 경우 자산의 장부금액을 회수가능액으로 감소시키고 손상차손을 인식한다.

　㉡ 손상차손환입 : 손상처리한 자산의 회수가능액이 차기 이후에 장부금액을 초과하는 경우에는 당해 자산이 손상되기 전의 장부금액의 감가상각 후 잔액을 한도로 환입한다.

(2) 유형자산의 제거

① 제거시점

유형자산의 장부금액은 처분하는 때, 사용이나 처분을 통하여 미래경제적 효익이 기대되지 않을 때 제거한다.

② 제거로 인한 손익

유형자산의 제거로 인하여 발생하는 손익은 자산을 제거할 때 당기손익으로 인식한다. 제거이익은 수익으로 분류하지 않고 기타수익으로 분류하며, 장부금액과 순매각금액의 차이로 결정한다.

6. 재평가모형 하의 손상차손 ★29회 기출★

재평가모형 하에서 손상차손은 선 재평가 후 손상차손 인식이다. 즉, 재평가를 우선 적용한 다음 손상차손 인식여부를 판단한다.

자산의 손상차손은 동 자산에서 발생한 재평가잉여금에 해당하는 금액까지는 기타포괄손익으로 인식하고 초과액은 당기손익으로 인식한다.

자산의 손상차손환입은 기타포괄손익으로 인식한다. 다만, 동 자산의 손상차손을 이전에 당기손익으로 인식한 금액이 있다면 그 금액까지는 손상차손환입도 당기손익으로 인식한다.

예제

(주)관세는 20x1년 초 기계장치를 취득(취득원가 ₩1,000,000, 내용연수 5년, 잔존가치 ₩0, 정액법 상각)하였으며, 재평가모형을 적용함과 동시에 손상징후가 있을 경우 자산손상 기준을 적용하고 있다. 공정가치와 회수가능액이 다음과 같을 때, 20x3년 말 감가상각액을 제외한 당기이익은?(단, 처분부대비용은 무시할 수 없을 정도이며, 재평가잉여금은 이익잉여금으로 대체하지 않는다)

	20x1년 말	20x2년 말	20x3년 말
공정가치	₩900,000	₩650,000	₩460,000
회수가능액	900,000	510,000	450,000

① ₩10,000　　　　　　　　② ₩45,000
③ ₩55,000　　　　　　　　④ ₩65,000
⑤ ₩110,000

해설

재평가모형 하에서 손상차손은 선 재평가 후 손상차손 인식이다. 즉, 재평가를 우선 적용한 다음 손상차손 인식여부를 판단한다. 자산의 손상차손은 동 자산에서 발생한 재평가잉여금에 해당하는 금액까지는 기타포괄손익으로 인식하고 초과액은 당기손익으로 인식한다. 자산의 손상차손환입은 기타포괄손익으로 인식한다. 다만, 동 자산의 손상차손을 이전에 당기손익으로 인식한 금액이 있다면 그 금액까지는 손상차손환입도 당기손익으로 인식한다. 회계처리를 나타내면 아래와 같다.

구분	회계처리			요약재무상태표		
20x1년 초	(차) 기계장치		1,000,000	기계장치	1,000,000	
	(대) 현금		1,000,000			
20x1년 말	(차) 감가상각비		200,000			
	(대) 감가상각누계액		200,000(*1)	기계장치	1,000,000	재평가잉여금 100,000
				감가상각누계액	100,000	
	(차) 감가상각누계액		100,000		900,000	
	(대) 재평가잉여금		100,000(*2)			
20x2년 말	(차) 감가상각비		225,000			
	(대) 감가상각누계액		225,000(*3)			
				기계장치	1,000,000	
	(차) 재평가잉여금		25,000	감가상각누계액	350,000	재평가잉여금 –
	(대) 감가상각누계액		25,000(*4)	손상차손누계액	140,000	
					510,000	
	(차) 재평가잉여금		75,000(*5)			
	(대) 손상차손누계액		140,000(*6)			
	유형자산손상차손		65,000(*7)			
20x3년 말	(차) 감가상각비		170,000			
	(대) 감가상각누계액		170,000(*8)			
				기계장치	1,000,000	
	(차) 감가상각누계액		120,000	감가상각누계액	400,000	재평가잉여금 45,000
	(대) 유형자산손상차손환		65,000(*9)	손상차손누계액	150,000	
	재평가잉여금		55,000(*10)		450,000	
	(차) 재평가잉여금		10,000			
	(대) 손상차손누계액		10,000 (*11)			

(*1) ₩1,000,000 / 5년＝₩200,000

(*2) ₩900,000－(₩1,000,000－₩200,000)＝₩100,000

(*3) ₩900,000 / 4년＝₩225,000

(*4) ₩650,000－(₩900,000－₩225,000)＝₩25,000

(*5) ₩100,000－₩25,000＝₩75,000

(*6) ₩650,000－₩510,000＝₩140,000

(*7) ₩140,000－₩75,000＝₩65,000

(*8) ₩510,000 / 3년＝₩170,000

(*9) 손상차손을 이전에 당기손실로 인식한 금액

(*10) 대차차액

(*11) ₩460,000－₩450,000＝₩10,000

답 ④

7. 투자부동산 ★34회 기출★

(1) 투자부동산의 해당여부 ★34회 기출★

투자부동산은 임대수익이나 시세차익 또는 두 가지 모두를 얻기 위하여 소유자나 금융리스의 이용자가 보유하고 있는 부동산이다.

투자부동산의 해당 항목	• 장기 시세차익을 얻기 위하여 보유하고 있는 토지(정상적인 영업과정에서 단기간에 판매하기 위하여 보유하는 토지는 제외) • 장래 사용목적을 결정하지 못한 채로 보유하고 있는 토지(만약 토지를 자가사용할지 또는 정상적인 영업과정에서 단기간에 판매할지를 결정하지 못한 경우 당해 토지는 시세차익을 얻기 위하여 보유하고 있는 것으로 본다) • 직접 소유(또는 금융리스를 통해 보유)하고 있는 운용리스로 제공하고 있는 건물 • 운용리스로 제공하기 위하여 보유하고 있는 미사용 건물 • 미래에 투자부동산으로 사용하기 위하여 건설 또는 개발 중인 부동산
투자부동산이 아닌 항목	• 정상적인 영업과정에서 판매하기 위한 부동산이나 이를 위하여 건설 또는 개발 중인 부동산 • 제3자를 위하여 건설 또는 개발 중인 부동산 • 재화의 생산이나 용역의 제공 또는 관리 목적에 사용되는 미래 자가사용하기 위한 부동산, 미래에 개발 후 자가사용할 부동산, 종업원이 사용하고 있는 부동산, 처분 예정인 자가 사용부동산을 포함한 자가사용부동산 • 금융리스로 제공한 부동산

(2) 투자부동산의 인식 및 측정 ★29, 32, 33회 기출★

① **인식기준** : 투자부동산은 투자부동산에서 발생하는 미래경제적 효익의 유입 가능성이 높고, 투자부동산의 원가를 신뢰성 있게 측정할 수 있을 때 자산으로 인식하며, 인식요건을 충족하지 못하는 경우 관련지출은 발생 시 비용으로 처리한다.

② **최초 측정** : 투자부동산은 최초 인식시점에 원가로 측정한다. 이때 발생하는 거래원가는 최초의 측정 원가에 포함한다.

③ **인식 후의 측정**

　㉠ 원가모형 : 당초 취득원가에서 감가상각누계액과 손상차손누계액을 차감한 금액을 장부금액으로 보고하는 방법으로, 최초 인식 후 투자부동산의 평가방법으로 원가모형을 선택한 경우에는 모든 투자부동산에 대하여 원가모형으로 측정한다.

　㉡ 공정가치모형 : 최초 측정 시 원가로 기록한 후 감가상각을 하지 않고 회계연도 말에 공정가치로 평가하여 평가손익을 당기손익에 반영하는 방법으로, 공정가치 모형을 선택한 경우 최초 인식 후 모든 투자부동산은 공정가치로 측정한다.

(3) 투자부동산의 회계처리 ★28회 기출★

① 부동산 중 일부는 시세차익을 얻기 위하여 보유하고, 일부분은 재화의 생산에 사용하기 위하여 보유하고 있으나 이를 부분별로 나누어 매각할 수 없다면 재화나 용역의 생산이나 제공 또는 관리목적에 사용하기 위하여 보유하는 부분이 중요하지 않은 경우에만 해당 부동산을 투자부동산으로 분류한다.

② 금융리스를 통해 보유하게 된 건물을 운용리스로 제공하고 있다면 해당 건물은 투자부동산으로 분류된다.

③ 사무실건물의 소유자가 그 건물을 사용하는 리스이용자에게 경미한 보안과 관리용역을 제공하는 경우 해당 부동산은 투자부동산으로 분류한다.

④ 운용리스로 제공하기 위하여 직접 소유하고 있는 미사용건물은 투자부동산에 해당된다.

⑤ 지배기업이 보유하고 있는 건물은 종속기업에게 리스하여 종속기업의 본사 건물로 사용하는 경우 그 건물은 지배기업의 연결재무제표상에서 투자부동산으로 분류할 수 없다.

⑥ 재고자산을 공정가치모형 적용 투자부동산으로 계정대체 시, 재고자산의 장부금액과 대체시점의 공정가치의 차액은 당기손익으로 인식한다.

⑦ 공정가치로 평가하게 될 자가건설 투자부동산의 건설이나 개발이 완료되면 해당일의 공정가치와 기존 장부금액의 차액은 당기손익으로 인식한다.

⑧ 투자부동산을 원가모형으로 평가하는 경우에는 투자부동산, 자가사용부동산, 재고자산 사이에 대체가 발생할 때에 대체 전 자산의 장부가액을 승계한다.

⑨ 자가사용부동산을 공정가치로 평가하는 투자부동산으로 대체하는 시점까지 그 부동산을 감가상각하고, 발생한 손상차손을 인식하여야 한다.

⑩ 투자부동산을 정상적인 영업과정에서 판매하기 위해 개발을 시작하면 재고자산으로 대체한다.

⑪ 운용리스에서 리스이용자가 보유하고 있는 부동산에 대한 권리를 투자부동산으로 분류하는 경우, 최초 인식 후에는 공정가치모형만 적용한다.

⑫ 건설이나 개발이 완료되어 건설중인 자산을 공정가치로 평가하는 투자부동산으로 대체하는 경우, 부동산의 장부금액과 대체 시점의 공정가치의 차액은 당기손익으로 인식한다.

⑬ 유형자산이나 재고자산의 투자부동산으로의 변경은 회계정책이나 추정의 변경이 아닌 계정대체로 처리한다.

(4) 투자부동산의 처분

① **투자부동산의 제거** : 투자부동산을 처분하거나, 투자부동산의 사용을 영구히 중지하고 처분으로도 더이상의 경제적 효익을 기대할 수 없는 경우에는 제거하여야 한다.

② **투자부동산의 처분손익** : 투자부동산의 폐기나 처분으로 발생하는 손익은 순처분금액과 장부금액의 차액이며, 폐기나 처분이 발생한 기간에 당기손익으로 인식한다.

예제

(주)관세는 20x1년 초 건물을 취득(취득원가 ₩1,050,000, 잔존가치 ₩50,000, 내용연수 10년, 정액법상각)하고, 이를 투자부동산으로 분류하였다. 동 건물의 공정가치를 신뢰성 있게 측정 가능하여 공정가치모형을 적용하였으며, 20x1년 말 공정가치는 ₩1,080,000이다. 20x1년에 인식할 감가상각비와 공정가치 변동에 따른 당기이익은?(단, 동 건물은 투자부동산 분류요건을 만족하고, 손상차손은 없다)

	감가상각비		당기이익	
①	감가상각비	₩0	당기이익	₩30,000
②	감가상각비	₩0	당기이익	₩130,000
③	감가상각비	₩100,000	당기이익	₩0
④	감가상각비	₩100,000	당기이익	₩30,000
⑤	감가상각비	₩100,000	당기이익	₩130,000

[해설]

공정가치모형은 최초 측정 시 원가로 기록한 후 감가상각을 하지 않고 회계연도 말에 공정가치로 평가하여 평가손익을 당기손익에 반영하는 방법으로, 공정가치 모형을 선택한 경우 최초 인식 후 모든 투자부동산은 공정가치로 측정한다. 따라서 감가상각비는 ₩0이고, 당기이익은 ₩30,000(₩1,080,000-₩1,050,000)이다.

답 ①

1. 무형자산의 취득 ★34회 기출★

(1) 무형자산의 정의 및 종류 ★29회 기출★

① 무형자산의 정의

무형자산은 물리적 형체가 없지만 식별가능하고, 기업이 통제(보유)하고 있으며, 미래경제적 효익이 발생하는 비화폐성자산을 말한다.

기업은 과학적·기술적 지식, 새로운 공정이나 시스템의 설계와 실행, 라이선스, 지적재산권, 시장에 대한 지식과 상표(브랜드명 및 출판표제 포함) 등의 무형자원을 취득, 개발, 유지하거나 개선한다. 이러한 예에는 컴퓨터소프트웨어, 특허권, 저작권, 영화필름, 고객목록, 모기지관리용역권, 어업권, 수입할당량, 프랜차이즈, 고객이나 공급자와의 관계, 고객충성도, 시장점유율과 판매권 등이 있다.

㉠ 식별가능성

영업권을 제외한 무형자산은 다음 중 하나에 해당하는 경우에 식별가능하다. 영업권은 사업결합에서 개별적으로 식별하여 별도로 인식하는 것이 불가능한 미래경제적효익을 나타내는 자산이다.

ⓐ 자산이 분리가능하다. 즉, 기업의 의도와는 무관하게 기업에서 분리하거나 분할할 수 있고, 개별적으로 또는 관련된 계약, 식별 가능한 자산이나 부채와 함께 매각, 이전, 라이선스, 임대, 교환할 수 있다.

ⓑ 자산이 계약상 권리 또는 기타 법적 권리로부터 발생한다. 이 경우 그러한 권리가 이전가능한지 여부 또는 기업이나 기타 권리와 의무에서 분리가능한지 여부는 고려하지 아니한다.

㉡ 통제

자원에서 유입되는 미래경제적효익을 확보할 수 있고 그 효익에 대한 제3자의 접근을 제한할 수 있다면 기업이 자산을 통제하고 있는 것이다. 무형자산의 미래경제적효익에 대한 통제능력은 일반적으로 법적 권리에서 나오며, 법적 권리가 없는 경우에는 통제를 제시하기 어렵다. 그러나 다른 방법으로도 미래경제적효익을 통제할 수 있기 때문에 권리의 법적 집행가능성이 통제의 필요조건은 아니다.

ⓐ 숙련된 종업원에 대한 통제 : 기업은 숙련된 종업원을 보유하여 미래경제적효익을 가져다 줄 수 있는 기술 향상을 식별할 수 있으며, 이를 계속 이용할 수 있을 것으로 기대할 수 있다. 그러나 숙련된 종업원이나 교육훈련으로부터 발생하는 미래경제적효익은 일반적으로 충분한 통제를 가지고 있지 않으므로, 무형자산으로 인식할 수 없다.

ⓑ 고객충성도에 대한 통제 : 기업은 고객구성이나 시장점유율에 근거하여 고객관계와 고객충성도를 잘 유지함으로써 고객이 계속하여 거래할 것이라고 기대할 수 있다. 그러나 일반적으로 고객관계나 고객충성도에서 창출될 미래경제적효익에 대해서는 기업이 충분한 통제를 가지고 있지 않으므로, 무형자산으로 인식할 수 없다.

ⓒ 고객관계의 교환거래 : 고객관계를 보호할 법적 권리가 없는 경우에도, 동일하거나 유사한, 비계약적 고객관계를 교환하는 거래(사업결합 과정에서 발생한 것이 아닌)는 고객관계로부터 기대되는 미래경제적효익을 통제할 수 있다는 증거를 제공한다. 그러한 교환거래는 고객관계가 분리가능하다는 증거를 제공하므로 그러한 고객관계는 무형자산의 정의를 충족한다.

ⓒ 미래경제적효익

무형자산의 미래경제적효익은 제품의 매출, 용역수익, 원가절감 또는 자산의 사용에 따른 기타 효익의 형태로 발생할 수 있다. 예를 들면, 제조과정에서 지적재산을 사용하면 미래 수익을 증가시키기보다는 미래 제조원가를 감소시킬 수 있다.

② 무형자산의 인식

무형자산으로 인식하기 위해서는 다음의 조건을 모두 충족해야 한다.

㉠ 무형자산의 정의 : 식별가능성, 통제, 미래경제적 효익

㉡ 무형자산의 인식기준

> ⓐ 자산에서 발생하는 미래경제적효익이 기업에 유입될 가능성이 높다.
> ⓑ 자산의 원가를 신뢰성 있게 측정할 수 있다.

미래경제적효익이 기업에 유입될 가능성은 최선의 추정치를 반영하는 합리적이고 객관적인 가정에 근거하여 평가하여야 한다. 미래경제적효익의 확실성에 대한 평가는 무형자산을 최초로 인식하는 시점에서 이용 가능한 증거에 근거하며, 외부 증거에 비중을 더 크게 둔다.

③ **무형자산의 종류** ★*32회 기출*★

무형자산의 종류로는 물리적 실체는 없지만 식별 가능한 비화폐성자산과 사업결합으로 인해 발생하는 영업권이 있다.

㉠ 영업권 : 영업권은 사업결합으로 인해 발생하는 무형자산으로, 우수한 경영진, 뛰어난 판매조직, 양호한 신용, 원만한 노사관계, 기업의 좋은 이미지 등 동종의 타기업에 비하여 특별히 유리한 사항들을 집합한 무형의 자원을 말한다.

㉡ 개발비 : 기업의 상업적인 목적의 개발활동과 관련하여 발생한 지출액 중 미래의 경제적 효익이 기업에 유입될 가능성이 매우 높으며, 취득원가를 신뢰성 있게 측정한 것을 말한다.

㉢ 산업재산권

ⓐ 특허권 : 특정 발명을 특허법에 의하여 등록하여 일정기간 독점적 · 배타적으로 이용할 수 있는 권리(특허권을 타인으로부터 매입한 경우에는 취득에 소요된 매입원가와 취득부대비용으로 그것을 사용할 수 있는 권리)

ⓑ 실용신안권 : 물건의 모양 · 구조 또한 결합 등 실용적인 고안을 관계 법률에 의하여 등록하여 일정기간 동안 독점적 · 배타적으로 이용할 수 있는 권리

ⓒ 의장권 : 물건의 외관상 미감을 얻기 위한 고안을 관계 법률에 의하여 등록하여 일정기간 동안 독점적 · 배타적으로 이용할 수 있는 권리

ⓓ 상표권 : 특정 상표를 관계 법률에 의하여 등록하여 일정기간 동안 독점적 · 배타적으로 이용할 수 있는 권리

㉣ 기타의 무형자산 : 라이선스, 프랜차이즈, 저작권, 컴퓨터소프트웨어, 임차권리금, 광업권, 어업권 등이 있다. 기업이 터널이나 교량을 건설하여 정부에 기부하는 대가로 취득하는 용역운영권도 무형자산의 일종이다.

(2) 무형자산의 취득원가 ★27회 기출★

무형자산의 취득원가는 무형자산을 취득하여 목적하는 활동에 사용하기까지 소요된 모든 현금지출액 또는 현금 등의 가액으로, 구입원가와 자산을 사용할 수 있도록 준비하는 데 직접 관련되는 지출로 구성된다.

> **무형자산의 취득원가 = 구입원가 + 직접 관련된 지출**

① 개별 취득하는 무형자산의 취득원가

구입가격과 자산을 의도한 목적에 사용할 수 있도록 준비하는 데 직접 관련된 원가(종업원급여, 전문가 수수료, 검사비용 등)로 구성된다. 구입가격을 측정할 때는 현금 등 지급액에서 매입할인과 리베이트는 차감하고 수입관세와 환급받을 수 없는 제세금을 가산한다.

더 알아보기 | 무형자산의 취득원가에 포함되지 않는 지출의 예

- 새로운 제품이나 용역의 홍보원가(광고와 판매촉진 활동원가 포함)
- 새로운 지역에서 또는 새로운 계층의 고객을 대상으로 사업을 수행하는 데 발생하는 원가
- 관리원가와 기타 일반경비원가
- 경영자가 의도하는 방식으로 운용될 수 있으나 사용이 시작되지 않은 기간에 발생한 원가
- 자산의 산출물에 대한 수요가 확립되기 전까지 발생하는 손실과 같은 초기 영업손실
- 무형자산 개발과 관련된 활동 중 반드시 필요하지 않은 부수적인 활동과 관련된 수입과 지출
- 무형자산을 사용하거나 재배치하는 데 발생하는 지출

② 사업결합에 의한 취득

사업결합으로 취득하는 무형자산의 원가는 사업결합일의 공정가액으로 한다. 사업결합과정에서 인정되어 대가를 지급한 무형자산의 공정가액은 인식기준(미래경제적 효익 및 신뢰성 있는 측정)을 항상 충족하는 것으로 본다. 또한 사업결합 전에 그 자산을 피취득자가 인식하였는지 여부에 관계없이, 피취득자가 진행하고 있는 연구 · 개발 프로젝트가 무형자산의 정의를 충족한다면 영업권과 분리하여 별도의 자산으로 인식해야 한다.

③ 정부보조에 의한 취득

무형자산을 정부보조로 무상 또는 공정가치보다 낮은 대가로 취득할 수 있다. 자산관련정부보조금(공정가치로 측정되는 비화폐성 보조금 포함)은 재무상태표에 이연수익으로 표시하거나 자산의 장부금액을 결정할 때 차감하여 표시한다.

④ 교환에 의한 취득

교환에 의한 취득의 경우 무형자산의 원가는 제공받은 자산의 공정가치로 측정하며, 다음 중 하나에 해당하는 경우 제공한 자산의 장부금액으로 측정한다.

> ㉠ 교환거래에 상업적 실질이 결여된 경우
> ㉡ 취득한 자산과 제공한 자산의 공정가치를 둘 다 신뢰성 있게 측정할 수 없는 경우

⑤ 내부적으로 창출된 무형자산(영업권 제외) ★32회 기출★

내부적으로 창출된 무형자산이 인식기준을 충족하는지를 평가하기 위하여 무형자산의 창출과정을 연구단계와 개발단계로 구분한다.

㉠ 연구단계에서 창출된 무형자산

    ⓐ 연구(또는 내부 프로젝트의 연구단계)에 대한 지출은 무형자산으로 인식하지 않고 발생시점에 비용으로 인식한다.

    ⓑ 연구활동의 예

> • 새로운 지식을 얻고자 하는 활동
> • 연구결과나 기타 지식을 탐색, 평가, 최종 선택, 응용하는 활동
> • 재료, 장치, 제품, 공정, 시스템이나 용역에 대한 여러 가지 대체안을 탐색하는 활동
> • 새롭거나 개선된 재료, 장치, 제품, 공정, 시스템이나 용역에 대한 여러 가지 대체안을 제안, 설계, 평가, 최종 선택하는 활동

㉡ 개발단계에서 창출된 무형자산

    ⓐ 개발단계는 연구단계보다 훨씬 더 진전되어 있는 상태이기 때문에 어떤 경우에는 내부프로젝트의 개발단계에서는 무형자산을 식별할 수 있으며, 그 무형자산이 미래경제적효익을 창출할 것임을 제시할 수 있다. 따라서 무형자산을 사용하거나 판매하기 위한 다음의 요건을 사업계획 등을 통하여 모두 제시할 수 있는 경우에만 개발활동(또는 내부 프로젝트의 개발단계)에서 발생한 무형자산을 인식한다. 그 외에는 연구비와 동일하게 비용으로 인식한다.

> • 무형자산을 완성할 수 있는 기술적 실현가능성
> • 무형자산을 사용하거나 판매하려는 기업의 의도
> • 무형자산을 사용하거나 판매할 수 있는 기업의 능력
> • 무형자산이 미래경제적효익을 창출하는 방법. 무형자산의 산출물이나 무형자산 자체를 거래하는 시장이 존재함을 제시할 수 있거나 또는 무형자산을 내부적으로 사용할 것이라면 그 유용성을 제시할 수 있다.
> • 무형자산의 개발을 완료하고 그것을 판매하거나 사용하는 데 필요한 기술적, 재정적 자원 등의 입수가능성
> • 개발과정에서 발생한 무형자산 관련 지출을 신뢰성 있게 측정할 수 있는 기업의 능력

    ⓑ 개발활동의 예

> • 생산이나 사용 전의 시제품과 모형을 설계, 제작, 시험하는 활동
> • 새로운 기술과 관련된 공구, 지그, 주형, 금형 등을 설계하는 활동
> • 상업적 생산 목적으로 실현가능한 경제적 규모가 아닌 시험공장을 설계, 건설, 가동하는 활동
> • 신규 또는 개선된 재료, 장치, 제품, 공정, 시스템이나 용역에 대하여 최종적으로 선정된 안을 설계, 제작, 시험하는 활동

▷ 무형자산을 창출하기 위한 내부 프로젝트를 연구단계와 개발단계로 구분할 수 없는 경우에는 그 프로젝트에서 발생한 지출은 모두 연구단계에서 발생한 것으로 본다.

ⓒ 기타 무형자산으로 인식할 수 없는 항목

ⓐ 내부적으로 창출된 영업권 : 내부적으로 창출한 영업권은 자산으로 인식하지 아니한다. 내부적으로 창출한 영업권은 원가를 신뢰성 있게 측정할 수 없고 기업이 통제하고 있는 식별가능한 자원이 아니다(즉, 분리가능하지 않고 계약상 또는 기타 법적 권리로부터 발생하지 않기 때문에).

ⓑ 내부적으로 창출한 브랜드, 제호, 출판표제, 고객 목록과 이와 실질이 유사한 항목은 무형자산으로 인식하지 아니한다. 이는 사업을 전체적으로 개발하는 데 발생한 원가와 구별할 수 없기 때문이다.

ⓒ 사업개시에 따른 지출은 무형자산으로 인식하지 않는다. 사업개시원가는 법적 실체를 설립하는 데 발생한 법적비용과 사무비용과 같은 설립원가, 새로운 시설이나 사업을 개시하기 위하여 발생한 지출(개업원가), 또는 새로운 영업을 시작하거나 새로운 제품이나 공정을 시작하기 위하여 발생하는 지출(신규영업준비원가)로 구성된다.

ⓓ 교육 훈련을 위한 지출, 광고 및 판매촉진 활동을 위한 지출(우편 주문 카탈로그 포함), 기업의 전부나 일부의 이전 또는 조직 개편에 관련된 지출은 무형자산으로 인식할 수 없다.

ⓔ 특정 소프트웨어가 없으면 기계장치의 가동이 불가능한 경우 그 소프트웨어는 기계장치의 일부로 회계처리한다.

예제

(주)하나는 전기차 개발을 위해 ₩5,000,000을 투입한 개발 프로젝트를 완료하였다. 이 중 2020년 6월 30일 무형자산의 인식요건을 충족하는 ₩4,000,000을 개발비로 계상하고, 5년간 정액법에 의해 상각하기로 하였다. 그리고 이를 기반으로 그 다음연도인 2021년 7월 1일에 특허를 취득하였다. 특허출원에 직접 소요된 비용은 ₩500,000이었으며, (주)하나는 이 특허권을 10년에 걸쳐 정액법으로 상각하기로 하였다.

[물음1] 2020년 12월 31일 결산시점에서 개발비 관련 회계처리를 하시오.

해설

(차) 개발비상각비 400,000(주1)　　(대) 개발비 400,000
(주1) 개발비상각비 = ₩4,000,000 ÷ 5년 × 6/12 = ₩400,000

[물음2] 2021년 12월 31일 결산시점에서 특허권 관련 회계처리를 하시오.

해설

(차) 특허권 500,000　　　　　　(대) 현금 (또는 미지급비용) 500,000
　　특허권상각비 25,000(주2)　　　특허권 25,000
(주2) 특허권상각비 = ₩500,000 ÷ 10년 × 6/12 = ₩25,000

2. 무형자산의 보유

(1) 무형자산의 인식 후 측정

무형자산의 회계정책으로 원가모형이나 재평가모형을 선택할 수 있다.

① 원가모형

최초 인식 후에 무형자산은 취득원가에서 상각누계액과 손상차손누계액을 차감한 금액을 장부금액으로 한다.

② 재평가모형

무형자산을 재평가일의 공정가액에서 이후의 상각누계액을 차감한 재평가금액을 장부금액으로 기록하는 것을 말한다. 무형자산의 재평가는 유형자산과 동일하다.

(2) 무형자산의 상각 및 손상회계 ★33회 기출★

① 내용연수

무형자산은 내용연수에 따라 다음과 같이 회계처리된다. 그 자산이 순현금유입을 창출할 것으로 기대되는 기간에 대하여 예측 가능한 제한이 없을 경우, 무형자산의 내용연수가 비한정인 것으로 본다.

㉠ 내용연수가 유한한 경우 상각을 수행한다.

㉡ 내용연수가 비한정인 경우 상각하지 않으며, 매년 또는 무형자산의 손상을 시사하는 징후가 있을 때 손상검사를 수행하여야 한다.

㉢ 내용연수가 비한정인 무형자산의 내용연수를 유한으로 변경하는 것은 회계추정의 변경으로 회계처리한다.

② 무형자산의 상각

㉠ 무형자산의 상각은 공정가액 또는 회수가능가액이 증가하더라도 취득원가에 기초하여 상각하고, 무형자산은 당해 자산의 법률적 취득시점이 아닌 자산이 사용가능한 때부터 상각한다.

㉡ 무형자산의 상각대상금액을 내용연수 동안 체계적으로 배분하기 위해 정액법, 체감잔액법과 생산량비례법 등 다양한 방법을 사용할 수 있다. 상각방법은 자산이 갖는 예상 미래경제적효익의 예상되는 소비형태에 기초하여 선택하고, 미래경제적효익의 예상되는 소비형태가 달라지지 않는다면 매 회계기간에 일관성 있게 적용한다. 다만, 그 형태를 신뢰성 있게 결정할 수 없는 경우에는 정액법을 사용한다.

㉢ 무형자산의 상각이 다른 자산의 제조와 관련된 경우에는 관련 자산의 제조원가로, 그 밖의 경우에는 판매비와 관리비로 계상한다.

㉣ 내용연수가 유한한 무형자산의 상각의 상각기간과 상각방법은 적어도 매 회계연도 말에 검토한다.

㉤ 무형자산의 잔존가치는 제3자의 구입약정 등이 있는 경우를 제외하고 '영(0)'이다.

㉥ 내용연수가 유한한 무형자산은 그 자산을 더 이상 사용하지 않을 때도 상각을 중지하지 아니한다. 다만, 완전히 상각하거나 매각예정으로 분류되는(또는 매각예정으로 분류되는 처분자산집단에 포함되는) 경우에는 상각을 중지한다.

③ 무형자산의 손상회계

    ㉠ 무형자산에 대한 유의적인 손상 징후가 발견되었다면 손상차손을 인식한다.

    ㉡ 아직 사용하지 않은 무형자산이나 사업결합으로 취득한 영업권도 손상검사 대상이다.

    ㉢ 비한정 내용연수를 유한 내용연수로 재평가하는 것은 그 자산의 손상을 시사하는 하나의 경우가 되므로 그 자산에 대한 손상검사를 하여야 한다.

    ㉣ 재평가한 무형자산에 대하여 더 이상 활성시장이 존재하지 않는다는 것은 손상검사를 할 필요가 있다는 것을 나타내는 것일 수 있다.

    ㉤ 무형자산의 손상 및 손상회복의 회계처리는 유형자산의 회계처리와 동일하다.

    ㉥ 영업권에 인식한 손상차손은 후속 기간에 환입하지 아니한다.

(3) 무형자산의 회계처리 유의사항

① 개별 취득하는 무형자산과 사업결합으로 취득하는 무형자산은 인식 조건 중 미래경제적 효익의 유입 가능성은 항상 충족되는 것으로 본다.

② 무형자산의 잔존가치는 해당 자산의 장부금액과 같거나 큰 금액으로 증가할 수도 있는데, 이 경우에는 자산의 잔존가치가 이후에 장부금액보다 작은 금액으로 감소될 때까지는 무형자산의 상각액은 영(0)이 된다.

③ 시장에 대한 지식에서 미래경제적 효익이 발생하고 이것이 법적 권리에 의해서 보호된다면 그러한 지식은 무형자산으로 인식할 수 있다.

④ 계약상 또는 기타 법적 권리가 갱신 가능한 한정된 기간 동안 부여된다면, 유의적인 원가 없이 기업에 의해 갱신될 것이 명백한 경우에만 그 갱신기간을 무형자산의 내용연수에 포함한다.

⑤ 최초에 비용으로 인식한 무형항목에 대한 지출은 그 이후에 무형자산의 원가로 인식할 수 없다.

    주의 최초에 비용으로 인식한 무형항목에 대한 지출은 회계정책변경으로도 무형자산의 원가로 인식할 수 없다.

⑥ 재평가한 무형자산과 같은 분류 내의 무형자산을 그 자산에 대한 활성시장이 없어서 재평가할 수 없는 경우에는 원가에서 상각누계액과 손상차손누계액을 차감한 금액으로 표시한다.

⑦ 무형자산 원가의 인식은 그 자산을 경영자가 의도하는 방식으로 운용될 수 있는 상태에 이르면 중지한다. 따라서 무형자산을 사용하거나 재배치하는 데 발생하는 원가는 자산의 장부금액에 포함하지 않는다.

3. 무형자산의 폐기와 처분

무형자산을 처분하거나 사용이나 처분으로부터 미래경제적효익이 기대되지 않는 경우(폐기)에 재무상태표에서 제거한다. 무형자산의 제거로 인하여 발생하는 이익이나 손실은 판매 후 리스거래인 경우를 제외하고 자산을 제거할 때 당기손익으로 인식한다.

무형자산은 여러 방법(예 매각, 금융리스의 체결, 기부)으로 처분할 수 있다. 무형자산의 처분일은 수령자가 해당 자산을 통제하게 되는 날이다.

4. 사업결합과 영업권

(1) 사업결합의 일반사항

① 사업결합이란 취득자가 하나 이상의 사업에 대한 지배력을 획득하는 거래나 그 밖의 사건을 말한다. 이러한 사업결합에는 대등한 두 회사의 합병도 포함된다.

② 사업결합의 취득일은 취득자가 피취득자에 대한 지배력을 획득한 날이다.

③ 취득일 현재, 취득자는 영업권과 분리하여 식별 가능한 취득 자산, 인수 부채 및 피취득자에 대한 비지배지분을 인식한다.

(2) 사업결합의 회계처리 ★29회 기출★

① 사업결합은 취득법을 적용하여 회계처리한다. 취득법은 취득하는 자산과 인수하는 부채를 공정가치로 인식하는 방법이다.

② 이전대가는 사업결합 시 피취득자에게 지급하는 현금 등으로 이는 공정가치로 측정한다. 그 공정가치는 취득자가 이전하는 자산, 취득자가 피취득자의 이전 소유주에 대하여 부담하는 부채 및 취득자가 발행한 지분의 취득일의 공정가치 합계로 산정한다.

③ 취득자는 사업결합에서 취득한 식별 가능한 무형자산을 영업권과 분리하여 인식한다. 무형자산은 분리가능성 기준이나 계약적, 법적기준을 충족하는 경우에 식별가능하다.

④ 피취득자로부터 취득한 순공정가치를 초과하여 이전대가를 지급한 경우에는 그 차익을 영업권으로 계상하며, 순공정가치보다 미달하여 지급한 경우에는 그 차액을 염가매수차익으로 계상한다.

[영업권 인식]					
(차)	자산	100	(대)	부채	40
	영업권	20		이전대가	80

[염가매수차익]					
(차)	자산	100	(대)	부채	40
				이전대가	50
				염가매수차익	10

⑤ 영업권은 비한정내용연수를 가진 무형자산으로, 염가매수차익은 당기손익으로 인식한다.

제2장 | 확인학습문제

01 (주)감평은 20x1년 12월 31일 주거래은행으로부터 당좌예금잔액증명서상 잔액이 ₩7,810,000이라는 통지를 받았으나, 회사의 12월 31일 현재 총계정원장상 당좌예금 잔액과 불일치하였다. (주)감평이 이러한 불일치의 원인을 조사한 결과 다음과 같은 사항을 발견하였다. 이들 자료를 활용하여 (주)감평의 수정 전 당좌예금계정 잔액(A)과 수정 후 재무상태표에 당좌예금으로 계상할 금액(B)은? ★30회 기출★

☑확인
Check!
○
△
×

- (주)감평이 발행하고 인출 기록한 수표 ₩2,100,000이 은행에서 아직 지급되지 않았다.
- 매출거래처로부터 받아 예금한 수표 ₩1,500,000이 부도 처리되었으나, (주)감평의 장부에 기록되지 않았다.
- 주거래은행에 추심의뢰한 받을어음 ₩500,000이 (주)감평의 당좌예금 계좌로 입금 처리되었으나, 통보받지 못하였다.
- 지난 달 주거래은행에 현금 ₩190,000을 당좌예입하면서 회계직원의 실수로 장부상 ₩910,000으로 잘못 기장된 것이 확인되었다.

① A : ₩5,990,000　　　　　B : ₩5,210,000
② A : ₩5,990,000　　　　　B : ₩5,710,000
③ A : ₩7,430,000　　　　　B : ₩5,710,000
④ A : ₩7,430,000　　　　　B : ₩6,430,000
⑤ A : ₩9,530,000　　　　　B : ₩7,310,000

해설

난도 ★★

※ 정확한 현금관리를 위해 은행계정조정표를 만들 수 있어야 한다.

㉠ 은행계정조정표

내용	수정 전 회사잔액 ?	수정 전 은행잔액 ₩7,810,000
기발행미인출		(2,100,000)
부도수표	(1,500,000)	
미통지입금	500,000	
입금오류	(720,000)	
	수정 후 회사잔액 ₩5,710,000	수정 후 은행잔액 ₩5,710,000

㉡ 수정 전 회사잔액

₩5,710,000+720,000+(500,000)+1,500,000=₩7,430,000

답 ③

02 (주)감평은 20x1년 4월 1일에 거래처에 상품을 판매하고 그 대가로 이자부약속어음(3개월 만기, 표시이자율 연 5%, 액면금액 ₩300,000)을 수취하였다. 동 어음을 1개월 보유하다가 주거래은행에서 연 8% 이자율로 할인할 경우, 어음할인액과 금융자산처분손실은?(단, 어음할인은 금융자산 제거요건을 충족함)

★28회 기출★

	할인액	처분손실
①	₩4,000	₩1,550
②	₩4,000	₩2,500
③	₩4,000	₩4,000
④	₩4,050	₩1,550
⑤	₩4,050	₩2,500

해설
난도 ★★
㉠ 어음의 만기금액 = ₩300,000 + (₩300,000×0.05×3 / 12) = ₩303,750
㉡ 어음의 할인액 = 303,750×0.08×2 / 12 = ₩4,050
㉢ 현금수령액 = ₩303,750 − 4,050 = ₩299,700
㉣ 금융자산처분손실 = 현금수령액 − 할인시점의 장부가치
  = ₩299,700 − (₩300,000 + (₩300,000×0.05×1 / 12)) = (₩1,550)

답 ④

03 (주)감평은 20x1년 1월 1일 (주)한국이 동 일자에 발행한 액면금액 ₩1,000,000, 표시이자율 연 10%(이자는 매년 말 지급)의 3년 만기의 사채를 ₩951,963에 취득하였다. 동 사채의 취득 시 유효이자율은 연 12%이었으며, (주)감평은 동 사채를 상각후원가로 측정하는 금융자산으로 분류하였다. 동사채의 20x1년 12월 31일 공정가치는 ₩975,123이었으며, (주)감평은 20x2년 7월 31일에 경과이자를 포함하여 ₩980,000에 전부 처분하였다. 동 사채 관련 회계처리가 (주)감평의 20x2년도 당기순이익에 미치는 영향은?(단, 단수차이로 인한 오차가 있으면 가장 근사치를 선택한다)

★29회 기출★

① ₩13,801 증가
② ₩14,842 감소
③ ₩4,877 증가
④ ₩34,508 감소
⑤ ₩48,310 증가

해설
난도 ★★
㉠ 20x1년말 장부금액 = ₩951,963×1.12 − 100,000 = ₩966,199
㉡ 20x2년 7월 31일까지의 이자수익 = ₩966,199×0.12×(7 / 12) = ₩67,634

ⓒ 금융자산처분손익=현금수령액－(장부금액＋이자수익)

    =₩980,000－(₩966,199＋67,634)=(₩53,833)

ⓔ 당기순이익에 주는 영향=이자수익＋금융자산처분손실

    =₩67,634＋(₩53,833)=₩13,801 증가

답 ①

04

20x1년 1월 1일 (주)감평은 (주)한국이 동 일자에 발행한 사채(액면금액 ₩1,000,000, 액면이자율 연 4%, 이자는 매년 말 지급)를 ₩896,884에 취득하였다. 취득 당시 유효이자율은 연 8%이다. 20x1년 말 동 사채의 이자수취 후 공정가치는 ₩925,000이며, 20x2년 초 ₩940,000에 처분하였다. (주)감평의 동 사채관련 회계처리에 관한 설명으로 옳지 <u>않은</u> 것은?(단, 계산금액은 소수점 첫째 자리에서 반올림하며, 단수차이로 인한 오차가 있으면 가장 근사치를 선택한다)

★31회 기출★

① 당기손익－공정가치(FVPL) 측정 금융자산으로 분류하였을 경우, 20x1년 당기순이익은 ₩68,116 증가한다.

② 상각후원가(AC) 측정 금융자산으로 분류하였을 경우, 20x1년 당기순이익은 ₩71,751 증가한다.

③ 기타포괄손익－공정가치(FVOCI) 측정 금융자산으로 분류하였을 경우, 20x1년 당기순이익은 ₩71,751 증가한다.

④ 상각후원가(AC) 측정 금융자산으로 분류하였을 경우, 20x2년 당기순이익은 ₩11,365 증가한다.

⑤ 기타포괄손익－공정가치(FVOCI) 측정 금융자산으로 분류하였을 경우, 20x2년 당기순이익은 ₩15,000 증가한다.

해설

난도 ★★★

㉠ 사채(FVOCI) 회계처리

일자	차변		대변	
20x1년 1월 1일	기타포괄금융자산	₩896,884	현금	₩896,884
20x1년 12월 31일	현금	40,000	이자수익	71,750
	기타포괄금융자산	31,750		
	기타포괄평가손실	3,634	기타포괄금융자산	3,634
20x2년 초	기타포괄금융자산	15,000	기타포괄평가손실	3,634
			처분이익	11,366
	현금	940,000	기타포괄금융자산	940,000

ⓒ 20x2년 초 당기순이익영향=₩11,366 증가

답 ⑤

05 관계기업과 공동기업에 투자 및 지분법 회계처리에 대한 설명으로서 옳지 <u>않은</u> 것은?

① 관계기업이란 투자자가 유의적인 영향력을 보유하고 있는 기업을 말하며 여기에서 유의적인 영향력은 투자자가 피투자자의 재무정책과 영업정책에 관한 의사결정에 참여할 수 있는 능력을 의미한다.

② 기업이 피투자자에 대한 의결권의 20% 이상을 소유하고 있다면 명백한 반증이 없는 한 유의적인 영향력을 보유하는 것으로 판단한다. 이때 의결권은 투자자가 직접 보유하는 지분과 투자자의 다른 관계기업이 소유하고 있는 지분을 합산하여 판단한다.

③ 투자자와 관계기업 사이의 상향거래나 하향거래에서 발생한 손익에 대하여 투자자는 그 관계기업에 대한 지분과 무관한 손익까지만 재무제표에 인식한다.

④ 관계기업 투자가 공동기업 투자로 되거나 공동기업 투자가 관계기업 투자로 되는 경우 투자자는 지분법을 계속 적용하며 잔여 보유 지분을 재측정하지 않는다.

⑤ 관계기업에 대한 투자 장부금액의 일부를 구성하는 영업권은 분리하여 인식하지 않으므로 영업권에 대한 별도의 손상검사를 하지 않는다.

해설

난도 ★★★

기업이 피투자자에 대한 의결권의 20% 이상을 소유하고 있다면 명백한 반증이 없는 한 유의적인 영향력을 보유하는 것으로 판단한다. 이때 의결권은 투자자가 직접 보유하는 지분과 투자자의 다른 종속기업이 소유하고 있는 지분을 합산하여 판단한다. 즉, 투자자의 관계기업이 보유한 지분은 합산대상이 아니다.

답 ②

---

06 재고자산의 회계처리에 관한 설명으로 옳지 <u>않은</u> 것은?

① 자가건설한 유형자산의 구성요소로 사용되는 재고자산처럼 재고자산의 원가를 다른 자산계정에 배분하는 경우에는 다른 자산에 배분된 재고자산 원가는 해당 자산의 내용연수 동안 비용으로 인식한다.

② 재고자산을 순실현가능가치로 감액한 평가손실과 모든 감모손실은 감액이나 감모가 발생한 기간에 비용으로 인식한다. 순실현가능가치의 상승으로 인한 재고자산 평가손실의 환입은 환입이 발생한 기간의 비용으로 인식된 재고자산 금액의 차감액으로 인식한다.

③ 생물자산에서 수확한 농림어업수확물로 구성된 재고자산은 순공정가치로 측정하여 수확시점에 최초로 인식한다.

④ 순실현가능가치를 추정할 때에는 재고자산으로부터 실현가능한 금액에 대하여 추정일 현재사용가능한 가장 신뢰성 있는 증거에 기초하여야 한다. 또한 보고기간 후 사건이 보고기간말 존재하는 상황에 대하여 확인하여 주는 경우에는 그 사건과 직접 관련된 가격이나 원가의 변동을 고려하여 추정하여야 한다.

⑤ 완성될 제품이 원가 이상으로 판매될 것으로 예상하는 경우에는 그 생산에 투입하기 위해 보유하는 원재료 및 기타 소모품을 감액하지 아니한다. 따라서 원재료 가격이 하락하여 제품의 원가가 순실현가능가치를 초과할 것으로 예상되더라도 해당 원재료를 순실현가능가치로 감액하지 않는다.

07 다음은 (주)감평의 20x1년도 재고자산 거래와 관련된 자료이다.

☑확인
Check!
○
△
✕

일자	적요	수량	단가
1월 1일	기초재고	100개	₩90
3월 9일	매입	200개	150
5월 16일	매출	150개	
8월 20일	매입	50개	200
10월 25일	매입	50개	220
11월 28일	매출	200개	

다음 설명 중 옳지 않은 것은?

★29회 기출★

① 실지재고조사법을 적용하여 선입선출법을 사용할 경우 기말재고자산 금액은 ₩11,000이다.
② 실지재고조사법을 적용하여 가중평균법을 사용할 경우 매출원가는 ₩52,500이다.
③ 선입선출법을 사용할 경우보다 가중평균법을 사용할 때 당기순이익이 더 작다.
④ 가중평균법을 사용할 경우, 실지재고조사법을 적용하였을 때보다 계속기록법을 적용하였을 때 당기순이익이 더 크다.
⑤ 선입선출법을 사용할 경우, 계속기록법을 적용하였을 때보다 실지재고조사법을 적용하였을 때 매출원가가 더 크다.

08 20x1년 말 현재 (주)감평의 외부감사 전 재무상태표 상 재고자산은 ₩1,000,000이다. (주)감평은 실지재고조사법을 사용하여 창고에 있는 상품만을 기말재고로 보고하였다. 회계감사 중 공인회계사는 (주)감평의 기말 재고자산과 관련하여 다음 사항을 알게 되었다.

• 20x1년 12월 27일 FOB 선적지 조건으로 (주)한국에게 판매한 상품(원가 ₩300,000)이 20x1년 말 현재 운송 중에 있다.
• 수탁자에게 20x1년 중에 적송한 상품(원가 ₩100,000) 중 40%가 20x1년 말 현재 판매완료되었다.
• 고객에게 20x1년 중에 인도한 시송품의 원가는 ₩200,000이며, 이 중 20x1년 말까지 매입의사표시를 해 온 금액이 ₩130,000이다.
• 20x1년 12월 29일 FOB 도착지 조건으로 (주)민국으로부터 매입한 상품(원가 ₩200,000)이 20x1년 말 현재 운송 중에 있다.

위의 내용을 반영하여 작성된 20x1년 말 재무상태표 상 재고자산은?

★29회 기출★

① ₩1,010,000
② ₩1,110,000
③ ₩1,130,000
④ ₩1,330,000
⑤ ₩1,430,000

해설
난도 ★★
올바른 기말잔고=₩1,000,000(현재 기말재고)+₩60,000(수탁자 미판매분)+₩70,000(시송품 미판매분)=₩1,130,000

답 ③

09 (주)감평은 상품에 관한 단위원가 결정방법으로 선입선출법을 이용하고 있으며 20x1년도 상품 관련 자료는 다음과 같다. 20x1년 말 재고실사결과 3개였으며 감모는 모두 정상적이다. 기말 현재 상품의 단위당 순실현가능가치가 ₩100일 때 (주)감평의 20x1년도 매출총이익은?(단, 정상적인 재고자산감모손실과 재고자산평가손실은 모두 매출원가에 포함한다) ★27회 기출★

☑확인
Check!
○
△
×

항목	수량	단위당취득원가	단위당판매가격	금액
기초재고(1월 1일)	20개	₩120	–	₩2,400
매입(4월 8일)	30개	180	–	5,400
매출(5월 3일)	46개	–	₩300	13,800

① ₩6,300
② ₩6,780
③ ₩7,020
④ ₩7,260
⑤ ₩7,500

해설

난도 ★★

㉠ 기말재고 금액＝4개×₩180＝₩720

㉡ 재고자산평가손실＝(₩180－100)×3개＝₩240

㉢ 재고자산감모손실＝(4개－3)×₩180＝₩180

㉣ 기말 재고자산금액＝₩720－240－180＝₩300

㉤ 매출총이익＝매출액－매출원가＝₩13,800－(₩7,800－300)＝₩6,300

답 ①

10 (주)감평의 20x1년 초 상품재고는 ₩30,000이며, 당기매출액과 당기상품매입액은 각각 ₩100,000과 ₩84,000이다. (주)감평의 원가에 대한 이익률이 25%인 경우, 20x1년 재고자산회전율은?(단, 재고자산 회전율 계산 시 평균상품재고와 매출원가를 사용한다) ★28회 기출★

☑확인
Check!
○
△
×

① 0.4회
② 1.5회
③ 2.0회
④ 2.5회
⑤ 3.0회

해설

난도 ★

④ 우선 매출원가와 평균재고자산을 구한다.

㉠ 매출원가＝₩100,000 / 1.25 ＝₩80,000

㉡ 평균재고자산

　　• 기말재고자산＝₩30,000＋84,000－80,000＝₩34,000

　　• 평균재고자산 ＝(₩30,000＋34,000) / 2＝₩32,000

㉢ 재고자산회전율＝매출원가 / 평균재고자산＝80,000 / 32,000＝2.5회

답 ④

11 (주)감평은 재고자산 평가방법으로 소매재고법을 적용하고 있다. 20x1년도 재고자산 관련 자료가 다음과
같은 경우, 평균원가법에 의한 20x1년 말 재고자산은?

★30회 기출★

항목	원가	판매가
기초재고액	₩143,000	₩169,000
당기매입액	1,138,800	1,586,000
매가인상액		390,000
인상취소액		150,000
매가인하액		110,000
당기매출액		1,430,000

① ₩211,000

② ₩237,000

③ ₩309,400

④ ₩455,000

⑤ ₩485,400

해설

난도 ★★

③ 평균법과 선입선출법이 있으며 저가주의 적용 시 순인하액을 고려하지 않는다.

㉠ 기말재고 매가

₩169,000+1,586,000+390,000−150,000−110,000−1,430,000=₩455,000

㉡ 원가율

(₩143,000 +1,138,800) / (₩169,000+1,586,000+390,000−150,000−110,000)=0.68(68%)

㉢ 기말재고 원가

₩455,000×0.68=₩309,400

답 ③

12 (주)감평은 본사 사옥을 신축하기 위하여 토지를 취득하였는데 이 토지에는 철거예정인 창고가 있었다. 다음 자료를 고려할 때, 토지의 취득원가는? ★29회 기출★

• 토지 구입대금	₩1,000,000
• 사옥 신축 개시 이전까지 토지 임대를 통한 수익	25,000
• 토지 취득세 및 등기수수료	70,000
• 창고 철거비	10,000
• 창고 철거 시 발생한 폐자재 처분 수입	5,000
• 본사 사옥 설계비	30,000
• 본사 사옥 공사대금	800,000

① ₩1,050,000

② ₩1,075,000

③ ₩1,080,000

④ ₩1,100,000

⑤ ₩1,105,000

해설
난도 ★★

㉠ 토지의 취득원가

　= ₩1,000,000 + 70,000 + 10,000 - 5,000 = ₩1,075,000

㉡ 이전의 토지임대수익과 본사사옥과 관련된 내용은 토지의 취득원가와 무관하다.

답 ②

13 (주)감평은 재화의 생산을 위하여 기계장치를 취득하였으며, 관련 자료는 다음과 같다. 동 기계장치의 취득원가는? ★27회 기출★

• 구입가격(매입할인 미반영)	₩1,000,000
• 매입할인	15,000
• 설치장소 준비원가	25,000
• 정상작동여부 시험과정에서 발생한 원가	10,000
• 정상작동여부 시험과정에서 생산된 시제품 순매각금액	5,000
• 신제품을 소개하는데 소요되는 원가	3,000
• 신제품 영업을 위한 직원 교육훈련비	2,000
• 기계 구입과 직접적으로 관련되어 발생한 종업원 급여	2,000

① ₩1,015,000　　　　　　　　② ₩1,017,000

③ ₩1,020,000　　　　　　　　④ ₩1,022,000

⑤ ₩1,027,000

해설

난도 ★★

㉠ 건물취득원가
= ₩1,000,000 − 15,000 + 25,000 + 10,000 − 5,000 + 2,000 = ₩1,017,000

㉡ 신제품과 관련한 원가 및 비용은 건물의 취득원가와 무관하다.

답 ②

---

14 유형자산의 교환거래시 취득원가에 관한 설명으로 옳지 않은 것은?

★28회 기출★

① 교환거래의 상업적 실질이 결여된 경우에는 제공한 자산의 장부금액을 취득원가로 인식한다.

② 취득한 자산과 제공한 자산의 공정가치를 모두 신뢰성 있게 측정할 수 없는 경우에는 취득한 자산의 장부금액을 취득원가로 인식한다.

③ 유형자산을 다른 비화폐성자산과 교환하여 취득하는 경우 제공한 자산의 공정가치를 신뢰성 있게 측정할 수 있다면 취득한 자산의 공정가치가 더 명백한 경우를 제외하고는 취득원가는 제공한 자산의 공정가치로 측정한다.

④ 취득한 자산의 공정가치가 제공한 자산의 공정가치보다 더 명백하다면 취득한 자산의 공정가치를 취득원가로 한다.

⑤ 제공한 자산의 공정가치를 취득원가로 인식하는 경우 현금을 수령하였다면 이를 취득원가에서 차감하고, 현금을 지급하였다면 취득원가에 가산한다.

해설

난도 ★★

취득한 자산과 제공한 자산의 공정가치를 모두 신뢰성 있게 측정할 수 없는 경우에는 제공한 자산의 장부금액을 취득원가로 인식한다.

답 ②

15 (주)감평은 20x8년 3월 1일 사용 중이던 기계장치를 (주)대한의 신형 기계장치와 교환하면서 ₩4,000의 현금을 추가로 지급하였다. (주)감평이 사용하던 기계장치는 20x5년에 ₩41,000에 취득한 것으로 교환 당시 감가상각누계액은 ₩23,000이고 공정가치는 ₩21,000이다. 한편, 교환시점 (주)대한의 신형 기계장치의 공정가치는 ₩26,000이다. 동 교환거래가 상업적 실질이 있으며 (주)감평의 사용중이던 기계장치의 공정가치가 더 명백한 경우 (주)감평이 교환거래로 인해 인식할 처분손익은?　　★29회 기출★

① 이익 ₩3,000

② 이익 ₩4,000

③ 손실 ₩3,000

④ 손실 ₩4,000

⑤ 이익 ₩1,000

해설

난도 ★★

㉠ 자산의 교환

구분		취득원가
상업적 실질 있음	제공한 자산의 FV가 명확	제공자산FV+현금지급-현금수령
	취득한 자산의 FV가 명확	취득자산FV
상업적 실질 없음		제공자산BV+현금지급-현금수령
취득자산/제공자산의 FV를 측정할 수 없는 경우		제공자산BV+현금지급-현금수령

㉡ 회계처리

차변		대변	
신기계장치	₩25,000	구기계장치	₩18,000
		현금	₩4,000
		유형자산처분이익	₩3,000

답 ①

16 (주)감평은 20x1년 1월 1일에 공장건물을 신축하여 20x2년 9월 30일에 완공하였다. 공장건물 신축 관련 자료가 다음과 같을 때, (주)감평이 20x1년도에 자본화할 차입원가는? ★28회 기출★

(1) 공사비 지출

일자	금액
20×1. 1. 1.	₩600,000
20×1. 7. 1.	500,000
20×2. 3. 1.	500,000

(2) 차입금 현황

종류	차입금액	차입기간	연이자율
특정차입금	₩300,000	20×1. 4. 1.−20×1. 12. 31.	3%
일반차입금A	500,000	20×1. 7. 1.−20×2. 12. 31.	4%
일반차입금B	1,000,000	20×1. 10. 1.−20×3. 12. 31.	5%

① ₩29,250
② ₩31,500
③ ₩34,875
④ ₩37,125
⑤ ₩40,125

해설
난도 ★★★
㉠ 연평균 지출액＝₩600,000＋₩500,000×(6 / 12)＝₩850,000
㉡ 특정차입금 이자비용＝₩300,000×0.03×(9 / 12)＝₩6,750
㉢ 자본화이자율＝₩22,500 / (₩250,000＋250,000)＝4.5%
㉣ 일반차입금 이자비용＝(₩850,000−₩300,000×(9 / 12))×0.045＝₩28,215
　　• 한도 : 실제 이자비용＝₩22,500
　　• 일반차입금 이자비용＝₩22,500
㉤ 자본화 차입원가＝㉡＋㉣＝₩6,750＋₩22,500＝₩29,250

답 ①

17 유형자산의 감가상각에 관한 설명으로 옳지 <u>않은</u> 것은?

★28회 기출★

① 건물이 위치한 토지의 가치가 증가할 경우 건물의 감가상각대상금액이 증가한다.

② 유형자산을 수선하고 유지하는 활동을 하더라도 감가상각의 필요성이 부인되는 것은 아니다.

③ 유형자산의 사용정도에 따라 감가상각을 하는 경우에는 생산활동이 이루어지지 않을 때 감가상각액을 인식하지 않을 수 있다.

④ 유형자산의 잔존가치는 해당 자산의 장부금액과 같거나 큰 금액으로 증가할 수도 있다.

⑤ 유형자산의 공정가치가 장부금액을 초과하더라도 잔존가치가 장부금액을 초과하지 않는 한 감가상각액을 계속 인식한다.

해설
난도 ★★

토지는 감가상각의 대상이 아니며 토지의 가치가 증가하더라도 건물의 감가상각대상금액이 증가하지 않는다.

답 ①

18 (주)감평은 20x1년 4월 1일 건물신축을 위해 토지, 건물과 함께 기계장치를 일괄하여 ₩20,000,000(토지, 건물, 기계장치의 공정가치 비율은 5 : 3 : 2)에 취득하여 사용하고 있다. 기계장치의 잔여내용연수는 4년이고, 잔존가치는 없는 것으로 추정하였으며 연수합계법을 적용하여 감가상각한다. 기계장치와 관련하여 (주)감평이 20x1년에 인식할 감가상각비는?(단, 감가상각은 월할 계산한다)

★27회 기출★

① ₩1,200,000

② ₩1,500,000

③ ₩1,600,000

④ ₩1,800,000

⑤ ₩2,000,000

해설
난도 ★★

① 일괄취득시 특정자산의 취득원가를 공정가치로 안분하여야 한다.

㉠ 기계의 취득원가 = ₩20,000,000 × (2 / 10) = ₩4,000,000

㉡ 기계의 감가상각(연수합계법)

　= (₩4,000,000 − 0) × (4 / 10) × (9 / 12) = ₩1,200,000

답 ①

19 (주)감평은 20x1년 초에 하수처리장치를 ₩20,000,000에 구입하여 즉시 가동하였으며, 하수처리장치의 내용연수는 3년이고 잔존가치는 없으며 정액법으로 감가상각한다. 하수처리장치는 내용연수 종료 직후 주변 환경을 원상회복하는 조건으로 허가받아 취득한 것이며, 내용연수 종료시점의 원상회복비용은 ₩1,000,000으로 추정된다. (주)감평의 내재이자율 및 복구충당부채의 할인율이 연 8%일 때, 20x1년도 감가상각비는?(단, 계산결과는 가장 근사치를 선택한다) ★29회 기출★

기간	단일금액 ₩1의 현재가치	정상연금 ₩1의 현재가치
	8%	8%
3	0.79383	2.57710

① ₩6,666,666
② ₩6,931,277
③ ₩7,000,000
④ ₩7,460,497
⑤ ₩7,525,700

해설
난도 ★

※ 취득원가에 복구원가의 현재가치가 포함되어야 한다.
1) 하수처리장의 취득원가
   =₩20,000,000+₩1,000,000×0.79383=₩20,793,830
2) 20x1년 감가상각비
   =(₩20,793,830-0) / 3=₩6,931,277

답 ②

20

(주)감평은 20x1년 초 ₩100,000인 건물(내용연수 10년, 잔존가치 ₩0, 정액법 상각)을 취득하였다. (주)감평은 동 건물에 대하여 재평가모형을 적용하며, 20x1년 말과 20x2년 말 현재 건물의 공정가치는 각각 ₩99,000과 ₩75,000이다. 동 건물 관련 회계처리가 (주)감평의 20x2년도당기순이익에 미치는 영향은?(단, 건물을 사용함에 따라 재평가잉여금의 일부를 이익잉여금으로 대체하지 않는다) ★29회 기출★

① ₩11,000 감소

② ₩15,000 감소

③ ₩20,000 감소

④ ₩24,000 감소

⑤ ₩29,000 감소

해설

난도 ★★★

※ 재평가모형의 회계처리를 이해해야 한다.

㉠ 재평가모형의 회계처리

일자	차변		대변	
20x1년 12월 31일	감가상각비	₩10,000	감가상각누계액	₩10,000
	감가상각누계액	10,000	건물	1,000
			재평가잉여금	9,000
20x2년 12월 31일	감가상각비	₩11,000	감가상각누계액	₩11,000
	감가상각누계액	11,000	건물	24,000
	재평가잉여금	9,000		
	재평가손실	4,000		

㉡ 20x2년도당기순이익에 미치는 영향

= 감가상각비 + 재평가손실 = ₩15,000

 답 ②

21

★28회 기출★

투자부동산의 계정대체와 평가에 관한 설명으로 옳지 않은 것은?

① 투자부동산을 원가모형으로 평가하는 경우에는 투자부동산, 자가사용부동산, 재고자산 사이에 대체가 발생할 때에 대체 전 자산의 장부금액을 승계한다.

② 자가사용부동산을 공정가치로 평가하는 투자부동산으로 대체하는 경우, 사용목적 변경시점까지 그 부동산을 감가상각하고 발생한 손상차손을 인식한다.

③ 재고자산을 공정가치로 평가하는 투자부동산으로 대체하는 경우, 재고자산의 장부금액과 대체시점의 공정가치의 차액은 기타포괄손익으로 인식한다.

④ 공정가치로 평가하게 될 자가건설 투자부동산의 건설이나 개발이 완료되면 해당일의 공정가치와 기존 장부금액의 차액은 당기손익으로 인식한다.

⑤ 공정가치로 평가한 투자부동산을 자가사용부동산이나 재고자산으로 대체하는 경우, 후속적인 회계를 위한 간주원가는 사용목적 변경시점의 공정가치가 된다.

해설
난도 ★★

재고자산을 공정가치로 평가하는 투자부동산으로 대체하는 경우, 재고자산의 장부금액과 대체시점의 공정가치의 차액은 당기손익으로 인식한다.

답③

---

22 (주)감평은 20x1년 초 투자 목적으로 건물을 ₩2,000,000에 취득하여 공정가치 모형을 적용하였다. 건물의 공정가치 변동이 다음과 같을 때, (주)감평의 20x2년도 당기순이익에 미치는 영향은?(단, 필요할 경우 건물에 대해 내용연수 8년, 잔존가치 ₩0, 정액법으로 감가상각한다) ★29회 기출★

	20x1년 말	20x2년 말
공정가치	₩1,900,000	₩1,800,000

① 영향 없음
② ₩100,000 감소
③ ₩200,000 감소
④ ₩350,000 감소
⑤ ₩450,000 감소

해설
난도 ★★
※ 공정가치모형의 개념을 이해해야 한다.
㉠ 공정가치모형은 감가상각을 인식하지 않고 공정가치로 평가한다.
㉡ 투자부동산 평가손실
　＝₩1,800,000 － ₩1,900,000 ＝ (₩100,000) 감소

답②

23 다음 설명 중 옳은 것을 모두 고른 것은?

> ㄱ. 특정 유형자산을 재평가할 때, 해당 자산이 포함되는 유형자산 분류 전체를 재평가한다.
> ㄴ. 자가사용부동산을 공정가치로 평가하는 투자부동산으로 대체하는 시점까지 그 부동산을 감가상각하고, 발생한 손상차손을 인식한다.
> ㄷ. 무형자산으로 인식되기 위해서는 식별가능성, 자원에 대한 통제 및 미래경제적효익의 존재 중 최소 하나 이상의 조건을 충족하여야 한다.
> ㄹ. 무형자산을 창출하기 위한 내부 프로젝트를 연구단계와 개발단계로 구분할 수 없는 경우에는 그 프로젝트에서 발생한 지출은 모두 개발단계에서 발생한 것으로 본다.

① ㄱ, ㄴ
② ㄱ, ㄷ
③ ㄴ, ㄹ
④ ㄷ, ㄹ
⑤ ㄱ, ㄴ, ㄷ

해설

난도 ★★

ㄷ. 무형자산으로 인식되기 위해서는 식별가능성, 자원에 대한 통제 및 미래경제적효익의 존재 <u>모두 조건을 충족</u>하여야 한다.

ㄹ. 무형자산을 창출하기 위한 내부 프로젝트를 연구단계와 개발단계로 구분할 수 없는 경우에는 그 프로젝트에서 발생한 지출은 모두 <u>연구단계</u>에서 발생한 것으로 본다.

답 ①

---

24 무형자산에 관한 설명으로 옳지 <u>않은</u> 것은?

① 내부적으로 창출한 영업권은 자산으로 인식하지 않는다.
② 사업결합으로 인식하는 영업권은 사업결합에서 획득하였지만 개별적으로 식별하여 별도로 인식하는 것이 불가능한 그 밖의 자산에서 발생하는 미래경제적효익을 나타내는 자산이다.
③ 무형자산을 창출하기 위한 내부 프로젝트를 연구단계와 개발단계로 구분할 수 없는 경우에는 그 프로젝트에서 발생한 지출은 모두 연구단계에서 발생한 것으로 본다.
④ 자산에서 발생하는 미래경제적효익이 기업에 유입될 가능성이 높고 자산의 원가를 신뢰성 있게 측정할 수 있는 경우에만 무형자산을 인식한다.
⑤ 경영자가 의도하는 방식으로 운용될 수 있으나 아직 사용하지 않고 있는 기간에 발생한 원가는 무형자산의 장부금액에 포함한다.

경영자가 의도하는 방식으로 운용될 수 있으나 아직 사용하지 않고 있는 기간에 발생한 원가는 무형자산의 장부금액에 포함하지 아니한다.

답 ⑤

25 무형자산에 관한 설명으로 옳지 <u>않은</u> 것은?

① 최초에 비용으로 인식한 무형항목에 대한 지출은 그 이후에 무형자산의 원가로 인식할 수 없다.
② 내용연수가 유한한 무형자산의 잔존가치는 해당 자산의 장부금액과 같을 수는 있으나 장부금액보다 더 클 수는 없다.
③ 내부적으로 창출한 영업권은 무형자산으로 인식하지 않는다.
④ 내용연수가 비한정인 무형자산은 상각하지 아니하지만 내용연수가 유한한 무형자산은 상각하고 상각기간과 상각방법은 적어도 매 보고기간 말에 검토한다.
⑤ 무형자산의 회계정책으로 원가모형이나 재평가모형을 선택할 수 있다.

잔존가치는 매년 말 재검토하며 잔존가치가 장부금액보다 클 수 있다. 이 경우 상각액은 '0'이다.

답 ②

26 자산손상에 대한 설명으로 옳지 <u>않은</u> 것은?

① 재평가금액을 장부금액으로 하는 경우 재평가되는 자산의 손상차손은 당기손익으로 인식한다.
② 자산의 장부금액이 회수가능액을 초과할 때 자산은 손상된 것이다. 이때 회수가능액은 자산의 순공정가치와 사용가치 중 큰 금액이다.
③ 내용연수 비한정 무형자산과 아직 사용할 수 없는 무형자산 및 사업결합으로 취득한 영업권은 자산손상을 시사하는 징후가 있는지에 관계없이 매년 손상검사를 한다.
④ 현금창출단위의 손상차손은 우선 현금창출단위에 배분된 영업권의 장부금액을 감소시킨 후 현금창출단위에 속하는 다른 자산에 각각 장부금액에 비례하여 배분한다.
⑤ 자산손상의 징후를 검토할 때는 시장이자율, 시가총액 등의 외부정보뿐만 아니라 구조조정계획 등 내부정보와 종속기업, 공동기업 또는 관계기업으로부터의 배당금도 고려해야 한다.

난도 ★★★

재평가금액을 장부금액으로 하는 경우 재평가되는 자산의 손상차손은 재평가잉여금이 존재하는 경우 재평가잉여금에서 우선 감소하고 나머지는 당기손익으로 인식한다.

답 ①

27 (주)감평은 20x1년 초 (주)대한을 합병하면서 이전대가로 현금 ₩1,500,000과 (주)감평이 보유한 토지(장부금액 ₩200,000, 공정가치 ₩150,000)를 (주)대한의 주주에게 지급하였다. 합병일 현재 (주)대한의 식별 가능한 자산의 공정가치는 ₩3,000,000, 부채의 공정가치는 ₩1,500,000이며, 주석으로 공시한 우발부채는 현재의무이며 신뢰성 있는 공정가치 ₩100,000이다. 합병 시 (주)감평이 인식할 영업권은?

★29회 기출★

① ₩150,000
② ₩200,000
③ ₩250,000
④ ₩350,000
⑤ ₩400,000

해설
난도 ★★

㉠ 이전대가＝현금 ₩1,500,000＋토지공정가치 ₩150,000＝₩1,650,000
㉡ 순자산공정가치＝자산공정가치－부채공정가치
  ＝₩3,000,000－₩1,500,000－₩100,000＝₩1,400,000
㉢ 영업권＝₩1,650,000－₩1,400,000＝₩250,000

답 ③

제3장 | 자본과 부채

제1절 자본

1. 자본의 의의 및 분류

(1) 자본의 의의

자본은 소유주가 기업에 대하여 갖는 지분으로, 자산에서 채권자지분인 부채를 차감한 순자산이다. 따라서 자본을 잔여지분이라고도 부른다.

▷ 자산과 부채가 확정되면 자본은 그 결과에 의하여 결정되기 때문에 평가대상이 되지 않는다.

(2) 자본의 분류 ★32회 기출★

구분		계정과목	내용
납입자본	자본금	보통주자본금 우선주자본금	주주들이 납입한 법정자본금을 말하며 반드시 보통주자본금과 우선주자본금으로 구분하여 표시한다. 자본금＝발행주식수×주당액면가
	자본잉여금	주식발행초과금 자기주식처분이익 감자차익 전환권대가	증자나 감자 등 주주와의 거래에서 발생하여 자본을 증가시키는 잉여금을 말한다.

기타자본 구성요소	기타 자본	주식할인발행차금 자기주식 자기주식처분손실 감자차손 주식선택권	항목의 성격으로 보아 자본거래에 해당 하나 최종 납입된 자본으로 볼 수 없거 나 자본의 가감 성격으로 자본금이나 자 본잉여금으로 분류할 수 없는 항목을 말 한다.
	기타 포괄손익 누계액	기타포괄손익－공정가치측정금융자산평가손익 해외사업환산손익 현금흐름위험회피 파생상품평가손익 재평가잉여금 보험수리적 손익 지분법자본변동	포괄이익(기업실체가 일정기간 동안 소 유주와의 자본거래를 제외한 모든 거래 나 사건에서 인식한 자본의 변동) 중 포 괄손익계산서상 당기순이익에 포함되지 않은 포괄손익을 말한다.
이익잉여금		법적적립금 임의적립금 미처분이익잉여금	손익계산서상 손익과 다른 자본항목에서 이입된 금액의 합계액에서 배당, 자본전 입 및 자본조정항목의 상각 등으로 처분 된 금액을 차감한 잔액을 말한다.

2. 주식

(1) 주식의 종류 ★28, 30회 기출★

① 보통주

보통주는 기본적인 소유권을 나타내는 주식으로 기업이 실패할 경우 최종위험을 부담하고 성공할 경우 이득을 받는 잔여지분의 성격을 갖는다. 보통주를 소유한 보통주주는 주주총회에서 임원의 선임 및 기타사항에 대하여 주식의 소유비율만큼 의결권을 행사할 수 있으며, 이익배당을 받을 권리가 있다.

② 우선주

보통주에 우선하여 배당금을 받을 권리가 부여되거나 회사를 청산하는 경우 청산시점의 부채를 상환하고 남는 잔여재산에 대하여 보통주에 우선하는 청구권이 인정되는 주식을 말한다.

누적적우선주	특정연도에 이익배당을 지급받지 못한 경우에는 차후 연도에 지급받지 못한 이익배당액을 누적하 여 우선적으로 지급받을 수 있는 권리가 부여된 주식
참가적우선주	정해진 우선주 배당률의 배당을 초과하여 보통주와 함께 일정한 한도까지 이익배당에 참가할 권리 가 부여된 우선주
전환우선주	미리 약정한 비율로 우선주를 보통주로 전환할 수 있는 선택권을 부여한 주식
상환우선주	주식발행회사가 미리 약정한 상환가격으로 우선주를 상환할 수 있는 선택권을 갖고 있는 우선주

더 알아보기 상환우선주의 분류

• 회사가 상환청구권을 갖는 경우 : 자본으로 분류
• 주주가 상환청구권을 갖는 경우 : 금융부채로 분류

③ 주식의 종류와 배당의 계산

㉠ 누적적우선주의 배당금은 당기 배당분과 이전에 지급받지 못한 이월분을 배당받을 경우 함께 인식한다.

> 누적적우선주배당금＝우선주자본금×최소배당률×당기 및 미수령기간

㉡ 참가적우선주 중 한도가 정해진 우선주를 부분참가적우선주, 한도가 없는 우선주를 완전참가적우선주라고 한다.

> ⓐ 완전참가적우선주배당금
> ＝Max(우선주자본금×최소배당률, 총 배당금을 자본금비율로 안분한 금액)
> ⓑ 부분참가적우선주배당금
> ＝Min(우선주자본금×최대배당률, 완전참가적을 가정한 경우 배당금)

예제

2027년 12월 31일 현재 A사, B사, C사의 자본금과 관련된 내용은 다음과 같다. 단, B사의 경우 2025년도분과 2026년도분의 배당금 연체되어 있으며 C사의 경우 2026년도분의 배당금 연체되어 있다.

구분	A사	B사	C사
보통주자본금	₩10,000,000	₩10,000,000	₩10,000,000
발행주식수	2,000주	2,000주	2,000주
액면금액	₩5,000	₩5,000	₩5,000
우선주자본금	₩5,000,000	₩5,000,000	₩5,000,000
발행주식수	1,000주	1,000주	1,000주
액면금액	₩5,000	₩5,000	₩5,000
우선주배당률	5%	5%	5%
우선주 종류	완전참가적	비참가적	8% 부분참가적
	비누적적	누적적	누적적

주주총회에서 A사, B사, C사는 각각 ₩1,350,000씩의 배당금 지급을 결의한 경우 우선주에 배분할 배당금은 각각 얼마인가?

해설

A사 : ₩1,350,000×5/15(자본금비율)＝₩450,000

B사 : ₩5,000,000×5%×2회(연체분)＋₩5,000,000×5%×1회(당기분)＝₩750,000

C사 : ₩616,667

- 연체분 : ₩5,000,000×5%×1회(연체분)＝₩250,000
- 당기분 : Min[₩5,000,000×8%, (₩1,350,000－₩250,000)×5/15]＝₩366,667

(2) 주당이익 ★27, 29, 32, 33, 34회 기출★

① 기본주당이익

㉠ 유통되고 있는 보통주를 기준으로 산정한 주당이익을 기본주당이익(basic EPS)이라 하고, 잠재적보통주까지 고려하여 산정한 주당이익을 희석주당이익(diluted EPS)이라 한다.

㉡ 기본주당이익은 지배기업의 보통주에 귀속되는 특정 회계기간의 당기순손익(분자)을 그 기간에 유통된 보통주식수를 가중평균한 주식수(분모)로 나누어 계산한다.

> **주당이익 = 보통주에게 귀속되는 이익 / 가중평균 보통주식수**

㉢ 기본주당이익 정보의 목적은 회계기간의 경영성과에 대한 지배기업의 보통주 1주당 지분의 측정치를 제공하는 것이다.

㉣ 기본주당이익을 계산할 때 지배기업의 보통주에 귀속되는 금액은 지배기업에 귀속되는 계속영업손익, 지배기업에 귀속되는 당기순손익에서 자본으로 분류된 우선주에 대한 세후 우선주 배당금, 우선주 상환 시 발생한 차액 및 유사한 효과를 조정한 금액이다.

㉤ 당기순손익에서 차감할 세후 우선주 배당금은 다음과 같다.

> ⓐ 당해 회계기간과 관련하여 배당결의된 비누적적 우선주에 대한 세후 배당금
> ⓑ 배당결의 여부와 관계없이 당해 회계기간과 관련한 누적적 우선주에 대한 세후배당금

▷ 전기 이전의 기간과 관련하여 당기에 지급되거나 결의된 누적적 우선주 배당금은 제외한다.

② 보통주식수

㉠ 기본주당이익을 계산하기 위한 보통주식수는 그 기간에 유통된 보통주식수를 가중평균한 주식수(가중평균유통보통주식수)로 한다.

㉡ 특정회계기간의 가중평균유통보통주식수는 그 기간 중 각 시점의 유통주식수의 변동에 따라 자본금액이 변동할 가능성을 반영한다. 가중평균유통보통주식수는 기초의 유통보통주식수에 회계기간 중 취득된 자기주식수 또는 신규 발행된 보통주식수를 각각의 유통기간에 따른 가중치를 고려하여 조정한 보통주식수이다.

㉢ 가중평균유통보통주식수를 산정하기 위한 보통주유통일수 계산의 기산일은 통상 주식발행의 대가를 받을 권리가 발생하는 시점(일반적으로 주식발행일)이다.

㉣ 자원의 실질적인 변동을 유발하지 않으면서 보통주가 새로 발행될 수도 있고 유통보통주식수가 감소할 수도 있다. 자본금전입이나 무상증자(주식배당), 그 밖의 증자에서의 무상증자 요소, 주식분할, 주식병합 등이 이에 해당한다.

㉤ 자본금전입, 무상증자, 주식분할의 경우에는 추가로 대가를 받지 않고 기존 주주에게 보통주를 발행하므로 자원은 증가하지 않고 유통보통주식수만 증가한다. 이 경우 당해 사건이 있기 전의 유통보통주식수를 비교표시되는 최초기간의 개시일에 그 사건이 일어난 것처럼 비례적으로 조정한다.

㉥ 주식병합은 일반적으로 자원의 실질적인 유출 없이 유통보통주식수를 감소시킨다. 그러나 전반적으로 주식을 공정가치로 매입한 효과가 있는 경우에는 실질적으로 자원이 유출되면서 유통보통주식수가 감소한다.

ⓐ 사업결합 이전대가의 일부로 발행된 보통주의 경우 취득일을 가중평균유통보통주식수를 산정하는 기산일로 한다.

ⓞ 보통주로 반드시 전환하여야 하는 전환금융상품은 계약체결시점부터 기본주당이익을 계산하기 위한 보통주식수에 포함한다.

ⓩ 잠재적보통주는 보통주로 전환된다고 가정할 경우 주당계속영업이익을 감소시키거나 주당계속영업손실을 증가시킬 수 있는 경우에만 희석성 잠재적보통주로 취급한다.

더 알아보기 | 가중평균보통주식수의 계산

일자	구분	발행주식수	자기주식수	유통주식수
20X1년 1월 1일	기초	2,000	300	1,700
20X1년 5월 31일	유상증자	800	–	2,500
20X1년 12월 1일	자기주식의 현금매입	–	250	2,250
20X1년 12월 31일	기말	2,800	550	2,250

$(1,700 \times 5 / 12) + (2,500 \times 6 / 12) + (2,250 \times 1 / 12) = 2,146주$
또는 $(1,700 \times 12 / 12) + (800 \times 7 / 12) - (250 \times 1 / 12) = 2,146주$

예제

주당이익에 관한 설명으로 옳지 않은 것은?

① 기본주당이익 정보의 목적은 회계기간의 경영성과에 대한 지배기업의 보통주 1주당 지분의 측정치를 제공하는 것이다.

② 기본주당이익은 지배기업의 보통주에 귀속되는 특정 회계기간의 당기순손익을 그 기간에 유통된 보통주식수를 가중평균한 주식수로 나누어 계산한다.

③ 사업결합 이전대가의 일부로 발행된 보통주의 경우 취득일을 가중평균유통보통주식수를 산정하는 기산일로 한다.

④ 보통주로 반드시 전환하여야 하는 전환금융상품은 전환시점부터 기본주당이익을 계산하기 위한 보통주식수에 포함한다.

⑤ 잠재적보통주는 보통주로 전환된다고 가정할 경우 주당계속영업이익을 감소시키거나 주당계속영업손실을 증가시킬 수 있는 경우에만 희석성 잠재적보통주로 취급한다.

해설
④ 보통주로 반드시 전환하여야 하는 전환금융상품은 계약체결시점부터 기본주당이익을 계산하기 위한 보통주식수에 포함한다.

답 ④

(3) 주식과 자본거래 *27, 34회 기출*

① 주식발행방법

주식의 발행가액이 결정되는 것에 따라 액면발행, 할증발행, 할인발행으로 나누어진다.

발행방법	회계처리					
액면발행 (발행가액=액면가액)	(차)	현금	×××	(대)	자본금	×××
할증발행 (발행가액>액면가액)	(차)	현금	×××	(대)	자본금 주식발행 초과금 (자본잉여금)	××× ×××
할인발행 (발행가액<액면가액)	(차)	현금 주식할인 발행차금 (기타자본)	××× ×××	(대)	자본금	×××

- ㉠ 주식발행가액은 신주발행수수료 등 신주발행을 위하여 직접 발생한 기타의 비용을 차감한 후의 금액을 말한다.
- ㉡ 주식발행초과금과 주식할인발행차금은 상호간 우선적으로 상계한다.

② 증자와 감자

- ㉠ 증자 : 증자란 이사회의 결의에 따라 미발행주식 중 일부를 추가로 발행하여 자본금을 증가시키는 것을 말한다.
  - ⓐ 실질적 증자(유상증자) : 신주를 발행하여 주금을 납입받아 자본금을 조달하는 방법이다.
  - ⓑ 형식적 증자(무상증자) : 자본금 증가가 있지만 회사의 자산이 증가하지 않아 형식적으로만 자본금이 증가하는 것으로 자본잉여금이나 이익잉여금의 자본금전입, 전환사채의 전환, 주식배당 등의 경우이다.
- ㉡ 감자 : 감자란 기업이 사업규모를 축소하거나 결손금을 보전할 목적으로 기업의 자본금을 감소시키는 것을 말한다.
  - ⓐ 실질적 감자(유상감자) : 유상감자 방법으로 이미 발행한 주식을 매입하여 소각하는 매입소각의 방법과 주식금액을 주주에게 환급하여 소각하는 방법이 있다(주식소각, 주금의 환급).
  - ⓑ 형식적 감자(무상감자) : 결손금을 직접 자본금으로 보전하는 경우에 해당하며, 회사의 자산은 감소하지 않는다. 이는 무상감자 또는 명목적 감자라고 하는데 주식의 액면금액을 감소시키는 방법과 발행된 주식수를 줄이는 방법이 있다(주금액 감소, 주식병합).

③ 주식의 소각

보통주의 소각과 상환우선주의 상환 등이 있으며 취득가액과 액면금액의 차액은 감자차익과 감자차손으로 계상된다.

④ 자기주식

- ㉠ 의의 : 회사가 이미 발행하여 유통되고 있는 주식 중에서 매입 또는 증여 등에 의하여 취득된 주식으로서 공식적으로 소각되지 않은 주식을 말한다.
- ㉡ 회계처리 : 한국채택국제회계기준에서는 자기주식을 취득한 경우 취득원가로 자본조정의 차감항목으로 분류하고, 원가법에 근거하여 회계처리하도록 한다고 규정하였다.

취득 시	(차) 자기주식(취득원가)	×××	(대)	현금	×××
처분 시	• 처분가액 > 취득원가인 경우				
	(차) 현금(처분가액)	×××	(대)	자기주식(취득원가)	×××
				자기주식처분이익	
	• 처분가액 < 취득원가인 경우				
	(차) 현금(처분가액)	×××	(대)	자기주식(취득원가)	×××
	자기주식처분이익(주)	×××			
	자기주식처분손실(주)	×××			
	(주) 이전에 발생한 자기주식처분이익의 잔액이 있으나 자기주식처분손실이 이를 초과하는 경우이다.				
소각 시	• 액면가액 > 취득원가인 경우				
	(차) 자본금(액면가액)	×××	(대)	자기주식(취득원가)	×××
				감자차익	×××
	• 액면가액 < 취득원가인 경우				
	(차) 자본금(액면가액)	×××	(대)	자기주식(취득원가)	×××
	감자차손	×××			

ⓐ 자기주식처분이익은 자본잉여금으로 분류한다.

ⓑ 자기주식처분이익과 자기주식처분손실은 우선상계하고 잔액을 회계처리한다.

ⓒ 자기주식의 소각 시 액면가액과 취득가액의 차액만큼 감자차손익이 발생한다.

ⓓ 감자차익과 감자차손은 상호간 우선상계하고 잔액을 회계처리한다.

ⓔ 자기주식은 재무상태표 자본에 대한 차감계정으로 계상하며, 자기주식의 취득은 자본감소거래로 본다.

ⓕ 자기주식은 액면가액과 상관없이 취득가액으로 계상하는 원가법으로 처리한다.

예제

(주)관세는 20x1년 1월 1일 보통주(액면금액 ₩5,000) 1,000주를 주당 ₩6,000에 발행하여 회사를 설립하고, 20x1년 7월 1일 보통주(액면금액 ₩5,000) 1,000주를 주당 ₩7,000에 발행하는 유상증자를 실시하였다. 설립과 유상증자 과정에서 주식발행이 없었다면 회피할 수 있고 해당 거래와 직접적으로 관련된 원가 ₩500,000과 간접적으로 관련된 원가 ₩200,000이 발생하였다. (주)관세의 20x1년 12월 31일 재무상태표에 보고할 주식발행초과금은?

① ₩2,000,000

② ₩2,300,000

③ ₩2,500,000

④ ₩2,800,000

⑤ ₩3,000,000

해설

㉠ 설립 시의 주식발행초과금 = 1,000주 × (₩6,000 − ₩5,000) = ₩1,000,000

㉡ 유상증자 시의 주식발행초과금 = 1,000주 × (₩7,000 − ₩5,000) = ₩2,000,000

㉢ 신주발행을 위하여 직접 발생한 비용 = ₩500,000

㉣ 20x1년 12월 31일 재무상태표에 보고할 주식발행초과금 = ㉠ + ㉡ − ㉢ = ₩2,500,000

답 ③

(주)감평의 20x2년 자본관련 자료이다. 20x2년 말 자본총계는?(단, 자기주식 거래는 선입선출법에 따른 원가법을 적용한다.)

(1) 기초자본
- 보통주 자본금(주당 액면금액 ₩500, 발행주식수 40주)   ₩20,000
- 보통주 주식발행초과금   4,000
- 이익잉여금   30,000
- 자기주식(주당 ₩600에 10주 취득)   (6,000)
- 자본총계   ₩48,000

(2) 기중자본거래
- 4월 1일 자기주식 20주를 1주당 ₩450에 취득
- 5월 25일 자기주식 8주를 1주당 ₩700에 처분
- 6월 12일 자기주식 3주를 소각
- 8월 20일 주식발행초과금 ₩4,000과 이익잉여금 중 ₩5,000을 재원으로 무상증자 실시

(3) 20x2년 당기순이익 : ₩50,000

① ₩77,300   ② ₩87,500   ③ ₩94,600   ④ ₩96,250   ⑤ ₩112,600

해설

20x2년 말 자본 총계
= ₩48,000(기초자본) − ₩450×20주(자기주식 취득) + ₩700×8주(자기주식 처분) + ₩50,000(당기순이익)
= ₩94,600

답 ③

3. 주식기준보상거래 ★32, 33, 34회 기출★

(1) 주식기준보상거래의 의의
① 주식기준보상거래란 회사가 재화나 용역을 제공받는 대가로 거래상대방에게 회사의 주식이나 주식선택권 등 지분상품을 부여하거나 지분상품의 가격에 기초하여 산정하는 현금이나 기타자산을 지급하는 거래를 말한다.
② 주식선택권(stock option)이란 보유자에게 특정 기간 확정되었거나 산정 가능한 가격으로 기업의 주식을 매수할 수 있는 권리(의무는 아님)를 부여하는 계약을 말한다.

더 알아보기 주식기준보상거래의 가득조건

구분		가득조건
용역제공조건		거래상대방이 특정기간 동안 용역을 제공할 것을 요구하는 조건
성과조건	시장조건	목표주가의 달성, 주식선택권의 목표내재가치 달성 등 지분상품의 시장가격과 관련된 조건을 달성할 것을 요구하는 조건
	비시장조건	목표이익, 목표판매량, 목표매출액 달성 등 지분상품의 시장가격과 직접관련 없는 조건을 달성할 것을 요구하는 조건

(2) 주식기준보상거래의 종류

① 주식기준보상거래는 주식결제형, 현금결제형, 선택형으로 나누어진다.
② 주식결제형 주식기준보상거래는 재화나 용역을 제공받는 대가로 기업의 지분상품(주식 또는 주식선택권 등)을 부여하고, 현금결제형은 지분상품의 가격에 기초하여 그에 상응하는 현금 등을 지급하는 계약이다. 선택형은 거래상대방이 지분상품의 수령이나 현금 등의 수령을 선택할 수 있는 약정을 의미한다.
③ 주식결제형 주식기준보상거래로 재화나 용역을 제공받은 경우에는 그에 상응하는 보상원가를 자본의 증가로 인식하고, 현금결제형 주식기준보상거래로 재화나 용역을 제공받는 경우에는 그에 상응한 보상원가를 부채의 증가로 인식한다.
④ 제공받는 재화나 용역은 자산의 인식요건을 충족하는 경우 자산으로 그 외에는 비용으로 인식한다.
⑤ 주식기준보상약정에 따라 거래상대방이 현금, 그 밖의 자산 또는 기업의 지분상품을 받을 권리는 회사와 거래당사자가 체결한 일정 계약조건이 충족될 때 가득(권리의 획득)된다.

구분	재화나 용역의 대가	보상원가
주식결제형	기업의 지분상품(주식 또는 주식선택권 등)을 부여	자본으로 인식
현금결제형	기업의 주식이나 다른 지분상품의 가격에 기초한 금액을 지불	부채로 인식
선택형	기업이나 거래상대방이 약정에 따라 현금지급이나 지분상품발행 중 하나를 선택	자본 또는 부채로 인식

(3) 거래형태별 주식기준보상거래 ★29, 31회 기출★

- 보고기간 말 총보상원가
  = 보고기간 말 주가차액보상권 공정가치 × 보고기간 말 주가차액보상권 행사가능수량
- 당기 주식보상비용 = 당기 말 누적보상원가 − 전기 말 누적보상원가
  *누적보상원가 = 보고기간 말 총보상원가 × (누적기간 / 가득기간)

① 임직원으로부터 용역을 제공받고 주식선택권을 부여한 경우
　㉠ 주식결제형 주식기준보상거래의 주식보상원가 계산 시 지분상품의 공정가치는 용역제공기간 동안 안분하여 비용과 자본으로 계상한다.

　　(차) 주식보상비용　　×××　　　　(대) 주식선택권(자본조정)　　×××

　㉡ 공정가치는 이용 가능한 시장가격을 기초로 하되 부여일 현재 기준으로 측정한다.
　㉢ 부여일에 측정한 공정가치는 그 이후 기간에 다시 측정하지 않으며 기대권리소멸률만 반영하여 처리한다.
　㉣ 가득일(주식선택권행사일) 이후에는 주식선택권은 다른 자본계정(주식발행초과금)으로 이체가능하다.
　㉤ 지분상품의 공정가치를 측정할 수 없는 경우에는 재화나 용역을 제공받는 날 기준의 내재가치(부여일 주식의 시장가치 − 행사가격)로 최초 측정하여 회계처리하고 이후 매 보고기간 말 결제일에 내재가치를 재측정하여 변동액은 당기손익으로 인식한다.

구분	측정기준	재측정
원칙	제공받는 재화나 용역의 공정가치로 직접 측정	재측정하지 않음
예외	부여한 지분상품의 공정가치에 기초하여 간접측정	재측정하지 않음
	부여한 지분상품의 공정가치를 추정할 수 없는 경우 내재가치로 측정	재측정함

ⓑ 주식결제형이 아닌 현금결제형 주식기준보상거래에서는 부여일 현재 부채의 공정가치를 측정하여 비용과 부채(장기미지급비용)로 계상한다. 이후 매 보고기간 말 결제일에 부채의 공정가치를 재측정하여 공정가치 변동액을 당기손익으로 인식한다.

| (차) | 주식보상비용 | ××× | (대) | 장기미지급비용(부채) | ××× |

② 임직원이 아닌 거래상대방에게 주식선택권을 부여한 경우
  ㉠ 제공받은 재화나 용역의 공정가치를 신뢰성 있게 측정할 수 있는 경우 제공받은 재화나 용역의 공정가치(제공받는 날의 공정가치)로 회계처리한다.
  ㉡ 제공받은 재화나 용역의 공정가치를 신뢰성 있게 측정할 수 없는 경우 부여한 지분상품의 공정가치로 회계처리한다.

③ 거래상대방이 결제방식을 선택할 수 있는 경우(선택형)
  ㉠ 기업이 거래상대방에게 주식기준보상거래를 현금이나 지분상품발행으로 결제받을 수 있는 선택권을 부여한 경우에는, 부채요소와 자본요소가 포함된 복합금융상품을 부여한 것이다.

복합금융상품의 공정가치－부채요소의 공정가치＝자본요소의 공정가치

  ㉡ 부채요소에 대하여는 현금결제형 주식기준보상거래에 관한 규정에 따라 부담하는 부채를 인식하고 자본요소에 대하여는 주식결제형 주식기준보상거래에 관한 규정에 따라 자본의 증가를 인식한다.
  ㉢ 기업이 결제일에 현금을 지급하는 대신 지분상품을 발행하는 경우에는, 부채를 발행되는 지분상품의 대가로 보아 자본으로 직접 대체한다.
  ㉣ 기업이 결제 시 지분상품을 발행하는 대신 현금을 지급하는 경우에는 현금지급액은 모두 부채의 상환액으로 보며, 이미 인식한 자본요소는 계속 자본으로 분류한다.

④ 기업이 결제방식을 선택할 수 있는 경우(선택형)
  ㉠ 현금을 지급해야 하는 현재의무가 있는 경우에는 현금결제형 주식기준보상거래로 보아 회계처리한다.
  ㉡ 현금을 지급해야하는 현재의무가 없는 경우에는, 주식결제형 주식기준보상거래로 보아 회계처리한다.

(주)관세는 20x1년 초 최고경영자 갑에게 주식선택권(개당 ₩1,000에 (주)관세의 보통주 1주를 취득할 수 있는 권리)을 부여하고, 2년의 용역제공조건과 동시에 제품의 판매증가율과 연관된 성과조건을 다음과 같이 부과하였다. 20x1년 초 현재 주식선택권의 개당 공정가치는 ₩600으로 추정되었다.

2년 평균 판매증가율	용역제공조건 경과 후 가득되는 주식선택권 수량
10% 미만	없음
10% 이상 ~ 20% 미만	100개
20% 이상	300개

20x1년 초 제품의 2년 평균 판매증가율은 12%로 추정되었으며, 실제로 20x1년 판매증가율은 12%이다. 따라서 (주)관세는 갑이 주식선택권 100개를 가득할 것으로 예상하고 20x1년의 주식보상비용을 인식하였다. 하지만 20x2년 (주)관세의 2년 평균 판매증가율은 22%가 되어 20x2년 말 갑은 주식선택권 300개를 가득하였다. (주)관세가 주식선택권과 관련하여 20x2년 포괄손익계산서에 인식할 주식보상비용은?

① ₩30,000
② ₩60,000
③ ₩90,000
④ ₩150,000
⑤ ₩180,000

회계처리를 나타내면 아래와 같다.

구분	회계처리					
20x1년 말	(차)	주식보상비용	30,000	(대)	주식선택권	30,000(*1)
20x2년 말	(차)	주식보상비용	150,000	(대)	주식선택권	150,000(*2)

(*1) 20x1년 말 주식보상비용 = (100개 × ₩600) × (1년/2년) = ₩30,000
(*2) 20x2년 말 주식보상비용 = (300개 × ₩600) × (2년/2년) − ₩30,000 = ₩150,000

답 ④

4. 포괄손익

포괄손익이란 일정기간 동안 주주와의 자본거래를 제외한 모든 거래나 사건에서 인식한 자본의 변동을 말한다. 당기순손익의 누계액이 이익잉여금(결손금)으로 표현되고, 기타포괄손익의 누계액이 기타포괄손익누계액으로 표현된다.

> 포괄손익 = 당기순손익 ± 기타포괄손익

(1) 이익잉여금(결손금)

기업의 이익창출활동에 의하여 획득된 이익 중 배당금으로 사외에 유출되거나 자본금으로 대체되지 않고 사내에 유보된 부분을 말한다. 결손금이란 기업이 결손을 보고한 경우 보고된 결손금 중 다른 잉여금으로 보전되지 않고 이월된 부분을 말한다.

(2) 이익잉여금의 구성

이익잉여금은 법정적립금, 임의적립금, 미처분이익잉여금(미처리결손금), 배당금 등으로 구성된다.

① 법정적립금

법률의 규정에 의하여 요건이 충족되면 적립이 강제되는 적립금으로, 우리나라의 경우 이익준비금이 법정적립금의 대표적인 예이다. 이익준비금은 자본금의 1/2에 달할 때까지 매 결산기에 금전에 의한 이익배당액의 1/10 이상을 적립해야 한다.

② 임의적립금

회사가 특정 목적을 달성하기 위하여 정관의 규정이나 주주총회의 결의에 따라 임의로 적립하는 금액으로서 배당금으로 이익잉여금이 사외로 유출되는 것을 방지하기 위하여 사내에 유보한 적립금을 말한다.

㉠ 적극적 적립금 : 자산의 취득이나 부채의 상환 등 기업의 자금 또는 순자산을 증가시킬 목적으로 적립하는 적립금으로서 목적이 달성되면 별도적립금으로 대체된다. 이러한 적립금에는 감채적립금, 사업확장적립금 등이 있다.

㉡ 소극적 적립금 : 기업의 자본감소의 방지 또는 순자산의 감소와 같이 예상되는 손실 등에 충당할 목적으로 적립하는 것으로서 목적이 달성되면 사외로 유출되는 적립금이다. 이러한 적립금에는 배당평균적립금, 결손보전적립금, 재해손실적립금 등이 있다.

③ 미처분이익잉여금

기업이 벌어들인 이익 중 배당이나 다른 잉여금으로 처분되지 않고 남아있는 이익잉여금으로서, 전기에 처분하지 않고 당기로 이월된 전기이월 이익잉여금에 회계변경누적효과와 전기오류수정 손익을 가감하고, 중간배당금을 차감한 후 당기순손익을 가감 조정하여 계상된다.

④ 배당금

기업의 영업활동 결과 계상된 순이익의 일부를 투자에 대한 대가로 주주에게 분배하는 금액이다.

㉠ 현금배당 : 주주에게 지급되는 배당금이 현금으로 지급되는 배당으로, 이익잉여금을 초과하여 배당금이 지급될 수 없다.

㉡ 주식배당 : 현금이 아닌 주식으로 이익을 배당하는 것으로, 배당금에 해당하는 이익잉여금을 자본화할 목적으로 이루어지는 것이다.

㉢ 주식분할 : 하나의 주식을 여러 가지 동일주식으로 분할하는 것으로, 주식 1주의 시장가치를 하락시킴으로써 주식을 보다 광범위하게 분산시키고 주식의 시장성을 향상시키기 위한 목적으로 한다.

㉣ 주식병합 : 발행주식의 일정비율을 회수하여 발행주식의 총수를 감소시키는 것을 말한다.

더 알아보기 무상증자, 주식배당, 주식분할 및 주식병합 비교

구분	순자산가액의 변동	발행주식수의 변동	주식액면가액의 변동
무상증자	자본금이 증가하고, 자본잉여금 또는 이익잉여금이 감소(순자산가액은 변동 없다)	증가	변동 없음
주식배당	자본금이 증가하고 이익잉여금이 감소(순자산가액은 변동 없다)	증가	변동 없음
주식분할	자본계정 간 변동 없음	증가	감소
주식병합	자본계정 간 변동 없음	감소	증가 또는 변동 없음

(3) 기타포괄손익 누계액

① 의의

기타포괄손익은 주주와의 자본거래를 제외한 거래나 사건으로 인하여 회계기간 동안 발생한 자본의 변동 중 당기손익에 포함하지 않은 손익항목이다.

② 종류

㉠ 기타포괄손익－공정가치측정금융자산평가손익 : 기타포괄손익－공정가치측정금융자산의 공정가치 변동으로 인한 미실현 손익에 해당한다.

㉡ 해외사업환산손익 : 해외지점, 해외사무소, 해외소재 지분법적용대상회사, 해외종속회사의 외화표시 재무제표를 현행환율법에 의하여 환산하는 경우 발생하는 차액으로서 차기 이후 발행되는 금액과 상계 또는 가산처리하고 관련지점, 사업소 또는 지분법적용대상회사가 청산, 폐쇄 또는 매각되는 회계연도에 그 잔액을 당기손익으로 처리한다.

㉢ 현금흐름위험회피 파생상품평가손익 : 미래 특정예상거래의 현금흐름 변동위험에 대하여 파생상품을 위험회피수단으로 지정한 경우 그 파생상품의 평가손익 중 위험회피에 효과적인 부분은 기타포괄손익누계액으로 계상 후 동 예상거래가 당기손익에 영향을 미치는 회계연도에 당기손익으로 인식한다.

㉣ 재평가잉여금 : 유·무형자산의 재평가 결과 자산의 장부금액이 재평가로 인하여 증가된 경우에 그 증가액은 기타포괄손익으로 인식하고 재평가잉여금의 과목으로 자본에 가산한다.

㉤ 보험수리적 손익 : 확정급여부채의 측정 시 사용한 이전의 보험수리적 가정과 실제 일어난 결과의 차이 효과 및 보험수리적 가정의 변경 효과로 인해 생기는 확정급여채무 현재가치의 변동이다.

㉥ 지분법자본변동 : 관계기업의 자본변동이 발생하는 경우 이중 지분율에 해당하는 금액을 지분법자본변동으로 인식한다.

③ 당기손익으로의 재분류

㉠ 재분류조정은 당기나 과거 기간에 기타포괄손익으로 인식되었으나 당기손익으로 재분류된 금액이다. 재분류조정은 그 조정액이 당기손익으로 재분류되는 기간의 기타포괄손익의 관련 구성요소에 포함된다. 이러한 금액은 당기나 과거기간에 미실현이익으로 기타포괄손익에 인식되었을 수도 있다. 이러한 미실현이익은 총포괄손익에 이중으로 포함되지 않도록 미실현이익이 실현되어 당기손익으로 재분류되는 기간의 기타포괄손익에서 차감되어야 한다.

㉡ 재분류조정은 해외사업장을 매각할 때, 위험회피예상거래가 당기손익에 영향을 미칠 때 발생한다.

㉢ 재분류조정은 재평가잉여금의 변동이나 확정급여제도의 재측정요소에 의해서는 발생하지 않는다. 이러한 구성요소는 기타포괄손익으로 인식하고 후속 기간에 당기손익으로 재분류하지 않는다. 재평가잉여금의 변동은 자산이 사용되는 후속 기간 또는 자산이 제거될 때 이익잉여금으로 대체될 수 있다.

▶기타포괄손익의 재분류조정

구분	내용
당기손익으로 재분류하지 않는 항목	① 유형자산과 무형자산의 재평가잉여금 ② 당기손익－공정가치 측정 금융부채의 신용위험변동으로 인한 평가손익 ③ 기타포괄손익－공정가치 측정 범주 지분상품 투자에서 발생한 평가손익 ④ 확정급여제도의 재측정요소 ⑤ 기타포괄손익－공정가치 측정 범주 지분상품 투자에 대한 위험회피에서 위험회피수단의 평가손익

| 당기손익으로 재분류하는 항목 | ① 기타포괄손익-공정가치 측정 범주 채무상품에서 발생한 평가손익 |
| | ② 해외사업장의 재무제표 환산으로 인한 외환차이(해외사업장환산손익) |

단, 관계기업 기타포괄손익과 현금흐름위험회피에서 위험회피에 효과적인 파생상품평가손익은 경우에 따라 다르다.

구분	당기손익으로 재분류하지 않는 경우	당기손익으로 재분류하는 경우
관계기업 기타포괄손익	관계기업의 기타포괄손익이 재분류하지 않는 항목인 경우	관계기업의 기타포괄손익이 재분류하는 항목인 경우
현금흐름위험회피에서 위험회피에 효과적인 파생상품평가손익	예상거래로 비금융자산(부채)를 인식하게 되거나 확정계약인 경우	나머지 경우

무상증자, 주식배당, 주식분할 및 주식병합 간의 비교로 옳지 <u>않은</u> 것은?

① 무상증자, 주식배당 및 주식병합의 경우 총자본은 변하지 않지만 주식분할의 경우 총자본은 증가한다.
② 무상증자와 주식배당의 경우 자본금은 증가한다.
③ 주식배당과 주식분할의 경우 자본잉여금은 변하지 않는다.
④ 주식배당의 경우 이익잉여금이 감소하지만 주식분할의 경우 이익잉여금은 변하지 않는다.
⑤ 무상증자, 주식배당 및 주식분할의 경우 발행주식수가 증가하지만 주식병합의 경우 발행주식수가 감소한다.

해설
① 무상증자, 주식배당, 주식병합, 주식분할 모두 총자본은 변하지 않는다.

답 ①

다음 기타포괄손익 항목 중 후속적으로 재분류조정이 가능한 것을 모두 고른 것은?

ㄱ. 확정급여제도의 재측정요소
ㄴ. 자산재평가잉여금
ㄷ. 해외사업장환산외환차이
ㄹ. 기타포괄손익-공정가치 측정 금융자산(채무상품) 평가손익

① ㄱ, ㄴ　　　　　　　　　　② ㄱ, ㄷ
③ ㄴ, ㄷ　　　　　　　　　　④ ㄴ, ㄹ
⑤ ㄷ, ㄹ

해설
재분류조정은 재평가잉여금의 변동이나 확정급여제도의 재측정요소에 의해서는 발생하지 않는다. 이러한 구성요소는 기타포괄손익으로 인식하고 후속 기간에 당기손익으로 재분류하지 않는다.

답 ⑤

1. 부채

(1) 부채의 의의

과거의 거래나 사건의 결과로서 현재 기업실체가 부담하고 다른 실체에게 자산을 이전하거나 용역의 제공을 위해 미래에 자원의 유출이 예상되는 의무이다.

(2) 부채의 인식 및 측정

① 부채의 인식 : 과거사건의 결과로 현재의무가 존재하며, 이로 인한 자원을 유출할 가능성이 높고, 관련 금액을 신뢰성 있게 추정할 수 있다면 부채를 인식한다.

② 의무발생사건

해당 의무의 이행 외에는 현실적인 대안이 없는 법적의무나 의제의무가 생기게 하는 사건이다.

㉠ 법적의무 : 명시적 또는 암묵적 조건에 따른 계약이나 법률, 그 밖의 법적 효력에 따라 발생하는 의무이다.

㉡ 의제의무 : 과거의 실무관행, 발표된 경영방침, 구체적이고 유효한 약속 등으로 기업이 특정 책임을 부담할 것이라고 상대방에게 표명하고, 그 결과로 기업이 해당 책임을 이행할 것이라는 정당한 기대를 상대방이 가지면 의제의무가 성립된다.

③ 부채의 측정

㉠ 최초로 인식할 때에는 공정가치로 측정한다. 부채의 공정가치는 미래현금흐름지출액을 부채 발생 시점의 시장이자율로 할인한 현재가치로 한다. 다만, 당기손익인식금융부채가 아닌 경우 당해 금융부채의 발행과 직접 관련되는 거래원가는 최초인식하는 공정가치에 차감하여 측정한다.

㉡ 장기선수금, 이연법인세부채는 현재가치로 평가하지 않는다.

2. 금융부채 ★32회 기출★

(1) 금융부채의 의의

금융부채란 거래상대방에게 현금 등 금융자산을 지급할 계약상 의무나 잠재적으로 불리한 조건으로 거래상대방과 금융자산이나 금융부채를 교환하기로 한 계약상 의무를 말한다. 차입금이나 사채 등이 이러한 조건에 해당한다.

(2) 금융부채의 종류

① 당기손익 – 공정가치측정금융부채 : 단기간의 이익획득의 목적으로 취득 · 부담하거나(단기매매항목의 정의 충족), 당기손익 – 공정가치측정금융부채로 지정한 파생상품 항목인 경우 당기손익인식금융부채에 해당한다.

② 상각후원가측정금융부채 : 당기손익 – 공정가치측정금융부채를 제외한 금융부채이다.

(3) 금융부채의 인식과 제거

① 금융부채는 금융상품의 계약당사자가 되는 때에만 재무상태표에 인식한다.

② 금융부채(또는 금융부채의 일부)는 소멸한 경우(즉, 계약상 의무가 이행, 취소 또는 만료된 경우)에만 재무상태에서 제거한다. 기존 차입자와 대여자가 실질적으로 다른 조건으로 채무상품을 교환하거나 기존 금융부채의 조건이 실질적으로 변경된 경우에는 최초의 금융부채를 제거하고 새로운 금융부채를 인식한다. 소멸하거나 제3자에게 양도한 금융부채의 장부금액과 지급한 대가의 차액은 당기손익으로 인식한다.

(4) 금융부채의 측정

① 최초인식

금융부채는 최초인식 시 공정가치로 측정하며, 금융부채의 취득발행과 직접 관련되는 거래원가는 최초인식하는 공정가치에 차감하여 측정한다. 다만, 당기손익－공정가치측정금융부채와 관련하여 발생한 거래원가는 즉시비용으로 인식한다.

② 후속측정

㉠ 당기손익－공정가치측정금융부채 : 공정가치로 측정하고, 공정가치 변동을 당기손익으로 인식한다.
㉡ 상각후원가측정금융부채 : 상각후원가로 측정한다.
㉢ 금융부채는 재분류하지 아니한다.

3. 사채 ★34회 기출★

(1) 사채의 의의

사채란 회사가 장기에 걸쳐 거액의 자금을 조달하기 위해 증권을 발행하여 일정기간에 표시이자를 지급함과 동시에 만기에 원금을 상환하는 조건으로 차입한 채무를 말한다.

(2) 사채의 구성요소 ★28회 기출★

① 만기

만기란 사채발행자가 원금을 상환하기로 약속한 날을 의미한다.

② 액면가액(원금)

액면가액이란 사채발행자가 만기에 상환하기로 약속한 금액을 의미한다.

③ 액면이자(표시이자)

액면이자란 사채발행자가 일정기간마다 지급하기로 한 금액으로 액면가액에 일정한 이자율을 곱한 금액이다. 이때의 일정한 이자율을 액면이자율(또는 표면이자율)이라고 한다.

④ 발행가액

발행가액이란 사채를 발행하여 조달한 순현금유입액을 말한다. 따라서 사채 발행 시 부담한 사채발행비는 제외된 금액을 의미한다.

▷ 사채발행비 : 사채를 발행할 때 발생한 인쇄비, 발행수수료, 증권거래소의 부과금이나 세금 등 기타 사채발행과 관련하여 발생한 비용을 말한다. 사채발행에 따른 제비용은 사채의 발행금액에서 직접 차감하여 처리한다. 그러므로 사채발행비에 해당하는 금액만큼 사채할인발행차금이 증가하거나 사채할증발행차금이 감소한다.

⑤ 유효이자율

　　㉠ 유효이자율이란 사채의 발행가액(순현금유입액)과 사채를 발행함으로써 지급해야 하는 미래 현금
　　　흐름(순현금유출액)의 현재가치를 일치시켜 주는 이자율을 의미한다.

　　　일반적으로 사채를 발행할 때 시장이자율에 의해 사채발행가액이 결정되므로 시장이자율을 통해
　　　유효이자율을 알 수 있다. 그러나 사채발행비용이 있는 경우 유효이자율과 시장이자율은 불일치
　　　하며, 이때는 사채발행비용을 고려한 유효이자율을 다시 계산해야 한다.

　　㉡ 사채발행비용이 있는 경우 발행시점의 유효이자율은 시장이자율보다 높다.

(3) 사채의 발행 ★29회 기출★

액면가액과 발행가액의 차이에 따라 액면발행, 할인발행, 할증발행으로 구분한다.

① 액면발행

　　㉠ 액면가액＝발행가액

　　㉡ 사채의 발행가액은 만기 금액과 일치한다.

　　㉢ 사채의 표시(액면)이자율은 사채소유자에게 현금으로 지급해야 할 이자계산에 사용된다.

(차) 현금	×××	(대) 사채	×××

② 할인발행

　　㉠ 액면가액 ＞ 발행가액

　　㉡ 액면가에서 발행가액을 차감한 가액을 사채할인발행차금으로 하여 당해 사채에서 차감하는 형식
　　　으로 기재하고 사채의 상환기간에 걸쳐 일정한 방법으로 상각하여 이자비용에 가산한다.

　　㉢ 사채할인발행차금은 선급이자의 성격에 해당한다.

(차) 현금	×××	(대) 사채	×××
사채할인발행차금	×××		

③ 할증발행

　　㉠ 액면가액 ＜ 발행가액

　　㉡ 발행가에서 액면가액을 차감한 가액을 사채할증발행차금으로 하여 당해 사채에서 가산하는 형식으
　　　로 기재하고 사채의 상환기간에 걸쳐 일정한 방법으로 상각하여 이자비용에서 차감한다.

　　㉢ 매기 현금이자 지급액보다 낮은 이자비용이 인식된다.

　　㉣ 유효이자율법에 의해 상각할 경우 기간경과에 따라 할증발행차금 상각액은 매기 증가한다.

　　㉤ 기간경과에 따른 이자비용은 매기 감소한다.

　　㉥ 사채의 장부금액은 매기 할증발행차금의 상각액만큼 감소한다.

　　㉦ 사채할증발행차금은 선수이자의 성격에 해당한다.

(차) 현금	×××	(대) 사채	×××
		사채할증발행차금	×××

(4) 사채이자지급 시의 회계처리

사채발행기간 동안 매기 인식할 이자비용은 사채할인발행의 경우는 액면이자나 사채할인발행차금상각액을 가산한 금액이 되며, 사채할증발행 시 사채할증발행차금상각액을 액면이자에서 차감한 금액이 된다. 최초인식 후 유효이자율법을 사용하여 상각후원가로 측정한다.

사채의 발행조건	사채기간 동안 인식할 총사채이자비용
액면발행	표시이자 지급액(실제현금유출액)
할인발행	표시이자지급액＋사채할인발행차금총액
할증발행	표시이자지급액－사채할증발행차금총액

(5) 사채발행차금의 상각

유효이자율법을 적용하여 상각 또는 환입한다.

① 할인발행의 경우

- 사채장부가액＝사채액면가액－사채할인발행차금 잔액
- 유효이자＝사채장부가액×유효이자율(시장이자율)
- 액면이자＝사채액면×표시이자율
- 사채할인발행차금상각액＝유효이자－액면이자

㉠ 사채할인발행차금은 사채의 차감계정이다.

㉡ 사채할인발행차금은 액면금액에서 발행가액을 차감한 가액을 사채할인발행자금으로 하여 당해 사채에서 차감하는 형식으로 기재하고 사채의 상환기간에 걸쳐 일정한 방법으로 상각하여 이자비용에 가산한다.

㉢ 사채가 할인발행되는 경우 사채발행자가 사채만기일에 상환해야 하는 금액은 발행금액보다 크다.

㉣ 사채를 할인발행하고 중도상환 없이 만기까지 보유한 경우, 발행자가 사채발행시점부터 사채만기까지 포괄손익계산서에 인식한 이자비용의 총합은 발행시점의 사채할인발행차금과 연간 액면이자 합계를 모두 더한 값과 일치한다.

㉤ 사채를 할인 발행한 경우, 중도상환이 없다면 발행자가 재무상태표에 인식하는 사채의 장부금액은 매년 체증적으로 증가한다.

② 할증발행의 경우

사채할증발행차금환입액＝액면이자－유효이자

㉠ 할증발행의 경우 사채의 장부금액은 매년 감소한다.

㉡ 사채를 액면가액 이상으로 발행하는 경우를 사채할증발행이라고 하는데, 이 경우 액면이자율이 시장이자율보다 높을 때 발행하여 액면금액과 발행가액의 차액을 사채발행초과금계정으로 처리한다. 사채할증발행차금을 상각하게 되면 이자비용이 줄게 되어 당기순이익이 증가하게 되고 사채의 장부가액이 감소하게 된다.

㉢ 사채발행 시 사채의 유효이자율이 표시이자율보다 낮은 경우 사채는 할증발행된다.

▷ 유효이자율법을 적용할 경우 할인발행의 경우는 이자비용이 매년 증가하고, 할증발행의 경우 이자비용은 매년 감소한다.

구분	발행가액	이자율	이자비용	차금상각액	장부가액
액면발행	액면가액=발행가액	액면이자율=유효이자율	일정	없음	일정
할인발행	액면가액 > 발행가액	액면이자율 < 유효이자율	증가	증가	증가
할증발행	액면가액 < 발행가액	액면이자율 > 유효이자율	감소	증가	감소

(6) 이자지급일 사이의 사채발행

사채를 이자지급일 사이에 발행하는 경우의 사채의 시장가치는 직전 이자지급일부터 발행일까지의 경과이자가 포함되어 있다. 즉, 사채발행에 따른 현금수령액에서 직전 이자지급일부터 발행일까지 경과이자를 차감한 금액이 사채의 시장가치이다. 이때 적용하는 이자율은 권면상 발행일의 시장이자율을 적용하는 것이 아니라 실제 발행일의 시장이자율을 적용하여야 한다. 이를 도식화하면 아래와 같다.

> 권면상 발행일의 현재가치(실제 발행일의 시장이자율)
> + 직전 이자지급일부터 발행일까지 유효이자
> =현금수수액
> − 직전 이자지급일부터 발행일까지 표시이자
> =사채 발행가액(=사채 시장가치)

예제

상각후원가로 후속 측정하는 일반사채에 관한 설명으로 옳지 <u>않은</u> 것은?

① 사채를 할인발행하고 중도상환 없이 만기까지 보유한 경우, 발행자가 사채발행시점부터 사채만기까지 포괄손익계산서에 인식한 이자비용의 총합은 발행시점의 사채할인발행차금과 연간 액면이자 합계를 모두 더한 값과 일치한다.
② 사채발행비가 존재하는 경우, 발행시점의 발행자의 유효이자율은 발행시점의 시장이자율보다 낮다.
③ 사채를 할증발행한 경우, 중도상환이 없다면 발행자가 포괄손익계산서에 인식하는 사채 관련 이자비용은 매년 감소한다.
④ 사채를 할인발행한 경우, 중도상환이 없다면 발행자가 재무상태표에 인식하는 사채의 장부금액은 매년 체증적으로 증가한다.
⑤ 사채를 중도상환 할 때 거래비용이 없고 시장가격이 사채의 내재가치를 반영하는 경우, 중도상환시점의 시장이자율이 사채발행시점의 유효이자율보다 크다면 사채발행자 입장에서 사채상환이익이 발생한다.

해설
② 사채발행비가 존재하는 경우, 발행시점의 발행자의 유효이자율은 발행시점의 시장이자율보다 높다.

답 ②

(주)관세는 다음과 같은 조건의 3년 만기 일반사채를 발행하고, 동 사채를 상각후원가로 후속 측정하는 금융부채로 분류하였다.

- 액면금액 : ₩1,000,000(사채발행비는 발생하지 않음)
- 표시이자율 : 연 5%(표시이자는 매년 12월 31일 연간 1회 지급)
- 권면상 발행일 : 20x1년 1월 1일(권면상 발행일의 시장이자율 : 연 10%)
- 실제 발행일 : 20x1년 7월 1일(실제 발행일의 시장이자율 : 연 8%)

사채의 현재가치 계산은 아래의 표를 이용한다(단, 이자 및 상각액은 월할계산하며, 화폐금액은 소수점 첫째자리에서 반올림한다).

기간	단일금액 ₩1의 현재가치		정상연금 ₩1의 현재가치	
	8%	10%	8%	10%
3	0.7938	0.7513	2.5771	2.4868

동 사채발행으로 인해 20x1년 7월 1일에 증가한 (주)관세의 부채금액은?

① ₩875,640
② ₩913,204
③ ₩922,655
④ ₩934,561
⑤ ₩959,561

해설

20x1년 1월 1일 액면가액 현재가치 = ₩1,000,000 × 0.7938 = ₩793,800
20x1년 1월 1일 표시이자 현재가치 = ₩1,000,000 × 5% × 2.5771 = ₩128,855
6개월 실질이자 = (₩793,800 + ₩128,855) × 8% × (6/12) = ₩36,906
20x1년 7월 1일 사채 현재가치(= 현금수령액) = (₩793,800 + ₩128,855 + ₩36,906) = ₩959,561
회계처리를 나타내면 아래와 같다.

구분	회계처리				부채금액
20x1년 7월 1일	(차) 현금 사채할인발행차금	959,561 65,439	(대) 사채 미지급이자	1,000,000 25,000	₩959,561 증가(*1)

(*1) 부채증가금액 = ₩1,000,000 + ₩25,000 − ₩65,439 = ₩959,561

답 ⑤

(7) 사채의 상환 ^{★27회 기출★}

① 사채를 만기 전에 상환하는 경우, 상환에 따른 이익이나 손실이 발생할 수 있다. 이는 발행시점 이후 시장이자율이 변동하여 사채의 미래현금흐름의 현재가치가 달라졌기 때문이다.

② 사채 발행시점보다 시장이자율이 상승하면 사채상환이익이 발생한다.

③ 사채 발행시점보다 시장이자율이 하락하면 사채상환손실이 발생한다.

④ 이자 지급전에 사채가 상환되는 경우, 장부가액에 경과이자를 반영 후 사채상환손익을 계산한다.

만기상환	• 사채발행차금이 전액 상각되어 그 잔액이 "0"이므로 사채의 장부가액과 액면가액이 동일하여 사채상환으로 인한 상환손익은 발생하지 않는다.				
	(차)	사채(액면금액)	×××	(대) 현금	×××
조기상환	• 액면발행이며, 장부가액과 상환가액이 동일한 경우				
	(차)	사채	×××	(대) 현금	×××
	• 할인발행이며, 장부가액이 상환가액보다 큰 경우				
	(차)	사채	×××	(대) 현금	×××
				사채할인발행차금	×××
				사채상환이익	×××
	• 할인발행이며, 장부가액이 상환가액보다 작은 경우				
	(차)	사채	×××	(대) 현금	×××
		사채상환손실	×××	사채할인발행차금	×××

(8) 전환사채 ^{★28, 29, 33, 34회 기출★}

① 전환사채의 의의

전환사채는 일반사채(채무상품)에 보통주로 전환할 수 있는 전환권(지분상품)을 부여한 특수한 형태의 사채이다. 발행될 때에는 사채이지만 유가증권의 소유자가 일정한 조건으로 전환권을 행사하면 사채는 소멸하고 보통주로 전환되는 사채를 말한다. 전환사채는 일반사채에 주식의 성질을 가미함으로써 사채의 발행을 촉진시키고, 주식으로 전환될 경우에는 증자와 동일한 효과를 누릴 수 있다.

② 전환권가치(전환권대가)의 측정

전환사채는 일반사채와 전환권이라는 두 가지 요소로 구성되는 복합적 성격의 증권이다. 따라서 전환사채는 일반사채의 발행가액보다 전환권가치(전환권대가)만큼 높은 가액으로 발행되며, 전환사채의 발행가액은 일반사채에 해당하는 부채부분과 전환권에 해당하는 자본(자본잉여금)부분으로 분리할 수 있다.

> ㉠ 전환사채 발행가액=일반사채를 가정한 공정가치+전환권대가
> ㉡ 전환권대가=전환사채 발행가액-일반사채를 가정한 공정가치

이 경우 일반사채를 가정한 공정가치는 전환권이 없는 채무상품의 미래현금흐름을 시장이자율을 적용하여 할인한 현재가치로 계산한다.

③ 보장수익률과 상환할증금

전환사채는 보통주로의 전환권을 부여하고 있기 때문에 일반사채보다 높은 발행가액과 낮은 표시이자 조건으로 발행된다. 하지만 전환사채 발행회사의 주가가 현저하게 낮아 만기까지 전환권을 행사할 수 없게 된 경우 투자자는 시장이자율보다 낮은 수익률을 얻게 된다. 이에 따라 전환권을 행사하지 않은 경우에 투자자의 일정수준의 수익률을 보장하기 위하여 일정금액을 만기에 추가로 지급하기로 약정한다. 이때 투자자에게 보장하는 수익률을 보장수익률, 만기 시 추가로 지급하는 금액을 상환할증금이라고 한다. 이때 전환사채의 공정가치는 상환할증금을 반영한 현금흐름의 현재가치이다.

전환권대가＝발행금액－상환할증금이 반영된 전환사채의 현재가치

예제

(주)관세는 20x1년 1월 1일 만기 3년, 표시이자와 상환할증금이 없는 액면금액 ₩1,000,000의 전환사채를 액면발행하였다. 발행시점에 유사한 조건의 일반사채 시장이자율은 연 5%이며, 사채발행비용은 발생하지 않았다. 이 전환사채는 액면금액 ₩10,000당 (주)관세의 보통주 1주로 전환할 수 있으며, 보통주 1주당 액면금액은 ₩5,000이다. 20x3년 1월 1일 전환사채의 60%가 보통주로 전환되었다. (주)관세의 전환사채의 전환으로 인한 20x3년 1월 1일 자본 증가액은?(단, 3기간, 5%, 단일금액 ₩1의 현재가치는 0.8638이고 계산 시 화폐금액은 소수점 첫째자리에서 반올림한다)

① ₩218,280 ② ₩353,214
③ ₩489,684 ④ ₩544,194
⑤ ₩571,404

해설

회계처리를 나타내면 아래와 같다.

구분	회계처리						자본 변동
20x1년 1월 1일	(차)	현금	1,000,000	(대)	전환사채	1,000,000	₩136,200 증가
		전환권조정	136,200		전환권대가	136,200(*1)	
20x1년 말	(차)	이자비용	43,190	(대)	전환권조정	43,190(*2)	–
20x2년 말	(차)	이자비용	45,350	(대)	전환권조정	45,350(*3)	–
20x3년 1월 1일	(차)	전환사채	600,000	(대)	전환권조정	28,596(*4)	₩571,404 증가
					자본금	300,000(*5)	
					주식발행초과금	271,404(*6)	
	(차)	전환권대가	81,720	(대)	주식발행초과금	81,720(*7)	–

(*1) 전환권대가＝발행금액－상환할증금이 반영된 전환사채의 현재가치
    ＝₩1,000,000－(₩1,000,000×0.8638)
    ＝₩136,200
(*2) 전환권조정＝(₩1,000,000－₩136,200)×5%＝₩43,190
(*3) 전환권조정＝(₩1,000,000－₩136,200＋₩43,190)×5%＝₩45,350
(*4) 전환권조정＝(₩136,200－₩43,190－₩45,350)×60%＝₩28,596
(*5) 자본금＝((₩1,000,000×60%) /₩10,000)×₩5,000＝₩300,000
(*6) 주식발행초과금＝대차차액
(*7) 주식발행초과금＝₩136,200×60%＝₩81,720

답 ⑤

1. 충당부채 ★34회 기출★

(1) 충당부채의 의의와 종류

① 충당부채의 의의

충당부채는 과거사건으로 생긴 현재의무로서, 기업이 가진 경제적 효익이 있는 자원의 유출을 통해 그 이행이 예상되지만 그 지출시기 또는 금액이 불확실한 부채이다.

더 알아보기 확정부채와 추정부채

- **확정부채** : 확정부채는 재무상태표일 현재 부채의 존재가 확실하며 그 지급금액이 확정되어 있으므로 측정 및 보고에 있어 큰 문제가 없다.
- **추정부채** : 만기시의 지급금액이 확정되어 있지 아니하며, 인식당시 지급시기 및 수취인도가 확인되지 않는 경우가 대부분이다(충당부채와 우발부채에 해당함).

충당부채는 결제에 필요한 미래 지출의 시기 또는 금액에 불확실성이 있다는 점에서 매입채무와 미지급비용과 같은 그 밖의 부채와 구별된다.

② 충당부채의 종류

㉠ 판매(제품)보증충당부채 : 제품 등을 일정기간 동안 품질을 보증하여 판매하고, 그 보증기간 동안 판매한 제품 등에서 발생하는 하자에 대하여 보증수리비용 등이 발생할 것이 예상될 때 그 비용을 적절히 추정하여 매출시점에 속하는 기간에 비용으로 인식하고 부채로 설정하는충당부채이다.

> 제품보증충당부채＝매출액×경험률－당해보증비용발생액

㉡ 경품충당부채 : 기업은 특정상품의 판매를 촉진하기 위하여 환불정책, 경품, 포인트 적립, 마일리지제도를 시행할 때 관련비용에 대한 최선의 추정치를 경품충당부채로 인식한다.

> 경품충당부채＝차기이후 발생할 경품액

㉢ 복구충당부채 : 대기, 토양, 수질오염, 방사능 오염 등을 유발할 가능성이 있는 유형자산에 대해서는 경제적 사용이 종료된 후에 환경보전을 위하여 반드시 원상을 회복시켜야 한다.

> 복구충당부채＝복구비용의 현재가치

20x1년부터 (주)감평은 제품판매 후 2년 동안 제품하자보증을 실시하고 있다. 20x2년도에 판매된 제품에 대하여 경미한 결함은 ₩100, 치명적인 결함은 ₩4,000의 수리비용이 발생한다. 과거 경험에 따르면 10%는 경미한 결함이, 5%는 치명적인 결함이 발생할 것으로 예상된다. 20x1년 말에 제품보증충당부채 잔액은 ₩200이다. 20x2년 기중에 20x1년 판매된 제품에 대한 수리비용이 ₩300 지출되었다면, (주)감평의 20x2년도 재무제표에 보고할 제품보증비와 제품보증충당부채는?

	제품보증비	제품보증충당부채
①	₩100	₩310
②	₩210	₩210
③	₩210	₩310
④	₩310	₩210
⑤	₩310	₩310

해설

제품보증비 = (₩210(주1) − ₩200) + ₩300 = ₩310

(주1) 제품보증충당부채 = ₩100×10% + ₩4,000×5% = ₩210

답 ④

(2) 충당부채의 인식 ★28, 29, 32, 33회 기출★

① 충당부채의 인식요건

충당부채는 다음의 요건을 모두 충족하는 경우에 인식한다. 이 요건을 충족하지 못할 경우에는 어떠한 충당부채도 인식할 수 없다.

ⓐ 과거사건의 결과로 현재의무(법적의무 또는 의제의무)가 존재한다.

ⓑ 당해 의무를 이행하기 위하여 경제적 효익을 갖는 자원이 유출될 가능성이 높다.

ⓒ 당해 의무의 이행에 소요되는 금액을 신뢰성 있게 추정할 수 있다.

② 과거사건

충당부채로 인식되기 위해서는 과거사건으로 인한 의무가 기업의 미래행위(즉, 미래 사업행위)와 독립적이어야 한다. 예를 들어, 불법적인 환경오염으로 인한 범칙금이나 환경정화비용의 경우에는 기업의 미래행위에 관계없이 당해 의무의 이행에 경제적 효익을 갖는 자원의 유출이 수반되므로 충당부채를 인식한다.

③ 현재의무

보고기간 말에 현재의무가 존재할 가능성이 존재하지 않을 가능성보다 높으면 과거사건이 현재의무를 생기게 한 것으로 본다. 보고기간 말 기준으로 이용할 수 있는 모든 증거를 고려하여 충당부채의 인식 여부를 판단해야 한다. 의무이행에 대한 상대방은 불특정 다수가 될 수도 있으므로 상대방이 누구인지 반드시 알아야 하는 것은 아니다. 입법 예고된 법률의 세부 사항이 아직 확정되지 않은 경우에는 해당 법안대로 제정될 것이 거의 확실한 때에만 의무가 생긴 것으로 본다.

④ 자원의 유출가능성

제품보증이나 이와 비슷한 계약 등 비슷한 의무가 다수 있는 경우에 의무 이행에 필요한 자원의 유출 가능성은 해당 의무 전체를 고려하여 판단한다. 비록 개별 항목에서 의무 이행에 필요한 자원의 유출 가능성이 높지 않더라도 전체적인 의무 이행에 필요한 자원의 유출 가능성이 높을 경우(그 밖의 인식 기준이 충족된다면)에는 충당부채를 인식한다.

⑤ 신뢰성 있는 추정

추정치를 사용하는 것은 재무제표 작성의 필수적인 과정이며 재무제표의 신뢰성을 손상시키지 아니 한다. 충당부채의 성격상 다른 재무상태표 항목에 비하여 불확실성이 더 크므로 그에 대한 추정치의 사용은 특히 필수적이다.

⑥ 최선의 추정치

충당부채로 인식하는 금액은 현재의무를 보고기간 말에 이행하기 위하여 소요되는 지출에 대한 최선 의 추정치이어야 한다.

⑦ 인식과 측정기준의 적용

㉠ 미래의 예상 영업손실 : 충당부채로 인식하지 아니한다.

㉡ 손실부담계약 : 손실부담계약은 계약상 의무의 이행에 필요한 회피 불가능 원가가 그 계약에서 받을 것으로 예상되는 경제적 효익을 초과하는 계약이다. 취소 불가능한 손실부담계약을 체결하고 있는 경우에는 관련된 현재의무를 충당부채로 인식하고 측정한다.

⑧ 변동

㉠ 매 보고기간 말마다 충당부채의 잔액을 검토하고, 보고기간 말 현재 최선의 추정치를 반영하여 조 정한다.

㉡ 충당부채를 현재가치로 평가하여 표시하는 경우에는 장부금액을 기간 경과에 따라 증가시키고 해 당 증가 금액은 차입원가로 인식한다.

㉢ 충당부채는 최초 인식과 관련 있는 지출에만 사용한다.

⑨ 변제

충당부채를 결제하기 위하여 필요한 지출액의 일부 또는 전부를 제3자가 변제할 것이 예상되는 경우 기업이 의무를 이행한다면 변제를 받을 것이 거의 확실하게 되는 때에 한하여 변제금액을 인식하고 별도의 자산으로 회계처리한다.

⑩ 현재가치

    ㉠ 화폐의 시간가치 효과가 중요한 경우 충당부채는 의무를 이행하기 위하여 예상되는 지출액의 현재가치로 평가한다.

    ㉡ 할인율은 부채의 고유한 위험과 화폐의 시간가치에 대한 현행 시장의 평가를 반영한 세전 이율이다. 이 할인율에 반영되는 위험에는 미래 현금흐름을 추정할 때 고려된 위험은 반영하지 아니한다.

    ㉢ 현재의무를 이행하기 위하여 소요되는 지출 금액에 영향을 미치는 미래사건이 발생할 것이라는 충분하고 객관적인 증거가 있는 경우에는 그러한 미래사건을 감안하여 충당부채 금액을 추정한다.

⑪ 예상되는 자산처분

    ㉠ 자산의 예상처분이익은 충당부채를 측정하는 데 고려하지 아니한다.

    ㉡ 예상되는 자산처분이 충당부채를 발생시킨 사건과 밀접하게 관련되었더라도 당해 자산의 예상처분이익은 충당부채를 측정하는 데 고려하지 아니한다. 자산의 예상처분이익은 당해 자산과 관련된 회계처리를 다루고 있는 한국채택국제회계기준서에서 규정하고 있는 시점에 인식한다.

예제

미래의 예상 영업손실과 손실부담계약에 대한 설명으로 옳지 <u>않은</u> 것은?

① 미래의 예상 영업손실은 충당부채로 인식하지 아니한다.

② 손실부담계약은 계약상의 의무에 따라 발생하는 회피 불가능한 원가가 당해 계약에 의하여 얻을 것으로 기대되는 경제적 효익을 초과하는 계약이다.

③ 손실부담계약을 체결하고 있는 경우에는 관련된 현재의무를 충당부채로 인식하고 측정한다.

④ 손실부담계약에 대한 충당부채를 인식하기 전에 당해 손실부담계약을 이행하기 위하여 사용하는 자산에서 발생한 손상차손을 먼저 인식한다.

⑤ 손실부담계약의 경우 계약상의 의무에 따른 회피 불가능한 원가는 계약을 해지하기 위한 최소순원가로서 계약을 이행하기 위하여 소요되는 원가와 계약을 이행하지 못하였을 때 지급하여야 할 보상금 (또는 위약금) 중에서 큰 금액을 말한다.

解설

이행에 소요되는 원가와 위약금 중 작은 금액을 충당부채로 측정한다.

답 ⑤

---

(3) 복구충당부채 회계처리

① 최초 인식

    충당부채의 인식요건을 충족하는 복구비용은 미래에 발생할 복구비용을 적절한 할인율로 할인한 현재가치를 복구충당부채로 인식하고 동 금액을 관련자산의 취득원가에 가산한다.

| (차변) | 관련자산 | ××× | (대변) | 현금 | ××× |
| | | | | 복구충당부채 | ××× |

② 매년 보고기간 말

복구충당부채의 장부가액에 유효이자율법을 적용한 이자비용을 매년 보고기간 말에 당기비용으로 인식하고 동 금액을 복구충당부채의 장부가액에 가산한다.

(차변)	이자비용	×××	(대변)	복구충당부채	×××

③ 복구비용 지출시기

복구비용을 실제로 지출하는 때에는 복구충당부채의 장부가액과 실제복구비용과의 차액을 당기손익 (복구공사손익)으로 인식한다.

(차변)	복구충당부채	×××	(대변)	현금	×××
	복구공사손실	×××			

예제

(주)관세는 20x1년 초 내용연수 종료시점에 복구조건이 있는 구축물을 취득(취득원가 ₩1,000,000, 잔존가치 ₩0, 내용연수 5년, 정액법 상각)하였다. 내용연수 종료시점의 복구비용은 ₩200,000으로 추정되었으나, 실제 복구비용은 ₩230,000이 지출되었다. 복구비용에 적용되는 할인율은 연 8%(5기간 단일금액 ₩1의 미래가치 1.4693, 현재가치 0.6806)이며, 이 할인율은 변동되지 않는다. 동 구축물의 복구비용은 충당부채 인식요건을 충족하고 원가모형을 적용하였을 경우, 다음 중 옳은 것은?(계산 시 화폐금액은 소수점 첫째 자리 에서 반올림한다)

① 20x1년 초 복구충당부채는 ₩156,538이다.
② 20x1년 초 취득원가는 ₩863,880이다.
③ 20x1년 말 감가상각비는 ₩227,224이다.
④ 20x1년 말 복구충당부채에 대한 차입원가(이자비용)는 ₩23,509이다.
⑤ 내용연수 종료시점에서 복구공사손익은 발생되지 않는다.

해설

① 20x1년 초 복구충당부채＝복구비용의 현재가치＝₩200,000×0.6806＝₩136,120
② 20x1년 초 취득원가＝₩1,000,000＋₩136,120＝₩1,136,120
③ 20x1년 말 감가상각비＝(₩1,000,000＋₩136,120) / 5＝₩227,224
④ 20x1년 말 복구충당부채에 대한 차입원가(이자비용)＝₩136,120×8%＝₩10,890
⑤ 내용연수 종료시점에서 복구공사손실＝₩230,000－₩200,000＝₩30,000

답 ③

(4) 우발부채와 우발자산

① 우발부채

　㉠ 우발부채의 의의

　　ⓐ 과거 사건은 발생하였으나 기업이 전적으로 통제할 수 없는 하나 또는 그 이상의 불확실한 미래사건의 발생 여부에 의하여서만 그 존재 여부가 확인되는 잠재적인 의무

　　ⓑ 과거사건에 의하여 발생하였으나 당해 의무를 이행하기 위하여 경제적 효익을 갖는 자원이 유출될 가능성이 높지 아니한 경우 또는 당해 의무를 이행하여야 할 금액을 신뢰성 있게 측정할 수 없는 경우에 해당하여 인식하지 아니하는 현재의무

더 알아보기 충당부채와 우발부채의 인식

구분	신뢰성 있는 측정가능	신뢰성 있는 측정불가
발생가능성 50% 초과	충당부채	우발부채
50% 미만 일정수준 (희박하지 않음)	우발부채	우발부채

　㉡ 우발부채의 인식 및 측정

　　ⓐ 부채의 인식기준을 충족시키기 못하므로 우발부채는 부채로 인식하지 아니한다.

　　ⓑ 의무를 이행하기 위하여 경제적 효익을 갖는 자원의 유출가능성이 아주 낮지 않다면, 우발부채를 공시한다.

　　ⓒ 제3자와 연대하여 의무를 지는 경우에는 이행할 전체의무 중 제3자가 이행할 것으로 기대되는 부분을 우발부채로 처리한다. 신뢰성 있게 추정할 수 없는 극히 드문 경우를 제외하고는 당해 의무 중에서 경제적 효익을 갖는 자원의 유출가능성이 높은 부분에 대하여 충당부채를 인식한다.

　　ⓓ 우발부채는 당초에 예상하지 못한 상황에 따라 변화할 수 있으므로, 경제적 효익을 갖는 자원의 유출가능성이 높아졌는지 여부를 결정하기 위하여 지속적으로 검토한다. 과거에 우발부채로 처리하였더라도 미래경제적 효익의 유출가능성이 높아진 경우에는 그러한 가능성의 변화가 발생한 기간의 재무제표에 충당부채로 인식한다(신뢰성 있게 추정할 수 없는 극히 드문 경우는 제외).

② 우발자산

　㉠ 과거사건에 의하여 발생하였으나 기업이 전적으로 통제할 수는 없는 하나 이상의 불확실한 미래사건의 발생 여부에 의하여서만 그 존재가 확인되는 잠재적 자산을 말한다.

　㉡ 우발자산은 자산으로 인식하지 아니한다.

　㉢ 경제적 효익의 유입 가능성이 높은 우발자산에 대해서는 보고기간 말에 우발자산의 특성에 대해 간결하게 설명을 공시하고 실무적으로 적용할 수 있는 경우에는 측정된 재무적 영향의 추정 금액을 공시한다.

2. 퇴직급여 ★33, 34회 기출★

퇴직급여란 퇴직 후에 지급하는 종업원급여를 말한다. 퇴직급여는 종업원 퇴직시점에 지급하지만 이는 이전기간에 발생한 근로에 대한 대가이다. 기업은 수익비용대응논리에 따라 근로자가 퇴직급여를 받을 권리를 획득하는 근로제공 시점에 예상퇴직급여액 만큼 비용으로 인식하고 관련 부채를 계상하여야 한다.

퇴직급여제도는 확정기여제도나 확정급여제도로 분류된다. 확정기여제도 외의 모든 퇴직급여제도는 확정급여제도이다.

(1) 확정기여제도

종업원에게 지급할 퇴직급여금액이 기금에 출연하는 기여금과 그 투자수익에 의해 결정되는 퇴직급여제도로, 기업은 별도의 부채가 발생하지 않는다.

① 확정기여형 퇴직급여제도의 경우 기업의 법적의무나 의제의무는 기업이 기금에 출연하기로 약정한 금액으로 한정한다.

② 확정기여형 퇴직급여제도의 경우 보험수리적 위험과 투자위험은 종업원이 부담한다. 채무나 비용을 측정하기 위해 보험수리적 가정을 세울 필요가 없고 그 결과 보험수리적 손익이 발생할 가능성도 없다.

③ 보험수리적 가정

㉠ 보험수리적 가정은 퇴직급여의 궁극적인 원가를 결정하는 여러 가지 변수에 대한 최선의 추정을 반영하는 것이다.

㉡ 보험수리적 가정은 사망률, 이직률 등을 의미하는 인구통계적 가정과 할인율, 급여수준 등을 의미하는 재무적 가정으로 이루어진다.

㉢ 보험수리적 가정은 편의가 없어야 하며 서로 양립할 수 있어야 한다.

㉣ 재무적 가정은 채무가 결제될 회계기간에 대하여 보고기간 말 현재 시장의 예상에 기초하며, 명목기준으로 결정한다.

㉤ 퇴직급여채무(기금이 적립되는 경우와 적립되지 않는 경우 모두 포함)를 할인하기 위해 사용하는 할인율은 보고기간 말 현재 우량회사채의 시장수익률을 참조하여 결정한다. 만약 그러한 우량회사채가 없는 경우에는 국채의 시장수익률을 사용한다.

(2) 확정급여제도 ★27, 29, 33회 기출★

종업원에게 지급할 퇴직급여금액이 일반적으로 종업원의 임금과 근무연수에 기초하는 산정식에 의해 결정되는 퇴직급여제도로, 기업과 종업원 사이에 합의된 공식적인 제도나 그 밖의 여러 가지 협약에 의한 퇴직급여를 지급할 의무가 발생한다. 확정급여제도는 기금을 별도로 적립하지 않는 경우도 있으나, 전부나 일부의 기금을 적립하는 경우도 있다. 확정급여형 퇴직급여제도의 경우 보험수리적 위험과 투자위험은 회사가 부담한다.

① 확정급여부채의 구성요소

㉠ 근무원가

ⓐ 당기근무원가 : 당기에 종업원이 근무용역을 제공하여 생긴 확정급여채무 현재가치의 증가분이다.

ⓑ 과거근무원가 : 종업원이 과거 기간에 제공한 근무용역에 대한 확정급여채무 현재가치 변동금액이다.

ⓒ 정산 손익 : 확정급여채무를 정산함에 따라 발생하는 변동금액이다.

ⓛ 순확정급여부채(자산) : 순확정급여부채(자산)를 결정하기 위하여 확정급여채무의 현재가치에서 사외적립자산의 공정가치를 차감한다.

> 순확정급여부채(자산)＝확정급여채무의 현재가치－사외적립자산의 공정가치

    ⓐ 확정급여채무의 현재가치 : 종업원이 당기와 과거 기간에 근무용역을 제공하여 생긴 채무를 결제하기 위해 필요한 예상 미래지급액의 현재가치를 말한다.

    ⓑ 사외적립자산 : 퇴직급여 지급 관련하여 장기종업원급여기금에서 보유하고 있는 자산이나 적격보험계약을 말한다.

ⓒ 순확정급여부채(자산)의 순이자 : 보고기간에 시간이 지남에 따라 생기는 순확정급여부채(자산)의 변동을 말한다.

ⓓ 순확정급여부채(자산)의 재측정요소 : 보험수리적손익과 기타 변동을 말한다.

② 확정급여제도의 회계처리

  ⓐ 확정급여형 퇴직급여제도에서 확정급여채무의 현재가치와 당기근무원가를 결정하기 위해 예측단위적립방식을 사용한다.

    ▷ 예측단위적립방식 : 종업원이 당기와 과거 기간에 제공한 근무용역의 대가로 획득한 급여에 대한 기업의 궁극적인 원가를 산정한 보험수리적 기법

  ⓛ 확정급여채무의 현재가치와 사외적립자산의 공정가치는 재무제표에 인식된 금액이 보고기간 말에 결정될 금액과 중요하게 차이가 나지 않을 정도의 주기를 두고 산정한다.

  ⓒ 퇴직급여비용을 자산의 원가에 포함하는 경우를 제외하고는 확정급여원가의 구성요소를 다음과 같이 인식한다.

    ⓐ 근무원가를 당기손익에 인식한다.

    ⓑ 순확정급여부채(자산)의 순이자를 당기손익에 인식한다.

    ⓒ 순확정급여부채(자산)의 재측정요소를 기타포괄손익에 인식한다.

  ⓔ 확정급여채무와 사외적립자산에서 발생한 모든 변동은 발생한 기간에 인식한다.

  ⓜ 기타포괄손익에 인식되는 확정급여제도의 재측정요소는 후속기간에 당기손익으로 재분류되지 아니한다. 그러나 기타포괄손익에 인식된 금액을 자본 내에서 대체할 수 있다.

퇴직급여제도의 용어에 관한 설명으로 옳은 것은?

① 비가득급여 : 종업원의 미래 계속 근무와 관계없이 퇴직급여제도에 따라 받을 권리가 있는 급여

② 약정퇴직급여의 보험수리적 현재가치 : 퇴직급여제도에 의거하여 현직 및 전직 종업원에게 이미 제공한 근무용역에 대해 지급할 예상퇴직급여의 현재가치

③ 급여지급에 이용가능한 총자산 : 제도의 자산에서 약정퇴직급여의 보험수리적 현재가치를 제외한 부채를 차감한 잔액

④ 확정기여제도 : 종업원에게 지급할 퇴직급여금액이 일반적으로 종업원의 임금과 근무연수에 기초하는 산정식에 의해 결정되는 퇴직급여제도

⑤ 기금적립 : 퇴직급여를 지급할 현재의무를 충족하기 위해 사용자와는 구별된 실체(기금)에 자산을 이전하는 것

해설

① 가득급여 : 종업원의 미래 계속 근무와 관계없이 퇴직급여제도에 따라 받을 권리가 있는 급여를 말한다.

③ 급여지급에 이용가능한 순자산 : 제도의 자산에서 약정퇴직급여의 보험수리적 현재가치를 제외한 부채를 차감한 잔액을 의미한다.

④ 확정기여제도 : 종업원에게 지급할 퇴직급여금액이 기금에 출연하는 기여금과 그 투자수익에 의해 결정되는 퇴직급여제도를 의미한다.

⑤ 기금적립 : 퇴직급여를 지급할 미래의무를 충족하기 위해 사용자와는 구별된 실체(기금)에 자산을 이전하는 것을 말한다.

답 ②

제3장 | 확인학습문제

01 (주)감평은 1주당 액면금액이 ₩1,000인 보통주 10,000주를 발행한 상태에서 20x6년 중 다음과 같은 자기주식 거래가 있었다. 회사는 재발행된 자기주식의 원가를 선입선출법으로 측정하며, 20x6년 9월 1일 현재 자기주식처분손실 ₩25,000이 있다.

> • 9월 1일 자기주식 500주를 1주당 ₩1,100에 취득하였다.
> • 9월 15일 자기주식 300주를 1주당 ₩1,200에 취득하였다.
> • 10월 1일 자기주식 400주를 1주당 ₩1,200에 재발행하였다.
> • 10월 9일 자기주식 300주를 1주당 ₩1,050에 재발행하였다.

자기주식 거래 결과 20x6년 말 자기주식처분손익은?   ★27회 기출★

① 자기주식처분이익   ₩15,000
② 자기주식처분손실   ₩15,000
③ 자기주식처분이익   ₩20,000
④ 자기주식처분손실   ₩20,000
⑤ 자기주식처분손실   ₩25,000

해설
난도 ★
㉠ 자기주식처분
  • 10월 1일 처분이익 = 400주 × (₩1,200 − 1,100) = ₩40,000
  • 10월 9일 처분손실 = 100주 × (₩1,050 − 1,100) + 200주 × (₩1,050 − 1,200) = (₩35,000)
㉡ 20x6년 말 자기주식처분손익
  = (₩25,000) + ₩40,000 + (₩35,000) = (₩20,000)

답 ④

02 (주)감평은 20x1년부터 20x3년까지 배당가능이익의 부족으로 배당금을 지급하지 못하였으나, 20x4년도에는 영업의 호전으로 ₩220,000을 현금배당 할 계획이다. (주)감평의 20x4년 12월 31일 발행주식수가 보통주 200주(주당 액면금액 ₩3,000, 배당률 4%)와 우선주 100주(비누적적, 완전참가적 우선주, 주당 액면금액 ₩2,000, 배당률 7%)인 경우, 보통주배당금으로 배분해야 할 금액은? ★28회 기출★

① ₩120,000

② ₩136,500

③ ₩140,000

④ ₩160,500

⑤ ₩182,000

해설

난도 ★★

※ 우선주의 비누적적, 완전참가적의 의미를 알아야 한다.

㉠ 우선주
- 당기분 : 100주×₩2,000×0.07＝₩14,000
- 추가배당 : (220,000−14,000−24,000)×(200,000 / 800,000)＝₩45,500
- 합계 : ₩14,000＋₩45,500＝₩59,500

㉡ 보통주
- 당기분 : 200주×₩3,000×0.04＝₩24,000
- 추가배당 : ₩220,000−14,000−24,000−45,500＝₩136,500
- 합계 : ₩24,000＋₩136,500＝₩160,500

답 ④

---

03 20x1년 초 설립된 (주)감평의 20x3년 말 자본계정은 다음과 같으며, 설립 후 현재까지 자본금 변동은 없었다. 그 동안 배당가능이익의 부족으로 어떠한 형태의 배당도 없었으나, 20x3년 말 배당재원의 확보로 20x4년 3월 10일 정기 주주총회에서 ₩7,500,000의 현금배당을 선언할 예정이다. (주)감평이 우선주에 배분할 배당금은? ★30회 기출★

구분	액면금액	발행주식수	자본금총계	비고
보통주자본금	₩5,000	12,000주	₩60,000,000	배당률 3%
우선주자본금	₩10,000	3,000주	₩30,000,000	배당률 5%, 누적적, 완전참가적

① ₩2,900,000

② ₩3,900,000

③ ₩4,500,000

④ ₩4,740,000

⑤ ₩4,900,000

난도 ★★★

※ 우선주의 누적적, 완전참가적의 의미를 알아야 한다.

㉠ 우선주
- 전기분 : ₩30,000,000×0.05×2＝₩3,000,000
- 당기분 : ₩30,000,000×0.05＝₩1,500,000
- 추가배당 : (7,500,000−4,500,000−1,800,000)×(30,000,000 / 90,000,000)＝₩400,000
- 합계 : ₩4,500,000＋₩400,000＝₩4,900,000

㉡ 보통주
- 당기분 : ₩60,000,000×0.03＝₩1,800,000
- 추가배당 : ₩7,500,000−4,500,000−1,800,000−400,000＝₩800,000
- 합계 : ₩1,800,000＋₩800,000＝₩2,600,000

답 ⑤

---

04 **(주)감평은 20x1년 1월 1일에 다음 조건의 전환사채를 발행하였다.**

- 액면금액 : ₩2,000,000
- 표시이자율 : 연 7%
- 일반사채의 시장이자율 : 연 12%
- 이자지급일 : 매년 12월 31일
- 상환조건 : 20x3년 12월 31일에 액면금액의 110.5%로 일시상환
- 전환가격 : ₩3,000(보통주 주당 액면금액 ₩1,000)

만일 위 전환사채에 상환할증금 지급조건이 없었다면, 상환할증금 지급조건이 있는 경우에 비해 포괄손익계산서에 표시되는 20x1년 이자비용은 얼마나 감소하는가?(단, 현재가치는 다음과 같으며 계산결과는 가장 근사치를 선택한다)
★28회 기출★

기간	단일금액 ₩1의 현재가치		정상연금 ₩1의 현재가치	
	7%	12%	7%	12%
1	0.9346	0.8929	0.9346	0.8929
2	0.8734	0.7972	1.8080	1.6901
3	0.8163	0.7118	2.6243	2.4018

① ₩17,938

② ₩10,320

③ ₩21,215

④ ₩23,457

⑤ ₩211,182

난도 ★★

㉠ 상환할증금을 지급하는 경우 상환할증금의 현재가치가 장부가액에 더해진다. 이 장부가액에 더해진 금액만큼 이자비용의 차이가 발생한다.

㉡ 상환할증금의 현재가치

₩2,000,000×10.5%×0.7118=₩149,478

㉢ 이자비용의 차이발생

₩149,478×0.12=₩17,938

답 ①

---

05 (주)감평은 20x1년 1월 1일 다음과 같은 조건의 전환사채(만기 3년)를 액면발행하였다. 20x3년 1월 1일에 액면금액의 40%에 해당하는 전환사채가 보통주로 전환될 때 인식되는 주식발행초과금은?(단, 전환권대가는 전환시 주식발행초과금으로 대체되며, 단수차이로 인한 오차가 있으면 가장 근사치를 선택한다)

★29회 기출★

- 액면금액 : ₩1,000,000
- 표시이자율 : 연 5%
- 이자지급시점 : 매년 12월 31일
- 일반사채의 시장이자율 : 연 12%
- 전환가격 : ₩2,000(보통주 주당 액면금액 ₩1,000)
- 상환할증금 : 만기상환 시 액면금액의 119.86%로 일시상환

기간	단일금액 ₩1의 현재가치		정상연금 ₩1의 현재가치	
	5%	12%	5%	12%
1	0.9524	0.8929	0.9524	0.8929
2	0.9070	0.7972	1.8594	1.6901
3	0.8638	0.7118	2.7233	2.4018

① ₩166,499
② ₩177,198
③ ₩245,939
④ ₩256,600
⑤ ₩326,747

난도 ★★★

㉠ 20x1초 전환사채의 부채요소

₩1,198,600×0.7118+50,000×2.4018=₩973,253

© 20x1초 전환사채의 자본요소

 ₩1,000,000－973,373＝₩26,627

© 20x3초 전환사채의 장부가액

 ₩1,198,600×0.8929＋50,000×0.8929＝₩1,114,875

② 회계처리

차변		대변	
전환사채	₩445,950 (₩1,114,875×0.4)	자본금	₩200,000 (200주×₩1,000)
전환권대가	₩10,651 (26,627×0.4)	주식발행초과금	?

• 주식발행초과금＝₩256,601

답 ④

06 (주)감평은 20x1년 초 부여일로부터 3년의 용역제공을 조건으로 직원 50명에게 각각 주식선택권 10개를 부여하였으며, 부여일 현재 주식선택권의 단위당 공정가치는 ₩1,000으로 추정되었다. 주식선택권 1개로는 1주의 주식을 부여받을 수 있는 권리를 가득일로부터 3년간 행사가 가능하며, 총 35명의 종업원이 주식선택권을 가득하였다. 20x4년 초 주식선택권을 가득한 종업원 중 60%가 본인의 주식선택권 전량을 행사하였다면, (주)감평의 주식발행초과금은 얼마나 증가하는가?(단, (주)감평 주식의 주당 액면금액은 ₩5,000이고, 주식선택권의 개당 행사가격은 ₩7,000이다) ★31회 기출★

① ₩630,000

② ₩1,050,000

③ ₩1,230,000

④ ₩1,470,000

⑤ ₩1,680,000

해설

난도 ★★★

㉠ 주식선택권

 35명의 종업원이 가득했다면 35명×10개×₩1,000＝₩350,000이 자본조정에 주식선택권으로 기록되어 있을 것이다.

㉡ 회계처리

차변		대변	
현금	₩1,470,000 (₩7,000×35명×10개×0.6)	자본금	₩1,050,000 (210주×₩5,000)
주식선택권	₩210,000 (350,000×0.6)	주식발행초과금	?

• 주식발행초과금＝₩630,000

답 ①

07

☑확인
Check!
○
△
×

(주)감평은 20x1년 초에 부여일로부터 3년의 지속적인 용역제공을 조건으로 직원 100명에게 주식선택권을 1인당 10개씩 부여하였다. 20x1년 초 주식선택권의 단위당 공정가치는 ₩150이며, 주식선택권은 20x4년 초부터 행사할 수 있다. (주)감평의 연도별 실제 퇴직자 수 및 추가퇴직 예상자 수는 다음과 같다.

	실제 퇴직자 수	추가퇴직 예상자 수
20x1년 말	5명	15명
20x2년 말	8명	17명

(주)감평은 20x1년 말에 주식선택권의 행사가격을 높이는 조건변경을 하였으며, 이러한 조건변경으로 주식선택권의 단위당 공정가치가 ₩30 감소하였다. 20x2년도 인식할 보상비용은? ★29회 기출★

① ₩16,000

② ₩30,000

③ ₩40,000

④ ₩56,000

⑤ ₩70,000

해설

난도 ★★

㉠ 주식선택권의 조건변경 시
- 행사가격 하락 : 유리한 조건변경으로 증분공정가치를 남은 기간 동안 추가로 인식한다.
- 행사가격 상승 : 불리한 조건변경으로 없는 것으로 본다.
- 따라서, 없는 것으로 본다.

㉡ 보상비용
- x1년 보상비용=(100명-20)×10개×₩150×(1 / 3)=₩40,000
- x2년 보상비용=(100명-13-17)×10개×₩150×(2 / 3)-₩40,000=₩30,000

답 ②

08 (주)감평의 20x1년도 희석주당이익은?(단, 전환우선주 전환 이외의 보통주식수의 변동은 없으며, 유통보통주식수 계산 시 월할계산한다. 또한 계산결과는 가장 근사치를 선택한다) ★29회 기출★

- 20x1년도 당기순이익 : ₩1,049,000
- 기초유통보통주식수 : 20,000주(주당 액면금액 ₩1,000)
- 기초유통우선주식수 : 5,000주(전환우선주, 주당 액면금액 ₩1,000, 전환비율 1:1)
- 전환우선주 : 회계연도 말까지 미전환된 부분에 대해서 액면금액의 8% 배당(전년도에는 배당가능이익이 부족하여 배당금을 지급하지 못하였으나, 20x1년도에는 전년도 배당금까지 포함하여 지급할 예정)
- 20x1년 5월 1일 : 전환우선주 900주가 보통주로 전환되고 나머지는 기말까지 미전환

① ₩30
② ₩32
③ ₩35
④ ₩37
⑤ ₩42

해설

난도 ★★

㉠ 가중평균 유통주식수 = 20,000주 + 900주 × (8 / 12) = 20,600주

㉡ 기본주당이익 = (₩1,049,000 − (4100주 × 1,000 × 0.08)) / 20,600주 = ₩35

㉢ 희석주당이익 = ₩1,049,000 / 25,000주 ≒ ₩42

㉣ 희석주당이익이 기본주당이익보다 크므로 희석의 효과가 없다(반희석).

따라서, 기존의 기본주당이익 ₩35가 희석주당이익이 된다.

답 ③

09 (주)감평은 20x6년 10월 1일 전환사채권자의 전환권 행사로 1,000주의 보통주를 발행하였다. 20x6년 말 주당이익 관련 자료가 다음과 같을 때 20x6년도 기본주당이익과 희석주당이익은?(단, 유통보통주식수 계산 시 월할계산하며 전환간주일 개념은 적용하지 않는다) ★27회 기출★

☑확인 Check! ○ △ ×

- 기초유통보통주식수 8,000주
- 당기순이익 ₩198,000
- 보통주 1주당 액면금액 ₩1,000
- 전환사채 액면금액은 ₩1,000,000이며 전환가격은 1주당 ₩500
- 포괄손익계산서상 전환사채의 이자비용은 ₩15,000
- 법인세율 20%

	기본주당이익	희석주당이익
①	₩24	₩22
②	₩24	₩21
③	₩24	₩20
④	₩25	₩21
⑤	₩25	₩22

해설

난도 ★★

㉠ 가중평균 유통주식수 = 8,000주 × (12 / 12) + 1,000주 × (3 / 12) = 8,250주

㉡ 기본주당이익 = ₩198,000 / 8,250주 = ₩24

㉢ 희석주당이익 = (₩198,000 + 15,000 × (1 − 0.2)) / 10,000주 = ₩21

답 ②

10 (주)감평은 20x1년 1월 1일에 사채를 발행하여 매년 말 액면이자를 지급하고 유효이자율법에 의하여 상각한다. 20x2년 말 이자와 관련된 회계처리는 다음과 같다.

☑확인 Check! ○ △ ×

(차변)	이자비용	6,000	(대변)	사채할인발행차금	3,000
				현금	3,000

위 거래가 반영된 20x2년 말 사채의 장부금액이 ₩43,000으로 표시되었다면, 사채의 유효이자율은?(단, 사채의 만기는 20x3년 12월 31일이다) ★28회 기출★

① 연 11%

② 연 12%

③ 연 13%

④ 연 14%

⑤ 연 15%

11 (주)감평은 20x1년 1월 1일에 액면금액 ₩1,000,000(표시이자율 연 8%, 매년 말 이자지급, 만기 3년)의 사채를 발행하였다. 발행당시 시장이자율은 연 13%이다. 20x1년 12월 31일 현재 동 사채의 장부금액은 ₩916,594이다. 동 사채와 관련하여 (주)감평이 20x3년도 인식할 이자비용은?(단, 단수차이로 인한 오차가 있으면 가장 근사치를 선택한다)　　　　★29회 기출★

① ₩103,116

② ₩107,026

③ ₩119,157

④ ₩124,248

⑤ ₩132,245

해설
난도 ★★
㉠ 20x2년말 장부금액＝₩916,594×(1＋0.13)－80,000＝₩955,751
㉡ 20x3년말 이자비용＝₩955,751×0.13＝₩124,248

답 ④

12 (주)감평은 20x1년 1월 1일 액면금액이 ₩1,000,000이고, 표시이자율 연 10%(이자는 매년 말 지급), 만기 3년인 사채를 시장이자율 연 8%로 발행하였다. (주)감평이 20x2년 1월 1일 동 사채를 ₩1,100,000에 조기상환할 경우, 사채의 조기상환손익은?(단, 단수차이가 있으면 가장 근사치를 선택한다) ★27회 기출★

기간	단일금액 ₩1의 현재가치		정상연금 ₩1의 현재가치	
	8%	10%	8%	10%
1	0.9259	0.9091	0.9259	0.9091
2	0.8573	0.8264	1.7833	1.7355
3	0.7938	0.7513	2.5771	2.4868

① ₩64,369 손실
② ₩64,369 이익
③ ₩134,732 손실
④ ₩134,732 이익
⑤ ₩0

해설
난도 ★★★
㉠ 20x1년초 발행가액
　=₩1,000,000×0.7938+₩100,000×2.5771=₩1,051,510
㉡ 20x1년말 장부금액
　=₩1,051,510+(₩1,051,510×0.08 −100,000)=₩1,035,631
㉢ 사채상환손익
　=₩1,035,631(20x1년말 장부금액)−₩1,100,000(상환가액)=(₩64,369)

답 ①

13 퇴직급여제도에 의한 회계처리와 보고에 관한 설명으로 옳지 <u>않은</u> 것은?

① 확정기여제도에서 가입자의 미래급여금액은 사용자나 가입자가 출연하는 기여금과 기금의 운영효율성 및 투자수익에 따라 결정된다.
② 확정기여제도의 재무제표에는 약정퇴직급여의 보험수리적 현재가치와 급여지급에 이용가능한 순자산 사이의 관계, 그리고 약정급여를 위한 기금적립정책에 대한 설명이 있어야 한다.
③ 확정급여제도는 종업원에게 지급할 퇴직급여금액이 일반적으로 종업원의 임금과 근무연수에 기초하는 산정식에 의해 결정되는 퇴직급여제도이다.
④ 가득급여는 종업원의 미래 계속 근무와 관계없이 퇴직급여제도에 따라 받을 권리가 있는 급여를 의미한다.
⑤ 기금적립은 퇴직급여를 지급할 미래의무를 충족하기 위해 사용자와는 구별된 실체(기금)에 자산을 이전하는 것을 의미한다.

난도 ★★★

②는 확정급여제도의 설명이다.

답 ②

---

14 (주)감평의 20x2년 퇴직급여 관련 정보가 다음과 같을 때 이로 인해 20x2년도 기타포괄손익에 미치는 영향은?(단, 기여금의 출연과 퇴직금의 지급은 연도 말에 발생하였다고 가정한다)

★27회 기출★

• 기초 확정급여채무 현재가치	₩24,000
• 기초 사외적립자산 공정가치	20,000
• 당기 근무원가	3,600
• 기여금 출연	4,200
• 퇴직금 지급	2,300
• 기말 확정급여채무 현재가치	25,000
• 기말 사외적립자산 공정가치	22,000
• 확정급여채무 계산 시 적용할 할인율	연 5%

① ₩1,500 감소
② ₩900 감소
③ ₩0
④ ₩600 증가
⑤ ₩2,400 증가

난도 ★★★

㉠ 확정급여형 퇴직급여제도의 구조

	기초	기여금	급여지급	당기손익		OCI	기말
				이자/수익	근무원가		
확정급여채무	(24,000)		2,300	(1,200)	(3,600)	1,500	(25,000)
사외적립자산	20,000	4,200	(2,300)	1,000		(900)	22,000
순확정 급여부채	(4,000)	4,200		(200)	(3,600)	600	(3,000)

㉡ 기타포괄손익에 미치는 영향＝₩600 증가

답 ④

15 다음은 (주)감평이 채택하고 있는 확정급여제도와 관련한 자료이다.

• 확정급여채무 계산 시 적용하는 할인율	연 5%
• 기초 확정급여채무의 현재가치	₩700,000
• 기초 사외적립자산의 공정가치	600,000
• 당기근무원가	73,000
• 사외적립자산에 대한 기여금 출연(기말 납부)	90,000
• 퇴직급여 지급액(사외적립자산에서 기말 지급)	68,000
• 기말 사외적립자산의 공정가치	670,000
• 기말 재무상태표에 표시된 순확정급여부채	100,000

(주)감평의 확정급여제도 적용이 포괄손익계산서의 당기순이익과 기타포괄이익에 미치는 영향은 각각 얼마인가?　★29회 기출★

	당기순이익에 미치는 영향	기타포괄이익에 미치는 영향
①	₩108,000 감소	₩48,000 감소
②	₩108,000 감소	₩48,000 증가
③	₩108,000 감소	₩12,000 감소
④	₩78,000 감소	₩12,000 증가
⑤	₩78,000 감소	₩12,000 감소

해설
난도 ★★★
㉠ 확정급여형 퇴직급여제도의 구조

	기초	기여금	급여지급	당기손익 이자/수익	당기손익 근무원가	OCI	기말
확정급여채무	(700,000)		68,000	(35,000)	(73,000)	(30,000)	(770,000)
사외적립자산	600,000	90,000	(68,000)	30,000		18,000	670,000
순확정급여부채	(100,000)	90,000		(5000)	(73,000)	(12,000)	(100,000)

㉡ 당기순익=₩78,000 감소, 기타포괄손익=₩12,000 감소

답 ⑤

16 충당부채, 우발부채 및 우발자산에 관한 설명으로 옳지 <u>않은</u> 것은?

★29회 기출★

① 충당부채는 현재의무이고 이를 이행하기 위하여 경제적 효익이 있는 자원을 유출할 가능성이 높고 해당 금액을 신뢰성 있게 추정할 수 있으므로 부채로 인식한다.

② 제품보증이나 이와 비슷한 계약 등 비슷한 의무가 다수 있는 경우에 의무 이행에 필요한 자원의 유출 가능성은 해당 의무 전체를 고려하여 판단한다.

③ 재무제표는 미래 시점의 예상 재무상태가 아니라 보고기간 말의 재무상태를 표시하는 것이므로, 미래 영업에서 생길 원가는 충당부채로 인식한다.

④ 손실부담계약은 계약상 의무의 이행에 필요한 회피 불가능 원가가 그 계약에서 받을 것으로 예상되는 경제적 효익을 초과하는 계약을 말한다.

⑤ 우발자산은 과거사건으로 생겼으나, 기업이 전적으로 통제할 수는 없는 하나 이상의 불확실한 미래 사건의 발생 여부로만 그 존재 유무를 확인할 수 있는 잠재적 자산을 말한다.

> **해설**
> 난도 ★★
> 재무제표는 <u>미래 영업에서 생길 원가</u>까지는 충당부채로 인식하지는 <u>않는다</u>.

답 ③

---

17 다음 20x1년 말 (주)감평의 자료에서 재무상태표에 표시될 충당부채 금액은?(단, 현재가치 계산은 고려하지 않는다)

★28회 기출★

- 20x1년 초에 취득한 공장건물은 정부와의 협약에 의해 내용연수가 종료되면 부속 토지를 원상으로 회복시켜야 하는데, 그 복구비용은 ₩500,000이 발생될 것으로 추정된다.
- 20x1년 말에 새로운 회계시스템의 도입으로 종업원들에 대한 교육훈련이 20x2년에 진행될 예정이며, 교육훈련비용으로 ₩300,000의 지출이 예상된다.
- 20x1년 초에 구입한 기계장치는 3년마다 한 번씩 대대적인 수리가 필요한데, 3년 후 ₩600,000의 수리비용이 발생될 것으로 추정된다.

① ₩0

② ₩500,000

③ ₩600,000

④ ₩800,000

⑤ ₩1,100,000

> **해설**
> 난도 ★★
> 과거사건의 결과로 미래의무가 회피 불가능해야 충당부채로 인식한다. 교육훈련비용이나 수리비용은 회피 불가능한 의무는 아니다.

답 ②

제4장 | 수익 및 기타 회계이론

출제포인트
□ 수익
□ 회계정책
□ 회계오류의 유형
□ 이연법인세
□ 법인세

제1절 수익

1. 수익인식의 5단계 ★32, 33, 34회 기출★

수익은 자산의 유입 또는 가치 증가나 부채의 감소 형태로 자본의 증가를 가져오는 특정 회계기간에 생긴 경제적 효익의 증가로서, 지분참여자의 출연과 관련된 것은 제외한다. 한국채택국제회계기준에서는 수익을 다음의 5단계에 따라 인식하도록 규정하고 있다.

1단계	2단계	3단계	4단계	5단계
고객과의 계약식별	별도 수행의무식별	거래가격 산정	수행의무에 거래가격배분	수익인식

(1) 고객과의 계약식별 ★34회 기출★

계약은 둘 이상의 당사자 사이에 집행 가능한 권리와 의무가 생기게 하는 합의이다. 수익기준서는 고객과의 계약에서 생기는 수익에만 적용하며, 리스·보험·금융상품 등의 계약과 같은 사업 영역에 있는 기업 사이의 상업적 실질이 없는 교환거래계약은 제외한다.

① 고객과의 계약의 요건
  ㉠ 계약 당사자들이 계약을 (서면, 구두, 그 밖의 사업 관행에 따라) 승인하고 각자의 의무를 수행하기로 확약
  ㉡ 이전할 재화·용역과 관련한 각 당사자의 권리를 식별 가능
  ㉢ 이전할 재화·용역의 대금지급조건을 식별 가능
  ㉣ 계약에 상업적 실질이 있음

ⓜ 권리를 갖게 될 대가의 회수가능성이 높음

② 고객과의 계약의 요건을 충족하지 못하는 경우

고객에게 재화나 용역을 이전해야하는 의무가 남아있지 않고, 고객이 약속한 대가를 모두 (또는 대부분) 받았으며, 그 대가가 고객에게 환불되지 않는다면 수익으로 인식한다. 상기에 해당되지 않는다면 고객에게서 받은 대가를 부채로 인식한다.

③ 계약결합

둘 이상의 계약이 일괄 협상에 따른 것이거나 수행의무 혹은 대가가 연동되어 있다면, 같은 고객과 동시 또는 가까운 시기에 체결한 둘 이상의 계약을 결합하여 단일 계약으로 회계처리한다.

예제

고객과의 계약에서 생기는 수익에 관한 설명으로 옳은 것은?

① 계약의 결과로 기업의 미래 현금흐름의 위험, 시기, 금액이 변동될 것으로 예상되지 않는 경우에도 고객과의 계약으로 회계처리할 수 있다.

② 계약은 서면으로, 구두로, 기업의 사업 관행에 따라 암묵적으로 체결할 수 있다.

③ 이전할 재화나 용역의 지급조건을 식별할 수 없는 경우라도 고객과의 계약으로 회계처리할 수 있다.

④ 계약변경은 반드시 서면으로만 승인될 수 있다.

⑤ 고객과의 계약에서 식별되는 수행의무는 계약에 분명히 기재한 재화나 용역에만 한정된다.

해설

① 고객과의 계약에서 생기는 수익 기준서는 고객과의 계약에서 생기는 수익 및 현금흐름의 특성, 금액, 시기, 불확실성에 대한 포괄적인 정보를 재무제표이용자에게 제공하도록 짜임새 있는 공시 요구사항을 포함한다.

ㄱ 적절한 범주로 구분된 수익금액을 포함한 고객과의 계약으로 인식한 수익 공시

ㄴ 수취채권, 계약자산, 계약부채의 기초 및 기말 잔액을 포함한 계약 잔액 공시

ㄷ 기업의 수행의무를 일반적으로 이행하는 시기, 나머지 수행의무에 배분된 거래가격을 포함한 수행의무 공시

ㄹ 이 기준서를 적용할 때 내린 유의적인 판단과 그 판단의 변경

ㅁ 계약을 체결하거나 이행하기 위한 원가 중에서 인식한 자산

③ 다음 기준을 모두 충족하는 때에만, 이 기준서의 적용범위에 포함되는 고객과의 계약으로 회계처리한다.

ㄱ 계약 당사자들이 계약을 (서면으로, 구두로, 그 밖의 사업 관행에 따라) 승인하고 각자의 의무를 수행하기로 확약한다.

ㄴ 이전할 재화나 용역과 관련된 각 당사자의 권리를 식별할 수 있다.

ㄷ 이전할 재화나 용역의 지급조건을 식별할 수 있다.

ㄹ 계약에 상업적 실질이 있다(계약의 결과로 기업의 미래 현금흐름의 위험, 시기, 금액이 변동될 것으로 예상된다).

ㅁ 고객에게 이전할 재화나 용역에 대하여 받을 권리를 갖게 될 대가의 회수 가능성이 높다. 대가의 회수 가능성이 높은지를 평가할 때에는 지급기일에 고객이 대가(금액)를 지급할 수 있는 능력과 지급할 의도만을 고려한다. 기업이 고객에게 가격할인(price concessions)을 제공할 수 있기 때문에 대가가 변동될 수 있다면, 기업이 받을 권리를 갖게 될 대가는 계약에 표시된 가격보다 적을 수 있다.

④ 계약변경이란 계약 당사자들이 승인한 계약의 범위나 계약가격(또는 둘 다)의 변경을 말한다. 몇몇 산업과 국가(법적 관할구역)에서는 계약변경을 주문변경(change order), (공사)변경(variation), 수정이라고 표현하기도 한다. 계약 당사자가 집행 가능한 권리와 의무를 새로 설정하거나 기존의 집행 가능한 권리와 의무를 변경하기로 승인할 때 계약변경이 존재한다. 계약변경은 서면으로, 구두 합의로, 기업의 사업 관행에서 암묵적으로 승인될 수 있다. 계약 당사자들이 계약변경을 승인하지 않았다면, 계약변경의 승인을 받을 때까지는 기존 계약에 이 기준서를 계속 적용한다.

⑤ 고객과의 계약에서 식별되는 수행의무는 계약에 기재한 재화나 용역에만 한정되지 않을 수 있으며, 약속도 고객과의 계약에 포함될 수 있다.

답 ②

(2) 수행의무를 식별

① 수행의무의 정의

하나의 계약은 고객에게 재화나 용역을 이전하는 여러 약속을 포함한다. 그 재화나 용역들이 구별된다면 약속은 수행의무이고 별도로 회계처리한다. 수행의무는 고객과의 계약에서 다음 중 어느 하나를 고객에게 이전하기로 한 각각의 약속이다.

㉠ 구별되는 재화나 용역(또는 재화나 용역의 묶음)

㉡ 일련의 구별되는 재화나 용역으로서, 그 재화나 용역은 실질이 같고 고객에게 이전하는 방식도 같음

② 구별되는 재화나 용역(수행의무의 분리)의 요건

고객이 재화나 용역 그 자체나 쉽게 구할 수 있는 다른 자원과 함께하여 효익을 얻을 수 있고, 그 약속을 계약 내의 다른 약속과 별도로 식별해낼 수 있다면 재화나 용역은 구별된다. 다음 기준을 모두 충족해야 고객에게 약속한 재화나 용역은 구별된다고 볼 수 있다.

㉠ 고객이 재화나 용역 그 자체에서 효익을 얻거나 고객이 쉽게 구할 수 있는 다른 자원과 함께 그 재화·용역에서 효익을 얻을 수 있다(그 재화나 용역이 구별될 수 있음).

㉡ 고객에게 재화나 용역을 이전하기로 하는 약속을 계약 내의 다른 약속과 별도로 식별해낼 수 있다 (그 재화나 용역을 이전하기로 하는 약속은 계약상 구별됨).

더 알아보기 | 수행의무를 별도로 식별해낼 수 없음을 나타내는 요소의 예시

- 기업은 고객이 특정한 결합산출물(들)을 생산하거나 인도하기 위한 투입물로써 그 재화나 용역을 사용하고 있다.
- 하나 이상의 해당 재화나 용역이 계약 내에서 연동되어 유의적으로 변형 또는 고객 맞춤화된다.
- 해당 재화나 용역은 상호의존도나 상호관련성이 매우 높다. 각 재화나 용역은 그 계약에서 하나 이상의 다른 재화나 용역에 의해 유의적으로 영향을 받는다.

---

③ 일련의 구별되는 재화나 용역

하나의 계약에서 다수의 동일한 구별되는 재화·용역이 식별되고, 그 재화나 용역이 일정 기간에 걸쳐 이행하는 수행의무이며 진행률을 측정하는 방법이 같다면 다수의 재화나 용역을 하나의 수행의무로 식별한다.

(3) 거래가격을 산정

① 거래가격 산정 일반

㉠ 거래가격은 고객에게 약속한 재화나 용역을 이전하고 그 대가로 기업이 받을 권리를 갖게 될 것으로 예상하는 금액이며, 제3자를 대신해서 회수한 금액(예 일부 판매세)은 제외한다.

㉡ 거래가격을 산정하기 위해서는 계약조건과 기업의 사업 관행을 참고한다.

㉢ 거래가격은 고객이 지급하는 고정된 금액일 수도 있으나, 어떤 경우에는 변동대가를 포함하거나 현금 외의 형태로 지급될 수도 있다.

㉣ 거래가격은 계약에 유의적인 금융요소가 포함된다면 화폐의 시간가치 영향을 조정하며, 고객에게 지급하는 대가가 있는 경우에도 거래가격에서 조정한다.

㉤ 대가가 변동된다면 고객에게 약속한 재화나 용역을 이전하고 그 대가로 받을 권리를 갖게 될 것으로 예상하는 금액을 추정한다.

ⓑ 변동대가는 변동대가와 관련된 불확실성이 나중에 해소될 때, 인식된 누적수익금액 중 유의적인 부분을 되돌리지(환원하지) 않을 가능성이 매우 높은 정도까지만 거래가격에 포함한다.

ⓢ 거래가격을 산정하기 위하여 기업은 재화나 용역을 현행 계약에 따라 약속대로 고객에게 이전할 것이고 이 계약은 취소·갱신·변경되지 않을 것이라고 가정한다.

② 거래가격 산정의 고려요소

고객이 약속한 대가의 특성, 시기, 금액은 거래가격의 추정치에 영향을 미친다. 거래가격을 산정할 때에는 다음 사항이 미치는 영향을 모두 고려한다.

㉠ 변동대가

대가는 할인(Discount), 리베이트, 환불, 공제(Credits), 가격할인(Price Concessions), 장려금(Incentives), 성과보너스, 위약금이나 그 밖의 비슷한 항목 때문에 변동될 수 있다. 변동대가(금액)는 기댓값(가능한 범위의 모든 대가액에 각 확률을 곱한 금액의 합)이나 가능성이 제일 높은 금액 중에서 보다 실제에 가까울 것으로 예상하는 방법으로 추정한다. 고객에게서 받은 대가의 일부나 전부를 고객에게 환불할 것으로 예상하는 경우에는 환불부채를 인식한다.

㉡ 변동대가 추정치의 제약

변동대가와 관련된 불확실성이 나중에 해소될 때, 이미 인식한 누적수익금액 중 유의적인 부분을 되돌리지(환원하지) 않을 가능성이 매우 높은(Highly Probable) 정도까지만 추정된 변동대가(금액)의 일부나 전부를 거래가격에 포함한다. 각 보고기간 말의 상황과 보고기간의 상황변동을 충실하게 표현하기 위하여 보고기간 말마다 추정 거래가격을 새로 수정한다(변동대가 추정치가 제약되는지를 다시 평가하는 것을 포함).

㉢ 계약에 있는 유의적인 금융요소

거래가격을 산정할 때, 대금의 지급시기 때문에 고객에게 재화나 용역을 이전하면서 유의적인 금융효익이 고객이나 기업에 제공되는 경우에는 화폐의 시간가치를 반영하여 약속된 대가(금액)를 조정한다. 그 상황에서 계약은 유의적인 금융요소를 포함한다. 금융지원 약속이 계약에 명확하게 명시되지 않더라도 계약형태에 따라 유의적인 금융요소가 있을 수 있다. 계약을 개시할 때 기업이 고객에게 약속한 재화나 용역을 이전하는 시점과 고객이 대가를 지급하는 시점 간의 기간이 1년 이내일 것으로 예상하면 유의적인 금융요소를 조정하지 않는 실무적 간편법을 쓸 수 있다.

ⓐ 유의적인 금융요소가 없는 경우

• 고객이 재화나 용역의 대가를 선급하였고 그 재화나 용역의 이전 시점은 고객의 재량에 따른다.
• 고객이 약속한 대가 중 상당한 금액이 변동될 수 있으며 그 대가의 금액과 시기는 고객이나 기업이 실질적으로 통제할 수 없는 미래 사건의 발생 여부에 따라 달라진다(예 대가가 판매기준 로열티인 경우).
• 약속한 대가와 재화나 용역의 현금판매가격 간의 차이가 고객이나 기업에 대한 금융제공 외의 이유로 생기며, 그 금액 차이는 그 차이가 나는 이유에 따라 달라진다. 예를 들면 지급조건을 이용하여 계약상 의무의 일부나 전부를 적절히 완료하지 못하는 계약 상대방에게서 기업이나 고객을 보호할 수 있다.

㉣ 비현금 대가

고객이 현금 외의 형태로 대가를 약속한 경우에 거래가격을 산정하기 위하여 비현금 대가를 공정가치로 측정한다. 비현금 대가의 공정가치를 합리적으로 추정할 수 없는 경우에는 그 대가와 교환하여 고객(또는 고객층)에게 약속한 재화나 용역의 개별판매가격을 참조하여 간접적으로 그 대가를 측정한다.

ⓜ 고객에게 지급할 대가

고객에게 지급할 대가에는 기업이 고객(또는 고객에게서 기업의 재화나 용역을 구매하는 다른 당사자)에게 지급하거나 지급할 것으로 예상하는 현금 금액을 포함한다. 기업이 고객에게 지급할 대가에는 고객이 기업에(또는 고객에게서 기업의 재화나 용역을 구매하는 다른 당사자에게) 갚아야 할 금액에 적용될 수 있는 공제나 그 밖의 항목(예 쿠폰이나 상품권)도 포함된다. 고객에게 지급할 대가는 고객이 기업에 이전하는 구별되는 재화나 용역의 대가로 지급하는 것이 아니라면, 거래가격, 즉 수익에서 차감하여 회계처리한다.

(4) 거래가격을 계약 내 수행의무에 배분

거래가격은 일반적으로 계약에서 약속한 각 구별되는 재화나 용역의 상대적 개별판매가격을 기준으로 비례하여 배분한다. 개별판매가격은 기업이 약속한 재화나 용역을 고객에게 별도로 판매할 경우의 가격이다. 개별판매가격을 관측할 수 없다면 추정해야 한다. 개별판매가격 추정방법은 다음과 같다.

① 시장평가 조정 접근법

기업이 재화나 용역을 판매하는 시장을 평가하여 그 시장에서 고객이 그 재화나 용역에 대해 지급하려는 가격을 추정할 수 있다. 비슷한 재화나 용역에 대한 경쟁자의 가격을 참조하고 그 가격에 기업의 원가와 이윤을 반영하기 위해 필요한 조정을 하는 방법을 포함할 수도 있다.

② 예상원가 이윤 가산 접근법

수행의무를 이행하기 위한 예상 원가를 예측하고 여기에 그 재화나 용역에 대한 적절한 이윤을 더할 수 있다.

③ 잔여접근법

재화나 용역의 개별판매가격은 총 거래가격에서 계약에서 약속한 그 밖의 재화나 용역의 관측 가능한 개별판매가격의 합계를 차감하여 추정할 수 있다. 그러나 잔여접근법은 판매가격이 매우 다양하거나 불확실한 경우에만, 개별판매가격 추정에 사용할 수 있다.

(5) 수행의무를 이행할 때 수익을 인식 ★27, 28, 33, 34회 기출★

기업이 수행의무를 이행할 때(또는 이행하는 대로, 고객이 재화나 용역을 통제하게 되는 때), 그 수행의무에 배분된 거래가격을 수익으로 인식한다. 수행의무는 한 시점에 이행하거나(일반적으로 고객에게 재화를 이전하는 약속의 경우), 기간에 걸쳐 이행한다(일반적으로 고객에게 용역을 이전하는 약속의 경우).

고객의 통제 → 자산의 이전 → 수행의무 이행 → 수익 인식

① 고객의 통제

자산(재화 · 용역)을 사용하도록 지시하고 그 자산의 나머지 효익의 대부분을 획득할 수 있는 능력을 통제라고 한다. 통제 이전의 지표는 다음과 같다.

㉠ 기업의 대금지급청구권(고객의 대금지급의무)

㉡ 자산의 법적 소유권(Legal Title) 이전

㉢ 자산의 물리적 점유(Physical Possession) 이전

㉣ 자산의 소유에 따른 유의적인 위험과 보상(Significant Risks and Rewards of Ownership)의 이전

ⓜ 고객의 자산인수(재화·용역이 합의한 요구조건을 충족한다는 것을 동의·승인하여 받아들인다는 적극적인 의미)

② 일정기간에 이행하는 수행의무

일정 기간에 걸쳐 이행하는 수행의무는 다음 중 하나를 충족한다. 그 외는 어느 한 시점에 이행되는 수행의무이며, 고객이 자산(재화·용역)을 통제하게 되는 시점에 수익을 인식한다.

㉠ 고객은 기업이 업무를 수행하는 대로 효익을 동시에 얻고 소비(예 청소용역, 케이블TV용역)

㉡ 기업이 만들거나 가치를 높이는 대로 그 자산을 고객이 통제(예 고객의 소유지에서 제작하는 자산)

㉢ 기업이 업무를 수행하여 만든 자산은 그 기업 자체에는 대체 용도가 없고, 지금까지 업무수행을 완료한 부분에 대해서는 집행 가능한 대금지급청구권이 있음(예 주문제작자산)

③ 진행률에 따른 수익인식

㉠ 진행률 측정방법의 적용

ⓐ 기간에 걸쳐 이행하는 각 수행의무에는 하나의 진행률 측정방법을 적용하며 비슷한 상황에서의 비슷한 수행의무에는 그 방법을 일관되게 적용한다.

ⓑ 고객에게 통제를 이전하지 않은 재화나 용역은 진행률 측정에서 제외한다. 이와 반대로, 수행의무를 이행할 때 고객에게 통제를 이전하는 재화나 용역은 모두 진행률 측정에 포함한다.

ⓒ 진행률은 보고기간 말마다 다시 측정한다. 상황이 바뀜에 따라 진행률을 새로 수정하며 이러한 진행률의 변동은 회계추정의 변경으로 회계처리한다.

ⓓ 수행의무의 진행률을 합리적으로 측정할 수 있는 경우에만 기간에 걸쳐 이행하는 수행의무에 대한 수익을 인식한다.

ⓔ 진행률을 합리적으로 추정하기 어려우나 수행의무를 이행하는 원가는 회수될 것으로 예상한다면 발생원가의 범위에서만 수익을 인식한다.

㉡ 진행률의 측정방법

구분	산출법	투입법
내용	해당시점까지 이전한 재화와 용역의 가치를 측정하여 잔여분 가치와 비교	수행의무 이행을 위해 사용한 투입물 ÷ 예상 총 투입물
예	• 수행을 완료한 정도를 조사 • 달성한 결과에 대한 평가 • 도달한 단계 • 생산한 단위나 인도한 단위	• 소비한 자원 • 사용한 노동시간 • 발생한 원가 • 경과한 시간 • 사용한 기계시간
장점	기업의 수행정도를 충실히 나타냄	투입물을 수행기간에 걸쳐 균등하게 소비 → 정액법으로 수익인식 가능
단점	• 산출물 직접 관찰 어려움 • 정보획득 어려움	고객에 이전한 통제와 투입물 → 직접적인 관계가 없을 수 있음

예제

'고객과의 계약에서 생기는 수익'에서 언급하고 있는 수익인식의 5단계 순서로 옳은 것은?

> ㄱ. 고객과의 계약식별
> ㄴ. 수행의무의 식별
> ㄷ. 거래가격 산정
> ㄹ. 거래가격을 계약 내 수행의무에 배분
> ㅁ. 수행의무 충족 시 수익인식

① ㄱ → ㄴ → ㄷ → ㄹ → ㅁ   ② ㄱ → ㄷ → ㄴ → ㄹ → ㅁ

③ ㄴ → ㄱ → ㄷ → ㄹ → ㅁ   ④ ㄴ → ㄷ → ㄱ → ㄹ → ㅁ

⑤ ㄷ → ㄱ → ㄴ → ㄹ → ㅁ

해설

고객과의 계약식별 → 수행의무의 식별 → 거래가격 산정 → 거래가격을 계약 내 수행의무에 배분 → 수행의무 충족 시 수익인식

답 ①

예제

(주)감평은 20x1년 초 총 계약금액이 ₩1,200인 공사계약을 체결하고, 20x3년 말에 완공하였다. 다음 자료를 기초로 (주)감평이 20x1년도 재무제표에 인식할 공사이익과 계약자산(또는 계약부채)은?(단, 진행률은 누적발생공사원가를 추정총공사원가로 나눈 비율로 계산한다.)

	20x1년	20x2년	20x3년
실제발생 공사원가	₩300	₩500	₩350
완성시까지 예상 추가 공사원가	700	200	–
공사대금 청구액	400	300	500
공사대금 회수액	320	200	680

	공사이익	계약자산(계약부채)
①	₩40	₩40
②	₩60	₩40
③	₩60	₩(40)
④	₩80	₩40
⑤	₩80	₩(40)

해설

- 공사이익 = (₩1,200 − ₩1,000) × 30%(주1) = ₩60
- 계약부채 = ₩400 − ₩1,200 × 30% = ₩40

(주1) 공사진행률 = ₩300 ÷ (₩300 + ₩700) = 30%

답 ③

2. 원가

(1) 계약원가

① 계약체결 증분원가

㉠ 계약체결 증분원가는 고객과 계약을 체결하기 위해 들인 원가로 계약을 체결하지 않았다면 들지 않았을 원가이다(예 판매수수료).

㉡ 고객과의 계약체결 증분원가가 회수될 것으로 예상된다면 이를 자산으로 인식한다.

㉢ 계약체결 여부와 무관하게 드는 계약체결원가는 계약체결 여부와 관계없이 고객에게 그 원가를 명백히 청구할 수 있는 경우가 아니라면 발생시점에 비용으로 인식한다.

㉣ 계약체결 증분원가를 자산으로 인식하더라도 상각기간이 1년 이하라면 그 계약체결 증분원가는 발생시점에 비용으로 인식할 수 있다.

② 계약이행원가

계약이행원가는 고객과의 계약을 이행할 때 드는 원가로, 다음 기준을 모두 충족하는 계약이행원가는 자산으로 인식한다.

㉠ 계약이나 구체적으로 식별할 수 있는 예상계약에 직접 관련*

㉡ 원가가 미래 수행의무 이행 시 사용할 자원을 창출하거나 가치를 높임

㉢ 원가가 회수될 것으로 예상

*계약(또는 구체적으로 식별된 예상 계약)에 직접 관련되는 원가에는 다음이 포함된다.

ⓐ 직접노무원가(예 고객에게 약속한 용역을 직접 제공하는 종업원의 급여와 임금)

ⓑ 직접재료원가(예 고객에게 약속한 용역을 제공하기 위해 사용하는 저장품)

ⓒ 계약이나 계약활동에 직접 관련되는 원가 배분액(예 계약의 관리·감독 원가, 보험료, 계약의 이행에 사용된 기기·장비의 감가상각비)

ⓓ 계약에 따라 고객에게 명백히 청구할 수 있는 원가

ⓔ 기업이 계약을 체결하였기 때문에 드는 그 밖의 원가(예 하도급자에게 지급하는 금액)

더 알아보기

다음 원가는 발생시점에 비용으로 인식한다.
- 일반관리원가
- 계약을 이행하는 과정에서 낭비된 재료원가, 노무원가, 그 밖의 자원의 원가로 계약가격에 반영되지 않은 원가
- 이미 이행한(또는 부분적으로 이미 이행한) 계약상 수행의무와 관련된 원가(과거의 수행정도와 관련된 원가)
- 이행하지 않은 수행의무와 관련된 원가인지 이미 이행한(또는 부분적으로 이미 이행한) 수행의무와 관련된 원가인지 구별할 수 없는 원가

3. 계약자산과 계약부채

(1) 계약자산

기업이 고객에게 이전한 재화나 용역에 대하여 그 대가를 받을 기업의 권리로 그 권리에 시간의 경과 외의 조건(예 기업의 미래 수행)이 있는 자산이다.

① 상각

계약자산은 그 자산과 관련된 재화나 용역을 고객에게 이전하는 방식과 일치하는 체계적 기준으로 상각한다. 그 자산은 구체적으로 식별된 예상계약에 따라 이전할 재화나 용역에 관련될 수 있다.

② 손상

㉠ 손상금액의 계산

장부금액이 다음 ⓐ에서 ⓑ를 뺀 금액을 초과하는 정도까지는 손상차손을 당기손익에 인식한다.

ⓐ 그 자산과 관련된 재화나 용역의 대가로 기업이 받을 것으로 예상하는 나머지 금액

ⓑ 그 재화나 용역의 제공에 직접 관련되는 원가로 아직 비용으로 인식하지 않은 원가

㉡ 손상의 환입

손상상황이 사라졌거나 개선된 경우에는 과거에 인식한 손상차손의 일부나 전부를 환입하여 당기손익으로 인식한다. 증액된 자산의 장부금액은 과거에 손상차손을 인식하지 않았다면 산정되었을 금액(상각 후 순액)을 초과해서는 안 된다.

(2) 계약부채

기업이 고객에게서 이미 받은 대가(또는 지급기일이 된 대가)에 상응하여 고객에게 재화나 용역을 이전하여야 하는 기업의 의무이다.

(3) 표시

계약 당사자 중 어느 한 편이 계약을 수행했을 때, 기업의 수행정도와 고객의 지급과의 관계에 따라 그 계약을 계약자산이나 계약부채로 재무상태표에 표시한다. 대가를 받을 무조건적인 권리는 수취채권으로 구분하여 표시한다.

(4) 계약자산과 수취채권 인식 사례

① 계약체결

㉠ 기업은 고객에게 제품 A와 B를 이전하고 그 대가로 1,000원을 받기로 20X8년 1월 1일에 계약을 체결

㉡ 계약에서는 제품 A를 먼저 인도하도록 요구하고, 제품 A의 인도 대가는 제품 B의 인도를 조건으로 한다고 기재

㉢ 대가 1,000원은 기업이 고객에게 제품 A와 B 모두를 이전한 다음에만 받을 권리가 생김 → 기업은 제품 A와 B 모두를 고객에게 이전할 때까지 대가를 받을 무조건적인 권리(수취채권)가 없음

② 수행의무

기업은 제품 A와 B를 이전하기로 한 약속을 수행의무로 식별

③ 거래가격의 배분

제품의 상대적 개별판매가격에 기초하여 제품 A에 대한 수행의무에 400원을, 제품 B에 대한 수행의무에 600원을 배분

④ 회계처리

    ㉠ 기업은 제품 A를 이전하는 수행의무를 이행할 때 아래와 같이 회계처리

(차)	계약자산	400원	(대)	수익	400원

    ㉡ 기업은 제품 B를 이전하는 수행의무를 이행하고, 대가를 받을 무조건적인 권리(수취채권)를 인식

(차)	수취채권	1,000원	(대)	계약자산	400원
				수익	600원

(5) 계약부채 인식 사례

① 계약체결

    ㉠ 기업은 제품을 개당 150원에 이전하기로 20x9년 1월 1일에 고객과 계약을 체결

    ㉡ 고객이 1년 이내에 제품을 1백만 개 이상 구매할 경우에는 계약에 따라 개당 가격을 소급하여 125원으로 낮추어야 함

② 수취채권

기업은 제품에 대한 통제를 고객에게 이전할 때에 대가를 지급받을 권리가 생기며 가격감액을 소급 적용(제품 1백만 개를 운송한 후)하기 전까지, 개당 150원의 대가를 받을 무조건적 권리(수취채권)가 있음

③ 거래가격의 산정

기업은 계약 개시시점에 거래가격을 산정할 때에 고객이 임계치인 제품 1백만 개 조건을 충족할 것이고 따라서 거래가격이 제품 개당 125원으로 추정된다고 결론

④ 회계처리

기업은 제품 100개를 고객에게 처음 운송할 때에 아래와 같이 회계처리

(차)	수취채권	15,000원	(대)	수익	12,500원
				환불부채(계약부채)	2,500원

환불부채는 제품 개당 25원의 환불금을 나타내며, 이는 수량기준 리베이트(기업이 받을 무조건적인 권리가 있는 계약 표시가격 150원과 추정 거래가격 125원의 차이)로 고객에게 제공될 것으로 예상하는 것임

1. 회계변경 ★34회 기출★

(1) 회계변경의 의의

회계변경이란 회계기준이나 관계법령의 제정, 개정 및 경제환경의 변화 또는 기술 및 기업경영환경의 변화 등으로 인하여 기업이 현재 채택하여 사용하고 있는 회계처리방법이 적절치 못하게 되어 새로운 회계처리방법으로 변경하는 것을 말한다. 회계변경에는 회계정책의 변경과 회계추정의 변경이 있다.

(2) 회계변경의 종류 ★28회 기출★

① 회계정책의 변경

㉠ 의의 : 회계정책이란 기업이 재무제표를 작성·표시하기 위하여 적용하는 구체적인 원칙, 근거, 관습, 규칙 및 관행을 말하고, 회계정책의 변경이란 재무제표의 작성과 보고에 적용하던 회계정책을 다른 회계정책으로 바꾸는 것을 말한다. 기업은 다음 중 하나의 경우 회계정책을 변경할 수 있다.

> ⓐ 한국채택국제회계기준에서 회계정책의 변경을 요구하는 경우
> ⓑ 회계정책의 변경을 반영한 재무제표가 거래, 기타 사건 또는 상황이 재무상태, 재무성과 또는 현금흐름에 미치는 영향에 대하여 신뢰성 있고 더 목적적합한 정보를 제공하는 경우

㉡ 회계정책의 선택

ⓐ 거래, 기타 사건 또는 상황에 대하여 구체적으로 적용할 수 있는 한국채택국제 회계기준이 없는 경우, 경영진은 판단에 따라 회계정책을 개발 및 적용하여 회계정보를 작성할 수 있다.

ⓑ 한국채택국제회계기준에서 특정 범주별로 서로 다른 회계정책을 적용하도록 규정하거나 허용하는 경우를 제외하고는 유사한 거래, 기타 사건 및 상황에는 동일한 회계정책을 선택하여 일관성 있게 적용한다.

㉢ 회계정책의 변경에 해당하는 사례

ⓐ 유형자산 등의 측정기준을 원가모형에서 재평가모형으로, 재평가모형에서 원가모형으로 변경하는 경우

[주의] 측정기준의 변경은 회계추정의 변경이 아니라 회계정책의 변경에 해당한다.

ⓑ 재고자산의 단위당원가 결정방법을 선입선출법에서 총평균법으로, 가중평균법에서 선입선출법으로 변경하는 경우

ⓒ 유가증권 취득단가 산정방법을 이동평균법에서 총평균법으로, 총평균법에서 이동평균법으로 변경하는 경우

㉣ 회계정책의 변경에 해당하지 않는 사례

ⓐ 과거에 발생한 거래와 실질이 다른 거래, 기타 사건 또는 상황에 대하여 다른 회계정책을 적용하는 경우

ⓑ 과거에 발생하지 않았거나 발생하였어도 중요하지 않았던 거래, 기타 사건 또는 상황에 대하여 새로운 회계정책을 적용하는 경우

ⓜ 회계정책변경의 적용

    ⓐ 경과규정이 있는 한국채택국제회계기준을 최초 적용하는 경우에 발생하는 회계정책의 변경은 해당 경과규정에 따라 회계처리한다.

    ⓑ 경과규정이 없는 한국채택회계기준을 최초 적용하는 경우에 발생하는 회계정책의 변경이나 자발적인 회계정책의 변경은 소급적용한다.

    ⓒ 과거기간 전체에 대하여 실무적으로 소급적용할 수 없는 경우에는 새로운 회계정책을 실무적으로 적용할 수 있는 가장 이른 기간의 기초부터 전진적용하여 비교정보를 재작성한다.

    ⓓ 회계정책의 변경과 회계추정의 변경을 구분하는 것이 어려운 경우에는 이를 회계추정의 변경으로 보아 전진적용한다.

    ⓔ 자산을 재평가하는 회계정책을 최초로 적용하는 경우의 회계정책 변경은 소급법을 적용하여 회계처리하지 아니하고, 유형자산기준서와 무형자산기준서에 따라 재평가개시일부터 적용하여 회계처리한다.

② 회계추정의 변경 ★32회 기출★

    ㉠ 의의 : 회계추정의 변경이란 자산과 부채의 현재 상태를 평가하거나 자산과 부채와 관련된 예상되는 미래효익과 의무를 평가한 결과에 따라 자산이나 부채의 장부금액 또는 기간별 자산의 소비액을 조정하는 것을 말한다. 새로운 정보나 상황에 따라 지금까지 사용해오던 회계적 추정치를 바꾸는 것으로 추정의 변경은 과거기간과 연관되지 않으며 오류수정으로 보지 않는다.

    ㉡ 추정이 필요한 항목 : 기업활동에 내재된 불확실성으로 인하여 재무제표의 많은 항목이 정확히 측정될 수 없고 추정될 수밖에 없다. 추정은 최근의 이용가능하고 신뢰성 있는 정보에 기초한 판단을 수반하는데, 그 항목은 다음과 같다.

> ⓐ 대손예상률의 변경
> ⓑ 재고자산 진부화로 인한 시가의 추정
> ⓒ 금융자산이나 금융부채의 공정가치의 추정
> ⓓ 감가상각자산의 내용연수, 잔존가치 또는 감가상각자산에 내재된 미래경제적 효익의 기대 소비행태에 대한 추정(상각방법의 변경)
> ⓔ 품질보증의무의 추정

    ㉢ 회계추정변경의 회계처리 : 회계추정의 변경효과는 변경이 발생한 기간부터 당기손익을 포함하여 전진적으로 회계처리한다.

더 알아보기   회계정책의 변경과 회계추정의 변경 비교

구분	회계정책의 변경	회계추정의 변경
회계처리방법	• 원칙 : 소급법 • 예외 : 회계변경의 누적효과를 합리적으로 결정하기 어려운 경우에는 전진법으로 처리	전진법
누적효과의 처리	전기이월미처분이익잉여금에 반영	해당 없음
비교재무제표의 작성 여부	해당	필요 없음

(3) 회계변경의 회계처리방법

① 소급법

㉠ 새로운 회계정책을 처음부터 적용한 것처럼 거래, 기타 사건 및 상황에 적용하는 방법이다.

㉡ 기초시점에서 새로운 회계방법의 채택으로 인한 누적효과를 계산하여 전기이월미처분이익잉여금을 수정하고, 전기의 재무제표를 새로운 원칙을 적용하여 수정하는 방법이다.

② 전진법

㉠ 과거의 재무제표에 대해서는 수정하지 않고 변경된 새로운 회계처리방법을 당기와 미래기간에 반영시키는 방법이다.

㉡ 이익조작가능성이 방지되며, 과거의 재무제표를 수정하지 않음으로써 재무제표의 신뢰성이 제고되는 장점이 있으나, 변경효과를 파악하기 어렵고 재무제표의 비교가능성이 저해된다는 단점이 있다.

2. 오류수정 ★32, 33회 기출★

(1) 오류수정의 의의 및 회계처리

① 전기오류

㉠ 전기오류는 과거기간 동안에 재무제표를 작성할 때 신뢰할 만한 정보를 이용하지 못했거나, 이를 잘못 이용하여 발생한 재무제표상의 누락이나 왜곡표시를 하는 것을 말한다.

㉡ 전기오류는 특정기간에 미치는 오류의 영향이나 오류의 누적효과를 실무적으로 결정할 수 없는 경우를 제외하고는 소급재작성에 의하여 수정한다.

㉢ 전기오류의 수정은 오류가 발견된 기간의 당기손익으로 보고하지 않는다.

② 오류수정

㉠ 오류수정은 전기 또는 그 이전의 재무제표에 포함된 회계오류를 당기에 발견하여 이를 수정하는 것을 말하는데, 회계오류란 계산상의 착오, 회계기준(회계정책 및 회계추정)의 잘못된 적용, 사실판단의 잘못이나 해석의 오류, 부정·과실·고의 또는 사실의 누락 등으로 발생하는 것을 말한다.

㉡ 오류의 수정은 회계추정의 변경과 구별된다. 회계적 추정치는 성격상 추가 정보가 알려지는 경우 수정이 필요할 수도 있는 근사치의 개념이다. 예를 들어, 우발상황의 결과에 따라 인식되는 손익은 오류의 수정에 해당하지 아니한다.

구분	변경 전	변경 후
회계변경	K-IFRS 부합	K-IFRS 부합
오류수정	K-IFRS 위반	K-IFRS 부합

③ 오류수정의 회계처리

㉠ 당기 중에 발견한 당기의 잠재적 오류는 재무제표의 발행승인일 전에 수정한다.

㉡ 전기 이전의 중요한 오류에 대해서는 소급법을 적용한다.

㉢ 전기의 중요한 오류를 후속기간에 발견하는 경우 해당 후속기간의 재무제표에 비교 표시된 재무정보를 재작성하여 수정한다.

㉣ 오류가 비교 표시되는 가장 이른 과거기간 이전에 발생한 경우에는 비교 표시되는 가장 이른 과거기간의 자산, 부채 및 자본의 기초금액을 재작성한다.

(2) 회계오류의 유형 ★27, 29회 기출★

① 당기순이익에 영향을 미치지 않는 오류

손익에 영향을 미치지 않는 계정 분류의 오류로 유동·비유동 계정을 잘못 분류하는 등이 해당된다.

② 당기순이익에 영향을 미치는 오류

㉠ 자동조정오류 : 두 회계기간을 통하여 오류가 오류정정에 대한 회계처리를 하지 않았는데도 자동적으로 조정되어 이익잉여금에 영향을 미치지 않는 오류로 재고자산이나 미지급비용, 선급비용, 미수수익, 선수수익 등을 부정확하게 계상한 경우와 경과계정의 과소·과대평가 등을 들 수 있다.

ⓐ 재고자산(기말상품재고액)의 오류
- 과소계상 : 기말재고자산이 과소계상되거나 누락되면 매출원가는 과대계상되고 당기순이익은 과소계상된다.
- 과대계상 : 기말재고자산이 과대계상되면 매출원가가 과소계상되어 당기순이익은 과대계상된다. 기말재고가 과대계상되면 다음연도 초 기초재고가 과대계상된다.

ⓑ 미지급비용의 오류
- 과소계상 : 부채와 비용이 과소계상되므로 당기순이익은 과대계상된다.
- 과대계상 : 부채와 비용이 과대계상되므로 당기순이익은 과소계상된다.

ⓒ 선급비용의 오류
- 과소계상 : 자산은 과소평가되고 비용은 과대계상되므로 당기순이익은 과소계상된다.
- 과대계상 : 자산은 과대평가되고 비용은 과소계상되므로 당기순이익은 과대계상된다.

ⓓ 미수수익의 오류
- 과소계상 : 자산과 수익이 과소계상되므로 당기순이익은 과소계상된다.
- 과대계상 : 자산과 수익이 과대계상되므로 당기순이익은 과대계상된다.

ⓔ 선수수익의 오류
- 과소계상 : 부채는 과소평가되고 수익은 과대계상되므로 당기순이익은 과대계상된다.
- 과대계상 : 부채는 과대평가되고 수익은 과소계상되므로 당기순이익은 과소계상된다.

㉡ 비자동조정적 오류(영구적 오류) : 오류가 재무제표에 미치는 영향이 소멸될 때까지의 기간이 2개 연도를 초과하여 정정분개를 하지 않으면 오류가 그대로 남게 되는 오류로서 이 경우에는 오류가 완전히 상쇄되기 전까지는 오류를 발견하였을 때 이를 수정하는 분개가 필요하다. 그 예로써 감가상각비의 과대 또는 과소계상과 자본적 지출을 수익적 지출로 잘못 처리되는 경우 등이 있다.

더 알아보기 오류가 순이익과 수정 후 순이익에 미치는 영향

오류 분류	오류 내용		당기순이익 영향	수정 후 순이익 계산
자동조정적 오류	기말재고자산	과대계상	과대계상	차감
		과소계상	과소계상	가산
	선급비용	과대계상	과대계상	차감
	미수수익			
	선수수익	과대계상	과소계상	가산
	미지급비용			
비자동조정적 오류	감가상각비	과대계상	과소계상	가산
		과소계상	과대계상	차감
	자본적 지출 → 수익적 지출		과소계상	가산
	수익적 지출 → 자본적 지출		과대계상	차감

1. 법인세 회계 ★34회 기출★

(1) 법인세비용

① 법인세는 국내에서 부과되는 법인세뿐만 아니라 기업의 과세소득에 기초하여 국내 및 국외에서 부과되는 모든 세금을 포함한다.

② 법인세비용(수익)은 당기법인세비용(수익)과 이연법인세 변동액으로 구성된다.

③ 당기 및 과거기간에 대한 당기법인세 중 납부되지 않은 부분을 당기법인세부채로 인식한다. 만일 과거기간에 이미 납부한 금액이 그 기간 동안 납부하여야 할 금액을 초과하였다면 그 초과금액은 당기법인세 자산으로 인식한다.

④ 당기 및 과거기간의 당기법인세부채(자산)는 보고기간 말까지 제정되었거나 실질적으로 제정된 세율(및 세법)을 사용하여, 과세당국에 납부할(과세당국으로부터 환급받을) 것으로 예상되는 금액으로 측정한다.

⑤ 기업이 법적으로 집행 가능한 상계 권리를 가지고 있거나, 순액으로 결제할 의도가 있는 경우를 제외하고 당기법인세자산과 당기법인세부채는 상계하지 않는다.

(2) 회계이익과 과세소득

과세소득은 회계이익(법인세차감전순이익)에서 세법에 정해진 바에 따라 세무조정을 수행하여 산출된다. 세무조정이란 과세소득을 산출하기 위해 회계이익과 차이나는 부분을 조정하는 것으로 다음과 같은 유형이 있다.

① 익금산입(가산항목) : 기업회계상 수익이 아니지만 세법상 익금으로 인정되는 항목

② 익금불산입(차감항목) : 기업회계상 수익이나 세법상 익금으로 인정되지 않는 항목

③ 손금산입(차감항목) : 기업회계상 비용이 아니지만 세법상 손금으로 인정되는 항목

④ 손금불산입(가산항목) : 기업회계상 비용이나 세법상 손금으로 인정되지 않는 항목

기업회계상 법인세비용차감전순이익
(+)익금산입 · 손금불산입 ┐
(-)손금산입 · 익금불산입 ┘ 세무조정사항
세무회계상 각사업연도소득금액

더 알아보기　세무조정 항목의 이연법인세 반영

• 접대비 한도초과액 → 영구적 차이, 법인세 관련 조정은 없다.

• 감가상각비 한도초과액 → 차감할 일시적 차이, 미래 세율만큼 이연법인세자산 인식한다.

• 자기주식처분이익(손실) → 자본에 가감하는 법인세, 해당 금액만큼 자본에 반영하며 당기손익에는 영향이 없다. 이연법인세자산이나 부채도 발생시키지 않는다.

• 단기매매금융자산 평가이익(손실) → 가산(차감)할 일시적 차이, 미래세율만큼 이연법인세부채(자산)를 인식한다.

(3) 일시적차이

재무상태표상 자산 또는 부채의 장부금액과 세무기준액의 차이로 수익ㆍ비용의 귀속시기의 차이로 인해 발생하여 추후에 소멸된다. 추후에 소멸되지 않는 차이는 영구적차이라고 하며 이는 이연법인세로 조정하지 않는다. 일시적차이는 다음의 두 가지로 구분된다.

① 가산할 일시적차이

자산이나 부채의 장부금액이 회수나 결제되는 미래 회계기간의 과세소득(세무상결손금) 결정 시 가산할 금액이 되는 일시적차이를 말한다.

② 차감할 일시적차이

자산이나 부채의 장부금액이 회수나 결제되는 미래 회계기간의 과세소득(세무상결손금) 결정 시 차감할 금액이 되는 일시적차이를 말한다.

(4) 당기법인세와 이연법인세의 인식 ★28, 29, 32회 기출★

대부분의 이연법인세부채와 이연법인세자산은 수익 또는 비용이 회계이익에 포함되는 기간과 과세소득(세무상결손금)에 포함되는 기간이 다를 때 발생한다. 이로 인한 이연법인세는 당기손익으로 인식한다.

① 이연법인세자산과 부채의 의의

㉠ 이연법인세자산 : 차감할 일시적차이와 미사용 세무상결손금 및 세액공제 등의 이월액으로 인해 미래 회계기간에 회수될 수 있는 법인세 금액이다. 차감할 일시적차이가 사용될 수 있는 과세소득의 발생가능성이 높은 경우에, 모든 차감할 일시적차이에 대하여 이연법인세자산을 인식한다.

㉡ 이연법인세부채 : 가산할 일시적차이와 관련하여 미래 회계기간에 납부할 법인세 금액이다. 일반적으로 모든 가산할 일시적차이와 관련하여 이연법인세부채를 인식한다.

더 알아보기 회계이익과 과세소득에 따른 영향

- 회계이익 < 과세소득 : 차감할 일시적차이 발생, 이연법인세 자산 발생가능
- 회계이익＝과세소득 : 조정 없음
- 회계이익 > 과세소득 : 가산할 일시적차이 발생, 이연법인세 부채 발생가능

---

② 이연법인세의 계산

이연법인세는 계속적으로 재무제표에 인식하기 때문에 그 변동분에 대하여 다음과 같이 계산하여 인식한다.

	기말		기초		이연법인세 효과
이연법인세 자산	당기말차감할 일시적차이×미래세율	−	전기말차감할 일시적차이×미래세율	=	이연법인세 자산 증가
이연법인세 부채	당기말가산할 일시적차이×미래세율	−	전기말가산할 일시적차이×미래세율	=	이연법인세 부채 증가

③ 이연법인세 회계처리

　　㉠ 이연법인세자산의 장부금액은 매 보고기간 말에 검토한다. 이연법인세자산의 일부 또는 전부에 대한 혜택이 사용되기에 충분한 과세소득이 발생할 가능성이 더 이상 높지 않다면 이연법인세자산의 장부금액을 감액시킨다. 감액된 금액은 사용되기에 충분한 과세소득이 발생할 가능성이 높아지면 그 범위 내에서 환입한다.

　　㉡ 법적으로 상계할 권리를 갖는 등의 일정 조건을 만족시키는 경우를 제외하고 이연법인세 자산과 부채는 상계하지 않는다.

　　㉢ 이연법인세자산과 부채는 할인하지 않는다(현재가치 평가안함).

　　㉣ 기업이 재무상태표에 유동자산과 비유동자산, 그리고 유동부채와 비유동부채로 구분하여 표시하는 경우, 이연법인세자산(부채)은 유동자산(부채)으로 분류하지 아니한다.

　　㉤ 이연법인세 자산과 부채는 보고기간 말까지 제정되었거나 실질적으로 제정된 세율(및 세법)에 근거하여 당해 자산이 실현되거나 부채가 결제될 회계기간에 적용될 것으로 기대되는 세율을 사용하여 측정한다.

　　㉥ 사업결합으로 인하여 인식하는 자산·부채에 대해서는 이연법인세를 인식하지 않는다.

(5) 당기손익 이외로 인식되는 항목

　　동일 회계기간 또는 다른 회계기간에, 당기손익 이외로 인식되는 항목과 관련된 당기법인세와 이연법인세는 기타포괄손익이나 자본과 같이 당기손익 이외의 항목으로 인식된다. 따라서 동일 회계기간 또는 다른 회계기간에 인식된 당기법인세와 이연법인세는 다음과 같이 회계처리한다.

① 기타포괄손익 항목과 관련된 금액

　　다음과 같은 항목의 경우 당기손익이 아닌 기타포괄손익으로 인식한다.

> ㉠ 유형자산의 재평가로 인하여 발생하는 장부금액의 변동
> ㉡ 해외사업장 재무제표의 환산에서 발생하는 외환차이
> ㉢ 기타포괄손익 - 공정가치측정금융자산의 가치변동액

② 자본과 관련된 금액

　　다음과 같은 항목의 경우 자본에 직접 가감한다.

> ㉠ 소급 적용되는 회계정책의 변경이나 오류의 수정으로 인한 기초이익잉여금 잔액의 조정
> ㉡ 복합금융상품의 자본요소에 대한 최초 인식에서 발생하는 금액

(6) 자본에 부가(차감)하는 법인세부담액

　　기업회계상 자본거래로 보아 자본잉여금 또는 자본조정계정으로 처리하지만 세무회계상 과세소득에 포함되고 차기 이후에 소멸되지 않는 영구적 차이에 해당하는 회계사건은 관련 법인세부담액을 가감한 잔액으로 재무제표에 반영한다.

예제

다음은 20x1년 초 설립한 (주)감평의 법인세 관련 자료이다.

- 20x1년 세무조정사항
  - 감가상각비한도초과액   ₩55,000
  - 정기예금 미수이자   25,000
  - 접대비한도초과액   10,000
  - 자기주식처분이익   30,000
- 20x1년 법인세비용차감전순이익   ₩400,000
- 연도별 법인세율은 20%로 일정하다.
- 당기 이연법인세자산(부채)은 인식요건을 충족한다.

20x1년도 법인세비용은?

① ₩80,000   ② ₩81,000
③ ₩82,000   ④ ₩86,000
⑤ ₩94,000

해설

법인세 비용
= ₩94,000(주1) + ₩5,000(주2) − ₩11,000(주3) − ₩6,000(주4) = ₩82,000

(주1) 미지급법인세
= (₩400,000 + ₩55,000 − ₩25,000 + ₩10,000 + ₩30,000) × 20% = ₩94,000

(주2) 이연법인세부채 = ₩25,000 × 20% = ₩5,000

(주3) 이연법인세자산 = ₩55,000 × 20% = ₩11,000

(주4) 자기주식처분이익 = ₩30,000 × 20% = ₩6,000

답 ③

2. 리스회계 ★34회 기출★

(1) 리스계약 ★31회 기출★

리스란 대가와 교환하여 자산(기초자산)의 사용권을 일정기간 이전하는 계약이나 계약의 일부이다.

① 기간 및 계약의 성격에 따른 구분

    ⊙ 단기리스 : 리스개시일에 리스기간*이 12개월 이하인 리스로 매수선택권이 있는 리스는 단기리스에 해당하지 않는다.

    ⓒ 금융리스 : 기초자산의 소유에 따른 위험과 보상의 대부분을 리스이용자에게 이전하는 리스를 말한다.

    ⓒ 운용리스 : 기초자산의 소유에 따른 위험과 보상의 대부분을 이전하지 않는 리스를 말한다.

    *리스기간 : 리스의 해지불능기간 ± 리스 연장 / 종료선택권에 따른 변동기간(행사할 것이 상당히 확실한 경우)

② 계약 구성요소의 구분

리스계약에서 계약의 각 리스요소를 직접적인 자산관련 리스요소와 리스가 아닌 요소(비리스요소, 例 용역)와 분리하여 리스로 회계처리한다.

　㉠ 리스이용자

　　리스이용자는 리스요소의 상대적 개별가격과 비리스요소의 총 개별가격에 기초하여 계약대가를 각 리스요소에 배분한다. 실무적 간편법으로, 리스이용자는 비리스요소를 리스요소와 분리하지 않고, 각 리스요소와 이에 관련되는 비리스요소를 하나의 리스요소로 회계처리하는 방법을 기초자산의 유형별로 선택할 수 있다.

　㉡ 리스제공자

　　리스요소와 비리스요소를 구분하여 수익기준서에 따라 거래가격(계약대가)을 수행의무에 배분한다.

③ 리스료

리스료는 기초자산사용권과 관련하여 리스기간에 리스이용자가 리스제공자에게 지급하는 금액이다.

> 리스료(구성항목)=고정리스료(리스인센티브 차감)+변동리스료+매수선택권의 행사가격(행사할 것이 상당히 확실한 경우)+리스종료 부담금(리스기간이 종료선택권 행사를 반영하는 경우)±잔존가치보증에 따른 금액

　㉠ 고정리스료

　　리스기간의 기초자산사용권에 대하여 리스이용자가 리스제공자에게 지급하는 금액에서 변동리스료를 뺀 금액

　㉡ 리스인센티브

　　리스와 관련하여 리스제공자가 리스이용자에게 지급하는 금액이나 리스의 원가를 리스제공자가 보상하거나 부담하는 금액

　㉢ 변동리스료

　　시간의 경과가 아닌 리스개시일 후 사실이나 상황의 변화 때문에 달라지는 리스료

　㉣ 잔존가치보증

　　리스제공자가 받는 리스종료일의 기초자산가치가 일정금액 이상이 될 것이라는 보증(리스제공자의 특수관계자에게 받는 경우 제외)

(2) 리스의 식별

리스의 식별시점은 계약의 약정시점 또는 계약조건이 변경된 시점이다. 계약에서 대가와 교환하여, ① 식별되는 자산의 ② 사용통제권을 일정기간 이전하게 한다면 그 계약은 리스이거나 리스를 포함한다.

① **식별되는 자산의 사용** : 공급자가 자산을 교체할 실질적인 능력이 없거나 자산교체의 경제적 효익이 없는 경우

② **자산의 사용통제권** : 사용기간 내내 다음의 권리를 모두 가지는 경우

　㉠ 식별되는 자산의 사용에서 생기는 경제적 효익의 대부분을 얻을 권리(例 사용기간 내내 그 자산을 배타적으로 사용함)

　㉡ 식별되는 자산의 사용을 지시할 권리

(3) 리스이용자의 회계처리 *30, 32, 33회 기출*

① **최초측정** : 모든 리스에 대하여 사용권자산과 리스부채를 인식

ㄱ 리스부채

리스개시일 현재 지급되지 않은 리스료의 현재가치

ㄴ 사용권자산

리스부채+선급리스료-받은 리스인센티브+리스개설직접원가+해제/제거/복구원가 추정치

② **후속측정**

ㄱ 리스부채

ⓐ 원칙 : 상각후원가로 측정

ⓑ 재측정 : 리스개시일 후 리스료나 할인율이 변동되면 리스부채를 재측정하고 재측정금액은 사용권자산의 조정으로 인식한다. 리스료나 할인율은 다음의 항목이 하나라도 변동하는 경우 재평가해야 한다.

재평가	리스료	할인율
변동 내용	• 리스기간 • 기초자산 매수선택권 평가(매수선택권에 따라 지급할 금액) • 잔존가치보증에 따라 지급할 것으로 예상되는 금액 • 리스료를 산정할 때 사용한 지수나 요율(이율)의 변동	• 리스기간 • 기초자산 매수선택권 평가(매수선택권에 따라 지급할 금액) • 리스료 산정에 사용되는 변동 이자율

ㄴ 사용권자산

사용권자산은 이하의 세 가지 모형 중 하나로 후속측정한다.

ⓐ 원가모형

공정가치모형 및 재평가모형을 적용하지 않는 경우 원가모형으로 분류하며, 유형자산과 동일하게 감가상각누계액, 손상차손누계액을 차감하여 표시한다. 리스부채 재측정조정을 반영한다.

ⓑ 공정가치모형

투자부동산에 공정가치모형을 적용하는 경우에 투자부동산의 정의를 충족하는 사용권자산의 경우 적용한다.

ⓒ 재평가모형

유형자산기준서의 재평가모형을 적용하는 유형자산분류와 관련되는 경우의 사용권자산에 적용한다.

③ **리스변경**

리스변경은 다음과 같이 별도 리스로 회계처리하거나 기존 리스부채를 재측정해야 한다.

ㄱ 별도 리스로 회계처리

기초자산사용권이 추가(리스범위 확장)되고, 넓어진 리스범위의 개별가격에 상응하는 금액(계약상황을 반영한 조정금액 반영)만큼 리스대가가 증액되는 경우에 그 추가된 리스는 별도의 리스로 회계처리한다.

ㄴ 리스부채 재측정

리스범위 축소의 경우 줄어든 부분의 사용권자산을 줄이고, 줄어든 리스부채와 사용권자산 차이를 당기손익 인식한다. 그 밖의 모든 변경은 리스부채 재측정 부분을 사용권자산 조정으로 반영한다.

④ 면제규정 : 단기리스 및 소액기초자산

리스이용자는 리스기간이 12개월 이하인 단기리스와 소액기초자산(태블릿·개인 컴퓨터, 소형 사무용 가구, 전화기 등) 리스에는 사용권자산과 리스부채를 인식하는 회계처리를 적용하지 않기로 선택할 수 있다. 이 경우, 리스이용자는 해당 리스에 관련되는 리스료를 리스기간에 걸쳐 정액기준이나 다른 체계적인 기준에 따라 비용으로 인식한다. 단기리스를 회계처리 하는 경우에 리스변경이나 리스기간의 변경이 있는 경우 그 리스는 새로운 리스로 본다. 단기리스에 대한 선택은 사용권이 관련되어 있는 기초자산의 특성과 용도가 비슷한 유형별로 한다. 소액 기초자산리스에 대한 선택은 리스별로 할 수 있다.

⑤ 현금흐름의 분류

리스부채의 원금상환액은 재무활동으로, 할인액 상각액은 K-IFRS 제1007호 '현금흐름표'에 따라 (영업활동 또는 재무활동) 분류한다. 리스부채에 포함되지 않은 변동리스료, 단기리스료, 소액자산 리스료는 영업활동으로 분류한다.

예제

(주)감평(리스이용자)은 20×1년 1월 1일에 (주)한국리스(리스제공자)와 다음과 같은 리스계약을 체결하였다.

★33회 기출★

- 리스개시일 : 20×1년 1월 1일
- 리스기간 : 20×1년 1월 1일부터 20×3년 12월 31일까지
- 고정리스료 : 매년 말 ₩1,000,000 후급
- (주)감평은 리스기간 종료일에 (주)한국리스에게 ₩300,000을 지급하고, 기초자산(리스자산)의 소유권을 이전받기로 하였다.
- (주)감평과 (주)한국리스는 리스개시일에 리스개설직접원가로 각각 ₩100,000과 ₩120,000을 지출하였다.
- 리스개시일 현재 기초자산의 내용연수는 4년이고, 잔존가치는 ₩0이다.

(주)감평은 사용권자산에 대해 원가모형을 적용하고 있으며 정액법으로 감가상각한다. 리스 관련 내재이자율은 알 수 없으나 (주)감평의 증분차입이자율이 연 10%라고 할 때, 상기 리스거래와 관련하여 (주)감평이 20×1년도에 인식할 비용총액은?(단, 상기 리스계약은 소액 기초자산 리스에 해당하지 않으며, 감가상각비의 자본화는 고려하지 않는다. 또한, 단수차이로 인한 오차가 있다면 가장 근사치를 선택한다)

기간	단일금액 ₩1의 현재가치	정상연금 ₩1의 현재가치
	10%	10%
3	0.75131	2.48685

① ₩532,449　② ₩949,285　③ ₩974,285　④ ₩1,175,305　⑤ ₩1,208,638

해설

- 리스부채＝1,000,000원×2.48685＋300,000원×0.75131＝2,712,243원
- 사용권자산＝2,712,243원＋100,000원＝2,812,243원
- 이자비용＝2,712,243원×10%＝271,224원
- 사용권자산 상각비＝2,812,243원÷4년＝703,061원
- ∴20×1년 비용 총액＝271,224원＋703,061원＝974,285원

답 ③

리스기간 종료시점까지 리스이용자에게 기초자산의 소유권을 이전하는 경우 또는 사용권자산의 원가에 리스이용자가 매수선택권을 행사할 것임이 반영되는 경우에는 리스개시일부터 기초자산의 내용연수 종료시점까지 상각한다.

(4) 리스제공자의 회계처리 ★32회 기출★

소유에 따른 위험과 보상의 대부분 이전 여부에 따라 금융리스와 운용리스로 분류하여 회계처리한다. 전대의 경우, 사용권자산을 기준으로 금융리스인지 운용리스인지를 판단한다.

① 금융리스

　㉠ 인식 및 최초 측정

　　ⓐ 리스채권(Lease Receivable)을 인식(리스순투자로 측정)한다.

　　ⓑ 리스순투자 : 리스총투자를 리스의 내재이자율로 할인한 금액을 말한다.

　　ⓒ 리스총투자 : 금융리스에서 리스제공자가 받게 될 리스료와 무보증잔존가치의 합계액을 말한다.

　㉡ 후속측정

　　리스채권은 현재가치 할인액상각을 반영하여 장부금액 증액, 리스료 수령을 반영하여 장부금액 감액(금융상품기준서에 따른 인식ㆍ손상 요구사항 적용)한다.

　㉢ 당기손익반영

　　리스채권의 현재가치 할인차금상각액을 금융수익으로 인식(일정한 기간수익률)한다.

　㉣ 리스변경

　　ⓐ 기초자산사용권이 추가(리스범위 확장)되고, 넓어진 리스범위의 개별가격에 상응하는 금액(계약상황에 따른 금액조정 반영)만큼 리스대가가 증액되는 경우 추가된 리스를 별도 리스로 보아 회계처리한다.

　　ⓑ 변경이 리스약정일에 유효하였다면 그 리스를 운용리스로 분류하였을 경우, 기초자산의 장부금액을 리스변경 유효일 직전의 리스순투자로 측정하여 변경 유효일부터 새로운 리스로 회계처리한다.

② 운용리스

　㉠ 측정

　　기초자산을 관련 기준에 따라 측정ㆍ표시(감가상각비, 손상차손 등 반영)

　㉡ 당기손익반영

　　ⓐ 리스기간에 걸쳐 정액기준이나 기초자산에서 생기는 효익이 감소되는 형태를 더 잘 반영하는 다른 체계적 기준에 따라 리스료수익(Lease Income)을 인식한다.

　　ⓑ 리스료수익 획득과정에서 생기는 원가(감가상각비 포함)를 비용으로 인식한다.

　　ⓒ 리스개설직접원가를 기초자산의 장부금액에 더하고 리스료수익과 같은 기준으로 리스기간에 걸쳐 비용 인식한다.

　㉢ 리스변경

　　변경 유효일부터 새로운 리스로 회계처리한다.

(5) 판매 후 리스

① 정의

    ⊙ 기업(판매자–리스이용자)이 다른 기업(구매자–리스제공자)에게 자산을 이전하고 그 구매자–리스제공자에게서 해당 자산을 다시 리스하여 사용하는 경우 판매 후 리스에 해당한다.

    ⓒ 자산이 리스제공자에게 이전되기 전에 리스이용자가 그 기초자산을 통제하게 되지 못한다면 그 거래는 판매 후 리스에 해당하지 않는다.

② 판매에 해당하는 경우

    ⊙ 판매자–리스이용자의 회계처리

        사용권자산은 판매자–리스이용자가 보유한 사용권에 관련된 자산의 종전장부금액에 비례하여 측정한다. 판매로 이전한 권리에 관련된 차손익금액만 판매손익으로 인식한다.

    ⓒ 구매자–리스제공자의 회계처리

        자산매입으로 처리하고 일반적인 리스제공자의 회계처리에 따라서 처리한다.

    ⓒ 공통

        ⓐ 이전자산 공정가치 > 판매대가 공정가치 → 리스료선급으로 처리한다.

        ⓑ 이전자산 공정가치 < 판매대가 공정가치 → 추가금융으로 처리한다.

③ 판매가 아닌 경우

    ⊙ 판매자–리스이용자의 회계처리

        이전된 자산을 계속 인식하며 이전대가와 같은 금액을 금융부채로 인식한다.

    ⓒ 구매자–리스제공자의 회계처리

        이전대가와 같은 금액을 금융자산으로 인식한다.

예제

컴퓨터 제조 및 판매가 주업인 (주)대한은 생산 완료한 컴퓨터 설비를 다음과 같은 조건으로 (주)민국에게 판매하였는데 이 거래의 실질은 금융리스이다.

(주)대한의 컴퓨터 설비	제조원가(장부금액) ₩2,000,000, 공정가치 ₩2,600,000
(주)민국의 컴퓨터 사용기간	2001년 1월 1일부터 2003년 12월 31일까지
(주)민국의 컴퓨터 사용료	매년 12월 31일에 ₩1,000,000씩 지급
반환조건	(주)민국은 사용기간 종료시점에서 컴퓨터 설비를 (주)대한에게 반환해야 함
컴퓨터 설비의 잔존가치	2003년말 예상잔존가치 ₩100,000
(주)대한이 제시한 할인율	연 6% (시장이자율보다 인위적으로 낮은 이자율임)
시장이자율	연 10%
(주)대한이 부담할 리스계약단계에서 발생한 비용	₩7,000

[물음] (주)민국이 컴퓨터 설비의 예상잔존가치를 ₩60,000만 보증하는 경우 (주)대한이 2001년 1월 1일에 해야 할 회계처리를 하시오.

해설

(차) 리스채권 2,561,981 (주1)　(대) 매출 2,531,929 (주2)
　　매출원가 1,969,948 (주3)　　　재고자산 2,000,000
　　판매비 7,000　　　　　　　　　현금 7,000

(주1) 리스채권 = ₩1,000,000 × 2.48685 + ₩100,000 × 0.75131 = 2,561,981
(주2) 리스료의 현재가치 = ₩1,000,000 × 2.48685 + ₩60,000 × 0.75131 = ₩2,531,929
　　　매출액 = MIN(₩2,600,000, ₩2,531,929) = ₩2,531,929
(주3) 매출원가 = ₩2,000,000 − (₩40,000 × 0.75131) = ₩1,969,948

제4절　현금흐름표

1. 현금흐름표 개념 및 표시

(1) 현금흐름표의 개념

① 현금흐름표의 의의

일정기간 영업활동, 투자활동, 재무활동으로 인한 현금의 유입과 유출의 내역을 현금주의에 따라 작성한 보고서이다.

② 현금흐름표(현금흐름정보)의 유용성

㉠ 현금흐름표는 다른 재무제표와 같이 사용하는 경우 순자산의 변화, 재무구조(유동성과 지급능력 포함), 그리고 변화하는 상황과 기회에 적응하기 위하여 현금흐름의 금액과 시기를 조절하는 능력을 평가하는 데 유용한 정보를 제공한다.

㉡ 현금흐름정보는 현금및현금성자산의 창출능력을 평가하는 데 유용할 뿐만 아니라, 서로 다른 기업의 미래현금흐름의 현재가치를 비교·평가하는 모형을 개발할 수 있도록 한다.

㉢ 현금흐름정보는 동일한 거래와 사건에 대하여 서로 다른 회계처리를 적용함에 따라 발생하는 영향을 제거하기 때문에 영업성과에 대한 기업 간의 비교가능성을 제고한다.

㉣ 과거의 현금흐름정보는 미래현금흐름의 금액, 시기 및 확실성에 대한 지표로 자주 사용된다. 또한 과거에 추정한 미래현금흐름의 정확성을 검증하고, 수익성과 순현금흐름 간의 관계 및 물가 변동의 영향을 분석하는 데 유용하다.

(2) 활동별 현금흐름 *★34회 기출★*

현금흐름표는 회계기간 동안 발생한 현금흐름을 영업활동, 투자활동 및 재무활동으로 분류하여 보고한다. 활동에 따른 분류는 이러한 활동이 기업의 재무상태와 현금및현금성자산의 금액에 미치는 영향을 재무제표이용자가 평가할 수 있도록 정보를 제공한다. 또한 이 정보는 각 활동 간의 관계를 평가하는 데 사용될 수 있다.

① **영업활동 현금흐름**

영업활동이란 기업의 주요 수익창출활동과 투자활동 및 재무활동에 해당되지 않는 기타의 활동으로 기업이 외부의 재무자원에 의존하지 않고 영업을 통하여 차입금의 상환, 영업능력의 유지, 배당금지급 및 신규투자 등에 필요한 현금흐름을 창출하는 정도에 대한 중요한 지표가 된다. 영업활동 현금흐름은 일반적으로 당기순손익의 결정에 영향을 미치는 거래나 그 밖의 사건의 결과로 발생한다.

㉠ 일반적인 영업활동 현금흐름의 예

> ⓐ 재화의 판매와 용역제공에 따른 현금유입
> ⓑ 로열티, 수수료, 중개료 및 기타수익에 따른 현금유입
> ⓒ 재화와 용역의 구입에 따른 현금유출
> ⓓ 종업원과 관련하여 직·간접적으로 발생하는 현금유출
> ⓔ 보험회사의 경우에는 수입보험료, 보험금, 연금 및 기타 급부금과 관련된 현금유입과 현금유출
> ⓕ 법인세의 납부 또는 환급(다만, 재무활동과 투자활동에 명백히 관련되는 것은 제외)
> > ▷ 법인세로 인한 현금흐름은 별도로 공시하며, 재무활동과 투자활동에 명백히 관련되지 않는 한 영업활동 현금흐름으로 분류한다.
> ⓖ 단기매매목적으로 보유하는 계약에서 발생하는 현금유입과 현금유출

㉡ 기타 영업활동 현금흐름

> ⓐ 타인에게 임대할 목적으로 보유하다가 후속적으로 판매목적으로 보유하는 자산을 제조하거나 취득하기 위한 현금 지급액은 영업활동 현금흐름이다. 이러한 자산의 임대 및 후속적인 판매로 수취하는 현금도 영업활동 현금흐름이다.
> ⓑ 단기매매목적으로 보유하는 유가증권의 취득과 판매에 따른 현금흐름은 영업활동으로 분류한다. 마찬가지로 금융회사의 현금 선지급이나 대출채권은 주요 수익창출활동과 관련되어 있으므로 일반적으로 영업활동으로 분류한다.

② **투자활동 현금흐름**

투자활동이란 장기성 자산 및 현금성 자산에 속하지 않는 기타 투자자산의 취득과 처분활동이다. 투자활동 현금흐름은 미래수익 및 현금흐름을 창출할 자원의 확보를 위하여 지출된 정도를 나타내며, 재무상태표에 자산으로 인식되는 지출만이 투자활동으로 분류하기에 적합하다.

㉠ 일반적인 투자활동 현금흐름의 예

> ⓐ 유형자산, 무형자산 및 기타 장기성 자산의 취득에 따른 현금유출(자본화된 개발원가와 자가건설 유형자산에 관련된 지출이 포함)
> ⓑ 유형자산, 무형자산 및 기타 장기성 자산의 처분에 따른 현금유입
> ⓒ 다른 기업의 지분상품이나 채무상품 및 공동기업 투자지분의 취득에 따른 현금유출과 유입(현금성자산으로 간주되는 상품이나 단기매매목적으로 보유하는 상품의 취득에 따른 유출 및 유입은 제외)
> ⓓ 제3자에 대한 선급금 및 대여금 발생 및 회수에 따른 현금유출입(금융회사의 현금 선지급과 대출채권은 제외)
> ⓔ 선물계약, 선도계약, 옵션계약 및 스왑계약에 따른 현금유출입(단기매매목적으로 계약을 보유하거나 현금유출 및 현금유입)이 재무활동으로 분류되는 경우는 제외)

ⓒ 기타 투자활동 현금흐름

    ⓐ 설비 매각과 같은 일부 거래에서도 인식된 당기순손익의 결정에 포함되는 처분손익이 발생할 수 있다. 그러나 그러한 거래와 관련된 현금흐름은 투자활동 현금흐름이다.

    ⓑ 파생상품계약에서 식별 가능한 거래에 대하여 위험회피회계를 적용하는 경우, 그 계약과 관련된 현금흐름은 위험회피대상 거래의 현금흐름과 동일하게 분류한다.

③ 재무활동

재무활동이란 기업의 납입자본과 차입금의 크기 및 구성내용에 변동을 가져오는 활동으로, 미래현금흐름에 대한 자본제공자의 청구권을 예측하는 데 유용하기 때문에 현금흐름을 별도로 구분 공시하는 것이 중요하다. 재무활동 현금흐름의 예는 다음과 같다.

> ㉠ 주식이나 기타 지분상품의 발행에 따른 현금유입
> ㉡ 주식의 취득이나 상환에 따른 소유주에 대한 현금유출
> ㉢ 담보 · 무담보부사채 및 어음의 발행과 기타 장 · 단기차입에 따른 현금유입
> ㉣ 차입금의 상환에 따른 현금유출
> ㉤ 리스이용자의 금융리스부채 상환에 따른 현금유출

(3) 현금유입과 유출 ★32, 33, 34회 기출★

① 영업활동 현금흐름

현금유입(+)	현금유출(−)
• 매출채권의 감소	• 매출채권의 증가
• 매입채무의 증가	• 매입채무의 감소
• 선급비용의 감소	• 선급비용의 증가
• 미지급비용의 증가	• 미지급비용의 감소
• 선급금의 감소	• 선급금의 증가
• 선수금의 증가	• 선수금의 감소
• 미수수익의 감소	• 미수수익의 증가
• 선수수익의 증가	• 선수수익의 감소
• 재고자산의 감소	• 재고자산의 증가
• 미지급법인세의 증가	• 미지급법인세의 감소
• 퇴직급여충당부채의 증가	• 퇴직급여충당부채의 감소

② 투자활동 현금흐름

현금유입(+)	현금유출(−)
• 투자자산의 감소 : 장기성예금 · 장기대여금의 회수, 투자목적 금융자산의 처분	• 투자자산의 증가 : 장기성예금 · 장기대여금 증가, 투자목적 금융자산의 취득
• 유형자산 · 무형자산의 감소 : 토지 · 건물의 처분, 무형자산의 처분	• 유형자산 · 무형자산의 증가 : 토지 · 건물의 취득, 무형자산의 취득

③ 재무활동 현금흐름

현금유입(+)	현금유출(−)
• 단기부채(일부)의 증가 : 단기차입금의 차입	• 단기부채(일부)의 감소 : 단기차입금의 상환
• 장기부채의 증가 : 사채발행, 장기차입금의 차입	• 장기부채의 감소 : 사채상환, 장기차입금상환
• 자본의 증가 : 주식발행, 자기주식처분	• 자본의 감소 : 유상감자, 자기주식 취득, 배당금의 지급

다음은 (주)감평의 20×1년도 재무제표의 일부 자료이다.   ★33회 기출★

(1) 재무상태표의 일부 자료

계정과목	기초잔액	기말잔액
매출채권(순액)	₩140	₩210
선급영업비용	25	10
미지급영업비용	30	50

(2) 포괄손익계산서의 일부 자료

매 출 액	₩410
영 업 비 용	150

위 자료에 기초한 20×1년도 (주)감평의 (A)고객으로부터 유입된 현금흐름과 (B)영업비용으로 유출된 현금흐름은?

	(A)	(B)
①	₩335	₩155
②	₩340	₩115
③	₩340	₩145
④	₩350	₩115
⑤	₩350	₩155

해설

(A) 고객으로부터 유입된 현금흐름 = 410원(매출액) - 70원(매출채권 증가) = 340원

(B) 영업비용으로 유출된 현금흐름 = 150원(영업비용) - 15원(선급영업비용 감소) - 20원(미지급영업비용 증가) = 115원

답 ②

(주)감평의 20x1년 현금흐름표 작성을 위한 자료이다.

당기순이익	₩147,000	감가상각비	₩5,000
법인세비용	30,000	매출채권 감소액	15,000
유형자산처분이익	20,000	재고자산 증가액	4,000
이자비용	25,000	매입채무 감소액	6,000
이자수익	15,000	배당금수익	8,000

(주)감평의 20x1년 영업에서 창출된 현금은?

① ₩159,000   ② ₩161,000

③ ₩167,000   ④ ₩169,000

⑤ ₩189,000

해설

영업에서 창출된 현금

=₩147,000(당기순이익)+₩30,000(법인세비용)−₩20,000(유형자산처분이익)+₩25,000(이자비용)−₩15,000(이자수익)+
₩5,000(감가상각비)+₩15,000(매출채권 감소액)−₩4,000(재고자산 증가액)−₩6,000(매입채무 감소액)−₩8,000(배당금수익)
=₩169,000

답 ④

2. 현금흐름의 보고

(1) 영업활동 현금흐름의 보고 ★27, 29회 기출★

영업활동 현금흐름은 직접법 및 간접법으로 보고한다.

① 직접법

총현금유입과 총현금유출을 주요 항목별로 구분하여 표시하는 방법으로, 영업활동 현금흐름을 보고
하는 경우에는 직접법을 사용할 것을 권장한다. 직접법을 적용하여 표시한 현금흐름은 간접법에 의
한 현금흐름에서는 파악할 수 없는 정보를 제공하며, 미래현금흐름을 추정하는 데 보다 유용한 정보
를 제공한다.

직접법에 의한 영업활동 현금흐름(예시)

(주)관세	(단위 : 원)
	20X2
영업활동현금흐름	
고객으로부터의 유입된 현금	×××
공급자와 종업원에 대한 현금유출	(×××)
영업으로부터 창출된 현금	×××
이자지급	(××)
법인세의 납부	(××)
영업활동순현금흐름	×××

② 간접법

당기순손익에 현금을 수반하지 않는 거래, 과거 또는 미래의 영업활동 현금유입이나 현금유출의 이연 또는 발생, 투자활동 현금흐름이나 재무활동 현금흐름과 관련된 손익항목의 영향을 조정하여 표시하는 방법으로, 간접법을 적용하는 경우, 영업활동 순현금흐름은 당기순손익에 회계기간 동안 발생한 재고자산과 영업활동에 관련된 채권·채무의 변동 등의 영향을 조정하여 결정한다.

간접법에 의한 영업활동 현금흐름(예시)

(주)관세	(단위 : 원)
	20X2
영업활동현금흐름	
법인세비용차감전순이익	x,xxx
가감 :	(×××)
영업으로부터 창출된 현금	×××
외화환산손실	××
투자수익	(××)
이자비용	××
	×××
매출채권 및 기타채권의 증가	(××)
재고자산의 감소	x,xxx
매입채무의 감소	(×××)
영업에서 창출된 현금	x,xxx
이자지급	(××)
법인세의 납부	(××)
영업활동순현금흐름	×××

(2) 투자활동 현금흐름과 재무활동 현금흐름의 보고

① 투자활동과 재무활동에서 발생하는 총현금유입과 총현금유출은 주요 항목별로 구분하여 총액으로 표시한다.

② 순증감액으로 보고하는 경우

다음의 투자활동 또는 재무활동에서 발생하는 현금흐름은 순증감액으로 보고할 수 있다.

> ㉠ 현금흐름이 기업의 활동이 아닌 고객의 활동을 반영하는 경우로서 고객을 대리함에 따라 발생하는 현금유입과 현금유출
> ㉡ 회전율이 높고 금액이 크며 만기가 짧은 항목과 관련된 현금유입과 현금유출

예제

(주)관세의 20x1년 당기순이익은 ₩500이다. 다음 자료를 반영하여 계산한 영업활동 현금흐름은?

매출채권의 증가	₩1,500	재고자산의 감소	₩2,500
매입채무의 감소	900	회사채 발행	1,000
감가상각비	200	토지처분이익	100
기계장치 취득	700		

① ₩300   ② ₩600

③ ₩700   ④ ₩1,000

⑤ ₩1,200

해설

영업활동 현금흐름

= 당기순이익 + 현금의 유출이 없는 비용 등의 가산

　－ 현금의 유입이 없는 수익 등의 차감

　＋ 영업활동과 관련된 자산(증)감

　＋ 영업활동과 관련된 부채증(감)

= ₩500 + ₩200 − ₩100

　＋ (− ₩1,500 + ₩2,500) + (− ₩900)

= ₩700

답 ③

3. 현금흐름의 공시

(1) 외화현금흐름 ★33회 기출★

① 외화거래에서 발생하는 현금흐름은 현금흐름 발생일의 기능통화와 외화 사이의 환율을 외화 금액에 적용하여 환산한 기능통화 금액으로 기록한다.

② 해외 종속기업의 현금흐름은 현금흐름 발생일의 기능통화와 외화 사이의 환율로 환산한다.

③ 외화로 표시된 현금 및 현금성자산의 환율변동효과는 기초와 기말의 현금 및 현금성자산을 조정하기 위해 현금흐름표에 보고한다. 이 금액은 영업활동, 투자활동 및 재무활동 현금흐름과 구분하여 별도로 표시하며, 그러한 현금흐름을 기말 환율로 보고하였다면 발생하게 될 차이를 포함한다.

(2) 이자와 배당금

이자와 배당금의 수취 및 지급에 따른 현금흐름은 각각 별도로 공시하며, 각 현금흐름은 매 기간 일관성 있게 영업활동, 투자활동 또는 재무활동으로 분류한다.

(3) 법인세

법인세로 인한 현금흐름은 별도로 공시하며, 재무활동과 투자활동에 명백히 관련되지 않는 한 영업활동 현금흐름으로 분류한다.

(4) 종속기업 등에 대한 투자와 지분변동

① 관계기업, 공동기업 또는 종속기업에 대한 투자를 지분법 또는 원가법을 적용하여 회계처리하는 경우, 투자자는 배당금이나 선급금과 같이 투자자와 피투자자 사이에 발생한 현금흐름만을 현금흐름표에 보고한다.

② 지분법을 사용하여 관계기업 또는 공동기업 투자지분을 보고하는 기업은 관계기업 또는 공동기업에 대한 투자, 분배, 그리고 그 밖의 당해 기업과 관계기업 또는 공동기업 사이의 지급액이나 수취액과 관련된 현금흐름을 현금흐름표에 포함한다.

③ 종속기업과 기타 사업에 대한 지배력의 획득 또는 상실에 따른 총 현금흐름은 별도로 표시하고 투자활동으로 분류한다.

(5) 비현금거래

현금 및 현금성자산의 사용을 수반하지 않는 투자활동과 재무활동 거래는 현금흐름표에서 제외한다. 그러한 거래는 투자활동과 재무활동에 대하여 모든 목적적합한 정보를 제공할 수 있도록 재무제표의 다른 부분에 공시한다. 비현금거래의 예시는 다음과 같다.

① 자산 취득 시 직접 관련된 부채를 인수하거나 금융리스를 통하여 자산을 취득하는 경우
② 주식 발행을 통한 기업의 인수
③ 채무의 지분전환

(6) 현금 및 현금성자산의 구성요소

현금 및 현금성자산의 구성요소를 공시하고, 현금흐름표와 재무상태표에 보고된 해당 항목의 조정내용을 공시한다.

(7) 기타 공시

기업이 보유한 현금 및 현금성자산 중 유의적인 금액을 연결실체가 사용할 수 없는 경우, 경영진의 설명과 함께 그 금액을 공시한다.

제5절   보고기간 후 사건

1. 보고기간 후 사건의 의의 ★27, 28회 기출★

(1) 보고기간 후 사건은 보고기간 말과 재무제표 발행승인일 사이에 발생한 유리하거나 불리한 사건을 말한다.

(2) 재무제표를 발행한 이후에 주주에게 승인을 받기 위하여 제출하는 경우가 있다. 이 경우 재무제표 발행승인일은 주주가 재무제표를 승인한 날이 아니라 재무제표를 발행한 날이다.

(3) 경영진은 별도의 감독이사회(비집행이사로만 구성)의 승인을 얻기 위하여 재무제표를 발행하는 경우가 있다. 그러한 경우, 경영진이 감독이사회에 재무제표를 제출하기 위하여 승인한 날이 재무제표 발행승인일이다.

(4) 보고기간 후 사건은 이익이나 선별된 재무정보를 공표한 후에 발생하였더라도, 재무제표 발행승인일까지 발생한 모든 사건을 포함한다.

2. 보고기간 후 사건의 유형

(1) 수정을 요하는 보고기간 후 사건

보고기간 말 존재하였던 상황에 대해 증거를 제공하는 사건으로, 재무제표에 인식된 금액을 수정한다.

(2) 수정을 요하지 않는 보고기간 후 사건

보고기간 후에 발생한 상황을 나타내는 사건에 해당하며 재무제표에 인식된 금액을 수정하지 아니한다.

3. 기타 보고기간 후 사건 관련사항

(1) 보고기간 후에 지분상품 보유자에 대해 배당을 선언한 경우, 그 배당금을 보고기간 말의 부채로 인식하지 아니한다.

(2) 경영진이 보고기간 후에, 기업을 청산하거나 경영활동을 중단할 의도를 가지고 있거나, 청산 또는 경영활동의 중단 외에 다른 현실적 대안이 없다고 판단하는 경우에는 계속기업의 기준 하에 재무제표를 작성해서는 아니 된다.

(3) 재무제표 발행승인일과 승인자를 주석으로 공시한다. 재무제표 발행 후에 기업의 소유주 등이 재무제표를 수정할 권한이 있다면 그 사실을 주석으로 공시한다.

(4) 보고기간 말에 존재하였던 상황에 대한 정보를 보고기간 후에 추가로 입수한 경우에는 그 정보를 반영하여 공시 내용을 수정한다.

(5) 수정을 요하지 않는 보고기간 후 사건이 중요한 경우에 이를 공시하지 않는다면 재무제표에 기초하여 이루어지는 이용자의 경제적 의사결정에 영향을 미칠 수 있다. 따라서 기업은 수정을 요하지 않는 보고기간 후 사건으로서 중요한 것은 그 범주별로 다음 사항을 공시한다.

① 사건의 성격
② 사건의 재무적 영향에 대한 추정치 또는 그러한 추정을 할 수 없는 경우 이에 대한 설명

제4장 | 확인학습문제

01 수익에 관한 설명으로 옳지 **않은** 것은?

① 용역제공거래의 성과를 신뢰성 있게 추정할 수 없고 발생한 원가의 회수가능성이 높지 않은 경우에는 수익은 인식하지 아니하고 발생한 원가를 비용으로 인식한다.

② 수익금액은 일반적으로 판매자와 구매자 또는 자산의 사용자 간의 합의에 따라 결정되며 판매자에 의해 제공된 매매할인 및 수량리베이트를 고려하여 받았거나 받을 대가의 공정가치로 측정한다.

③ 성격과 가치가 유사한 재화나 용역의 교환이나 스왑거래는 수익이 발생하는 거래로 보지 아니한다.

④ 판매자가 부담하는 소유에 따른 위험이 중요하지 않은 경우 해당 거래를 판매로 보지 않아 수익을 인식하지 않는다.

⑤ 용역제공거래의 성과를 신뢰성 있게 추정할 수 없는 경우에는 인식된 비용의 회수가능한 범위 내에서의 금액만을 수익으로 인식한다.

> **해설**
> 난도 ★★★
> 판매자가 부담하는 소유에 따른 위험이 사소한 경우에는 판매로 보아 수익을 인식한다.
>
> 답 ④

02 수익인식에 관한 설명으로 옳지 **않은** 것은?

★28회 기출★

① 재화의 결함에 대하여 정상적인 품질보증범위를 초과하여 판매자가 책임을 지더라도 재화가 구매자에게 인도되었다면 수익으로 인식한다.

② 설치조건부 판매에서 계약의 중요한 부분을 차지하는 설치가 아직 완료되지 않은 경우에는 당해 거래를 판매로 보지 아니하며, 수익을 인식하지 아니한다.

③ 위탁판매의 경우 위탁자는 수탁자가 제3자에게 재화를 판매한 시점에 수익을 인식한다.

④ 주문형 소프트웨어의 개발수수료는 진행기준에 따라 수익을 인식한다.

⑤ 판매대금의 회수가 구매자의 재판매에 의해 결정되는 경우에는 당해 거래를 판매로 보지 아니하며, 수익을 인식하지 아니한다.

난도 ★★
재화의 결함에 대하여 정상적인 품질보증범위를 초과하여 판매자가 책임을 지는 경우 수익으로 인식할 수 없다.

답 ①

03

(주)감평은 20x1년 1월 1일에 공사계약(계약금액 ₩6,000)을 체결하였으며 20x3년 말에 완공될 예정이다. (주)감평은 진행기준에 따라 수익과 비용을 인식하며, 진행률은 추정총계약원가 대비 발생한 누적계약원가의 비율을 사용한다. 공사 관련 자료가 다음과 같을 때 20x2년의 공사계약손실은? ★27회 기출★

	20x1년	20x2년
발생한 누적계약원가	₩1,200	₩5,100
완성까지 추가계약원가 예상액	3,600	2,400
계약대금 회수액	1,300	2,500

① ₩1,300

② ₩1,320

③ ₩1,500

④ ₩1,620

⑤ ₩1,800

해설
난도 ★★★
㉠ 20x1년 진행률=₩1,200 / (1,200+3,600)=0.25(25%)
㉡ 20x1년 공사이익=공사수익-공사원가
　=₩6,000×0.25-1,200=₩300
㉢ 20x2년 공사의 총손실
　=총공사원가예상액-총공사수익
　=₩7,500-6,000=₩1,500
㉣ 20x2년 공사계약손실
　=20x2년 공사의 총손실+20x1년 공사이익
　=₩1,500+300=₩1,800

답 ⑤

04

★28회 기출★

(주)감평은 20x1년 초에 도급금액 ₩1,000,000인 건설공사를 수주하고, 20x3년 말에 공사를 완공하였다. 이와 관련된 원가자료는 다음과 같다. (주)감평이 20x1년도 포괄손익계산서에 인식할 공사손익과 20x1년말 재무상태표에 표시할 미청구공사(또는 초과청구공사) 금액은?(단, 진행률은 발생누적계약원가를 추정총계약원가로 나눈 비율로 계산한다)

	20x1년	20x2년	20x3년
실제발생 공사원가	₩320,000	₩200,000	₩250,000
연도말 예상 추가원가	480,000	280,000	–
계약대금 청구액	350,000	350,000	300,000

	공사이익(손실)	미청구공사(초과청구공사)
①	₩80,000	₩ 50,000
②	₩60,000	₩ 30,000
③	₩60,000	₩(30,000)
④	₩80,000	₩(50,000)
⑤	₩80,000	₩ 30,000

해설

난도 ★★

㉠ 20x1년 진행률=₩320,000 / (320,000+480,000)=0.4(40%)

㉡ 20x1년 공사이익=공사수익-공사원가
 =₩1,000,000×0.4-320,000=₩80,000

㉢ 미성공사=₩320,000+₩80,000=₩400,000

㉣ 미청구공사=미성공사-청구액
 =₩400,000-350,000=₩50,000

㉤ 공사이익=₩80,000, 미청구공사=₩50,000

 답 ①

05

★28회 기출★

회계정책, 회계추정의 변경 및 오류에 관한 설명으로 옳은 것은?

① 측정기준의 변경은 회계정책의 변경이 아니라 회계추정의 변경에 해당한다.

② 회계추정의 변경효과를 전진적으로 인식하는 것은 추정의 변경을 그것이 발생한 시점 이후부터 거래, 기타 사건 및 상황에 적용하는 것을 말한다.

③ 과거에 발생한 거래와 실질이 다른 거래, 기타 사건 또는 상황에 대하여 다른 회계정책을 적용하는 경우에도 회계정책의 변경에 해당한다.

④ 과거기간의 금액을 수정하는 경우 과거기간에 인식, 측정, 공시된 금액을 추정함에 있어 사후에 인지된 사실을 이용할 수 있다.

⑤ 회계정책의 변경과 회계추정의 변경을 구분하는 것이 어려운 경우에는 이를 회계정책의 변경으로 본다.

해설
난도 ★★

① 측정기준의 변경은 회계정책의 변경에 해당한다.

③ 과거에 발생한 거래와 실질이 다른 거래, 기타 사건 또는 상황에 대하여 다른 회계정책을 적용하는 경우에도 회계정책의 변경에 해당하지 않는다.

④ 과거기간의 금액을 수정하는 경우 과거기간에 인식, 측정, 공시된 금액을 추정함에 있어 사후에 인지된 사실을 이용할 수 없다.

⑤ 회계정책의 변경과 회계추정의 변경을 구분하는 것이 어려운 경우에는 이를 회계추정의 변경으로 본다.

답 ②

---

06 (주)감평은 20x1년 기말재고자산을 ₩50,000만큼 과소계상하였고, 20x2년 기말재고자산을 ₩30,000만큼 과대계상하였음을 20x2년 말 장부마감 전에 발견하였다. 20x2년 오류수정 전 당기순이익이 ₩200,000 이라면, 오류수정 후 당기순이익은? ★27회 기출★

① ₩120,000

② ₩170,000

③ ₩230,000

④ ₩250,000

⑤ ₩280,000

해설
난도 ★★

㉠ 재고자산 오류효과

• 20x2년 기초재고 과소평가 → 매출원가 과소평가 → 이익과대평가(₩50,000)

• 20x2년 기말재고 과대평가 → 매출원가 과소평가 → 이익과대평가(₩30,000)

㉡ 당기순이익 수정

₩200,000−80,000＝₩120,000

답 ①

07 (주)감평은 20x3년도부터 재고자산 평가방법을 선입선출법에서 가중평균법으로 변경하였다. 이러한 회계정책의 변경은 한국채택국제회계기준에서 제시하는 조건을 충족하며, (주)감평은 이러한 변경에 대한 소급효과를 모두 결정할 수 있다. 다음은 (주)감평의 재고자산 평가방법별 기말재고와 선입선출법에 의한 당기순이익이다.

	20x1년	20x2년	20x3년
선입선출법	₩1,100	₩1,400	₩2,000
가중평균법	₩1,250	₩1,600	₩1,700
당기순이익	₩21,000	₩21,500	₩24,000

회계변경 후 20x3년도 당기순이익은?(단, 20x3년도 장부는 마감 전이다)   ★29회 기출★

① ₩23,500

② ₩23,700

③ ₩24,000

④ ₩24,300

⑤ ₩24,500

해설

난도 ★★★

㉠ 20x3년도 당기순이익에 영향

• 20x년도 재고자산은 이미 자동상쇄되었다.

• 20x2년도 재고자산(₩200) 과소 → 20x3년도 매출원가 감소 → 20x3년도 이익증가

• 20x3년도 재고자산(₩300) 과대 → 20x3년도 이익 증가

• 결국, ₩500만큼 이익이 과대평가되었다.

㉡ 수정 후 당기순이익

= ₩24,000 - 500 = ₩23,500

답 ①

08 (주)감평은 리스이용자로 사무실용 건물을 20x1년 초부터 4년간 리스하는 계약(연간리스료 매년 말 ₩90,000 지급)을 체결하였다. (주)감평은 리스개시일인 20x1년 초에 리스부채로 ₩311,859을 인식하였다. 한편, 2년이 경과된 20x3년 초 (주)감평은 리스회사와 매년 말 연간 리스료 ₩70,000을 지급하기로 합의하였다. 20x3년 초 리스변경을 반영한 후 (주)감평의 리스부채 장부금액은?(단, 리스의 내재이자율은 쉽게 산정할 수 없으나, 리스개시일과 20x3년 초 리스이용자인 (주)감평의 증분차입이자율은 각각 연 6%와 연 8%이다) ★30회 기출★

확인
Check!
○
△
✕

기간	정상연금 ₩1의 현재가치	
	6%	8%
1	0.9434	0.9259
2	1.8334	1.7833
3	2.6730	2.5771
4	3.4651	3.3121

① ₩124,831

② ₩128,338

③ ₩159,456

④ ₩231,847

⑤ ₩242,557

해설

난도 ★★

㉠ 리스를 재평가할 때 수정리스료는 리스의 내재이자율을 쉽게 산정할 수 없는 경우, 리스이용자인 (주)감평의 재평가시점의 증분차입이자율로 할인할 수 있다.

㉡ 리스부채

₩70,000×1.7833＝₩124,831

답 ①

09 (주)감평은 20x1년 1월 1일 (주)한국리스로부터 기계장치(기초자산)를 리스하는 계약을 체결하였다. 계약상 리스기간은 20x1년 1월 1일부터 4년, 내재이자율은 연 10%, 고정리스료는 매년 말 일정금액을 지급한다. (주)한국리스의 기계장치 취득금액은 ₩1,000,000으로 리스개시일의 공정가치이다. (주)감평은 리스개설과 관련하여 법률비용 ₩75,000을 지급하였으며, 리스기간 종료시점에 (주)감평은 매수선택권을 ₩400,000에 행사할 것이 리스약정일 현재 상당히 확실하다. 리스거래와 관련하여 (주)감평이 매년 말 지급해야 할 고정리스료는?(단, 계산금액은 소수점 첫째자리에서 반올림하고, 단수차이로 인한 오차가 있으면 가장 근사치를 선택한다)   ★31회 기출★

✅확인
Check!
○
△
×

기간	단일금액 ₩1의 현재가치 (할인율=10%)	정상연금 ₩1의 현재가치 (할인율=10%)
4	0.6830	3.1699
5	0.6209	3.7908

① ₩198,280
② ₩200,000
③ ₩208,437
④ ₩229,282
⑤ ₩250,000

해설

난도 ★★★

㉠ 리스자산의 공정가치는 (고정리스료＋소유권이전가액＋매수선택권행사가격＋보증잔존가치)의 현재가치이다.

㉡ 매년 말 고정리스료

  ₩1,000,000＝매년말 고정리스료×3.1699＋400,000×0.6830(매수선택권의 현재가치)

• 매년 말 고정리스료＝₩229,282

답 ④

10 (주)감평은 20x1년 1월 1일에 설립되었다. 20x1년도 (주)감평의 법인세비용차감전순이익은 ₩1,000,000 이며, 법인세율은 20%이고, 법인세와 관련된 세무조정사항은 다음과 같다.

☑확인
Check!
○
△
×

- 감가상각비 한도초과액은 ₩50,000이고, 동 초과액 중 ₩30,000은 20x2년에, ₩20,000은 20x3년에 소멸될 것으로 예상된다.
- 접대비한도초과액은 ₩80,000이다.
- 20x1년말에 정기예금(20x2년 만기)에 대한 미수이자는 ₩100,000이다. 20x1년 중 법인세법의 개정으로 20x2년부터 적용되는 법인세율은 25%이며, 향후 (주)감평의 과세소득은 계속적으로 ₩1,000,000이 될 것으로 예상된다.

(주)감평이 20x1년도 포괄손익계산서에 인식할 법인세비용과 20x1년말 재무상태표에 표시할 이연법인 세자산(또는 부채)은?(단, 이연법인세자산과 이연법인세부채는 상계하여 표시한다) ★28회 기출★

	법인세비용	이연법인세
①	₩218,500	₩12,500(부채)
②	₩206,000	₩12,500(자산)
③	₩206,000	₩12,500(부채)
④	₩218,500	₩37,500(자산)
⑤	₩218,500	₩37,500(부채)

해설

난도 ★★

㉠ 납부세액

구분	20x1년도	20x2년도	20x3년도
법인세차감전순이익	₩1,000,000		
감가상각비한도초과	50,000	(₩30,000)	(₩20,000)
접대비한도초과	80,000		
미수이자	(100,000)	₩100,000	
과세표준	₩1,030,000		
x세율	20%	25%	
납부세액	₩206,000		

㉡ 이연법인세 자산과 부채(변화된 세율적용)
- 이연법인세 자산=₩50,000×0.25=₩12,500
- 이연법인세 부채=₩100,000×0.25=₩25,000

㉢ 회계처리(이연법인세 자산과 부채를 상계처리)

차변		대변	
법인세비용	₩218,500	미지급법인세	₩206,000
		이연법인세부채	₩12,500

- 법인세비용=₩218,500, 이연법인세부채=₩12,500

🔲 ①

11 다음은 20x1년 초 설립한 (주)감평의 20x1년도 법인세와 관련된 내용이다.

20x1년 과세소득 산출내역

법인세비용차감전순이익	₩1,000,000
세무조정항목 :	
감가상각비 한도초과액	250,000
접대비한도초과액	50,000
과세소득	₩1,300,000

• 감가상각비 한도초과액은 20x2년에 전액 소멸한다.
• 차감할 일시적차이가 사용될 수 있는 미래 과세소득의 발생가능성은 높다.
• 연도별 법인세율은 20%로 일정하다.

★29회 기출★

20x1년도에 인식할 법인세비용은?

① ₩200,000

② ₩210,000

③ ₩260,000

④ ₩310,000

⑤ ₩320,000

해설

난도 ★

㉠ 이연법인세 자산

• 이연법인세 자산=₩250,000×0.2=₩50,000

㉡ 회계처리

차변		대변	
법인세비용	₩210,000	미지급법인세	₩260,000
이연법인세자산	₩50,000		

• 법인세비용=₩210,000

답 ②

12 다음은 (주)감평의 20x1년도 현금흐름표를 작성하기 위한 자료이다.

(1) 20x1년도 포괄손익계산서 자료
- 당기순이익 : ₩100,000
- 대손상각비 : ₩5,000(매출채권에서 발생)
- 감가상각비 : ₩20,000
- 유형자산처분이익 : ₩7,000
- 사채상환손실 : ₩8,000

(2) 20x1년 말 재무상태표 자료
- 20x1년 기초금액 대비 기말금액의 증감은 다음과 같다.

자산		부채	
계정과목	증가(감소)	계정과목	증가(감소)
재고자산	(₩80,000)	매입채무	(₩4,000)
매출채권(순액)	50,000	미지급급여	6,000
유형자산(순액)	(120,000)	사채(순액)	(90,000)

(주)감평의 20x1년도 영업활동순현금흐름은?

★29회 기출★

① ₩89,000

② ₩153,000

③ ₩158,000

④ ₩160,000

⑤ ₩161,000

해설

난도 ★★★

㉠ 간접법에 의한 영업활동순현금흐름

투자와 재무활동과 관련된 항목을 다시 가감하고 재무상태표에 영업활동과 관련된 항목의 증감을 고려한다

당기순이익	₩100,000
감가상각비	20,000
유형자산처분이익	(7,000)
사채상환손실	8,000
재고자산 감소	80,000
매출채권 증가	(50,000)
매입채무 감소	(4,000)
미지급급여증가	6,000
영업활동순현금흐름	₩153,000

㉡ 영업활동순현금흐름＝₩153,000

답 ②

13 (주)감평의 20x1년도 매출 및 매출채권 관련 자료는 다음과 같다. 20x1년 고객으로부터의 현금유입액은?(단, 매출은 전부 외상으로 이루어진다) ★27회 기출★

[재무상태표 관련 자료]

	20x1년 1월 1일	20x1년 12월 31일
매출채권	₩110,000	₩150,000
대손충당금	3,000	5,000

[포괄손익계산서 관련 자료]

매출액	₩860,000
대손상각비	6,000

① ₩812,000

② ₩816,000

③ ₩854,000

④ ₩890,000

⑤ ₩892,000

해설

난도 ★★

㉠ 대손발생액

= 기초대손충당금 + 대손상각비 − 기말대손충당금

= 3,000 + 6,000 − 5,000 = ₩4,000

㉡ 현금유입액

= 기초매출채권 + 매출액 − 대손발생액 − 기말매출채권

= 110,000 + 860,000 − 4,000 − 150,000 = ₩816,000

답 ②

14 다음은 각각 독립적인 사건으로, '재무제표에 인식된 금액의 수정을 요하는 보고기간 후 사건'에 해당하는 것을 모두 고른 것은? ★27회 기출★

> ㄱ. 보고기간말에 존재하였던 현재의무가 보고기간 후에 소송사건의 확정에 의해 확인되는 경우
> ㄴ. 보고기간말과 재무제표 발행승인일 사이에 투자자산의 공정가치가 하락하는 경우
> ㄷ. 보고기간말 이전에 구입한 자산의 취득원가나 매각한 자산의 대가를 보고기간 후에 결정하는 경우

① ㄱ
② ㄴ
③ ㄴ, ㄷ
④ ㄱ, ㄷ
⑤ ㄱ, ㄴ, ㄷ

해설
난도 ★★
보고기간말과 재무제표 발행승인일 사이에 투자자산의 공정가치가 하락하는 경우는 재무제표에 반영하지 않는다. 보고기간말에 존재했으며 재무제표 발행승인일까지 확정되는 경우가 해당된다.

답 ④

15 보고기간 후 사건에 관한 설명으로 옳지 <u>않은</u> 것은? ★28회 기출★

① 보고기간 후부터 재무제표 발행승인일 전 사이에 배당을 선언한 경우에는 보고기간말에 부채로 인식한다.
② 보고기간말 이전에 구입한 자산의 취득원가나 매각한 자산의 대가를 보고기간 후에 결정하는 경우는 수정을 요하는 보고기간 후 사건이다.
③ 보고기간말과 재무제표 발행승인일 사이에 투자자산의 공정가치의 하락은 수정을 요하지 않는 보고기간 후 사건이다.
④ 보고기간 후에 발생한 화재로 인한 주요 생산 설비의 파손은 수정을 요하지 않는 보고기간 후 사건이다.
⑤ 경영진이 보고기간 후에, 기업을 청산하거나 경영활동을 중단할 의도를 가지고 있다고 판단하는 경우에는 계속기업의 기준에 따라 재무제표를 작성해서는 아니 된다.

해설
난도 ★★
보고기간 후부터 재무제표 발행승인일 전 사이에 배당을 선언한 경우에는 보고기간말에 부채로 인식하지 아니한다.

답 ①

비관론자는 모든 기회 속에서 어려움을 찾아내고,
낙관론자는 모든 어려움 속에서 기회를 찾아낸다.

- 윈스턴 처칠 -

제2편

원가관리회계

출제경향 & 수험대책

감정평가사 1차 회계학은 재무회계 30문제와 원가관리회계 10문제로 출제되고 있으며, 과거 5년간 기출문제의 경우 난이도의 편차는 크지 않은 편이다. 수험목적을 달성하기 위해서는 제한된 시간에 회계학문제를 모두 풀 수 없으므로 효과적으로 문제를 선별하여 풀어야 할 것이다. 특히 회계학은 출제비중이 높은 분야부터 집중적으로 학습함으로써 소기의 목적을 달성할 수 있을 것이다. 그 중에서 원가관리회계는 각 원가계산방법과 CVP 분석을 심도 있게 다루어야 할 것이다.

제1장 | 원가회계의 기본이해

출제포인트
- 원가의 구성
- 원가계산의 흐름
- 정상원가계산
- 부문별 원가계산의 방법
- 종합원가계산

제1절　원가관리회계의 기초이론

1. 원가회계의 개요

(1) 제조기업과 원가계산

① 제조기업

제품생산에 필요한 원재료와 노동력, 기계 등의 생산설비와 전기, 가스 등의 제 용역을 외부로부터 구입하여 내부에서 기타생산설비를 이용해서 제품을 생산한 후 생산된 제품을 외부에 판매하는 영리조직을 말한다. 따라서 제조활동을 통해 소비된 원가요소(재료원가, 노무원가, 경비원가)를 집계하여 계산하는 원가계산이 필수적이다.

② 제조기업의 경영활동

㉠ 구매과정(외부거래) : 제품생산을 위한 원재료를 구입하고 이것을 가공하는 데 필요한 노동력과 생산설비 및 제 용역을 외부로부터 구입하여 생산활동을 준비하는 과정을 말한다.

㉡ 제조과정(내부거래) : 구매과정에서 구입한 노동력과 생산설비 및 제 용역을 이용하여 원재료를 가공함으로써 제품을 생산하는 과정이다.

㉢ 판매과정(외부활동) : 제조과정에서 생산된 제품을 외부에 판매하는 과정이다.

(2) 원가회계

① 원가회계의 의의

원가회계란 제품의 정확한 원가정보를 생성하는 과정이다. 외부정보이용자들에게 의사결정의 유용한 정보를 제공하는 재무회계와 완성된 제품의 원가를 통해 장래의 원가를 통제하고, 예산편성, 특수원가결정 등 내부정보이용자인 경영자에게 기업의 관리적 의사결정에 유용한 정보를 제공하기 위한 관리회계로 분류할 수 있다.

구분	재무회계	관리회계
목적	외부보고, 법률적 요구	내부보고, 필요적 요구
정보이용자	주주, 채권자(외부이용자)	경영자(내부이용자)
보고수단	재무제표	특수목적보고서
정보의 질적 속성	객관적, 검증가능성	주관적, 목적적합성
관점	과거지향적	미래지향적
범위	넓고 전체적임	좁고 특수함

② 원가회계의 목적

㉠ 재무제표의 작성 : 재무제표의 작성에 필요한 원가자료를 제공한다.

㉡ 가격산정 : 가격계산에 필요한 원가자료를 제공한다.

㉢ 원가관리 : 원가관리에 필요한 원가자료를 제공한다.

㉣ 예산관리 : 예산편성 및 통제에 필요한 원가자료를 제공한다.

㉤ 기본계획 설정 : 경영의 기본계획 설정에 필요한 원가정보를 제공한다.

③ 원가회계의 특징

㉠ 원가계산의 기간은 일반적으로 1개월로 실시한다.

㉡ 원가의 흐름이 중요하므로 내부거래 중심으로 회계처리를 하고 이로 인해 추가적인 계정과목수가 많다.

㉢ 내부거래를 통하여 원가를 집계하는 집합계정의 수가 많고 계정 간의 대체 분개와 기입이 많다.

㉣ 제품의 생산과정에서 발생한 가치의 소비액은 제조원가에 산입한다.

2. 원가

(1) 원가의 분류 ★33회 기출★

① 제조활동에 따른 분류

㉠ 제조원가(제품원가) : 제조활동과 관련하여 발생하는 원가

㉡ 비제조원가(기간비용) : 제조활동과 관련 없이 발생하는 판매비와 관리비 등

② 발생형태에 따른 분류

㉠ 재료비(재료원가) : 물품을 사용함으로써 발생하는 원가(재료의 가치)이다. 재료를 구입한다 해도 모두가 제품을 생산하기 위해 쓰이는 것은 아니다. 일부는 재고로 남을지도 모르고 제품을 생산하는 이외의 용도로 사용될지도 모른다. 재료비란 제품을 만들기 위해 사용된 재료만이 원가에 해당한다.

㉡ 노무비(노무원가) : 서비스를 제공함으로써 발생하는 원가(노동력의 가치)이다.

㉢ 제조경비(기타제조원가) : 재료비, 노무비 이외의 원가로 기계나 공장건물의 감가상각비, 보험료, 제품 제조과정에서 발생한 전력비 · 수도료 등을 말한다.

③ 추적 가능성(집계방법)에 따른 분류

㉠ 직접비(직접원가)

ⓐ 개개의 제품에 사용된 것이 분명한 원가 등으로 원재료비가 대표적이다.

ⓑ 특정의 원가대상과 원가의 발생에 대한 인과관계가 명확한 원가로서 특정의 원가대상에 직접 부과한다.

＊＊ 직접재료비, 직접노무비, 직접제조경비, 부문직접비

ⓒ 간접비(간접원가)

　ⓐ 어느 제품을 만들기 위해 사용되었는지가 불명확한 원가로서 사무원의 급여 등이다.

　ⓑ 물량추적이 어렵고 개별적이며 구체적인 인과관계의 식별이 곤란하다.

　＊＊ 간접재료비, 간접노무비, 간접제조경비, 부문간접비

④ 원가행태에 따른 분류 ★32회 기출★

원가행태란 조업도나 활동수준이 변화함에 따라 총원가 발생액이 일정한 양상으로 변화된 정도를 말한다.

ⓐ 변동비(변동원가)

　ⓐ 생산량이 늘어나거나 줄어들면 그에 비례하여 증감하는 원가인 재료비(직접재료원가)나 외주비 등이다.

　ⓑ 단위당 변동원가는 조업도에 관계없이 일정하다.

　ⓒ 업무활동의 양에 따라 변동하는 업무활동원가이다.

　ⓓ CVP 분석, 이익관리, 원가관리에 유용하다.

　ⓔ 비례비, 체감비, 체증비를 포함한다.

비례비	생산수량의 증감에 비례하여 증감하는 것으로 주요재료비, 직접임금 등이다.
체감비	생산수량의 증감에 따라 증감하거나 체감하는 비용으로 동력비, 연료비 등이다.
체증비	생산수량의 증감에 따라 증감하거나 체증하는 비용으로 특별감가상각비, 잔업수당 등이다.

ⓒ 고정비(고정원가)

　ⓐ 생산량의 증감에 관계없이 변화하지 않는 원가로, 설비의 감가상각비나 임차료 등이 그 예이다.

　ⓑ 단기적인 업무활동과는 관계없이 주어진 생산 및 판매상의 능력과 관련하여 시간의 경과에 따라 발생하는 원가이다.

　ⓒ 원가−조업도−이익(CVP) 분석에서 고정판매관리비도 고정원가에 포함된다.

⑤ 측정시점에 따른 분류

ⓐ 실제원가(사후원가)

　ⓐ 특정사건이 발생한 시점에 이미 결정된 원가를 말한다.

　ⓑ 제조 후에 실제로 발생한 원가(실제소비량×실제원가)이다.

ⓒ 예정원가(사전원가) : 특정사건이 발생한 시점 이전에 예측하여 결정된 원가를 말한다.

ⓒ 표준원가 : 제품이 이상적 조건하에서 생산될 때에 필요한 원가를 말한다.

⑥ 기초원가(기본원가)와 전환원가(가공원가)

기초원가	• 기초원가란 직접재료비와 직접노무비를 합한 금액을 말하며, 기본원가라고도 한다. • 기초원가라는 용어를 사용하는 이유는 직접재료비 및 직접노무비와 제품 사이에는 직접적인 관련성이 존재하여 특정제품의 단위당 발생액의 추적이 용이할 뿐만 아니라 특정제품을 제조하는 데 기본적으로 발생되는 원가이기 때문이다. • 기초원가＝직접재료비＋직접노무비
전환원가	• 전환원가란 제품을 제조하는 과정에서 발생하는 직접노무비와 제조간접비를 합한 금액을 말한다. • 직접재료를 가공하여 완제품을 생산하는 과정 중 가공에서 소요되는 원가라는 의미에서 가공원가라고도 하며, 직접재료를 완제품으로 전환시키는 데 소비된 원가라는 의미에서 전환원가라 한다. • 전환원가＝직접노무비＋제조간접비

⑦ 의사결정과의 관련성에 따른 분류

    ㉠ 관련원가 : 의사결정 대안 간에 차이가 나는 차액원가로서 의사결정의 주요분석 대상이며, 대표적인 관련원가는 회피가능원가와 기회비용(기회원가)이 있다.

    ㉡ 비관련원가 : 의사결정에 영향을 미치지 못하는 원가로서 기발생원가(매몰원가)와 의사결정 대안 간에 차이가 없는 미래원가가 있다. 역사적인 매몰원가는 비관련원가이다.

⑧ 통제가능성에 따른 분류

    ㉠ 통제가능원가

        ⓐ 단기간에 있어서 특정의 경영자가 원가발생의 크기에 관해 주된 영향을 미칠 수 있는 원가이다.

        ⓑ 재료비, 인건비, 소모품비, 수도광열비 등이 있다.

    ㉡ 통제불능원가

        ⓐ 단기간에 있어서 특정 경영자의 수준에서는 그 발생을 통제할 수 없는 원가이다.

        ⓑ 감가상각비, 제세공과금, 보험료, 임차료, 시험비 등이 있다.

더 알아보기 의사결정과 관련된 특수원가 개념에 따른 원가의 분류

미래원가	후일에 발생되리라 기대되는 원가로 역사적 원가에 대립되는 개념이다.
기회원가	선택가능한 대체안 중에서 한 대체안을 택하고 다른 대체안을 단념할 경우 그 단념된 대체안에서 상실하게 될 순현금유입액을 기회원가라고 하는데, 이는 대체안을 비교할 때 암묵적으로 고려되므로 대체원가라고 부르기도 한다. 이러한 기회원가는 지출원가와 대립되는 개념으로 보통 재무제표상에 나타나지 않는다.
매몰원가	특정 의사결정으로 말미암아 과거에 투하된 투자액의 전부 내지 일부를 회수할 수 없게 된 원가를 말한다. 주어진 상황에서 회수할 수 없는 역사적 원가인 매몰원가는 차액원가와 대립되는 개념으로서 어느 대체안을 택하더라도 변화하지 않는 과거원가이므로 의사결정에 있어서 비관련원가이다.
회피가능원가	경영목적의 수행에 절대로 필요한 것이 아닌 원가로서 경영관리자의 의사결정에 따라 피할 수도 있는 원가를 말한다.

(2) 원가의 구성

			판매이익	
		판매비와 관리비		판매가격
	제조간접비	제조원가 (공장원가)	판매원가 (총원가)	
직접재료비	직접원가 (기초원가)			
직접노무비				
직접제조경비				

① 직접원가(기초원가)

특정 제품의 제조를 위해서만 소비되어 특정 원가대상에 추적가능한 직접원가만으로 구성된 것이다.

직접원가＝직접재료비＋직접노무비＋직접제조경비

② 제조원가

> 제조원가＝직접원가＋제조간접비(간접재료비＋간접노무비＋간접제조경비)

③ 판매원가(총원가)

> 판매원가＝제조원가＋판매비와 관리비

④ 판매가격

> 판매가격＝판매원가＋판매이익

(3) 원가계산방법

① 원가의 집계방법(제조형태)에 따른 분류

　㉠ 개별원가계산 : 다품종 소량생산이나 주문생산과 같이 제품 종류나 주문·작업별로 원가를 계산할 필요가 있는 경우에 적용되며, 개별 작업별로 작성되는 작업지시서 또는 제조지시서(Job–Order or Production Order)를 단위로 원가계산이 이루어진다. 이처럼 개별원가계산은 각 작업을 수행함에 있어서 투입되는 노력을 서로 구분하여 인식하는 것이 바람직한 경우에 이용하는 원가계산방법이다.

　㉡ 종합원가계산 : 종합원가계산은 동일한 종류의 제품을 연속공정을 통하여 대량생산(소품종 대량생산)하는 기업에 적용되는 원가계산방식으로서, 표준화된 제품을 계속 제조지시서에 의하여 대량으로 생산하기 때문에 지시서별(개별제품별)로 제조원가를 집계하지 않고 일정기간 동안 소비된 원가 총액을 그 기간 동안 생산된 제품의 수량으로 나누어 개별제품의 단위당 제조원가를 계산한다.

> ⓐ 당기제품제조원가＝기초재공품원가＋당기총제조비용－기말재공품원가
> ⓑ 제품단위당원가＝당기제품제조원가 / 당기제품생산량

더 알아보기 　개별원가계산과 종합원가계산의 비교

개별원가계산	• 다품종, 소량주문생산 • 항공기, 건설업, 회계법인 등의 업종에 적합 • 각 개별 작업별로 원가를 집계함 • 원가계산이 상대적으로 정확한 개별제품별로 원가집계를 하므로 많은 비용과 노력이 요구됨
종합원가계산	• 동종제품 대량연속생산 • 정유업, 시멘트, 방직업 등의 업종에 적합 • 각 공정별로 원가집계 • 가계산시 공정별로 집계방식을 사용하므로 간편하고 경제적이나, 제품원가의 계산이 상대적으로 부정확함

② 제품원가의 범위에 따른 분류 ★29회 기출★

  ㉠ 전부원가계산

    ⓐ 전부원가계산이란 제조현장에서 발생한 모든 원가를 제품원가에 포함시킨 후 판매량에 대해서 매출원가로 비용처리되는 원가계산제도이다.

    ⓑ 일정조업도를 유지하기 위해서 이미 지출된 고정제조원가를 제품원가에 자산화하여 조업도가 상대적으로 큰 기간의 제품의 단위당 단가가 적어질 수도 있다.

    ⓒ 생산량이 커질수록 제품단가는 작아지기 때문에 동일한 판매수량이라고 하더라도 생산량에 따라 이익이 달라지는 문제점이 있다.

    ⓓ 외부보고를 위한 재무제표 작성을 위해 사용되는 계산방법이다.

> • 제품원가＝직접재료비＋직접노무비＋변동제조간접비＋고정제조간접비
> • 기간비용＝판매비와 관리비

  ㉡ 변동원가계산

    ⓐ 변동원가계산이란 제품을 생산하지 않는 경우 회피할 수 있는 원가인 변동제조원가만을 제품 원가에 포함시키고 고정제조원가는 기간비용으로 처리하는 원가계산제도를 말한다.

    ⓑ 변동원가계산은 전부원가계산에 비하여 경영관리적 측면에서 볼 때 전부원가계산보다 유용한 정보를 제공하며 이익이 제품생산량에 영향을 받지 않으므로 제품생산량의 증가로 기업의 이익을 높이려는 유인이 제거되어 생산과잉으로 인한 바람직하지 못한 재고의 누적을 막을 수 있다.

    ⓒ 기업내부 경영관리목적으로만 사용하는 방법이다.

> • 제품원가＝직접재료비＋직접노무비＋변동제조간접비
> • 기간비용＝고정제조간접비＋판매비와 관리비

③ 원가의 측정시점에 따른 분류

  ㉠ 실제원가계산 : 모든 원가요소를 제품제조 후 실제로 발생된 제조원가요소를 집계하여 계산하는 방법으로, 기업회계기준에서는 외부의 회계정보이용자에게 재무정보 제공을 위한 외부 공시 목적으로 실제원가계산제도만을 인정하고 있다.

  ㉡ 예정원가계산(정상원가계산)

    ⓐ 직접재료비와 직접노무비는 실제 발생한 원가를 기준으로 계산하는 방법이다.

    ⓑ 제조간접비는 미리 정해 놓은 예정배부기준에 의해 구해진 예정배부율을 기준으로 제품원가를 측정하는 방법이다.

  ㉢ 표준원가계산 : 원가절감을 목적으로 미리 실시되는 원가계산이다. 기업의 생산활동이 가장 효율적인 조건에서 이루어질 경우, 그때의 원가요소를 과학적으로 분석하여 얻은 이상적 원가를 표준원가라 한다. 이를 바탕으로 실제 제조활동에서 소요된 실제원가와의 차이를 비교 · 분석함으로써 생산능률을 측정하고 비능률적 요소들을 제거하게 되는데, 여기에 표준원가계산의 목적이 있다. 또한 최적조업도에서 산정된 원가이므로 최저원가이며, 이것을 가격정책에 이용하므로 원가관리의 유력한 수단이 된다. 표준원가는 이상적이긴 하나 공상적이 아닌 과학적 견적이 되어야 하므로, 이를 설정하기 위해서는 과거의 실제원가 기록에 대한 철저한 분석과 노동량 · 시간 · 조업도에 대한 면밀한 연구가 따라야 한다.

1. 원가의 흐름

(1) 제조원가의 분류 및 회계처리

① 재료비

재료는 제품제조에 소비할 목적으로 구입한 재고자산으로서 제조활동에 사용할 재료는 원재료, 부품, 보조재료, 소모성 공기구 등이 있다.

> **재료비＝재료의 소비량×재료의 소비단가**

㉠ 재료소비액 계산

ⓐ 계속기록법 : 재료가 출고될 때마다 그 수량을 기록하여 당기소비량을 계산하는 방법이다.

ⓑ 실지재고조사법 : 재료의 입고량만 기입하였다가 원가계산 기말에 실지재고조사에 의하여 당기의 재료소비량을 구하는 방법이다.

> **당월재료소비액＝월초재료 재고액＋당월재료 매입액－월말재료 재고액**

ⓒ 역계산법 : 제품 1단위당 재료의 표준소비량을 정해놓고 이것을 당월의 제품생산량에 곱하여 당월재료소비량을 구하는 방법이다.

㉡ 재료소비액 계정대체 : 직접재료비의 경우 재공품으로, 간접재료비의 경우 제조간접비로 대체된다.

(차)	재공품	×　×　×	(대)	재료	×　×　×
	제조간접비	×　×　×			

② 노무비

㉠ 노무비란 제품의 제조를 위하여 인간의 노동력을 소비함으로써 발생하는 원가요소로서 공장근로자의 급여 및 상여와 수당이다.

㉡ 노무비의 계정대체 : 직접노무비의 경우 재공품으로, 간접노무비의 경우 제조간접비로 대체된다.

(차)	재공품	×　×　×	(대)	노무비	×　×　×
	제조간접비	×　×　×			

③ 제조경비

재료비와 노무비를 제외한 기타의 모든 제조원가요소를 말한다(생산설비 감가상각비, 화재보험료, 임차료, 수선비, 전력비, 가스비, 수도비 등).

(2) 원가계산의 흐름 ★29회 기출★

① 원가의 흐름

원가의 흐름은 제품의 원가를 산출하는 과정에서부터 완성품제조원가를 산출하고, 이를 판매하여 수익이 실현되는 과정까지를 계정으로 표시한 것을 말한다.

② 당기총제조비용(원가)

당기의 제조과정에 투입된 모든 제조원가를 말한다.

> 당기총제조비용 = 재료비 + 노무비 + 제조경비
> = 직접재료비 + 직접노무비 + 직접제조경비 + 제조간접비

③ 당기제품제조원가

당기에 완성한 제품의 제조원가를 의미한다.

> 당기제품제조원가 = 기초재공품재고액 + 당기총제조원가 − 기말재공품재고액

④ 매출원가

당기에 판매한 제품의 원가를 의미한다.

> 매출원가 = 기초제품재고액 + 당기제품제조원가 − 기말제품재고액

매출원가를 물량(수량)흐름으로 나타내면 아래와 같다.

> 당기판매수량 = 기초재고수량 + 당기생산수량 − 기말재고수량

⑤ 제조원가명세서

ㄱ 의의 : 제조원가명세서는 완성된 제품의 제조원가를 상세히 나타내기 위한 포괄손익계산서 부속 명세표로서 제품의 원가요소가 투입되어 제조과정을 거쳐 제품제조원가가 집계되는 과정을 작성한 명세표를 말한다.

ㄴ 작성방법 : 원가 소비액을 직접비와 간접비로 구분하여 계산하지 않고 단순히 재료비, 노무비, 제조경비로 나누어 계산하고 그 합계액에서 기초재공품재고액을 가산한 후 기말재공품재고액을 차감하여 당기제품제조원가를 표시한다.

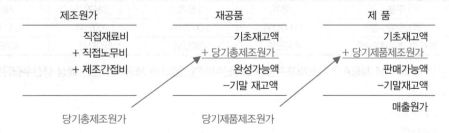

다음은 (주)관세의 20x1년 생산·판매와 관련된 자료이다.

기초재공품	₩170,000	전환원가(가공원가)	₩2,250,000
기말재공품	320,000	기초제품	130,000
직접재료원가	830,000	기말제품	110,000
직접노무원가	750,000	매출액	3,835,000

위 자료를 이용하여 계산한 (주)관세의 20x1년 매출총이익은?

① ₩135,000

② ₩885,000

③ ₩905,000

④ ₩925,000

⑤ ₩965,000

해설

매출총이익 = 매출액 - 매출원가

＝₩3,835,000 - ₩2,950,000(*1)

＝₩885,000

(*1) 매출원가 = 기초제품 + 당기제품제조원가 - 기말제품

＝₩130,000 + ₩2,930,000(*2) - ₩110,000

＝₩2,950,000

(*2) 당기제품제조원가 = 직접재료원가 + 직접노무원가 + 제조간접비 + 기초재공품 - 기말재공품

＝₩830,000 + ₩2,250,000 + ₩170,000 - ₩320,000

＝₩2,930,000

답 ②

다음은 제품A를 생산·판매하는 (주)관세의 20x1년 분기별 판매계획이다.

구분	1분기	2분기	3분기	4분기
예상판매수량	1,000단위	1,000단위	1,200단위	1,300단위
분기 말 예상재고수량	400단위	480단위	520단위	450단위

(주)관세의 20x1년 제품A의 기초재고수량이 300단위라면, 20x1년 제품A의 연간 예상 생산수량은?

① 4,350단위

② 4,550단위

③ 4,650단위

④ 4,700단위

⑤ 4,750단위

"기초재고수량＋당기 생산수량＝당기 판매수량＋기말재고수량"

구분	1분기	2분기	3분기	4분기	합계
분기 초 예상재고수량	300단위	400단위	480단위	520단위	
분기 생산수량	1,100단위	1,080단위	1,240단위	1,230단위	4,650단위
예상판매수량	1,000단위	1,000단위	1,200단위	1,300단위	
분기 말 예상재고수량	400단위	480단위	520단위	450단위	

답 ③

2. 원가배분

(1) 원가배분의 의의 및 기준

① 원가배분의 의의

원가배분이란 제품제조과정에서 발생하는 원가를 제품 또는 부문 등의 원가대상에 합리적인 원가유발요인을 추적하여 대응시키는 것을 말한다.

㉠ 각종 경제적 의사결정을 합리적으로 수행하기 위한 정보를 제공한다.

㉡ 종업원이나 경영자에 대한 동기를 부여하는 계기가 되고, 성과를 평가할 수 있다.

㉢ 재고자산의 금액 및 이익측정을 위한 제품원가를 산출하여 외부에 공시되는 재무제표 작성의 자료를 제공한다.

㉣ 계약가격의 결정을 위하여 관련원가의 합리적 배분을 하여야 한다.

② 원가배분의 기준

㉠ 인과관계기준 : 특정 활동의 수행으로 배분되어야 할 특정한 원가가 발생할 경우, 그 활동과 배분될 원가 사이에 인과관계가 존재하도록 원가배분대상에 원가를 배분하는 방법이다. 이는 가장 이상적인 원가배분기준으로서 인과관계를 이용한 원가배분이 경제적으로 실현 가능한 경우에는 인과관계기준에 의해 원가를 배분하여야 한다.

㉡ 수혜기준 : 배분대상원가의 원가대상을 확인한 후 확인된 원가대상에 제공된 경제적 효익을 측정할 수 있는 경우 이러한 경제적 효익의 크기에 비례하여 원가를 배분하는 기준이다.

㉢ 부담능력기준 : 각 원가집적대상이 원가를 부담할 수 있는 능력에 비례하여 원가를 배분하는 방법이다. 일반적으로 부담능력을 평가하는 지표로서 매출액이 많이 사용되고 있다. 이 경우 부담능력의 평가지표인 매출액이 매기 변하는 데 비하여 원가집적대상에 배분될 원가는 성질상 매기 일정하기 때문에 매출액에 따라 원가를 배분하면 특정부문에 배분되는 원가가 다른 부문의 영업활동(매출액)에 의하여 영향을 받게 되므로, 부문 간에 공평하지 못한 원가배분의 결과를 야기하게 된다는 것이 가장 큰 문제점이다. 따라서 매출액과 원가의 발생 사이에 밀접한 관계가 존재할 때에만 적용하여야 할 것이다.

㉣ 증분기준 : 최초 사용자와 추가 사용자로 구분하여 전체 발생원가 중 추가사용으로 증가된 원가만을 추가 사용자에게 배분하고 나머지 원가는 최초 사용자에게 부담시키는 방법이다.

(2) 제조간접비의 배부(배분)

① 제조간접비의 배부 기준 및 방법

㉠ 제조간접비의 배부 : 제조간접비란 여러 가지 제품을 제조하는 데 공통적으로 발생하여 특정제품에 직접 부과할 수 없는 원가를 말하며, 이러한 제조간접비를 일정기간 동안 발생한 것을 집계한 후 일정한 배부기준에 의하여 각종 제품에 배분해야 하는 것을 제조간접비의 배부라 한다.

ⓐ 제조간접비 배부율 = $\dfrac{\text{제조간접비(발생액)}}{\text{배부기준(조업도)}}$

ⓑ 개별작업에 배분되는 제조간접비 = 제조간접비 배부율 × 개별작업의 조업도

㉡ 배부기준 : 특정제품과 인과관계를 추적하여 부과할 수 없으므로 적정한 배부기준을 설정하여 배분하여야 한다.

ⓐ 가액법 : 직접재료비법, 직접노무비법, 직접원가법

ⓑ 시간법 : 직접노동시간법, 기계작업시간법

㉢ 배부방법

ⓐ 측정시점에 따른 분류 : 실제배부법, 예정배부법

ⓑ 집계방법에 따른 분류 : 공장전체배분법, 부문별배분법, 활동별배분법

(3) 정상(예정)원가계산 ★*32, 34회 기출★

① 정상원가계산의 의의 및 특징

㉠ 각 제조지시서별 제조원가를 계산하는데, 직접비(직접재료비, 직접노무비)는 실제소비액을 이용하여 원가계산을 하고, 제조간접비는 예정배부액을 이용하여 원가계산을 한다.

㉡ 제품제조원가계산이 신속하며, 실제원가계산에 비해 조업도 및 월별 또는 계절적 변동에 대하여 제조원가가 평균화된다.

㉢ 예정배부액과 실제발생액을 비교하여 계산하므로 합리적인 원가관리 및 성과평가에 유용하다.

ⓐ 제조간접비예산 = 변동제조간접비예산 + 고정제조간접비예산

ⓑ 공장전체 예정배분율 = $\dfrac{\text{공장전체 제조간접비 예산}}{\text{공장전체 예정조업도}}$

ⓒ 개별작업에 배분되는 제조간접비 = 제조간접비 예정배분율 × 개별작업의 실제조업도

더 알아보기 실제원가계산과 정상원가계산의 비교

구분	실제원가계산	정상원가계산
직접재료원가	실제원가	실제원가
직접노무원가	실제원가	실제원가
제조간접원가	실제원가	예정원가

② 예정조업도(정상조업도, 기준조업도)

정상적인 유지 및 보수활동에 따른 조업중단을 감안한 상황 하에서 평균적으로 달성할 수 있을 것으로 기대하는 생산수준을 말한다.

조업도	배부방법
실제조업도 < 정상조업도	정상조업도에 근거한 예정배부
실제조업도＝정상조업도	정상조업도에 근거한 예정배부와 실제조업도에 근거한 실제배부 중 선택적용
실제조업도 > 정상조업도	실제조업도에 근거한 실제배부

③ 예정배부율과 예정배부액

$$\text{㉠ 예정배부율} = \frac{\text{예상 총제조간접원가}}{\text{예상 총배부기준량}}$$

$$\text{㉡ 제조간접비 예정배부율} = \frac{\text{일정기간의 제조간접비 총액}}{\text{동기간의 예정배부기준 총액}}$$

㉢ 제조간접비 예정배부액＝제품별 실제배부기준량 ×제조간접비 예정배부율

④ 제조간접비 배부차이 조정

㉠ 의의 : 제조간접비 배부차이는 제조간접비를 예정배부한 경우에 예정배부액과 실제발생액 사이에서 발생하는 차이를 말한다. 제조간접비는 직접비와는 달리 원가계산 기말이 아니면 행할 수 없기 때문에 원가계산이 지연되는 결점을 해소하기 위하여 제조간접비의 배부계산에 있어서도 예정배부율을 사용한다.

▷ 제조간접원가를 예정배부하는 경우 배부차액은 기말재공품, 기말제품, 매출원가 세 계정에서 조정하여 한다.

㉡ 원가성이 인정되는 경우

ⓐ 총원가비례배분법 : 배부차이가 중요한 경우 제조간접비 배부차이를 계정별로 재공품과 제품, 매출원가에 비례하여 배부·조정하는 방법으로, 가장 일반적인 방법이다.

ⓑ 매출원가조정법 : 배부차이가 중요하지 않은 경우 전액 매출원가에 가감하는 방법으로, 제조간접비 배부차이를 전액 매출원가에 가감시킨다. 배부차액이 크지 않고 재고수준이 낮은 기업에서는 매출원가조정법을 적용할 수 있다.

ⓒ 원가요소별 비례배분법 : 기말에 재공품, 제품, 매출원가에 포함된 제조간접비의 비율에 따라 배부·조정하는 방법이다. 배부차이가 발생한 제조간접비 기준으로 배분하는 것이므로 가장 논리적이지만 시간과 비용이 많이 발생하는 단점이 있다.

㉢ 원가성이 인정되지 않는 경우(영업외손익법) : 원가의 과소배부액은 영업외비용으로, 과대배부액은 영업외수익으로 처리한다. 과소배부는 실제제조간접원가가 예정배부액보다 클 때 발생하며, 과대배부는 그 반대의 경우이다.

(주)관세는 20x1년 영업을 개시하여 우주선을 제작·판매하고 있으며, 정상개별원가계산을 채택하고 있다. 제조와 관련된 원가 및 활동 자료는 다음과 같다.

	단거리 우주선	중거리 우주선	장거리 우주선
직접재료원가	₩240,000	₩370,000	₩480,000
직접노무원가	150,000	300,000	450,000
실제기계시간	495시간	1,485시간	1,980시간

(주)관세는 20x1년 초 연간 제조간접원가는 ₩1,280,000, 제조간접원가 배부기준인 기계시간은 4,000시간으로 예상하였으며 20x1년에 실제 발생한 제조간접원가는 ₩1,170,000이다. 20x1년 말 단거리 우주선은 완성되어 판매되었고 중거리 우주선은 완성되었으나 판매되지 않았으며 장거리 우주선은 미완성 상태이다. (주)관세는 제조간접원가 배부차이를 원가요소별 비례배분법으로 조정한다. 제조간접원가 배부차이를 조정한 후의 매출원가는?

① ₩451,200
② ₩536,250
③ ₩560,550
④ ₩562,150
⑤ ₩645,600

해설

제조간접비 예정배부율 = 예상 총제조간접원가 / 예상 총배부기준량
$$= ₩1,280,000 / 4,000시간$$
$$= ₩320$$

배부차이 = 예정배부액 - 실제발생액
$$= (₩320 × (495시간 + 1,485시간 + 1,980시간)) - ₩1,170,000$$
$$= ₩97,200 초과(과대)배부$$

제조간접원가 배부차이를 조정한 전의 매출원가 = 직접재료원가 + 직접노무원가 + 예정 제조간접비
$$= ₩240,000 + ₩150,000 + (₩320 × 495시간)$$
$$= ₩548,400$$

제조간접원가 배부차이를 조정한 전의 기말제품 = 직접재료원가 + 직접노무원가 + 예정 제조간접비
$$= ₩370,000 + ₩300,000 + (₩320 × 1,485시간)$$
$$= ₩1,145,200$$

제조간접원가 배부차이를 조정한 전의 기말재공품 = 직접재료원가 + 직접노무원가 + 예정 제조간접비
$$= ₩480,000 + ₩450,000 + (₩320 × 1,980시간)$$
$$= ₩1,563,600$$

매출원가 배부차이 조정액 = ₩97,200 × 495시간 / (495시간 + 1,485시간 + 1,980시간)
$$= ₩12,150$$

제조간접원가 배부차이를 조정한 후의 매출원가 = ₩548,400 - ₩12,150
$$= ₩536,250$$

답 ②

(4) 공장전체배분법

제조과정에서 발생한 모든 제조간접비를 하나의 계정에 집계하여 하나의 배부기준으로 배분하는 방법으로 간편하다.

① **가액법** : 제조간접비를 직접재료비나 직접노무비 또는 직접원가 등의 금액으로 나눠서 배부율을 계산한 후 배부율을 각 제조지시서의 가액에 곱하여 직접비를 기준으로 각 제품에 제조간접비를 배부하는 방법이다.

㉠ 직접재료비법 : 일정기간 동안 발생된 실제 제조간접비 총액을 각 제품의 실제 발생한 직접재료비 비율에 따라 각 제품에 배분하는 방법이다.

> ⓐ 제조간접비 배부율 = $\dfrac{\text{제조간접비 총액}}{\text{동기간의 직접재료비 총액}}$
>
> ⓑ 제조간접비 배부액 = 특정제품 직접재료비 × 제조간접비 배부율

㉡ 직접노무비법 : 각 제품의 제조에 소비된 직접노무비의 비율을 기준으로 각 제품에 제조간접비를 배부하는 방법이다.

> ⓐ 제조간접비 배부율 = $\dfrac{\text{제조간접비 총액}}{\text{동기간의 직접노무비 총액}}$
>
> ⓑ 제조간접비 배부액 = 특정제품 직접노무비 × 제조간접비 배부율

㉢ 직접원가법 : 각 제품의 제조에 소비된 직접원가를 기준으로 하여 각 제품에 제조간접비를 배부하는 방법이다.

> ⓐ 제조간접비 배부율 = $\dfrac{\text{제조간접비 총액}}{\text{동기간의 직접원가 총액}}$
>
> ⓑ 제조간접비 배부액 = 특정제품 직접원가 × 제조간접비 배부율

② **시간법** : 각 제품제조에 소비된 시간을 기준으로 각 제품에 제조간접비를 배부하는 방법이다.

㉠ 직접노동시간법 : 각 제품의 제조에 소비된 직접노동시간을 기준으로 각 제품에 제조간접비를 배부하는 방법이다.

> ⓐ 제조간접비 배부율 = $\dfrac{\text{제조간접비 총액}}{\text{동기간의 직접노동 총시간수}}$
>
> ⓑ 제조간접비 실제배부액 = 특정제품 직접노동시간 × 제조간접비 배부율

㉡ 기계작업시간법 : 각 제품의 제조에 소비된 기계작업시간을 기준으로 각 제품에 제조간접비를 배부하는 방법이다.

> ⓐ 제조간접비 배부율 = $\dfrac{\text{제조간접비 총액}}{\text{동기간의 기계작업 총시간수}}$
>
> ⓑ 제조간접비 실제배부액 = 특정제품 기계작업시간 × 제조간접비 배부율

(5) 부문별 원가계산 ★33회 기출★

① 원가부문

원가부문이란 원가를 별도로 인식하는 조직 내의 구성부분 또는 활동을 말한다. 즉, 원가계산상의 구분으로 원가 집계의 중심점이 된다.

　ㄱ 제조부문 : 제품을 직접 제조하는 활동이 행하여지는 부문으로 주조부, 단조부, 선박부, 절단부, 조립부 등이 있다.

　ㄴ 보조부문 : 제조활동에 직접 관여하지 아니하고 제조부문에 자기가 생산한 제품 또는 용역을 제공하는 부문(동력부, 용수부, 수선부 등) 및 공장의 관리사무부문을 말한다. 보조부문비 배부방법에서 복수기준 배부법이 단일기준 배부법보다 각 원가의 인과관계를 더 명확히 하는 방법이다.

② 부문별 원가계산의 방법 ★29회 기출★

제조간접비를 각 제품에 정확하게 배부하기 위해 그 발생장소인 부문별로 원가를 분류 · 집계하는 절차이다.

　ㄱ 부문개별비(부문직접비)의 부과

　　ⓐ 특정부문에 추적이 가능하여 개별적으로 집계가 가능한 제조간접비를 그 발생 부문에 직접 부과하는 과정을 말한다.

　　ⓑ 특정부문 책임자의 급료, 특정부문에서만 사용하는 기계의 감가상각비 등이 해당된다.

　ㄴ 부문공통비(부문간접비)의 배부

　　ⓐ 각 부문에 직접 추적할 수 없는 제조간접비를 인위적인 배부기준에 의하여 각 부문에 배부하는 것을 말한다.

　　ⓑ 공장 건물에 하나의 계량기만 설치되어 있으면, 공장 건물 내의 각 원가부문의 입장에서 전력비는 부문공통비가 된다.

　　ⓒ 공장장의 급료, 여러 부문이 공동으로 사용하는 기계의 감가상각비 등이 해당된다.

　ㄷ 보조부문비를 제조부문으로 배부

　　ⓐ 직접배부법 : 보조부문 상호간의 용역제공관계를 무시하고 보조부문원가를 제조부문에 배분하는 방법이다.

　　　• 배부절차는 간단하지만 보조부문 상호 간의 용역수수가 많은 경우에는 정확한 원가가 배부되지 않는다.

　　　• 계산이 간편하다는 장점 때문에 실무에서 환영받고 있으나 정확성이 떨어진다.

　　ⓑ 단계배부법 : 절충적인 방법으로 보조부문 중 다른 보조부문에 대한 용역제공비율이 중요하여 직접배부법을 사용하기가 부적절한 경우 사용할 수 있다.

　　　• 다른 보조부문에 대한 용역제공비율이 큰 보조부문부터 우선배분하는 방법이다.

　　　• 용역을 제공하는 부문 수가 많은 보조부문부터 우선배분하는 방법이다.

　　　• 원가가 큰 보조부문을 우선배분하는 방법이다.

　　ⓒ 상호배부법 : 보조부문 간의 용역제공을 완벽히 고려하여 배분하는 방법으로, 다른 배부방법에 비하여 복잡하지만 정확한 원가계산을 할 수 있다. 배분될 총 원가는 '자기부문의 발생원가＋배분받은 원가'로 구성된다.

　ㄹ 제조부문비를 각 제품에 배부 : 각 제조부문에 집계된 제조간접비를 각 제품별로 배부하는 마지막 절차이다.

건물감가상각비	각 부문의 점유면적 또는 건물가액
기계장치감가상각비, 기계장치보험료	각 부문의 기계장치가액
부동산임차료, 건물보험료, 건물재산세, 건물수선비	각 부문의 점유면적
동력비	각 부분의 기계마력 수×운전시간
전기 · 가스 · 수도료 등	측정한 각 부문의 소비량 또는 추정량
전화료	각 부문의 전화대수×통화수
기계보험료	각 부문의 기계장부가액
재료보관비	각 부문에의 출고액
시험연구비	각 부문의 직접작업시간
종업원모집비	각 부문의 종업원수 또는 직접작업시간
복리비	각 부문의 종업원수

예제

(주)관세는 제조부문(절단, 조립)과 보조부문(수선, 동력)을 이용하여 제품을 생산하고 있다. 수선부문과 동력부문의 부문원가는 각각 ₩250,000과 ₩170,000이며 수선부문은 기계시간, 동력부문은 전력소비량(kWh)에 비례하여 원가를 배부한다. 각 부문 간의 용역수수 관계는 다음과 같다.

제공부문＼사용부문	제조부문		보조부문	
	절단	조립	수선	동력
수선	60시간	20시간	8시간	12시간
동력	350kWh	450kWh	140kWh	60kWh

(주)관세가 보조부문원가를 직접배부법으로 제조부문에 배부할 경우, 절단부문에 배부될 보조부문원가는?(단, 보조부문의 자가소비분은 무시한다)

① ₩189,500
② ₩209,500
③ ₩226,341
④ ₩236,875
⑤ ₩261,875

[해설]

(1) 수선부문원가 배분
  1) 절단부문＝₩250,000×[60시간 ÷ (60시간＋20시간)]＝₩187,500
  2) 조립부문＝₩250,000×[20시간 ÷ (60시간＋20시간)]＝₩62,500
(2) 동력부문원가 배분
  1) 절단부문＝₩170,000×[350kWh ÷ (350kWh＋450kWh)]＝₩74,375
  2) 조립부문＝₩170,000×[450kWh ÷ (350kWh＋450kWh)]＝₩95,625
(3) 배분 후 절단부문과 조립부문
  1) 절단부문＝₩187,500＋₩74,375＝₩261,875
  2) 조립부문＝₩62,500＋₩95,625＝₩158,125

답 ⑤

(6) 활동기준원가계산 ★29, 33회 기출★

① 의의

㉠ 제조간접비를 정확히 배부하기 위해 제조간접비를 직접 원가나 기계 시간 등 단순한 요인에 의해서 배부하지 않고 제조간접비의 발생원인인 활동을 기준으로 배부하여 원가를 계산하는 시스템을 말한다.

㉡ 활동이란 제품의 제조과정에서 제조간접비를 발생시키는 원인을 말하며, 원가 동인이란 작업준비, 직접노동지원, 자재관리 등의 다양한 활동을 말하고 단위수준활동 원가는 조업도기준 원가동인에 의해 배분된다.

㉢ 제조간접비를 활동별로 집계하고 각 활동별로 원가유발요인인 원가동인에 의하여 제조간접원가를 제품에 배분한다.

② 활동의 4가지 유형

㉠ 단위수준활동 : 제품 한 단위가 생산될 때마다 수행되는 생산량에 비례하는 활동으로 제품조립활동, 절삭활동, 품질검사활동, 기계작업활동, 전수검사 등이 있다.

㉡ 배치수준활동(묶음수준활동) : 생산량과 관계없이, 한 묶음에 포함되는 단위 수에 상관없이 묶음 단위로 처리 또는 가공하는 활동으로서 구매주문활동, 재료처리활동, 작업준비활동, 첫 제품 품질검사활동, 선적활동 등이 있다.

㉢ 제품유지활동 : 특정제품을 회사의 제품라인에 추가하거나 생산품목으로 유지하기 위한 활동으로서 제품설계, 제품테스트, 제품설계변경 등이 있다.

㉣ 설비수준활동 : 여러 가지 제품생산을 위하여 설비전체를 유지, 관리하는 활동으로서 공장관리활동, 건물관리활동, 조명, 냉난방활동, 조경활동 등이 있다.

③ 특징

㉠ 제조간접비의 정확한 배부를 통해 가격결정에 유용한 정보 제공

㉡ 정확한 제품원가, 성과평가

㉢ 원가낭비의 지속적 제거

④ 기타

㉠ 활동기준원가계산의 도입을 통해 비부가가치 활동을 제거하여 효율적인 원가통제가 가능하다.

㉡ 제품의 다양성이 증가되면서 다품종소량생산이 증가하고, 이에 따라 개별제품이나 작업에 직접 추적이 어려운 원가의 비중이 증가되었다.

㉢ 경쟁이 치열해지고, 제조간접원가의 비중이 증가함에 따라 도입되었다.

㉣ 직접노무시간이나 직접노무원가가 원가동인으로 사용될 수 있으며, 제조원가뿐만 아니라 비제조원가도 원가동인에 의해 배부할 수 있다.

㉤ 비단위수준 활동이 원가에 미치는 영향을 고려한다는 측면에서 개별원가계산보다 더 정확한 계산이 가능하다.

세 종류의 스키를 생산·판매하는 (주)관세의 제조간접원가를 활동별로 분석하면 다음과 같다.

활동	제조간접원가	원가동인	원가동인 수		
			초급자용 스키	중급자용 스키	상급자용 스키
절단	₩70,000	절단횟수	150회	250회	300회
성형	₩180,000	제품생산량	400대	300대	200대
도색	₩225,000	직접노무시간	400시간	600시간	500시간
조립	₩88,000	기계작업시간	100시간	?	150시간

(주)관세가 활동기준원가계산에 의해 중급자용 스키에 제조간접원가를 ₩208,000 배부하였다면 중급자용 스키 생산에 소요된 기계작업시간은?

① 100시간
② 120시간
③ 150시간
④ 200시간
⑤ 300시간

해설

활동	제조간접원가	원가동인				중급자용 스키 배부액
		초급자용	중급자용	상급자용	소계	
절단	₩70,000	150회	250회	300회	700회	₩25,000
성형	₩180,000	400대	300대	200대	900대	₩60,000
도색	₩225,000	400시간	600시간	500시간	1,500시간	₩90,000
조립	₩88,000	100시간	150시간	150시간	400시간	₩33,000
합계						₩208,000

답 ③

1. 개별원가계산 ★29회 기출★

개별원가계산이란 건설업, 조선업, 가구제조업 등과 같은 개별생산형태의 기업에서 종류, 규격, 형태가 서로 다른 특정의 제품을 생산하는 경우에 채택하는 원가계산방법이다. 즉, 각 제품의 제조원가를 개별 작업별로 분류하여 제품별 원가를 집계하는 것이다.

2. 종합원가계산(공정별 원가계산) ★32, 33, 34회 기출★

(1) 종합원가계산의 의의

① 동일공정에서 동일한 기간에 생산된 동종제품의 단위당 원가는 동일하다는 기본가정하에 원가요소의 구분을 재료비와 가공비로 단순화하여 공정별로 집계된 원가를 완성품환산량을 기준으로 완성품과 기말재공품으로 배분함으로써 원가계산을 단순화한 것이다.

② 적용기업으로는 주로 정유업, 제분업, 제지업, 제염업, 제당업, 화학공업, 시멘트제조업, 양조업 등이 있다.

(2) 종합원가계산의 절차 ★31회 기출★

① 물량흐름의 파악

물량흐름의 파악이란 기초재공품 수량에 당기의 제조과정에 투입된 수량을 가산한 당기 총 투입량으로부터 당기완성품의 수량과 기말재공품의 수량을 파악하는 것을 말한다.

② 완성품 환산량의 계산

완성품 환산량이란 당기간에 투입된 모든 재료와 비용이 기말재공품 없이 모두 생산되었을 경우의 완성품의 수량을 말한다.

③ 원가배분 대상액의 집계

제조공정별로 당기의 완성품과 기말재공품에 배분될 원가를 계산한다. 이 경우 원가흐름의 가정(선입선출법과 평균법 등)에 따라 그 집계액이 다르다.

④ 단위당 원가의 산출

당월제품제조원가를 당일완성품수량으로 나누어 제품의 단위당 원가를 계산한다.

$$제품의 \ 단위당 \ 원가 = \frac{당월제품제조원가}{당월완성품수량}$$

⑤ 완성품원가와 기말재공품원가의 계산

㉠ 완성품원가 = 완성품수량 × 완성품 환산량 단위당원가
㉡ 기말재공품원가 = 기말재공품 완성품 환산량 × 완성품 환산량 단위당원가

(3) 기말재공품 평가 ★28, 29회 기출★

① 의의

기말재공품의 평가란 원가계산의 기말시점 현재 미완성품인 기말재공품의 완성도를 추정하고, 완성도에 의하여 원가계산기간의 총원가를 완성품과 기말재공품에 배분하는 것을 말한다.

② 개념의 내용

ㄱ 완성도 : 제조공정에 투입되어 현재 생산과정에 있는 제품이 어느 정도 완성되었는가를 나타내는 수치로서, 30% 또는 70%와 같은 형태로 표시된다.

ㄴ 기말재공품환산량 : 기말의 미완성수량, 즉 월말재공품 수량에 완성도를 곱한 수량을 말한다.

ㄷ 완성품환산량 : 생산활동에 투입된 모든 노력이 완성품으로 나타날 경우에 완성품으로 나타나게 될 수량을 말한다.

③ 평가방법

ㄱ 선입선출법 : 제조를 위하여 먼저 투입된 물량이 항상 먼저 완성되는 부품조립공정 등에 적합한 방법으로 기초재공품은 항상 먼저 완성된다고 가정하여 기초재공품원가는 배분과정을 거치지 않고 완성품에 대체된다.

> - 재료비 $= \dfrac{\text{당기재료비}}{\text{완성품수량} + \text{기말재공품환산량} - \text{기초재공품환산량}} \times \text{기말재공품환산량}$
>
> - 가공비 $= \dfrac{\text{당기가공비}}{\text{완성품수량} + \text{기말재공품환산량} - \text{기초재공품환산량}} \times \text{기말재공품환산량}$
>
> - 완성품환산량 = 완성품수량 − (기초재공품수량 × 기초재공품완성도)
> - 기말재공품환산량 = 기말재공품수량 × 기말재공품완성도

ⓐ 배분대상원가는 당기투입원가이며 이를 원가요소별로 파악한다.

ⓑ 원가요소별로 당기투입원가를 완성품환산량으로 나누어 계산한다.

ⓒ 기초재공품원가는 당기완성품으로 대체하고, 당기투입원가는 원가요소별로 완성품과 기말재공품으로 배분된다.

ㄴ 평균법 : 기초재공품원가와 당기총제조원가의 합계액을 완성품원가와 기말재공품원가로 배분하는 방법으로, 평균단가 중 일부는 당월제품제조원가로 배분되고 일부는 기말재공품재고액으로 배분되는 것으로 가정한다.

> - 기말재공품원가 = 기말재공품 재료비 + 기말재공품 가공비
>
> - 기말재공품 재료비 $= \dfrac{\text{기초재공품재료비} + \text{당기재료비}}{\text{완성품수량} + \text{기말재공품환산량}} \times \text{기말재공품환산량}$
>
> - 기말재공품 가공비 $= \dfrac{\text{기초재공품가공비} + \text{당기가공비}}{\text{완성품수량} + \text{기말재공품환산량}} \times \text{기말재공품환산량}$

ⓐ 기초재공품과 당기투입물량의 구분이 중요하지 않은 경우 선입선출법에 비하여 쉽게 원가계산을 할 수 있다.

ⓑ 기초재공품원가와 당기투입원가를 구분하지 않으며, 기초재공품원가와 당기투입원가를 합산한 후 완성품환산량을 기준으로 완성품과 기말재공품을 배분한다.

(4) 공손품

제품의 제조과정에서 발생하는 불합격품으로서 제조기업이 사전에 설정해 놓은 표준규격이나 표준품질에 미달하는 재공품 또는 제품을 말한다.

> 공손비 = 공손품의 보수에 소요되는 원가 = 대체품의 제조에 소요되는 원가 − 공손품의 매각가치

① 보수 가능한 경우 : 새로이 보수를 행하고, 그 보수에 든 비용을 그 제품의 제조원가에 가산한다.
② 보수 불가능한 경우 : 대체품을 제조하여야 할 경우에는 새로이 제조지시서를 발행하여 제조하되 공손품의 집계원가는 대체품의 제조원가에 가산한다. 또한 공손품의 매각가치 또는 용도에의 이용가치가 있는 경우에는 그 가액에서 차감한다.

예제

(주)감평은 가중평균법에 의한 종합원가계산제도를 채택하고 있으며, 단일공정을 통해 제품을 생산한다. 모든 원가는 공정 전반에 걸쳐 균등하게 발생한다. (주)감평의 당기 생산 관련 자료는 다음과 같다.

구분	물량(완성도)	직접재료원가	전환원가
기초재공품	100단위 (?)	₩4,300	₩8,200
당기착수	900	20,000	39,500
기말재공품	200 (?)	?	?

(주)감평의 당기 완성품환산량 단위당 원가가 ₩800이고 당기 완성품환산량이 선입선출법에 의한 완성품환산량보다 50단위가 더 많을 경우, 선입선출법에 의한 기말재공품 원가는? (단, 공손 및 감손은 발생하지 않는다.)

① ₩3,500
② ₩4,500
③ ₩5,500
④ ₩6,500
⑤ ₩7,000

해설

• 선입선출법에 의한 기말재공품 원가
= 100개 × (₩20,000 + ₩39,500) ÷ 850개
= ₩7,000
• (₩4,300 + ₩8,200 + ₩20,000 + ₩39,500) ÷ (800개 + 200개 × 완성도) = ₩80
∴ 완성도 = 50%

답 ⑤

3. 결합원가 ★34회 기출★

(1) 의의

동일한 공정에서 동일한 종류의 원재료를 투입하여 서로 다른 2종 이상의 제품이 생산되는 경우에 발생하는 원가이다.

(2) 주산품과 부산품

주산품(연산품)이란 상대적 판매가치가 중요한 품목을 말하며, 부산품이란 판매가치가 미미한 품목을 말하고, 작업폐물은 생산과정에서 발생되는 원재료의 찌꺼기 등을 말한다.

(3) 분리점과 결합원가

결합제품의 제조과정에서 각 제품의 물리적 식별이 가능한 시점을 분리점이라고 하며, 결합원가는 분리점 이전까지 투입된 원가를 말하고, 분리원가(추가가공비)는 분리점 이후 추가가공공정에서 발생한 원가를 말한다.

(4) 결합원가의 배분

① 상대적 판매가치법

결합원가를 결합제품의 분리점에서의 상대적 판매가치를 기준으로 하여 배분하는 것으로 이 방법은 특별한 인과관계를 추적할 수 없는 결합원가의 배분방법 중 연산품의 부담능력을 고려한 방법이다.

> 결합원가 배분액＝분리점에서의 생산량×단위당 판매가격

② 순실현가치법 ★27, 33회 기출★

각 결합제품의 최종판매가치에서 추가가공원가와 판매비용을 차감한 순실현가치를 기준으로 결합원가를 배분하는 방법이다.

> 순실현가치＝총판매가치−추가가공원가−판매비용

③ 물량기준법

결합제품의 중량, 부피 등을 기준으로 결합원가를 배분하는 방법이다.

> 결합원가 배분액＝생산량×단위당 무게

ⓐ 생산량 등에 의한 수혜기준에 의하여 결합원가를 배분한다.
ⓑ 결합제품의 물량과 판매가격이 상관관계를 갖는 경우에 적합하고, 공통의 물리적 기준이 없는 경우에는 부적합하다.

④ 균등이익률법 ★28회 기출★

분리점에서 시장가치를 모르는 경우 각 결합제품별 매출총이익률이 똑같게 산출되게 결합원가를 결합제품에 배부시키는 방법이다.

> 결합원가배분액＝제조원가*−추가가공원가
> *기업전체의 매출총이익률을 반영한 개별제품의 제조원가

(5) 부산물과 작업폐물

① 부산물, 작업폐물의 구분

부산물과 작업폐물이란 제품의 제조과정에서 발생하는 원재료의 부스러기를 말한다.

결합공정에서 여러 제품이 생산될 때 다른 제품보다 현저하게 가치가 낮은 제품으로서, 순실현가능가치가 양(+)이면 부산물로 처리하고, 음(-)인 경우 작업폐물로 처리한다.

② 부산물의 회계처리

부산물의 가치에 따라 부산물을 자산으로 인정하거나, 비용으로 처리한다.

ⓐ 생산기준법 : 부산물의 가치가 중요하여, 생산시점에 부산물의 순실현가능가치만큼 결합원가가 배분된다. 따라서 부산물의 처분이익은 '0'이 된다.

ⓑ 판매기준법 : 부산물의 가치가 상대적으로 중요하지 않아, 결합원가가 배분되지 않으며, 판매 시 판매이익을 잡수익 처리하거나 매출원가에서 차감한다.

예제

당기에 설립된 (주)감평은 결합공정을 통하여 제품 X와 Y를 생산·판매한다. 제품 X는 분리점에서 즉시 판매하고 있으나, 제품 Y는 추가가공을 거쳐 판매한다. 결합원가는 균등이익률법에 의해 각 제품에 배분되며, 직접재료는 결합공정 초에 전량 투입되고 전환원가는 결합공정 전반에 걸쳐 균등하게 발생한다. 당기에 (주)감평은 직접재료 3,000단위를 투입하여 2,400단위를 제품으로 완성하고, 600단위는 기말재공품(전환원가 완성도 50%)으로 남아 있다. 당기에 발생한 직접재료원가와 전환원가는 각각 ₩180,000과 ₩108,000이다. (주)감평의 당기 생산 및 판매 관련 자료는 다음과 같다.

구분	생산량	판매량	단위당 추가가공원가	단위당 판매가격
제품 X	800단위	800단위	-	₩150
제품 Y	1,600	900	₩15	200

제품 Y의 단위당 제조원가는? (단, 공손 및 감손은 발생하지 않는다.)

① ₩100   ② ₩105
③ ₩110   ④ ₩115
⑤ ₩120

해설

제품 Y의 단위당 제조원가=₩120

				결합원가 배부표				
결합제품	생산량	판매가격	판매가치	원가율 (주2)	총원가	추가가공 원가	결합원가 배분	단위당 제조원가
X	800	150	120,000	60%	72,000	0	72,000	90
Y	1,600	200	320,000	60%	192,000	24,000	168,000	120
			440,000		264,000	24,000	240,000 (주1)	

(주1) 완성품원가=2,400개×(₩180,000÷3,000개+₩108,000÷2,700개)

         = ₩240,000

(주2) 원가율=₩264,000÷₩440,000=60%

답 ⑤

제1장 | 확인학습문제

01 제조기업인 (주)감평이 변동원가계산방법에 의하여 제품원가를 계산할 때 제품원가에 포함되는 항목을 모두 고른 것은?

★29회 기출★

☑확인
Check!
○
△
×

ㄱ. 직접재료원가
ㄴ. 직접노무원가
ㄷ. 본사건물 감가상각비
ㄹ. 월정액 공장임차료

① ㄱ, ㄴ
② ㄱ, ㄹ
③ ㄴ, ㄷ
④ ㄴ, ㄹ
⑤ ㄱ, ㄷ, ㄹ

해설

난도 ★

※ 변동원가계산의 제품의 원가를 이해한다.

㉠ 변동원가계산의 제품의 원가
= 직접재료비 + 직접노무비 + 변동제조간접비

㉡ 따라서, 본사건물 감가상각비는 판매관리비, 월정액 공장임차료는 고정제조간접비이므로 직접재료비와 직접노무비가 변동원가계산의 제품의 원가에 해당한다.

답 ①

02 다음 자료를 이용하여 계산한 매출원가는?

기초재공품	₩60,000	기초제품	₩45,000	기말재공품	₩30,000
기말제품	₩60,000	직접재료원가	₩45,000	직접노무원가	₩35,000
제조간접원가	₩26,000				

① ₩121,000
② ₩126,000
③ ₩131,000
④ ₩136,000
⑤ ₩141,000

해설
난도 ★★

※ 재고자산의 T계정을 이용한다.

기초재공품	₩60,000	매출원가	?
기초제품	45,000		
직접재료원가	45,000		
직접노무원가	35,000	기말재공품	30,000
제조간접원가	26,000	기말제품	60,000

• 매출원가＝60,000＋45,000＋45,000＋35,000＋26,000－30,000－60,000＝₩121,000

답 ①

03 (주)감평은 수선부문과 동력부문의 두 개의 보조부문과, 도색부문과 조립부문의 두 개의 제조부문으로 구성되어 있다. (주)감평은 상호배부법을 사용하여 보조부문의 원가를 제조부문에 배부한다. 20x1년도 보조부문의 용역제공은 다음과 같다.

제공부문	보조부문		제조부문	
	수선	동력	도색	조립
수선(시간)	–	400	1,000	600
동력(kwh)	2,000	–	4,000	4,000

20x1년도 보조부문인 수선부문과 동력부문으로부터 도색부문에 배부된 금액은 ₩100,000이고, 조립부문에 배부된 금액은 ₩80,000이었다. 동력부문의 배부 전 원가는? ★29회 기출★

① ₩75,000

② ₩80,000

③ ₩100,000

④ ₩105,000

⑤ ₩125,000

해설

난도 ★★★

※ 보조무분 → 제조부문으로 배부되지만 문제는 역으로 질문하였다.

㉠ 제공비율

제공부문 (from)	보조부문		제조부문	
	수선(S1)	동력(S2)	도색	조립
수선(시간)	–	0.2	0.5	0.3
동력(kwh)	0.2	–	0.4	0.4

㉡ 제조부문에 배부된 금액

도색부문 : 0.5S1 + 0.4S2 = 100,000

조립부문 : 0.3S1 + 0.4S2 = 80,000

→ S1 = 100,000, S2 = 125,000

㉢ 보조부문의 배부 전 원가

동력부문: 125,000(S2) = 배부 전 원가 + 0.2 × 100,000(S1)

배부 전 원가 = ₩105,000

답 ④

04 실제개별원가계산제도를 사용하는 (주)감평의 20x1년도 연간 실제 원가는 다음과 같다.

직접재료원가	₩4,000,000
직접노무원가	₩5,000,000
제조간접원가	₩1,000,000

(주)감평은 20x1년 중 작업지시서 #901을 수행하였는데 이 작업에 320시간의 직접노무시간이 투입되었다. (주)감평은 제조간접원가를 직접노무시간을 기준으로 실제배부율을 사용하여 각 작업에 배부한다. 20x1년도 실제 총직접노무시간은 2,500시간이다. (주)감평이 작업지시서 #901에 배부하여야 할 제조간접원가는? ★29회 기출★

① ₩98,000

② ₩109,000

③ ₩128,000

④ ₩160,000

⑤ ₩175,000

해설

난도 ★

※ 제조간접원가를 직접노무시간으로 배부하면 된다.

#901에 배부한 제조간접비 = 1,000,000 × (320h / 2,500h) = ₩128,000

답 ③

05 다음은 활동기준원가계산을 사용하는 제조기업인 (주)감평의 20x1년도 연간활동원가 예산자료이다. 20x1년에 회사는 제품 A를 1,000단위 생산하였는데 제품 A의 생산을 위한 활동원가는 ₩830,000으로 집계되었다. 제품 A의 생산을 위해서 20x1년에 80회의 재료이동과 300시간의 직접노동시간이 소요되었다. (주)감평이 제품 A를 생산하는 과정에서 발생한 기계작업시간은? ★29회 기출★

연간 활동원가 예산자료			
활동	활동원가	원가동인	원가동인총수량
재료이동	₩4,000,000	이동횟수	1,000회
성형	₩3,000,000	제품생산량	15,000단위
도색	₩1,500,000	직접노동시간	7,500시간
조립	₩1,000,000	기계작업시간	2,000시간

① 400시간

② 500시간

③ 600시간

④ 700시간

⑤ 800시간

※ 활동별 배부율을 구하고 제품의 활동원가를 구하면 된다.

ⓐ 활동별 배부율
  - 재료이동 활동별＝₩4,000,000 / 1,000회＝₩4,000
  - 성형 활동별＝₩3,000,000 / 15,000단위＝₩200
  - 도색 활동별＝₩1,500,000 / 7,500시간＝₩200
  - 조립 활동별＝₩1,000,000 / 2,000시간＝₩500

ⓑ 제품의 활동원가
  활동원가(₩830,000)＝80회×4,000＋1,000단위×₩200＋300시간×₩200＋기계작업시간×₩500

ⓒ 따라서, 기계작업시간＝500시간

답 ②

06 (주)감평은 단일공정을 통해 단일제품을 생산하고 있으며, 선입선출법에 의한 종합원가계산을 적용하고 있다. 직접재료는 공정 초에 전량 투입되고, 가공원가는 공정 전반에 걸쳐 균등하게 발생한다. (주)감평의 20x1년 기초재공품은 10,000단위(가공원가 완성도 40%), 당기착수량은 30,000단위, 기말재공품은 8,000단위(가공원가 완성도 50%)이다. 기초재공품의 직접재료원가는 ₩170,000이고, 가공원가는 ₩72,000이며, 당기투입된 직접재료원가와 가공원가는 각각 ₩450,000과 ₩576,000이다. 다음 설명 중 옳은 것은?(단, 공손 및 감손은 발생하지 않는다) ★31회 기출★

① 기말재공품원가는 ₩192,000이다.
② 가공원가의 완성품환산량은 28,000단위이다.
③ 완성품원가는 ₩834,000이다.
④ 직접재료원가의 완성품환산량은 22,000단위이다.
⑤ 직접재료원가와 가공원가에 대한 완성품환산량 단위당원가는 각각 ₩20.7과 ₩20.3이다.

※ 종합원가계산은 물량의 흐름 → 완성품환산량 → 총원가의 요약 → 환산량 단위당 원가 → 총원가의 배분이라는 흐름이 그려져야 한다.

ⓐ 완성품환산량
  - 재료원가 환산량＝0＋22,000＋8,000＝30,000
  - 가공원가 환산량＝6,000＋22,000＋4,000＝32,000

ⓑ 환산량 단위당 원가
  - 재료원가 환산량 단위당원가＝₩450,000 / 30,000＝₩15
  - 가공원가 환산량 단위당원가＝₩576,000 / 32,000＝₩18

ⓒ 총원가의 배분
  - 완성품 원가＝22,000×(₩15＋18)＝₩726,000
  - 기말재공품 원가＝8,000×₩15＋4,000×₩18＝₩192,000

ⓓ 따라서, '기말재공품의 원가 ₩192,000'만이 정답이다.

답 ①

07 (주)감평은 종합원가계산제도를 채택하고 단일제품을 생산하고 있다. 재료는 공정이 시작되는 시점에서 전량 투입되며, 가공(전환)원가는 공정 전체에 걸쳐 균등하게 발생한다. 가중평균법과 선입선출법에 의한 가공(전환)원가의 완성품 환산량은 각각 108,000단위와 87,000단위이다. 기초재공품의 수량이 70,000 단위라면 기초재공품 가공(전환)원가의 완성도는?　★29회 기출★

① 10%　　　　　　　　　　　　　② 15%

③ 20%　　　　　　　　　　　　　④ 25%

⑤ 30%

해설

난도 ★★

※ 종합원가계산의 평균법과 선입선출법의 차이를 이해한다.

㉠ 평균법

　총완성품 환산량＝당기완성량＋기말재공품수량×완성도(기말재공품의 완성품 환산량)

㉡ 선입선출법

　당기완성품 환산량＝당기완성량＋기말재공품수량×완성도(기말재공품의 완성품 환산량)－기초재공품수량×완성도(기초재공품의 완성품 환산량)

㉢ 당기완성품 환산량＝총완성품환산량－기초재공품수량×완성도(기초재공품의 완성품 환산량)

㉣ 따라서 87,000＝108,000－70,000×완성도가 성립된다.

　완성도＝30%

답 ⑤

08 (주)감평은 선입선출법에 의한 종합원가계산을 채택하고 있다. 전환원가(가공원가)는 공정 전반에 걸쳐 균등하게 발생한다. 다음 자료를 활용할 때, 기말재공품원가에 포함된 전환원가(가공원가)는?(단, 공손 및 감손은 발생하지 않는다)　★28회 기출★

기초재공품	1,000단위 (완성도 40%)
당기착수	4,000단위
당기완성	4,000단위
기말재공품	1,000단위 (완성도 40%)
당기발생 전환원가(가공원가)	₩1,053,000

① ₩98,000

② ₩100,300

③ ₩102,700

④ ₩105,300

⑤ ₩115,500

난도 ★★

※ 완성품환산량 단위당 원가를 구할 수 있어야 한다. 물론 종합원가계산의 프로세스가 먼저 그려져야 한다.

㉠ 가공원가의 완성품 환산량

(1,000단위×60%)+(3,000단위×100%)+(1,000단위×40%)=4,000단위

㉡ 완성품 환산량 단위당 원가

₩1,053,000 / 4,000단위＝₩263.25

㉢ 기말재공품의 가공원가

1,000단위×40%×263.25＝₩105,300

답 ④

---

09 (주)대한은 제1공정에서 주산물 A, B와 부산물 C를 생산한다. 주산물 A와 부산물 C는 즉시 판매될 수 있으나, 주산물 B는 제2공정에서 추가가공을 거쳐 판매된다. 20x1년에 제1공정과 제2공정에서 발생된 제조원가는 각각 ₩150,000과 ₩60,000이었고, 제품별 최종 판매가치 및 판매비는 다음과 같다.

구분	최종 판매가치	판매비
A	₩100,000	₩2,000
B	180,000	3,000
C	2,000	600

(주)대한은 주산물의 매출총이익률이 모두 동일하게 되도록 제조원가를 배부하며, 부산물은 판매시점에 최초로 인식한다. 주산물 A의 총제조원가는?(단, 기초 및 기말 재고자산은 없다)   ★28회 기출★

① ₩74,500

② ₩75,000

③ ₩76,000

④ ₩77,500

⑤ ₩78,000

난도 ★★★

※ 균등이익률법에 의한 결합원가의 배분방식을 알아야 한다. 단, 여기서 부산물에 대한 인식은 판매시점에서 잡이익으로 인식하는 방법이며 결합원가를 배분하지 않는다.

㉠ 주산물의 매출액

₩100,000＋180,000＝₩280,000

㉡ 주산물 매출원가

₩150,000＋60,000＝₩210,000

㉢ 매출총이익률

₩70,000 / ₩280,000＝0.25(25%)

㉣ 따라서, 주산물A의 총제조원가＝₩100,000×(1－0.25)＝₩75,000

답 ②

10 (주)감평은 당기부터 단일의 공정을 거쳐 주산물 A, B, C와 부산물 X를 생산하고 있고 당기발생 결합원가는 ₩9,900이다. 결합원가의 배부는 순실현가치법을 사용하며, 부산물의 평가는 생산기준법(순실현가치법)을 적용한다. 주산물 C의 기말재고자산은? ★27회 기출★

구분	최종생산량(개)	최종판매량(개)	최종 단위당 판매가격(원)	추가 가공원가(원)
A	9	8	100	0
B	27	10	150	450
C	50	20	35	250
X	40	1	10	0

① ₩800

② ₩1,300

③ ₩1,575

④ ₩1,975

⑤ ₩2,375

해설

난도 ★★

※ 부산물의 순실현가능가치를 생산기준법으로 적용한다면 결합원가에서 차감하여 계산하여야 한다.

㉠ 순실현가치(NRV)

• A의 NRV = 9개×₩100 = ₩900

• B의 NRV = 27개×₩150 − 450 = ₩3,600

• C의 NRV = 50개×₩35 − 250 = ₩1,500

㉡ C에 배분되는 결합원가

• 주산물에 배부되는 결합원가 = ₩9,900 − 400(부산물의 NRV) = ₩9,500

• C에 배분되는 결합원가 = ₩9,500×(1,500 / 6,000) = ₩2,375

㉢ C의 총제조원가

= ₩2,375 + 250 = ₩2,625

㉣ C의 기말재고자산

₩2,625×(30개 / 50개) = ₩1,575

답 ③

제2장 | 관리회계

출제포인트

□ 원가요소별 원가차이분석

□ CVP 분석

□ 손익분기점 분석

□ 종합예산

□ 책임회계제도

제1절 표준원가계산과 변동원가계산

1. 표준원가계산 ★34회 기출★

(1) 표준원가계산의 개념

① 의의

표준원가계산은 기업이 과거의 경험 및 미래의 생산환경의 변화를 반영하여 미리 표준으로 설정하여 둔 직접재료비, 직접노무비, 제조간접비의 표준원가를 이용하여 제품원가계산을 수행하는 방법으로, 원가관리에 유용하다.

② 특징

㉠ 목적 : 표준원가의 설정에 따른 원가절감에 대한 동기부여로 원가를 절감시킬 수 있고, 각각의 부문별 예산편성에 따른 실적의 측정 및 예산차이의 분석을 통하여 예산관리를 하고자 하는 데 목적이 있다.

㉡ 장점

ⓐ 표준원가계산은 제품을 생산하기 이전에 표준원가를 산출하고 이를 제품의 생산 후에 실제로 발생한 원가와 비교함으로써 효율적인 원가통제를 할 수 있다.

ⓑ 표준원가계산은 제품원가계산의 회계처리를 신속하고 간단히 수행할 수 있다.

ⓒ 표준원가계산은 표준원가를 이용하여 예산을 설정할 수 있으므로, 계획 및 성과평가와 관련된 유용한 정보를 제공한다.

③ 표준원가의 설정

제품단위당 표준원가는 표준직접재료비와 표준직접노무비, 표준제조간접비를 합하여 산출한 것이다.

㉠ 표준직접재료비

표준직접재료비 = 제품단위당 표준투입량 × 원재료단위당 표준구입가격

㉡ 표준직접노무비

표준직접노무비 = 제품단위당 표준직접노동시간 × 직접노동시간 표준임률

㉢ 표준제조간접비

표준변동제조간접비 = 제품단위당 표준조업도 × 조업도단위당 표준배분율

더 알아보기 실제원가계산과 정상원가계산 및 표준원가계산의 비교

구분	실제원가계산	정상원가계산	표준원가계산
직접재료원가	실제원가	실제원가	표준원가
직접노무원가	실제원가	실제원가	표준원가
제조간접원가	실제원가	예정원가 (예정배부율×실제조업도)	표준원가 (표준배부율×표준조업도)

(2) 원가차이분석 ★32, 33회 기출★

① 차이분석의 의의

표준원가를 사용하여 제품원가계산을 수행하면 실제원가와 차이가 발생하는데(가격차이와 수량차이), 이러한 차이금액과 차이원인을 분석하는 것을 원가차이분석이라고 한다.

㉠ 유리한 차이 : 예상보다 이익을 높게 만드는 차이이며, 원가가 예상보다 낮은 경우의 차이를 말한다.

㉡ 불리한 차이 : 이익을 예상보다 낮게 만드는 차이이며, 원가가 예상보다 높은 경우의 차이를 말한다.

② 원가요소별 원가차이분석 ★28회 기출★

㉠ 직접재료비 차이 = 표준원가(원재료 표준구입단가 × 실제생산량에 허용된 원재료 표준투입량) - 실제원가(원재료 실제구입단가 × 원재료 실제투입량)

ⓐ 직접재료비 가격차이 = 원재료 실제투입량 × (원재료 표준구입단가 - 원재료 실제구입단가)
ⓑ 직접재료비 수량차이 = 원재료 표준구입단가 × (실제생산량에 허용된 원재료 표준투입량 - 원재료 실제투입량)

실제수량 × 실제가격	실제수량 × 표준가격	표준수량 × 표준가격
가격차이	수량차이	

㉡ 직접노무비 차이 = 표준원가(직접노동시간당 표준임률 × 실제생산량에 허용된 표준노동시간) - 실제원가(직접노동시간당 실제임률 × 실제직접노동시간)

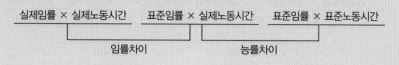

@ 직접노무비 임률차이＝실제직접노동시간 ×(직접노동시간당 표준임률－직접노동시간당 실제임률)
ⓑ 직접노무비 능률차이＝직접노동시간당 표준임률 ×(표준노동시간－실제노동시간)

© 제조간접비 차이

@ 변동제조간접비 차이

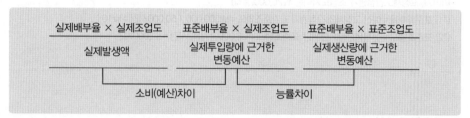

ⓑ 고정제조간접비 차이

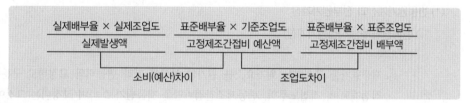

③ 배부차이 조정

총원가비례배분법, 매출원가 조정법, 영업외손익법을 사용하여 배부차이를 조정한다.

예제

(주)관세는 단일 제품을 생산하며, 실제산출물에 허용된 표준직접노무시간을 기초로 제조간접원가를 제품에 배부하는 표준원가계산시스템을 사용한다. 20x1년 고정제조간접원가와 관련된 자료는 다음과 같다.

구분	자료 내용
연간 예산(예상) 고정제조간접원가	₩500,000
예산 표준직접노무시간(기준조업도)	25,000단위×직접노무시간 2시간 / 단위＝50,000시간
연간 실제고정제조간접원가	₩508,000
실제직접노무시간	54,000시간

(주)관세가 20x1년에 제품을 26,000단위 생산하였을 경우, 고정제조간접원가 조업도차이는?

① ₩20,000(유리)
② ₩20,000(불리)
③ ₩32,000(유리)
④ ₩32,000(불리)
⑤ ₩40,000(유리)

$$\frac{\text{실제배부율} \times \text{실제조업도}}{\text{실제발생액}} \qquad \frac{\text{표준배부율} \times \text{기준조업도}}{\text{고정제조간접비 예산액}} \qquad \frac{\text{표준배부율} \times \text{표준조업도}}{\text{고정제조간접비 배부액}}$$

소비(예산)차이   조업도차이

₩508,000   ₩500,000   ₩10(*1) × 52,000시간(*2)

= ₩520,000

따라서, 고정제조간접원가 조업도차이는 ₩20,000(유리)

(*1) 표준배부율 = 예산 고정제조간접원가 / 기준조업도 = ₩500,000 / 50,000시간 = ₩10

(*2) 표준조업도 = 실제생산량 × 단위당 표준조업도 = 26,000단위 × 2시간 = 52,000시간

답 ①

2. 변동원가계산

(1) 변동원가계산과 전부원가계산

① 변동원가계산(직접원가계산)

   ⊙ 의의

      ⓐ 제품원가를 구성하는 원가요소를 원가의 양상에 따라 변동비와 고정비로 구분하고 변동비는 직접재료비, 직접노무비, 변동제조간접비만을 제품원가로 하며 고정비는 그것이 발생한 기간의 기간비용으로 하는 원가계산방법이다.

      ⓑ 제조원가요소 중에서 고정원가를 제외한 변동원가만 집계하여 제품원가를 계산하는 방법이다.

   ⊙ 특징

      ⓐ 내부적인 경영의사결정에 필요한 한계원가 및 공헌이익과 같은 정보를 파악하기 위해서는 변동원가계산이 유용하다.

      ⓑ 고정제조간접비를 제품원가에 포함하지 않고 기간비용으로 회계처리한다. 변동원가계산은 제품이 생산되어야 발생하는 변동제조원가만을 제품원가로 처리하고 제품생산과 무관하게 발생하는 고정제조간접비를 기간비용으로 처리한다.

② 전부원가계산

   ⊙ 모든 제조원가를 변동비는 물론이고, 고정비까지도 제품원가로 하고, 제조원가가 아닌 것은 기간비용으로 하는 원가계산이다. 즉, 재료비, 노무비, 고정제조간접비, 변동제조간접비 등을 모두 제품원가로 하는 것으로 특히 고정제조간접비도 제품원가에 포함하고 있는 것이다.

   ⊙ 외부재무보고 목적으로 재무제표를 작성할 때 전부원가계산을 사용한다.

구분	변동원가계산	전부원가계산
목적	계획 및 통제의 내부관리 목적	재무제표 작성, 외부보고 목적
제품원가	직접재료비, 직접노무비, 변동제조간접비	직접재료비, 직접노무비, 변동제조간접비, 고정제조간접비
기간비용	고정제조간접비, 판매비와 관리비	판매비와 관리비

(2) 전부원가계산과 변동원가계산의 비교 설명

① 전부원가계산에서는 기초재고가 없을 때 판매량이 일정하다면 생산량이 증가할수록 매출총이익이 항상 커진다.

② 변동원가계산하의 영업이익은 판매량에 비례하지만, 전부원가계산하의 영업이익은 생산량과 판매량의 함수관계로 결정된다.

③ 전부원가계산에서는 원가를 제조원가와 판매관리비로 분류하므로 판매량 변화에 따른 원가와 이익의 변화를 파악하기가 어려운 반면에, 변동원가계산에서는 원가를 변동원가와 고정원가로 분류하여 공헌이익을 계산하므로 판매량의 변화에 의한 이익의 변화를 알 수가 있다.

(3) 이익의 차이 ★28, 29, 32, 33, 34회 기출★

① 이익의 비교

생산량과 판매량이 동일할 경우에는 변동원가계산과 전부원가계산 간에 이익의 차이가 발생하지 않지만, 생산량과 판매량에 차이가 발생하는 경우에는 고정제조간접비로 인하여 변동원가계산과 전부원가계산 간에 이익의 차이가 발생한다.

㉠ 생산량과 판매량이 동일(기초재고=기말재고) : 생산량과 판매량이 동일한 경우는 기말재고수량의 변화가 없으므로 변동원가계산제도에 의한 이익과 전부원가계산제도에서 계산된 이익은 동일하다.

㉡ 생산량이 판매량 초과(기초재고 < 기말재고) : 전부원가계산은 고정제조간접비를 제조원가에 포함시키므로 변동원가계산보다 제조원가가 크다. 따라서 이익이 그만큼 크다고 볼 수 있다.

㉢ 판매량이 생산량 초과(기초재고 > 기말재고) : 변동원가계산은 고정제조간접비가 제조원가에 포함되어 있지 않으므로 변동원가계산과 전부원가계산의 이익의 차이는 기초재고자산에 포함된 고정제조간접비의 차이다. 즉, 변동원가계산 이익이 전부원가계산 이익보다 크다.

② 이익 차이의 계산

이익 차이=(생산량 − 판매량)×단위당 고정제조간접비

전부원가계산 → 변동원가계산 조정

전부원가계산의 이익
+ 기초재고자산의 고정제조간접비
− 기말재고자산의 고정제조간접비
──────────────────────
변동원가계산의 이익

㉠ 변동원가계산

> ⓐ 영업이익＝매출액－변동비－고정비
> ⓑ 영업이익＝공헌이익(매출액－변동비)－고정비
> *변동비＝변동매출원가＋변동판매관리비, 고정비＝고정제조간접비＋고정판매관리비

㉡ 전부원가계산

> 영업이익＝매출총이익(매출액－매출원가)－판매관리비
> *매출원가＝기초제품재고액＋당기제품제조원가－기말제품재고액

예제

20x1년 초에 설립된 (주)관세는 단일제품을 생산·판매하며, 실제원가계산을 사용하고 있다. (주)관세는 20x1년에 6,000단위를 생산하여 4,000단위를 판매하였고, 20x2년에는 6,000단위를 생산하여 7,000단위를 판매하였다. 연도별 판매가격과 원가구조는 동일하며 원가자료는 다음과 같다.

원가항목	단위당 원가	연간 총원가
직접재료원가	₩85	
직접노무원가	40	
변동제조간접원가	105	
변동판매관리비	50	
고정제조간접원가		₩120,000
고정판매관리비		350,000

20x2년 전부원가계산에 의한 영업이익이 ₩910,000일 경우, 20x2년 변동원가계산에 의한 영업이익은?(단, 기초 및 기말 재공품은 없는 것으로 가정한다)

① ₩890,000

② ₩900,000

③ ₩910,000

④ ₩920,000

⑤ ₩930,000

해설

전부원가계산의 이익	₩910,000
+ 기초재고자산의 고정제조간접비	₩40,000(*1)
− 기말재고자산의 고정제조간접비	₩20,000(*2)
변동원가계산의 이익	₩930,000

(*1) (₩120,000 / 6,000단위)×(6,000단위－4,000단위)＝₩40,000

(*2) (₩120,000 / 6,000단위)×(2,000단위＋6,000단위－7,000단위)＝₩20,000

답 ⑤

3. 초변동원가계산

(1) 의의

최근에는 직접노무원가나 제조간접원가가 고정원가적인 성격을 지니고 이에 따라 변동원가계산에서도 재고누적을 초래할 가능성이 여전히 존재한다. 초변동원가계산(throughput costing)은 이러한 부분을 반영하여 유일한 변동비인 직접재료비만을 제품원가로 간주한다. 이에 따라 고정운영비인 직접노무비와 제조간접비는 모두 기간비용으로 간주된다.

원가분류의 측면에서 전부원가계산, 변동원가계산, 초변동원가계산(스루풋원가계산)을 비교하면 다음과 같다.

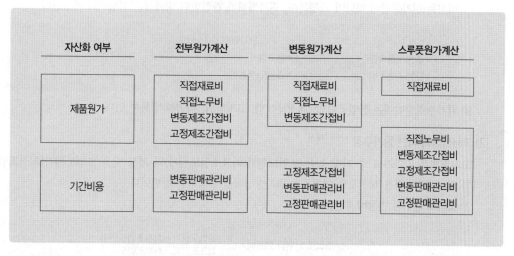

(2) 이익차이조정

초변동원가계산의 이익은 판매량이 비례하여 증가하지만 생산량이 증가함에 따라 감소한다. 생산량이 증가함에 따라 발생하여 비용처리되는 직접노무원가와 변동제조간접원가가 크기 때문이다.

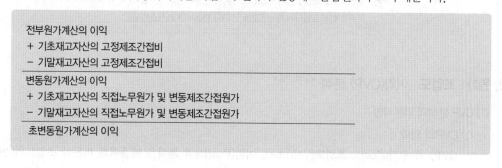

1. 원가추정

(1) 원가추정의 의의 ★31회 기출★

① 미래의 원가를 파악하여 의사결정을 더욱 현명하게 할 수 있도록 미래의 원가변동요인을 파악하여 원가발생액을 추정하고자 한다.

② 원가함수는 원가발생요인과 원가 사이의 일정한 함수관계를 추정한 것이다. 총원가의 변동에 영향을 미치는 원가동인이 하나라 가정하며, 원가행태가 관련범위 내에서는 선형이라 가정한다.

> 원가함수(Y)=a+bX
>
> • Y=총원가(종속변수)   • a=총고정비
> • b=단위당 변동비   • X=조업도(독립변수)

③ 원가추정방법에는 산업공학법, 계정분석법, 고저점법, 회귀분석 등이 있다.

(2) 고저점법에 의한 원가추정 ★28회 기출★

고저점법은 원가자료 중 가장 높은 조업도원가(최고조업도원가)와 가장 낮은 조업도원가(최저조업도원가)의 두 개의 점을 직선으로 연결하여 원가방정식을 추정하는 방법이다.

① 조업도 단위당 변동비 추정(b)

$$조업도\ 단위당\ 변동비=\frac{최고조업도원가-최저조업도원가}{최고조업도-최저조업도}$$

② 총고정비의 추정(a)

$$총고정비=최고조업도원가-(조업도단위당\ 변동비\times최고조업도)$$
$$=최저조업도원가-(조업도단위당\ 변동비\times최저조업도)$$

2. 원가 · 조업도 · 이익(CVP) 분석 ★32회 기출★

(1) CVP 분석의 기본사항

① CVP의 의의

CVP, 즉 원가(Cost), 조업도(Volume), 이익(Profit)의 분석은 매출액과 비용이 조업도의 변화에 따라 증감한다는 점을 이용하여 조업도 변화에 따른 수익과 비용의 변화를 추정하여 이익을 분석하는 기법이다. 즉, 조업도의 변화에 따른 이익의 변화를 추정함으로써 단기의사결정 및 단기경영계획에 유용한 경영분석기법이다.

② CVP 분석의 가정

㉠ 비용과 수익의 형태는 이미 결정되어 있고, 조업도의 관련범위 내에서는 모두 직선으로 표시한다.

㉡ 모든 원가는 변동비와 고정비로 분리가 가능하다.

ⓒ 고정비는 일정하고 관련 범위 내에서 변동하지 않으며, 변동비는 조업도에 따라서 비례적으로 변동한다.

ⓔ 공장설비의 능률과 생산성은 일정하다.

ⓜ 제품의 판매가격과 원가요소의 가격은 일정하다.

ⓗ 두 가지 이상의 제품을 판매하는 경우에는 조업도의 변동에 따라 매출 배합은 일정하게 유지된다.

ⓢ 조업도만이 수익과 원가에 영향을 미치는 유일한 요인이다.

ⓞ 기초재고액과 기말재고액은 일정하다. 즉, 생산량과 매출량은 같다.

③ CVP 분석의 기본개념

ⓒ 공헌이익 : 공헌이익은 매출액(수익)에서 변동비(변동원가)를 차감한 금액을 말한다.

> ⓐ 공헌이익=매출액−변동비=고정비+이익
> *매출액=변동비+고정비+이익
> ⓑ 제품당 공헌이익=제품단위당 판매가격−제품단위당 변동비

ⓒ 공헌이익률 : 공헌이익의 개념을 비율개념으로 나타낸 것으로서 매출액에 대한 공헌이익의 비율을 의미한다.

$$공헌이익률 = \frac{공헌이익}{매출액} = \frac{제품단위당\ 공헌이익}{제품단위당\ 판매가격}$$

ⓒ 변동비율 : 단위당 변동비를 단위당 판매가격으로 나누거나 총변동비를 매출액으로 나눈 것으로서 매출액에 대한 변동비의 비율을 의미한다.

$$변동비율 = \frac{변동비}{매출액} = \frac{제품단위당\ 변동비}{제품단위당\ 판매가격}$$

ⓔ 공헌이익률과 변동비율의 관계

> 공헌이익률+변동비율=1
> 공헌이익률=1−변동비율

(2) 손익분기점(BEP) 분석 ★33, 34회 기출★

① 손익분기점의 의의

손익분기점이란 매출액과 총비용이 일치하여 이익이 "0"이 되는 판매량이나 매출액을 말한다. 즉, 손익분기점이란 총공헌이익이 총고정비와 같아지는 판매량이나 매출액이다. 이 경우에 총비용이란 변동 및 고정제조원가와 변동 및 고정판매비와 관리비를 합한 금액을 의미한다. 손익분기점에서의 특징은 다음과 같다.

> ⓒ 매출액=변동비+고정비
> ⓒ 공헌이익=고정비

② 손익분기점 매출수량과 매출액의 계산

㉠ 손익분기점 매출수량

$$손익분기점 매출수량(Q) = F / (P-V)$$

$$= \frac{고정비}{단위당 \ 판매가격 - 단위당 \ 변동비} = \frac{고정비}{단위당 \ 공헌이익}$$

- Q = 매출수량
- P = 단위당 판매가격
- F = 고정비
- V = 단위당 변동비

㉡ 손익분기점 매출액

$$손익분기점 매출액(S) = \frac{고정비}{1 - 변동비율} = \frac{고정비}{공헌이익률}$$

③ 목표이익이 있는 경우의 판매량(Q) 및 매출액(S)

㉠ 법인세가 없는 경우

$$판매량(Q) = \frac{고정비 + 목표이익}{단위당 \ 판매가격 - 단위당 \ 변동비} = \frac{고정비 + 목표이익}{단위당 \ 공헌이익}$$

$$매출액(S) = \frac{고정비 + 목표이익}{1 - 변동이율} = \frac{고정비 + 목표이익}{공헌이익률}$$

㉡ 법인세가 있는 경우

$$판매량(Q) = \frac{\frac{고정비 + 세후순이익}{1 - 법인세율}}{단위당 \ 판매가격 - 단위당 \ 변동비} = \frac{\frac{고정비 + 세후순이익}{1 - 법인세율}}{단위당 \ 공헌이익}$$

$$매출액(S) = \frac{\frac{고정비 + 세후순이익}{1 - 법인세율}}{1 - 변동이율} = \frac{\frac{고정비 + 세후순이익}{1 - 법인세율}}{공헌이익률}$$

예제

(주)한국은 미사일을 제조하여 판매하는 회사이다. 미사일과 관련된 2022년도의 생산 및 판매와 관련된 자료는 다음과 같다.

구분	미사일
판매가격	단위당 ₩200
변동원가	단위당 ₩75
고정제조간접원가	총 ₩600,000
고정판매관리비	총 ₩400,000

[물음1] 손익분기점 판매량과 손익분기점 매출액을 구하시오.

> 해설

손익분기점 판매량 = (600,000 + 400,000) ÷ (200 − 75) = 8,000단위
손익분기점 매출액 = 8,000단위 × 200 = ₩1,600,000

[물음2] 목표이익 ₩700,000을 달성하기 위한 목표판매량과 목표매출액을 구하시오.

> 해설

목표판매량 = (1,000,000 + 700,000) ÷ (200 − 75) = 13,600단위
목표매출액 = 13,600단위 × 200 = ₩2,720,000

[물음3] 고정원가에 감가상각비가 ₩200,000 포함되어 있고 법인세율이 20%인 경우 현금흐름분기점을 구하시오.

> 해설

현금흐름분기점 = [1,000,000 × (1 − 0.2) − 200,000] ÷ [(200 − 75) × (1 − 0.2)]
        = 6,000단위

예제

(주)감평은 제품 X, Y, Z를 생산·판매하고 있으며, 각 제품 관련 자료는 다음과 같다.

구분	제품 X	제품 Y	제품 Z
매출배합비율(매출수량기준)	20%	60%	20%
단위당 공헌이익	₩12	₩15	₩8
손익분기점 매출수량	?	7,800단위	?

(주)감평은 제품 Z의 생산중단을 고려하고 있다. 제품 Z의 생산을 중단하는 경우에 고정비 중 ₩4,000을 회피할 수 있으며, 제품 X와 Y의 매출배합비율(매출수량기준)은 60%와 40%로 예상된다. (주)감평이 제품 Z의 생산을 중단할 경우, 목표이익 ₩33,000을 달성하기 위한 제품 X의 매출수량은?

① 6,900단위   ② 7,800단위   ③ 8,400단위   ④ 8,700단위   ⑤ 9,000단위

> 해설

제품 X의 매출수량 = 0.6 × 15,000개(주3) = 9,000단위
(주1) BEP 공헌이익 = 고정원가
  = ₩31,200(X) + ₩117,000(Y) + ₩20,800(Z) = ₩169,000
(주2) 가중평균 공헌이익 = 0.6 × ₩12 + 0.4 × ₩15 = ₩13.2
(주3) 목표 BEP = [₩169,000(주1) − ₩4,000 + ₩33,000] ÷ ₩13.2(주2)
  = 15,000개

답 ⑤

(3) 영업레버리지도

영업레버리지도는 매출액이 1% 변화할 때 영업이익이 몇 % 변화하는지를 보여주는 지표이다.

$$영업레버리지도 = \frac{영업이익의\ 변화율}{매출액의\ 변화율} = \frac{공헌이익}{영업이익} = \frac{1}{안전한계율}$$

(4) 안전한계(M/S) ★27회 기출★

① 의의

안전한계(M/S)는 실제 또는 예상매출액이 손익분기점의 매출액을 초과하는 금액을 말하며, 기업의 이익구조 및 안전성을 분석하는 지표이다.

② 공식

$$안전한계 = 실제(예상)매출액 - 손익분기점\ 매출액$$

$$안전한계율(M/S비율) = \frac{안전한계}{실제(예상)매출액} = \frac{실제매출액 - 손익분기점\ 매출액}{실제(예상)매출액}$$

제3절 단기의사결정

1. 의의

의사결정이란 어떤 여러 가지 선택 가능한 의사결정 대안들 중에서 특정목적이나 목표를 달성하기 위하여 가장 효과적이고 효율적으로 최적의 행동 대안을 선택하는 과정을 말한다. 단기의사결정은 기간이 단기이므로 화폐의 시간적 가치는 무시하고 설비자산의 변동도 고려하지 않는 의사결정을 말한다.

2. 의사결정과 관련한 원가

(1) 관련원가(차액원가)

특정한 의사결정과 관련이 있는 원가로서 선택 가능한 여러 가지 대안들 간에 차이가 예상되는 미래원가로서, 의사결정에 직접적으로 영향을 미칠 수 있는 원가이다.

① **기회원가** : 선택 가능한 여러 가지 대안들 중 특정대안을 선택하고 다른 용도를 포기하는 경우 포기되는 다른 대안으로부터 발생되는 최대의 이익이나 효익의 희생을 화폐액으로 측정한 것을 말한다.

② **회피가능원가** : 경영목적을 달성하는 데 반드시 필요로 하지 않는 원가로서 의사결정 여부에 따라 회피할 수 있다. 즉, 특정대안을 포기(또는 선택)하면 더 이상 발생되지 않는 원가이다.

▷ 대부분 변동원가이며, 일부 공정원가도 회피가능원가이다.

③ **현금지출원가** : 특정대안을 선택함에 있어서 즉시 또는 가까운 장래에 현금을 지출하는 원가이다.

(2) 비관련원가

의사결정 시 고려하지 않아도 무방한 의사결정에 영향을 미치지 않는 원가이다. 여기에는 매몰원가와 의사결정 대안 간에 차이가 없는 미래원가 등이 있으며 대표적인 형태는 매몰원가이다.

① 매몰원가 : 경영자가 통제할 수 없는 과거의 의사결정에 의하여 이미 발생한 역사적 원가로서 회계장부에는 기록하지만 의사결정에 관계없이 변동될 수 없는 원가이다.

② 의사결정 대안 간에 차이가 없는 미래원가 : 어떠한 대안을 선택하든지 차이가 없이 발생하는 미래원가로서 의사결정 시에 고려할 필요가 없는 원가이다.

(3) 회피불가능원가

경영활동을 수행하는 데 불가피하게 발생되는 원가로서 경영자가 통제할 수도 없고 선택이나 의사결정을 할 때 발생을 피할 수 없는 원가를 말한다.

3. 의사결정의 접근방법 ★33회 기출★

(1) 총액접근법

여러 가지 선택 가능한 대안들의 총수익과 총원가를 계산·비교하여 이익이 가장 큰 대안을 선택하는 방법으로, 관련원가뿐만 아니라 비관련원가도 모두 고려해야 한다.

(2) 증분접근법(차액접근법) ★29회 기출★

여러 가지 선택 가능한 대안들 사이에 차이가 나는 수익과 원가만을 분석하여 의사결정을 하는 방법으로, 비관련원가는 고려하지 않는다.

4. 유형별 의사결정

(1) 부품의 자가제조 또는 외부구입 ★34회 기출★

기업은 제품생산에 필요한 부품을 자체적으로 생산하여 사용할 것인지 외부에서 구입할 것인지에 대한 의사결정을 해야 할 경우가 있다. 부품을 외부에서 구입하면 자가제조 시에 발생하는 변동원가를 절감할 수 있으며, 또한 외부구입에 따른 생산 감독자나 기계장치의 감가상각비 중 일부를 절감할 수 있을 것이다.

> ① 외부구입가격 > 회피가능원가 + 기회비용 → 자가제조가 유리
> ② 외부구입가격 < 회피가능원가 + 기회비용 → 외부구입이 유리

만약에 부품을 자가제조하지 않고 외부에서 구입한 결과 발생하는 유휴설비를 다른 용도에 활용한 결과 수익이 발생하면 이것도 함께 고려하여야 한다. 여기에서 회피가능원가란 주로 직접재료비, 직접노무비, 변동제조간접비 절감분과 같은 변동제조비를 말하며, 기회비용은 유휴설비를 이용하여 다른 제품의 생산에 사용할 수 있을 경우 다른 제품의 공헌이익이며, 유휴설비를 임대할 경우에는 임대료수익에 해당된다.

(2) 특별주문의 수락 또는 거절 *28, 34회 기출*

특별주문이 발생하는 경우 기존 설비능력으로 생산 가능한 경우와 그렇지 않은 경우를 고려하여, 특별주문 수락했을 경우의 이익과 수락하지 않았을 경우의 이익을 비교하여 결정한다.

> ① 기존 설비능력으로 생산 가능－특별주문으로 인하여 증가되는 수익 및 변동비
> ② 기존 설비능력으로 생산 불가능－추가적인 설비원가와 기존의 정규판매량 감소로 인한 수익 및 변동비의 감소액을 모두 고려

예제

예제 범용기계장치를 이용하여 제품 X와 Y를 생산·판매하는 (주)감평의 당기 예산 자료는 다음과 같다.

구분	제품 X	제품 Y
단위당 판매가격	₩1,500	₩1,000
단위당 변동원가	1,200	800
단위당 기계가동시간	2시간	1시간
연간 정규시장 판매수량	300단위	400단위
연간 최대기계가동시간	1,000시간	

(주)감평은 신규거래처로부터 제품 Z 200단위의 특별주문을 요청받았다. 제품 Z의 생산에는 단위당 ₩900의 변동원가가 발생하며 단위당 1.5 기계가동시간이 필요하다. 특별주문 수락 시 기존 제품의 정규시장 판매를 일부 포기해야 하는 경우, (주)감평이 제시할 수 있는 단위당 최소판매가격은? (단, 특별주문은 전량 수락하든지 기각해야 한다.)

① ₩900   ② ₩1,125
③ ₩1,150   ④ ₩1,200
⑤ ₩1,350

해설

단위당 최소판매가격＝₩900(단위당 변동원가)＋₩225(주1)＝₩1,125

(주1) 구분	제품 X	제품 Y	제품 Z
단위당 공헌이익	300	200	
단위당 기계시간	2	1	
기계시간당 공헌이익	150	200	
정규시장 판매수량	300	400	
기계시간 할당	600	400	
특별주문 수량			200
단위당 기계시간			1.5
기계시간	(300)		300
공헌이익	(45,000)		45,000
단위당 공헌이익			₩225

답 ②

(3) 부분의 유지 또는 폐쇄 ★28, 32회 기출★

기업의 부문의 유지 또는 폐지에 관한 의사결정은 회사 전체의 이익에 얼마만큼의 영향을 미치는가를 기준으로 이루어진다. 부문의 폐지와 관련한 변동제조원가뿐만 아니라 폐지로 인하여 감소하는 고정비도 고려한다. 부문을 폐쇄한다고 해도 감소하지 않는 고정비(회피불가능원가)가 있음을 고려해야 한다.

(4) 한정된 자원의 활용 ★29회 기출★

자원의 제약이 없는 경우에 기업의 이익극대화를 위해 단위당 공헌이익이 가장 큰 제품을 선택하여 생산·판매한다. 그러나 자원의 제약이 있는 경우에는 기업의 경영자는 이용가능한 생산요소를 가장 효율적으로 사용하는 방법을 찾아야 한다.

최적의사결정기준은 공헌이익을 최대화시키는 방향으로 제한된 자원을 활용하는 것이며, 제품단위당 공헌이익이 아닌 제한된 자원단위당 공헌이익이 큰 제품을 선택해서 생산한다.

① 자원의 제약이 한 가지인 경우

제품에 대한 수요가 충분한 경우 자원당 공헌이익이 가장 높은 제품에 특화함으로써 기업의 총공헌이익을 극대화할 수 있다.

② 자원의 제약이 두 가지 이상인 경우

선형계획법을 사용하여 최적의 자원활용이 가능한 해를 찾는다. 선형계획법이란 여러 가지 제약조건 하에서 특정한 목적 (이익극대화나 비용최소화)을 달성하기 위해 희소한 자원을 배분하는 수리적인 기법이다. 제약자원이 2개 이상인 경우에는 제한된 자원의 사용이나 투입배합의 결정이 복잡한 양상을 보이는 경우 사용하는 분석방법이다.

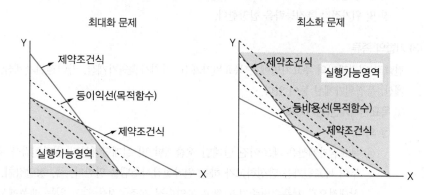

(5) 사내대체가격의 결정 ★34회 기출★

사내대체가격이란 회사내부 시장에서의 거래로 취급될 때 이 사내거래를 위한 가격을 말한다. 각 관련 부서의 이해관계를 고려한 사내대체자격을 정했을 때, 각 부서와 기업전체의 목표(이익극대화)가 일치하게 되어, 기업전체이익을 가장 높이는 사내대체물량이 유도된다.

① 사내대체가격의 이해관계

  ㉠ 공급(판매)부문 : 최소한 사내대체를 위한 관련원가를 보상받아야 만족
  ㉡ 수요(구매)부문 : 사내대체물의 가치보다는 싸게 구입하여야 만족
  ㉢ 기획부문 : 기업전체의 이익을 최대화하는 적절한 가격 결정

② 사내대체가격의 범위

> 공급사업부의 변동원가 + 기회원가 ≤ 대체가격 ≤ 구매사업부의 기회원가(외부구입가격)

제4절 장기적 원가관리

1. 전략적 원가관리 ★32회 기출★

(1) 의의

기업의 핵심성공요인(제품과 서비스의 가격, 품질, 고객만족, 연구개발 등)이나 경영혁신을 달성하기 위하여 여러 가지 기법을 활용하여 원가를 분석하고 활용하는 새로운 혁신적 관리 회계방법을 말한다.

(2) 특징

① 전략적 원가관리의 기본이 되는 체계적인 틀은 제품수명주기이다.

② 경영활동(경영의사결정, 구매, 생산, 판매, 결산 등)과 경영분석 및 전략수립을 통한 경쟁을 체험해 봄으로써 업무 및 회계 순환과정과 경영활동에서 발생하는 제반원가에 대한 이해 및 분석기법을 체득하고, 원가마인드 제고 및 전사적 공유, 확산의 필요성을 인식하고 원가정보를 활용한 경영의사 결정 및 원가절감 추진능력을 함양한다.

(3) 기법의 종류

전략적 원가관리의 주요기법에는 목표원가계산, 가치사슬원가계산, 카이젠원가계산, 제품수명주기원가 계산, 품질원가계산 등이 있다.

① **목표원가계산(원가기획)**

　㉠ 의의

　　ⓐ 목표원가계산은 제조이전 단계인 제품개발 및 설계단계부터 원가절감을 위한 노력에 초점을 두어 목표원가를 달성하고자 하는 원가절감시스템을 말한다. 즉, 정밀장치, 전자, 기계산업 등 상대적으로 제품수명주기가 짧고 불연속적 제조공정을 갖고 있는 제품에서 널리 사용되고 있는 관리회계기법이다.

　　ⓑ 원가기획은 목표 판매가격을 설정한 뒤, 목표이익마진을 더하여 그것에 맞춰서 목표생산원가를 구해내는 방식이다.

　㉡ 전통적 원가계산과의 비교

　　ⓐ 전통적 원가계산에서는 예상되는 제품원가에 추정이익(마진)을 더해서 판매가격을 결정하지만 목표원가계산에서는 기업이 제조·판매하는 제품에 대한 시장의 수요나 경쟁사 등(기업이 통제할 수 없는 외부시장상황)을 고려하여 제품단위당 요구되는 목표이익을 차감하여 전략적으로 판매가격을 결정한다.

　　ⓑ 전통적 원가계산은 수동적, 내부지향적, 회사지향적인 반면, 목표원가계산은 능동적, 외부지향, 고객지향적이다.

ⓒ 전통적 원가계산은 원가와 이익을 합쳐서 가격을 설정(원가＋이익＝가격)하는 반면, 목표원가계산은 전략적 판매가격을 먼저 결정한 다음 여기에서 이익을 차감한 목표원가를 설정한다(가격－이익＝원가).

ⓒ 활동기준 원가계산의 적용 : 활동기준 원가계산 하에서는 기업이 수행하는 활동과 그에 관련된 원가정보가 제공되므로 경영자들은 활동기준을 분석하여 원가절감의 기회를 파악할 수 있게 되며 목표원가를 적용하여 합리적인 원가통제 및 관리를 할 수 있다.

ⓔ 목표원가계산의 문제점
　ⓐ 목표원가의 달성을 지나치게 강조할 경우(개발시간의 소요로 신제품의 출시시기 놓침) 기업 전체목표를 달성하는 데 필요한 원가 이외의 다른 요소들을 무시할 가능성이 존재한다.
　ⓑ 목표원가를 충족시켜야 한다는 심한 스트레스와 고통을 경험하게 된다.
　ⓒ 목표원가를 절감과정에서 관련 당사자들 간에 갈등이 발생하여 협력업체들에게 심한 압력을 주는 경우 협력업체들의 반발과 이탈을 야기할 수 있다.

② 가치사슬원가계산
　㉠ 의의 : 가치사슬원가계산은 특정제품이나 서비스와 관련하여 기업이 제공하는 제품이나 서비스에 대해 가치를 부여하는 모든 기능들은 상호 관련되어 사슬을 형성하는데 이러한 기능들의 사슬인 가치사슬상의 기능별 원가를 측정하는 것을 말한다.
　㉡ 특징
　　ⓐ 가치사슬원가계산에서는 제품생산 이전에 발생한 활동과 관련된 원가는 물론 제품생산 이후에 발생한 활동과 관련된 원가도 분석한다.
　　ⓑ 기업은 어떠한 제품이나 서비스가 고객에게 제공되기까지 가치사슬상의 활동을 순차적으로 하게 되는데, 제조 이전에 발생된 활동과 관련된 원가는 상류원가, 제조 이후에 발생된 활동과 관련된 원가를 하류원가라고 한다.
　　ⓒ 가치사슬원가계산은 전략적 원가관리에 중요한 정보를 제공해 준다.

③ 카이젠원가계산(개선원가계산)
　㉠ 의의 : 카이젠원가계산은 제품의 수명주기상의 제조단계에서 원가를 절감시키려는 데 초점을 맞추고 있는 것으로, 대규모의 혁신이 아니라 소규모의 지속적인 개선을 통하여 조금씩 원가를 절감하는 방안이다.
　　▷ 카이젠원가계산(원가개선)은 제조단계에서 지속적인 원가절감활동을 한다.
　㉡ 목표원가계산과의 비교 : 목표원가계산은 연구개발, 설계 등 제조 이전단계의 원가절감을 강조하여 대폭적이고 혁신적인 원가절감(제품설계의 변경 등)을 목표로 하지만, 카이젠원가계산은 제품 수명주기 중 제조단계의 원가절감을 강조하며 제조단계에서는 원가절감을 위해 변화를 주는 것은 어렵고도 비용이 많이 드므로 혁신을 통해서가 아니라 점차적으로 공정을 조금씩 개선함을 목표로 한다.
　㉢ 전통적 원가계산과의 비교
　　ⓐ 전통적 원가계산은 기존의 제조공정을 그대로 유지한 채 사전에 설정된 표준원가의 달성여부, 표준원가와 실제원가의 차이분석에 초점을 맞추어 원가통제를 하지만, 카이젠원가계산은 지속적인 제조과정의 개선을 통하여 목표원가와 실제원가의 절감액을 비교하여 분석한다.

ⓑ 전통적 원가계산은 엔지니어와 경영자가 기술적 전문성을 지니고 있다고 가정하여 작업자들은 그들이 미리 설정한 표준과 절차를 수동적으로 따르지만, 카이젠원가계산은 작업자들이 공정의 개선에 대한 가장 많은 지식을 지닌다고 가정하여 작업자들에게 공정을 개선하고 원가를 절감하도록 책임을 준다.

ⓔ 카이젠원가계산의 문제점 : 목표원가계산과 마찬가지로 조직구성원들은 모든 원가를 절감해야한다는 가중한 압력을 받게 된다.

④ 제품수명주기원가계산

ⓙ 의의 : 제품수명주기원가계산은 제품이 고안된 시점부터 폐기되는 시점까지를 포함하여 제품이 존속하는 기간인 각 제품의 수명주기 동안 실제로 그 제품과 관련하여 발생한 모든 원가를 집계하는 것을 말한다.

ⓛ 특징

ⓐ 제품수명주기원가계산은 생산이전단계와 생산이후단계의 원가를 포함한다.

ⓑ 제품수명주기원가계산에서는 특정 제품의 기획에서부터 폐기까지의 모든 비용을 식별·추적한다.

ⓒ 제품수명주기원가계산은 각 제품의 제품수명주기 동안 발생한 수익과 비용을 추적하여 보고하므로 전략적 차원의 제품원가계산을 위해서는 제품의 수명주기에 걸쳐 발생하는 모든 원가를 종합적으로 고려하여야 한다.

ⓒ 제품수명주기원가계산의 유용성

ⓐ 개별제품과 관련된 모든 수익과 원가가 명확하게 가식적으로 나타나므로 분석대상이 되는 제품의 수명주기 단계별로 수익과 비용의 발생정도를 측정하여 제품의 수익성에 대한 합리적인 예측을 가능하게 한다.

ⓑ 총원가 중에서 수명주기의 초기단계에서 발생하는 원가가 차지하는 비율이 제품별로 다르다는 것을 잘 보여줘 경영자가 가능한 한 일찍 그 제품에 대한 수익을 정확하게 예측하게 한다.

ⓒ 원가들 간의 상호관련성이 강조되어 원가상호 간의 인과관계에 기인한 변화들을 잘 나타내준다.

ⓔ 제품수명주기 예산 : 제품이 최초로 연구개발되는 시점부터 마지막으로 고객에게 서비스를 제공하고 수명을 다할 때까지 제품별로 수익과 원가들을 추정하는 것으로, 경영자들에게 제조과정에서 발생되는 원가뿐만 아니라 가치사슬상의 모든 기능의 원가를 충당할 수 있는 가격결정의 중요한 정보를 제공해 준다.

⑤ **품질원가계산**

품질원가는 불량품 예방을 위해서나, 제품의 불량으로부터 초래되는 모든 원가로, 경영활동에서 발생하는 품질원가를 인식·측정·평가함으로써 품질원가의 절감을 꾀하고, 나아가 적극적으로 이익을 개선하는 데에 관련하여 발생하는 것을 말한다.

ⓙ 특징

ⓐ 품질원가는 제조활동 뿐만 아니라, 초기 연구개발부터 고객 서비스까지의 모든 활동과 관련되어 있다.

ⓑ 일반적으로, 품질문제가 발생한 후에 이를 발견하고 해결하는 것보다 문제가 발생하기 전에 이를 예방하는 것이 총품질원가를 감소시킨다.

ⓒ 종류

ⓐ 예방원가 : 불량품의 예방조치를 위한 원가로, 원자재와 부품의 질을 향상시키고 제조과정의 실수 감소를 위하여 작업자를 훈련시키며, 생산설비를 점검하고 정비하여 설비불량에 의한 불량품을 감소시키는 것을 말한다. 이에는 설계엔지니어링, 품질교육훈련, 부품공급업체 평가 등이 있다.

ⓑ 평가원가(검사원가) : 제품을 검사하여 불량품을 찾아내는 등 품질상태평가를 위한 원가로, 평가원가는 대부분 제품이 내부고객과 외부고객의 요구사항을 충족하고 있는지 확실하게 하기 위해서 제품을 검사하는 것과 관련이 있다.

▷ 예방원가와 평가원가는 불량제품이 생산되어 고객에게 인도되는 것을 예방하는 활동에 의해 발생하는 것으로, 서로 보완적이다.

ⓒ 실패원가 : 불량품이 발생하는 등 제품이 적합하게 생산되지 못하여 기업이 부담해야 하는 원가를 말한다. 불량품이 생산됨으로써 발생하는 실패원가에는 내부실패원가와 외부실패원가가 있다.

- 내부실패원가(Internal failure costs) : 실패원가 중에서 품질에 결함이 있는 제품이 고객에게 인도되기 전에 내부적으로 발견되어 그 제품을 수리하거나 폐기하는 원가를 말한다. 이에는 재작업, 작업폐물 등이 있다.

- 외부실패원가(External failure costs) : 품질에 결함이 있는 제품이 고객에게 인도된 후 기업 외부에서 발견되어 보증수리를 하는 원가로, 고객불만에 의한 미래 매출감소의 기회원가이다. 보증수리와 고객지원, 소비자 불만처리를 위한 고객서비스센터의 운영비 등이 있다.

▷ 예방 및 평가원가가 증가하면 내부실패원가가 증가하고 외부실패원가는 감소한다.

(4) 영업이익의 전략적 분석

영업이익의 변화는 전략 이외의 다른 요인에 의하여 변화할 수도 있으므로 영업이익의 증가로 전략의 성공여부를 판별하려면 시장규모의 성장과 제품차별화전략, 원가우위전략 등이 영업이익에 미친 영향을 구분하여 영업이익을 세부화할 필요가 있다.

① 제품차별화전략

제품차별화는 경쟁사의 제품보다 독특하고 차별화된 제품과 서비스를 제공하는 전략으로, 차별화를 통해 시장점유율과 제품의 가격을 높일 수 있지만 투입요소도 차별화됨으로써 제조원가가 증가하는 것이 일반적이다.

② 원가우위전략

원가우위는 생산성의 증대, 불량품과 작업폐기물의 감소 등 원가의 엄격한 통제를 통하여 제품과 서비스를 경쟁사보다 더 낮은 원가에 제공하는 전략으로, 경쟁사들과 차별화된 제품을 공급하는 것이 아니라 유사한 제품을 공급한다는 점에서 제품차별화전략과 구분된다.

(5) 활동기준경영

기업의 활동을 구분하여 파악한 후 부가가치활동과 부가가치활동으로 평가를 하는 과정인 활동분석을 통하여 불필요한 원가를 유발하거나 기업의 성과를 저해하는 활동을 집중적으로 통제하거나 관리함으로써 제품의 원가계산방법을 개선하고 효율적인 관리통제를 달성하기 위하여 요구되는 새로운 경영관리기법을 말한다.

부가가치활동	기업에 필요한 활동이면서 효율적으로 수행되는 활동으로, 설계활동·엔지니어활동·가공활동·배달활동 등이 있다.
부가가치원가	부가가치활동으로 인하여 발생하는 원가를 말한다.
비부가가치활동	기업이 불필요한 활동 또는 필요한 활동이지만 비효율적으로 수행되고 있는 활동을 말한다.
비부가가치원가	비부가가치활동으로 인하여 발생하는 원가를 말한다.

(6) 제약자원이론

① 의의

제약자원이론이란 생산활동의 장애요인이 되는 제약자원을 확인·파악한 후에 이를 관리하고 완화하여 순이익을 극대화하고자 하는 관리기법으로, 병목프로세스(제약요소)를 찾아 대책을 마련하여 수익성을 높이는 방법이다.

② 제약자원관리의 단계

㉠ 순이익을 극대화시키는 데 장애요인이 되는 제약자원을 확인·파악한다.

㉡ 제약자원을 관리하고 완화할 수 있는 단기적인 방안(공정의 유휴시간의 제거, 병목공정의 부하량 감소 등)을 찾는다.

㉢ 병목현상이 없는 공정의 모든 자원을 병목현상을 일으키는 공정에 투입시켜 제약자원단위당 공헌이익(처리량)을 극대화한다.

㉣ 제약자원을 관리하고 완화할 수 있는 장기적인 방안을 모색하여 제약자원의 능력(생식시설의 증가나 새로운 종업원의 채용 등)을 적극적으로 향상시킨다.

㉤ 문제가 되었던 제약자원이 더 이상 목표달성에 장애가 되지 않으면 다시 첫 번째 단계로 돌아가 새로운 제약자원을 찾도록 노력하는 등 상기과정을 반복한다.

③ 제약자원이론 하의 원가분류(스루풋 원가계산)

> 총비용 − 재료비 − 운영비용 = 노무비 + 제조간접비 + 판매관리비

단기적으로 총비용 중 재료비만이 변동비의 성격을 갖고 있으며, 최대생산능력을 생산하지 못하고 있음에도 불구하고 노동자들의 정리해고가 실제로는 쉽지 않기 때문에 노무비를 포함한 재료비 이외의 모든 비용은 고정비가 된다.

(7) 역류(역순)원가계산

① 의의

  ㉠ 역류원가계산은 재공품 계정을 산출물에 초점을 맞추어 사용하지 않고 제품이 완성되거나 판매된 후에 역순으로 생산되거나 판매된 제품이나 기말재고자산의 원가를 직접 추적하는 표준원가계산 제도이다.

  ㉡ 적시생산시스템(JIT)하에서는 최소한의 재고를 보유하고 소규모별로 상이한 제품이 생산되며 생산 및 구매·판매활동이 연속적으로 빠르게 이루어지므로 기록을 단순화시키고 불필요한 계정과목을 제거하기 위해 역류(역순, 지연)원가계산을 사용한다.

② 회계처리

  역류(역순)원가계산에서는 제품의 생산이나 판매가 회계기장을 하는 시점으로 제품이 이 시점에 도달해야만 회계처리가 이루어진다.

  ㉠ 원재료를 구입하자마자 즉시 제조공정에 투입하므로 투입에 대한 분개는 없으므로 원재료계정이나 재공품계정은 사용하지 않는다.

  ㉡ 직접노무비의 비중이 적으므로 직접노무비와 제조간접비를 별도로 구분하지 않고 가공비 계정에 함께 집계한 다음 제조작업이 완료되는 시점에서 직접 제품계정으로 대체된다.

(8) 경제적부가가치(EVA : Economic Value Added)

기업이 영업활동을 통해 창출한 순부가가치의 증가분으로 영업이익에서 법인세와 자본비용(타인자본과 자기자본을 포괄)을 차감한 이익을 말한다. 자본조달방법에 따라 순이익에 차이가 발생함으로써 경영성과에 대한 평가가 왜곡되는 것을 방지하기 위한 지표이다.

EVA = 세후영업이익 − 영업활동 투하자본에 대한 자본비용
투하자본에 대한 자본비용 = 가중평균자본비용 × 투하자본
가중평균자본비용(WACC ; Weighted Average Cost of Capital)

$$= \frac{\text{세후타인}}{\text{자본비용}} \times \frac{\text{타인자본}}{\text{(타인자본 + 자기자본)}} + \frac{\text{자기}}{\text{자본비용}} \times \frac{\text{자기자본}}{\text{(타인자본 + 자기자본)}}$$

2. 종합예산 ★33회 기출★

(1) 의의

종합예산은 기업의 판매, 생산, 구매, 재무 등의 모든 측면들을 전체 계획으로 표현한 것이다.

(2) 편성

① 판매예산의 편성은 예산계획의 출발점이며 종합예산의 중요한 기초를 이룬다.

② 예산편성 시 종업원의 참가 여부에 따라 권위적(authoritative) 예산편성, 참여적(participative) 예산편성 등으로 나눌 수 있다.

③ 자본예산은 투자의사결정과 관련된 전체적인 계획과정을 말하므로 손익계산서에는 반영되지 않는다.

④ 종합예산 편성 절차의 마지막 단계는 예산 손익계산서, 예산 재무상태표 등의 작성이다.

다음은 (주)감평의 20×1년 상반기 종합예산을 작성하기 위한 자료의 일부이다. 4월의 원재료 구입예산액은? ★33회 기출★

- 예산판매량
  - 3월 : 2,000단위   4월 : 2,500단위   5월 : 2,400단위   6월 : 2,700단위
- 재고정책
  - 제품 : 다음 달 예산판매량의 10%를 월말재고로 보유한다.
  - 원재료 : 다음 달 생산량에 소요되는 원재료의 5%를 월말재고로 보유한다.
- 제품 1단위를 생산하는데 원재료 2kg이 투입되며, kg당 구입단가는 ₩100이다.

① ₩49,740
② ₩49,800
③ ₩49,860
④ ₩52,230
⑤ ₩52,290

해설

- 4월 제품 생산량 = 2,500개 + 2,400개 × 10% - 2,500개 × 10% = 2,490개
- 5월 제품 생산량 = 2,400개 + 2,700개 × 10% - 2,400개 × 10% = 2,430개
- 4월 원재료 구입량 = 2,490개 × 2kg + 2,430개 × 2kg × 5% - 2,490개 × 2kg × 5% = 4,974kg
- 4월 원재료 구입예산액 = 4,974kg × 10원 = 49,740원

답 ①

3. 성과평가 ★32회 기출★

(1) 책임회계제도 ★30회 기출★

① 의의

㉠ 기업에서의 분권적 관리의 진전에 수반하여 회계수치와 관리조직상의 책임을 연계시키도록 하는 업적평가를 위한 회계제도이다.

㉡ 일반적 원가계산제도가 효율적인 원가통제나 성과에 적절하지 못한 것에 비해 발생된 거래기록에 대해서 책임의 범위를 명확히 구분하여 각 책임자별로 수익과 원가를 집계하여 책임자별 성과를 파악하고 원가통제의 목적을 이루기 위한 제도이다.

㉢ 조직을 특정 업무수행 및 목적달성에 책임을 지는 단위(책임중심점)로 구분하여, 책임단위 별로 활동결과(수익과 비용 등)를 집계하여 성과평가를 수행한다.

② 책임중심점

㉠ 원가중심점 : 원가발생에 대해서만 책임을 지는 조직단위
㉡ 수익중심점 : 수익창출에 책임을 지는 조직단위
㉢ 이익중심점 : 조직의 이익에 대해서 책임을 지는 단위
㉣ 투자중심점 : 자산의 관리 및 투자의사결정에 대해 책임지는 단위

③ 특징

　　㉠ 책임회계의 평가지표는 각 책임단위가 통제할 수 있는 결과를 이용하며, 이를 통제가능성의 원칙이라고 한다.

　　㉡ 투자책임단위는 다른 유형의 책임단위보다 가장 분권화된 단위이며, 바람직한 성과지표로는 투자수익률, 잔여이익, 경제적 부가가치 등이 있다.

　　㉢ 원가책임단위의 예로 생산부문, 구매부문, 인력관리부문, 재무부문 등이 있다.

　　㉣ 자산을 기준으로 한 투자수익률, 즉 자산수익률(ROA)은 듀퐁분석이 가능하다.

④ 장점

　　㉠ 예산과 성과 차이를 쉽게 파악함으로써 예외에 대한 관리가 가능하다.

　　㉡ 조직에 있어서의 신속한 의사결정과 대응이 용이하고 책임자로 하여금 원가와 수익의 관리를 효율적으로 수행할 수 있도록 해준다.

(2) 균형성과표

균형성과표(balanced scorecard, BSC)는 과거의 성과에 대한 재무적인 측정지표와 미래지향적인 비재무적 측정지표인 고객, 공급자, 종업원, 프로세스 및 혁신에 대한 지표를 통하여 미래가치를 창출하도록 관리하는 시스템이다. 균형성과표는 영리기업 뿐만 아니라 비영리조직에도 사용이 가능하다. 균형성과 표의 여러 관점은 서로 연계되어 인과관계를 가지고 있으며, 영리기업의 경우에 최종적으로 재무적 성과를 향상시키는 것으로 연계된다.

① 고객관점

　　고객들의 주요관심사항을 반영한 측정지표를 사용하여야 한다. 고객관심사항은 시간, 품질, 성능·서비스, 비용 등의 범주로 구분된다. 성과지표의 예시로는 고객만족도와 충성도 등이 있다.

② 내부 프로세스관점

　　고객측면과 핵심역량측면에서 접근할 수 있다. 고객측면에서는 고객들의 기대에 부응하기 위하여 내부적으로 무엇을 어떻게 해야 하는가를 결정하는 것을 말한다. 즉, 균형성과표의 내부 프로세스 측정지표는 고객만족에 가장 큰 영향을 미치는 업무프로세스에서 나와야 한다. 핵심역량측면에서는 경쟁사보다 뛰어나야 하는 주요기술과 업무프로세스를 확인하고 그것에 대한 측정을 구체화한다. 성과지표의 예시로는 적시배송율, 불량률, 생산능력 등이 있다.

③ 학습과 성장관점

　　기업의 비전을 달성하기 위해 조직이 어떻게 학습하고 무엇을 개선해야 하는지를 측정한다. 성과지표의 예시로는 근로여건과 복지정도, 능력개발지원, 이직률, 지식의 창출과 공유, 정보분석능력 등이 있다.

④ 재무관점

　　재무성과 측정지표는 기업경영이 기업의 손익개선에 기여하고 있는지를 나타내준다. 성과지표의 예시로는 수익률과 시장가치 등이 있다.

(3) 투자수익률 ★27회 기출★

① 투자수익률(return on investment, ROI)은 영업이익을 영업자산(or 투자액)으로 나눈 비율을 나타내는 수익성지표이다. 투자수익률은 매출액이익률과 자산회전율로 나눌 수 있다.

> 투자수익률=영업이익 / 영업자산(or 투자액)
> 　　　　=(영업이익 / 매출액)×(매출액 / 영업자산)
> 　　　　=매출액이익률×자산회전율

② 장점

　㉠ 투자액 대비 이익의 크기로 성과평가를 하므로 투자중심점(사업부) 책임자의 성과평가에 유용하다.

　㉡ 비율로 성과를 나타내므로 투자규모가 다른 사업이나 기업 간에도 비교가 용이하다.

③ 단점

　㉠ 사업내용이 다른 투자중심점(사업부)간에는 사용하기 어렵다. 사업부마다 직면한 환경과 사업내용이 다른 상황에서 비율로만 성과평가하는 것은 정당하지 않기 때문이다.

　㉡ 준최적화현황이 발행할 수 있다. 사업부의 투자수익률 극대화에 초점이 맞추어져 있어 회사 전체의 투자수익률이 극대화되는 투자안을 기각할 수 있다. 즉, 회사 전체 투자수익률 극대화를 선택하면 어느 사업부의 투자수익률이 감소되는 현상이 나타날 수 있다.

(4) 잔여이익

① 잔여이익(residual income, RI)은 영업자산(or 투자)에 최소요구수익률을 곱한 금액을 초과하는 영업이익을 말한다.

> 잔여이익=영업이익−영업자산(or 투자액)×최소요구수익률

② 장점

　㉠ 준최적화 현황이 나타나지 않는다. 투자중심점에서 최저요구수익률을 초과하는 투자안은 모두 채택하므로 회사전체의 잔여이익을 극대화할 수 있다.

　㉡ 사업내용이 다른 투자중심점(사업부)간에도 성과평가할 수 있다. 사업위험이 높은 투자중심점에는 최소요구수익률을 높이고 위험이 낮은 투자중심점에는 최소요구수익률을 낮게 설정함으로써 성과평가가 가능하다.

③ 단점

투자규모가 상이한 투자중심점은 비교하기가 어렵다. 투자수익률이 같더라도 투자규모가 큰 투자중심점에서 잔여이익이 크게 나타나기 때문이다.

(주)관세의 사업부는 부문A와 부문B로 구성되어 있고, 부문별 성과는 투자수익률(ROI; Return On Investment)과 잔여이익(RI; Residual Income)으로 평가한다. (주)관세가 투자에 대해 적용하는 최소요구수익률은 15%이다. 다음은 (주)관세의 20x1년 각 부문에 대한 성과자료이다.

구분	부문A	부문B
매출액	?	?
순영업이익	?	₩162,000
평균영업자산	₩600,000	?
매출액 영업이익률	?	?
영업자산회전율	5	4.5
투자수익률(ROI)	20%	18%
잔여이익(RI)	?	?

위의 자료에 근거한 다음 설명 중 옳지 않은 것은?

① 부문A와 부문B의 매출액 영업이익률은 4%로 동일하다.
② 부문B의 매출액은 ₩4,500,000이다.
③ 부문B의 잔여이익은 ₩27,000이다.
④ 부문A의 매출액은 ₩3,000,000이다.
⑤ 부문A의 잔여이익은 ₩30,000이다.

해설

투자수익률(ROI) = 매출액이익률 × 자산회전율
= (영업이익/매출액) × (매출액/영업자산)
잔여이익(RI) = 영업이익 - (영업자산 × 최소요구수익률)

구분	부문A	부문B
매출액 영업이익률	4%(*1)	4%(*2)
매출액	₩3,000,000(*3)	₩4,050,000(*4)
잔여이익	₩30,000(*5)	₩27,000(*6)

(*1) 투자수익률(ROI) = 매출액이익률 × 자산회전율
20% = 매출액 영업이익률 × 5
매출액 영업이익률 = 4%
(*2) 투자수익률(ROI) = 매출액이익률 × 자산회전율
18% = 매출액 영업이익률 × 4.5
매출액 영업이익률 = 4%

(*3) 자산회전율＝매출액 / 영업자산
  5＝매출액 / ₩600,000
  매출액＝₩3,000,000
(*4) 매출액이익률＝영업이익 / 매출액
  4%＝₩162,000 / 매출액
  매출액＝₩4,050,000
(*5) 잔여이익＝영업이익－(영업자산×최소요구수익률)
  잔여이익＝(₩3,000,000×4%)－(₩600,000×15%)
  잔여이익＝₩30,000
(*6) 잔여이익＝영업이익－(영업자산×최소요구수익률)
  잔여이익＝₩162,000－((₩4,050,000 / 4.5)×15%)
  잔여이익＝₩27,000

답 ②

제2장 | 확인학습문제

01

☑확인
Check!
○
△
×

(주)감평은 최근 신제품을 개발하여 최초 10단위의 제품을 생산하는데 총 150시간의 노무시간을 소요하였으며, 직접노무시간당 ₩1,200의 직접노무원가가 발생하였다. (주)감평은 해당 신제품 생산의 경우, 90%의 누적평균시간 학습곡선모형이 적용될 것으로 예상하고 있다. 최초 10단위 생산 후, 추가로 30단위를 생산하는데 발생할 것으로 예상되는 직접노무원가는? ★31회 기출★

① ₩180,000

② ₩259,200

③ ₩324,000

④ ₩403,200

⑤ ₩583,200

해설

난도 ★★

※ 학습효과에 따른 직접노무원가의 감소를 이해한다.

㉠ 학습효과

누적생산량	단위당 누적평균시간	총 누적시간
10단위	15h	150h
20단위	13.5h	270h
40단위	12.15h	486h

누적생산량이 배로 늘어날수록 단위당 누적평균시간은 90%의 누적평균시간 학습곡선모형이 적용될 것으로 예상하므로 직접노무원가는 감소될 수밖에 없다.

㉡ 예상 직접노무원가

추가 30단위를 위한 직접노무원가＝(486h－150h)×1,200＝₩403,200

답 ④

02

(주)감평의 최근 6개월간 A제품 생산량 및 총원가 자료이다.

월	생산량(단위)	총원가
1	110,000	₩10,000,000
2	50,000	7,000,000
3	150,000	11,000,000
4	70,000	7,500,000
5	90,000	8,500,000
6	80,000	8,000,000

원가추정은 고저점법(high-low method)을 이용한다. 7월에 A제품 100,000단위를 생산하여 75,000단위를 단위당 ₩100에 판매할 경우, 7월의 전부원가계산에 의한 추정영업이익은?(단, 7월에 A제품의 기말제품 이외에는 재고자산이 없다) ★28회 기출★

① ₩362,500

② ₩416,000

③ ₩560,000

④ ₩652,500

⑤ ₩750,000

해설

난도 ★

※ 조업도의 최고점과 최저점을 이용하여 원가함수를 만들 수 있어야 한다.

㉠ 단위당 변동원가

₩(11,000,000 - 7,000,000) / (150,000 - 50,000)단위 = ₩40

㉡ 고정원가

₩7,000,000 - (₩40 × 50,000단위) = ₩5,000,000

㉢ 원가함수

₩5,000,000 + ₩40 × 조업도

㉣ 7월 추정영업이익

• 고정제조간접비 단위당 배부율 = ₩5,000,000 / 100,000단위 = ₩50

• 추정영업이익 = 75,000단위 × (₩100 - 40 - 50) = ₩750,000

답 ⑤

03

(주)감평은 20x1년 1월 1일에 설립된 회사이다. 20x1년도 1월 및 2월의 원가자료는 다음과 같다.

구분	1월	2월
최대생산가능량	1,000단위	1,200단위
생산량	800단위	1,000단위
판매량	500단위	1,100단위
변동제조원가(총액)	₩40,000	₩50,000
고정제조간접원가(총액)	₩20,000	₩30,000
변동판매관리비(총액)	₩1,500	₩5,500
고정판매관리비(총액)	₩2,000	₩2,000

(주)감평은 실제원가계산을 적용하고 있으며, 원가흐름가정은 선입선출법이다. 20x1년 2월의 전부원가계산에 의한 영업이익이 ₩10,000이면, 2월의 변동원가계산에 의한 영업이익은?(단, 기초 및 기말 재공품 재고는 없다) ★28회 기출★

① ₩10,500

② ₩11,000

③ ₩11,500

④ ₩12,000

⑤ ₩12,500

해설

난도 ★★

※ 전부원가계산과 변동원가계산과의 관계를 이해한다.

㉠ 기초제품 고정제조간접원가
- 고정제조간접원가 배부율=₩20,000 / 800=₩25
- 기초제품 고정제조간접원가 300단위×₩25=₩7,500

㉡ 기말제품 고정제조간접원가
- 고정제조간접원가 배부율=₩30,000 / 1,000=₩30
- 기말제품 고정제조간접원가 200단위×₩30=₩6,000

㉢ 2월의 변동원가계산에 의한 영업이익

전부원가영업이익	₩10,000
+ 기초제품 고정제조간접원가	₩7,500
− 기말제품 고정제조간접원가	₩6,000
변동원가 영업이익	₩11,500

더 알아보기 | 다음의 관계를 암기해두자!

전부원가영업이익	××××
+ 기초제품 고정제조간접원가	××××
− 기말제품 고정제조간접원가	××××
변동원가 영업이익	××××

답 ③

정상원가계산을 사용하는 (주)감평은 단일제품을 제조 · 판매하는 기업이다. 20x1년도의 고정제조간접원가 총예산액 및 실제 발생액은 ₩720,000이었다. 20x1년 제품의 생산 및 판매량은 다음과 같고, 기초 및 기말 재공품은 없다.

구분	단위
기초재고	40,000단위
생산량	140,000단위
판매량	160,000단위

고정제조간접원가배부율은 120,000단위를 기준으로 산정하며, 이 배부율은 매년 동일하게 적용된다. 한편, 제조원가의 원가차이는 전액 매출원가에서 조정한다. 변동원가계산에 의한 영업이익이 ₩800,000 인 경우, 전부원가계산에 의한 영업이익은?   ★29회 기출★

① ₩680,000

② ₩700,000

③ ₩750,000

④ ₩830,000

⑤ ₩920,000

해설

난도 ★

※ 전부원가계산과 변동원가계산과의 관계를 이해한다.

㉠ 고정제조간접비 배부율(매년 동일)

₩720,000 / 120,000단위＝₩6

㉡ 기초제품 고정제조간접원가＝40,000단위×₩6＝₩240,000

기말제품 고정제조간접원가＝20,000단위×₩6＝₩120,000

㉢ 전부원가계산에 의한 영업이익

전부원가영업이익	₩680,000
＋ 기초제품 고정제조간접원가	₩240,000
－ 기말제품 고정제조간접원가	₩120,000
변동원가 영업이익	₩800,000

답 ①

05 (주)감평의 20x6년도 제품에 관한 자료가 다음과 같을 때 안전한계율은?

• 단위당 판매가격	₩5,000
• 공헌이익률	35%
• 총고정원가	₩140,000
• 법인세율	30%
• 세후이익	₩208,250

① 68%
② 70%
③ 72%
④ 74%
⑤ 76%

해설

난도 ★★★

※ 안전한계율의 정의를 이해한다.

안전한계율＝(실제매출액－BEP매출액) / 실제매출액＝영업이익 / 공헌이익

㉠ 영업이익

₩208,250 / (1－0.3)＝₩297,500

㉡ 공헌이익

0.35×매출액－₩140,000＝₩297,500

매출액＝₩1,250,000

공헌이익＝₩1,250,000×0.35＝₩437,500

㉢ 안전한계율

₩297,500 / ₩437,500＝0.68(68%)

답 ①

06 다음은 (주)감평의 20x1년도 매출관련 자료이다.

매출액	₩282,000	총변동원가	₩147,000
총고정원가	₩30,000	판매량	3,000단위

20x2년도에 광고비 ₩10,000을 추가로 지출한다면, 판매량이 300단위 증가할 확률이 60%이고, 200단위 증가할 확률이 40%로 될 것으로 예상된다. 이때 증가될 것으로 기대되는 이익은?(단, 20x2년도 단위당 판매가격, 단위당 변동원가, 광고비를 제외한 총고정원가는 20x1년도와 동일하다고 가정한다)

★29회 기출★

① ₩700
② ₩800
③ ₩1,200
④ ₩1,700
⑤ ₩2,700

해설

난도 ★★

※ 증분수익과 증분비용을 고려한 증분이익을 고려한다.

㉠ 기대수량

300단위×0.6+200단위×0.4=260단위

㉡ 단위당 공헌이익

(₩282,000−147,000) / 3,000단위=₩45

㉢ 증분이익

증분수익(260단위×₩45)−증분비용(₩10,000)=₩1,700

답 ④

07 표준원가계산제도를 채택하고 있는 (주)대한의 20x1년도 직접노무원가와 관련된 자료는 다음과 같다. 20x1년도의 실제생산량은?

★28회 기출★

실제직접노무시간	101,500시간
직접노무원가 실제발생액	₩385,700
직접노무원가 능률차이	₩14,000(유리)
직접노무원가 임률차이	₩20,300(유리)
단위당 표준직접노무시간	2시간

① 51,000단위
② 51,500단위
③ 52,000단위
④ 52,500단위
⑤ 53,000단위

───

해설

난도 ★★

※ 표준원가계산의 경우 분석틀을 무조건 암기해야 한다.

㉠ AQ×AP
= ₩385,700

㉡ AQ×SP
= 유리한 임률차이이므로 ₩385,700+20,300=₩406,000
실제직접노무시간인 AQ가 101,500(시간)이므로
• SP=₩4

㉢ SQ×SP
= 유리한 능률차이이므로 ₩406,000+14,000=₩420,000

㉣ 실제산출량
• 실제산출량×허용표준시간(2h)×₩4=₩420,000
• 실제산출량=52,500

더 알아보기

표준원가차이분석을 위하여 다음과 같은 공식을 활용하여 신속하게 계산해야 시간을 줄일 수 있다.

AQ × AP	AQ × SP	SQ × SP

가격/임률/소비차이   능률차이

AQ × AP	기준조업도 × SP	SQ × SP

예산차이   조업도차이

답 ④

08 (주)감평은 A제품을 생산·판매하고 있다. 20x1년에는 기존고객에게 9,000단위를 판매할 것으로 예상되며, A제품 관련 자료는 다음과 같다.

☑확인
Check!
○
△
✕

연간 최대생산량	10,000단위
단위당 판매가격	₩2,000
단위당 변동제조원가	₩1,000
단위당 변동판매비	₩200
연간 총고정제조원가	₩2,500,000

20x1년 중에 (주)감평은 새로운 고객인 (주)대한으로부터 A제품 2,000단위를 구매하겠다는 특별주문을 제안받았다. 특별주문을 수락하면 기존고객에 대한 판매량 중 1,000단위를 감소시켜야 하며, 특별주문에 대해서는 단위당 변동판매비 ₩200이 발생하지 않는다. (주)감평이 특별주문으로부터 받아야 할 단위당 최소판매가격은?(단, 특별주문은 일부분만 수락할 수 없음) ★28회 기출★

① ₩1,300

② ₩1,350

③ ₩1,400

④ ₩1,450

⑤ ₩1,500

해설
난도 ★★
※ 특별주문가격결정에서는 증분수익과 증분비용을 비교하여 증분수익이 큰 조건하에 의사결정한다.
㉠ 증분수익
 • 2,000단위×P
㉡ 증분원가
  변동제조원가=2,000단위×₩1,000
  공헌이익상실액=1,000단위×(₩2,000−1,000−200)
㉢ 의사결정
 • 2,000단위×P ≥ 2,000단위×₩1,000+1,000단위×(₩2,000−1,000−200)
  P=₩1,400

답 ③

09 (주)대한은 X, Y, Z 제품을 생산·판매하고 있으며, 20x1년도 제품별 예산손익계산서는 다음과 같다.

구분		X제품	Y제품	Z제품
매출액		₩100,000	₩200,000	₩150,000
매출원가 :	변동원가	40,000	80,000	60,000
	고정원가	30,000	70,000	50,000
매출총이익		₩30,000	₩50,000	₩40,000
판매관리비 :	변동원가	20,000	10,000	10,000
	고정원가	20,000	20,000	20,000
영업이익(손실)		(₩10,000)	₩20,000	₩10,000

(주)대한의 경영자는 영업손실을 초래하고 있는 X제품의 생산을 중단하려고 한다. X제품의 생산을 중단하면, X제품의 변동원가를 절감하고, 매출원가에 포함된 고정원가의 40%와 판매관리비에 포함된 고정원가의 60%를 회피할 수 있다. 또한, 생산중단에 따른 여유생산능력을 임대하여 ₩10,000의 임대수익을 얻을 수 있다. X제품의 생산을 중단할 경우, 20x1년도 회사 전체의 예산영업이익은 얼마나 증가(또는 감소)하는가?(단, 기초 및 기말 재고자산은 없다) ★28회 기출★

① ₩4,000 감소
② ₩5,000 증가
③ ₩6,000 감소
④ ₩7,000 증가
⑤ ₩8,000 증가

해설

난도 ★★

※ 생산라인폐쇄로 인한 증분수익과 증분원가를 비교한다.

㉠ 증분수익

변동원가 감소액	₩60,000
고정원가 감소액	₩12,000
고정판관비 감소액	₩12,000
임대료 수입	₩10,000
총계	₩94,000

㉡ 증분비용
  매출액 감소액=₩100,000

㉢ 증분이익
  94,000−100,000=(₩6,000)

답 ③

10 (주)감평은 세 종류의 제품 A, B, C를 독점 생산 및 판매하고 있다. 제품생산을 위해 사용되는 공통설비의 연간 사용시간은 총 40,000시간으로 제한되어 있다. 20x1년도 예상 자료는 다음과 같다. 다음 설명 중 옳은 것은? ★29회 기출★

구분	제품 A	제품 B	제품 C
단위당 판매가격	₩500	₩750	₩1,000
단위당 변동원가	₩150	₩300	₩600
단위당 공통설비사용시간	5시간	10시간	8시간
연간 최대 시장수요량	2,000단위	3,000단위	2,000단위

① 제품단위당 공헌이익이 가장 작은 제품은 C이다.
② 공헌이익을 최대화하기 위해 생산할 제품 C의 설비 사용시간은 12,000시간이다.
③ 공헌이익을 최대화하기 위해 생산할 총제품수량은 5,000단위이다.
④ 공헌이익을 최대화하기 위해서는 제품 C, 제품 B, 제품 A의 순서로 생산한 후 판매해야 한다.
⑤ 획득할 수 있는 최대공헌이익은 ₩2,130,000이다.

해설
난도 ★★
※ 단위시간당 공헌이익의 개념을 이해한다.
㉠ 제품비교

구분	제품 A	제품 B	제품 C
단위당 공헌이익	₩350	₩450	₩400
사용시간 공헌이익	₩70	₩45	₩50
생산수량(우선순위)	2,000단위(1순위)	1,400단위(3순위)	2,000단위(2순위)

㉡ 최대공헌이익
2,000단위×₩350+1,400단위×₩450+2,000단위×₩400=₩2,130,000
따라서, '최대공헌이익 ₩2,130,000'이 정답이다.

답 ⑤

11 20x1년 초 영업을 개시한 상품매매기업인 (주)감평의 20x1년 1분기 월별 매출액 예산은 다음과 같다.

	1월	2월	3월
매출액	₩2,220,000	₩2,520,000	₩2,820,000

(주)감평은 매출원가의 20%를 이익으로 가산하여 상품을 판매하고, 월말재고로 그 다음 달 매출원가의 40%를 보유하는 재고정책을 실시하고 있다. (주)감평의 매월 상품매입 중 50%는 현금매입이고, 50%는 외상매입이다. 외상매입대금 중 80%는 매입한 달의 1개월 후에, 20%는 매입한 달의 2개월 후에 지급된다. 상품매입과 관련하여 (주)감평의 20x1년 2월 예상되는 현금지출액은?(단, 매입에누리, 매입환출, 매입할인 등은 발생하지 않는다)   ★30회 기출★

① ₩1,076,000

② ₩1,100,000

③ ₩1,345,000

④ ₩2,176,000

⑤ ₩2,445,000

해설

난도 ★★

※ 전기 매입과 당기 매입을 중심으로 현금유출을 분석한다.

㉠ 1월 매입
- 매출원가＝₩2,220,000 / 1.2＝₩1,850,000
- 기말재고＝₩2,100,000×0.4＝₩840,000
- 1월 매입＝₩1,850,000＋₩840,000＝₩2,690,000

㉡ 2월 매입
- 매출원가＝₩2,520,000 / 1.2＝₩2,100,000
- 기말재고＝₩2,350,000×0.4＝₩940,000
- 2월 매입＝₩2,100,000＋₩940,000－₩840,000＝₩2,200,000

㉢ 2월 현금유출
- 1월 매입분 2,690,000×0.5×0.8＝1,076,000
- 2월 매입분 2,200,000×0.5＝1,100,000
- 2월 총현금유출＝1,076,000＋1,100,000＝₩2,176,000

답 ④

12 (주)감평은 A, B 두 개의 사업부만 두고 있다. 투자수익률과 잔여이익을 이용하여 사업부를 평가할 때 관련 설명으로 옳은 것은?(단, 최저필수수익률은 6%라고 가정한다)

★27회 기출★

구분	A사업부	B사업부
투자금액	₩250,000,000	₩300,000,000
감가상각비	25,000,000	28,000,000
영업이익	20,000,000	22,500,000

① A사업부와 B사업부의 성과는 동일하다.
② A사업부가 투자수익률로 평가하든 잔여이익으로 평가하든 더 우수하다.
③ B사업부가 투자수익률로 평가하든 잔여이익으로 평가하든 더 우수하다.
④ 투자수익률로 평가하는 경우 B사업부, 잔여이익으로 평가하는 경우 A사업부가 각각 더 우수하다.
⑤ 투자수익률로 평가하는 경우 A사업부, 잔여이익으로 평가하는 경우 B사업부가 각각 더 우수하다.

해설

난도 ★★

※ 투자수익률과 잔여이익의 차이점을 이해한다.

㉠ 투자수익률(ROI) = 영업이익 / 투자금액

    A사업부의 ROI = 20,000,000 / 250,000,000 = 0.08(8%)

    B사업부의 ROI = 22,500,000 / 300,000,000 = 0.075(7.5%)

㉡ 잔여이익(RI) = 영업이익 - 투자금액 × 최저필수수익률

    A사업부의 RI = 20,000,000 - (250,000,000 × 0.06) = ₩5,000,000

    B사업부의 RI = 22,500,000 - (300,000,000 × 0.06) = ₩4,500,000

㉢ A사업부가 투자수익률로 평가하든 잔여이익으로 평가하든 더 우수하다.

답 ②

실패해도 후회하지 않을 거라는 걸 알았지만,
한 가지 후회할 수 있는 것은 시도하지 않는 것뿐이라는 걸 알고 있었어요.

– 제프 베조스 –

의심은 실패보다 더 많은 꿈을 죽인다.

- 카림 세디키 -